Gestion des ressources humaines

Shimon L. Dolan
Université de Montréal

Randall S. Schuler
Université de New York

Lise Chrétien
Université de Montréal

ÉDITIONS DU TRÉCARRÉ
LES ÉDITIONS **REYNALD GOULET** INC.

Traduction de *Personnel and Human Resource Management in Canada*, par Shimon L. Dolan et Randall S. Schuler, 1987, publié par © West Educational Publishing.

Traduction et adaptation: *Lise Chrétien*
Supervision éditoriale: *Shimon L. Dolan*
Couverture: *Le Groupe Flexidée*
Typographie: *Typo Litho composition* inc.

Éditions du Trécarré inc.
Distribution exclusive au Canada: Diffulivre inc.
2973, rue Sartelon
Saint-Laurent (Québec)
H4R 1E6

© Ottawa, Canada, 1988, Éditions Reynald Goulet inc.

Dépôt légal: 3e trimestre 1988
Bibliothèque nationale du Québec
Bibliothèque nationale du Canada

Imprimé au Canada

91 90 89 88 — 5 4 3 2 1

ISBN 2-89249-230-0

Table des matières

P A R T I E
VI
**Formation et
développement   269**

15

16

17

La forme masculine utilisée dans ce manuel désigne, lorsqu'il y a lieu, aussi bien les femmes que les hommes.

Note de l'Éditeur

Préface

Au cours de la prochaine décennie, les activités de gestion des ressources humaines joueront un rôle prépondérant dans le bon fonctionnement des organisations. La concurrence internationale, le déclin de la productivité, la nécessité de s'ajuster à une législation du travail en constante évolution de même que la demande d'une main-d'oeuvre plus qualifiée et plus instruite sont autant de facteurs qui contribuent à l'importance croissante de la gestion des ressources humaines dans les entreprises modernes.

Les étudiantes et les étudiants francophones ont à leur disposition très peu de manuels de gestion des ressources humaines qui se soucient de refléter la réalité canadienne et québécoise. De plus, l'impact croissant des législations fédérales et provinciales sur les relations industrielles ainsi que la spécificité du monde du travail canadien et québécois nous ont convaincus de la nécessité d'un tel ouvrage.

Ce manuel de gestion des ressources humaines a donc pour but de répondre aux besoins des étudiantes et étudiants ainsi que des professeures et professeurs en gestion des ressources humaines. Il vise à transmettre les connaissances requises à tous ceux et celles qui orientent leur carrière dans ce domaine, que ce soit dans le secteur privé ou public, dans les entreprises petites, grandes, dynamiques ou traditionnelles et à encourager une saine gestion des ressources humaines.

Ce livre met l'accent sur la compréhension et l'utilisation efficace de toutes les activités de gestion des ressources humaines. On y présente l'état des connaissances actuelles en gestion des ressources humaines en intégrant à la fois la théorie et la pratique et en mettant en valeur la nature interdisciplinaire de la gestion des ressources humaines. En effet, l'analyse et l'argumentation font appel à plusieurs disciplines telles que la gestion, la psychologie, la sociologie, le droit, l'économique et l'ergonomie. Des exemples tirés des organisations québécoises et canadiennes et des réflexions de spécialistes en gestion des ressources humaines sont intégrés au texte pour illustrer les défis que doivent relever les gestionnaires dans la pratique de la gestion des ressources humaines.

Pour faciliter la compréhension de certains aspects assez complexes des activités de gestion des ressources humaines, tous les chapitres présentent des figures qui les résument. De plus, chaque chapitre débute par un court article que l'on a appelé « Actualité »; il met en évidence l'aspect contemporain des activités de gestion des ressources humaines et oriente l'attention sur les perpectives discutées dans les pages suivantes. Ces articles sont extraits entre autres de la revue Avenir — Votre Magazine Ressources Humaines, de la revue Courants, du journal Le Devoir, de La Gazette des femmes et du Magazine Affaires +.

Une étude de cas termine chaque chapitre. Les cas illustrent des situations susceptibles de se produire dans les secteurs privé et public ainsi que dans les petites et grandes entreprises. Ils permettront aux lectrices et aux lecteurs de vérifier leur maîtrise de la matière.

Tous les chapitres contiennent également un résumé et des questions à discuter qui orientent l'étude et la révision des aspects essentiels dont ils font l'objet. Plusieurs références permettront aux lecteurs et aux lectrices intéressés de parfaire leurs connaissances sur des sujets particuliers. Le manuel se termine par un glossaire qui définit les principaux concepts étudiés et par un index qui en facilite le repérage.

Nous espérons que vous trouverez ce volume aussi pratique que stimulant. Pour nous permettre de l'améliorer lors des éditions subséquentes, nous invitons tous ceux et celles qui auraient des suggestions et des commentaires à nous les transmettre.

Remerciements

En cherchant à expliquer les principes de base en gestion des ressources humaines, nous nous sommes fixés comme objectif de produire un manuel qui pourrait servir aux étudiants et aux étudiantes qui veulent s'initier à cette discipline mais aussi aux praticiens qui oeuvrent en gestion des ressources humaines.

Bien sûr, il a fallu la coopération et le soutien de plusieurs personnes pour la réalisation de cet ouvrage. Aussi, nous tenons à les remercier.

Nous exprimons toute notre gratitude à monsieur Michel Audet, professeur au Département des relations industrielles de l'Univerté Laval pour avoir accepté de relire la première version de la plupart des chapitres de l'ouvrage. Sa collaboration a permis de mieux répondre aux besoins de la population à laquelle il s'adresse.

Nous remercions également monsieur Gilles Beausoleil, professeur au Département des relations industrielles de l'Université Laval, madame Esther Déom, professeure au Département des relations industrielles de l'Université Laval, monsieur Michel Fortier, professeur au Département d'économie et de gestion de l'Université du Québec à Rimouski, madame Jeannine McNeil professeure à l'École des Hautes Études Commerciales, monsieur Marcel Pepin, professeur à l'École des relations industrielles de l'Université de Montréal, monsieur André Petit, professeur à la Faculté d'administration de l'Université de Sherbrooke, messieurs Viateur Larouche et Gilles Trudeau, tous deux professeurs à l'École des relations industrielles de l'Université de Montréal pour leur révision de différents chapitres et leurs précieuses suggestions.

Nous remercions aussi monsieur Rémi Bélanger du Groupe Bélanger, Tremblay & associés, messieurs Denis Morin et Gérald Lamoureux de l'École des relations industrielles de l'Université de Montréal, mesdames Marie-Reine van Ameringen et Christine Léonard du Groupe de recherche Stress et Santé au travail dont les idées et les commentaires se sont avérés très utiles.

Nous tenons aussi à exprimer notre gratitude à madame Jeanne Chouinard de la Bibliothèque générale de l'Université Laval pour la recherche de la documentation ainsi qu'à monsieur Jean-Pierre Joncas, madame Renée Rivest et monsieur Claude Vecerina dont le support nous a permis de terminer cet ouvrage dans des délais raisonnables.

Shimon L. Dolan

Lise Chrétien

I

Aperçu de la gestion des ressources humaines

CHAPITRE 1
Gestion des ressources humaines

Gestion des ressources humaines

Actualité

GESTION STRATÉGIQUE DES RESSOURCES HUMAINES

La compagnie Abitibi Price fait partie des grandes entreprises avec ses 16,000 employés, dont 6,500 environ sont répartis dans une douzaine d'établissements au Québec. Les conditions de travail de ces salariés sont stipulées dans l'une des vingt-sept conventions collectives.

Abitibi Price est capable de rétrospection et de remise en question parce qu'elle a conscience de l'importance de se définir et de partager avec tous ses employés sa philosophie de gestion, c'est-à-dire sa raison d'être et la manière dont elle entend réaliser ses objectifs. Forte de cette philosophie de gestion, Abitibi Price a réussi à se doter d'une stratégie de gestion des ressources humaines?

Abitibi Price réunit chaque année les dirigeants de tous ses établissements du Québec, du Manitoba, de l'Ontario, de Terre-Neuve et des États-Unis pour faire le bilan de leurs opérations et de leurs réalisations, en plus de revoir, de préciser et d'ajuster leur orientation.

C'est en 1982, lors d'une de ces rencontres, que le besoin de se doter d'une stratégie de gestion des ressources humaines se fait sentir. Après avoir passé en revue la santé financière de la compagnie, la valeur de la technologie, l'état des équipements, la position sur le marché, les réalisations avec les clients, une ombre au tableau soulève beaucoup de questions. Il s'agit des relations avec les employés. Pourquoi l'entreprise a-t-elle connu au cours des dernières années tant de conflits de travail? Qu'est-ce qui ne va pas? Qu'est-ce qui ne fonctionne pas? Est-ce possible? La discussion est ouverte... Les dirigeants sont unanimes à dire que ça ne peut continuer ainsi et que l'avenir et le succès de l'entreprise reposent sur la qualité de sa main-d'oeuvre et de ses relations avec ses employés.

Il faut trouver une solution. On confie alors aux spécialistes en gestion des ressources humaines la responsabilité de proposer à l'organisation une image stratégique de la gestion de ses ressources humaines; une image qui reflète le devenir et les valeurs de l'organisation et qui est imprégnée de réalisme.

L'hypothèse de base sur laquelle repose la philosophie de gestion des ressources humaines chez Abitibi Price et, par conséquent la planification stratégique des ressources humaines est la suivante: « Moyennant une orientation appropriée, tout employé intéressé, averti et associé à la vie de son entreprise est naturellement productif. Toute saine gestion des ressources humaines suppose la création d'un cadre d'activité permettant aux employés de tirer satisfaction de leur travail, de s'intéresser et de participer à la réalisation des objectifs et à la solution de problèmes communs. L'entreprise entend aussi être favorable à des communications franches et efficaces, répondre aux aspirations professionnelles des employés et garantir un milieu de travail sûr ».

Une stratégie en trois volets soustend cette philosophie de gestion du personnel: la coopération, la participation et la communication.

Source: CASAVANT, J.C., « La stratégie de gestion des ressources humaines chez Abitibi Price Inc. », dans M. Audet et al., La mobilisation des ressources humaines. Tendances et Impact, Les Presses de l'Université Laval, Québec, 1986, p. 53-55.

Ce cas n'est pas unique. De nos jours, beaucoup d'entreprises sont conscientes de la nécessité de gérer efficacement les ressources humaines pour assurer leur bon fonctionnement. En conséquence, la gestion des ressources humaines ou la fonction « ressources humaines » a pris une importance croissante au cours de la dernière décennie. Nous verrons quels sont les principaux facteurs responsables de cet intérêt accru tout au long du volume et particulièrement dans ce premier chapitre.

GESTION DES RESSOURCES HUMAINES

La fonction ressources humaines comprend plusieurs activités qui assurent une utilisation efficace et équitable du personnel tant pour le bénéfice de l'individu que pour celui de l'entreprise et de la société. On divise généralement la fonction ressources humaines en cinq activités principales:

- planification;
- acquisition;
- évaluation du rendement et rémunération;
- formation et perfectionnement;
- instauration et maintien d'un climat de travail satisfaisant.

Dans ce chapitre, nous décrivons brièvement chacune de ces activités pour y revenir en détails dans les chapitres ultérieurs.

PLANIFICATION

Cette activité comprend deux volets principaux:

1. la prévision à court et à long terme des besoins de l'entreprise en ressources humaines;
2. l'analyse de postes pour déterminer les connaissances et les aptitudes requises pour accomplir les différentes tâches et la définition des postes pour apparier les besoins des individus et de l'entreprise.

Ces deux volets sont essentiels au bon déroulement des autres activités de gestion des ressources humaines. Par exemple, elles aident à déterminer:

— les catégories d'emplois et le nombre d'employés dont l'entreprise peut avoir besoin;

— les sources d'acquisition de ces ressources humaines (recrutement interne, externe);

— les programmes et les activités de formation à élaborer.

Bien que ces activités soient au coeur même de la gestion des ressources humaines, ce n'est que très récemment qu'elles ont été intégrées aux activités du service des ressources humaines dans la plupart des entreprises. En effet, il y a une dizaine d'années, seulement quelques-unes parmi les cinq cents plus grandes entreprises en Amérique du Nord confiaient à leur service des ressources humaines la responsabilité de planifier leurs besoins en personnel. C'est généralement à la suite d'une analyse coût-bénéfice qu'elles ont été incitées à le faire. D'autres organisations s'en tiennent à demander à leurs gestionnaires de soumettre un programme de planification des ressources humaines pour une période de cinq ans, période correspondant à la planification générale de l'organisation. Ainsi, dans l'éventualité où une division prévoit un changement d'orientation (par exemple, de marketing à production), le vice-président aux ressources humaines sera certain que le vice-président de cette division a un programme de planification des effectifs qui l'aidera à procéder au changement.

ACQUISITION

Quand l'entreprise a déterminé ses besoins réels en personnel, les postes doivent être comblés. On entame alors le processus d'acquisition des ressources humaines qui comprend trois activités principales:

- le recrutement;
- la sélection des candidats les plus aptes à occuper les postes à combler;
- l'accueil et l'orientation initiale des nouveaux employés.

Le recrutement est une des étapes les plus importantes du processus d'acquisition car, plus le nombre de candidats à un poste est élevé, plus l'entreprise a de chances de trouver la personne au profil idéal pour occuper ledit poste. Ainsi, l'organisation doit s'assurer que son champ de recherche des candidatures potentielles est le plus vaste possible. Pour ce faire, elle utilise plusieurs sources de recrutement telles que: promotions ou mutations internes, références, publication d'annonces dans les journaux, agences de placement, institutions d'enseignement et candidatures non sollicitées.

Après avoir bien identifié le groupe d'aspirants potentiels, on entame le processus typique de sélection qui comprend les étapes suivantes: — demander au candidat de remplir une formule de demande d'emploi ou utiliser son curriculum vitae; — recevoir les candidats en entrevue; — vérifier leur formation académique, expérience, références et; — faire passer les tests de sélection requis. Le but de ce processus est d'harmoniser les compétences du candidat à celles requises pour occuper le poste. De plus, indépendamment de la procédure de sélection utilisée, elle doit toujours respecter les droits de la personne.

ÉVALUATION DU RENDEMENT ET RÉMUNÉRATION

Une fois que le personnel est embauché, il faut fixer sa rémunération. Elle s'établit au départ en fonction du rendement auquel s'attend la direction et ensuite, en fonction de la performance de chacun. Si les employés ne présentent pas un rendement satisfaisant il faut s'efforcer d'en découvrir les raisons. S'agit-il d'un problème de rémunération, de formation ou de motivation?

L'évaluation du rendement est primordiale, lorsqu'on veut accorder une promotion, par exemple. Tous les employés ne donnent pas un excellent rendement. Certains peuvent être absents fréquemment, d'autres toujours en retard alors que d'autres présentent des problèmes plus graves comme l'alcoolisme. Dans ces cas, avant de prendre la décision de suspendre ou de congédier un employé, l'organisation doit considérer sa responsabilité sociale, les droits de la personne et le coût de son remplacement. Bien souvent, elle préfèrera aider l'employé à corriger son comportement et le motiver à améliorer son rendement.

Les employés sont généralement rémunérés selon la nature du poste qu'ils occupent, leur contribution personnelle ou leur rendement. Bien que la rémunération basée sur le rendement puisse motiver l'individu à améliorer sa performance, il existe des modes de rémunération basés presqu'essentiellement sur l'importance du poste dans l'organisation ou sur l'ancienneté.

Ces quelques considérations soulèvent plusieurs questions. Quel système de rémunération est le plus équitable ou le plus efficace pour l'entreprise? Par quelle méthode peut-on déterminer équitablement la valeur d'un poste? Ces aspects et bien d'autres font partie des activités de gestion de la rémunération, dont les principales sont: — de déterminer la rémunération directe à partir de l'évaluation des postes; — de verser une rémunération basée sur le rendement; — d'offrir une gamme d'avantages sociaux à tous les employés.

Il est évidemment très difficile d'élaborer une bonne politique de rémunération. Son importance est néanmoins primordiale car elle permet non seulement d'attirer les candidats potentiels et de les inciter à offrir un rendement satisfaisant mais aussi à déterminer les besoins éventuels en formation et en perfectionnement. En effet, si pour un poste donné, l'organisation verse une rémunération généreuse sans constater une amélioration du rendement de l'employé, peut-être existe-t-il un besoin de formation?

FORMATION ET PERFECTIONNEMENT

Il y a deux domaines auxquels la gestion des ressources humaines s'est particulièrement intéressée au cours de la dernière décennie:
1. formuler et établir des programmes de formation et de perfectionnement des ressources humaines pour améliorer les connaissances, les habiletés, les aptitudes, les comportements et conséquemment le rendement des employés;
2. améliorer la qualité du milieu de travail, surtout par les programmes qui visent à accroître la qualité de vie au travail et la productivité et les programmes qui cherchent à maximiser la santé et la sécurité du travail.

Par formation et perfectionnement, on entend des activités qui visent à faciliter l'orientation et le cheminement de carrière des individus sans empêcher la poursuite simultanée des objectifs de l'entreprise qui consistent à accroître le rendement des employés et donc améliorer la productivité.

Alors que le mieux-être physique et psychologique sur les lieux de travail a pour but d'améliorer les conditions de travail des employés, la formation et le perfectionnement des ressources humaines ont pour but d'améliorer leur rendement. Toutefois, en pratique comme en théorie, il existe des liens étroits entre ces deux objectifs puisqu'on peut les atteindre par des voies qui se chevauchent. Par exemple, un programme dont l'objectif est d'améliorer la qualité de vie au travail peut avoir pour conséquence un accroissement du rendement des employés résultant d'une augmentation de leur niveau de satisfaction, de leurs responsabilités ou encore de leur autonomie. Un des nombreux programmes utilisés pour améliorer à la fois la qualité de vie au travail et la productivité est le cercle de qualité. Nous en discuterons ultérieurement.

De plus, l'entreprise doit aussi définir des programmes de santé et de sécurité du travail. Au Canada, les lois fédérales et provinciales en la matière obligent les entreprises à prendre conscience qu'un environnement de travail qui vise autant à améliorer la santé et la sécurité physique du travail que le bien-être psychologique des individus aura un impact positif sur la productivité et la qualité de vie au travail.

INSTAURATION ET MAINTIEN D'UN CLIMAT DE TRAVAIL SATISFAISANT

Toute organisation a le devoir de rémunérer équitablement ses employés et de leur offrir des conditions de travail qui les incitent à demeurer avec elle. Pour maintenir un climat de travail satisfaisant, l'organisation doit:
1. reconnaître et respecter les droits des employés;

2. comprendre les motifs de leur syndicalisation ainsi que les fonctions et la structure du syndicat de façon à être capable de négocier et régler efficacement les griefs.

De plus en plus, les employés acquièrent de nouveaux droits. Par conséquent, toutes les décisions relatives aux congédiements, licenciements, ou rétrogradations doivent être prises après une analyse sérieuse du dossier et s'appuyer sur des preuves solides pour être équitables. Dans ce sens, il importe que tous les gestionnaires de l'organisation soient informés des droits des employés. C'est aux spécialistes du service des ressources humaines que revient ce rôle d'informateur.

Lorsque les employés sont syndiqués, leurs droits sont protégés par la convention collective avec laquelle tout le personnel du service des ressources humaines doit être familier et particulièrement avec les clauses de reconnaissance syndicale et de droit de gérance. Cela est nécessaire parce que d'une part, la convention collective fixe des balises aux différentes activités de gestion des ressources humaines et que d'autre part, le syndicat et l'employeur peuvent être appelés à développer ensemble de nouveaux programmes pour améliorer la qualité de vie au travail, la productivité ou encore la rémunération. Ce dernier aspect que nous venons de soulever suggère qu'il existe une interdépendance dynamique entre toutes les activités de gestion des ressources humaines.

MODÈLE SYSTÉMIQUE DE GESTION DES RESSOURCES HUMAINES	Si on considère la gestion des ressources humaines comme un système, cela revient à dire que les cinq activités doivent être vues comme des unités inter-reliées poursuivant les quatre objectifs opérationnels de la fonction ressources humaines. Ces objectifs sont:

1. attirer des candidats qualifiées;
2. conserver les employés qui donnent un rendement satisfaisant;
3. motiver les employés;
4. aider les employés à développer leur potentiel et à se réaliser.

La figure 1.1 illustre ces relations. Ainsi, pour attirer des candidats qualifiés il n'est pas suffisant d'avoir une politique de recrutement adéquate. Des politiques de rémunération et de formation bien élaborées sont aussi un atout. Ce principe est vrai pour toutes les activités de gestion des ressources humaines.

Les activités de gestion des ressources humaines sont vitales pour l'organisation parce qu'elles servent à attirer, retenir, motiver le personnel ainsi qu'à améliorer son potentiel. Toutefois, ce n'est que récemment qu'on leur reconnaît la possibilité et le devoir de contribuer à l'efficacité de l'organisation. Cette reconnaissance est cependant en évolution constante. Généralement, les objectifs d'une entreprise sont la maximisation du profit et la compétitivité. Lorsqu'on parle d'organisations à buts non lucratifs ou d'organismes publics, les objectifs peuvent être d'atteindre une plus grande production en qualité ou en quantité ou encore, de réaliser un niveau de production déterminé à moindre coût, compte tenu de leurs ressources. D'ailleurs, de plus en plus, on exige des services publics qu'ils réduisent leurs coûts de production au minimum dans un contexte de croissance neutre ou ralentie des dépenses publiques. Dans un tel cadre, les objectifs consistent à rationaliser les dépenses publiques. Ainsi, la gestion des ressources humaines a un impact significatif sur trois objectifs stratégiques: la **productivité**, la **qualité de vie au travail** et le **respect des lois**, tout en poursuivant ses quatre objectifs opérationnels pour contribuer à l'efficacité de l'organisation. Ces relations sont illustrées à la figure 1.2.

Figure **1.1**   **Les relations systémiques entre les activités et les objectifs de la gestion des ressources humaines**

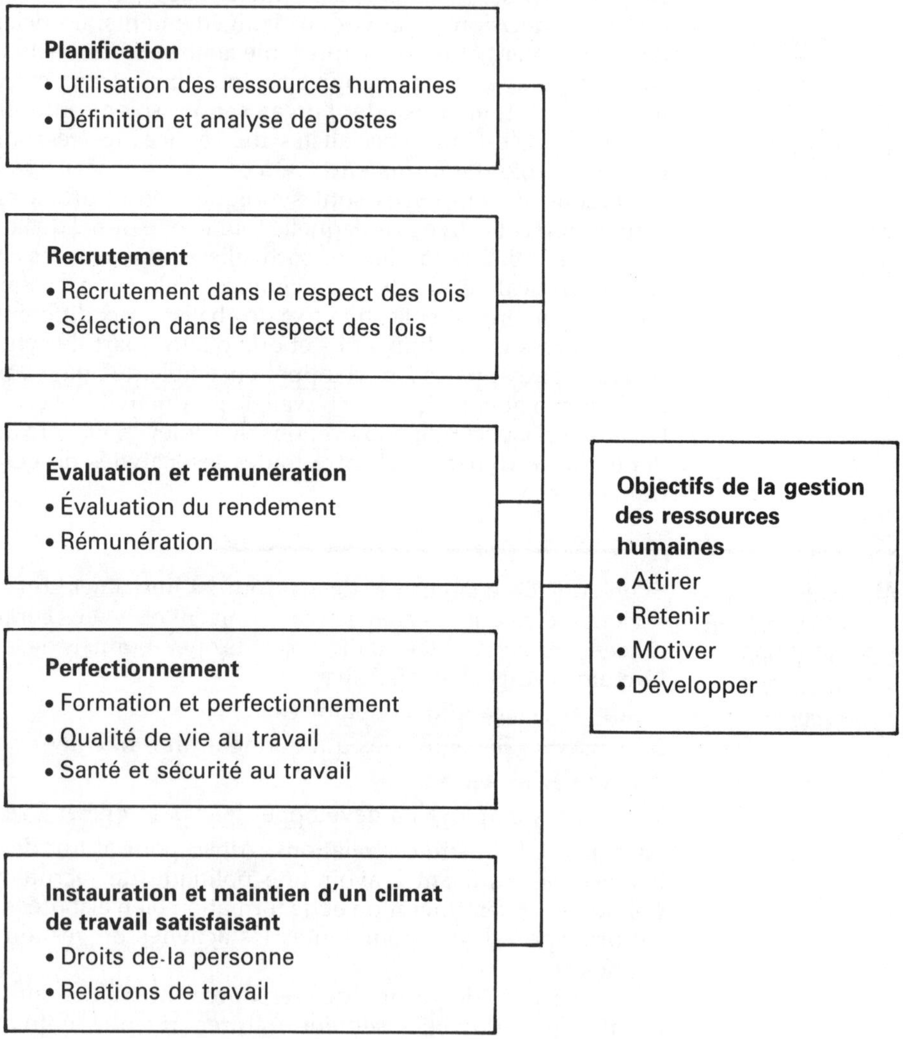

Planification
• Utilisation des ressources humaines
• Définition et analyse de postes

Recrutement
• Recrutement dans le respect des lois
• Sélection dans le respect des lois

Évaluation et rémunération
• Évaluation du rendement
• Rémunération

Perfectionnement
• Formation et perfectionnement
• Qualité de vie au travail
• Santé et sécurité au travail

Instauration et maintien d'un climat de travail satisfaisant
• Droits de la personne
• Relations de travail

Objectifs de la gestion des ressources humaines
• Attirer
• Retenir
• Motiver
• Développer

L'importance croissante de la gestion des ressources humaines prend sa source dans les tendances et les contraintes qui ont affecté les objectifs stratégiques de l'organisation. Nous en discuterons plus en détails, après une brève description de ces tendances et contraintes.

IMPORTANCE CROISSANTE DE LA GESTION DES RESSOURCES HUMAINES

Deux facteurs contribuent principalement à l'importance croissante de la gestion des ressources humaines. D'une part, les tendances et les contraintes socio-économiques et d'autre part, la reconnaissance que la gestion des ressources humaines peut influencer directement les objectifs de l'entreprise.

Figure **1.2** **Les relations entre les activités de la gestion des ressources humaines et leur contribution à l'efficacité de l'organisation**

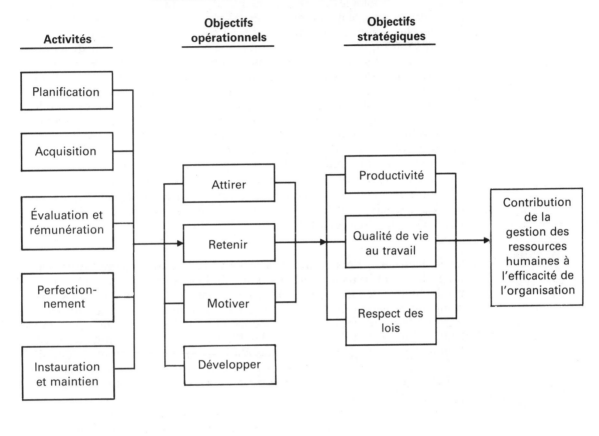

TENDANCES ET CONTRAINTES

Les quatre principales tendances et contraintes qui ont influencé la nature du rôle accordé à la gestion des ressources humaines dans l'organisation sont:
— les coûts afférents à une gestion efficace des ressources humaines;
— la chute de la productivité;
— la rapidité et la complexité des changements aux plans socio-culturels, légaux, démographiques et éducatifs;
— les symptômes d'une crise qualitative du travail.

Les coûts afférents à une gestion efficace des ressources humaines. De nos jours, les gestionnaires sont conscients que les atouts pour réussir ne sont pas seulement d'ordre financier mais aussi humain et qu'il importe d'avoir les bonnes personnes au bon endroit pour opérer efficacement. Les différentes activités de gestion des ressources humaines ont justement pour but la gestion efficace et le perfectionnement des ressources humaines. Elles permettent ainsi de réduire de façon significative l'absentéisme, les accidents de travail, les erreurs de production et d'augmenter la satisfaction, la qualité des produits ou des services et par conséquent les profits et la productivité[1].

Ce n'est que depuis très récemment que la haute direction des entreprises reconnaît l'importance de la gestion des ressources humaines. Par exemple,

Laurent Thibault, vice-président exécutif de l'Association canadienne des manufacturiers affirme: « Les gestionnaires canadiens se sont intéressés au plan, à la technologie et à l'équipement. Mais ils ne se sont pas assez préoccupés de savoir si le milieu de travail répondait aux besoins des individus »[2]. En effet, les organisations commencent à considérer ces derniers comme un facteur stratégique, c'est-à-dire comme une ressource susceptible de leur procurer un avantage comparatif de taille. L'internationalisation des marchés est sans doute la principale raison de cette ouverture. Les entreprises canadiennes ne sont pas à l'abri de la concurrence internationale. Au contraire, la circulation de plus en plus rapide des nouvelles technologies ainsi que des produits et services rendent certains secteurs d'activités particulièrement vulnérables aux produits de bonne qualité fabriqués au Japon, en Corée, etc. Les entreprises doivent donc adapter leur mode de production afin de mieux utiliser le potentiel de leurs employés. Il semble que ce soit la seule façon de reprendre les marchés qu'ils ont perdus et d'en conquérir de nouveaux.

Pour le moment, nous nous en tiendrons à ces quelques remarques, puisque la reconnaissance de l'importance de la gestion des ressources humaines fera l'objet de discussion tout au long du volume.

La productivité.   Vers la fin des années 1970, le Canada arrive au troisième rang des sept plus importants pays industrialisés, pour ses gains de productivité[3]. Les gains de productivité sont de 4,2% en 1978 au Canada, comparativement à 8,4% au Japon et à 4,9% en France. Tous les autres pays industrialisés ont des taux de croissance plus faibles pour cette même année: l'Allemagne, 3,7%; l'Italie, 2,9%; les États-Unis 2,5%; et l'Angleterre 1,6%. Depuis, la productivité canadienne n'a cessé de chuter. En effet, depuis le début des années 1980, toutes les prévisions économiques sont unanimes à affirmer que le Canada aura à subir de graves contraintes au niveau de la productivité d'ici la fin de la décennie et le début des années 1990.

Les analystes identifient plusieurs facteurs responsables de la faible croissance de la productivité. Tout d'abord, le ralentissement sensible de l'économie a certainement eu pour effet de ralentir la croissance de la productivité notamment dans le secteur du pétrole et du gaz et les prix énergétiques plus élevés ont eu également pour effet de ralentir la croissance de la productivité générale. Cependant, selon la majorité des analystes, ces facteurs n'expliquent pas entièrement cette baisse dont le taux annuel moyen est passé de 2,3% entre 1967 et 1973, à presque zéro au cours des années 1974 à 1981. La plupart d'entre eux croient qu'en plus des conditions cycliques plus fragiles et du choc de l'énergie, il y a eu une baisse du taux sous-jacent de croissance de la productivité, taux déterminé en grande partie par le développement et l'application de nouvelles technologies[4].

Si l'on s'intéresse plus particulièrement au Québec, on remarque que depuis 1971, la productivité a progressé au taux annuel moyen de 1,0%[5]. Quoique relativement lent, ce rythme se compare avantageusement au taux ontarien de 0,6% et au taux canadien de 0,8%. Grâce à cette performance, le Québec a réduit du quart son écart avec le taux de productivité ontarien; de 16% en 1971, cet écart n'est plus que de 12%. Par rapport au Canada, même constat; de 10% en 1971, l'écart entre le Québec et le Canada n'est plus que de 8%. Malgré ce rattrapage significatif, le Québec accuse encore un retard de plusieurs années; le taux de productivité québécois en 1984 n'atteint même pas celui enregistré au Canada en 1972. Qui plus est, en maintenant les rythmes observés depuis 1971, ce n'est que dans 34 ans que le taux de productivité québecois rejoindrait le taux ontarien. Il est donc vital que le rattrapage québécois s'accélère.

Mais la productivité est fonction non seulement des employés eux-mêmes, des conditions de travail, des matières premières utilisées, de la technologie, du stock de capital mis à leur disposition mais aussi de la qualité de la gestion. C'est à ce niveau qu'une gestion efficace des ressources humaines pourra rendre des services incomparables aux organisations québécoises.

La rapidité et la complexité des changements. De profonds changements ont affecté la société canadienne et québécoise au cours de la dernière décennie et ont contribué à accroître l'importance de la gestion des ressources humaines. L'augmentation continue des taux d'activité féminins et ce, en dépit de la forte récession de 1981-1982, est l'élément le plus marquant de l'évolution de l'offre de main-d'oeuvre au cours des vingt dernières années à la fois au Canada, au Québec et dans les pays de l'OCDE. Au Canada, de 1970 à 1983, le taux d'activité des femmes est passé de 38% à 53%. Donc, en 1983, les femmes représentaient 42% de la population active canadienne par rapport à 34% en 1970. Au Québec, de 33,4% qu'il était en 1966, le taux d'activité des femmes n'a cessé de croître passant à 40,1% en 1975; 46,2% en 1980 et à 49,1% en 1984. À titre de comparaison, celui des hommes a successivement baissé durant ces mêmes années; 79,4% en 1966; 77,8% en 1975; 77,0% en 1980 et 74,7% en 1984. La croissance vertigineuse du taux d'activité des femmes a notamment été observée parmi les 25-34 ans et les 35-44 ans, groupes qui ont doublé leur participation au marché du travail entre 1966 et 1984[6]. Ce rapprochement irréversible du taux d'activité des femmes de celui des hommes s'accompagne également d'un rapprochement au niveau du profil de participation. Cette évolution engendrera dans les faits des besoins et des ajustements particuliers des travailleuses et de l'organisation du travail et par conséquent de la gestion des ressources humaines.

Vers la fin des années 1980 et le début des années 1990, le nombre de travailleurs du groupe d'âge des 18-24 ans diminuera alors qu'augmentera celui des travailleurs du groupe d'âge des 35-44 ans. Au Canada, la proportion des jeunes travailleurs de 15 à 24 ans est passée de 1 sur 4 en 1976 à 1 sur 5 en 1984. On observe la même tendance au Québec où l'on s'attend à une proportion croissante des 25-44 ans. Ce phénomène aura des conséquences pour la gestion des ressources humaines puisque le marché du travail sera composé d'un nombre plus élevé de travailleurs d'âge moyen ayant des ambitions de carrière.

De plus, la main-d'oeuvre est généralement plus instruite. En 1971, au Canada, 32% des femmes et 38% des hommes âgés de 15 ans et plus avaient complété 9 années de scolarité ou moins. En 1983, ce pourcentage est passé à 20% et 21% respectivement. Au Québec, en 1985, 18% de la population active a moins de neuf années de scolarité et 16% de la main-d'oeuvre, de 9 à 13 années de scolarité[7]. Même si cela signifie que le tiers de la main-d'oeuvre est sous-scolarisé, il n'en demeure pas moins, qu'en termes absolus, plus de personnes détiennent un diplôme au Québec. En effet, le nombre de diplômés de l'enseignement régulier de niveau secondaire est passé de 56 350 en 1972 à 87 015 en 1981; le nombre de diplômés de niveau collégial est passé de 14 075 en 1976 à 30 624 en 1981 et le nombre de diplômés universitaires de 23 670 en 1975 à 34 448 en 1980. D'ici 1995, si ces tendances se maintiennent, la main-d'oeuvre québécoise n'aura jamais été aussi bien formée et aussi expérimentée.[8]

Une main-d'oeuvre plus instruite est susceptible d'améliorer substantiellement la productivité mais présente aussi un nouveau défi pour l'entreprise. Quand une société est mieux informée, elle devient plus critique et accepte moins l'autorité d'emblée. Tandis que les jeunes travailleurs remettent plus facilement en question les décisions et l'autorité de leurs superviseurs, les travailleurs plus âgés se conforment aux valeurs traditionnelles de la société et sont plus enclins à s'identifier aux valeurs de l'organisation et à en accepter l'autorité. Ainsi, une gestion efficace des ressources humaines signifie non seulement bien gérer et orienter les compétences des jeunes travailleurs mais aussi respecter une main-d'oeuvre plus âgée dont les valeurs sont restées les mêmes.

Les symptômes d'une crise qualitative du travail.   La valeur attribuée au travail est inévitablement perturbée en présence de changements sociaux trop rapides. Des expressions couramment utilisées suffisent à nous faire saisir ce que cela signifie: aliénation du travailleur, précarisation des tâches, ennui et insatisfaction au travail. Ces expressions sont le symptôme d'une diminution de la motivation au travail, de comportements improductifs des employés, et d'une augmentation des réclamations des travailleurs quant à l'amélioration non seulement du milieu de travail mais aussi des tâches elles-mêmes. Bien que la plupart des milieux de travail, manufactures ou bureaux, secteur privé ou public, soient concernés par ces problèmes, leur gravité varie d'une organisation à l'autre. Toutefois, on peut généralement éliminer ces malaises par des politiques de gestion des ressources humaines qui visent une plus grande participation des employés aux décisions de l'organisation.

Une série d'articles publiés dans le **Financial Post**[9] portant sur les plus grandes entreprises canadiennes nous rappellent les conclusions de Peters et Watermans dans leur volume intitulé **Le Prix de l'Excellence**[10]. Les auteurs estiment que les entreprises canadiennes les plus productives sont celles qui mettent l'accent sur les relations interpersonnelles, c'est-à-dire les processus et les structures à travers lesquels les gestionnaires transigent entre eux, avec leurs employés, leurs clients et tous ceux qui font partie de leur environnement.

De telles conclusions constituent de bonnes raisons d'améliorer la gestion des ressources humaines dans l'organisation. D'ailleurs, plusieurs spécialistes en gestion des ressources humaines affirment être maintenant obligés de répondre devant leur direction à des questions relatives à l'amélioration des structures internes et au degré de participation des employés au processus de décision.

Le désir d'une formulation plus explicite des droits des employés constitue un symptôme de la crise qualitative du travail. Les droits que les employés considèrent comme étant les plus importants sont:

— le droit au travail;
— le droit à une information complète sur leur poste et ses exigences;
— le droit de participer aux décisions;
— le droit d'être évalué équitablement et en fonction de critères objectifs;
— le droit d'assumer des responsabilités;
— le droit de prendre des risques et de faire des erreurs.

CONTRIBUTION DE LA GESTION DES RESSOURCES HUMAINES AUX OBJECTIFS STRATÉGIQUES DE L'ORGANISATION

Nous avons mentionné auparavant que la gestion des ressources humaines a un impact significatif sur les trois objectifs stratégiques de l'organisation: productivité, qualité de vie au travail et respect des lois. Bien que les organisations ne se préoccupent pas toutes également de ces trois objectifs, chacun concourt directement à l'efficacité de l'organisation.

La figure 1.2 illustre ces interrelations. Même si nous y reviendrons tout au long du livre, il importe d'examiner dès maintenant certains aspects de l'efficacité de l'organisation.

PRODUCTIVITÉ

La productivité est, sans nul doute, un des plus importants objectifs de toute entreprise. Par exemple, on peut lire dans une publication du Centre des dirigeants d'entreprises[11]: « La productivité est aujourd'hui au coeur des préoccupations des dirigeants d'entreprises... La productivité de l'entreprise repose principalement sur l'efficacité et l'efficience dans l'emploi des ressources dont elle dispose... En premier lieu des ressources humaines... ». Bien sûr, la productivité nécessite aussi une utilisation efficace des ressources matérielles et technologiques et sur cet aspect, les spécialistes en gestion des ressources humaines peuvent très peu de choses. Cependant, ils peuvent influencer la philosophie de la haute direction en matière de gestion des ressources humaines et conséquemment les politiques de gestion des ressources humaines. Ils contribuent alors à améliorer la productivité. Ainsi, la gestion des ressources humaines a entre les mains une opportunité unique de montrer qu'elle peut contribuer à l'amélioration de la productivité. La coopération avec le syndicat constitue un des moyens pour y parvenir. On pense, par exemple, au programme d'amélioration de la productivité mis sur pied chez Rodrigue Métal, à Saint-Romuald au Québec, par le CAMO (comité d'adaptation de la main-d'oeuvre, composé de représentants de la direction, du syndicat et des ministères concernés). Ce comité a été constitué alors que l'entreprise éprouvait des difficultés et a donné de bons résultats.[12]

QUALITÉ DE VIE AU TRAVAIL

Le caractère routinier et insatisfaisant du travail d'atelier ou de bureau n'est plus à discuter. La majorité des employés préférerait accomplir des tâches comportant plus de responsabilités, avoir plus d'autonomie en plus de l'opportunité de fournir une plus grande contribution à l'organisation. Beaucoup d'employeurs semblent également persuadés du bien-fondé de l'amélioration de la qualité de vie au travail. Communiquer avec les employés et les encourager à faire valoir leurs idées peut aussi contribuer à l'augmentation de la productivité. La haute direction des organisations souhaite voir jouer ce rôle aux spécialistes en gestion des ressources humaines.

RESPECT DES LOIS

La gestion des ressources humaines doit se faire conformément à la législation du travail et utiliser comme guide la jurisprudence relative aux droits des employés. Ce cadre juridique affecte les différentes activités de la gestion des ressources humaines. Ainsi, les spécialistes en gestion des ressources humaines doivent non seulement se tenir constamment informés des nouvelles lois, règlements et cas de jurisprudence, mais aussi des décisions prises par la Commission de la santé et de la sécurité du travail et les Commissions des droits de la personne. Si les gestionnaires en ressources humaines manquent à leur responsabilité d'être à l'affût de l'information et ne connaissent pas la législation du travail à laquelle doivent se soumettre les organisations, celles-ci s'exposent à des frais importants en poursuites de tous genres.

Nous verrons ultérieurement plusieurs exemples de problèmes qu'une entreprise peut éviter par une bonne pratique de la gestion des ressources humaines qui en feront ressortir son importance croissante.

ÉVOLUTION DE LA GESTION DES RESSOURCES HUMAINES DANS L'ORGANISATION

Comme toutes les fonctions essentielles à une saine gestion de l'organisation, la fonction ressources humaines s'est transformée au fil des ans. Dans cette section, nous présentons brièvement l'évolution de la gestion des ressources humaines dans l'organisation, de son émergence à l'époque du taylorisme jusqu'à nos jours.

BREF APERÇU HISTORIQUE

Kochan et Capelli[13] distinguent quatre principales périodes dans l'évolution de la gestion des ressources humaines.

Première période: émergence de la fonction « personnel ». Cette première période va du début du siècle à la fin de la grande dépression économique. C'est à cette époque qu'apparaît la fonction gestion des ressources humaines dans les organisations. Historiquement, la fonction gestion des ressources humaines est appelée « personnel ». À l'époque de la Première Guerre Mondiale, la main-d'oeuvre est rare et l'on tente d'appliquer les principes de la gestion scientifique des entreprises ou du « taylorisme ». Les différentes activités de gestion des ressources humaines passent de la responsabilité des directeurs d'usine et des contremaîtres au service du personnel. Les décisions concernant l'embauche et la promotion sont ainsi centralisées. On retrouve dans ces services des employés-conseils spécialement formés pour accomplir les diverses activités de gestion des ressources humaines. Au cours de cette période, on commence aussi à utiliser des tests et des questionnaires.

Deuxième période: croissance accélérée du syndicalisme et émergence de la fonction « relations industrielles ». La deuxième période va jusqu'à la fin des années 1950 environ. Elle est caractérisée par une croissance rapide du syndicalisme à laquelle, malgré tous leurs efforts, n'ont pu résister les entreprises. La syndicalisation massive des travailleurs semi-qualifiés et non-qualifiés donne naissance à la fonction « relations industrielles ». En effet, à cette époque, les entreprises restructurent leur « service du personnel » en « service des relations industrielles » de façon à établir de nouveaux rapports collectifs de travail avec les syndicats, admettant ainsi qu'elles n'ont plus d'autre choix et que de composer avec le syndicat pour satisfaire les besoins de leurs employés, particulièrement en termes de sécurité économique.

Les personnes importantes au sein du « service des relations industrielles » deviennent alors celles qui entretiennent des relations directes avec le syndicat pour négocier et administrer la convention collective, arbitrer les griefs, etc.

Bien sûr, la présence des syndicats entraîne une augmentation du coût de production. Cependant, comme on se situe dans une période d'expansion économique et qu'il y a peu de concurrence internationale, ces coûts sont généralement inférieurs à ce qu'il en coûterait de s'opposer aux revendications syndicales. D'ailleurs, plusieurs secteurs peuvent refiler ces coûts aux consommateurs par le biais d'une augmentation du prix de leurs produits. Les entreprises perdent aussi une partie de leurs droits de gérance car les syndicats se réservent un droit de regard sur beaucoup de décisions; particulièrement en ce qui a trait à l'organisation du travail.

Conséquemment, plus les syndicats sont importants, plus les employés du service des relations industrielles qui transigent avec eux (les spécialistes des « relations de travail ») améliorent leur position dans la structure de l'entreprise. Par contre, toutes les activités qui se rapportaient traditionnellement à la fonction « personnel », telles que la productivité, le comportement des employés, etc. sont presque totalement mises à l'écart; l'important étant d'entretenir des relations stables avec le syndicat, c'est-à-dire éviter les grèves et les affrontements juridiques coûteux.

Troisième période: retour progressif de la fonction « personnel ». La troisième période s'étend de 1960 à 1980. Elle est caractérisée par une réapparition progressive de la fonction « personnel ». Trois principaux facteurs sont responsables de cette évolution. Tout d'abord, une augmentation de la demande pour une nouvelle catégorie d'employés qui ne sont pas couverts par la négociation collective; par exemple les directeurs, les professionnels, les techniciens. Deuxièmement, une augmentation de la réglementation gouvernementale qui oblige les entreprises à compiler toutes sortes de statistiques concernant leurs employés; par exemple pour les divers régimes sociaux obligatoires ou les régimes privés tels que maladie, invalidité, décès, etc. Troisièmement, le développement des sciences du comportement et les expériences de nouvelles techniques de gestion des ressources humaines tentées surtout dans les entreprises non syndiquées.

Dans ces nouvelles catégories d'emploi, l'habileté et la motivation sont à l'origine de l'accomplissement du travail. Il devient alors plus difficile d'en contrôler l'exécution et d'évaluer le rendement de ces employés. Ainsi, les systèmes de gestion des ressources humaines basés sur la collectivité sont moins appropriés. La nature du travail dans ces nouveaux emplois oblige les entreprises à mettre plutôt l'accent sur les performances des individus et par conséquent prendre en considération leurs intérêts et leurs besoins spécifiques. Ce sont les psychologues industriels et les spécialistes en sciences du comportement qui sont davantage en mesure d'élaborer de telles approches.

De plus, l'expansion rapide des programmes de développement relatifs à l'organisation du travail, le style de leadership, la communication avec les employés et leur participation aux décisions les concernant, a contribué à la diminution du pouvoir de la fonction « relations industrielles ». Ces spécialistes, sous prétexte que cela nuirait à la stabilité de leurs relations avec le syndicat, s'opposaient presque systématiquement aux expériences de réorganisation du travail. Cette attitude a amené la haute direction à douter de leur capacité à adapter l'entreprise au nouvel environnement économique caractérisé par une concurrence internationale accrue et qui augmentait ainsi la difficulté à faire payer aux consommateurs les coûts de la convention collective.

En résumé, pendant cette période, les relations du travail occupent toujours une place importante mais connaissent une certaine diminution de leur influence au profit des spécialistes en personnel.

Quatrième période: intégration de la fonction « gestion des ressources humaines » à la fonction « relations de travail ». C'est la période actuelle. On assiste à une intégration de la fonction « gestion des ressources humaines » à la fonction « relations de travail » et à la stratégie de l'organisation. Devant l'incapacité des spécialistes en relations industrielles à aider les entreprises à s'adapter à leur nouvel environnement économique, celles-ci ont organisé des équipes ou des comités composés de personnel de direction, de conseillers financiers, de conseillers en planification stratégique et de spécialistes en gestion des ressources humaines. Ces personnes ont démontré une capacité nouvelle de communiquer directement avec les employés, c'est-à-dire sans l'intermédiaire du syndicat.

Ces nouveaux spécialistes en gestion des ressources humaines ont une approche centrée sur la participation et l'orientation individuelle; ils sont davantage associés aux préoccupations de la haute direction des entreprises. Ils s'intègrent aussi plus facilement à la planification stratégique. On remarque d'ailleurs que l'on nomme souvent « vice-président aux ressources humai-

nes » la personne responsable des ressources humaines et des relations industrielles et celle-ci a autorité sur le spécialiste en relations de travail.

C'est une période de restructuration et de transformation profonde des
rôles respectifs de « relations de travail » et « gestion des ressources humaines ». Comme nous l'avons mentionné à quelques reprises, la gestion des
ressources humaines croît en importance dans la plupart des entreprises. Les
méthodes d'action de ses spécialistes s'utilisent de plus en plus dans des
entreprises syndiquées et la haute direction est de plus en plus liée aux
décisions touchant les politiques de travail.

LES RÔLES DU SERVICE DES RESSOURCES HUMAINES

Le service des ressources humaines peut jouer plusieurs rôles dans l'organisation. Dans les faits, plus il en joue, plus il devient efficace pour améliorer
la productivité, la qualité de vie au travail et respecter la législation du travail.

Formuler des politiques.   Un des rôles importants du service des ressources
humaines consiste à recueillir et diffuser aux gestionnaires les informations
dont il ont besoin pour gérer efficacement et équitablement les employés qui
sont sous leur responsabilité.

Le service des ressources humaines participe aussi à l'élaboration de politiques et de programmes le concernant; la décision finale d'approbation de
ces politiques ou programmes étant toujours la responsabilité de la direction
de l'organisation. À cette fin, certaines d'entre elles forment des comités
composés de spécialistes en gestion des ressources humaines et de certains
autres gestionnaires. Ces comités rédigent des politiques et les soumettent
au conseil d'administration pour approbation.

Fournir des conseils et de l'assistance.   Le rôle fondamental du service des
ressources humaines est de fournir des conseils et de l'assistance technique
et administrative de façon à permettre aux gestionnaires d'appliquer adéquatement les divers programmes. Ces derniers, sachant qu'ils ont le pouvoir
décisionnel, n'en apprécient que davantage les services des spécialistes en
gestion des ressources humaines.

Le service des ressources humaines assiste les gestionnaires non seulement
en leur transmettant des informations mais aussi en les aidant à interpréter
cette information, particulièrement celle relative à la législation du travail et
aux programmes d'égalité en emploi.

En résumé, une responsabilité importante du service des ressources humaines consiste à offrir aux gestionnaires les services dont ils ont besoin sur une
base journalière, les informer des règlements et des lois qui affectent la gestion
des ressources humaines et leur fournir une banque de candidats potentiels
qualifiés dans laquelle ils peuvent puiser. Le service des ressources humaines
doit donc être en permanence à l'écoute des individus et de leurs problèmes,
pour ne pas perdre contact avec les besoins des gestionnaires.

Contrôler.   Bien que le service des ressources humaines délègue aux gestionnaires plusieurs de ses activités, il est de sa responsabilité de voir à ce
que l'application des politiques et l'exécution des programmes se fasse de
façon consciencieuse et équitable. Cela est particulièrement vrai de nos jours
alors qu'il existe une importante législation pour lutter contre la discrimination
au travail. Les diverses lois provinciales et fédérales exigent que les spécialistes
en gestion des ressources humaines soient de plus en plus attentifs à ces
problèmes. La surveillance peut être exercée par un comité dont les membres
se tiennent à la fine pointe de l'information pour fournir les expertises néces-

saires. Évidemment, ce comité doit fonctionner avec l'approbation totale de la haute direction.

Innover. En plus d'utiliser les techniques les plus récentes en matière de gestion des ressources humaines, le service des ressources humaines fera preuve d'innovation en mettant en place des expériences propres à la situation particulière de l'entreprise. Par exemple, en période de récession économique correspondant à une chute des profits, le service des ressources humaines pourra mettre sur pied un programme de partage du travail afin d'éviter les licenciements et les mises à pied.

Les domaines pour lesquels il existe un besoin urgent d'innovation sont l'amélioration de la qualité de vie au travail et de la productivité et ce, dans un environnement très encadré juridiquement, où l'on doit viser à conserver l'énergie, protéger les ressources naturelles et composer avec la concurrence internationale. Voyons maintenant quelques défis ou objectifs propres au service des ressources humaines.

NOUVEAUX DÉFIS DU SERVICE DES RESSOURCES HUMAINES

Outre les activités et les objectifs traditionnels du service des ressources humaines, il arrive que ce dernier se fixe des objectifs spécifiques. En effet, depuis une dizaine d'années surtout, l'avancement des connaissances théoriques et empiriques dans le domaine de la gestion ont incité plusieurs services des ressources humaines à relever de nouveaux défis, par exemple:

— ouverture sur son fonctionnement interne en facilitant l'accès des employés à leur dossier personnel, en les faisant participer aux décisions les concernant et à l'affectation des postes;

— proactif quant à l'élaboration des programmes d'amélioration de la qualité de vie au travail et de la productivité;

— analyse des tendances et des défis que pose l'environnement interne et externe par son impact sur une gestion efficace des ressources humaines;

— évaluation de son propre rendement;

— participation à la gestion stratégique de l'organisation.

Comme les deux derniers points constituent des domaines de recherche en pleine expansion au Canada, nous en discutons plus en détails.

ÉVALUATION DE LA GESTION DES RESSOURCES HUMAINES

Souvent, le service des ressources humaines n'est pas considéré comme essentiel à l'organisation parce qu'il ne fait pas la preuve de sa contribution efficace aux objectifs de l'organisation. Pour y remédier, les services des ressources humaines commencent à évaluer leur propre rendement, comme le font les gestionnaires des autres services. Dans ce but, ils exercent un suivi de la qualité des services qu'ils dispensent aux divers départements de l'organisation.

Plusieurs méthodes d'évaluation sont à la disposition du service des ressources humaines. On peut les classer en deux catégories: les approches qualitatives et les approches quantitatives. Nous décrivons ces deux catégories au chapitre 18. Pour l'instant, qu'il nous suffise de préciser que l'éventail des méthodes va de la méthode intuitive à la méthode sophistiquée du bilan social. On propose aussi un certain nombre de méthodes dans des domaines spécifiques tels que la santé et la sécurité du travail, l'absentéisme et la discipline. Il est toutefois impossible d'apporter des précisions sur la catégorie et la fréquence des méthodes utilisées au Québec car, à notre connaissance, aucune recherche n'a été effectuée sur le sujet.

GESTION STRATÉGIQUE DE L'ORGANISATION

Jusqu'à une certaine époque, et parfois encore de nos jours, le service des ressources humaines jouait un rôle si limité qu'il lui était impossible de participer activement à la formulation des objectifs à long terme de l'organisation. Les tâches de certains spécialistes en gestion des ressources humaines se limitaient aux activités de recrutement, sélection, élaboration de programmes de formation spécifique, ou à l'administration du programme annuel d'évaluation du rendement (dont le plus souvent les résultats étaient classés au dossier de l'employé pour ne plus jamais être utilisés). Dans ce cas, le spécialiste en gestion des ressources humaines n'était concerné que par les activités opérationnelles et de gestion à court terme des ressources humaines. Il n'avait donc pas à faire la preuve de son efficacité ou de sa contribution à la marche de l'entreprise.

De nos jours et ce, particulièrement à causes des tendances et des déséquilibres dont nous avons discuté précédemment, les spécialistes en gestion des ressources humaines participent plus directement à la réussite de l'organisation[14]. Ils tentent avec les autres gestionnaires d'en comprendre les orientations et d'y contribuer le mieux possible. À cette fin, comme nous l'avons déjà vu, le service des ressources humaines joue quatre rôles (formuler des politiques, fournir des conseils et de l'assistance, contrôler et innover). De plus en plus, les activités de gestion des ressources humaines visent des objectifs à moyen et long terme et non plus simplement à court terme comme auparavant. Par conséquent, le service des ressources humaines exerce maintenant ses activités à trois niveaux: gestion, opération et stratégie.

Nous avons souligné par ailleurs la vision systémique de la gestion des ressources humaines. Cependant, depuis le début des années 1980, un nouveau courant qui se situe dans le prolongement de l'approche systémique s'est développé; c'est la gestion stratégique des ressources humaines.

Expliquons brièvement comment la gestion stratégique complète l'approche systémique. L'approche systémique ne propose pas de liens spécifiques entre les décisions prises par la haute direction en ce qui a trait aux produits, marchés, technologies, et celles en matière d'utilisation des ressources humaines. Le service ou les responsables des ressources humaines doivent réviser et ajuster leurs objectifs et leurs plans d'action après que la haute direction ait effectué ses choix. La gestion stratégique peut combler cette lacune en établissant un lien opérationnel entre stratégies d'entreprise et stratégies de gestion des ressources humaines, ce qui suppose que le responsable des ressources humaines est entièrement intégré à la haute direction pour que la dimension ressources humaines soit considérée dans les choix stratégiques de l'organisation au même titre que la technologie ou le capital.

En somme, les décisions relatives à la gestion des ressources humaines et celles reliées à la gestion stratégique de l'organisation deviennent complémentaires, c'est-à-dire que les choix que l'on doit faire dans les différentes activités de gestion des ressources humaines contribuent au succès de la stratégie de développement de l'organisation[15].

Les spécialistes en ressources humaines disposent de plusieurs modèles pour effectuer ces choix. Tous ces modèles, chacun à leur façon, articulent les liens entre stratégies d'entreprise et stratégies de gestion des ressources humaines. Les plus connus de ces modèles sont ceux de Fombrun, Devanna et Tichy et ceux de Beer, Spector et autres[16].

Ceci étant dit, on comprendra que le service des ressources humaines doit être bien structuré et composé d'un personnel qualifié.

STRUCTURATION DU SERVICE DES RESSOURCES HUMAINES

Pour que le service des ressources humaines soit efficace, il ne doit pas seulement être bien intégré à l'organisation mais il doit aussi être organisé selon un certain nombre de critères dont nous étudierons dans cette section ceux qui nous semblent les plus importants.

LE SERVICE DES RESSOURCES HUMAINES DANS L'ORGANISATION

Bien que l'expression « département du personnel » soit encore couramment utilisée pour référer au service qui s'occupe du recrutement, de la sélection, de la rémunération et de la formation, l'expression « service des ressources humaines » tend de plus en plus à la remplacer. Cette expression exprime mieux la reconnaissance du rôle important des ressources humaines dans l'organisation.

En effet, plusieurs facteurs nous permettent de constater cette importance. croissante. Les plus significatifs sont la participation du responsable du service des ressources humaines au comité de direction, son pouvoir décisionnel par rapport à celui des autres gestionnaires ainsi que la position hiérarchique du service des ressources humaines.

Les résultats de la seule enquête d'envergure effectuée au Québec, en 1978, auprès de 145 entreprises de 200 employés et plus du secteur secondaire, nous permettent de dégager des observations intéressantes[17].

La majorité des responsables des services des ressources humaines participent au comité de direction et au comité de planification des opérations de leur entreprise. Quels sont les aspects sur lesquels ils sont consultés au sein de ces comités? Dans différentes proportions, on les consulte sur les questions suivantes:

— les objectifs de l'entreprise et les projets d'expansion (plus de 50%);
— les projets d'introduction de nouvelles technologies et de nouveaux produits (entre 20% et 40%);
— la formulation des principaux objectifs relatifs à l'utilisation des ressources humaines (près de 100%);
— la formulation des objectifs concernant d'autres sphères d'activités (faible proportion).

En ce qui concerne le partage des pouvoirs, on remarque que 45% des directeurs généraux prennent seuls les décisions en matière de gestion des ressources humaines et dans une proportion élevée, c'est dans les activités de négociation collective et de planification des ressources humaines qu'ils se réservent le pouvoir décisionnel exclusif. Aussi, 55% des responsables du service des ressources humaines prennent seuls ou avec les directeurs généraux les décisions relatives à la gestion des ressources humaines. Dans une proportion de 15% à 26%, les directeurs généraux se réservent le pouvoir de décision finale dans des activités telles que l'embauche, les mutations, les mises à pied, et la formation. On peut en conclure que les directeurs généraux sont très impliqués dans les décisions touchant les ressources humaines.

Une autre enquête effectuée auprès de 216 entreprises canadiennes[18] montre que les responsables du service des ressources humaines participent fortement aux décisions dans certaines activités telles que: les descriptions de postes, l'approbation des tests psychologiques, les mutations, les procédures de congédiements, l'évaluation et la classification des emplois, la rémunération et les programmes de formation. Leur participation est plutôt faible en ce qui concerne les décisions relatives à l'approbation des promotions, les coupures de salaires, les renvois, les niveaux de rémunération individuelle et les stratégies de négociation.

D'autres variables, telles que le temps consacré à certaines activités, la proportion du budget global affectée aux ressources humaines, la rémunération totale versée au responsable des ressources humaines comparativement à celle versée aux responsables des autres fonctions, la perception que les gestionnaires se font du responsable du service des ressources humaines ainsi que la perception que ce dernier se fait de lui-même, sont des indicateurs de l'importance qu'accorde l'organisation à la fonction ressources humaines.

La position hiérarchique du service des ressources humaines reflète aussi l'importance que lui accorde l'organisation. Cela détermine aussi le nombre de rôles que le service des ressources humaines est appelé à jouer et les niveaux auxquels il va le faire. Pour que le service des ressources humaines puisse jouer ses quatre rôles avec la plus grande efficacité possible, la direction du service des ressources humaines doit se situer au sommet de la hiérarchie. En fait, dans beaucoup d'organisations canadiennes, la direction du service des ressources humaines occupe la seconde position dans la hiérarchie, généralement le niveau de vice-président et ce, au même titre que les vice-présidents à la production, au marketing ou aux finances. Cette position lui permet de participer directement à l'élaboration des politiques de gestion des ressources humaines et d'avoir le pouvoir et l'influence nécessaires à leur bonne application. Lorsque le service des ressources humaines occupe cette position, il peut exercer efficacement ses activités aux niveaux gestion, opérationnel et stratégique.

CENTRALISATION OU DÉCENTRALISATION?

Le choix d'une structure centralisée plutôt que décentralisée dépend de l'équilibre que l'on veut maintenir entre la présence du personnel du service des ressources humaines sur les lieux de travail et une application équitable et uniforme des politiques. Ce choix dépend aussi de l'équilibre entre les avantages d'embaucher des généralistes ou des spécialistes pour gérer les ressources humaines. La **centralisation** implique qu'un service unique est responsable de l'élaboration des politiques et de la prise de décision en matière de gestion des ressources humaines alors que la **décentralisation** signifie que la formulation des politiques et les décisions sont prises dans chacun des services, départements ou unités.

Les développements récents de la législation et de la réglementation en matière de gestion des ressources humaines exigent des compétences particulières pour en exercer avec efficacité les activités. Ce besoin de connaissances spécifiques a forcé les organisations à utiliser les services des spécialistes plutôt que des généralistes. On remarque aussi que certaines organisations, les plus grandes surtout, déplacent une partie de leur personnel de gestion des ressources humaines vers les autres services. Il existe donc une tendance à centraliser certaines activités de gestion des ressources humaines et à en décentraliser certaines autres.

Pour les activités de gestion des ressources humaines qui nécessitent une grande expertise, les organisations embauchent des spécialistes. Cependant, comme ils constituent une dépense assez importante, on essaie d'en limiter le nombre. Ce qui signifie qu'une organisation comprenant plusieurs plans ou divisions constituera un service des ressources humaines centralisé, situé au siège social. Pour les activités qui nécessitent moins d'expertise, on embauche des généralistes qui travaillent au sein des divisions, ce qui accroît l'autonomie de ces dernières. Donc, dans une grande entreprise, on aurait un service des ressources humaines composé de spécialistes et des services des ressources humaines au niveau des divisions formés de généralistes. Dans ce cas, le service central des ressources humaines sert deux objectifs:

— développer et coordonner les politiques de gestion des ressources humaines pour l'ensemble du personnel de l'organisation, y compris le siège social;

— exercer les activités de gestion des ressources humaines pour tous les employés du siège social.

Au fur et à mesure que les divisions prennent de l'expansion, elles engagent leurs propres spécialistes et administrent leur service des ressources humaines, comme une structure autonome. Ces spécialistes contribuent à assurer l'équité et l'uniformité d'application des politiques de gestion des ressources humaines pour l'ensemble des divisions.

QUI EST RESPONSABLE DE LA GESTION DES RESSOURCES HUMAINES?

Chaque membre de l'entreprise devrait être responsable de la gestion des ressources humaines. D'ailleurs, plus elle fera preuve d'ouverture et de capacité d'échange dans ses activités et ses politiques de gestion des ressources humaines, plus les gens partageront cette responsabilité.

Les gestionnaires. C'est aux gestionnaires, y compris la haute direction, assistés et conseillés par les spécialistes, que revient la responsabilité première de gérer efficacement les ressources humaines. Ces personnes ne sont pas spécialisées mais elles doivent assumer une pratique constante et journalière des activités de gestion des ressources humaines. Ce qui ne veut pas dire que les spécialistes du service des ressources humaines ne sont pas impliqués directement dans la pratique des activités mais plutôt qu'il doit y avoir des échanges continuels entre le service des ressources humaines et la hiérarchie de l'entreprise. Pour une plus grande efficacité, le service des ressources humaines doit aussi s'assurer du support de la haute direction; cette dernière influençant le nombre et la pratique de ses activités de gestion dans l'entreprise.

Les employés. Les employés et leur syndicat jouent un rôle de plus en plus important en gestion des ressources humaines. Par exemple, on demande aux employés de s'auto-évaluer ou d'évaluer le rendement de leurs collègues. Ils peuvent également participer à la détermination des objectifs et des critères à partir desquels leur rendement sera évalué. Parfois les employés écrivent leur propre description de poste et ils sont de plus en plus actifs dans la gestion de leur plan de carrière en étudiant leurs possibilités et leurs besoins. Le service des ressources humaines doit cependant les guider tout au long du processus et s'assurer de l'appui du syndicat.

LE PERSONNEL DU SERVICE DES RESSOURCES HUMAINES

Le responsable du service des ressources humaines peut être un gestionnaire expérimenté qui occupe déjà un poste important dans l'organisation. On peut l'attirer au service des ressources humaines en lui offrant un salaire supérieur. S'il accepte, la crédibilité et l'autorité du service s'en trouveront améliorées. Toutefois, pour oeuvrer au sein d'un service des ressources humaines certaines qualités sont indispensables.

QUALITÉS SPÉCIFIQUES

Le responsable du service des ressources humaines. La personne responsable du service des ressources humaines doit être capable d'organiser et de maintenir à jour un système d'information intégré permettant de prévoir les problèmes, proposer une gamme de solutions et finalement choisir et appliquer la meilleure solution. Cette personne doit aussi être innovatrice et agressive, c'est-à-dire prête à prendre les risques associés à la prise de décision, être capable de vendre ses idées, faire du « lobbying » et prôner l'humanisation de l'organisation. De plus, elle doit choisir et former adéquatement le personnel dont elle aura besoin pour le bon fonctionnement du service. Finalement, la personne responsable du service des ressources humaines doit être capable de créer un climat de coopération au sein de l'organisation.

Les généralistes en gestion des ressources humaines. Quelles qualités exige-t-on des généralistes en gestion des ressources humaines et d'où viennent-ils? Les chefs linéaires sont une source importante de candidats qualifiés pour le service des ressources humaines. Ces personnes, en tant que généralistes, vont permettre au service des ressources humaines de connaître le langage, les besoins et les exigences des chefs linéaires. Le service des ressources humaines pourra alors jouer plus efficacement son rôle auprès de ces derniers. Les employés non-cadres constituent aussi une source importante de candidats car ils peuvent fournir de l'information pertinente sur les attentes et le comportement des employés. Certains d'entre eux sont très efficaces en gestion des ressources humaines.

Les généralistes devraient posséder les mêmes qualités que les spécialistes. On s'attend toutefois à ce que leur formation soit moins avancée. Ils doivent cependant présenter une connaissance générale des activités de gestion des ressources humaines et être capables d'acquérir des connaissances spécialisées si cela s'avère nécessaire.

Les spécialistes en gestion des ressources humaines. Le spécialiste doit posséder des connaissances approfondies dans son domaine et être conscient de l'interdépendance de sa spécialité avec les autres activités reliées à la gestion des ressources humaines. Il doit bien connaître l'organisation pour laquelle il travaille et la place qu'occupe le service des ressources humaines au sein de celle-ci. Le nouveau venu devrait commencer par se faire une idée de la réalité culturelle et politique de l'organisation. Il doit aussi se rappeler que celle-ci n'est pas un laboratoire d'expérimentation et que le but premier de l'organisation n'est pas la promotion de la gestion des ressources humaines. Les universités constituent une source importante de spécialistes qui peuvent exercer à peu près n'importe quelle activité de gestion des ressources humaines. Les candidats qualifiés proviennent des programmes spécialisés en droit, en psychologie du personnel, en relations industrielles et relations de travail, en gestion des ressources humaines, en « counselling », développement organisationnel ou encore en sciences de la santé.

CARRIÈRE EN GESTION DES RESSOURCES HUMAINES

La gestion des ressources humaines offre des possibilités de carrière intéressantes. Il existe différentes catégories d'emplois dont certaines sont très bien rémunérées. Il suffit de consulter régulièrement la rubrique « Carrières et Professions » des journaux **La Presse**, **Le Soleil** ou **Le Devoir** pour le constater. On attribue également à cette discipline un niveau élevé de professionnalisme.

LE PROFESSIONNALISME EN GESTION DES RESSOURCES HUMAINES

La gestion des ressources humaines est une profession respectée. Les praticiens dans ce domaine doivent faire preuve de professionnalisme, c'est-à-dire respecter un ensemble de règles et de devoirs professionnels auxquels ils se soumettent volontairement ou qui leur sont imposés par l'association ou la corporation dont ils sont membres. Généralement, on exige des professionnels qu'ils respectent les règles suivantes:[19]

— protéger les intérêts du public même s'ils ne vont pas dans le sens des préférences de l'employeur;

— étudier à fond les problèmes qui lui sont soumis et entreprendre toutes les recherches que nécessite un service de qualité supérieure;

— s'imposer des règles sévères d'honnêteté et d'intégrité personnelle dans l'ensemble des activités reliées à sa profession;

— considérer l'impact de ses actions ou recommandations sur les intérêts personnels, le bien-être et la dignité des employés;

— le praticien doit s'assurer que l'organisation qu'il représente respecte l'intérêt public et la dignité des employés.

Compte tenu des exigences rattachées à ces règles et devoirs, on peut affirmer que les professionnels canadiens manquent d'expérience et ne sont pas suffisamment formés. Il existe pourtant plusieurs collèges et universités au Canada et au Québec, (École des relations industrielles de l'Université de Montréal, Département des relations industrielles de l'Université Laval, pour ne nommer que celles-ci), qui offrent de solides programmes de formation en gestion des ressources humaines. Cependant, on sait qu'un responsable du service des ressources humaines sur trois possède un diplôme universitaire. On note toutefois une certaine amélioration puisqu'il y a 10 ans, la proportion était de un sur cinq[20].

ASSOCIATION OU CORPORATION PROFESSIONNELLE

Au Canada, l'adhésion à une association ou à une corporation professionnelle est facultative. Donc, même si l'on reconnaît qu'une formation supérieure est essentielle pour exercer dans ce domaine, n'importe qui possédant un minimum de connaissances, peut s'improviser spécialiste en gestion des ressources humaines, ce qui n'est pas le cas cependant pour les membres des associations ou corporations professionnelles.

Au Québec, l'association des professionnels en ressources humaines du Québec (APRHQ) et la Corporation des conseillers en relations industrielles (CRI) constituent les deux plus importants regroupements de professionnels des ressources humaines.

L'APRHQ regroupe des cadres en gestion des ressources humaines de tous les secteurs d'activités économiques. Cette association fondée en 1934 comprend aujourd'hui plus de 1000 membres représentant environ 500 organismes privés, publics, coopératifs et mixtes du Québec.

Les membres de l'association doivent occuper un poste à temps plein en gestion des ressources humaines, détenir un diplôme universitaire de 1er cycle et avoir trois années d'expérience en gestion des ressources humaines ou encore, un combinaison d'expérience et de diplôme ou certificat jugée équivalente par le comité d'admission.

Le mandat de l'APRHQ est d'informer ses membres des nouvelles tendances et techniques de leur profession, de leur offrir la possibilité d'accroître leurs connaissances, de promouvoir l'avancement et le rayonnement de la fonction ressources humaines et de servir de porte-parole des professionnels en ressources humaines auprès des divers paliers gouvernementaux.

L'APRHQ offre plusieurs activités à ses membres, entre autres des colloques, des groupes de discussion, des conférences annuelles et des représentations auprès de gouvernements et publie divers documents à l'usage de ses membres. Les colloques sont des outils de formation et de perfectionnement au cours desquels on aborde des sujets aussi variés que l'application des lois et règlements et les théories récentes en matières de gestion des ressources humaines. Les groupes de discussion sont des rencontres au cours desquelles les membres échangent leurs avis sur différents aspects pratiques et théoriques. Lors des conférences, des experts canadiens et étrangers viennent présenter aux membres des sujets d'actualité et des nouvelles tendances. L'association publie aussi un document pour informer ses membres des développements importants dans leur domaine. Des articles signés par des experts et des spécialistes abordent l'impact des lois et les tendances qui se profilent.

Le titre de conseiller en relations industrielles (CRI) est réservé à ceux qui détiennent un diplôme universitaire de 1er cycle en relations industrielles ou une équivalence de formation académique ou encore à ceux qui ont à leur crédit une combinaison d'expérience et de connaissances professionnelles en relation avec le domaine et jugée comme acceptable par un comité d'admission.

La Corporation professionnelle des conseillers en relations industrielles du Québec a été fondée en 1963 et compte actuellement environ 1200 membres. Le mandat de la Corporation est de promouvoir la connaissance des règles de l'art d'établir, de maintenir et de modifier les relations entre employés, entre employeurs ou entre employeurs et employés. Face au public, la Corporation doit: — assurer la protection du public, — être assujettie à un code de déontologie, — faire connaître l'importance des implications humaines, sociales, économiques et politiques des relations du travail, — respecter le libre exercice du droit d'association. Face à ses membres, le mandat de la Corporation est de: — promouvoir la formation professionnelle, — offrir un milieu de vie professionnelle où les agents des milieux syndical, patronal, universitaire et gouvernemental ont des occasions d'échanger, de se connaître et de mieux comprendre leurs mandats respectifs, — dispenser une gamme de services correspondant aux besoins et attentes des membres. En gestion des ressources humaines, la Corporation exerce ses activités principalement dans le domaine des relations patronales-syndicales, de la formation et de la santé et la sécurité du travail. Les autres champs d'exercice de la Corporation sont les bureaux-conseils, la recherche, l'enseignement, l'arbitrage des griefs et des différends ainsi que la conciliation et la médiation.

RÉSUMÉ

Dans ce chapitre, nous nous sommes intéressés à l'importance croissante des activités de gestion des ressources humaines. À cause de leur complexité, presque toutes les entreprises se dotent d'un service des ressources humaines. Dépendamment du rôle qu'il joue dans l'entreprise, il s'acquittera d'un plus ou moins grand nombre d'activités. Nous avons vu que le service des ressources humaines peut jouer quatre rôles dans l'entreprise consciente de l'importance de ses activités. Souvent, dans ces cas, le service des ressources humaines aura démontré préalablement à quel point ses activités influencent la productivité, la qualité de vie au travail et le respect de la législation et de la réglementation du travail. En somme, le service des ressources humaines opère alors aux trois niveaux de l'entreprise: stratégique, opérationnel et de gestion en plus de jouer ses quatre rôles pour aider l'entreprise à atteindre ses objectifs.

Dans les chapitres suivants, nous discuterons en détails des activités de gestion des ressources humaines. Chaque chapitre comporte aussi des références qui vous guideront dans le choix de lectures complémentaires pour approfondir certains aspects qui vous intéressent particulièrement.

QUESTIONS À DISCUTER

1. Pourquoi la gestion des ressources humaines devient-elle de plus en plus importante dans les organisations?
2. Résumez brièvement les activités de gestion des ressources humaines?
3. Qu'entendons-nous par relations systémiques entre les activités de gestion des ressources humaines?
4. Quels sont habituellement les objectifs de l'organisation et comment la gestion des ressources humaines peut-elle avoir un impact sur ces objectifs?
5. Quelles sont les tendances et déséquilibres qui influencent présentement et continueront d'influencer les activités de gestion des ressources humaines au cours de la prochaine décennie?
6. Identifiez et décrivez les quatre rôles du service des ressources humaines et expliquez pourquoi plus le service joue de rôles plus il est efficace pour l'organisation?
7. Pourquoi est-il important d'évaluer les activités de gestion des ressources humaines?
8. Que signifie l'expression « un gestionnaire efficace est proactif »?
9. Quels sont les avantages pour toute organisation d'avoir un service des ressources humaines efficace?
10. Quelle est la différence entre un généraliste et un spécialiste en gestion des ressources humaines?

II

Planification des ressources humaines et des emplois

2

Planification

Actualité

PROJET-WINDSOR

Chez Domtar, préparer l'avenir c'est réaliser le projet Windsor. Le 9 décembre 1983, Domtar annonce un projet totalisant une mise de fonds de 1,2 milliard de dollars. Le 7 juin 1985 marquait l'inauguration officielle du chantier de construction du complexe de papiers fins de Domtar à Windsor au Québec.

À quelques kilomètres de Sherbrooke s'élève la municipalité de Windsor, population de cinq mille habitants. C'est ce qu'on appelle « a company's town ». L'usine Domtar existe depuis 1857. On y fabrique des papiers fins et des papiers de type Kraft.

La vieille usine où oeuvrent plus de huit cents personnes souffre d'un écart technologique important. De là, la décision de construire tout à côté une nouvelle usine des plus modernes, compétitive sur le marché international des papiers fins.

En 1950, on fabriquait quatre-vingt tonnes par jour à Windsor. Présentement, on produit un peu plus de trois cents tonnes. Lors du démarrage de la première phase en 1987, on se rendra à plus de six cents tonnes pour atteindre mille tonnes par jour avec la phase II en 1989. Pour le personnel sur place, c'est une quasi-révolution. Pour accomplir le tout, il n'y aura pas d'augmentation du nombre d'employés, mais un programme de formation des plus ambitieux a déjà été mis sur pied.

C'est à l'usine, c'est-à-dire sur place, que la direction s'engage à former le personnel existant. Lucien Parent, ingénieur, directeur de l'usine, va chercher Pierre-Paul Gingras et crée le poste de surintendant, planification des ressources humaines et développement organisationnel.

Le projet est énorme: on parle d'un budget total de formation de plus de quinze millions d'ici 1990. Sur ce chiffre, douze millions seront consacrés à la phase I (1985-1987).

Pierre-Paul Gingras étudie la situation avec la direction. Ce qui est important à noter, c'est qu'il n'existe aucune structure de formation. De plus, on parle d'un nombre élevé de personnes à former (près de cinq cents) et des craintes de plusieurs sur leurs capacités personnelles. De façon générale, les employés ont beaucoup d'ancienneté. Alors que fait-on, quelle orientation prendre pour former tout ce monde? Il est décidé de former les employés par l'interne, c'est-à-dire avec une équipe sur place. Il se construit alors l'équipe de formation et on procède au choix des instructeurs.

En 1985, le programme est planifié, les postes analysés et la répartition du travail terminée. En janvier 1986, on s'attaque à la production du matériel de formation qui se termine en septembre 1986. En 1986, les instructeurs sont formés et les cours sont prêts. De septembre 1986 à juillet 1987, chaque employé recevra de six à quinze semaines de cours (dépendant des responsabilités de chacun). Il ne faut pas oublier qu'on forme tous les employés de production sur trois postes différents, le sien et deux postes supérieurs. On attachera beaucoup d'importance à l'évaluation et au suivi quotidien de chaque stagiaire.

Source: Bonneville, M., « Projet-Windsor », Magazine Ressources Humaines maintenant appelé AVENIR Votre Magazine Ressources Humaines, no 15, septembre 1986, p. 16-17. Reproduit avec autorisation.

Bien sûr, le cas Windsor illustre un programme de planification des ressources humaines de grande envergure voire exceptionnel. Toutes les entreprises ne font pas toujours face à de telles situations. Il n'en demeure pas moins que la planification est au coeur d'une gestion efficace des ressources humaines et qu'elle exige des efforts constants de la part des planificateurs. Nous étudierons dans ce chapitre les objectifs et l'importance de cette activité ainsi que le processus de planification des ressources humaines. Nous analyserons aussi les principaux changements susceptibles de l'influencer au cours des années 1990.

PLANIFICATION

La **planification** constitue la première étape d'une politique efficace de gestion des ressources humaines. Plus précisément, elle consiste à prévoir les déséquilibres entre les disponibilités et les besoins de l'organisation en personnel de toute catégorie et à planifier les activités inhérentes au processus d'élaboration et d'instauration de politiques et de programmes qui ont pour but de s'assurer que l'organisation disposera des effectifs dont elle a besoin et ce, au moment et où elle en aura besoin. Par conséquent, la planification des ressources humaines est étroitement liée à la planification stratégique de l'organisation. C'est pourquoi elle constitue d'ailleurs l'activité de gestion des ressources humaines dont l'intégration à la gestion stratégique de l'organisation est la plus rapide et la plus importante[1]. Cela signifie qu'elle aide l'organisation à rencontrer ses objectifs financiers, de production, de diversification, d'introduction de nouvelles technologies ou d'utilisation efficace de toutes les ressources dont elle a besoin pour assurer sa production. La planification stratégique se fait souvent avec le concours du responsable de la planification des ressources humaines. La collaboration de ce dernier consiste à définir les structures de travail et à déterminer le nombre d'employés requis en tenant compte des contraintes financières et du niveau de production souhaité. Après avoir bien identifié les résultats recherchés, il ne reste qu'à élaborer les programmes qui permettront de développer ces structures et d'embaucher le personnel nécessaire.

OBJECTIFS ET IMPORTANCE DE LA PLANIFICATION

Le premier objectif de la planification des ressources humaines est de prévoir les besoins de main-d'oeuvre pour toutes les catégories occupationnelles et d'élaborer à cette fin des programmes qui obtiennent le consensus de tous les gestionnaires et ce, dans l'intérêt des individus et de l'organisation. Elle permet aussi de réduire les dépenses associées aux taux de roulement et d'absentéisme, à une faible productivité et à une formation inadéquate de la main-d'oeuvre. De façon plus spécifique, les objectifs de la planification des ressources humaines sont:

- réduire les coûts de main-d'oeuvre en prévoyant les pénuries et les surplus de main-d'oeuvre pour les corriger avant qu'ils ne deviennent plus coûteux et difficiles à gérer;
- fournir une source d'informations pour l'élaboration de programmes de formation et de perfectionnement des employés qui permettront une utilisation maximale de leur potentiel;
- améliorer le processus de planification stratégique de l'organisation;
- offrir des opportunités de carrière aux femmes et aux minorités en identifiant bien leurs aptitudes et leurs qualifications;

- sensibiliser tous les niveaux hiérarchiques à l'importance d'une saine gestion des ressources humaines;
- fournir un outil pour évaluer les effets de différents programmes de planification des ressources humaines.

Il est désormais plus facile d'atteindre ces objectifs grâce aux systèmes informatiques. Cette technologie permet de compiler un plus grand nombre de données sur chaque employé pour mettre au point un système d'information sur les ressources humaines (SIRH). Nous décrirons ultérieurement un tel système. Les données ainsi rassemblées comprennent les caractéristiques, les préférences et les expériences de travail des employés ainsi que des informations sur les emplois existant dans l'organisation.

Plusieurs changements environnementaux et organisationnels sont responsables de l'importance croissante de la planification. Ces changements nécessitent des plans de gestion des ressources humaines plus orientés vers l'avenir, faciles à comprendre et à intégrer. Cette perspective est basée sur plusieurs principes fondamentaux: (1) les coûts associés à la gestion des ressources humaines sont un investissement plutôt qu'une dépense; (2) la gestion des ressources humaines est proactive plutôt que réactive et passive; (3) une vision du rôle de la planification des ressources humaines plus orientée vers l'avenir car le service des ressources humaines exerce un contrôle plus étroit sur l'acquisition des ressources humaines; (4) un lien explicite entre la planification des ressources humaines et les autres activités de l'organisation comme la planification stratégique, les prévisions économiques, le marché du produit, la planification des investissements et de la production; (5) les activités de gestion des ressources humaines telles que le recrutement, la sélection, la formation, la rémunération et les relations de travail doivent être perçues comme des activités interreliées plutôt qu'indépendantes; (6) l'accent est mis sur les objectifs des individus et de l'organisation.

La législation du travail et les mesures prises par les gouvernements en vue d'encourager et de promouvoir l'équité en emploi constituent le premier facteur responsable de l'importance croissante de la planification des ressources humaines. Les provinces canadiennes ont dû légiférer sur des aspects du travail tels que l'égalité des salaires, la sécurité d'emploi, la santé et la sécurité du travail pour répondre aux pressions exercées par le Bureau International du travail, le monde syndical et les travailleurs en général.

Les déséquilibres structurels sont un autre facteur responsable de l'importance croissante de la planification des ressources humaines. D'une part, on prévoit à la fois une demande de travail élevée dans certains secteurs d'activités (entre autres, fabrication d'outils et équipements) et une demande très faible dans d'autres secteurs d'activités (entre autres, construction navale, industrie du textile, sports et loisirs et industrie forestière). D'autre part, il est difficile de se procurer certaines catégories de main-d'oeuvre alors que persistent des surplus dans d'autres catégories professionnelles. Par exemple, dans le secteur des technologies de pointe, on fait face actuellement à une pénurie d'ingénieurs pour la recherche sur le laser. Comme nous en avons discuté au chapitre 1, il existe aussi un déséquilibre entre les tranches d'âge dans la population active. En effet, le groupe des 35-44 ans s'accroît plus rapidement que le nombre d'emplois disponibles. Ces personnes seront alors confrontées à un revenu relativement stable et à une forte rivalité avec les autres travailleurs.

De plus, les nouvelles possibilités de pré-retraite offertes aux employés entraînent des changements dans la quantité de travail demandée par les organisations. Comme les travailleurs peuvent maintenant prendre une pré-retraite à partir de 50 ans ou travailler jusqu'à 70 ans, on s'attendait à ce que les travailleurs abandonnent le marché du travail plus rapidement. Mais tel ne fut pas le cas, au contraire, ils conservent leur emploi plus longtemps. Cet effet, jumelé à la protection assurée aux employés par les chartes des droits de la personne, oblige les entreprises à consacrer plus de temps à la gestion des travailleurs plus âgés.

La désuétude des qualifications est un autre facteur qui accroît l'importance de planifier les besoins en ressources humaines. Les rapides changements technologiques nécessitent une remise à jour constante des connaissances des professionnels, ingénieurs et gestionnaires de toutes catégories. Il faut donc absolument leur offrir l'accès à la formation continue. Il est cependant très difficile pour l'entreprise d'identifier ces problèmes. Le processus de planification des ressources humaines pourra être utilisé à cette fin.

L'expansion et la diversification des organisations rendent aussi la planification des ressources humaines plus importante. La structuration des entreprises multinationales est souvent affectée par les difficultés associées au transfert des employés et par les différences culturelles entre les services de gestion et leur personnel.

L'investissement que constituent les employés pour toute organisation est un motif suffisant pour planifier efficacement les ressources humaines. Le capital humain, contrairement à tout autre capital, peut accroître sa valeur. Par exemple, un employé qui développe ses habiletés et ses aptitudes devient une ressource d'une plus grande valeur pour l'organisation. Puisque l'organisation investit dans la formation de son personnel, il importe qu'elle maximise l'utilisation de ce potentiel. Bien sûr, la valeur monétaire d'une main-d'oeuvre bien formée, flexible, motivée et productive est difficile à déterminer même si plusieurs essais ont été tentés dans ce sens.[2]

Un autre phénomène responsable de l'importance accrue de la planification des ressources humaines est la résistance des employés au changement et à la relocalisation. Comme les dirigeants mettent de plus en plus l'accent sur l'auto-contrôle, la loyauté et le dévouement envers l'entreprise, il importe qu'ils planifient leurs besoins en effectifs de façon à ne pas avoir à transférer arbitrairement les employés.

Tous les phénomènes dont nous venons de discuter ont renforcé l'importance de la planification des ressources humaines. Dans ce chapitre, nous analysons les activités qui y sont reliées en commençant par les techniques de prévision des besoins et disponibilités et les interrelations de la planification avec les autres activités de gestion des ressources humaines.

INTERRELATIONS ENTRE LA PLANIFICATION ET LES AUTRES ACTIVITÉS DE GESTION DES RESSOURCES HUMAINES

La planification influence toutes les activités de gestion des ressources humaines. Deux d'entre elles sont cependant plus affectées. Il s'agit de l'acquisition des ressources humaines et de la planification des carrières. Cette relation est illustrée à la figure 2.1.

L'acquisition des ressources humaines. La planification des ressources humaines permet de déterminer les besoins et les disponibilités de l'entreprise en personnel. Utilisée conjointement avec l'analyse de postes, elle détermine la catégorie occupationnelle et la quantité de main-d'oeuvre que l'entreprise doit embaucher. Comme le recrutement influence la banque de candidats potentiels, laquelle en retour influence la sélection et l'orientation du personnel, la planification peut être perçue comme un apport majeur au processus d'acquisition des ressources humaines. Nous développerons cette relation ultérieurement, au chapitre consacré au recrutement et à la sélection.

Figure **2.1**   **Les interrelations entre la planification et les autres activités de gestion des ressources humaines**

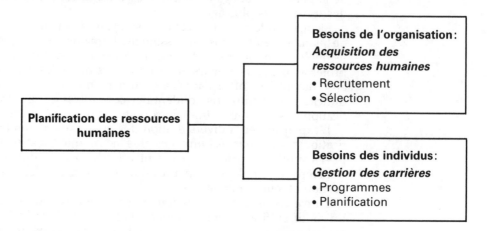

La gestion des carrières.   La planification des ressources humaines facilite la gestion des carrières en aidant l'organisation à conserver des employés compétents et en actualisant leurs connaissances. Elle permet non seulement d'identifier les besoins de formation mais aussi les employés pour lesquels l'investissement en formation sera le plus rentable pour l'organisation et l'individu.

Toutes ces politiques jouent un rôle important parce qu'elles servent à établir la main-d'oeuvre disponible et par conséquent déterminer les besoins en nouveaux employés. Par exemple, si la planification des ressources humaines et la planification des carrières permettent de réduire l'absentéisme et le roulement du personnel, l'organisation bénéficiera d'une plus grande réserve de personnel qualifié et de ce fait devra recruter moins de nouveaux employés.

QUATRE PHASES DU PROCESSUS DE PLANIFICATION DES RESSOURCES HUMAINES

La planification des ressources humaines consiste à déterminer les besoins en ressources humaines de l'organisation, c'est-à-dire identifier l'offre et la demande de main-d'oeuvre. Même si ces estimations sont particulièrement importantes, jusqu'à maintenant plusieurs organisations ne réalisaient pas l'utilité de s'engager dans un tel processus. Les quatre phases de ce processus sont les suivantes:

1. collecter et analyser les données pour dégager des prévisions sur l'offre et la demande de personnel et créer un système d'information sur les ressources humaines.
2. élaborer les objectifs et les politiques de ressources humaines et obtenir l'approbation et le support de la haute direction.
3. concevoir et développer des politiques et des programmes de recrutement, de formation et de promotion qui permettront à l'organisation d'atteindre ses objectifs en ressources humaines.
4. contrôler et évaluer les politiques et les programmes afin de mieux atteindre les objectifs du processus de planification.

La figure 2.2 illustre les interrelations entre les différentes phases du processus de planification.

Figure **2.2**   **Le processus de planification des ressources humaines**

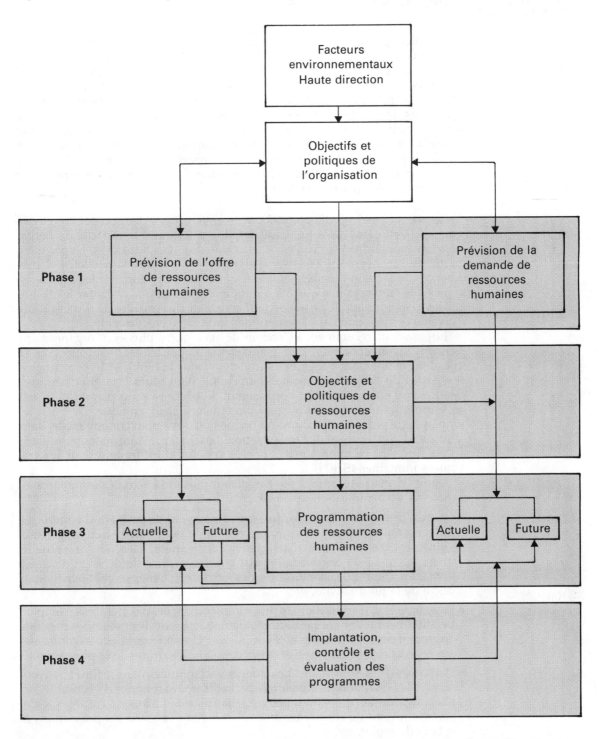

Source: Adaptation de G.W. Vetter, Manpower Planning for High Talent, Bureau of Industrial Relations, Graduate School of Business Administration, University of Michigan, 1967, p. 29. Utilisée avec autorisation.

La première phase consiste à accumuler des données qui peuvent être utilisées pour préciser les objectifs et les politiques de l'organisation ainsi que ceux relatifs aux ressources humaines. Tel qu'illustré à la figure 2.2, l'inventaire et la prévision des besoins en personnel seront par la suite influencés par ces objectifs et politiques. D'ailleurs, l'interrelation entre les divers éléments du processus de planification des ressources humaines facilite la connaissance de la situation actuelle et des besoins futurs. La figure 2.3 illustre les cinq étapes de la phase 1 de ce processus et l'importance de leur contribution à sa réussite. Lors de la première étape, on procède à l'analyse de l'état des ressources humaines à un moment donné dans l'organisation. Cette première étape comprend quatre volets.

L'analyse. L'analyse débute par un inventaire de la main-d'oeuvre et des emplois. Cette analyse est essentielle pour déterminer la capacité de l'organisation à répondre à ses futurs besoins en ressources humaines. La première partie de cet inventaire consiste à identifier les aptitudes, habiletés et préférences de la main-d'oeuvre et la deuxième partie à connaître les caractéristiques des emplois ainsi que les aptitudes requises pour effectuer les tâches reliées à ces emplois[3]. Une mise à jour constante de l'analyse de postes facilite l'inventaire ainsi que l'appariement des individus avec les emplois.

Jusqu'à tout récemment et encore de nos jours, plusieurs organisations tiennent les inventaires à jour manuellement. Toutefois, beaucoup d'entre elles font maintenant usage de l'ordinateur pour inventorier le personnel et les postes de l'organisation. La compilation peut alors être effectuée avec beaucoup d'efficacité. Avec l'ordinateur, le processus de planification des ressources humaines est beaucoup plus intégré et dynamique. De plus, les employés de plusieurs divisions ou régions du pays peuvent être inclus dans le réseau d'appariement de l'organisation. Les systèmes informatiques utilisés à cette fin sont communément appelés **système d'information sur les ressources humaines (SIRH)**.[4]

Un SIRH peut être utilisé pour effectuer plusieurs activités inhérentes au processus de planification des ressources humaines:

- La planification et l'analyse des caractéristiques de la main-d'oeuvre. Le SIRH accroît le volume de coordonnées qu'on peut enregistrer sur les individus: âge, sexe, niveau d'instruction, ancienneté, race, etc. Éventuellement, le cumul de ces données peut faciliter la prise de décision dans des domaines comme la planification des carrières, l'analyse coût-bénéfice, le calcul de la productivité, etc.

- La gestion et la planification de programmes d'égalité des chances en emploi. Le SIRH peut aider l'organisation à mettre au point des politiques d'égalité en emploi pour les femmes et les minorités. Cela lui permet de se conformer aux législations canadienne et québécoise sur les droits de la personne.

- Les scénarios prévisionnels. Les données accumulées dans le SIRH peuvent servir à l'élaboration de scénarios alternatifs pour identifier d'éventuels surplus ou pénuries de main-d'oeuvre, ébaucher des plans de carrières, comparer le niveau de recrutement passé et à venir, prévoir les promotions et le taux de roulement, etc.

- L'évaluation des programmes et de la productivité. Le SIRH peut servir à mesurer les effets des programmes de formation et d'amélioration de la productivité à l'aide de diverses méthodes d'évaluation du rendement.

Figure **2.3**   **Les étapes de la planification et de la programmation des ressources humaines**

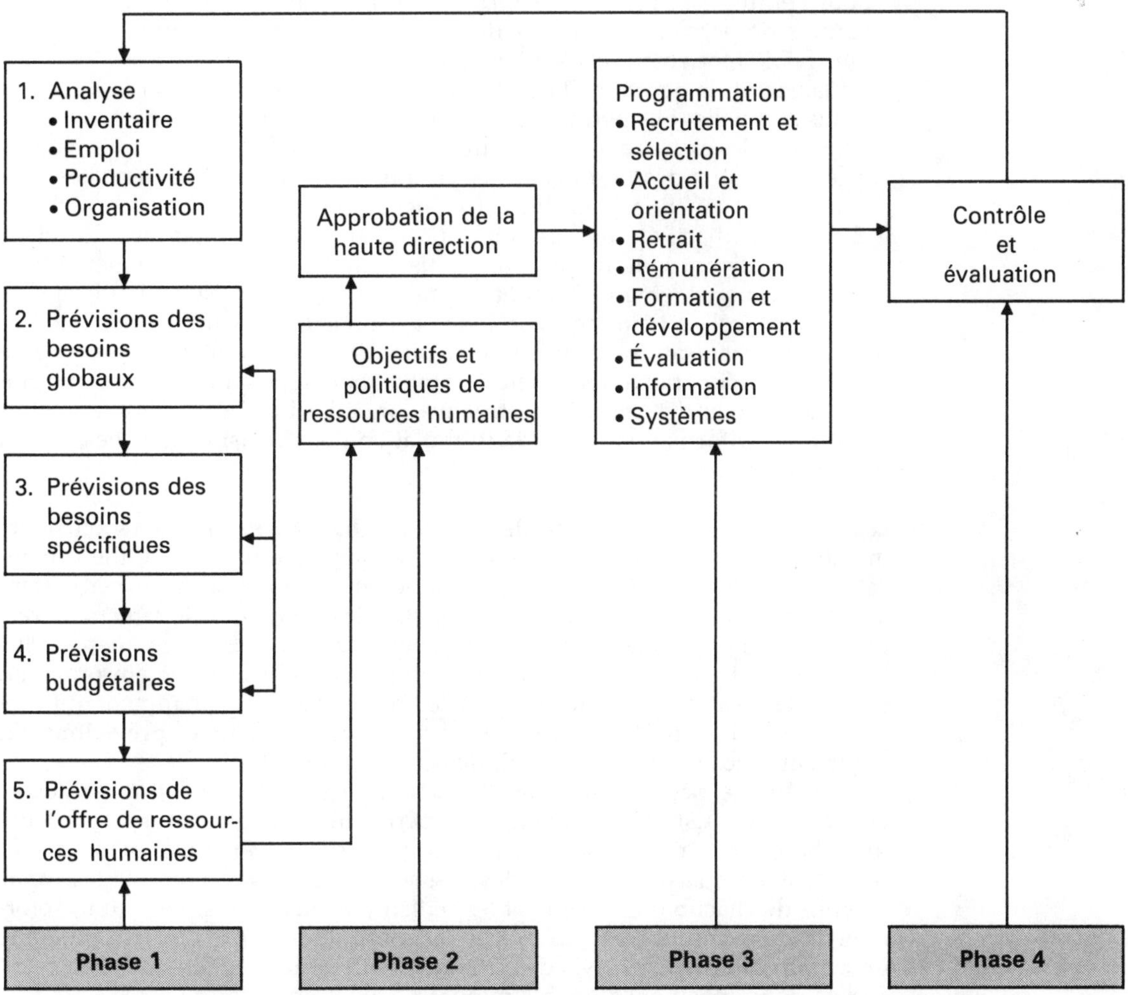

Source: Adaptation de G.W. Vetter, Manpower Planning for High Talent, Bureau of Industrial Relations, Graduate School of Business Administration, University of Michigan, 1967, p. 34. Utilisée avec autorisation.

Deuxièmement, l'analyse sert à examiner l'évolution de la composition de la main-d'oeuvre disponible sur le marché du travail. On base souvent ces analyses sur les groupes salariaux, industriels et occupationnels. Les données historiques sur la composition de la main-d'oeuvre de même que les données démographiques et économiques servent à des fins de projection. Même si ces projections ne sont pas spécifiques à l'organisation, elles peuvent lui fournir des informations utiles pour la planification des ressources humaines, particulièrement pour ses besoins à long terme.

■ Une troisième utilité de l'analyse est de vérifier les variations de la productivité et de prévoir sa croissance, en calculant le taux de roulement et d'absentéisme et en projetant les changements. Il va sans dire que cette étape est importante car la productivité influence les besoins en personnel de l'entreprise. Ces projections peuvent aussi faire ressortir la nécessité d'étudier les causes de l'absentéisme ou du taux de roulement et favoriser le développement de stratégies pour y remédier. Il ne faut toutefois pas oublier que, dans certaines situations, le roulement du personnel est avantageux pour l'entreprise. Par exemple, dans l'éventualité où celle-ci fait face à un surplus de personnel, un taux de roulement élevé des employés ayant le plus faible rendement est souhaitable.

Finalement, la dernière étape de l'analyse consiste à examiner la structure organisationnelle. Elle permet de déterminer la taille de chaque niveau hiérarchique pour les cadres et les non-cadres. De plus, elle fournit des informations sur les variations des besoins en ressources humaines, sur les activités spécifiques et les fonctions sensibles aux fluctuations.

Le secteur d'activité de l'organisation est un facteur important. En effet, les organisations sont de plus en plus complexes technologiquement et évoluent dans un environnement lui-même de plus en plus complexe. Par conséquent, cela a tendance à se refléter dans leur structure respective. Les nouvelles organisations comprennent plus de services et une plus grande diversité d'occupations. La sphère d'activité joue donc un rôle important non seulement pour déterminer la structure organisationnelle mais aussi pour fournir de l'information utile à la formulation des prévisions des besoins en ressources humaines.

Les prévisions de la demande de ressources humaines. Il existe plusieurs méthodes pour prévoir la demande de ressources humaines d'une organisation. Qu'elles soient simples ou complexes, ces méthodes ne permettent que d'obtenir des approximations. La qualité des prévisions dépend de l'exactitude des renseignements et de la probabilité de prévoir les événements. Plus la période est courte, plus les événements sont prévisibles et l'information exacte. Deux catégories de techniques de prévision sont fréquemment utilisées pour prévoir la demande de ressources humaines. Ce sont les **prévisions par jugement** et les **méthodes statistiques conventionnelles**.

La méthode par jugement la plus couramment utilisée est la **technique Delphi** qui consiste à regrouper des experts qui présentent tour à tour leurs hypothèses et leurs prévisions. Un intermédiaire, souvent en la personne du responsable de la planification des ressources humaines, compile les informations de chacun d'entre eux et les redistribue aux autres pour qu'ils reformulent leurs hypothèses. Le processus continue jusqu'a ce qu'on obtienne un certain consensus. L'avis des experts peut être homogène ou refléter une variété de propositions dépendamment de leurs positions.

La technique Delphi s'est montrée plus fiable que la régression linéaire pour des prévisions couvrant une période d'un an[5]. Elle a cependant ses limites, (par exemple, il peut être difficile d'intégrer les opinions des experts) mais est néanmoins utile pour faire des prévisions sur des aspects tels que la planification des ressources humaines.

Une méthode qui se rapproche de la technique Delphi est la **technique de groupement nominal**. Plusieurs personnes se retrouvent au tour d'une table et mettent par écrit la liste de leurs idées. Après 10 minutes, elles expriment tour à tour leurs idées au groupe. Les idées sont inscrites sur de grandes feuilles pour que chacun puisse en prendre connaissance facilement et s'y référer plus tard au cours de la session.

Même si les deux techniques sont similaires par leur processus, la technique Delphi est plus fréquemment utilisée pour faire des prévisions alors que la technique de groupement nominal sert surtout à identifier les problèmes courants et à trouver des solutions potentielles à ces problèmes.

La conduite d'une enquête auprès des cadres est une méthode couramment utilisée pour prévoir la demande de ressources humaines. La technique de **prévision du gestionnaire** consiste à demander à chacun des cadres de l'organisation de transmettre les besoins éventuels de main-d'oeuvre pour son service.

Parce que les méthodes basées sur le jugement sont moins complexes et nécessitent moins de données que les méthodes statistiques, leur utilisation semble dominer. Les méthodes statistiques les plus couramment utilisées sont la régression linéaire simple et la régression linéaire multiple. Ces méthodes tiennent compte de facteurs influençant la demande de travail. Avec **l'analyse de régression linéaire simple**, les prévisions des besoins en main-d'oeuvre se font à l'aide de deux variables: le niveau d'embauche antérieur et une autre variable reliée à l'embauche, telle que le volume des ventes. Si on réussit à préciser le lien entre le volume des ventes et l'embauche, les prévisions de ventes peuvent servir à déduire les prévisions des besoins en main-d'oeuvre. Toutefois, cette relation peut être influencée par un phénomène d'apprentissage. Par exemple, le volume des ventes peut doubler, mais le personnel nécessaire ne doublera pas. Et si les ventes doublent encore, la quantité de travail nécessaire correspondant à cette nouvelle hausse peut être inférieure à la première. On peut déterminer une courbe logarithmique d'apprentissage. Une fois celle-ci déterminée, les prévisions des besoins en main-d'oeuvre se font avec plus de précision.

L'analyse de régression linéaire multiple est une extension de l'analyse de régression linéaire simple. Plutôt que de relier l'embauche à une autre variable, on utilise plusieurs variables. Par exemple, en plus d'utiliser les ventes pour prédire les besoins en personnel, des données sur la productivité peuvent être mises à profit. Parce qu'elle considère plusieurs variables reliées à l'embauche, la régression multiple donne des prévisions plus précises que la régression simple. Il semble cependant que seules les grandes organisations utilisent l'analyse de régression multiple.

D'autres techniques statistiques servent à prédire les besoins en main-d'oeuvre comme les ratios de productivité, les ratios de personnel, les séries chronologiques et l'analyse stochastique. Peu de recherches ont été effectuées sur l'usage de ces techniques en planification des ressources humaines.

Même si la plupart des techniques précédentes servent à prévoir les besoins en ressources humaines pour l'ensemble de l'organisation, la technique de **prévision de demande spécifique de travail** est couramment utilisée. Cette technique consiste à utiliser les prévisions préparées dans chacun des services. On compile alors les résultats et on les compare avec les prévisions d'ensemble. Si les résultats sont sensiblement différents, cela permet à l'organisation de s'ajuster immédiatement. Évidemment, chaque section peut utiliser les techniques statistiques décrites plus haut. Ces méthodes forcent les chefs de service à être plus attentifs aux aptitudes, habiletés et préférences de leurs employés; une telle attention engendrant des prévisions de meilleure qualité.[6]

L'analyse budgétaire. Ce quatrième aspect de la première phase de l'activité de planification s'intéresse à la perspective économique de l'analyse. Les besoins en ressources humaines doivent être exprimés en termes monétaires et ces chiffres doivent être conciliables avec les profits et les contraintes budgétaires de l'organisation. Évidemment, l'analyse budgétaire a aussi comme objectif d'établir les besoins en ressources humaines de l'organisation et de prévoir le budget nécessaire. Cette étape permet aussi de concilier les objectifs et la politique de l'emploi avec ceux de l'organisation.

Les prévisions de l'offre de ressources humaines. Même si l'offre de ressources humaines peut être évaluée à partir d'informations internes et externes, les données relatives à l'offre interne sont les plus accessibles et les plus importantes. Comme pour la demande de ressources humaines, il existe deux méthodes pour prévoir l'offre interne, les techniques basées sur le jugement et celles utilisant les statistiques. Une fois complétée, la prévision de l'offre de ressources humaines est comparée avec la prévision des besoins en main-d'oeuvre et selon les résultats, on met au point les activités qui visent à combler les pénuries ou à disposer des surplus. La plupart de ces prévisions sont à court terme pour les besoins du budget et du contrôle des coûts. Les prévisions sur une période de cinq ans servent à la planification stratégique et à la planification des besoins en personnel cadres et en équipements.

Les méthodes basées sur le jugement utilisées pour prévoir l'offre de ressources humaines sont la planification de remplacement et la planification de succession. La **planification de remplacement** consiste à construire des tableaux qui constituent un organigramme des postes dans l'organisation avec le nom de chaque titulaire et le ou les noms des remplaçants potentiels. Les tableaux de remplacement font ainsi ressortir les postes pour lesquels prévaut une demande de ressources humaines non satisfaite à cause du manque de personnes compétentes pour occuper ces postes. La figure 2.4 illustre un tableau de remplacement. On y remarque que pour certains postes aucune personne de l'organisation ne présente les qualifications voulues. Le nom inscrit directement sous le titre du poste est celui du titulaire et les autres sont les remplaçants potentiels. Vous remarquerez que l'âge des personnes n'est pas indiqué sur le tableau car il ne doit être en aucun cas un critère de promotion; cela constituerait une violation des chartes des droits de la personne.

La **planification de succession** est similaire à la planification de remplacement, sauf qu'elle est à plus long terme, donc plus facile à développer et plus flexible. Cependant, les employeurs qui l'utilisent ont souvent tendance à sur-estimer les caractéristiques des gestionnaires et à sous-estimer les exigences des postes auxquels ces candidats pourraient être promus.

Jusqu'à récemment, les techniques statistiques n'étaient pas couramment utilisées parce que les banques de données étaient inadéquates et qu'on manquait de logiciels et de professionnels pour les utiliser. Cependant, elles ont récemment gagné de la popularité. Les techniques les plus utilisées sont l'analyse de Markov, la simulation et la programmation par objectifs.[7]

PHASE 2: ÉLABORATION DES OBJECTIFS ET DES POLITIQUES

Tel qu'illustré à la figure 2.2, la deuxième phase du processus de planification consiste à élaborer les objectifs et les politiques de ressources humaines. Même si leur impact sur la planification stratégique de l'organisation est évident, un sondage auprès d'entreprises américaines montre que seulement 25% des entreprises établissent un lien étroit entre la planification stratégique et la planification des ressources humaines, 45% un certain lien alors que 20% ne font aucun lien.[8]

Une autre étude indique que 85% des entreprises faisant l'objet de l'enquête utilisaient un SIRH. Toutefois, dans 30% des cas, le SIRH était opérationnel au niveau départemental (traitement des salaires, liste du personnel) et non pas organisationnel (planification des besoins).[9]

Même s'il semble que la planification des ressources humaines est trop souvent coupée des fonctions opérationnelles, elle joue un rôle important dans la détermination des buts, politiques et objectifs de l'organisation. Les deux fonctions sont d'ailleurs interactives car les politiques et les objectifs de l'organisation influencent la banque ainsi que les besoins prévisionnels de main-d'oeuvre, laquelle en retour influence les politiques et les objectifs de l'organisation car des effectifs performants facilitent l'exécution des politiques et l'atteinte des objectifs.

Figure **2.4**   **Le tableau de remplacement**

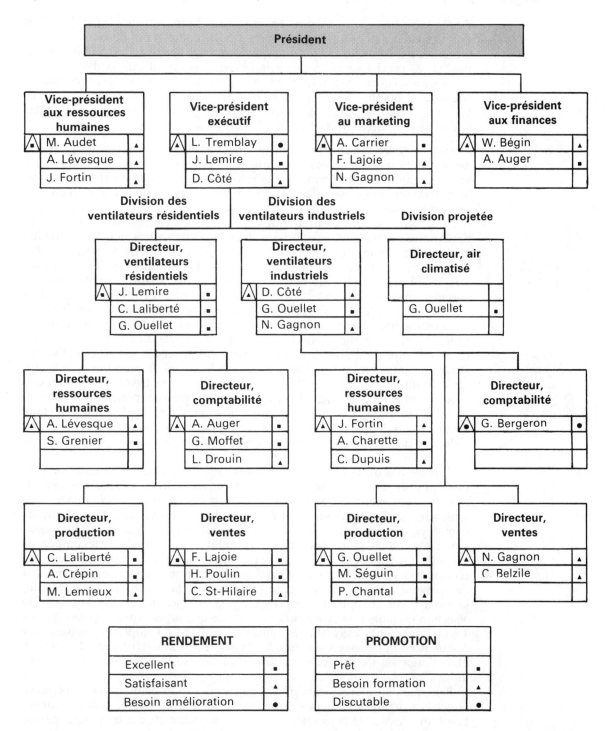

Source: Adaptation de « The Expanded Personnel Function », Studies in Personnel, Policy #203, National Industrial Conference Board, New York, 1966. Utilisée avec autorisation.

PHASE 3: PROGRAMMATION

Après avoir précisé les besoins en ressources humaines de l'organisation, il faut enclencher le processus qui permettra de combler ces besoins. Ces programmes peuvent être conçus de façon à accroître l'offre de ressources humaines, si les prévisions obtenues à la phase 1 montrent que la demande est supérieure à l'offre, ou à diminuer le nombre d'employés dans le cas contraire. Même si de nombreux programmes peuvent être utilisés pour répondre à ces besoins, nous n'en présentons que deux: le premier destiné à augmenter l'offre de ressources humaines et le second à la diminuer.

Attraction: Nouvelles structures organisationnelles. La personne responsable de la planification des ressources humaines participe à l'organisation du travail. L'organisation du travail doit servir les objectifs de la planification et de la programmation c'est-à-dire attirer, conserver et motiver les individus. Il semble toutefois que les formes d'organisation du travail actuelles ne répondent pas aux besoins des individus. En effet, les changements de valeurs dans notre société ont affecté les valeurs traditionnelles que les individus attribuaient à l'entreprise. Celles-ci ont subi une crise qui ne peut être résolue que par la mise en place de nouvelles structures organisationnelles. Les résultats les plus apparents de cette crise sont le déclin de la productivité et l'accroissement de l'absentéisme. Conséquemment, les entreprises ont perdu leur capacité d'utiliser efficacement les ressources humaines disponibles.

Les structures organisationnelles actuelles sont caractérisées par la supervision étroite; la participation minimale des employés aux décisions qui concernent l'emploi et l'exécution du travail; la communication verticale; l'accent sur les récompenses extrinsèques telles que le salaire, la promotion, le statut; les définitions d'emplois et descriptions de postes restreintes (nous en discuterons plus en détails au chapitre 3), l'intérêt premier pour la productivité et l'adaptation de l'individu à l'emploi. Conséquemment, la première étape du processus de sélection consiste à rechercher les individus qui ont les aptitudes, les habiletés et les connaissances pour répondre aux exigences du poste « Match 1 »[10].

Conscientes du fait que les structures organisationnelles actuelles ne permettent plus d'attirer, conserver et motiver les individus, quelques organisations s'engagent dans l'implantation de structures alternatives. Ces structures sont caractérisées par l'auto-contrôle; une participation accrue de l'employé aux décisions qui concernent le travail; la communication à deux voies; la reconnaissance des droits des employés, l'accent sur les récompenses intrinsèques telles que le sens des responsabilités et l'accomplissement; des récompenses extrinsèques plus variées laissant une plus grande discrétion à l'employeur ainsi qu'un plus grand intérêt pour la qualité de vie au travail, la productivité et l'appariement des emplois aux personnes. Le processus de sélection est alors non seulement basé sur ce que nous avons appelé « **Match 1** » (appariement des caractéristiques de l'individu à l'emploi) mais aussi sur ce que nous appellerons « **Match 2** » (assortir les caractéristiques de l'emploi et de l'organisation à la personnalité, les intérêts et les préférences des individus).

Bien que peu d'organisations s'engagent dans l'implantation de nouvelles structures organisationnelles pour améliorer leur efficacité, celles-ci constituent une possibilité pour mieux répondre aux souhaits des employés, ce que ne doit pas négliger la personne responsable de la planification des ressources humaines. Nous verrons au chapitre 13, comment des structures organisationnelles telles que proposées par la Théorie Z par exemple, peuvent être efficaces dans certaines organisations.

Réduction: Gérer les pertes d'emplois.   Les conditions économiques et les changements technologiques qu'ont connus nos économies au cours des dernières années ont eu pour effet d'accentuer le problème des pertes d'emplois. Par conséquent, les organisations doivent se sensibiliser à la façon d'aborder le problème des surplus de main-d'oeuvre, d'une part en minimisant les effets sur les employés et d'autre part, en évitant le plus possible les mises à pied. **La planification des surplus** est une étape du processus de planification des ressources humaines qui consiste à disposer de la main-d'oeuvre dont l'organisation n'a plus besoin. Il existe plusieurs façons de disposer de cette main-d'oeuvre. On pense entre autres à la réorientation dans un autre poste, aux congés de perfectionnement, aux transferts, au partage du travail et en dernier recours au licenciement. Même si jusqu'à maintenant, seulement quelques organisations procèdent à la planification de leur surplus de main-d'oeuvre, cette pratique pourrait être adoptée par toutes les entreprises.

Naturellement, le syndicat joue un rôle central dans la planification des surplus. Par exemple à la division de Montréal de la compagnie de pâtes et papier Kruger, les représentants syndicaux et les gestionnaires se sont unis pour mettre sur pied un programme de planification des surplus visant la réduction du personnel par attrition et pré-retraite. Beaucoup de syndicats voient la planification des surplus comme un élément de leur participation aux programmes d'amélioration de la qualité de vie au travail et à la gestion de l'organisation[11]. Certains syndicats, dont les principales centrales québécoises, négocient le partage du travail ou la réduction des heures de travail comme moyen de reclasser les surplus de main-d'oeuvre[12].

Les employés peuvent jouer un rôle important dans la planification des surplus de main-d'oeuvre. Contrairement à la croyance populaire, plusieurs employés licenciés à la suite de changements structurels ou technologiques parviennent rapidement à se trouver un nouvel emploi. Par conséquent, seulement une minorité d'employés aurait besoin de cours de perfectionnement pour trouver un nouvel emploi. Pour la majorité d'entre eux, le counselling et l'orientation seraient suffisants. La pré-retraite fait partie des mesures fréquemment utilisées pour gérer les surplus de main-d'oeuvre. Cette mesure, en plus d'être efficace, aide l'employé à effectuer la transition du marché du travail à la retraite.

Ainsi, les programmes de planification et de programmation des ressources humaines servent deux fins dans l'organisation: réduire les goulots d'étranglement et, diminuer le nombre de travailleurs en surplus par la présence de programmes d'orientation. Il ne faut surtout pas négliger d'informer les employés de l'existence de ces programmes. Il importe aussi que ces programmes ne soient pas des moyens pour « se débarasser » des travailleurs âgés et surtout que les travailleurs ne les perçoivent pas comme tels.

Comme les autres politiques de gestion des ressources humaines, ces programmes doivent être contrôlés et évalués et ce, afin d'en vérifier le bien-fondé et d'y apporter les correctifs nécessaires. Le contrôle et l'évaluation constituent la Phase 4 du processus de planification des ressources humaines.

PHASE 4: CONTRÔLE ET ÉVALUATION DE LA PLANIFICATION

Le contrôle et l'évaluation des politiques et des programmes de gestion des ressources humaines sont essentiels à une gestion efficace de la main-d'oeuvre. Les efforts dans ce sens visent à quantifier la valeur des ressources humaines et à la considérer comme un actif pour l'organisation.

Un SIRH facilite le contrôle et l'évaluation des politiques parce qu'il permet de collecter les données plus rapidement et plus fréquemment afin de vérifier régulièrement l'exactitude des prévisions. La collecte des données devrait avoir lieu à la fin de chaque année ainsi qu'à intervalles réguliers au cours de l'année. L'évaluation des politiques et des programmes doit s'effectuer au même moment pour hâter la révision des programmes et des prévisions. Il est probable que les révisions influenceront les prévisions à court, moyen et long terme.

L'évaluation et le suivi des politiques et des programmes de ressources humaines constituent une étape importante, non seulement pour déterminer l'efficacité de la planification, mais aussi pour faire ressortir l'importance de l'ensemble des activités du service des ressources humaines. Les critères d'évaluation de l'activité de planification des ressources humaines par rapport aux objectifs définis portent sur:

- le niveau réel d'emplois;
- le niveau de productivité;
- le taux de roulement du personnel;
- les programmes implantés;
- les résultats des politiques;
- les coûts de main-d'oeuvre et des politiques;
- les bénéfices résultant des politiques.

À cette étape, le dernier aspect à considérer est la relation de cause à effet. Comme nous en avons discuté au chapitre 1, les activités de gestion des ressources humaines sont interdépendantes. Donc, par exemple, si le recrutement n'a pas donné les résultats escomptés, il ne faut pas immédiatement conclure que le processus de recrutement est défectueux. D'autres raisons en relation avec les autres activités de gestion des ressources humaines peuvent être responsables de ce mauvais fonctionnement. Peut-être que les salaires offerts sont trop faibles ou pas suffisamment compétitifs et dans ce cas la politique de rémunération doit être révisée; ou encore, peut-être que malgré les meilleurs efforts de recrutement, peu de candidats acceptables sont disponibles.

OBSTACLES À LA PLANIFICATION

Le plus grand obstacle à la planification des ressources humaines a été sans contredit le manque de support de la haute direction. Ce manque d'appui a aussi empêché les services des ressources humaines de jouer le rôle clef dont nous avons discuté au chapitre précédent. La planification des ressources humaines peut aider à surmonter cet obstacle puisqu'elle met sous les yeux de la direction des éléments chiffrés, pour juger de l'efficacité du service.

Un autre obstacle est la difficulté d'intégrer toutes les activités de ressources humaines nécessaires au bon fonctionnement du modèle de planification. Un défi pour les spécialistes en gestion des ressources humaines consiste à mettre au point un système dans lequel seraient intégrées et coordonnées à la planification stratégique de l'organisation toutes les activités de gestion des ressources humaines. Cela aurait pour effet d'en améliorer l'efficacité.

Un troisième obstacle vient du manque d'implication des chefs linéaires dans l'élaboration et l'implantation d'un système de planification des ressources humaines. Les spécialistes en gestion des ressources humaines sont souvent tentés de développer et d'adopter des approches de planification hautement qualitatives. Ces approches ont souvent une portée peu pratique pour la résolution de problèmes auxquels sont confrontés leurs collègues tels qu'un taux de roulement excessif, l'identification et le remplacement des titulaires des postes clefs et la prévision des besoins de main-d'oeuvre. Pour être efficace, la planification des ressources humaines doit servir les besoins des chefs linéaires.

PLANIFICATION DES RESSOURCES HUMAINES AU COURS DES ANNÉES 1990

Au cours de la prochaine décennie, des changements importants influenceront le fonctionnement des organisations et conséquemment la gestion des ressources humaines. Ces changements accroissent l'importance que les organisations devront accorder à la planification des ressources humaines. Etant donné la portée de ces changements, il importe de discuter de leur impact sur les ressources humaines.

Pour être efficace, la planification des ressources humaines doit considérer toute la gamme des facteurs sociaux, démographiques, économiques et politiques qui peuvent influencer le profil de la main-d'oeuvre dans l'organisation.

POPULATION ET MAIN-D'OEUVRE

Pendant que des modifications importantes affectent la population canadienne et la composition de la main-d'oeuvre, on assiste à des changements significatifs au niveau des emplois et de la structure industrielle.

La démographie. La personne qui vous servira votre hamburger pourrait bientôt ne plus être l'adolescent ou l'adolescente auquel vous êtes habitué mais plutôt un adulte! La raison majeure étant le nombre décroissant de jeunes dans la population active. Après une augmentation spectaculaire au cours des deux dernières décennies, le groupe des 16 à 24 ans a atteint un sommet. Tel qu'illustré à la figure 2.5, le pourcentage des jeunes de 16 à 24 ans par rapport à l'ensemble de la population active continuera à décliner au cours des années 1990. Pendant ce temps, le groupe des 25 à 54 ans continue d'augmenter, Statistique Canada prévoyant notamment que le segment des 35-44 ans devrait s'accroître de 32% entre 1985 et 1995, soit de 3 565 000 à 4 705 000.

Figure **2.5**   **La répartition de la main-d'oeuvre par groupes d'âge**

	Nombre projeté (en milliers)	
Âge, les deux sexes	**1990**	**1995**
16 ans et plus	20 821	22 013
16-24 ans	3 569	3 557
25-54 ans	12 012	12 891
25-34 ans	4 997	4 702
35-44 ans	4 201	4 705
45-54 ans	2 814	3 484
55 ans et plus	5 239	5 565
55-64 ans	2 308	2 340
65 ans et plus	2 931	3 225

Source: Projections de la population pour le Canada et les provinces — 1976-2001, Statistique Canada, catalogue no 91-520. Reproduite avec la permission du Ministère des Approvisionnements et Services Canada.

La répartition de la main-d'oeuvre selon les groupes d'âge telle qu'illustrée à la figure 2.5[13] entraîne de nombreuses conséquences pour la planification des ressources humaines. Citons par exemple, le cas des goulots d'étranglement qui surviendront dans le cheminement de carrière des 35 à 44 ans au cours des prochaines années, surtout à cause du nombre d'emplois de cadre intermédiaire qui doit s'accroître très modérément. Les conséquences de ces « embouteillages » pourraient être l'agressivité et l'insatisfaction croissantes des employés alliées à la possibilité d'une plus large sélection pour les employeurs. Ces derniers doivent cependant offrir à leurs employés des tâches plus stimulantes, c'est-à-dire leur permettant de relever de nouveaux défis pour lesquels la notion de succès serait redéfinie. Essentiellement, il faudra briser l'association habituelle succès/promotion.

Comme nous en avons discuté au chapitre précédent, la répartition selon le sexe pourrait aussi subir des changements importants. Le nombre d'hommes dans la population active diminuera alors que le nombre de femmes continuera d'augmenter. Toutefois, malgré une participation croissante au marché du travail, les femmes sont principalement concentrées dans les emplois de bureau. Comme elles seront éventuellement aussi présentes que les hommes sur le marché du travail, elles devront occuper plus de postes professionnels et de gestion, là où leur participation est actuellement très faible.

L'espérance de vie et l'immigration sont deux facteurs qui influenceront la composition de la main-d'oeuvre au cours de la prochaine décennie. En effet, l'espérance de vie des hommes est passée de 69,5 ans en 1978 à plus de 70 ans en 1987 et celle des femmes de 77,2 ans à environ 80 ans. Comme l'immigration devrait s'accroître de façon substantielle, on assistera en Amérique du Nord au vieillissement de la population. On prévoit un accroissement de 42% de la population du groupe des 55 à 64 ans de 2000 à 2010.

Tous ces phénomènes qui auront un impact majeur sur la composition de la population active représentent un défi pour la planification des ressources humaines. La société a la responsabilité de répondre à ces questions: Y aura-t-il des emplois disponibles pour tous ces individus et quelles seront leurs préférences?

Les emplois privilégiés. Si on s'intéresse plus spécifiquement au Québec, le phénomène le plus impressionnant dans l'évolution de la composition professionnelle entre 1931 et 1971 est la féminisation des emplois de bureau. Alors que les femmes représentaient à l'époque 39% de la main-d'oeuvre engagée à ces fonctions, elles en constituaient en 1971, 66%. La composition professionnelle québécoise reflète des transformations structurelles profondes orientées sur une plus grande spécialisation non seulement scientifique mais aussi administrative. Si on compare les données de 1981 à celles de 1971, on remarque l'essor particulier de quatre groupes de professions et ce, tant chez les femmes que chez les hommes. Ce sont les professions de direction et d'administration, suivies de celles liées aux sciences naturelles, génie et mathématiques, ensuite de celles issues des sciences sociales et enfin, les professions provenant des arts plastiques, décoratifs, littéraires et d'interprétation. La participation des femmes dans ces quatre groupes de professions a également enregistré des hausses appréciables de 8 à 15 points de pourcentage. D'autres groupes ont également connu une croissance de la participation des femmes appréciable: il s'agit du travail administratif, du commerce et de la conduite de machines[14]. En gestion du personnel, le nombre de femmes s'est multiplié par 16 de 1971 à 1981. En 1981, près de 50% des responsables des services des ressources humaines étaient des femmes[15]. Ces changements résultent en partie de la réduction des stéréotypes sexistes dans les titres des emplois et des programmes gouvernementaux qui encouragent les employeurs à embaucher des femmes aux postes majoritairement occupés par des hommes et vice-versa.

PERSPECTIVES ÉCONOMIQUES

Plusieurs grandes entreprises consacrent des ressources substantielles aux prévisions économiques en plus de participer financièrement aux analyses macroéconomiques des banques, des compagnies d'assurances, des économistes ou des agences gouvernementales. Comme les conditions économiques affecteront les caractéristiques de la main-d'oeuvre et l'embauche, il importe de les considérer dans toute activité de planification des ressources humaines.

Les conditions économiques. La faible croissance de la productivité est un facteur qui affectera la planification des ressources humaines, contrairement au taux d'inflation, compte tenu de son niveau modéré actuel. Cependant, si l'inflation devait augmenter, à 7% par exemple, le prix de la plupart des biens doublerait en moins de 10 ans. Dans ce cas, les salaires devraient aussi doubler pour suivre l'inflation. L'inflation influencerait aussi le coût des avantages sociaux pour les employeurs. Par conséquent, les entreprises devraient prendre toutes les mesures nécessaires pour accroître les gains de productivité et utiliser efficacement leurs effectifs. Confrontées à la stagnation de la productivité, à une hausse du taux d'inflation et à une compétition internationale intense, les entreprises n'ont d'autres choix que d'augmenter leur niveau de productivité. Pour ce faire, elles se tournent vers l'automatisation, l'usage des robots ou toute autre nouvelle technologie qui entraîne un accroissement de la productivité. Il importe alors que les spécialistes en planification des ressources humaines consultent régulièrement les principaux indicateurs économiques pour connaître le pouls exact de l'économie. Ces principaux indicateurs sont: la productivité, les gains hebdomadaires moyens, le taux d'emploi, le taux de chômage, l'indice des prix à la consommation, l'indice des prix à la construction résidentielle, les ventes au gros et au détail ainsi que les ventes de véhicules neufs. Ces indicateurs permettent de se faire une idée réaliste de l'état de l'économie.

Les nouvelles technologies, l'automatisation et les robots. Les secteurs technologiques dans lesquels le Canada progresse le plus rapidement et possède le plus de potentiel pour augmenter la productivité et l'utilisation efficace de la main-d'oeuvre sont la micro-électronique, l'intelligence artificielle, la biotechnologie, la géologie et l'exploration pétrolière et énergétique. L'automatisation et l'usage des robots constituent une application importante de la micro-électronique. Bien que l'usage de ce potentiel permet d'accroître la productivité, elle a un effet non négligeable sur le volume de main-d'oeuvre requis par les organisations et sur la fierté des employés.

Les effets dus à l'automatisation se font sentir aussi bien sur les emplois de cols blancs que de cols bleus. Un récent sondage sur l'impact des ordinateurs sur la gestion des ressources humaines au Canada a fait ressortir les tendances suivantes:

- on assiste à une automatisation rapide des tâches des employés de bureau, des professionnels et des gestionnaires. Vers les années 1990, si le taux de changement se maintient, le micro-ordinateur sera un outil utilisé régulièrement pour accomplir les tâches reliées à ces emplois.

■ l'augmentation de la quantité de travail résultant de l'automatisation prend la forme d'une croissance plus lente de l'embauche par rapport au volume de travail.[16]

On craint que la robotique n'ait pas seulement un effet positif en éliminant les tâches routinières et dangereuses mais qu'elle élimine aussi des emplois et conséquemment détruise la fierté de ceux qui perdent leur emploi en raison de l'introduction de nouvelles technologies.

CHANGEMENTS DE VALEURS

Les changements qui affectent les valeurs sociales sont étroitement reliés à ceux qui se produisent aux niveaux de la population, de la main-d'oeuvre et de l'économie. Pour la planification des ressources humaines, ce sont les valeurs qu'attribuent les employés au travail, à la mobilité et à la retraite qui sont les plus importantes.

La valeur associée au travail.   Une stagnation de la productivité signifie souvent le déclin ou la disparition totale de la valeur attribuée au travail ardu. Cela ne signifie pas que les gens ne veulent plus travailler mais plutôt qu'ils n'accepteront de travailler dur que s'ils ont de bons emplois, c'est-à-dire des emplois qui leur offrent une plus grande participation aux décisions et qui leur permettent d'améliorer leur niveau de vie. Les gens apprécient les emplois stimulants dans lesquels ils ont des défis à relever. Comme le suggèrent les résultats d'une enquête à la Compagnie générale électrique du Canada et à la compagnie A.T.T., les employés ne recherchent pas seulement les promotions, surtout si cela implique un transfert ou une relocalisation géographique, mais également l'influence et l'auto-contrôle, caractéristiques associées à l'emploi et à la qualité de vie au travail[17].

Le spécialiste en planification des ressources humaines doit considérer dans ses analyses aussi bien la personnalité, les intérêts et les préférences des individus que leurs aptitudes, connaissances et habiletés et les apparier aux caractéristiques de l'emploi et de l'organisation. Il pourrait alors en résulter de nouvelles structures organisationnelles qui s'ajustent non seulement à l'organisation mais aussi aux individus, ce que nous avons appelé précédemment « Match 1 » et « Match 2 ».

La valeur associée à la mobilité.   La valeur que les individus attribuent à leur travail influence de façon significative leur attitude envers la mobilité, c'est-à-dire le transfert qui implique un déplacement dans une autre région. Comme les valeurs associées au travail, celles associées à la mobilité affectent la planification des ressources humaines, particulièrement le recrutement, la formation, les promotions et la motivation au travail des gestionnaires et des professionnels. On note qu'au cours des dernières années, les grandes compagnies comme Bell Canada, le Canadien National et Air Canada ont eu beaucoup de difficultés à déplacer leurs employés d'une région à l'autre. Cette réticence croissante a cependant certains avantages pour les entreprises car au cours des cinq dernières années, le coût de déplacement d'un employé qui possède une maison a presque triplé.

La valeur associée à la retraite.   La préférence nord-américaine pour la pré-retraite semble diminuer de façon significative. Elle ralentit ainsi la tendance des années 1970 qui situait l'âge de la retraite en-dessous de 55 ans vers l'an

2000. Plusieurs travailleurs évitent la retraite prématurée à 55 ou 60 ans et conservent leur emploi bien après l'âge de 65 ans. Les principales raisons étant le taux d'inflation, le régime de sécurité sociale et les diverses lois fédérales et provinciales qui protègent les travailleurs âgés.

Ce changement de valeur a pour conséquence majeure de limiter les possibilités de carrière des jeunes, mais surtout celles des femmes et des minorités ethniques. La retraite tardive associée au vieillissement de la population sont une source de problèmes pour les responsables de la planification des ressources humaines. Quant aux spécialistes en gestion des ressources humaines, ils devront être plus astucieux et innovateurs pour accommoder la main-d'oeuvre plus âgée et conserver la motivation des plus jeunes.[18]

RÉGLEMENTATION GOUVERNEMENTALE

Historiquement, les législations, réglementations et activités des gouvernements n'ont jamais exercé autant d'influence sur la fonction ressources humaines qu'au cours des dernières décennies. D'un certain point de vue, les services des ressources humaines que l'on connaît aujourd'hui ont été façonnés par les exigences des législations provinciales et fédérales. Nous étudierons un peu plus loin dans ce manuel comment leurs activités sont influencées et continueront de l'être de façon significative au cours des prochaines années.

En résumé, les changements qui affectent les conditions économiques (les nouvelles technologies, les valeurs associées au travail, à la mobilité et à la retraite ainsi que les législations, réglementations et activités des gouvernements) auront un impact significatif sur la gestion des ressources humaines. La capacité de prévoir ces changements aidera les spécialistes en gestion des ressources humaines à développer et implanter des politiques de planification efficaces. Une fois instaurés, ces politiques ou programmes doivent être constamment évalués et révisés.[19]

ÉVALUATION DE LA PLANIFICATION DES RESSOURCES HUMAINES

La planification des ressources humaines est bénéfique à l'organisation, particulièrement à long terme. Sans planification des ressources humaines, une organisation peut se retrouver avec une usine ou un bureau qui n'a pas le personnel suffisant pour le diriger efficacement. Donc, dans une plus large perspective, on peut évaluer la fonction de planification des ressources humaines en vérifiant si l'organisation dispose ou non du personnel dont elle a besoin, c'est-à-dire la bonne catégorie professionnelle, au bon endroit, au bon moment et au bon salaire.

Dans une perspective de court terme, les activités de planification des ressources humaines peuvent être évaluées en vérifiant son efficacité à attirer de nouveaux employés, gérer les surplus de main-d'oeuvre et s'adapter à l'évolution de l'environnement. Puisque les prévisions sont une partie importante de la planification des ressources humaines, celles-ci peuvent être évaluées en comparant leur niveau d'exactitude par rapport à la réalité. La précision des prévisions est importante car il est peu probable que la planification des ressources humaines soit efficace à long terme si elle échoue à court terme. Les autres critères à partir desquels on peut l'évaluer sont ceux dont nous avons discuté à la Phase 4: contrôle et évaluation de la planification des ressources humaines.

RÉSUMÉ

Les gestionnaires d'aujourd'hui sont responsables de l'efficacité de la gestion des ressources humaines. La planification et la programmation des ressources humaines, surtout pour les emplois de gestion, peuvent contribuer à ce succès. Bien sûr, la planification des ressources humaines doit aussi être implantée pour les nouveaux employés, les non-gestionnaires, les techniciens et les professionnels. Les changements qui affectent notre société rendent la planification des ressources humaines plus importante et plus complexe. On admet maintenant que la planification des ressources humaines doit être liée à la planification stratégique de l'entreprise pour qu'elle soit elle-même efficace.

Les services des ressources humaines doivent s'efforcer d'exécuter les quatre phases du processus de planification. La première phase consiste à faire l'inventaire des ressources humaines dans l'entreprise et à prévoir les besoins. À la seconde phase, on vérifie la compatibilité des objectifs et des politiques de ressources humaines avec ceux de l'entreprise. La troisième phase consiste à développer et à implanter les programmes de planification des ressources humaines. Pour assurer l'efficacité de ces programmes, la quatrième phase prévoit le contrôle et l'évaluation continuels de chacun des programmes. Les résultats de l'évaluation nous indiqueront si les programmes doivent être modifiés.

Certains obstacles accroissent les défis que doit relever le responsable de la planification des ressources humaines. Le manque de support de la haute direction est le plus sérieux. On peut toutefois le surmonter en faisant valoir les avantages de la planification des ressources humaines tels qu'une réduction des coûts de main-d'oeuvre, un meilleur perfectionnement des employés, une main-d'oeuvre plus équilibrée et mieux intégrée et une prise de conscience de l'importance de la gestion des ressources humaines tant pour le bénéfice de l'individu que celui de l'entreprise.

Une fois acquis le support de la haute direction, le service des ressources humaines peut alors s'attaquer à ses activités ultérieures de planification: la définition et l'analyse de postes. Nous en présentons les principes au chapitre suivant.

QUESTIONS À DISCUTER

1. Quels sont les aspects sur lesquels un spécialiste en gestion des ressources humaines devrait s'interroger quand il considère les défis que doit relever la planification des ressources humaines?

2. Quel est l'objectif majeur de la planification des ressources humaines?

3. Outre l'identification des besoins de main-d'oeuvre et l'implantation de programmes qui visent à enrayer les déséquilibres entre les intérêts individuels et organisationnels, quels sont les autres objectifs de la planification des ressources humaines?

4. Quels sont les responsables de la planification des ressources humaines et quels rôles jouent-ils pour assurer l'efficacité de la fonction de planification?

5. Discutez des obstacles à la planification des ressources humaines et des moyens pour les éliminer.

6. Résumez les quatre phases de la planification des ressources humaines.

7. Identifiez et décrivez la méthode de prévision par jugement la plus utilisée. Quels sont ses avantages et ses inconvénients?

8. Pourquoi les méthodes statistiques de prévisions ont-elles une portée limitée?

9. De quels moyens dispose une organisation pour améliorer sa capacité à attirer et conserver les meilleurs employés?

10. Quels sont les deux principaux objectifs de l'évaluation des politiques et des programmes de planification des ressources humaines?

É T U D E   D E   C A S

RELEVEZ LE DÉFI!

À titre de conseiller en planification des ressources humaines, vous venez de recevoir un très important mandat.

En effet, une société multinationale européenne vient d'annoncer un investissement majeur de 1,5 milliard$ pour la construction d'une usine de production qui sera, une fois terminée, le complexe le plus moderne au monde dans ce secteur d'activité.

Le mandat qui vous est confié est double: vous devez d'abord planifier les ressources humaines qui seront nécessaires à la mise en opération de l'usine ainsi qu'à son fonctionnement pour les trois prochaines années; vous coordonnerez ensuite le processus d'embauche des ressources humaines qui devront être en place au démarrage de l'usine.

Voyons d'abord la première partie de votre mandat. La direction de la société vous transmet les renseignements confidentiels suivants:

1. la capacité de production de l'usine sera de 300 000 tonnes par an et elle sera stable pour les deux premières années d'opération; par contre, un agrandissement de la section production est prévu pour le début de la troisième année, ce qui portera la capacité annuelle de production à 450 000 tonnes;

2. le complexe étant hautement informatisé et automatisé, la productivité des employés de production atteindra un niveau exceptionnel de 1000 tonnes/personne annuellement et elle devrait même augmenter de 5% par année pour se stabiliser après cinq ans.

L'expérience de la société, acquise dans d'autres complexes de ce type dans le monde, permet de considérer les données suivantes:

1. le pourcentage des employés de bureau par rapport aux employés de production sera de 33 ⅓% au début et il se stabilisera à 25% pour la troisième année d'opération;

2. le pourcentage des employés d'entretien par rapport aux employés de production sera maintenu en permanence à 50%;

3. le pourcentage des employés cadres par rapport aux employés de production sera de 66 ⅔% au début et descendra à 50% la troisième année.

Toujours selon la direction de la société, ces pourcentages très élevés s'expliquent par la technologie très avancée qui sera utilisée et l'informatisation de toutes les activités de l'usine.

On peut également s'attendre à un taux de roulement assez élevé, soit 15% pour les employés de production et 5% pour toutes les autres catégories d'employés. Par contre, le pourcentage des employés qui pourront être promus au niveau de cadre sera de 2% pour ceux de la production, 1% pour les employés de bureau et 1% pour les employés d'entretien. De plus, la société a comme politique de ne pas se départir de son personnel cadre. Il existe un programme d'échange avec les autres complexes qui permet d'utiliser les éventuels surplus de personnel dans une catégorie et de les réajuster au besoin.

Votre première tâche consiste donc à déterminer le nombre de travailleurs et de travailleuses requis pour combler les différentes catégories d'emplois au moment du démarrage de l'usine, pour ensuite détailler l'évolution des ressources humaines au cours des trois prochaines années.

Fort de votre expérience, vous répondrez à cette première partie de votre mandat en produisant un tableau d'effectifs qui couvrira la période de démarrage et les trois premières années d'opération, et qui indiquera également les mouvements et les besoins en ressources humaines.

Définition et analyse de postes

Actualité

PAPIERS CASCADES — DES CASCADES DE BONNES IDÉES
LA PHILOSOPHIE DE GESTION

La compagnie a commencé à faire des bénéfices en 1966 et ce fut la première année où il y a eu participation aux profits pour tout le monde. « Pas de cachette, on fait de l'argent tout le monde le sait et tout le monde participe », dira M. Lemaire.

« Ainsi en 1980 lorsque nous sommes arrivés à Louiseville, nous avons simplement dit au syndicat de nous faire confiance. Nous leur avons présenté nos objectifs et nous leur avons offert d'être partenaires avec nous ». M. Lemaire d'ajouter au syndicat, « si vous n'êtes pas satisfaits, lors de la renégociation de la convention, vous nous tomberez dessus. Entretemps, dit-il faites nous confiance, ça va marcher ».

« Tout est axé sur la communication, la franchise et ça marche ».

Donc, les modèles sont confiance, collaboration, franchise, ouverture d'esprit. Alors ai-je demandé à M.

Lemaire, votre entreprise doit être bien organisée avec cours de formation pour tout le monde, etc. etc. « Les cours de formation répond-il, je ne crois pas à cela! Ce à quoi je crois; chacun doit prendre ses responsabilités, chacun peut prendre des décisions, a de la latitude, et doit régler ses problèmes. Chez nous, pas d'organigramme, tout le monde sait qui fait quoi, et je dis à mes cadres, voici vos responsabilités, vous avez de l'autorité et si vous voulez garder votre autorité, utilisez-la à bon escient et faites-vous respecter. S'ils ne réussissent pas à se faire respecter, ils vont tout perdre ».

Source: BONNEVILLE, M., « Papiers Cascades — Des cascades de bonnes idées », Magazine Ressources Humaines maintenant appelé AVENIR Votre Magazine Ressources Humaines, no 12, janvier-février 1986, p. 48-49. Reproduit avec autorisation.

Que l'on soit d'accord ou non avec la philosophie de gestion de M. Lemaire, président de Papiers Cascades, on se doit d'admettre que dans le cas de cette entreprise ça réussit. L'essentiel de cette philosophie de gestion et de cette réussite se résume par ces quelques mots de M. Lemaire: « Chez nous, ..., tout le monde sait qui fait quoi ». Dans ce chapitre, nous étudierons comment toute organisation peut et doit appliquer ce principe, si simple en apparence. La définition et l'analyse de postes constituent un préalable à l'application de ce principe. En effet, pour que les employés contribuent efficacement au fonctionnement de l'organisation, il importe avant tout qu'on les informe clairement et précisément de leur rôle respectif.

DÉFINITION ET ANALYSE DE POSTES

Plusieurs activités de gestion des ressources humaines ainsi que le comportement et les attitudes des employés reposent sur la relation individu/emploi. Tel qu'illustré à la figure 3.1, l'analyse de postes influence le recrutement, la sélection, la rémunération, l'évaluation du rendement ainsi que la formation et le perfectionnement du personnel. Cependant, l'analyse dépend de la façon dont les postes sont définis; la définition des postes étant elle-même influencée par certaines caractéristiques de l'organisation et les relations patronales-syndicales. Par exemple, au Canada actuellement, la désuétude de certaines

Figure **3.1**   **Les interrelations entre la définition et l'analyse de postes**

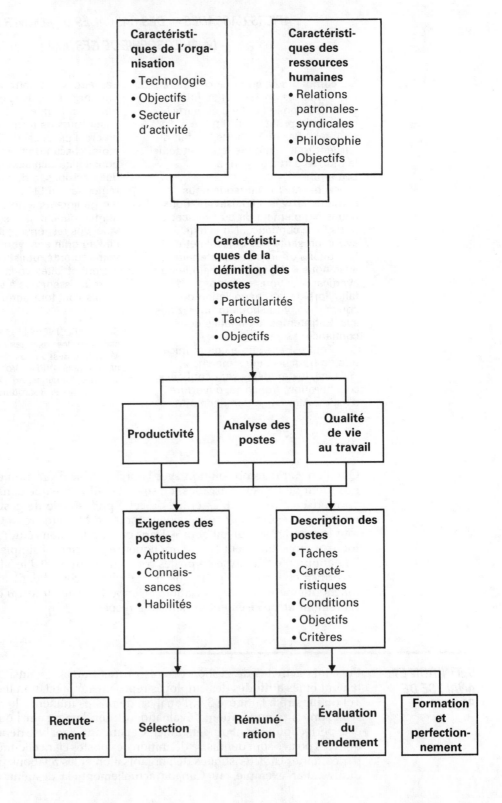

tâches est un des problèmes auxquels font face les grandes entreprises de télécommunications comme Bell Canada et Northern Telecom. Pour y remédier, le syndicat de Bell Canada a négocié un réaménagement des tâches qui permettrait de recycler un grand nombre de techniciens dont le rôle est de voir à l'entretien du système téléphonique. Ce réaménagement des tâches avait justement pour but d'améliorer l'appariement des emplois aux individus pour marier les objectifs de qualité de vie des individus et de productivité de l'entreprise.[1]

La **définition des postes** résulte des buts, des caractéristiques et des responsabilités reliées aux tâches dans une organisation donnée, c'est-à-dire qu'elle est fondée sur les caractéristiques particulières à l'organisation et aux individus qui la composent. L'**analyse de postes** est un processus qui vise à obtenir des informations sur les postes concernés. L'analyse de postes consiste alors à décrire et à noter les divers aspects d'un ou plusieurs postes dans l'organisation tels que les buts, les caractéristiques et les responsabilités liés à la tâche ainsi que les comportements, les aptitudes et les habiletés requises pour occuper ce poste. Les résultats de cette recherche prennent habituellement deux formes: la description de poste et le profil du poste, c'est-à-dire ses exigences. Comme on peut le constater à la figure 3.1, la **description de poste** et les **exigences du poste** influencent le recrutement, la sélection, la rémunération, l'évaluation du rendement ainsi que la formation et le perfectionnement.

Ceci signifie que la description de poste est plus qu'une simple énumération de fonctions, conditions et objectifs du poste en question, on devrait aussi y retrouver une description des caractéristiques du poste. Cette définition suggère aussi que les exigences du poste représentent plus que l'énumération traditionnelle des aptitudes, connaissances et habiletés nécessaires pour accomplir les tâches de façon satisfaisante. Elles devraient aussi inclure une description des préférences, intérêts et traits de personnalité des individus les plus aptes à occuper le poste. Ces compléments à la description et aux exigences du poste s'inscrivent dans le souci d'atteindre deux des objectifs stratégiques de l'organisation: niveau élevé de productivité et qualité de vie au travail. La suite de ce chapitre permettra de constater la nécessité de ces modifications.

OBJECTIFS ET IMPORTANCE DE LA DÉFINITION ET DE L'ANALYSE DE POSTES

Les principaux objectifs de la définition des postes sont:
- d'accroître la motivation des employés;
- d'améliorer la productivité et la qualité de vie au travail;
- de servir d'alternative à la promotion;
- d'offrir à plus de femmes les emplois occupés traditionnellement par les hommes;
- de dégager des emplois pour les personnes âgées, les personnes handicapées, les minorités et les autochtones.

Il est évident qu'une définition des postes qui vise ces objectifs est plus importante que jamais, car elle est au coeur d'une partie considérable du travail effectué dans les organisations pour améliorer la productivité et la qualité de vie au travail. On cherche alors à modifier les emplois par l'enrichissement des tâches ou la formation d'équipes de travail. Ces changements sont rendus essentiels surtout à cause des effets néfastes du travail à la chaîne comme l'ennui, l'aliénation, des taux de roulement et d'absentéisme élevés ainsi qu'une faible croissance de la productivité. Bien que certains individus préfèrent encore le travail à la chaîne, la définition des postes est d'une extrême importance pour une gestion efficace des ressources humaines. Nous en discuterons au chapitre 13 en termes de redéfinition des postes comme programme d'amélioration de la qualité de vie au travail et de la productivité. Pour le moment, retenons l'exemple de la compagnie Culinar. La productivité arrive souvent, par surcroît, aux entreprises qui font l'effort d'humaniser leur gestion. La réciproque peut parfois se vérifier. Ainsi, à leur arrivée à l'usine de pâtisserie Vachon du Groupe Culinar, des professionnels en recherche et développement, ressources humaines et production, constatent que des gains de productivité importants peuvent être réalisés. On décide donc de rationaliser les opérations en fusionnant des postes ou des charges de travail et en employant des technologies de production avancées. Mais tout cela a été fait avec les employés réguliers dont les emplois n'ont d'ailleurs pas été sacrifiés au changement. La démarche utilisée par la direction n'a pas été une approche structurée avec objectifs, stratégies et moyens élaborés, mais une approche dynamique où les changements se sont faits de façon progressive selon des principes d'équité, d'information et de participation. Le style adopté se situait en continuité avec les valeurs positives qui prévalaient dans l'entreprise, et auxquelles les employés adhéraient, tout en intégrant des standards d'efficacité et de productivité.[2]

Tel qu'illustré à la figure 3.1, l'analyse de postes est le fondement de la description et des exigences du poste. En plus d'être à la base d'une prise de décision efficace lors de la sélection, la promotion, ou l'évaluation du rendement, cette analyse sert aussi d'autres objectifs tels que:

- déterminer la valeur relative des emplois afin de maintenir une rémunération interne et externe équitable;
- s'assurer que l'entreprise ne fait pas de discrimination et offre des chances égales à tous les individus comme l'exige les chartes des droits de la personne;
- aider le superviseur et l'employé à préciser les tâches et les responsabilités de chacun;
- justifier l'existence d'un emploi et le situer dans l'organisation;
- déterminer les besoins de recrutement (lorsque l'analyse de postes est utilisée conjointement avec la planification des ressources humaines comme mentionné au chapitre 2) et fournir les informations nécessaires aux décisions relatives à l'acquisition des ressources humaines;
- aider à l'élaboration de plans de carrière pour les employés;
- fournir aux candidats potentiels des informations sur ce que l'on attend d'eux, les conditions de travail en général et les préférences ou besoins personnels qui peuvent être satisfaits par ce genre d'emploi.

Outre ces objectifs, l'importance de l'analyse de postes est amplifiée par ses interrelations systémiques.

INTERRELATIONS ENTRE LA DÉFINITION ET L'ANALYSE DE POSTES ET D'AUTRES ACTIVITÉS ORGANISATIONNELLES

La définition et l'analyse de postes sont en interrelations non seulement avec des activités de gestion des ressources humaines mais aussi avec les objectifs et les caractéristiques de l'organisation en général.

Les objectifs et la technologie de l'organisation. La définition des postes reflète à la fois le secteur d'activité, la technologie et les objectifs de l'entreprise. Les emplois sont, en réalité, la formulation des meilleurs moyens pour atteindre les objectifs. De plus, les objectifs et les critères d'excellence sont pour les employés des indices de ce qui est important pour l'organisation et des efforts qu'elle attend d'eux.

Puisque les objectifs servent à déterminer les produits et la sphère d'activité de l'organisation, ils servent aussi à déterminer les critères à partir desquels les comportements des individus seront évalués. En contrepartie, les objectifs et les critères circonscrivent les individus qui seront attirés par l'organisation et ceux qui seront évalués comme très satisfaisants et par la suite promus. Par conséquent, les objectifs de l'organisation contribuent à justifier l'existence des emplois et à légitimer le rendement que l'on attend des employés.

La technologie utilisée par une entreprise est primordiale parce qu'elle détermine le profil des postes nécessaire pour assurer la production. Par exemple, les manufacturiers d'automobiles canadiens, avec des investissements importants en usines et en machinerie pour assembler les voitures sur les chaînes de montage, n'envisagent pas de convertir leur structure de travail de telle sorte qu'un groupe de travailleurs fabrique une voiture en entier. La plupart des emplois dans ce secteur sont divisés en petites tâches répétitives. Donc, la technique de la chaîne de montage constitue une technologie qui détermine la structure ou le profil de l'organisation et, par conséquent la définition des postes appropriés.

Le recrutement et la sélection. Sans l'analyse de postes et la planification des ressources humaines, l'organisation serait incapable de préciser les catégories occupationnelles, le moment et les services où elle a besoin de main-d'oeuvre, ce qui pourrait avoir des conséquences néfastes sur la productivité et la validité de son processus de sélection. Les informations contenues dans l'analyse de postes lui permettent de démontrer les liens spécifiques qui existent entre le processus de sélection et les emplois.

La définition des postes prendra de plus en plus d'importance au cours des années 1990. Comme nous l'avons précisé au chapitre 2, le nombre d'employés d'un certain âge ira en augmentant assez rapidement contrairement au nombre d'emplois pour cette catégorie de main-d'oeuvre. Il se trouvera un nombre de plus en plus élevé de travailleurs d'un certain âge frustrés de ne pas obtenir les promotions espérées. Les organisations devront donc procéder à des redéfinitions de postes pour les rendre plus stimulants malgré le manque de promotions.

L'évaluation du rendement, la formation et le perfectionnement. Pour évaluer efficacement le rendement d'un employé, la méthode d'évaluation utilisée doit refléter tous les aspects importants de l'emploi. Nous en discuterons plus en détails au chapitre 7 qui traite spécifiquement de ces aspects. Ce n'est qu'en examinant les aptitudes, les connaissances et les habiletés requises pour occuper un poste, telles que définies par les exigences du poste, que l'organisation peut former et perfectionner ses ressources humaines selon ses besoins.

La rémunération. L'analyse de postes est un aspect important de la gestion de la rémunération. C'est à partir de l'analyse de postes qu'on évalue les emplois, c'est-à-dire qu'on détermine la place qu'ils occupent dans l'entreprise. La situation de l'emploi dans l'entreprise sert généralement à fixer la rémunération qui lui est rattachée. L'analyse de postes est importante aussi pour s'assurer que le salaire attribué à un emploi est juste et équitable par rapport aux autres. En somme, l'entreprise doit chercher à respecter le principe « à travail égal, salaire égal » ou plus précisément, « à travail d'égale valeur, salaire égal ». Nous en rediscuterons au chapitre 9.

Les relations patronales-syndicales.   Considérant le secteur privé et le secteur public, on peut affirmer qu'environ 40% de la main-d'oeuvre canadienne est syndiquée. L'influence du syndicat doit donc être prise en considération. D'autant plus que sans le support du syndicat, il est pratiquement impossible pour les organisations de modifier la définition des postes et ce, parce qu'un changement de ce type peut affecter la classification des emplois, aspect primordial pour le syndicat. Aux chapitres 13 et 17, nous discuterons des avantages d'une entente entre le syndicat et l'organisation sur la redéfinition des postes en vue d'améliorer la qualité de vie au travail et la productivité. Ces efforts conjoints peuvent devenir des exemples pour les organisations non-syndiquées.

DÉFINITION DES POSTES

La définition des postes affecte la productivité et la qualité de vie au travail dans l'organisation. Cette influence n'est malheureusement pas toujours positive et peut être cause d'ennui, de sabotage ou d'un taux d'absentéisme élevé. Par contre, elle peut générer un sentiment d'accomplissement, des responsabilités ou des défis plus grands et un sentiment d'appartenance plus fort envers l'organisation. Comment définir un poste pour que l'employé soit positif et motivé? Il faut connaître les caractéristiques de la définition des postes pour que la tâche soit plus aisée à accomplir.

CARACTÉRISTIQUES

Tel qu'illustré à la figure 3.1, la définition des postes comporte trois éléments: les particularités, les tâches et les objectifs.

Un poste peut comporter plusieurs particularités importantes. En voici quelques-unes:

- la **variété des aptitudes** requises: un poste comprend un plus ou moins grand nombre d'activités nécessitant des aptitudes et habiletés diverses;
- la **raison-d'être**: un poste n'a pas la même importance pour tout le monde, selon qu'on fasse ou non partie de l'organisation;
- l'**identité**: le degré d'exécution soumis à un poste par rapport au travail complet et identifiable au produit fini;
- l'**autonomie**: le degré de liberté et d'indépendance dont dispose l'employé dans l'organisation de son travail et dans le processus d'exécution des tâches;
- la **rétroaction**: le degré auquel l'accomplissement des activités reliées au poste fournit à l'individu une information claire et directe sur son rendement;
- les **éléments cognitifs**: ce sont des éléments particuliers au poste tels que la communication, la prise de décision, l'analyse et le traitement de l'information;
- les **éléments physiques**: ce sont des aspects spécifiques au poste tels que l'éclairage, le bruit, la position corporelle, les charges à soulever;
- la **surcharge**: il y a deux catégories de surcharge: qualitative et quantitative. Il s'agit d'une **surcharge quantitative** quand toutes les tâches ne peuvent être exécutées dans le délai prévu. C'est une **surcharge qualitative** quand

l'employé ne possède pas toutes les habiletés et aptitudes pour effectuer toutes les tâches;

■ la **surcharge du rôle**: pour certains postes, l'efficacité exige des interactions avec plusieurs individus. Dans la mesure où l'employé doit interagir avec trop de personnes à la fois c'est une **surcharge quantitative** et s'il n'a pas les aptitudes et les habiletés nécessaires, il s'agit d'une **surcharge qualitative**;

■ l'**allègement du rôle**: pour certains postes, l'efficacité exige des interactions avec plusieurs individus. Une réduction du nombre des interactions signifie un **allègement quantitatif du rôle**. Si ces interactions ne nécessitent qu'un nombre limité d'aptitudes et habiletés, il s'agit d'un **allègement qualitatif**;

Chacune de ces particularités, seule ou combinées, a une influence plus ou moins importante sur le poste. Par exemple, les aspects physiques ont une importance déterminante sur les candidats susceptibles de donner un rendement satisfaisant à ce poste. Une combinaison de certaines particularités affecte la motivation, le rendement, l'absentéisme et le taux de roulement des employés[3]. Par exemple, les cinq premières propriétés permettent d'obtenir des résultats et un rendement supérieur parce qu'elles interviennent sur les dispositions psychologiques de l'employé. Cette relation est illustrée à la figure 3.2.

Les tâches. Les tâches sont les activités et les comportements spécifiques à un poste donné. Notez cependant que différents employés peuvent adopter des comportements différents pour effectuer une même tâche. Si on se reporte à la description de poste de la figure 3.3, un gardien pourrait nettoyer la cage d'un animal avec un balai en allant vers le fond de la cage sans laisser de déchet au passage alors qu'un autre nettoiera la cage en sens inverse avec une vadrouille et obtiendra un aussi bon rendement. La description de poste du gardien d'animaux illustre d'autres tâches ou activités spécifiques lesquelles une fois regroupées précisent la nature du poste. Ces tâches dérivent habituellement de l'analyse de postes.

Figure **3.2**   **L'impact des caractéristiques d'un poste sur les dispositions psychologiques d'un individu**

Caractéristiques du poste	Dispositions psychologiques	Résultats
Variété des aptitudes Raison-d'être du poste Identité du poste	Expérimente la signification du travail	Réduction du taux d'absentéisme Réduction du taux de roulement
Autonomie	Expérimente la responsabilité des résultats du travail	Augmentation de la motivation au travail
Rétroaction	Connaît les résultats des activités de travail	Amélioration du rendement

Source: Adaptation de J.R. Hackman et G.R. Oldham, Work Redesign, Reading, Addison-Wesley, MA, 1980, p. 77. Utilisée avec autorisation.

| Figure **3.3** | **Description de poste — Gardien d'animaux — ES = 9 (échelle salariale)** |

Introduction

Ce poste est surpervisé par le Conservateur du Jardin Zoologique.

Le poste de gardien consiste à accomplir les tâches décrites ci-après. La plupart nécessitent des connaissances spécialisées pour dispenser correctement certains soins aux animaux tels que veiller à l'alimentation et à la reproduction car certains de ces animaux sauvages et exotiques sont rares et en voie de disparition. Le gardien doit aussi s'assurer que les animaux sont présentés au public dans un environnement attrayant.

Toutes les tâches doivent être exécutées en conformité avec les politiques et les procédures établies par la direction du parc. Le titulaire du poste est informé de tout changement relatif à ces politiques et procédures par le directeur et/ou le conservateur, qui sont tous deux disponibles pour fins de consultation lorsque surgissent des problèmes. Le lieu de travail comprend une partie ou la totalité des cages et les enclos du secteur désigné. Le gardien reçoit une supervision technique et ses tâches journalières lui sont assignées par le responsable de la section désignée.

Tâches

1. Nettoie les enclos des animaux, arrose, balaie, frotte, râtelle, enlève et dispose du purin et des aliments non consommés de même que des autres détritus.
2. Entretient le matériel des enclos, taille et arrose les plantes, entretient et nettoie les perchoirs, pondoirs, écuelles, accessoires décoratifs et s'assure que les nids et les litières des animaux disposent des fournitures nécessaires.
3. Nourrit et abreuve les animaux, prépare et dose la nourriture, compose les menus et distribue régulièrement la nourriture dans les enclos.
4. Nettoie les aires de services et les aires publiques adjacentes aux enclos des animaux.
5. Inspecte tous les animaux à heures fixes pour s'assurer de leur sécurité dans des enclos en bon état et rapporte toute maladie ou comportement inhabituel.

Pour ces tâches de routine, le titulaire s'en tient aux procédures qui précisent la liste des tâches quotidiennes et obligatoires ainsi que l'ordre et l'horaire pour les accomplir. Le titulaire rapporte toute situation problématique au responsable de la section.

Le titulaire du poste prépare un rapport journalier qu'il présente au responsable de la section. Dans ce rapport, le gardien enregistre tous les faits relatifs à la vie animale: accouplement, rituels de séduction, agressions entre animaux d'une même cage. Le gardien doit se familiariser avec la terminologie utilisée dans les rapports tels que les noms communs et scientifiques des animaux.

Le titulaire maintient une surveillance constante des animaux et signale promptement tout symptôme de maladie, de blessures ou d'autres phénomènes inhabituels au responsable et/ou au conservateur ou, en leur absence au vétérinaire. Lorsque cela est nécessaire, le gardien peut capturer un animal, l'enfermer, le relâcher, le transporter, le marquer, le nourrir de force ou le maîtriser. Cela implique l'aide au vétérinaire dans l'administration de traitements aux animaux. Sous les ordres du responsable, il peut de lui-même donner des médicaments à un animal, prodiguer les premiers soins et nourrir des animaux nouveaux-nés ou handicapés.

Si nécessaire, le gardien prépare les menus pour tous les animaux de la section. Il dose la diète de chaque animal selon les indications du responsable et/ou du conservateur et recommande des changements à l'alimentation lorsque ses observations en démontrent la nécessité. Le gardien donne aux animaux la ration d'eau quotidienne dont ils ont besoin.

Le gardien utilise les pondoirs et les matériaux requis et choisit les sites les plus propices à la couvée pour permettre aux animaux de se reproduire et d'élever leur progéniture. Le gardien utilise les techniques de soins appropriées aux jeunes animaux comprenant les méthodes de ramassage et d'incubation des oeufs et il porte une attention particulière aux blessures. Dans certains cas, le gardien participe aux projets parrainés par les autres jardins zoologiques qui impliquent des études scientifiques ou réalise lui-même une étude sous la supervision du conservateur, du responsable ou d'une autre autorité.

Le titulaire assiste le responsable au développement ou à la construction de nouveaux sites. Il peut être appelé à regrouper des matériaux pour les sites tels que des branches, des roches, du sable, de la terre ou du gravier. Le titulaire s'occupe de l'état général des sites existants en ce qui concerne les plantes et fougères, les perchoirs, les branches, les pondoirs et tout autre matériel de base. Il est responsable de leur entretien dans la section désignée.

On peut aussi demander au titulaire de ce poste de former des employés subalternes à l'exécution de l'une ou l'autre des tâches mentionnées ci-dessus. Par exemple sur les techniques d'accouplement, la connaissance des animaux ou les principes de base en zoologie.

Le titulaire doit être familier avec les techniques de prévention, les premiers soins, l'équipement d'urgence de la section et les procédures. Il doit aussi être familier avec les mesures de sécurité de toutes les autres sections. Le gardien doit de plus veiller à prévenir les fuites d'animaux, les blessures aux visiteurs ou aux animaux.

Le gardien doit transmettre au conservateur toute recommandation qu'il juge pertinente concernant l'élaboration ou la modification de procédures en vue d'améliorer l'efficacité de la section à atteindre ses objectifs.

Le gardien peut avoir à conduire une automobile, un scooter ou un petit camion pour transporter des animaux dans d'autres jardins zoologiques, effectuer diverses courses ou se rendre jusqu'au centre de conservation.

Le gardien peut travailler sur les trois postes (3 × 8 heures) et peut être appelé à n'importe quelle heure. Il doit être disponible sur appel les fins de semaine et les jours fériés.

Le gardien peut avoir à passer un test de plongée sous-marine s'il doit assurer l'entretien des sites aquatiques. Sur une base journalière, il doit mélanger et ajouter des produits chimiques aux systèmes de filtration de ces piscines.

Le gardien doit exécuter toutes autres tâches connexes.

Conditions et exigences physiques

Ce poste exige des efforts physiques considérables tels que marcher, soulever des poids jusqu'à 100 livres, s'accroupir ainsi que d'autres types d'efforts physiques pour manipuler les animaux et distribuer la nourriture, la fourniture et l'équipement pour les cages, ouvrir et fermer les cages et les barrières. Malgré toutes les précautions, des risques d'accidents persistent toujours en présence d'animaux exotiques et imprévisibles.

Le titulaire du poste travaille à l'intérieur et à l'extérieur sous des températures variables. Il peut aussi avoir à travailler dans des endroits chauds, froids, poussiéreux ou très humides aussi bien que dans certains endroits fermés ou très étroits.

Les objectifs. L'aspect le plus critique d'un poste est sa raison-d'être. Pourquoi existe-t-il? Comment et pourquoi est-il lié au produit final ou aux objectifs de l'organisation? La définition d'un poste variera beaucoup en fonction de son degré de contribution au produit fini. Dans le cas d'une faible contribution, le poste peut être défini en petits segments simples qui lui sont à peine identifiés et qui ne nécessitent qu'une variété restreinte d'aptitudes. S'il s'agit d'une plus forte contribution, le poste peut être défini en segments plus larges et plus complexes qui lui sont bien spécifiques et qui nécessitent des aptitudes et habiletés plus vastes. Comme nous l'avons déjà dit, la définition des postes est aussi influencée par les objectifs organisationnels parce qu'ils ont un impact sur l'approche qu'on choisit pour les définir.

LES APPROCHES

Il existe plusieurs approches de définition des postes, nous discuterons de quatre d'entre elles, les autres n'étant essentiellement que des combinaisons de ces quatre méthodes. Leurs différences se situent principalement au plan des trois caractéristiques de la définition des postes: particularités, tâches et objectifs. Les quatre principales approches sont: l'**approche scientifique (traditionnelle)**, l'**approche individuelle**, l'**approche de groupe** et l'**approche ergonomique**.

L'approche scientifique. Avec l'approche scientifique, les analystes, surtout des ingénieurs industriels, font des efforts particuliers pour définir les postes de façon à ce qu'ils n'exigent pas trop de connaissances et d'aptitudes. En fait, les postes ainsi définis sont composés de petits segments faciles à exécuter. Ces tâches se prêtent bien aux études de temps et mouvements et à la rémunération à la pièce pour accroître la productivité. On retrouve encore des postes définis selon cette approche dans la plupart des structures de travail actuelles. L'approche scientifique implique l'idée qu'en général les individus n'aiment pas travailler et ne sont motivés que par des récompenses monétaires. Généralement, cette approche produit des postes offrant peu de variété, d'autonomie, de rétroaction et d'identité. Puisque ces postes sont le résultat d'une forte division du travail, ils sont sur-spécialisés et ne sont pas étroitement associés aux objectifs de l'organisation. Cette définition des postes, ne donne lieu qu'à des récompenses monétaires.

On s'aperçoit rapidement que beaucoup d'employés n'apprécient pas les postes définis par l'approche scientifique. En effet, la relation individu/emploi ne vise que les buts de l'organisation (haute productivité) et sacrifie les intérêts des individus (opportunité d'emploi intéressant et stimulant). Malgré tout, certaines organisations continuent à considérer cette définition des postes comme immuable. On comprendra facilement le peu de succès de cette stratégie. Comme nous l'avons dit au chapitre 2, beaucoup d'employés préfèrent des emplois à responsabilités, autonomes et bien rémunérés. Les organisations réagissent alors en modifiant la définition des postes et en créant des structures de travail différentes.

L'approche individuelle. Cette approche, comme l'approche de groupe, vise un niveau élevé de productivité tout en essayant d'éviter les coûts humains associés à l'approche scientifique. Il y a trois approches individuelles de définition des postes: la **rotation des tâches**, l'**élargissement des tâches** et l'**enrichissement des tâches**.

La rotation des tâches ne modifie pas la nature de l'emploi lui-même. Cependant elle accroît le nombre de tâches qu'un employé est capable d'accomplir parce qu'il est affecté à plusieurs postes au cours d'une période déterminée; les caractéristiques des tâches étant susceptibles de varier. Il est raisonnable de penser que cette méthode accroît chez l'individu l'estime de soi ainsi que son sentiment d'appartenance et de contribution aux objectifs de l'organisation parce qu'il améliore ses compétences et qu'il peut occuper plusieurs postes.

L'élargissement des tâches diffère de la rotation des tâches en ce sens qu'on ajoute un ou plusieurs éléments à un poste donné. On modifie donc le poste plutôt que de déplacer l'individu d'un poste à l'autre. Alors que l'approche scientifique vise à réduire le nombre de tâches, l'élargissement des tâches cherche à l'augmenter. Les caractéristiques des tâches peuvent cependant être similaires.

L'enrichissement des tâches se distingue de l'élargissement par l'addition verticale plutôt qu'horizontale de tâches reliées à un poste. Contrairement à l'**addition horizontale** qui ne fait qu'ajouter des tâches ayant les mêmes caractéristiques, c'est-à-dire tout aussi simples, l'**addition verticale** définit le poste en y ajoutant des éléments comme l'identité, la raison-d'être, l'autonomie, la rétroaction et la variété des aptitudes. Nous avons précisé à la figure 3.4 les effets de cette méthode et nous l'étudierons plus en détails au chapitre 13 en termes de redéfinition des postes comme programme d'amélioration de la qualité de vie au travail et de la productivité.

L'approche de groupe. Alors que les deux approches précédentes ont pour but de définir les postes en fonction des individus, l'approche de groupe définit ces mêmes postes en fonction d'un groupe d'individus. Cette définition des postes doit s'effectuer en considérant les besoins sociaux des individus et les contraintes de la technologie. Selon cette approche, les individus sont affectés à une équipe qui change de poste de travail de façon à suivre le processus de production du début à la fin. Si le produit est gros, par exemple une automobile, les équipes sont responsables de la production des différentes composantes de l'automobile. Chaque groupe fabrique son sous-ensemble et le transfère à l'équipe suivante. Chaque individu doit alors apprendre à exécuter plusieurs tâches, certaines nécessitant des aptitudes et des habiletés diverses. Par conséquent, les employés peuvent satisfaire leurs besoins d'accomplissement et d'interactions sociales.

La **participation aux bénéfices** et la **participation aux décisions** sont deux autres approches souvent associées à l'approche de groupe. On peut les résumer ainsi. Lorsqu'il doit prendre une décision, le groupe implique tous ses membres au processus. Si la décision produit des bénéfices monétaires, les membres se les partagent. Bien que ces approches augmentent la participation des individus, elles ne sont généralement pas considérées comme faisant partie de l'approche individuelle.

L'approche ergonomique. Cette approche tente de définir les postes pour qu'ils soient conformes aux habiletés et aux caractéristiques physiques des individus afin qu'ils puissent fournir un rendement satisfaisant. Plusieurs organisations utilisent cette approche pour redéfinir les postes afin de mieux les adapter aux femmes et aux personnes handicapées physiquement. Souvent, cela sert aussi les objectifs de certaines politiques telles que les programmes d'accès à l'égalité.

L'ergonomie aide les organisations à respecter les lois et règlements qui protègent les droits de la personne et à utiliser plus efficacement leur main-d'oeuvre. De plus, il a été démontré qu'un poste défini à partir des principes ergonomiques augmente la productivité des employés. Les principes ergonomiques cherchent à éliminer les problèmes physiques causés ou aggravés par des tâches manuelles répétitives telles que l'engourdissement, le fourmillement, l'irritation et la faiblesse des mains et des poignets. L'Allemagne de l'Ouest a investi des efforts considérables dans le domaine de l'ergonomie. Elle est considérée comme une autorité dans la modification de chaînes de

Figure **3.4** **Résumé des avantages et inconvénients des quatre approches de définition des postes**

Approches	Avantages	Inconvénients
Scientifique	Résultats prévisibles Facile à appliquer Répond aux aptitudes de plusieurs personnes Peut être efficace et productive	Ennuyeux Cause d'absentéisme, Sabotage et roulement
Individuelle	Satisfait les besoins en responsabilités, croissance, rétroaction Augmente les opportunités de carrière Réduit l'ennui Augmente la qualité de vie au travail Réduit le roulement	Certains employés préfèrent la routine Augmentation des salaires due à un rendement supérieur Certains emplois sont difficiles à enrichir Certains employés sont réticents à la rotation
Groupe	Fournit une interaction sociale Permet la diversité des tâches Améliore le support social Réduit l'absentéisme	Certains employés n'aiment pas les interactions sociales Requiert une formation en travail d'équipe Le groupe n'est pas meilleur que le plus faible de ses membres
Ergonomique	Adapte les emplois aux individus Réduit les entraves physiques Rend plus d'emplois accessibles à plus d'individus	Définition parfois coûteuse Les structures de travail doivent être adaptables aux nouveaux emplois

montage et l'augmentation de cycles de travail pour diminuer la tension physique et mentale des employés dans l'exécution de leurs tâches et ainsi augmenter la productivité. Nous en reparlerons au chapitre 18.

Cependant, aucune de ces approches n'est parfaite en elle-même et ne permet d'atteindre tous les objectifs de la définition des postes. La figure 3.4 présente un résumé des avantages et des inconvénients de ces quatre approches. Ce résumé est utile pour choisir la méthode qui convient le mieux aux besoins de l'organisation.

CHOIX DE L'APPROCHE

Certains analystes croient que les tâches sur-spécialisées et répétitives sont une des causes du déclin de la productivité dans nos économies. Par ailleurs, on affirme que les individus sont compétents et peuvent prendre des responsabilités supérieures à celles qu'on leur confie. On a alors tendance à considérer la redéfinition des postes comme un remède à tous ces maux. Les organisations devraient cependant résister à la tentation de définir des postes plus complexes avant d'avoir analysé le bien-fondé de chaque approche ainsi que les caractéristiques des employés et de l'organisation. L'analyse de ces caractéristiques est importante surtout pour éviter le choix d'une approche inappropriée. Nous passons ici en revue ces caractéristiques.

Les caractéristiques personnelles. Pour que la définition des postes soit réaliste, il est primordial de connaître les caractéristiques des individus. Si on souhaite enrichir les postes, il importe que les individus aient les connaissances requises pour accomplir les tâches corresponantes. De plus, si on choisit l'approche de groupe, les employés devront avoir ou acquérir les aptitudes nécessaires à la résolution de problèmes pour agir efficacement en tant que groupe. Si cela n'est pas le cas et si on ne dispose pas des moyens pour qu'ils les acquièrent, l'approche scientifique serait peut-être plus réaliste. L'approche ergonomique peut être choisie dans l'éventualité où les employés n'ont pas la taille ou la force nécessaire pour effectuer une tâche précise. Les tests sont un bon moyen de déterminer si les employés ou candidats ont les connaissances, aptitudes et habiletés nécessaires. Nous en discuterons au chapitre 5.

Travailler en équipe ou occuper un poste enrichi n'est pas une garantie de satisfaction tout comme le travail spécialisé et répétitif n'est pas ennuyeux pour tout le monde. Habituellement, les postes enrichis répondent mieux à la personnalité, aux intérêts et aux préférences des individus parce qu'ils leur procurent plus de responsabilités, de nouveaux défis et accroissent le sentiment d'appartenance à l'organisation. Les postes définis avec l'approche de groupe satisfont les besoins d'interactions sociales. Pour s'assurer que l'on va bien apparier les individus et les postes, il faut connaître leurs aptitudes, leurs connaissances et leurs habiletés ainsi que leur personnalité, leurs intérêts et leurs préférences.

Le questionnaire est un moyen utile de recueillir ces informations. Certains questionnaires permettent de connaître les préférences des individus sur le contenu ou les activités reliées à un emploi. Le questionnaire de la figure 3.5 est un exemple d'instrument qui mesure les préférences des individus sur 4 catégories d'activités que peut contenir un emploi. Ce type de questionnaire peut mesurer jusqu'à 150 items. Nous étudierons au chapitre 5 d'autres moyens d'analyser la personnalité, les préférences et les intérêts des individus.

La technologie, le contrôle et les pratiques de gestion des ressources humaines. La **technologie** d'une entreprise est composée des machines, méthodes et matériaux utilisés pour la fabrication des produits. Le type de technologie peut fortement influencer la définition des postes. La chaîne de montage est l'exemple le plus couramment utilisé. D'une part, on a la chaîne de montage qui implique des postes très simples et répétitifs et d'autre part, les postes des travailleurs non-spécialisés et des gestionnaires. Ces derniers contrôlent le rythme de leur travail et utilisent leurs connaissances, aptitudes et habiletés.

Certaines industries utilisent des technologies différentes pour fabriquer le même produit. Dans l'industrie de l'automobile par exemple, alors que Chrysler, Ford et General Motors ont choisi la chaîne de montage traditionnelle, Volvo en Suède, ne l'utilise pas. D'ailleurs, les changements technologiques chez Volvo ont eu un impact majeur sur le reste de l'organisation. Nous discuterons de ce cas particulier au chapitre 13. Pour le moment, il

---

Figure **3.5**

Les préférences des individus sur quatre catégories d'activités reliées au poste

Quelle importance attribuez-vous à chacun de ces éléments (ou activités) de votre poste? Utilisez l'échelle de classement pour répondre. Votre pointage total révèle vos préférences pour un poste comportant ces éléments.

> **Échelle de notation**
> 0 **Sans importance**
> 1 **Très peu important**
> 2 **Peu important**
> 3 **Moyennement important**
> 4 **Très important**
> 5 **Extrêmement important**

I. Interprétation des perceptions

_____ 1. Percevoir les couleurs (différencier les objets par la couleur)

_____ 2. Reconnaître un échantillon sonore (code morse, battements du coeur, etc.)

_____ 3. Reconnaître l'intensité, la tonalité du son (ajuster un piano, réparer une chaîne stéréo, etc.)

_____ 4. Estimer la vitesse de pièces en mouvement (compte-tours d'un moteur, etc.)

_____ 5. Estimer la vitesse d'objets en mouvement (véhicules, matériaux sur un convoyeur, etc.)

_____ 6. Estimer la vitesse de certains procédés (réactions chimiques, opérations d'assemblage, et temps de cuisson, etc.)

☐ Total (votre pointage sur la dimension I)

II. Traitement de l'information

_____ 7. Combiner les informations (préparer un rapport météo, piloter un avion, etc.)

_____ 8. Analyser les informations (interpréter des rapports financiers, déterminer les raisons d'un problème de moteur, diagnostiquer une maladie, etc.)

_____ 9. Collecter, regrouper ou classer les informations (préparer des rapports, classer la correspondance, etc.)

_____ 10. Coder ou décoder (déchiffrer le code morse, traduire les langues, sténographier, etc.)

☐ Total (votre pointage sur la dimension II)

III. Transport et manipulation

_____ 11. Arranger ou disposer (placer des objets, des matériaux, etc., selon un arrangement ou une place spécifique)

_____ 12. Transporter des objets, des matériaux, etc.

_____ 13. Alimenter/retirer (alimenter une machine en matériaux ou retirer des produits d'une machine ou d'une pièce d'équipement)

_____ 14. Manipulation (activité requérant l'usage de ses mains et bras, comme la réparation d'automobiles, l'emballage de produits, etc.)

☐ Total (votre pointage sur la dimension III)

Figure 3.5 (suite)   **Les préférences des individus sur quatre catégories d'activités reliées au poste**

IV. Communication et jugement

_____ 15. Conseiller (utiliser des principes légaux, financiers, scientifiques, cliniques, spirituels ou autres pour conseiller les individus)

_____ 16. Négocier (discuter avec les autres pour en venir à une entente ou une solution, ex.: les négociations de travail, les relations diplomatiques, etc.)

_____ 17. Persuader (comme dans la vente, une campagne électorale, etc.)

_____ 18. Enseigner

_____ 19. Échanger de l'information de routine (donner et recevoir de l'information de routine comme agent de stationnement, ou répartir le travail des taxis, etc.)

_____ 20. Diriger des entrevues

_____ 21. Échanger de l'information spécialisée (comme dans une réunion d'un comité professionnel ou dans la discussion de la conception d'un produit, etc.)

_____ 22. Parler en public

_____ 23. Écrire (lettres, rapports, articles de journaux, etc.)

☐   Total (votre pointage sur la dimension IV)

Source: Utilisée avec autorisation de E.-J. McCormick, J. Tiffin, J.-R. Terbory, Woorbook for Industrial Psychology, 1974. Les droits réservés du questionnaire dont le titre original est « The Job Activity Preference Questionnaire (JAPQ) » sont à R.-C. Mecham, A.-F. Harris, E.-J. McCormick et P.-R. Jeanneret. Ce questionnaire est basé en partie sur « Position Analysis Questionnaire (PAQ) » dont les droits réservés sont à Purdue Research Foundation, Lafayette, IN.

importe de retenir qu'en diagnostiquant la technologie, il faut reconnaître: (1) son impact sur la définition des postes; (2) la diversité des technologies disponibles pour la fabrication du produit; (3) la philosophie de gestion des ressources humaines.

Les **pratiques de gestion des ressources humaines** sont conçues pour assurer les employés d'un traitement juste et équitable. Les descriptions de postes sont établies et écrites pour spécifier ce qu'un employé doit faire et quelles méthodes il doit utiliser pour le faire. Ces descriptions précisent aussi les aptitudes et habiletés nécessaires pour occuper le poste. De plus, les descriptions et exigences des postes servent à choisir les tests de sélection et les mesures d'évaluation du rendement, à élaborer des programmes de formation et à déterminer des échelles salariales. Tous ces aspects sont affectés lorsqu'on redéfinit les postes. Ceci étant généralement du ressort des différents spécialistes en gestion des ressources humaines, ces derniers doivent être convaincus de la nécessité du changement pour qu'on puisse coordonner leurs efforts. Sans leur support et leur coordination, tout effort de redéfinition des postes n'a pas beaucoup de chances de réussir. Nous reviendrons sur ces aspects au chapitre 13 qui traite des programmes d'amélioration de la qualité de vie au travail et de la productivité.

Les **systèmes de contrôle** peuvent aussi être un obstacle à certains types de définition des postes. Ils comprennent les rapports de production, de contrôle de qualité, de produits défectueux, d'assiduité et même les horaires de travail. Les systèmes de contrôle permettent non seulement de faire ressortir les problèmes et les erreurs mais aussi de savoir qui est à blâmer et qui doit approuver les modifications pour améliorer les méthodes.

Bien que cela puisse réduire la complexité des postes et les responsabilités des employés, les systèmes de contrôle créent des frontières entre les individus. Ces frontières sont importantes pour déterminer ce que doivent faire les employés et comment ils doivent le faire. Tout comme les pratiques de gestion des ressources humaines, il est très difficile de changer les systèmes de contrôle. Toutefois, il est parfois nécessaire de le faire pour modifier les définitions des postes. Encore une fois, la philosophie de gestion des ressources humaines peut limiter les possibilités dans ce domaine. Par exemple, si la direction souhaite un contrôle serré ou si elle pense que les individus n'ont pas le sens des responsabilités, il est probable qu'elle s'orientera vers une définition scientifique des postes plutôt que de la baser sur une approche individuelle ou de groupe. Dans tous les cas cependant, les postes doivent être analysés.

ANALYSE DE POSTES

Comme nous l'avons déjà mentionné, l'analyse de postes permet d'atteindre plusieurs objectifs de gestion des ressources humaines. Évidemment, avant qu'un poste puisse être analysé, il faut recueillir l'information pertinente.

COLLECTE DE L'INFORMATION

L'analyse de postes est un processus de collecte et de compilation des divers éléments d'un poste. Ces éléments varient selon les objectifs visés. La figure 3.6 décrit les catégories d'informations qu'on obtient d'une analyse de postes. Généralement, l'information est collectée par un spécialiste du service des ressources humaines, l'analyste de postes. Toutefois, il est de plus en plus fréquent, car moins coûteux, que ce soit le titulaire du poste qui fournisse lui-même les informations. On a parfois recours à une combinaison des deux méthodes. La méthode de collecte, le type d'informations, son utilisation ainsi que l'identité du responsable de la compilation des résultats finals varient en fonction des postes et des individus.

Les méthodes de collecte des informations.   Elles semblent être aussi nombreuses qu'il y a d'éléments à décrire dans un poste. Les méthodes utilisées le plus couramment sont: (1) l'observation; (2) les entrevues avec le(s) titulaire(s) du poste; (3) les conférences avec les experts en analyse de postes; (5) les notes prises par le(s) titulaire(s) du poste; (6) les questionnaires structurés ou non-structurés complétés par le(s) titulaire(s) du poste ou par des observateurs comme le superviseur ou l'analyste de poste; (7) les incidents critiques notés par le(s) titulaire(s) ou ses collègues de travail; et (8) l'utilisation d'instruments tels que les chronomètres, compteurs, ou films. La description de poste représente le résultat final de l'étape que constitue la collecte de données.

DESCRIPTION DE POSTES

La description de poste doit toujours être suffisamment détaillée pour que le lecteur puisse comprendre: (1) la nature du travail (domaine, comportements, tâches, résultats); (2) les objectifs (le produit ou le service qui en résulte); (3) les critères à respecter (quantitatifs et qualitatifs); (4) les conditions de travail; (5) les caractéristiques des tâches. Ces dernières apparaissent pour que les individus soient sélectionnés et affectés à des postes qui correspondent à leur personnalité, leurs intérêts et leurs préférences.[4]

La description de poste est essentiellement une liste de la plupart des aspects de l'emploi ainsi que des aptitudes, connaissances et habiletés nécessaires pour occuper ce poste. La description de poste devrait inclure:

- le titre du poste;
- le code d'identification et le groupe occupationnel;
- le lieu de travail (le département ou le service);
- le nom du titulaire (facultatif) et le nom de l'analyste de poste;
- le résumé du poste;
- la description des tâches et des responsabilités;
- la description des aptitudes, connaissances et habiletés requises;
- les interrelations entre le poste et les autres postes dans l'organisation.

Indépendamment de son contenu, il faut tenir compte de certaines qualités lors de la rédaction de la description de poste:

— la description de poste est rédigée dans un style clair et elle est concise;

— chaque phrase débute par un verbe actif, au présent tel que vérifie, compile, analyse;

— chaque phrase reflète précisément un objectif, mentionné spécifiquement ou suggéré de façon à le rendre évident au lecteur;

— chaque mot est utile, les autres sont supprimés (autant que possible utiliser des mots qui n'ont qu'une signification et qui décrivent précisément la façon d'accomplir le travail).

La description du poste de gardien d'animaux est un exemple typique bien qu'elle ne fournisse pas d'informations sur les critères d'évaluation, les objectifs du poste et les conditions de travail. On précise cependant dans l'introduction la raison-d'être du poste de gardien. Même si de plus en plus de descriptions de postes précisent les critères d'évaluation, certaines organisations préfèrent les mentionner seulement dans le programme d'évaluation du rendement pour garder plus de flexibilité. Les informations sur les caractéristiques de la tâche, telles que les aptitudes, la variété et l'identité sont aussi rarement incluses dans la description de poste. Les informations telles que le titre, le service et le nom de l'analyste sont habituellement incluses contrairement à la description de la figure 3.3. La description du poste de gardien d'animaux est beaucoup trop longue. La figure 3.7 illustre un exemple plus typique.

TECHNIQUES D'ANALYSE DE POSTES

Il n'y a pas qu'une façon de déterminer les informations à recueillir, comment les collecter, qui va les collecter et comment les regrouper pour les présenter sous la forme d'une description de poste. La plupart des techniques sont structurées et se présentent sous forme de questionnaires ou de processus qui permettent de recueillir toutes les données requises. Lorsque les entreprises utilisent de telles méthodes pour analyser les postes, elles peuvent échanger des informations sur la rémunération et développer des méthodes plus valides de recrutement, sélection et évaluation du rendement.

On divise habituellement ces techniques en deux catégories: celles orientées sur le poste et celles orientées sur l'individu. Dans la première catégorie, les techniques les plus couramment utilisées sont: les analyses de postes fonc-

---

Figure 3.6   **Les catégories d'informations générées par l'analyse de postes**

Activités	Activités reliées au poste (c'est-à-dire ce qui est accompli, comment, pourquoi et quand)
	    Activités (opérations)/processus
	    Procédures
	    Enregistrement des activités (films, etc.)
	    Responsabilités personnelles
	Activités reliées à l'employé
	    Comportements (perceptions, prise de décisions, gestes, communications, etc.)
	    Processus de base (tels qu'utilisés pour les analyses de méthodes)
	    Exigences personnelles (énergie, etc.)

Machines, outils, équipements de bureau utilisés

Reliées à l'emploi Tangibles et Non-tangibles	Transformation de matériaux Fabrication de produits Connaissances observées ou appliquées (loi, chimie, etc.) Services rendus (nettoyage, réparation, etc.)
Rendement	Mesures d'évaluation (temps, etc.) Critères d'évaluation Analyse des erreurs Autres aspects
Conditions de travail	Conditions d'environnement physique Heures de travail Caractéristiques organisationnelles Contexte social Récompenses (monétaires et non-monétaires)
Exigences personnelles	Connaissances et aptitudes reliées à l'emploi (éducation, formation, expérience, etc.). Caractéristiques personnelles (habilités, caractéristiques physiques, personnalité, intérêts, etc.)

Source: Adaptation de E.J. McCormick, « Job and Task Analysis », dans M.D. Dunnette, éditeur, Handbook of Industrial and Organizational Psychology, John Wiley & Sons, Inc., 1983, p. 652-653. Utilisée avec autorisation.

tionnelles (C.C.D.P.), le « Management Position Description Questionnaire » (MPDQ), le plan Hay et les modèles d'analyse. Dans la deuxième catégorie, c'est-à-dire les techniques qui mettent l'accent sur les comportements, les instruments les plus récents qui permettent de faire des analyses de postes en profondeur sont le « Position Analysis Questionnaire » (PAQ), les incidents critiques, l'extension des incidents critiques et le « Guidelines-Oriented Job Analysis » (GOJA).

Figure **3.7**　　**Description de poste — exemple**

Titre de la fonction: Conseillère en
　gestion des ressources humaines
Code de la fonction: 6022
Titulaire:
Direction: Direction des ressources
　humaines

Supérieur immédiat: Directeur des
　ressources humaines
Date: 28 octobre 1987
Résumé des responsabilités:

Sous la responsabilité du directeur des ressources humaines, conçoit et élabore avec les cadres concernés les activités d'acquisition et de perfectionnement des ressources humaines. Organise les stages de niveau secondaire et collégial. Participe à l'instauration et au maintien d'un bon climat organisationnel.

Responsabilités détaillées:

Acquisition des ressources humaines
— Assure la supervision et conseil les cadres sur la planification des ressources humaines du centre hospitalier.
— Conseille les cadres du service sur la procédure de recrutement des ressources humaines et recrute le personnel de niveau professionnel.
— Met en oeuvre et participe à l'élaboration de différents outils de travail en matière de sélection. Conseille les cadres du service en matière de sélection. Effectue la sélection, conjointement avec les cadres concernés, du personnel de niveau professionnel.
— Conseille les cadres du service quant à la fixation du niveau de rémunération des candidats retenus et fixe le niveau de rémunération des professionnels embauchés.
— Supervise l'évaluation du rendement des employées en période de probation ou d'essai.

Perfectionnement des ressources humaines
— Effectue sur une base annuelle l'inventaire des besoins de formation et de perfectionnement pour l'ensemble du personnel, y compris les cadres.
— Conseille les cadres de l'établissement en matière de perfectionnement des ressources humaines.
— Organise de sessions de formation et de perfectionnement pour répondre aux besoins identifiés, en détermine les contenus et choisit les ressources nécessaires à leur réalisation.
— S'assure de la qualité des sessions de formation et de perfectionnement.
— Détermine les projets de perfectionnement pour le personnel syndiqué de l'établissement, consulte les syndicats locaux sur ces projets, présente des projets aux comités paritaires provinciaux et gère l'attribution des bourses autorisées.
— Effectue la reconnaissance de la scolarité additionnelle du personnel syndiqué et syndicable non syndiqué pour fin d'augmentation salariale.
— Présente annuellement des projets spécifiques de formation et de perfectionnement des cadres pour fin de financement par le CRSSS.
— Collabore avec les différentes institutions d'enseignement tant au niveau secondaire, collégial, qu'universitaire pour promouvoir leur programme d'enseignement en fonction des besoins de l'établissement.
— Siège sur le comité régional (03) de formation du réseau de la santé et des services sociaux.

Figure 3.7 (suite)   **Description de poste — exemple**

— Participe, lorsque requis, à titre de représentante de l'association des hôpitaux du Québec, aux comités de perfectionnement des ressources humaines.

Stages:

— Planifie, organise, coordonne et contrôle les stages des disciplines de niveau secondaire et collégial pour l'ensemble de l'établissement; analyse et actualise, selon le cas, toute autre demande de stage.

— Effectue chaque année l'évaluation du fonctionnement des différents stages.

— Vérifie et contrôle les contrats d'affiliation selon l'entente MEQ-MAS, procède à leur facturation.

— Participe, lorsque requis, aux comités consultatifs relatifs aux stages.

— Planifie l'orientation des nouveaux professeurs; assure cette orientation conjointement avec les soins infirmiers.

— Organise et coordonne deux fois l'an les sessions de planification régionale des stages en soins infirmiers. Planifie ces stages conjointement avec les établissements de santé et d'éducation concernés.

Autres responsabilités:

— Assure la responsabilité du dossier de l'évaluation du contrôle de la qualité pour le service des ressources humaines.

— Agit comme cadre conseil sur différents comités internes (conversion au système SI, comité sur les maux de dos, etc.).

— Participe annuellement avec les responsables de la CECQ à la détermination du nombre de professeurs, de niveau primaire et secondaire, sur l'unité de pédiatrie.

— Dirige chaque année différentes campagnes de souscription (Centraide, Croix-Rouge, collecte de sang, etc.).

— Assume toute autre responsabilité à la demande du directeur des ressources humaines.

Qualifications requises:

— Détenir un diplôme universitaire de 1er cycle en relations industrielles ou en administration.

— Avoir cinq (5) ans d'expérience dans le secteur de la santé.

— Posséder deux (2) ans d'expérience en gestion.

_____

Description faite par:

_____

Approuvée par:

Source: Utilisée avec l'autorisation de l'Hôpital du Saint-Sacrement.

TECHNIQUES ORIENTÉES SUR LE POSTE

Les techniques décrites dans cette sous-section mettent l'accent sur le poste de travail comme tel plutôt que sur l'individu. Nous verrons par la suite les techniques qui mettent l'accent sur l'individu au travail.

Les analyses de tâches fonctionnelles.   Au Canada, le ministère de l'Emploi et de l'Immigration a mis au point un système de classification des professions, **Classification canadienne descriptive des professions (C.C.D.P.)**[5]. Il s'agit d'un code alphanumérique qui permet de regrouper les postes par catégorie professionnelle. Cette classification est basée, entre autres, sur le type de travail, le matériel ou l'équipement utilisé ou produit, les critères à rencontrer, l'éducation ou la formation requise, les conditions de travail et les interrelations entre le titulaire du poste et ses collègues.

L'analyste qui rédige la description et les exigences du poste commence son travail avec ce dictionnaire pour en extraire les informations de base utiles à l'analyse de poste.

Le « Management Position Description Questionnaire (MPDQ).   Bien que l'analyse de poste fonctionnelle soit complète en elle-même, elle demeure très descriptive. Les analyses descriptives sont moins fiables que certaines techniques plus quantitatives comme le « Management Position Description Questionnaire ». Le MPDQ est une méthode d'analyse de poste basée sur une liste de pointage. Cette liste comprend 197 items reliés aux tâches et aux responsabilités des gestionnaires, leurs exigences, leurs limites et diverses caractéristiques. Ces 197 items sont regroupés en 13 catégories telles que:

- produit, marché et planification financière;
- coordination entre plusieurs services de l'organisation et le personnel;
- contrôle des affaires internes;
- produits et services sous sa responsabilité;
- relations avec le public et les clients;
- niveau de consultation;
- autonomie;
- approbation des dépenses;
- service conseil;
- supervision;
- complexité et stress;
- niveau de responsabilités financières;
- niveau de responsabilités personnelles.

Comme on peut le remarquer, le MPDQ est surtout utilisé pour les postes de gestionnaires. De plus, les réponses aux différents items varient selon le niveau hiérarchique du poste dans l'organisation et selon l'organisation. Ce questionnaire est un bon instrument pour évaluer les postes de gestionnaires, déterminer les besoins de formation des employés qui accèdent à des postes de gestionnaires, créer des familles d'emplois et bien situer les nouveaux postes de gestion dans la bonne famille d'emploi, fixer la rémunération du personnel de gestion, élaborer le processus de sélection et les méthodes d'évaluation du rendement.

Le plan Hay.   Le plan Hay est utilisé par de nombreuses organisations pour analyser les postes du personnel de gestion. Bien que le plan Hay soit moins structuré que le MPDQ et le PAQ, il sert fréquemment à l'évaluation des emplois et à la gestion de la rémunération. Son utilisation permet à l'organisation de s'assurer d'une certaine uniformité, non seulement dans la façon de décrire les postes de direction mais aussi dans le mode de rémunération. Les objectifs du plan Hay sont de développer, placer et recruter des gestionnaires; évaluer les postes; mesurer l'exécution du travail à partir de critères spécifiques reliés aux responsabilités et analyser l'organisation.

Le plan Hay débute par une entrevue entre l'analyste et le titulaire du poste. L'information est recueillie sur les quatre aspects suivants: les objectifs, les dimensions, la nature et l'envergure du poste, ainsi que le niveau de responsabilités. L'information relative aux objectifs permet au lecteur de connaître les raisons de l'existence de ce poste dans l'entreprise. Les données sur les dimensions informe le lecteur de l'importance du poste dans l'entreprise et du degré d'influence des initiatives de son titulaire sur les résultats. L'information sur la nature et l'envergure du poste constitue la partie cruciale du plan Hay. On étudie alors cinq principaux aspects:

1. comment le poste s'intègre-t'il à l'organisation, c'est-à-dire autant ses interrelations avec l'environnement interne qu'externe?

2. la composition et les fonctions du personnel de soutien, en nombre, type et utilité;

3. les connaissances ou le savoir-faire que nécessite le poste au plan humain, de gestion et technique;

4. le type et la variété de problèmes majeurs à résoudre par le titulaire du poste et qu'elle est leur variété?

5. la nature et l'origine du degré d'autonomie pour résoudre les problèmes et prendre des décisions, que ce soit au titre de la supervision, de la procédure, de la fonction ou de ses compétences.

L'information sur les responsabilités précise les objectifs ou les résultats finals pour lesquels le titulaire est tenu responsable. Il y a quatre niveaux de responsabilités: organisation (incluant l'acquisition et le perfectionnement du personnel ainsi que la survie de l'organisation); la planification stratégique; la démarche, l'exécution et la direction des activités qui permettent d'atteindre les objectifs ainsi que la vérification et le contrôle.

Parce que le plan Hay est basé sur l'information obtenue en entrevue, le succès dépend des aptitudes de l'intervieweur. L'intervieweur peut être formé à bien collecter l'information pour la description de poste, l'évaluation d'emploi et la rémunération. Le plan Hay que l'on obtient dans une organisation peut être comparé avec celui d'une autre organisation pour s'assurer de la parité des salaires. Nous en discuterons à nouveau au chapitre 9.

Les modèles d'analyse.   Les techniques d'analyse de postes conventionnelles et structurées mettent l'accent sur la description du poste et de ses principales tâches, leurs conditions d'exécution ainsi que sur le niveau d'autorité et de responsabilités. Cependant, il importe également de savoir comment il faut exécuter les tâches pour qu'elles le soient avec la plus grande efficacité; c'est l'objectif des modèles d'analyse. Bien que ces techniques puissent être utilisées pour de nombreux postes, elles le sont habituellement pour des postes dont chacun des éléments est facilement identifiable; ce qui fait que ces techniques sont rarement utilisées pour les postes de gestion.

Les modèles d'analyse ou étude de temps et mouvements ont été mis au point par des ingénieurs industriels, spécialistes de la production ou de la recherche opérationnelle. Les principes fondamentaux de cette méthode sont les suivants:

- le mouvement des mains doit être balancé du début à la fin;

- les mains doivent toujours être productives, sauf durant les périodes de repos;

- le mouvement des mains doit être symétrique;

- le travail doit être organisé de façon à exiger un rythme facile et naturel;

- la vitesse et le type de mouvements doivent être déterminés de façon à réduire au minimum l'effort musculaire;

- les outils et les matériaux doivent être placés devant et tout près de l'employé;
- les coffres, les boîtes et les autres appareils doivent être utilisés pour transporter et ranger le matériel près de son poste de travail;
- le poste de travail doit être bien éclairé et suffisamment spacieux pour permettre à l'employé de se lever et de s'asseoir sans effort.

L'application de ces principes permet une grande économie de mouvements et un travail efficace, tel que souhaité par l'approche scientifique du travail.

La **mesure du travail** ou l'**étude de temps** consiste, après avoir identifié chaque élément de travail ou unité d'un poste, à minuter ces éléments pendant qu'ils sont exécutés selon les techniques et les méthodes habituelles. On additionne ensuite le temps moyen de toutes les unités de base pour définir le temps de travail de base. On ajoute à ce temps de base des périodes de repos, de fatigue, de retard ou d'arrêt causés par l'équipement. On obtient alors le temps standard qui permet au spécialiste en gestion des ressources humaines de calculer les normes de rendement et de fixer les primes, d'estimer les coûts des produits fabriqués ou des produits dont l'entreprise projette la production.

La détermination du temps standard constitue un défi de taille car il est influencé non seulement par le poste lui-même mais aussi par la personne qui effectue la tâche. Pour être le plus précis possible, il faut mesurer l'effort actuel de l'individu qui occupe le poste par rapport à l'effort réel requis pour accomplir la tâche; l'analyste doit faire preuve d'un peu de flair. Il existe plusieurs méthodes pour collecter les données et déterminer le temps standard. La plus courante est l'échantillonnage de travail.

L'échantillonnage de travail. Il s'agit d'un processus par lequel on saisit sur le vif un échantillon des activités de travail d'un individu ou d'un groupe d'individus; ce qui peut être fait en plusieurs étapes. L'analyste observe le titulaire et fixe un moment donné; une caméra peut être placée pour filmer pendant cette période prédéterminée. Ou encore, à un signal donné, tous les titulaires enregistrent leur activité. Ensuite, les activités résultant de ces observations sont chronométrées et classées dans des catégories prédéterminées. Cet exercice nous donne une description des activités de chaque poste avec le pourcentage de temps correspondant.

TECHNIQUES ORIENTÉES SUR L'INDIVIDU

Les techniques qui mettent l'accent sur l'individu analysent les postes en termes de comportements individuels plutôt qu'en termes de tâches et d'activités. Les descriptions de poste des figures 3.3 et 3.7 sont deux exemples de descriptions de ce type.

Le « Position Analysis Questionnaire (PAQ). Le PAQ est un questionnaire structuré qui contient 187 items subdivisés en six catégories:

1. l'information: où et comment le travailleur obtient-il l'information nécessaire à son travail? Par exemple, utilise-t-il du matériel écrit ou visuel?
2. le processus mental: dans l'exécution du travail, quelles sont les activités ou les processus de raisonnement, de prise de décision, de planification et d'information impliqués? Par exemple, le niveau de raisonnement dans la résolution de problèmes et le décodage d'informations;
3. l'exécution: quels types d'efforts doit effectuer l'individu et quels sont les instruments ou appareils qu'il utilise? Par exemple, utilise-t-il un clavier ou un appareil pour l'assemblage?

4. les interrelations avec les autres individus: dans l'exercice de ses fonctions, quelles relations l'individu doit-il avoir avec les autres? Par exemple, des contacts avec le public ou les clients;

5. le milieu de travail: dans quel contexte physique ou social l'individu exerce-t-il ses fonctions? Par exemple sous une température élevée ou dans des situations de conflits interpersonnels;

6. les autres caractéristiques du poste: quelles sont les autres activités, conditions ou caractéristiques de l'emploi?

En plus de décrire le poste à partir de ces six catégories et des 187 items; ceux-ci sont répertoriés sur une échelle de classement. Cette échelle comprend: (1) l'ampleur de l'utilisation, (2) l'importance de l'emploi, (3) le temps alloué, (4) la possibilité de se produire, (5) l'applicabilité, et (6) autres.

Si on utilise ces six divisions et ces six classes, le poste est analysé essentiellement en termes de communication/prise de décision/responsabilités sociales; rendement des activités spécialisées; l'activité physique et les conditions environnementales; opération de véhicules et d'équipement et le processus d'information. À partir de ces cinq dimensions, on peut comparer les postes et les classer. La famille d'emploi sert ensuite aux décisions d'acquisition des ressources humaines et à l'élaboration des descriptions et des exigences du poste.

L'avantage de cette méthode est qu'elle peut être utilisée pour une grande variété de postes et d'entreprises sans qu'il soit nécessaire d'y apporter des changements; ce qui permet de comparer facilement les analyses de postes d'une entreprise à l'autre.

Les analyses d'aptitudes physiques. Les aptitudes physiques constituent un sous-ensemble de compétences requises pour occuper un poste. On les divise généralement en neuf catégories:

- la force dynamique: c'est la capacité de fournir un effort musculaire répétitif et continu au cours d'une période donnée;
- la force du tronc: elle dérive de la force dynamique et caractérise la résistance des muscles du tronc à la fatigue lors de mouvements répétitifs;
- la force statique: c'est la force requise pour soulever, pousser, tirer ou transporter des charges;
- la force énergétique: il s'agit de la capacité de dépenser un maximum d'énergie lors d'un ou une série d'efforts intensifs;
- l'ampleur des mouvements: c'est l'habileté à étirer le tronc, les bras et/ou les jambes dans une série de mouvements;
- la dynamique de flexion: c'est la capacité d'effectuer rapidement des mouvements de flexion répétés;
- l'équilibre: c'est la capacité de maintenir le corps dans une position stable malgré les efforts à fournir ou de retrouver cette stabilité;
- la résistance: elle est synonyme d'endurance cardio-vasculaire, c'est-à-dire la faculté d'effectuer un travail intensif sans ressentir de fatigue et d'épuisement;

Pour l'analyse des aptitudes physiques, on utilise une échelle graduée en 7 points. On classe sur cette échelle chacune des 9 habiletés physiques en étalonnant leur importance respective par rapport au poste qu'on analyse.

Les programmes d'action positive obligent les organisations à déterminer avec précision les exigences physiques d'un poste et à faire la preuve de leur nécessité dans l'accomplissement de la tâche. Ces analyses servent aussi d'instrument à l'appariement de l'individu au poste. D'autres techniques évitent aux organisations de poser des gestes discriminatoires. Il s'agit des incidents critiques, de leur extension et des analyses de postes structurées.

Les incidents critiques. Cette technique est une des plus utilisées pour effectuer des analyses de postes. Par cette technique, on ne cherche pas à connaître la tâche dans son entier mais plutôt à cerner les éléments critiques, c'est-à-dire ceux qui jouent un rôle important dans sa bonne exécution. L'analyste peut se servir d'un questionnaire ou procéder à des entrevues. Il demande à un ou plusieurs titulaires du poste de noter, au cours d'une période de 6 à 12 mois, des phénomènes positifs ou négatifs particuliers qui se sont produits dans l'exercice de leurs fonctions. Par la suite, l'analyste note leur fréquence et tente d'identifier autant les facteurs provoquant des problèmes que ceux entraînant des réussites.

Cette information, qui comprend souvent une centaine d'incidents est regroupée selon les dimensions du poste. On peut ensuite l'utiliser pour rédiger la description du poste et pour élaborer des mesures d'évaluation du rendement. Le désavantage de cette technique, c'est qu'elle nécessite beaucoup de temps pour la description des incidents et qu'il est difficile de fixer les critères d'évaluation du rendement. Cette méthode fait appel à critères de rendement extrêmes (efficace, inefficace, très mauvais, très bon). Il est très difficile de préciser des critères de rendement moyen, ce que nous permet de faire la technique de l'extension des incidents critiques.

L'extension des incidents critiques. Plutôt que de demander au titulaire du poste ou à une autre personne qui l'observe de noter les comportements efficaces et inefficaces, on demande au titulaire de commencer par identifier ses domaines d'activités. Ces domaines constituent des catégories sous-lesquelles on inscrit les tâches. En d'autres termes, les domaines chapeautent des tâches spécifiques. Par exemple, la formation peut être le domaine d'activité d'un gestionnaire. On classe ensuite des tâches précises dans ce domaine tels que l'enseignement formel ou informel aux employés, l'orientation des nouveaux employés, le programme personnel de perfectionnement.

Les tâches spécifiques comprises dans un domaine peuvent varier d'une organisation à l'autre. Après avoir identifiés et définis les domaines d'un poste, souvent entre 10 à 20 par poste, l'analyste de poste liste les tâches à accomplir dans chaque domaine, après avoir demandé au titulaire de rédiger des exemples ou des scénarios qui reflètent trois différents niveaux de rendement dans chaque domaine. Dans sa description de scénarios, le titulaire liste l'événement principal, le comportement des individus dans ce scénario et les conséquences de ce comportement. L'analyste utilise ensuite les scénarios rédigés par les titulaires pour faire l'énoncé des tâches. Chaque énoncé constitue l'exemple d'un comportement (ou plusieurs dans un domaine décrit dans les scénarios) et indique la fréquence à laquelle les tâches sont accomplies, leur niveau de difficulté et l'importance de la tâche.

À partir de ces informations, l'analyste peut rédiger la description de poste. Cette technique peut aussi être utilisée pour élaborer des méthodes d'évaluation du rendement et identifier les besoins de formation. Pour ce faire, on demande aux titulaires, choisis de préférence dans différents groupes pour augmenter la validité, d'estimer le niveau de rendement que représente chaque énoncé, et de le situer dans un des domaines identifié initialement par un premier groupe de titulaires.

Si on a demandé aux titulaires de décrire brièvement les habiletés physiques et mentales nécessaires à l'exécution des tâches dans chacun des domaines, on peut élaborer une procédure de sélection. L'identification de ces habiletés sert à écrire les exigences ou la description du poste.

Bien que cette technique nécessite plus de temps que la simple technique des incidents critiques, elle permet de recueillir plus d'informations de la part des titulaires de postes (habiletés requises, niveaux de rendement et domaines d''activités). De plus, comme cette technique est basée sur l'étude des comportements, elle peut être utilisée pour l'évaluation du rendement et la formation; ce qui est aussi vrai pour la technique suivante.

Le « Guidelines-Oriented Job Analysis » (GOJA).   Le GOJA est une technique en sept étapes développée aux États-Unis. Chacune des étapes implique le titulaire du poste. Au début de chaque étape, le titulaire indique son nom, son ancienneté, son expérience et la situation de son poste actuel dans l'organisation.

À la première étape, le titulaire liste les domaines de son poste. On entend par domaine les tâches qui se regroupent sous une même catégorie. Par exemple, une secrétaire dactylographie des lettres, des contrats et des rapports. Ces tâches étant étroitement liées, on peut les enregistrer dans un même domaine, la dactylographie. Tous les postes auront alors plusieurs domaines.

Après avoir identifié les domaines, on demande au titulaire de lister les tâches indispensables à accomplir. Les tâches sont des comportements observables chez le titulaire. Chaque domaine comprend plusieurs tâches. Une fois que les tâches indispensables sont identifiées, le titulaire indique la fréquence de leur exécution.

L'étape suivante consiste à déterminer les aptitudes et les connaissances requises pour chaque tâche, c'est-à-dire celles qui ne peuvent être maîtrisées en moins de 8 heures. En effet, il serait tout à fait incorrect de refuser un candidat à cause d'une qualification qu'il peut acquérir en moins de huit heures. Nous y reviendrons lorsque nous discuterons de l'acquisition du personnel.

On précise ensuite les caractéristiques physiques nécessaires pour accomplir les tâches. À cette étape, le titulaire répond à cinq énoncés qui y sont directement reliés.

À la dernière étape, on dresse une liste des autres caractéristiques nécessaires pour occuper le poste, telles que le niveau d'instruction ou encore l'appartenance à une corporation professionnelle, etc. On peut aussi indiquer la nécessité et la fréquence des déplacements, le temps supplémentaire requis etc.

En résumé, cette technique nous donne la description de poste, identifie les aptitudes, les connaissances et les habiletés requises pour occuper ce poste et fournit une base pour élaborer des procédures de sélection et d'évaluation du rendement. Cette technique est aussi très utile pour identifier les besoins en formation.

ÉVALUATION DES MÉTHODES D'ANALYSE DE POSTES

Nous venons d'étudier plusieurs méthodes d'analyse de postes. Pouvons-nous dire maintenant laquelle est la meilleure? La réponse est que cela dépend des objectifs de l'analyse de postes et des intérêts pratiques que l'on a.

OBJECTIFS DE L'ANALYSE DE POSTES

À la lumière de ce que nous venons de dire, on peut affirmer que l'analyse de postes vise les objectifs suivants:

- la description des postes, incluant leurs exigences;
- la classification des postes et leur évaluation pour fixer la rémunération;

- les informations nécessaires au recrutement et à la sélection;
- l'élaboration de mesures d'évaluation du rendement;
- l'identification des besoins de formation et de perfectionnement;
- l'orientation des employés;
- l'identification des besoins de planification en ressources humaines.

Le degré avec lequel chacune des techniques permet d'atteindre ces objectifs est indiqué à la figure 3.8. Par rapport à la description de poste, l'évaluation de la technique est faite en fonction des possibilités de rangement des tâches, de l'identification des comportements nécessaires à leur exécution et des conditions dans lesquelles elles sont effectuées. Par rapport à l'objectif de classification et d'évaluation des postes, chaque méthode est évaluée en fonction de la possibilité qu'elle offre d'utiliser directement l'information recueillie pour établir les classes et les familles d'emplois et l'assurance qu'elle donne de l'équité interne. En ce qui concerne l'évaluation du rendement, on se base sur la qualité des exemples de comportements proposés. De la même façon, en ce qui concerne la formation et le perfectionnement, chaque méthode est évaluée en fonction de la précision avec laquelle elle identifie les comportements, les aptitudes et les habiletés requises ainsi que la possibilité qu'elle offre d'évaluer les individus en fonction de ces exigences. Finalement, dans le cas de la planification des ressources humaines cette évaluation reflète l'utilité de la méthode pour analyser les besoins (voir chapitre 12) actuels ou éventuels en ressources humaines et en formation.

Figure 3.8

L'évaluation des méthodes d'analyse de postes en fonction des objectifs recherchés

Objectifs	CCDP	MPDQ	Plan Hay	PAQ	Incident critique	Extension incident critique	GOJA
Description de poste	5	4	5	4	3	3	4
Classification et évaluation de poste	5	4	5	5	2	3	3
Recrutement et sélection	4	4	4	4	4	5	5
Évaluation du rendement	3	3	4	3	4	5	5
Formation et perfectionnement	4	3	3	3	4	5	5
Planification des ressources humaines	4	4	3	4	4	4	4

1: ne sert pas cet objectif
2: sert un peu cet objectif
3: sert adéquatement cet objectif
4: sert très bien cet objectif
5: sert parfaitement bien cet objectif

On évalue aussi les différentes méthodes d'analyse de postes en fonction de leurs intérêts pratiques, c'est-à-dire:

- universalité/pertinence: la méthode est appropriée pour analyser une variété donnée de postes;
- standardisation: la méthode permet de se comparer avec différentes sources d'analyse de postes à différents moments;
- approbation: la méthode est acceptée dans sa forme par l'utilisateur;
- compréhension: la méthode est comprise par les analystes et les titulaires de postes;
- formation requise: le niveau de formation nécessaire pour utiliser la méthode;
- facilité d'utilisation: le degré de facilité d'utilisation pour différents postes;
- temps d'exécution: le temps requis pour appliquer la méthode et obtenir les résultats;
- fiabilité et validité: la constance des résultats obtenus et la fidélité pour la description des tâches, de leur importance et des aptitudes et habiletés requises pour les accomplir;
- objectifs visés: le nombre d'objectifs qu'on peut atteindre en utilisant cette méthode;
- utilité: les avantages ou les bénéfices que retire l'organisation comparativement aux coûts d'utilisation de cette méthode.

La figure 3.9 présente l'évaluation de chaque méthode en fonction de ces critères.

Les évaluations présentées aux figures 3.8 et 3.9 illustrent bien qu'aucune méthode n'est parfaite. Que ce soit pour analyser ou définir les postes, les analystes doivent considérer plusieurs critères avant de choisir la méthode la plus appropriée à leur action.

ÉVALUATION DE LA DÉFINITION ET DE L'ANALYSE DE POSTES

L'analyse et la définition des postes revêtent une importance capitale en gestion des ressource humaines. L'évaluation des activités de définition des postes peut être faite sur la base des résultats obtenus au niveau de la productivité et ce, en mesurant le rendement des employés, le taux de roulement et le taux d'absentéisme. Si les postes sont définis à l'aide de l'approche individuelle, on devrait obtenir une réduction du taux de roulement et du taux d'absentéisme. On peut en mesurer la valeur monétaire en comparant les bénéfices aux coûts reliés à la redéfinition des postes. Ces coûts peuvent être substantiels et même excéder les bénéfices.

Il importe alors de bien évaluer tous les projets de définition des postes afin de mesurer leur efficacité. Il peut être difficile de les comptabiliser si les profits de la redéfinition des postes sont mesurés en termes de satisfaction et de participation. Les gains sur ces aspects peuvent être assez substantiels pour justifier les dépenses, même si les autres critères d'évaluation des bénéfices sont relativement inchangés.

On peut évaluer l'analyse de postes en vérifiant si elle aide l'organisation à combler ses besoins en personnel et à respecter les chartes des droits de la personne. Sans cela, l'organisation peut ignorer des candidats très qualifiés et il est alors impossible d'élaborer des méthodes de sélection valides. C'est

Figure **3.9** **L'évaluation des méthodes d'analyse de postes en fonction de leurs intérêts pratiques**

Objectifs	CCDP	MPDQ	Plan Hay	PAQ	Incident critique	Extension incident critique	GOJA
Universalité/Pertinence	5	4	4	4	5	5	5
Standardisation	5	5	5	5	3	3	3
Approbation	4	4	4	4	4	4	4
Compréhension	4	4	5	4	5	5	5
Formation requise	3	3	3	3	4	5	5
Facilité d'utilisation	5	5	5	5	3	3	3
Temps d'exécution	4	4	4	4	3	3	3
Fiabilité/Validité	4	4	4	4	3	5	5
Objectifs visés	4	3	3	4	3	4	4
Utilité	4	4	4	4	3	4	4

1: portée très limitée
2: portée limitée
3: portée moyenne
4: portée au-dessus de la moyenne
5: grande portée

pourquoi, des efforts de recrutement onéreux peuvent en résulter, en plus du non respect des droits de la personne. Une autre façon d'évaluer les analyses de postes consiste à calculer le nombre de candidats qualifiés sur le total des recrues et les économies qui résultent du respect de la loi. Les bénéfices financiers sont ensuite comparés aux coûts de l'analyse de postes. Les résultats peuvent aboutir à la recherche de méthodes d'analyse de postes plus appropriées et moins onéreuses.

RÉSUMÉ L'appariement de l'individu et du poste est d'une importance vitale pour l'organisation d'aujourd'hui. Il aide non seulement à déterminer le rendement de l'employé, sa satisfaction et sa participation mais encore à améliorer la productivité ainsi que la qualité de vie au travail. Heureusement, les efforts de redéfinition des postes sont utiles dans ces deux sens. Le défi de la gestion des ressources humaines est de déterminer quel modèle de définition est le plus susceptible d'améliorer la qualité de vie au travail et la productivité puis d'implanter le programme choisi. Bien que plusieurs conditions doivent être considérées pour choisir le modèle de définition des postes approprié, plusieurs de ces caractéristiques peuvent être modifiées. Il s'agit de la variété des aptitudes, de l'identité du poste et de la surcharge ou de l'allègement du rôle. Avec toutes ces caractéristiques sujettes à des changements potentiels, il devient important de déterminer comment les individus peuvent y répondre. Cela peut être fait en comparant les aptitudes, les connaissances et les habiletés des individus avec leur personnalité, leurs intérêts et leurs préférences. On peut alors répondre aux deux questions suivantes: Pourra-t-il faire ce travail et aimera-t-il le faire?

Une fois que les postes sont définis, on doit procéder à leur analyse, description et détermination des exigences. L'analyse de postes a un impact important sur les autres activités de gestion des ressources humaines et l'accès à l'égalité. Le défi devient alors de trouver la méthode d'analyse de postes la plus appropriée. Parce qu'il y a plusieurs méthodes pour analyser un poste, il faut commencer par identifier les objectifs visés. Différentes méthodes peuvent être utilisées pour élaborer des tests de sélection et des critères d'évaluation du rendement ainsi que pour déterminer les besoins en formation.

QUESTIONS À DISCUTER

1. Expliquez la relation entre la définition et l'analyse de postes?
2. Outre la définition des postes, quels aspects de la gestion des ressources humaines ont un lien avec l'analyse de postes?
3. Quels sont les objectifs de la définition des postes?
4. En quoi la définition et l'analyse de postes sont-elles reliées aux objectifs et à la technologie organisationnels?
5. Les législations peuvent-elles affecter la définition et l'analyse de postes? Expliquez comment?
6. Qui est responsable de la définition et de l'analyse de postes?
7. Quelle est la différence entre un poste caractérisé par une surcharge quantitative et un autre caractérisé par une surcharge qualitative?
8. Identifiez et discutez des quatre méthodes de définition des postes?
9. Résumez et discutez des aspects importants à considérer dans le choix d'une méthode d'analyse de postes?
10. Expliquez dans vos propres termes pourquoi la définition et l'analyse de postes sont si importantes pour le bon fonctionnement de l'organisation.

É T U D E   D E   C A S

LA COMMISSION DE FORMATION SUR MESURE

La Commission de formation sur mesure (C.F.S.M.) est un organisme gouvernemental qui offre aux petites et moyennes entreprises des services conseils et un soutien financier pour la formation en entreprise. Dans beaucoup de P.M.E. du secteur manufacturier, les employés sont trop faiblement scolarisés et la C.F.S.M. veut leur fournir une aide précieuse en leur permettant d'améliorer la qualité de leur capital humain et par voie de conséquence la performance de l'entreprise. Ce secteur d'intervention gouvernemental est jugé si important que le ministère dont relève la C.F.S.M. songe dans un avenir proche à augmenter substantiellement les budgets. En attendant cet heureux jour, la C.F.S.M. doit accomplir un mandat très large avec un personnel et des budgets restreints. L'organigramme suivant illustre la structure administrative de C.F.S.M.:

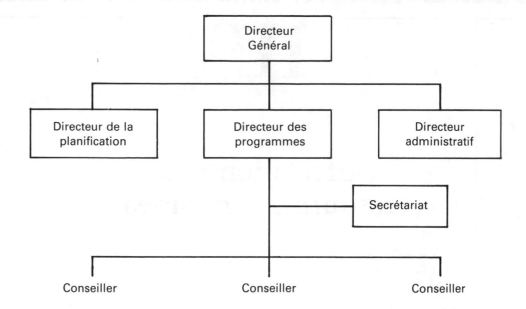

Le directeur général, Pierre Dubois, est fermement convaincu des vertus d'une structure administrative souple et légère où l'on échange surtout de façon verbale. En ce sens, il ne voit pas l'utilité d'une définition et description détaillées des activités des membres de son organisme. « Chacun sait ce qu'il a à faire, je ne vois pas pourquoi on devrait s'encombrer de paperasse » dit-il. Pierre Dubois est très fier des réalisations de son organisme malgré la situation de compression budgétaire.

Le mois dernier, le ministère a mis en oeuvre deux nouveaux programmes, PROG et PRO-FORM, dont le C.F.S.M. sera responsable. Malheureusement, le ministère n'est pas en mesure à l'heure actuelle de fournir d'autres fonds que ceux nécessaires au démarrage des projets. Il n'est donc pas question à l'heure actuelle d'embaucher du personnel supplémentaire pour venir soulager les cadres de l'organisme qui sont déjà surchargés. Pierre Dubois convoque une réunion au cours de laquelle on explique les nouveaux programmes à ses trois principaux collaborateurs. Jacques Petit, directeur des programmes, se voit confier la tâche d'orchestrer l'implantation et Claude Garant, directeur administratif, va gérer les montants octroyés par le ministère pour le démarrage. « Vous savez tous ce qu'il y a à faire, alors mettez-vous au boulot » leur lance Pierre Dubois.

Nous sommes maintenant un mois plus tard et rien ne va plus. Un conflit a éclaté entre Jacques Petit et Claude Garant quant à la façon dont l'argent devrait être affecté. Chacun prétend que l'autre n'a pas compris son rôle. Louis Juneau, directeur de la planification, boude dans son coin parce qu'il ne se sent pas assez impliqué dans ces dossiers. En tant que directeur de la planification, c'est lui qui aurait dû être maître d'oeuvre des projets. De plus, le travail au niveau des autres mandats de l'organisme commence à souffrir de la détérioration du climat de travail. Les employés prennent partie et la situation s'envenime davantage. Pierre Dubois ne sait plus à quel saint se vouer et il passe beaucoup de temps, trop de temps, à faire l'arbitre entre les belligérants.

QUESTIONS
1. Si on fait abstraction des problèmes financiers de cet organisme, quel est selon vous le facteur qui a le plus contribué à créer une telle situation?
2. Pierre Dubois s'adresse à vous pour obtenir une solution concrète en vue de le sortir de ce bourbier, que pouvez-vous lui proposer?
3. Expliquez maintenant dans un court rapport, de quelle façon vous pourriez implanter la solution proposée en 2. N'oubliez pas de faire bien ressortir les avantages et les inconvénients de votre solution.

III

Affectation des ressources humaines

Recrutement et accès à l'égalité

Actualité

LE RECRUTEMENT À L'ÉTRANGER

Pour le moment, l'embauche de personnel étranger joue un rôle d'appoint dans le développement de l'industrie aérospatiale du Québec. En effet, depuis quelques années, le développement accéléré de notre savoir-faire en ce domaine ainsi que l'accroissement de la compétence technique de notre main-d'oeuvre, lié à l'augmentation de la qualité de l'enseignement dans nos institutions collégiales et universitaires, ont permis aux entreprises aérospatiales québecoises de recruter ici même une proportion grandissante de leur main-d'oeuvre. Actuellement, moins du tiers des emplois comblés par du personnel recruté à l'étranger sont des postes permanents. De 1982 à 1984, le total des demandes approuvées (validation d'offres d'emploi et autorisation d'emplois temporaires) ne représente que 13,3% de toutes les demandes formulées pour la période 1979-1984. Au total, 317 demandes relatives à des postes d'ingénieurs et de scientifiques (139 en 1982, 64 en 1983 et 114 en 1984) tandis que le nombre de techniciens n'est que de 23 et celui des métiers de 20 pour les trois dernières années. L'apport de la main-d'oeuvre étrangère dans l'industrie aérospatiale est composé en grande partie d'ingénieurs et de spécialistes des sciences appliquées. Les représentants des entreprises de l'aérospatiale et les ministères concernés sont d'avis que l'importation de main-d'oeuvre étrangère demeurera restreinte par rapport au recrutement total des entreprises.

Cela s'explique de la façon suivante:

— la qualité de la formation actuelle des finissants répond très bien à la quasi-totalité des attentes des entreprises membres de CAMAQ;

— le recrutement à l'étranger est long et il fait appel à plusieurs intervenants;

— le recrutement à l'étranger est coûteux (la loi canadienne sur l'immigration oblige les entreprises qui veulent recruter à l'étranger à démontrer que des recherches intensives ont été faites sur les marchés local, régional et national pour recruter la main d'oeuvre). De plus, avant de recruter à l'étranger, les entreprises devront nécessairement placer des annonces dans des médias importants.

Dans un rapport sur le sujet, le CAMAQ se dit d'avis que le recrutement à l'étranger, quoique plus sélectif dans l'avenir, va continuer à apporter des retombées bénéfiques aux niveaux scientifique et technique et assurer un dynamisme mondial de nos entreprises. Le recrutement à l'étranger attirera principalement des scientifiques qui ont une longue expérience du travail, étant donné qu'il y a une limite au nombre de jeunes diplômés qui peuvent travailler ensemble sur un même projet. Le recrutement sera aussi utilisé pour obtenir des scientifiques dont la spécialité n'est pas encore disponible au Canada.

Source: FALLU, P., « CAMAQ — Un modèle unique de planification des besoins de main-d'oeuvre spécialisée », Magazine Ressources Humaines maintenant appelé AVENIR Votre Magazine Ressources Humaines, no 12, janvier-février, 1986, p. 55, 58. Reproduit avec autorisation.

Cet exemple illustre l'importance du recrutement pour une organisation. Le succès du processus d'embauche dépend de l'efficacité avec laquelle l'activité de recrutement est assurée par le responsable du recrutement des ressources humaines. Dans ce chapitre, nous étudierons les objectifs et l'importance du recrutement ainsi que ses interrelations avec les autres activités de gestion des ressources humaines. De façon plus spécifique, nous verrons les sources et les méthodes de recrutement à la disposition des spécialistes et les moyens qu'ils peuvent mettre en oeuvre pour constituer une bonne banque de candidats potentiels.

RECRUTEMENT ET ACCÈS À L'ÉGALITÉ

On définit le **recrutement** comme étant la recherche qualitative et quantitative de candidats en vue de sélectionner la personne qui répond le mieux aux exigences du poste. Les activités de recrutement consistent également à satisfaire les besoins personnels des candidats en relation avec leur travail. De cette façon, le recrutement effectué en conformité avec la législation attire non seulement des individus mais il augmente aussi la probabilité de garder ceux-ci une fois embauchés. En somme, le recrutement est un ensemble d'activités et de procédures qui permettent à l'organisation d'obtenir un nombre suffisant de bons candidats, au bon endroit et au bon moment en harmonisant leurs aspirations mutuelles à court comme à long terme. Cette définition reflète la relation qui existe entre le recrutement et les autres activités de gestion des ressources humaines[1].

OBJECTIFS ET IMPORTANCE DU RECRUTEMENT

L'objectif général du recrutement est d'identifier des candidats potentiellement qualifiés pour un emploi. Plus précisément, il s'agit de:

■ déterminer les besoins de recrutement actuels et futurs en accord avec la planification des ressources humaines ainsi qu'avec l'analyse de postes;
■ augmenter la banque de candidats à un coût minimum;
■ accroître le taux de réussite du processus de sélection en réduisant le nombre de candidats sous-qualifiés ou sur-qualifiés;
■ réduire les risques de voir les candidats, une fois recrutés et sélectionnés, quitter rapidement l'organisation;
■ permettre à l'organisation d'implanter des programmes d'action positive et souscrire aux obligations légales et sociales concernant la composition de la main-d'oeuvre;
■ accroître l'efficacité à court et à long terme de l'organisation et des individus;
■ évaluer l'efficacité de différentes techniques de recrutement pour toutes les catégories professionnelles.

Le recrutement est composé de plusieurs activités qui consistent à: — déterminer à partir de la catégorie professionnelle et du niveau hiérarchique dans l'organisation, les besoins à court et à long terme; — suivre l'évolution des conditions de marché du travail; — développer des outils de recrutement efficaces; — élaborer des programmes de recrutement systémiques et intégrés aux autres activités de gestion des ressources humaines en collaboration avec les gestionnaires des autres services; — obtenir une banque de candidats qualifiés; — tenir à jour le nombre et les qualifications des candidats à partir de sources et méthodes diverses; — exercer un suivi des candidats embauchés ou non pour évaluer l'efficacité des méthodes de recrutement. Le tout doit s'effectuer à l'intérieur d'un cadre légal qui affecte les politiques de recrutement et de sélection de l'organisation.

INTERRELATIONS ENTRE LE RECRUTEMENT ET LES AUTRES ACTIVITÉS DE GESTION DES RESSOURCES HUMAINES

Pour une gestion efficace des ressources humaines, il est essentiel de reconnaître qu'il existe des relations d'interdépendance entre le recrutement et les autres activités de gestion des ressources humaines. Le recrutement est étroitement lié à la planification des ressources humaines, à l'analyse de postes et à la formation (voir Figure 4.1). Le système d'information sur les ressources humaines permet à l'organisation de relier ces activités.

La planification des ressources humaines. Les programmes de recrutement sont élaborés à partir de trois composantes de la planification: la planification stratégique de l'organisation, la planification emploi/rôle et la planification des ressources humaines. La planification stratégique précise les objectifs de l'organisation en matière de diversification des produits et des services, croissance, situation géographique, contexte légal et structure organisationnelle. La planification emploi/rôle découle de la planification stratégique l'organisation et spécifie ce qui doit être fait à différents niveaux hiérarchiques pour la respecter. La planification des ressources humaines détermine les besoins de l'organisation par catégorie professionnelle et par conséquent, les aptitudes, les connaissances et les habiletés exigées des candidats.

Le processus de recrutement est développé en coordination étroite avec les activités de planification pour préciser où et comment les individus possédant les aptitudes, les connaissances et les habiletés requises seront recrutés. Les résultats des recrutements antérieurs peuvent aussi être utilisés pour déterminer où et comment recruter à nouveau certaines catégories professionnelles. Cependant, la prudence est d'usage car l'utilisation des sources antérieures pourrait empêcher l'organisation de recruter dans le respect de certains programmes, tel que le programme d'action positive en faveur des minorités culturelles, des femmes et des personnes handicapées.

Pour être efficace, le processus de recrutement nécessite beaucoup d'informations. Cette information doit être centralisée de façon à ce que toutes les activités de gestion des ressources humaines soient coordonnées selon un système d'information comparable à celui défini au chapitre 2, et qui permet d'effectuer des simulations de changements organisationnels et de changements de conditions de marché pour déterminer avec plus de précision les besoins en ressources humaines de l'organisation.

La définition et l'analyse de postes. Bien que la planification des ressources humaines identifie les besoins de l'organisation, l'analyse de postes est essentielle pour préciser les aptitudes, les connaissances et les habiletés requises, ainsi que les préférences individuelles, les intérêts et la personnalité qui conviennent à chaque catégorie d'emploi, dans une organisation donnée.

Le recrutement effectué à partir de l'analyse de postes accroît l'assurance que les personnes embauchées peuvent accomplir la tâche. En effet, le recruteur s'assure que la personnalité, les intérêts et les préférences des candidats s'harmonisent avec les caractéristiques de l'emploi et de l'organisation dans le but de servir à la fois les intérêts à long terme de l'individu et de l'organisation. Ces caractéristiques, parfois considérées comme des récompenses par l'employé, incluent la rémunération, des heures de travail souples, la possibilité de suivre des cours de formation, la sécurité d'emploi et les possibilités de carrière dans l'organisation. Puisque toutes ces composantes de la gestion des ressources humaines sont importantes, nous en discuterons plus en détails dans les chapitres subséquents.

La formation et le perfectionnement. Si le recrutement produit une bonne banque de candidats qualifiés, les besoins de formation des nouveaux

Figure **4.1**   **Les composantes de l'activité de recrutement**

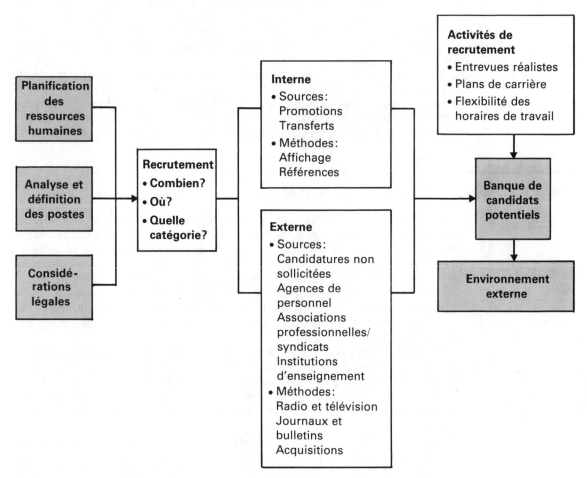

employés pourraient être minimes. Mais, si le recrutement donne une banque de candidats non-qualifiés, l'organisation pourrait avoir à supporter des coûts élevés de formation ou d'élaboration d'une nouvelle stratégie de recrutement. Certaines organisations n'auront pas d'autres choix que de recruter des personnes qui ne sont pas formées pour accomplir la tâche. Dans le cas, par exemple, d'une pénurie de personnel qualifié sur le marché du travail. Le recrutement implique souvent un choix. Est-ce que l'organisation doit attirer des travailleurs spécialisés des autres marchés du travail (régions ou pays) pour accroître sa main-d'oeuvre? Est-il préférable qu'elle embauche des travailleurs moins qualifiés et qu'elle investisse dans leur formation? Comme nous l'avons vu dans l'exemple en début de chapitre, ce dilemme est typique de l'industrie aérospatiale québécoise pendant les périodes de croissance rapide.

Les organisations peuvent aussi intégrer les candidats handicapés en développant des programmes de formation spécialisés. Il devient alors plus facile de recruter et de garder les travailleurs handicapés. Par exemple, Sears, Roebuck & Company ont mis sur pied un programme d'action positive depuis 1947, Control Data Corporation offre aux employés qui deviennent handicapés une formation en informatique pour leur permettre de reprendre le travail et,

I.B.M. a un programme pour former et placer les personnes sévèrement handicapées dans des postes d'entrées de données sur micro-ordinateur. Les programmes de formation de ces compagnies ont permis l'embauche de personnes handicapées et ont encouragé ces employés à conserver leur emploi[2]. C'est un des moyens à la disposition des compagnies pour atteindre les objectifs d'accès à l'égalité qu'elles se fixent.

L'environnement externe. Souvent, c'est le contexte économique qui détermine le type d'employé dont une entreprise a besoin. La pénurie de main-d'oeuvre dans certaines catégories d'emplois spécialisés représente un véritable défi. Ainsi, lorsque l'économie est en période de récession les conseillers financiers sont plus en demande que les autres catégories de gestionnaires.

FONDEMENTS JURIDIQUES DU RECRUTEMENT ET DE L'ACCÈS À L'ÉGALITÉ

Pour la plupart des compagnies canadiennes, le principe de l'accès à l'égalité joue un rôle critique dans le recrutement. Bien que la législation du travail réglemente surtout l'embauche, le congédiement, la santé et la sécurité au travail ainsi que la rémunération, il est essentiel d'aborder le sujet en discutant du recrutement, qu'il se fasse à l'intérieur ou à l'extérieur de l'organisation. Nous discutons dans ce chapitre des considérations légales relatives à l'accès à l'égalité parce que le recrutement sert à identifier qui sera sélectionné et par conséquent, qui sera embauché. On s'intéressera donc particulièrement aux programmes d'action positive.

Les programmes d'action positive et le recrutement. La Commission canadienne des droits de la personne jouit d'une grande liberté d'action dans l'application de la Charte canadienne des droits de la personne. L'amélioration de l'accès à l'égalité pour les groupes désignés par le biais des **programmes d'action positive** est une des voies par lesquelles la Commission exécute son mandat.

La section 15(1) de la Charte confirme que les programmes spéciaux sont légitimes parce que leurs mécanismes permettent d'améliorer les chances d'un groupe spécifique en éliminant, réduisant ou prévenant la discrimination. De tels programmes sont développés par les employeurs pour remédier à la discrimination passée et pour prévenir toute forme de discrimination à l'avenir. Cela implique généralement une auto-évaluation de l'organisation en ce qui concerne l'embauche, la promotion et les politiques de rémunération. Si on identifie des failles, le service des ressources humaines doit vérifier les critères qui servent à fonder les décisions, les modifier le cas échéant, et s'assurer qu'ils sont respectueusement appliqués.

En août 1984, le tribunal fédéral des droits de la personne rend sa première décision concernant l'obligation d'instaurer des programmes d'action positive[3]. Le tribunal a ordonné à la compagnie ferroviaire Canadien National d'embaucher une femme pour quatre emplois non-traditionnels ou emplois de cols bleus dans la région du St-Laurent et ce, jusqu'à ce que les femmes détiennent 13% de ces emplois. Le CN a aussi dû mettre sur pied une série d'autres mesures, allant de l'abandon de certains tests d'aptitudes en mécanique à la façon dont il publiait les emplois disponibles. Cette décision suivait une plainte portée contre le CN en 1979 par le groupe montréalais « Action Travail de Femmes ». L'objectif de 13% correspond approximativement à la proportion de femmes qui détiennent des emplois de cols bleus dans l'industrie en général.

Les autres considérations. Les titres des emplois et les stéréotypes véhiculés peuvent finir par exclure les femmes de certains emplois. Une étude de la

Corporation canadienne de radiodiffusion l'illustre bien. Entre autres, cette étude révèle: (1) qu'il y avait discrimination dans la plupart des emplois de la Corporation et; (2) que lorsqu'une femme avait assez d'audace pour postuler un emploi « traditionnellement masculin », elle était carrément découragée par les intervieweurs masculins[4]. Pour éviter de tels problèmes, plusieurs compagnies canadiennes ont mis sur pied volontairement des programmes d'action positive. Par exemple, le programme de la Banque Royale du Canada vise surtout à enrayer la discrimination sexuelle[5].

SOURCES ET MÉTHODES DE RECRUTEMENT	D'où viennent les candidats et quelles méthodes utilise-t-on pour les recruter? C'est à cette question que nous répondrons dans cette section en étudiant les sources et les méthodes internes ainsi que les sources et les méthodes externes.

SOURCES INTERNES

Les employés, par voie de promotions, démotions et transferts sont des candidats pour les divers départements ou services de l'organisation.

Les promotions. Les promotions sont une bonne source de candidats mais elles présentent aussi quelques inconvénients:

Les arguments en faveur des promotions sont:

1. les employés de l'organisation sont habituellement mieux qualifiés;
2. les employés se sentent plus en sécurité et cherchent plus à satisfaire leurs intérêts à long terme dans l'organisation quand celle-ci songe à eux en premier pour combler les postes vacants;
3. la possibilité d'obtenir une promotion peut accroître la motivation au travail des employés, ce qui permettrait à l'organisation de réaliser des économies de temps et d'argent;
4. l'embauche d'un candidat externe peut coûter très cher. Il faut parfois payer son déménagement en plus de lui offrir un salaire alléchant. De surcroît, l'organisation peut être déçue de son rendement et les employés voient leurs chances d'être promus diminuer.

Les désavantages des promotions sont:

1. l'impossibilité de trouver la personne la plus qualifiée pour l'emploi ou encore que cette dernière manque de combativité, de recul, de créativité ou d'intérêts pour le poste offert. L'organisation qui a une politique de promotion interne se doit d'identifier, de sélectionner et de stimuler les candidats à accepter des promotions;
2. au cours des périodes de croissance rapide, l'organisation peut avoir tendance à promouvoir des employés parce qu'elle manque de gestionnaires. Toutefois, leurs faiblesses ressortiront quand le rythme de croissance diminuera.

La plupart des organisations utilisent à la fois les promotions internes et le recrutement externe. Elles ont cependant tendance à utiliser les mêmes sources pour des catégories professionnelles données. Par exemple, les spécialistes et les gestionnaires de haut niveau proviennent souvent de sources externes.

Les transferts. Le transfert sans promotion est une autre source de recrutement. Il permet à l'employé d'acquérir une meilleure connaissance de l'entreprise et par le fait même augmente ses chances d'être éventuellement promu. Cependant, si le transfert nécessite un déménagement, il devient moins attirant.

Les organisations préfèrent accorder les promotions ou les transferts au mérite ou selon le rendement tandis que les syndicats favorisent l'utilisation de l'ancienneté comme critère. À l'occasion, les promotions pour les cadres inférieurs et intermédiaires sont fondées sur le jugement personnel. Comme c'est difficile à justifier du point de vue légal, plusieurs organisations utilisent les résultats de tests d'évaluation comme critère. Nous discuterons des tests d'évaluation du rendement au chapitre 6.

MÉTHODES INTERNES

Les méthodes de recrutement internes servent à identifier les candidats. Il y a plusieurs façons d'informer les employés de la disponibilité d'un emploi mais nous ne retiendrons que l'affichage et les références pour fins de discussion.

L'affichage. L'affichage invite tous les employés à poser leur candidature au poste vacant. La visibilité est alors d'une extrême importance pour offrir une chance égale à tous les employés. L'affichage vise cinq objectifs:
1. offrir à tous les employés une possibilité de développement personnel;
2. offrir des chances d'avancement égales à tous les employés;
3. créer une plus grande ouverture de l'organisation en faisant connaître à tous les employés les possibilités offertes;
4. améliorer l'information concernant les échelles salariales, les descriptions de postes, les politiques de promotion, les procédures de transfert et les critères d'évaluation du rendement;
5. faire connaître les buts et les objectifs de l'organisation tout en permettant à l'employé d'y trouver sa place.

Généralement, tous les postes vacants sont affichés sur les babillards, dans les salles de repos, publiés dans les journaux internes et ils sont annoncés lors des réunions du personnel. Parfois, on indique le salaire, mais habituellement on mentionne la classification et l'échelle salariale. L'affichage améliore le moral des employés parce qu'il leur laisse entrevoir une possibilité de mobilité et d'avancement. Pour l'organisation, c'est une méthode de recrutement économique. En contrepartie de ces avantages, l'affichage présente néanmoins plusieurs inconvénients:
1. le processus est long;
2. des conflits peuvent survenir lorsque le poste est comblé de l'extérieur;
3. les candidats qui échouent peuvent perdre intérêt à leur travail;
4. le choix peut être plus difficile si deux ou trois candidats sont également qualifiés;
5. l'information sur les conditions de travail peut créer de l'insatisfaction parmi les autres employés;
6. les relations entre l'employé qui pose fréquemment sa candidature aux postes vacants et son supérieur peuvent se détériorer.

Les références. L'employé qui réfère un candidat qualifié à l'organisation est habituellement récompensé par un bonus pouvant aller jusqu'à 500$. Cette méthode est économique et particulièrement efficace quand il y a peu de candidats disponibles dans une catégorie professionnelle. Par contre, cette méthode de recrutement peut donner lieu à de la discrimination, la formation de cliques et du népotisme. Elle pourrait alors mener à d'éventuelles poursuites.

SOURCES EXTERNES

Les organisations ont recours au recrutement externe lorsque le recrutement interne ne permet pas de combler les postes vacants, surtout ceux d'un niveau hiérarchique élevé et les postes de spécialistes.

Les avantages du recrutement externe sont:

1. les personnes venant de l'extérieur sont une source de nouvelles idées;
2. il est moins coûteux d'embaucher un individu déjà formé;
3. l'embauche d'employés temporaires offre une plus grande flexibilité dans l'organisation du travail.

Les organisations utilisent diverses sources de recrutement externe. Entre autres, le ministère de l'Emploi et de l'Immigration du Canada dispose d'un réseau de 800 centres de main-d'oeuvre à travers le Canada avec 23 000 employés environ affectés à la recherche de candidats. Les employeurs peuvent aussi utiliser les services des organismes provinciaux ou les publications mises à leur disposition. Statistique Canada publie mensuellement un rapport sur la main-d'oeuvre et fournit tous les quatre mois un index des offres d'emplois.

Les techniques de recherche d'emploi. La technique de recherche d'emploi la plus fréquemment utilisée quelque soit la catégorie professionnelle, l'éducation ou le sexe est le contact direct avec les employeurs. Par ordre décroissant d'importance viennent ensuite les centres de main-d'oeuvre, les annonces publiées dans les journaux, les contacts par l'intermédiaire d'amis ou de parents.[6]

Les candidatures non-sollicitées. Les candidats se présentent au service des ressources humaines de l'organisation. Cette méthode informelle et peu coûteuse est équivalente aux références des employés même si le candidat peut être moins bien renseigné sur l'organisation et les emplois disponibles. Toutefois, comme la référence par un employé a l'avantage d'impliquer sa parole, il essaiera de proposer des candidats compétents. Cette source passive de candidats n'est pas beaucoup utilisée par les organisations parce qu'elle pourrait contrecarrer l'implantation de programmes d'action positive et d'égalité d'accès à l'emploi.

Les agences de personnel. Les agences de personnel représentent la deuxième source de candidats. Les **centres de main-d'oeuvre du Canada** sont administrés par le ministère de la Main-d'oeuvre et de l'Immigration du Canada et sont implantés dans chaque province. Ils opèrent une banque d'emplois informatisée à l'échelle nationale. Dès qu'un employeur propose un emploi, ce dernier est immédiatement décrit et affiché. Les candidats intéressés rencontrent un conseiller en main-d'oeuvre qui les réfère à l'employeur s'ils sont admissibles au poste. L'efficacité des centres de main-d'oeuvre du Canada est discutable parce qu'ils rejoignent seulement une personne sur trois à la recherche d'un emploi. Ils procurent un emploi à une personne sur cinq et dans un cas sur deux ce sont des emplois dans les bureaux, la vente et les services.[7]

Les agences privées de personnel s'intéressent particulièrement à deux catégories de candidats: les travailleurs non-spécialisés et les gestionnaires. Les premiers ont de la difficulté à trouver un emploi et acceptent souvent du travail saisonnier ou temporaire pour des individus ou de petites entreprises. Le second secteur est florissant car il recrute des professionnels et des gestionnaires. Leurs tarifs sont habituellement très élevés; jusqu'à 33% du salaire total de la première année de travail. L'organisation a donc intérêt à suivre de près le rendement du candidat même si l'agence a déjà effectué une présélection.

Les agences de personnel temporaire. Les agences de personnel temporaire offrent aux candidats des postes à temps partiel ou occasionnels. Elles répondent aux besoins d'une main-d'oeuvre spécialisée ou semi-spécialisée et sont surtout utilisées par les petites entreprises. Ce mode de recrutement réduit les coûts d'embauche et de licenciement, ce qui permet à l'organisation d'offrir un salaire plus élevé.

Les associations professionnelles, les chambres de commerce et les syndicats. Dans certains secteurs d'activités, tel que le secteur de la construction, les travailleurs qualifiés sont recrutés par l'intermédiaire du syndicat. Étant donné le caractère saisonnier du travail, ce mode de recrutement est efficace pour trouver rapidement les candidats.

Les chambres de commerce et les associations professionnelles sont aussi d'importantes sources de recrutement par la voie de leurs circulaires, bulletins et rencontres. Certaines communautés culturelles et écoles organisent des « salons de l'emploi » au cours desquels les employeurs effectuent un recrutement préliminaire.

Les institutions d'enseignement. Les collèges, les écoles professionnelles et les universités sont des sources importantes de recrutement pour les organisations. L'effort déployé varie selon le type de candidat recherché. Ce mode de recrutement est coûteux quand on considère que 30% des candidats embauchés à la sortie du collège quitteront l'organisation au cours des cinq premières années[8]. On attribue ce taux de roulement élevé au fait que les entreprises n'offrent pas suffisamment de défis aux jeunes alors que celles-ci affirment que les nouveaux venus sur le marché du travail ont des attentes irréalistes. Dans les universités, le recrutement sur le campus est très populaire auprès des étudiants qui cherchent un premier emploi. Les universités mettent aussi à la disposition des étudiants des bureaux de placement et de counselling.

MÉTHODES EXTERNES

La radio et la télévision. Les organisations craignent d'utiliser la radio et la télévision pour plusieurs raisons:
— le coût est très élevé;
— la compagnie paraîtrait désespérée;
— l'image conservatrice de l'organisation pourrait en être altérée.

En fait, l'utilisation de ces média peut donner des résultats intéressants si l'on veille à ce que le message et la façon de le passer soient appropriés. Ils peuvent s'avérer très utiles lorsque l'organisation est à la recherche de plusieurs candidats ou de main-d'oeuvre qualifiée.

Les journaux et les bulletins. Les journaux sont traditionnellement utilisés pour le recrutement parce qu'ils permettent d'atteindre un grand nombre de personnes à un coût relativement peu élevé. L'annonce classée est versatile. Elle sert aussi bien pour le recrutement de personnel non-qualifié que pour les professionnels. Il faut toutefois savoir bien composer et présenter l'annonce. Ce travail peut être effectué par une entreprise publicitaire car il requiert une certaine expertise.

Les bulletins d'associations s'adressent à des groupes spécifiques. Les offres d'emploi sont plus détaillées. Elles paraissent mieux étant donné la qualité du papier utilisé mais les intervalles de parution les rendent souvent périmées.

L'acquisition et le fusionnement d'entreprises. L'acquisition ou la fusion d'entreprises fait entrer de nouveaux employés dans l'organisation. Certains seront un apport précieux alors que d'autres ne pourront être intégrés. Ces bouleversements peuvent aussi faciliter la diversification des produits grâce à la quantité de personnel ainsi disponible.

Le service des ressources humaines devrait être impliqué dans le processus d'acquisition ou de fusion d'entreprises principalement parce qu'il nécessitera de nombreux et rapides changements à l'organisation du travail. Il faut souvent déplacer les employés en surplus et faciliter l'intégration des nouveaux employés à l'organisation.

ÉVALUATION DES MÉTHODES DE RECRUTEMENT

D'après une étude américaine, l'efficacité des méthodes de recrutement varie selon le type de profession[9]. Par exemple, les agences privées sont très efficaces dans le secteur de la vente, des services professionnels ou techniques et de gestion. Les démarches personnelles sont plus efficaces pour les emplois de bureau et en usine. Ces résultats sur l'efficacité des méthodes de recrutement sont qualitatifs car ils proviennent des observations de responsables du recrutement des ressources humaines. Une analyse coût-bénéfice de chaque méthode aurait pu donner des résultats tout à fait différents. Toutefois, bien que certains coûts tels que les frais de déplacement, de logement et le salaire des recruteurs soient faciles à comptabiliser, les bénéfices sont plus difficiles à quantifier en termes de dollars. Pour contourner cette difficulté, on pourrait évaluer les méthodes de recrutement en comparant les périodes d'emploi des candidats embauchés selon les méthodes de recrutement.

AUGMENTATION DE LA BANQUE DE CANDIDATS POTENTIELS

L'utilisation des sources internes et externes de recrutement ne permet pas toujours de retenir un nombre suffisant de candidats qualifiés, ni de garder les meilleurs employés. C'est particulièrement vrai sur les marchés très compétitifs et pour les employés hautement qualifiés[10]. Pour améliorer son recrutement, l'organisation peut mettre en valeur les avantages sociaux qu'elle offre à ses employés tels que les primes d'éloignement ou de déménagement, les programmes de planification de carrière et les services de soins pour les enfants. L'importance que l'organisation accorde au recrutement augmente les chances de voir le travailleur rester à son emploi.

Avant d'étudier ce qu'une organisation peut mettre en oeuvre pour attirer des candidats potentiels, nous nous intéresserons aux individus qui postulent un emploi. En effet, si l'organisation veut attirer les candidats, elle doit connaître les motivations de ces derniers. Donc, tout d'abord comment obtiennent-ils les informations sur la disponibilité des emplois. Tel que discuté précédemment, l'information provient de différentes sources selon les catégories de candidats. On devrait donc choisir une méthode de recrutement pour son efficacité à recruter la catégorie de candidats recherchée.

Pour savoir ce qui rend une organisation attrayante, il faut connaître ce qui attire les candidats, par exemple la nature de l'emploi ou les avantages offerts aux employés. La nature de l'emploi se définit en termes des tâches, des buts, des caractéristiques et des critères de rendement et les avantages comprennent la rémunération directe ou indirecte et tout ce qui peut inciter l'employé à mieux travailler. N'oublions pas que la rémunération coûte cher à l'entreprise et n'a pas le même intérêt pour tous les candidats. Nous discuterons un peu plus loin dans ce chapitre des nouvelles formes de rémunération indirecte comme moyen d'augmenter la banque de candidats. Les formes traditionnelles de rémunération directe et indirecte font l'objet des chapitres 9, 10 et 11.

Après avoir pris connaissance de l'existence des postes disponibles, l'individu a besoin d'en savoir plus sur la nature des postes et la politique de rémunération de l'entreprise. Cette information peut être transmise par les employés ou par les responsables du recrutement. Comme il est très difficile d'inclure ce type d'informations dans les annonces ou les brochures, l'entrevue de sélection jouera ce rôle pour les candidats de l'extérieur. Pour les candidats internes, il importe de mettre au point un programme d'appariement des emplois.

Nous discuterons dans un premier temps des deux méthodes de communication de l'information sur les emplois et l'organisation, c'est-à-dire l'entrevue de sélection et l'appariement des emplois et dans un deuxième temps des nouvelles formes de rémunération indirecte. Elles sont classées en deux catégories: — planification de carrière, aide aux employés et; — horaires de travail.

COMMUNICATION DE L'INFORMATION SUR LE POSTE ET SUR L'ORGANISATION

Traditionnellement, le recrutement sert à assortir les aptitudes d'un candidat avec les habiletés requises pour occuper le poste (« Match 1 »). Une nouvelle approche consiste à apparier la personnalité, les intérêts et les préférences du candidat aux caractéristiques de l'emploi et de l'organisation « Match 1 » et « Match 2 » (voir chapitre 2). Pour gérer efficacement les ressources humaines, c'est-à-dire non seulement recruter de bons candidats mais aussi recruter des candidats qui resteront, le « Match 1 » et le « Match 2 » sont essentiels. Comme l'entrevue de sélection et le programme d'appariement des emplois fournissent des informations précises aux candidats, ces derniers recevront ce qu'ils attendent de l'organisation et resteront à son emploi.

L'entrevue de sélection. L'entrevue de sélection est l'aspect vital du processus du recrutement. Une bonne entrevue de sélection donne au candidat un aperçu réaliste de l'emploi et peut stimuler son intérêt pour l'organisation.[11] Une mauvaise entrevue peut mener au rejet d'un candidat intéressant.

Toutes choses étant égales par ailleurs, la probabilité qu'une personne accepte un emploi augmente avec l'intérêt personnel que manifeste l'intervieweur au candidat. Il a aussi été démontré que les collégiens voient positivement l'entrevue de sélection quand ils peuvent poser des questions à l'intervieweur pendant environ 50% du temps accordé à l'entrevue et quand ils ne sont pas mis au pied du mur par l'intervieweur.

Il faut aussi se soucier du contenu de l'entrevue de sélection. On suppose souvent qu'il est préférable de faire connaître aux candidats seulement les aspects positifs de l'organisation. Cependant, des études menées par des compagnies d'assurance-vie montrent qu'une approche plus réaliste (aspects positifs et négatifs) augmente le nombre de candidats potentiels et leurs chances de rester à l'emploi de l'organisation.[12]

Les candidats qui réussissent l'étape de la pré-sélection devraient avoir la possibilité de rencontrer leur superviseur et leurs collègues de travail potentiels. L'entrevue avec le superviseur est essentielle parce que, généralement, la décision finale lui appartient.

L'appariement des emplois. L'appariement de l'emploi et du candidat nécessite un effort systématique pour identifier les aptitudes, les connaissances et les habiletés des individus ainsi que leur personnalité, leurs intérêts et leurs préférences afin de les choisir en fonction des caractéristiques des postes disponibles. L'organisation qui a des besoins fréquents de recrutement, de sélection et de placement devrait informatiser l'appariement des emplois, tant pour les employés actuels que pour les nouveaux. Par exemple, un tel système permet de suivre les mouvements internes ainsi que les demandes d'emplois. Le système est fréquemment utilisé pour identifier les emplois pouvant satisfaire les demandes de mutations ou les relocalisations dues aux changements technologiques ou à toute autre forme de réorganisation du travail. Ces systèmes permettent aussi de s'assurer qu'aucun employé n'a été négligé avant de commencer le recrutement externe.[13]

Un système d'appariement des emplois revêt deux composantes majeures: le **profil des postes** et le **profil des candidats**. Le profil d'un poste comprend la description et les exigences du poste alors que le profil d'un candidat correspond à l'expérience et aux aptitudes requises pour un emploi spécifique ainsi que ses intérêts et ses préférences par rapport à l'emploi qu'il recherche. Le profil d'un poste et le profil du candidat vont de pair et permettent d'identifier plus facilement les candidats dont l'organisation a besoin.

PLANIFICATION DE CARRIÈRE ET AIDE AUX EMPLOYÉS

L'organisation peut susciter l'intérêt des candidats en offrant des possibilités d'avancement, en abolissant les stéréotypes sexistes, en facilitant la relocalisation et en participant à l'éducation des enfants.

Le plan de carrière. La décision d'offrir des possibilités d'avancement implique plusieurs choix pour l'organisation. Premièrement, doit-elle avoir une politique active de promotion interne? Deuxièmement, doit-elle élaborer un programme de formation et de perfectionnement qui prépare un nombre suffisant de candidats à qui offrir des promotions internes? Si les réponses à ces questions sont affirmatives, l'organisation identifiera une hiérarchie des carrières qui correspond aux exigences des postes et de l'organisation et aux aptitudes et préférences des employés.

L'organisation peut mettre au point plusieurs cheminements de carrières pour différentes catégories d'employés. Cependant, elle ne devrait pas recruter, pour un poste d'entrée, des candidats qui ont des aptitudes pour occuper un poste plus élevé dans la hiérarchie. C'est pourtant ce qui se passe avec les personnes recrutées dans un collège ou une université. Bien qu'elles soient trop qualifiées pour leur premier emploi, l'organisation les embauche pour qu'elles occupent éventuellement des postes requérant plus de qualifications. Cette attitude est en partie responsable du taux de roulement élevé des gradués. Cela pose aussi un problème d'équité. En effet, si l'employeur exige un diplôme supérieur à ce que requiert un poste de second ou de troisième niveau, cela peut le mener à des pratiques de recrutement et de promotion discriminatoires.

Les plans de carrière réduisent les risques de discrimination parce qu'ils précisent les exigences du poste et justifient les politiques de recrutement lors d'éventuelles poursuites. Des plans de carrière clairement définis facilitent le recrutement et augmentent les chances de garder à son service les candidats choisis. Nous discuterons plus en détails des plans de carrière au chapitre 12 portant sur la formation et le perfectionnement.

L'élimination des stéréotypes sexistes. Pour éliminer les stéréotypes sexistes ou toute autre forme de discrimination basée sur le sexe, l'organisation doit d'abord « désexualiser » les titres des postes. Ensuite, elle évitera d'utiliser les confréries comme source de recrutement et s'abstiendra de croire que seul un homme peut satisfaire aux exigences du poste. Ces pratiques vont permettre d'accroître graduellement la banque de candidats et ce, même pour les postes de haut niveau.

La relocalisation. Lorsque les employés résistent à la relocalisation, il importe de leur fournir de l'assistance, particulièrement lorsque l'inflation augmente les coûts de relocalisation. L'hypothèque à taux d'intérêt réduit est une forme d'assistance à la relocalisation de plus en plus populaire offerte par l'organisation à l'employé qui doit vendre sa maison et en acheter une autre dans une nouvelle localité.

Service de garde. Plusieurs employeurs canadiens ont développé des programmes d'aide à l'éducation des enfants de leurs employés. Ils ont constaté qu'ils contribuaient ainsi à la réduction du roulement du personnel, des retards et de l'absentéisme tout en améliorant l'efficacité du recrutement, le moral, la productivité, les relations humaines et la qualité du produit[14]. La gamme des services offerts dépend des parents à l'emploi et peut inclure:

— le support aux services existants. L'employeur défraie une partie des coûts de services de garde, contribue à améliorer la qualité du service en versant des fonds, en donnant du matériel ou toute autre forme d'assistance;

— la mise sur pied d'un système d'information et de références (par l'intermédiaire du service des ressources humaines). Ce service dégage les parents de la recherche d'informations relatives aux centres de soins pour enfants tels que les frais, les horaires et les conditions d'admissibilité;

— les subventions pour frais de garde. L'employeur offre habituellement des coupons rabais ou négocie un rabais avec une garderie. Les économies réalisées bénéficient aux employés;

— La mise sur pied d'un service de garde. L'employeur peut mettre sur pied un service de garde ou s'associer avec d'autres employeurs pour fonder un centre communautaire.

Bien que les coûts de ces programmes sont élevés, ils le sont probablement moins qu'un recrutement inefficace et une augmentation du roulement et de l'absentéisme. Toutefois, avant d'établir ces programmes, le service des ressources humaines doit analyser sérieusement les besoins de l'organisation pour ce type de service et répertorier ceux qui sont déjà disponibles dans la communauté. Au Canada, les employés qui reçoivent ce type d'aide proviennent surtout des secteurs de la santé et des services. Plusieurs études montrent que ces programmes facilitent le recrutement et permettent de retenir les employés mais n'ont pas d'impact significatif sur la réduction des absences et des retards[15]. En 1985, au Canada, il y avait environ 91 garderies sur les lieux de travail dans le secteur privé.[16]

HORAIRES DE TRAVAIL

Nous sommes peut-être dans la décennie au cours de laquelle les employés seront libérés du système de pointage. Déjà un nombre significatif de canadiens le sont et ils ont des horaires de travail variables ou flexibles. L'augmentation du nombre de familles monoparentales, les coûts élevés du transport, le désir d'avoir de longues périodes de temps libre et le souhait d'une retraite progressive accentuent la tendance à la flexibilité des horaires de travail. Loin d'être une détérioration ou une contribution au déclin de la conscience professionnelle, l'horaire flexible la renforce en diminuant le stress causé par les conflits entre les exigences du poste, les besoins de la famille et les besoins de formation et de loisirs. L'organisation améliore alors l'efficacité du recrutement en offrant des horaires variables ou flexibles.

L'horaire normal de travail. Il s'agit de l'horaire normal de travail de jour, de soir ou de nuit. Si on fait abstraction du travail à temps partiel, la durée normale de travail des employés rémunérés au temps, au Québec, se situe à environ 39,18 heures par semaine pour les hommes et à 36,63 pour les femmes.

Comme les femmes représentent environ 46% de la main-d'oeuvre au Québec, on peut affirmer que la durée normale moyenne se situe à un peu moins de 38 heures par semaine.[17]

De plus, tout le monde ne travaille pas de jour de 9h00 à 17h00. Au contraire, depuis la Première Guerre Mondiale, le travail par quart s'est répandu dans les pays industrialisés. Les quarts de travail peuvent varier d'une semaine à l'autre (1re semaine: 8h00 à 16h00; 2e semaine: 16h00 à minuit; 3e semaine: minuit à 8h00). Près de 20% des travailleurs industriels au Canada, aux États-Unis et en Europe travaillent sur des quarts.[18]

Ces horaires de travail présentent à la fois des avantages et des inconvénients (voir figure 4.2) mais généralement, ils ne laissent pas beaucoup de choix aux employés. Au moment de l'embauche, il est possible que l'employé ait un certain choix d'horaire mais par la suite, l'horaire devient fixe (par exemple: 9h00 à 17h00 — 8 heures/jour — 5 jours/semaine). Si aucun aménagement du temps de travail n'est offert et que les intérêts et les préférences de l'employé se modifient, il peut décider de quitter son emploi. Comme il est très difficile de déterminer un horaire de travail qui convient à tous les employés, l'horaire flexible permet de détourner cet obstacle. Les employés choisissent alors entre un horaire standard ou variable.

L'horaire flexible. L'**horaire flexible** est la forme la plus fréquente d'horaire non traditionnel, particulièrement parce qu'il réduit l'absentéisme, améliore le moral et le climat de travail, encourage la participation des employés à la prise de décisions et l'auto-contrôle.[19]

L'horaire de travail flexible permet à l'employé de fixer quotidiennement ses heures de travail. Il est formé de 3 composantes. La durée maximale de temps de travail par jour qui varie entre 10 et 16 heures. Cette durée comprend une **plage fixe** au cours de laquelle l'employé doit travailler et une **plage flexible** au cours de laquelle l'employé détermine ses heures de travail journalières.

Même si ce n'est pas l'objectif, l'horaire flexible peut accroître la productivité. Il accommode aussi les employés dans la planification de leurs activités personnelles. L'horaire flexible présente cependant quelques inconvénients. Il oblige les superviseurs à consacrer plus de temps à la planification du travail, il rend les communications parfois difficiles entre les employés et il requiert plus de suivi des heures travaillées des employés. De plus, la flexibilité de l'horaire n'élimine pas l'obligation de travailler cinq jours par semaine.

La semaine de travail comprimée. La **semaine de travail comprimée** résulte du désir exprimé par certains individus de travailler moins de 5 jours par semaine. En augmentant le nombre d'heures travaillées par jour au-delà des 8 heures habituelles, les employés n'ont besoin que de 3 ou 4 jours pour effectuer 40 heures par semaine.

Bien que la semaine de travail comprimée allonge les périodes de temps libre, certains employés préfèrent travailler 5 jours par semaine à raison de 8 heures par jour. Pour la compagnie, la semaine de travail comprimée peut améliorer l'utilisation de l'équipement et diminue l'absentéisme et le roulement du personnel. Pour faciliter la gestion du temps de travail, les ententes peuvent être prises entre le superviseur et l'employé. Une étude effectuée dans la région métropolitaine de Toronto montre qu'approximativement 35% des entreprises utilisent une ou plusieurs des formes d'aménagement du temps de travail dont nous venons de discuter et que les résultats sont les suivants:[20]

— diminution des retards;

— absences de courte durée réduites de plus de 50%;

— amélioration du moral des employés;

Figure **4.2**   **Les avantages et les inconvénients de l'horaire normal de travail**

Type d'horaire	Avantages	Inconvénients
Horaire régulier	Standardisation, administration facile, application généralisée à tous les employés	Ne convient pas à tous les employés, ne plaît pas toujours aux clients
Quarts de travail	Utilisation plus efficace des installations et des équipements, production sans interruption, travail de fin de semaine	Augmente le stress, surtout s'il y a rotation, affecte la satisfaction et diminue le rendement
Temps supplémentaire	Utilisation plus efficace de la main-d'oeuvre, plus économique que d'autres alternatives, accroît la flexibilité	Affecte négativement le rendement et la satisfaction, contribue à augmenter la fatigue des employés
Temps partiel	Planification des horaires de travail plus flexible, permet d'utiliser les services d'un plus grand nombre d'employés aux heures de pointe ou au cours de périodes de hausse de production, plus économique que des employés à temps plein	S'applique à un certain nombre d'emplois seulement, augmente les coûts de formation, n'offre pas de possibilité de promotion

Source: « Part-time and Temporary Employes », ASPA-BNA Survey 25, Bulletin to Management, 5 décembre 1984, p. 5. Reproduite avec autorisation de Bulletin to Management dont les droits réservés appartiennent à The Bureau of National Affairs, Inc., Washington, D.C.

— augmentation des heures d'opération sans coûts supplémentaires;

— conditions de travail attrayantes.

Le temps partiel et le partage du travail. Parfois, certains employés productifs ne peuvent travailler à temps plein pour l'organisation. Traditionnellement, le **temps partiel** signifiait un emploi de très courte durée, par exemple dans les magasins pendant les vacances. Maintenant, plusieurs organisations offrent des postes à temps partiel sur une base permanente. L'horaire de travail quotidien peut être réduit (par exemple de 13h00 à 17h00), ou offrir des heures inhabituelles (par exemple de 17h00 à 21h00) ou encore, permettre de combler les heures non couvertes dans une journée qui serait composée de deux quarts de travail de 10 heures (semaine de travail comprimée).

Le **partage du travail** est une forme particulière de travail à temps partiel qui permet à deux personnes de se partager la responsabilité d'un emploi régulier à temps plein. Chacun peut travailler la moitié des heures requises par l'emploi ou bien une personne peut travailler plus d'heures que l'autre.

Alors que le travailleur occasionnel ne reçoit généralement pas d'avantages sociaux, le travailleur à temps partiel et celui qui partage son travail reçoivent une part des avantages sociaux attribués aux employés réguliers. Les avantages sociaux sont parfois ajustés au prorata des heures travaillées.

Le travail à temps partiel et le partage du travail offrent de nouvelles possibilités. Les organisations bénéficient d'une plus grande flexibilité pour combler leurs besoins en ressources humaines et ce, avec des employés aussi productifs. Quant aux employés, ils bénéficient d'un emploi régulier sans avoir à s'impliquer à temps plein dans l'organisation.

D'après Statistique Canada, en 1983, moins de 1% des travailleurs canadiens partageaient un emploi[21]. Cependant, le temps partiel est devenu un sujet brûlant pour les syndicats et les gestionnaires. Les gestionnaires le considère comme un moyen de contrôler efficacement les coûts de main-d'oeuvre tandis que les syndicats y voient une arme à double tranchant. Ils essaient d'améliorer les avantages sociaux et les fonds de pension des travailleurs à temps partiel tout en se préoccupant de la croissance des emplois à temps plein. Statistique Canada estime que 15% des employés travaillent à temps partiel (moins de 30 heures par semaine selon la définition officielle). Le temps partiel est surtout utilisé par les magasins à grande surface. Par exemple, 60% des employés de Simpsons Ltée travaillent à temps partiel. Les proportions sont les mêmes chez Eaton et Woodward. Dans le secteur bancaire, seulement 147 000 employés (environ 5%) travaillent à temps partiel permanent[22]. Les tendances vont dans le sens d'un développement accru du travail à temps partiel[23].

ÉVALUATION DU RECRUTEMENT

Le recrutement vise à identifier la bonne personne dont a besoin l'organisation au bon moment et ce, sans négliger les principes d'équité, ni leurs intérêts respectifs à court et à long terme. La figure 4.3 présente les critères d'évaluation des activités de recrutement. Le recrutement ne sert pas seulement à attirer des gens. Il cherche à repérer des individus dont les habiletés, les connaissances, les aptitudes ainsi que les préférences et les intérêts correspondent aux besoins de l'organisation et par conséquent, des individus productifs et qui resteront. L'appariement des caractéristiques personnelles avec les besoins de l'organisation prend alors toute son importance. Tel qu'illustré à la figure 4.3, le rendement et le roulement du personnel sont de bons critères d'évaluation du recrutement.

La conformité à la législation est un autre critère d'évaluation des activités de recrutement. Les candidats doivent être choisis au mérite et sans discrimination. Au moment de l'embauche et après, on doit leur offrir une possibilité de trouver et d'effectuer un travail qui leur permet d'utiliser leurs capacités au maximum.

Chaque méthode ou source de recrutement doit être évaluée. Par exemple, pour chaque méthode telle que la radio ou les références d'un employé, on doit mesurer le coût par candidat et par personne embauchée et les bénéfices comme la durée de séjour de l'employé dans l'organisation et son rendement. Avec ces données, on décidera de l'utilisation éventuelle de chacune de ces méthodes.

RÉSUMÉ

Le recrutement est la principale activité du service des ressources humaines. Après que les besoins en ressources humaines ont été déterminés et que les caractéristiques de l'emploi ont été identifiées par l'analyse de poste, un programme de recrutement doit être élaboré pour constituer une banque de candidats. Ces candidats peuvent provenir de l'intérieur ou de l'extérieur de l'organisation.

Figure **4.3**   **Les critères d'évaluation du recrutement**

Étapes	Types de critères
Avant l'embauche	Aptitudes de l'organisation à recruter de nouveaux employés
À l'embauche	Premières attentes des nouveaux venus
	Choix de l'organisation par l'individu
Après l'embauche	Premières attitudes vis-à-vis l'emploi telles que:
	• Satisfaction au travail
	• Engagement envers l'organisation
	• Attentes envers le poste (par rapport à celles antérieures à l'embauche)
	• Souhait de quitter l'organisation
	• Rendement
	• Taux de roulement volontaire

Source: J.P. Wanous, Organizational Entry, Addison-Wesley Publishing Company, Inc., Reading, MA, 1980, p. 62, figure 3.3. Reproduite avec autorisation.

Pour être efficace, le recrutement doit tenir compte non seulement des besoins de l'organisation mais aussi de ceux des individus et de la société. Les besoins de la société sont explicitement définis par les règles relatives à l'égalité d'accès à l'emploi. Les besoins des individus portent sur deux aspects: attirer les candidats et retenir les bons employés.

Une fois que les bases légales sont posées, l'organisation doit recruter un nombre suffisant de candidats qualifiés de sorte que les individus sélectionnés répondront aux exigences du poste. Cet appariement permet de s'assurer que les individus seront productifs et qu'ils ne quitteront pas l'organisation. Les organisations peuvent attirer et retenir les employés par différentes méthodes et par le biais de différentes sources. Quoique certaines méthodes ou sources soient plus efficaces que d'autres, on doit les choisir en fonction de la catégorie de candidat recherchée.

Si l'organisation ne réussit pas à se procurer un nombre suffisant de candidats qualifiés à l'aide des sources et des méthodes traditionnelles, elle doit considérer la possibilité de mettre sur pied des programmes et des services qui pourraient attirer les candidats tels que les horaires flexibles, les services de garde ou encore accroître les possibilités d'avancement. Le respect des droits des employés et l'amélioration de la qualité de vie au travail dont nous discuterons respectivement aux chapitres 15 et 13 sont d'autres moyens susceptibles de rendre l'organisation plus attrayante.

QUESTIONS À DISCUTER

1. À quels défis l'organisation se heurte-t-elle de nos jours lorsqu'elle recrute des candidats?

2. Quels sont les objectifs du recrutement et comment affecte-t-il les autres activités de l'organisation?

3. Comment la planification stratégique de l'organisation et la planification des ressources humaines sont-elles reliées aux efforts de recrutement?

4. Expliquer pourquoi les coûts de formation et de perfectionnement des employés sont étroitement liés aux politiques de recrutement?

5. Comment les principes d'équité sont-ils liés au recrutement?
6. Que signifie le concept de sous-utilisation des ressources humaines?
7. Quelles sont les meilleures méthodes pour recruter des candidats? Donnez des exemples?
8. Quelles sont les caractéristiques de l'entrevue qui permettent d'accroître chez le candidat le désir de travailler pour l'organisation et ainsi augmenter la probabilité qu'il y reste?

É T U D E   D E   C A S

LA PROMESSE

André Giguère, directeur de projet pour la Compagnie Générale d'Instruments, se doutait qu'aujourd'hui serait un de ces lundis mémorables que redoutent les gestionnaires. La directrice et supérieure hiérarchique d'André, Marguerite Dufour, s'est absentée pour une semaine. La Compagnie Générale d'Instruments effectue des contrats de sous-traitance dans le secteur de la défense. Cette compagnie qui a à son emploi près de 500 ingénieurs, crée et fabrique des systèmes de navigation électronique. Le recrutement d'ingénieurs qualifiés a toujours été une activité difficile pour la compagnie à cause de la compétitivité du marché et de l'augmentation substantielle du coût de la vie pour les personnes relocalisées dans la région de Montréal.

Le problème d'André ce matin concerne une ingénieure embauchée depuis trois semaines, Jeanne Paquet, célibataire de 23 ans et spécialiste de système. Jeanne est graduée de l'Université de Saint-Jean, Nouveau-Brunswick. André a eu la surprise de recevoir la lettre de démission de Jeanne. Jeanne invoque des raisons personnelles pour justifier son départ. En plus de la lettre de démission, André a aussi reçu une note du superviseur de Jeanne, Benoît Côté, décrivant les événements qui ont provoqué la démission de Jeanne.

Il semble, dans la mesure où André est capable de reconstituer les événements, que Jeanne s'attendait à recevoir cette semaine le paiement du temps supplémentaire qu'elle a effectué au cours des trois semaines précédentes. Benoît a cependant négligé de compléter les formulaires requis pour que le temps supplémentaire soit payé au cours de la période. Cela ne surprend pas André qui reconnaît là les négligences de Benoît à remplir certaines tâches de supervision.

De plus, le patron d'André aurait réprimandé Benoît parce qu'il réclamait trop de temps supplémentaire pour son service. Benoît a donc décidé de répartir le paiement du temps supplémentaire sur plusieurs périodes de paie.

Mais, Benoît ne savait pas que Jeanne venait de louer un appartement dans le centre ville de Montréal et qu'elle s'était engagée à payer 3 mois de loyer et un dépôt au moment où elle recevrait son salaire régulier et le paiement de son temps supplémentaire. Quand Jeanne s'est aperçue de ce qui allait arriver, elle a immédiatement téléphoné à Marguerite pour lui demander une entrevue afin de discuter de la façon de couvrir ses frais de logement. Jeanne se rappelait que lorsqu'elle avait été recrutée, Marguerite lui avait dit de la contacter si elle avait besoin de quoi que ce soit ou si elle avait des problèmes d'adaptation. Marguerite devant se rendre immédiatement à une réunion du personnel a accepté de rencontrer Jeanne tôt le jour suivant. Quand Jeanne s'est présentée au bureau de Marguerite le lendemain matin, elle a été fâchée d'apprendre, par le secrétaire, que Marguerite avait quitté la ville pour un voyage d'affaires. Elle est retournée à son bureau et elle a rédigé sa lettre de démission.

Comme André réfléchissait à la façon dont il pourrait résoudre le problème, il s'est rappelé le discours tenu par Marguerite deux ans plus tôt alors qu'il entrait à la Compagnie Générale d'Instruments. Marguerite lui avait fait comprendre qu'elle désapprouvait les jeunes ingénieurs qui avaient tendance à vivre au-dessus de leurs moyens et qui considéraient les bonus et le temps supplémentaire comme des composantes régulières de leur rémunération. En dépit de cela, André décide que la compagnie devrait consentir un prêt à Jeanne pour couvrir ses dépenses de logement et, plus important, de la persuader de reconsidérer sa décision précipitée de quitter son emploi.

Alors qu'André terminait de mettre au point son plan d'action, Jeanne se présente à son bureau. Elle lui dit qu'elle a réfléchi pendant la fin de semaine et qu'elle en a discuté avec un autre ingénieur de projet, employé occasionnel embauché pour la durée d'un contrat spécifique. Il appert que les employés occasionnels gagnent environ 20% de plus que les employés réguliers de la Compagnie Générale d'Instruments accomplissant un travail comparable. Bien sûr, ces derniers profitent cependant de moins d'avantages sociaux tels que le régime de retraite et l'assurance-maladie. Jeanne fait donc une proposition à André. Elle reprendrait sa lettre de démission si la compagnie lui permettait de quitter son emploi et la réembauchait comme ingénieure de projet sur une base occasionnelle. Autrement, elle quittera la compagnie et acceptera une offre qu'elle a reçue d'une autre entreprise de Saint-Jean, sa région natale.

Pendant qu'il écoute, André se demande comment Marguerite réagirait dans cette situation. Selon lui, la proposition de Jeanne ressemble à du chantage.

QUESTIONS
1. Selon vous, quelle est la cause de ce problème?
2. Quelles méthodes de recrutement pourraient améliorer les aptitudes de la compagnie à attirer de nouveaux ingénieurs?
3. Est-ce que le problème de Jeanne aurait pu être évité? Comment?
4. Si vous étiez André, que feriez-vous?

Sélection, placement et accès à l'égalité

Actualité

L'ÉVALUATION, HIER ET AUJOURD'HUI

La fin du XIXe siècle marque un tournant décisif dans le domaine de la psychologie puisque, pour la première fois, on ose avancer l'hypothèse selon laquelle les facultés de l'intellect sont mesurables. On savait, depuis belle lurette déjà, comment procéder pour mesurer les grandeurs physiques: longueurs, masses, temps, forces, etc. mais comment faire pour évaluer l'imagination, le sens artistique, l'attention, la personnalité, l'habileté ou la dextérité, l'intelligence en somme d'un individu?

En 1890, le psychologue américain McKCattel façonne l'expression « mental test » pour désigner une série d'épreuves psychologiques qui ont pour but d'étudier les différences individuelles des étudiants d'universités. Ces premières épreuves étaient pour la plupart destinées à mesurer des fonctions sensori-motrices élémentaires (temps de réaction, sensibilité à la douleur, etc.) et constituaient de ce fait des épreuves de type plutôt physiologiques.

En 1905, le psychologue Alfred Binet et le Dr Th. Simon publient dans l'Année psychologique un article intitulé « Méthodes nouvelles pour le diagnostic du niveau intellectuel des anormaux » qui contenait le premier test mental pratique.

Par la suite, les choses évoluent rapidement. Après les soubresauts inhérents à tout développement, la méthode des tests connaît un essor considérable surtout aux États-Unis où les occasions d'y faire appel ne manquent pas: psychologie pédagogique, psychologie industrielle, (orientation, sélection), psychologie pathologique, psychologie sociale, etc. Cette popularité gagne bientôt la plupart des autres pays occidentaux (France, Grande-Bretagne, Belgique et Suisse) sauf l'Allemagne qui après avoir souri à l'initiative vers la fin de la Première Guerre Mondiale manifeste un certain scepticisme. Il en est de même de l'URSS qui va même jusqu'à interdire (1936) la méthode des tests mentaux en psychologie scolaire et en orientation et sélection professionnelle, à cause du caractère « pseudo-scientifique et « anti-marxiste » des techniques alors en vigueur.

Il est vrai que la méthode des tests, tout comme la langue d'Esope, peut s'avérer la meilleure et la pire des choses. Elles demandent toutes deux à être utilisées avec discernement, ce qui ne va pas toujours de soi. Certaines méthodes sont carrément déficientes. H. Wallon ne s'est d'ailleurs pas gêné pour le dire. « Dans l'emploi des tests s'observent tous les degrés de la sagacité et tous les degrés de niaiserie. » Il est difficile d'être plus clair. Cependant, cela ne démontre point qu'il faille tout laisser tomber, et que l'on doive s'en remettre au bon vieux hasard-qui-fait-si-bien-les-choses, ni même se fier à cette intuition-personnelle-qui-ne-trompe-jamais.

Source: RAMIREZ, V., « L'évaluation... OUI! », Magazine Ressources Humaines maintenant appelé AVENIR Votre Magazine Ressources Humaines, no 12, janvier-février 1986, p. 39. Reproduit avec autorisation.

La sélection est une activité particulièrement importante de la gestion des ressources humaines. En effet, c'est à cette étape que l'organisation doit mettre tout en oeuvre pour s'assurer que son choix de candidats sera le plus judicieux possible. Pour ce faire, beaucoup d'instruments sont à sa disposition pour recueillir les informations pertinentes sur les candidats. Nous verrons dans ce chapitre les avantages et les limites de ces instruments ainsi que la façon de les utiliser dans le respect de l'intégrité de l'individu.

SÉLECTION, PLACEMENT ET ACCÈS À L'ÉGALITÉ

La **sélection** consiste à recueillir des données sur les candidats dans le but de les évaluer et de décider lequel devrait être embauché et ce, en conformité avec les lois, pour satisfaire les intérêts à court et à long terme de l'individu et de l'organisation. Le **placement** sert à s'assurer que les caractéristiques du poste et de l'organisation sont assorties aux connaissances, aptitudes et habiletés de l'individu tout autant qu'à ses préférences, ses intérêts et sa personnalité. L'appariement des deux dimensions permet de satisfaire les besoins de l'individu et de l'organisation. Il importe de traiter la sélection et le placement comme une seule entité parce qu'ils ont des caractéristiques communes et des liens avec le recrutement, l'analyse et la définition des postes. La sélection et le placement utilisent l'information sur les caractéristiques de l'organisation, du poste et de l'individu et partagent plusieurs buts et objectifs.

OBJECTIFS ET IMPORTANCE DE LA SÉLECTION ET DU PLACEMENT

Par la sélection et le placement, l'organisation embauche les ressources humaines qui ont le plus de chances de satisfaire ses besoins et d'améliorer sa productivité. Par exemple, une étude sur les analystes budgétaires montre que la productivité des meilleurs travailleurs (15% des employés qui ont un rendement supérieur) vaut 23 000$ par an de plus que la productivité des moins bons travailleurs (15% des employés qui ont un rendement inférieur). Une autre étude sur les programmeurs identifie une différence de productivité représentant 20 000$ par an entre les meilleurs et les moins bons travailleurs[1].

La sélection et le placement visent les objectifs suivants:

- procéder équitablement à l'évaluation et à l'embauche des candidats,
- rencontrer les objectifs des programmes d'action positive;
- évaluer, embaucher et placer les candidats de façon à satisfaire au mieux leurs intérêts et ceux de l'organisation;
- considérer les possibilités d'emploi ultérieures lors de la sélection et du placement (par exemple: promotions ou transferts);
- prendre les décisions concernant la sélection et le placement en fonction des spécificités respectives de l'individu, du poste, de l'organisation et de l'environnement et ce, même s'il faut envisager d'adapter le poste ou l'entreprise à l'individu.

Dans le but d'atteindre ces objectifs efficacement, la sélection et le placement doivent être intégrés aux autres activités de gestion des ressources humaines parce qu'elles sont reliées entre elles.

INTERRELATIONS ENTRE LA SÉLECTION ET LE PLACEMENT ET LES AUTRES ACTIVITÉS DE GESTION DES RESSOURCES HUMAINES

Le succès du processus de sélection et de placement dépend de ses interrelations avec plusieurs autres activités de gestion des ressources humaines. Tel qu'illustré à la figure 5.1, la sélection et le placement s'effectuent à partir de la banque de candidats potentiels, de l'analyse des caractéristiques des postes vacants et d'une description du contexte organisationnel; activités directement reliées à celles dont nous avons discuté dans les trois chapitres précédents: le recrutement, l'analyse de postes et la planification des ressources humaines.

Figure **5.1**   **Les composantes de l'activité de sélection et de placement**

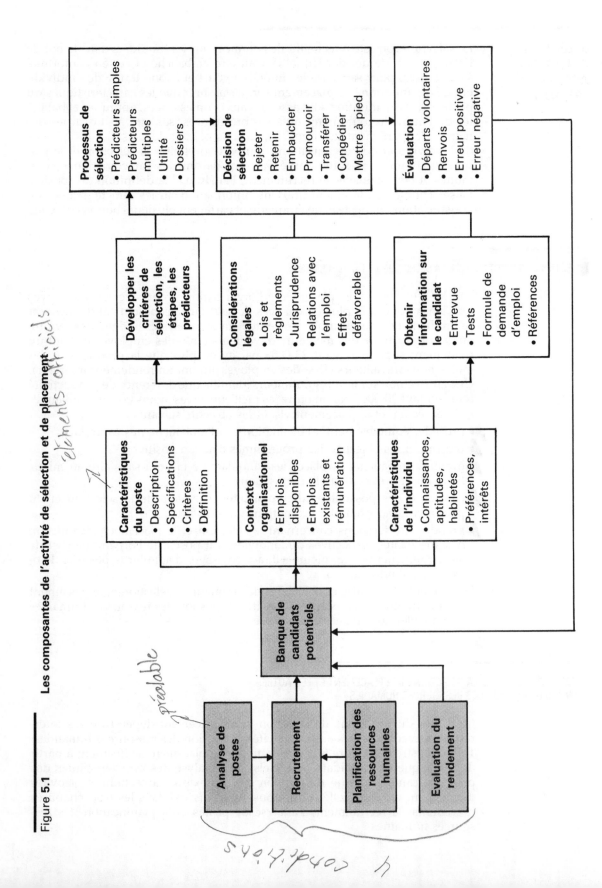

La définition et l'analyse de postes.   Pour que la sélection et le placement soient bénéfiques à l'individu et à l'organisation, il faut considérer à la fois les caractéristiques des emplois disponibles et les qualifications des employés dans le développement des instruments de sélection. L'instrumentation mise au point à partir de l'analyse de poste correspondra vraiment à l'emploi et par conséquent sera plus efficace.

Toutefois les instruments de sélection basés sur l'analyse de poste sont axés sur les connaissances, les habiletés et les aptitudes à occuper le poste (« Match 1 »). L'information concernant la personnalité du candidat ainsi que ses préférences et ses intérêts (« Match 2 ») sur les caractéristiques du poste et de l'organisation est aussi nécessaire. Comme nous l'avons étudié aux chapitres 3 et 4, le « Match 1 » et le « Match 2 » permettent de satisfaire les intérêts à court et à long terme de l'individu et de l'organisation.

Le recrutement.   Le succès de la sélection et du placement dépend de l'efficacité du recrutement. Si le recrutement ne fournit pas un assez grand nombre de candidats potentiels qualifiés, l'organisation risque de sélectionner des candidats qui donneront un rendement médiocre ou qui la quitteront rapidement.

La planification des ressources humaines.   Les projections effectuées au cours du processus de planification des ressources humaines quant au nombre d'employés et au moment où l'organisation en aura besoin, facilitent la sélection. La planification, prévoyant la création de nouveaux postes permet au service des ressources humaines d'entamer rapidement l'etude des postes et d'élaborer le processus de sélection. À l'aide d'un système d'information sur les ressources humaines (voir chapitre 2), le responsable de la planification s'assure que le nombre de candidats est suffisant (particulièrement important quand il s'agit d'une décision de promotion) et emmagasine des données sur les employés et les postes. Ces données facilitent les recoupements rapides dès qu'un poste devient vacant ou est créé.

L'évaluation du rendement.   L'évaluation du rendement permet de vérifier si les instruments de sélection se sont avérés de bons prédicteurs du rendement. Toutefois, si les critères d'évaluation du rendement ne sont pas reliés à l'emploi ou ne sont pas explicites, il devient difficile de développer des instruments de sélection qui prédiront de façon significative le rendement de l'employé (voir chapitres 3 et 7).

Parce que les relations entre la sélection et le placement et les autres activités de gestion des ressources humaines sont cruciales, elles doivent être prises en considération dans l'élaboration du processus de sélection et de placement tout comme doit l'être l'égalité des chances en emploi.

CONSIDÉRATIONS LÉGALES   Le nombre et la complexité des exigences légales relatives à l'accès à l'égalité sont de première importance lorsqu'il s'agit de prendre une décision d'embauche. Par conséquent, il faut connaître l'impact des lois et des règlements sur les activités de sélection et de placement. C'est au spécialiste en gestion des ressources humaines que revient cette responsabilité.

Un nombre croissant d'employeurs collaborent à l'établissement de programmes d'accès à l'égalité, agissant ainsi dans le sens des chartes fédérale et provinciales des droits de la personne. Bell Canada, Le Canadien National, la Banque Royale du Canada et plusieurs services des gouvernements fédéral et provinciaux ont mis sur pied de tels programmes.[2]

En avril 1986, le projet de loi C-62 est adopté. Il oblige tous les employeurs à présenter un rapport relatif à l'accès à l'égalité dans leur organisation au ministère de l'Emploi et de l'Immigration du Canada. Les détails du rapport sont spécifiés dans le projet de loi.

LOIS ET RÈGLEMENTS

Un réseau complexe de lois, de règlements et d'organismes quasi-judiciaires tant fédéraux que provinciaux de même que la Commission canadienne des droits de la personne réglementent l'emploi. Il devient alors particulièrement difficile de préciser les obligations des organisations en ce qui concerne l'accès à l'égalité. Nous nous en tiendrons à retracer les développements importants qui ont affecté l'embauche et plus particulièrement la sélection et le placement du personnel[3].

L'historique des politiques d'accès à l'égalité.   Au Canada, l'implication du gouvernement au plan de l'accès à l'égalité s'est accrue régulièrement depuis la Deuxième Guerre Mondiale. Après la Confédération, pendant plusieurs décennies, la jurisprudence canadienne offrait peu de place à l'élaboration d'une politique d'égalité des salaires.

Sans aucun doute, la Déclaration Universelle des Droits de l'Homme adoptée par l'Assemblé Général des Nations Unies le 10 décembre 1948 a joué un rôle de catalyseur. À la suite de cette Déclaration, l'Organisation Internationale du Travail adopte une politique d'égalité des salaires pour les hommes et les femmes qui font un travail équivalent. La décennie suivante donne naissance à des lois concernant l'accès à l'égalité telles que le Ontario's Fair Employment Practices Act (1951), le Canada Fair Employment Practices Act (1953) et le Female Employees Equal Pay Act (1956).

En 1958, l'Organisation Internationale du Travail adopte la Convention no 111 sur la discrimination en emploi. Cette convention exige que les pays qui la ratifient fassent la promotion de l'accès à l'égalité pour lutter contre la discrimination. Le Canada a ratifié cette convention en 1964.

La ratification de cette convention a donné lieu à plusieurs législations provinciales. S'inspirant de l'Organisation Internationale du Travail et en réaction à l'interprétation conservatrice des tribunaux, les provinces adoptent des lois qui protègent les droits de la personne. Fait important, l'application des nouvelles lois est confiée aux Commissions provinciales des droits de la personne parce que ces dernières sont mieux placées pour les promouvoir et les développer.

Au niveau fédéral, toutes les juridictions ont la responsabilité de faire respecter l'égalité des droits. La Commission royale sur le statut de la femme en 1970, plusieurs études sur la situation économique des autochtones, le Comité spécial de la Chambre des communes sur les invalides et les handicapés, le Comité spécial sur la participation des minorités visibles dans la société canadienne, la ratification des engagements internationaux sur les droits de la personne, le plan d'action fédéral pour les femmes, la Charte canadienne des droits de la personne et la Charte des droits et libertés, résultent d'une préoccupation unique et bien enracinée portant sur des idéaux d'égalité sociale et économique.

La Charte canadienne des droits de la personne (1976-77) donne naissance à la Commission canadienne des droits de la personne dont le rôle est de voir à l'application des lois contre la discrimination et de promouvoir le respect des droits de la personne et l'égalité. Le gouvernement a aussi instauré un programme d'action positive dans le secteur privé pour vérifier l'efficacité des programmes volontaires de lutte contre la discrimination et de correction des discriminations passées dans le domaine de l'emploi. En plus de prohiber la discrimination internationale fondée sur une grande variété de motifs, incluant six handicaps physiques, la Charte des droits de la personne accepte explicitement la définition systémique de la discrimination telle que formulée dans les programmes américains d'action positive et de lutte contre la discrimination. La discrimination systémique prend sa source non dans une volonté délibérée de défavoriser des groupes particuliers, mais résulte de préjugés, habitudes, règles, coutumes ou pratiques qui se sont installés au cours des générations. Cette définition permet à la Commission des droits de la personne d'examiner l'impact d'une décision d'emploi plutôt que l'intention de l'employeur, pour décider s'il y a effectivement discrimination.

La Charte canadienne des droits de la personne permet explicitement la mise sur pied de programmes spéciaux pour prévenir ou réduire la discrimination envers certains groupes désignés ou pour remédier aux effets de pratiques discriminatoires antérieures contre eux. La Charte octroie aussi à la Commission le pouvoir d'ordonner la mise sur pied d'un programme d'action positive, là où une pratique discriminatoire est décelée. Le Canada a confirmé plus tard son engagement au principe d'action positive lors de l'adoption de l'Acte Constitutionnel de 1982. De plus, le 17 avril 1985, la Charte des droits et libertés de la personne, section 15 (2) confirme la légalité des programmes spéciaux et des programmes d'action positive. Les tribunaux peuvent maintenant selon la section 24, ordonner des mesures favorisant les groupes désavantagés.[4]

En 1983, on crée la Commission Abella sur l'accès à l'égalité. Ce type de mandat est emprunté à l'expérience américaine et répond à la pression montante du public pour que le gouvernement définisse plus spécifiquement les remèdes appropriés à la discrimination. Le juge Rosalie Abella est responsable de la Commission dont les objectifs sont d'identifier les moyens les plus efficaces, équitables et efficients de promouvoir les possibilités d'emploi et d'éliminer la discrimination systémique contre quatre groupes désignés: les femmes, les handicapés, les autochtones et les minorités visibles. L'ajout des minorités visibles au mandat de la Commission est significatif car avant cette date, elles n'étaient pas désignées comme groupe cible pour les programmes d'emploi nationaux. Dans son rapport final, la Commission recommande que les organisations établissent obligatoirement des programmes d'égalité.

Aux États-Unis, le nombre de femmes occupant des emplois de cadres supérieurs a augmenté beaucoup plus rapidement qu'au Canada. Les personnes appartenant à une minorité visible ont, elles aussi, vu leur représentativité dans la main-d'oeuvre augmenter de façon drastique suite aux programmes d'action positive. Il est évident que les employeurs supportent les programmes d'action positive parce qu'ils croient que cela peut améliorer la qualité des ressources humaines et leurs pratiques de gestion.[5]

Au Canada, seulement quelques entreprises ont mis sur pied ce type de programme. Dans ces cas, on remarque une forte augmentation du nombre de personnes embauchées appartenant aux groupes désignés[6]. Par contre, la Commission affirme que les programmes d'action positive promus par les gouvernements fédéral et provinciaux ont eu des effets limités ou encore qu'on ne peut les évaluer.

Bien que la Commission Abella limite ses recommandations aux entreprises sous juridiction fédérale, elle souhaite que les autres travailleurs canadiens, qui représentent 89% de la main-d'oeuvre, puissent en bénéficier. Les gouvernements provinciaux sont incités à adopter une législation sur l'accès à l'égalité qui soit en accord avec la législation fédérale. En l'absence d'une législation universelle, le gouvernement fédéral encourage l'accès à l'égalité dans le secteur privé par le biais des contrats de sous-traitance. Les contrats de sous-traitance sont aussi utilisés aux États-Unis pour s'assurer de l'égalité des chances des groupes désignés. Le principe qui consiste à récompenser les compagnies qui favorisent l'égalité doit être compatible avec la politique du Conseil du trésor pour que les contrats soient accordés de façon à souscrire aux politiques et aux objectifs nationaux.[7]

Le 1er juillet 1983, la Charte canadienne des droits de la personne est amendée pour y inscrire 10 motifs de discrimination: la race, l'origine ethnique, la couleur, la religion, l'âge, le sexe, le statut matrimonial, le statut familial, les handicaps et la condamnation pour une offense pardonnée. Voici quelques-uns des changements relatifs à l'emploi:

- tous les individus couverts par une convention collective sont protégés contre la discrimination qu'ils soient membres du syndicat ou non;
- la Commission canadienne des droits de la personne peut traiter toute allégation voulant qu'un employeur, une organisation d'employés ou une organisation patronale limite par ses politiques l'accessibilité à l'emploi de certains groupes, même si aucune victime ne porte plainte. La Commission peut ainsi lutter plus facilement contre les pratiques et les politiques de discrimination systémique qui dressent des barrières à l'emploi de certains groupes tels que les femmes et les autochtones;
- les employeurs sont tenus responsables de la discrimination exercée par leurs employés, officiers ou agents dans le cadre de leur travail à moins que toutes les conditions suivantes ne soient rencontrées: (a) l'employeur ne consent pas à la discrimination; (b) l'employeur fait tout ce qui est en son pouvoir pour prévenir la discrimination; (c) l'employeur agit par la suite de façon à atténuer ou à éviter les effets de la discrimination.

La définition de la discrimination indirecte ou systémique. La Charte canadienne des droits de la personne ainsi que plusieurs commissions d'enquête empruntent la définition de la discrimination que l'on retrouve dans la jurisprudence américaine[8]. La discrimination systémique se rapporte à toute pratique d'embauche, laquelle bien qu'elle se veuille équitable en théorie ou en pratique, a un impact négatif et distinctif sur les femmes et les minorités. La discrimination systémique est difficile à identifier car elle est enfouie dans les systèmes d'embauche. Elle peut cependant être détectée au moyen d'analyses statistiques qui mesurent le ratio des femmes et des minorités qui ont du succès dans leurs sollicitations d'emploi par rapport aux membres du groupe majoritaire.

Le statut légal du concept de discrimination systémique. Selon la loi canadienne, il faut prouver l'intention. Par exemple, dans les causes Dritnell vs Michael Brent Personnel Place (1968) et MacBean vs Village of Plaster Rock (1975), les commissions d'enquête des deux provinces ont trouvé que l'intention ou le motif doit être évident pour prouver qu'il y a discrimination. En 1975, une cause a failli limiter sérieusement les possibilités d'une interprétation systémique de la discrimination lorsque dans Ryan vs Chief of Police, Town of North Sydney, la commission d'enquête rejette l'idée que les exigences relatives à la taille et au poids peuvent constituer une mesure discriminatoire contre les femmes et leur être défavorable[9]. En 1976, c'est la cause Singh vs Security and Investigation Services Ltd. Dans ce cas, Singh pour des raisons religieuses, insiste pour avoir le droit de porter le turban plutôt que le chapeau qui fait partie de son uniforme. Ce cas nécessite une approche différente. La discrimination étant définie par la commission d'enquête en termes d'effets sur les droits des groupes protégés plutôt qu'en termes d'allégation d'intentions ou de motifs de discrimination.

Quoique la commission ait pris une position claire, elle reconnaît que l'intérêt de l'entreprise représente une défense acceptable. La commission affirme qu'il faut tout d'abord décider si la requête de l'employé est importante et fondée, c'est-à-dire ni triviale ni arbitraire. Ensuite, il s'agit de vérifier la portée des inconvénients pouvant être causés à l'employeur en accordant la requête. Finalement, il ne reste qu'à équilibrer l'inconvénient de l'employeur et l'importance de la requête pour l'employé.

Subséquemment, le cas Singh est supporté par de nombreuses décisions similaires. Dans Coffer vs Ottawa Board of Commissioners of Police (1979), une commission d'enquête ontarienne déclare que les exigences concernant la taille (1,75 m/5'9") et le poids (72,5 kg/160 lbs) sont discriminatoires, et dans Foster vs B.C. Forest Products Ltd., la commission de la Colombie-Britannique affirme que les exigences concernant la taille et le poids ont un effet négatif et ne sont pas de bons critères de la force ou de l'aptitude à accomplir une tâche. On en arrive à un raisonnement similaire dans Grole vs Sechelt Building Supplies Ltd. (1979).

Malgré ces décisions, nombre de problèmes auraient pu limiter sérieusement l'impact de l'approche systémique. Premièrement, la défense basée sur l'intérêt de l'entreprise peut présenter un obstacle substantiel. Des difficultés apparaissent si le plaignant doit non seulement prouver la proposition négative mais aussi assumer la responsabilité, incluant les coûts, de présenter la preuve sur des aspects techniques. Cependant, les tribunaux soutiennent généralement, qu'une fois que les éléments de base du cas ont été prouvés, il y a discrimination à priori. Le fardeau de la preuve incombe à l'employeur. Nous retrouvons ce type de raisonnement dans Foster et Colfer aussi bien que dans Bone vs CFL et Robertson vs Metropolitan Investigation Security Canada Ltd. (1979).

Les définitions vagues et subjectives de l'intérêt de l'entreprise peuvent être une source de problèmes. La décision Colfer, cependant, exige clairement que l'intérêt de l'entreprise soit démontré avec un niveau acceptable de rigueur. En 1982, dans une décision importante, la cour Suprême du Canada se prononce unanimement contre la retraite obligatoire à 60 ans pour les pompiers de la municipalité d'Etobicoke. La défense basée sur la bonne foi au niveau des exigences professionnelles est rejetée comme insuffisante parce que fondée sur des impressions et des affirmations générales. La revendication de la municipalité doit, selon la décision de la cour, s'appuyer sur la description détaillée des tâches à exécuter, les conditions de travail et l'effet combiné de ces conditions, particulièrement pour les personnes approchant l'âge de la retraite.

Plusieurs commissions d'enquête en arrivent à la conclusion que la discrimination systémique doit être prohibée. Les solutions et les décisions ayant trait aux questions de religion, de taille et de poids, par exemple, ont permis de définir ce qui constitue une discrimination systémique selon la juridiction fédérale.

Un recul a lieu en 1983, quand la cour d'Appel fédérale décide (à deux contre un) que les articles 7 et 10 de la Charte canadienne des droits de la personne ne peuvent inclure la discrimination systémique (CNR vs K. S. Bhinder). En comparant la Charte canadienne des droits de la personne avec la Charte des droits civils américaine (1964), les tribunaux en arrivent à la conclusion qu'il faudrait ajouter quelques mots au texte pour que la discrimination systémique s'inscrive dans le contexte de la charte. Cette décision présente un sérieux défi concernant le statut légal de la discrimination systémique. Quelques provinces, comme l'Ontario, ont amendé leur Charte de droits de la personne pour clarifier la situation.

L'analyse de la discrimination systémique.   La discrimination systémique n'est pas nécessairement le résultat conscient d'une tentative pour éliminer certains groupes. Pour cette raison, elle implique une analyse des résultats et de la validité empirique plutôt que l'examen des intentions et des motivations. Les employeurs désireux d'identifier et d'éliminer la discrimination systémique doivent préciser les groupes cibles de travailleurs sur-représentés par rapport à leur nombre et aux aptitudes requises. Si certaines pratiques restrictives ou exclusives ressortent de l'analyse de la composition de la main-d'oeuvre, elles doivent être étudiées plus attentivement.

Le but de l'analyse est de déterminer si les pratiques d'embauche restrictives ou exclusives sont essentielles à la survie et à l'efficacité de l'organisation. Cette étude se fait en deux étapes. Premièrement, il est impératif de déterminer s'il y a un autre système ou une autre pratique qui pourrait rencontrer les objectifs de l'employeur avec peu ou pas d'impact sur la race et le sexe. Si tel est le cas, les pratiques restrictives ou exclusives ne peuvent être justifiées. Deuxièmement, si aucune alternative n'existe, il faut alors analyser la validité de la méthode ou du critère utilisé pour vérifier s'il rencontre les objectifs de prédiction et d'évaluation.

Trois méthodes sont généralement utilisées pour vérifier la validité, nous en discuterons en détails au chapitre 6.

1. La **validité prédictive** consiste à mesurer le rendement futur des individus en fonction d'un critère donné. Par exemple, est-ce que le secondaire V est un gage de réussite au travail? Pour répondre à cette question, il faut mesurer objectivement le rendement d'un groupe d'individus qui ont un secondaire V par rapport à un groupe d'individus qui n'ont pas de secondaire V.

2. La **validité de construit** exige une analyse minutieuse des caractéristiques requises, les construits, pour effectuer diverses tâches de façon satisfaisante. Par la suite, il s'agit de vérifier si on peut effectivement mesurer ces caractéristiques et ainsi prédire le rendement; en d'autres termes, établir une relation de cause à effet. Bien que populaire parmi les psychologues industriels, cette méthode est moins acceptable pour justifier un effet négatif sur un groupe donné si elle n'est pas soutenue par un critère ayant une validité prédictive.

3. La **validité de contenu** mesure le degré auquel les items d'un test ou d'une méthode de sélection sont représentatifs et appropriés aux tâches à effectuer. Si le contenu du test reflète les tâches (par exemple, un test de conception de programme pour les analystes de système), la validité peut être démontrée.

L'approche systémique, avec son emphase sur l'impact et l'intérêt de l'entreprise plutôt que sur l'intention, fournit une mesure objective de la discrimination. Elle diminue le blâme supporté par l'individu et se concentre sur la rationalisation de systèmes d'embauche établis en fonction des besoins de l'entreprise. Les solutions sont orientées vers la réalisation d'objectifs réalistes plutôt que sur les changements d'attitude.

En dépit de l'emphase que l'on met sur la discrimination systémique, il ne faut pas ignorer la discrimination fondée sur l'individu. Les deux formes de discrimination affectent négativement certains groupes et par conséquent, les deux doivent être repérées de façon à ce que le service des ressources humaines puisse développer des alternatives pour éliminer ou réduire la discrimination.

En général, on peut vérifier s'il y a discrimination en examinant la composition et la rémunération de la main-d'oeuvre de l'organisation ou en examinant le nombre d'individus faisant partie des divers groupes qui sont sélectionnés après avoir postulé un emploi. En d'autres termes, il y a discrimination quand les comparaisons avec le marché du travail font ressortir des différences importantes. La discrimination fondée sur des critères d'embauche qui excluent les candidats de groupes protégés à un taux plus élevé que les autres groupes est une discrimination sélective des individus.

Qualifications professionnelles bona fide et ancienneté. Toutes les juridictions ont une exemption bona fide sur la discrimination sexuelle reliées aux qualifications professionnelles. Le fardeau de la preuve incombe cependant à l'employeur dans toutes les juridictions provinciales, à l'exception du Nouveau-Brunswick.[10]

Dans les entreprises syndiquées, l'ancienneté peut être une source de discrimination contre les femmes, dans le cas par exemple, où les hommes acquièrent plus d'ancienneté que les femmes. Les hommes sont alors favorisés en obtenant des emplois plus intéressants, des horaires de travail plus flexibles et une diminution des possibilités d'être mis à pied selon la politique du « last-in-first-out ».

INFORMATION LORS DE LA SÉLECTION ET DU PLACEMENT

Les candidats à la sélection et au placement doivent être informés. Tel que discuté au chapitre 4, il est préférable de diffuser une information réaliste concernant les postes et l'organisation.

CONTEXTE ORGANISATIONNEL

L'information sur le contexte organisationnel est nécessaire à l'efficacité de la sélection et du placement en identifiant les emplois disponibles, la situation des emplois et les contraintes légales. Les postes vacants sont habituellement recensés lors de la planification et de la programmation des ressources humaines ou à partir des requêtes des superviseurs. Comme plusieurs organisations ne planifient pas leurs besoins en ressources humaines, les requêtes des superviseurs constituent la source majeure d'information sur les postes disponibles. Par contre, un certain nombre d'entre elles commencent à programmer systématiquement leurs besoins en ressources humaines. Les plans de succession des gestionnaires sont la preuve de cet effort. Sans une planification efficace des ressources humaines, la disponibilité d'un emploi n'est connue qu'au moment où le poste devient vacant. Conséquemment, les activités de recrutement, de sélection et de placement sont entreprises sans une connaissance totale des postes qui seront ouverts ou créés. Le processus inhérent à ces activités est, de ce fait, incomplet.

Le rendement ne dépend qu'en partie des individus. Des caractéristiques organisationnelles telles que la politique de rémunération, la philosophie de gestion ou la qualité de la supervision affectent aussi le rendement individuel. Dans plusieurs cas, le rendement de l'employé est plus le résultat de la cadence des machines que de ses qualités. Ces caractéristiques organisationnelles sont d'une importance telle qu'elles doivent être prises en considération dans l'élaboration du processus de sélection et de placement. On informera le candidat de ces caractéristiques organisationnelles pour qu'il sache si elles correspondent à ses intérêts et à ses préférences. Par exemple, même si deux emplois nécessitent les mêmes connaissances techniques, un peut être isolé et l'autre faire partie d'un groupe. Ainsi, lors du processus de sélection, il faut prendre en considération les préférences du candidat quant au type de situation dans laquelle il préfère travailler. La situation de l'emploi influence non seulement le rendement de l'employé mais affecte aussi la rémunération.

CONTEXTE DE L'EMPLOI

Pour choisir un emploi de façon réaliste, les candidats doivent connaître les conditions dans lesquelles il s'effectue. Les conditions physiques, les contraintes de temps pour accomplir la tâche, les heures de travail et le lieu de travail, tout cela doit être clair pour le candidat.

CARACTÉRISTIQUES DE L'EMPLOI

L'information relative aux exigences du poste et à ses caractéristiques s'obtient par l'analyse de postes. Cette information est nécessaire pour assortir les connaissances, les aptitudes et les habiletés des individus aux postes disponibles. En plus de l'information provenant de l'analyse de poste, la définition du poste est essentielle pour aider les candidats à vérifier si leurs intérêts et leurs préférences pourront être satisfaits par ce poste. Tel que discuté au chapitre 3, les caractéristiques du poste et l'information sur les préférences, les intérêts et la personnalité des individus sont aussi utilisés pour redéfinir les postes et pour le placement des candidats dans des emplois qui leur conviennent mieux. Pour bien aider les candidats à choisir un emploi et à donner éventuellement un bon rendement, les critères de rendement et de comportement, tel que le taux d'absentéisme toléré, doivent leur être communiqués.

CANDIDAT

L'information sur le contexte organisationnel, le contexte et les caractéristiques du poste ne représente que la moitié de l'information nécessaire. L'autre partie de l'information provient du candidat. L'information sur les connaissances, les aptitudes et les habiletés ainsi que sur les intérêts et les préférences de l'individu en conjonction avec les informations sur l'organisation et l'emploi constituent la base pour prédire le succès du candidat selon les critères de rendement associés à l'emploi. Pour cette raison, ces bribes d'information sont souvent appelées « prédicteurs ». Plus spécifiquement, quand elles sont utilisées pour prendre des décisions concernant la sélection, on les nomme « tests ».

Cependant, alors que le mot « test » est habituellement défini de façon à inclure toutes les méthodes par lesquelles on recueille l'information pour prendre une décision de sélection, dans ce chapitre le mot réfère exclusivement aux tests écrits. Dans le prochain chapitre, « test » est utilisé en référence à tous les modes de collecte d'information dont nous discuterons dans le présent chapitre.

Dans toute activité de sélection et de placement, il est essentiel de recueillir du candidat l'information pertinente sur les prédicteurs. L'utilisation conjointe de cette information et des critères est l'essence même des décisions de sélection et de placement.

PRÉDICTEURS ET CRITÈRES

Les décisions de sélection sont généralement prises sur la base des résultats des candidats aux prédicteurs. Ces résultats sont utilisés parce qu'ils prédisent en quelque sorte, en fonction de critères pré-déterminés, le rendement auquel on peut s'attendre des candidats. On utilise les résultats de plusieurs prédicteurs administrés aux candidats séquentiellement ou par étape. Par conséquent, les décisions de sélection sont aussi prises par étape.

Prédicteurs pour les décisions de sélection et de placement. Ce que l'organisation veut c'est un prédicteur ou un ensemble de prédicteurs qui permette de prévoir le rendement du candidat selon les critères établis pour le poste.

Les prédicteurs les plus fréquemment utilisés sont les entrevues, les formules de demande d'emploi et les tests écrits. Puisque les décisions de sélection et de placement sont fondées sur l'information obtenue par ces prédicteurs, nous en discuterons plus en détails après avoir étudié les critères et les étapes de la décision de sélection et de placement.

Critères pour les décisions de sélection et de placement. Il est important que les critères sélectionnés soient reliés au poste que l'organisation veut combler. Par exemple, pour un emploi de gardien d'animaux (chapitre 3) il est plus important de s'assurer que les cages sont nettoyées chaque jour et que les animaux sont nourris convenablement que de s'assurer que le gardien s'habille bien et sourit. Selon la description du poste de gardien d'animaux, d'autres critères sont aussi importants. La détermination des critères et de leur importance réelle est primordiale pour développer des prédicteurs valables et pour avoir un système d'évaluation du rendement efficace.

L'exactitude des critères est aussi de toute première importance parce que ceux-ci aident à déterminer la catégorie d'information qu'on doit recueillir des candidats et, jusqu'à un certain point, la méthode à utiliser pour recueillir cette information. Par exemple, si un faible taux d'absentéisme est un critère approprié, une vérification auprès des employeurs précédents ou un test de préférence peut être utilisé. Si le rendement quantitatif est un critère, on privilégiera alors un test écrit mesurant les connaissances, les aptitudes et les habiletés.

L'analyse de poste, décrite au chapitre 3, constitue la base pour déterminer les critères appropriés, pertinents et importants. Les connaissances, les aptitudes et les habiletés ainsi que les caractéristiques du poste sont identifiées par le titulaire du poste comme nous en avons discuté au chapitre 3. Ces dimensions étant considérées comme essentielles au poste constituent des critères d'emploi. Ces critères sont des lignes de conduite plutôt que des résultats tels que le sont la quantité de travail ou le taux d'absentéisme. Ces distinctions seront clarifiées au chapitre 6. Pour prendre une décision de sélection, il faut vérifier si le candidat possède les connaissances, les aptitudes et les habiletés nécessaires à l'accomplissement de certaines tâches. Les méthodes par lesquelles chaque aptitude ou comportement est mesurée sont identifiées dans une matrice et chacune des mesures devient un prédicteur du rendement du candidat. Ce procédé est difficile et coûteux mais s'il est fait correctement, les décisions de sélection et de placement qui en résulteront seront efficaces et conformes aux exigences légales.

Étapes de la décision de sélection et de placement. Les décisions de sélection et de placement sont très importantes pour l'organisation. Aussi, les gestion-

naires du service des ressources humaines utilisent souvent plusieurs prédicteurs avant de prendre ces décisions. Cette information est généralement
recueillie par étape tel qu'illustré à la figure 5.2.

COLLECTE DE L'INFORMATION SUR LE CANDIDAT

Les principales méthodes de collecte d'information sur un candidat sont les
entrevues, les tests écrits, les références et les expériences de travail
antérieures. Il importe de noter que l'information ainsi recueillie et utilisée,
surtout pour prédire le rendement, s'applique seulement au « Match 1 », c'est-
à-dire l'appariement du poste aux connaissances, habiletés et aptitudes de
l'individu. Cet appariement, plus sujet aux exigences légales, a représenté
traditionnellement un intérêt majeur pour les organisations parce qu'il sert à
prédire le rendement de l'employé.

Cependant, il faut aussi recueillir l'information sur les préférences, les
intérêts et la personnalité de l'individu « Match 2 » car, l'utilisation concurrente avec l'information sur les caractéristiques de l'emploi augmente la satisfaction au travail, réduit l'absentéisme et le roulement du personnel. Cela
peut aussi avoir pour effet d'améliorer le rendement, particulièrement la qualité du travail à cause d'une plus grande implication résultant de l'appariement
des intérêts et des préférences avec les caractéristiques de l'emploi.

Peu importe l'information que l'on recueille, il faut démontrer son interrelation avec les critères d'embauche. La difficulté à démontrer cette interrelation varie selon le type d'information et ce pour deux raisons: (1) manque
de précision ou de fiabilité de la méthode qui sert à recueillir l'information
ou du prédicteur mesuré (par exemple: il existe plus de 100 tests d'intelligence
différents); (2) une corrélation faible entre le prédicteur mesuré et le critère.
Généralement, il est plus facile de démontrer le lien avec l'emploi lorsque les
prédicteurs sont basés sur des informations relatives aux connaissances, aux
aptitudes et aux habiletés que lorsque ceux-ci sont fondés sur l'information
concernant les intérêts et les préférences du candidat. Nous expliquerons
cette démonstration dans le chapitre suivant alors que nous discuterons de
la validité empirique, de contenu et de construit.

On peut recueillir toute l'information qu'on souhaite en autant que l'on
démontre le lien avec le poste. Cela est aussi vrai pour l'information qui n'entre
pas de façon proprement dite dans la catégorie des caractéristiques personnelles. Cette autre catégorie inclut l'intelligence, les connaissances générales
(non nécessairement reliées à l'emploi), le leadership, le jugement, la dextérité, la motricité, le sens commun, le nombre d'années de scolarité et l'expérience. Le niveau de difficulté pour démontrer le lien entre cette catégorie
d'information et l'emploi équivaut à celui de l'information sur les intérêts et
les préférences.

Bien que le lien avec l'emploi soit facile à démontrer pour les informations
reliées aux connaissances, aux aptitudes et aux habiletés, les qualifications
qui peuvent être acquises en moins de 8 heures sur les lieux de travail, ne
doivent pas être utilisées pour prendre une décision lors de la sélection. De
plus, si le poste disponible requiert du candidat un minimum de connaissances, d'aptitudes ou d'habiletés, il faut se contenter de vérifier si le candidat
possède ces exigences minimales lors de la collecte de l'information. Si le fait
de posséder plus d'aptitudes ou d'habiletés peut améliorer le rendement, on
classera alors les candidats par rang à l'aide de l'information recueillie. Quand
on doit prendre une décision concernant un congédiement, une démotion,
ou une mise à pied (quand il n'y a pas de système d'ancienneté) ou une
mesure disciplinaire, il est plus approprié de mesurer le rendement de l'employé que ses connaissances, aptitudes ou habiletés.

Figure **5.2**   **Les étapes du processus de sélection**

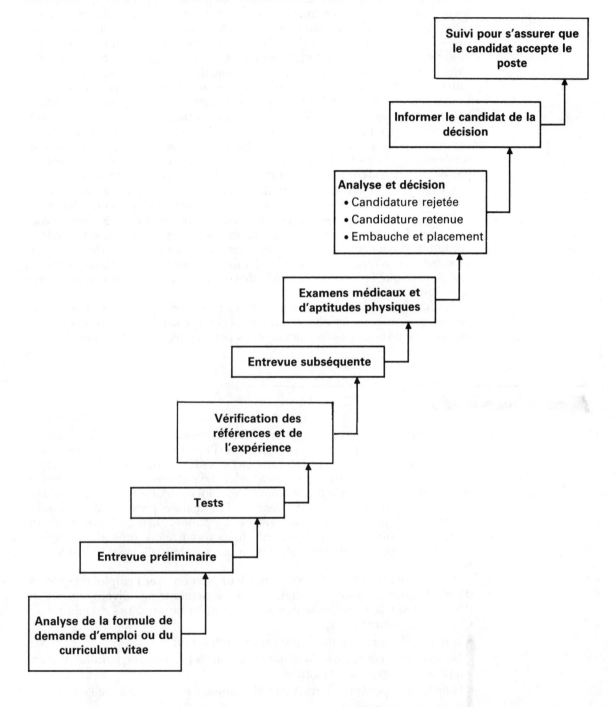

Si les aptitudes physiques ont été mesurées, il faut alors considérer l'aménagement du lieu de travail (voir la discussion sur l'ergonomie au chapitre 3). Si des modifications raisonnables ne suffisent pas pour palier à un handicap qui affecte l'exécution des tâches essentielles, le candidat peut être rejeté.

En plus de recueillir l'information sur les connaissances, les aptitudes, les habiletés, la personnalité, les intérêts et les préférences ainsi que sur toutes les dimensions comprises dans la troisième catégorie, les employeurs peuvent recueillir de l'information sur d'autres caractéristiques ou conditions d'emploi. Ces « autres caractéristiques » touchent habituellement des informations telles que: permis requis par la loi, disponibilité pour voyager ou pour travailler sur des quarts ou les fins de semaine, capacité de travailler dans des conditions difficiles comme des espaces réduits ou en hauteur, acceptation de porter l'uniforme ou de se plier aux exigences de l'employeur concernant la tenue vestimentaire ou la possession des outils pour effectuer le travail qui ne sont pas fournis par l'employeur. Très rarement, ces « autres caractéristiques » seront utilisées pour ranger les candidats car elles n'influencent pas leur rendement. Les candidats peuvent toutefois être disqualifiés s'ils ne possèdent pas ou ne répondent pas adéquatement à ces « autres caractéristiques ».

L'évaluation de l'instruction ou de l'expérience est utile pour s'assurer que le candidat à embaucher, à transférer, à former ou à promouvoir a les qualifications nécessaires pour occuper le poste. Il faut cependant évaluer le contenu de l'instruction ou de l'expérience par rapport aux connaissances, aptitudes et habiletés requises pour occuper le poste. Il importe de ne pas prendre pour acquis que le nombre d'années de scolarité ou d'expérience est une preuve que le candidat possède des qualifications ou des connaissances spécifiques.

Maintenant que nous connaissons les catégories d'informations à recueillir, voyons comment on les obtient en tenant compte du fait que certaines informations ne doivent pas être demandées pour éviter toute discrimination.

FORMULE DE DEMANDE D'EMPLOI   ou C.V.

Tel qu'illustré à la figure 5.2, la **formule de demande d'emploi** constitue la première étape du processus de sélection. Pour les postes de professionnel ou de gestionnaire, elle peut être remplacée par le curriculum vitae. Toutefois, ce dernier reflète moins bien la réalité et devrait être utilisé avec d'autres informations. La formule de demande d'emploi est un formulaire qui rassemble l'information sur les antécédents et la situation présente du candidat, incluant son adresse et son numéro de téléphone. Bien que la formule de demande d'emploi exigeait plus d'informations autrefois, (une photographie, par exemple), des contraintes légales en ont substantiellement réduit le contenu.

Parce qu'il est difficile de démontrer leur relation avec l'emploi ou qu'il est discriminatoire de les exiger, certains renseignements ne doivent jamais être demandés sur la formule de demande d'emploi ou au cours de l'entrevue. Ces renseignements sont:
- le nom d'un membre du clergé comme référence;
- les questions concernant la situation familiale (c'est-à-dire le nombre d'enfants et qui en assure la garde);
- la taille et le poids à moins d'être absolument en relation avec l'emploi;
- le statut matrimonial;
- le casier judiciaire, à moins que ce ne soit étroitement relié à l'emploi;
- la raison du retour à la vie civile;
- le dossier de crédit;
- les noms des parents ou des amis qui travaillent pour l'employeur;

■ les questions concernant l'âge, la couleur, le sexe, la religion et l'origine ethnique.

D'autres motifs de discrimination peuvent s'ajouter selon les provinces, par exemple: la langue au Québec; un handicap mental en Ontario et en Saskatchewan; l'orientation sexuelle en Saskatchewan; le casier judiciaire en Ontario et au Fédéral; enfin, un handicap physique dans toutes les provinces à l'exception de la Colombie-Britannique, du Yukon et des Territoires du Nord-Ouest.

Ces interdictions n'excluent pas la formule de demande d'emploi comme source d'information. Pour mieux utiliser cette information, les organisations lui accordent parfois un poids selon l'importance qu'elles veulent lui attribuer comme prédicteur du rendement. On appelle cette technique la **formule de demande d'emploi pondérée**. Elle est très efficace comme prédicteur du roulement de personnel, par exemple. On utilise généralement la régression multiple pour la mettre au point. Il s'agit ensuite d'utiliser l'information selon son importance relative pour les décisions de sélection.

En plus ou à la place de la formule de demande d'emploi, certains employeurs utilisent la formule biographique. Cette formule requiert généralement plus d'informations sur le candidat telles que des détails sur le passé académique du candidat, ses premiers emplois, ses préférences de travail, etc. Cette demande d'informations supplémentaires repose sur l'hypothèse que les expériences et les comportements passés sont de bons prédicteurs des comportements futurs et particulièrement du rendement. Toutefois, l'utilisation de ces données suppose que le comportement est stable, ce qui n'est pas toujours une hypothèse valable.

Les recherches sur la formule de demande d'emploi et la formule biographique. Les études montrent que si la formule de demande d'emploi et la formule biographique sont soigneusement construites, elles constituent un instrument très utile pour prédire le succès au travail. Des études ont démontré jusqu'à quel point ces méthodes prédisent le taux de roulement des blancs et des noirs[11]. Bien que la validité des prévisions soit très impressionnante, on remarque aussi que ces méthodes sont considérées comme équitables envers les divers groupes raciaux.

L'honnêteté des gens qui répondent aux questions est un aspect important de cette catégorie de prédicteur. Bien que l'information requise soit limitée, il est bon d'indiquer que les réponses seront vérifiées pour éviter que le candidat biaise les réponses en sa faveur. Il importe donc d'éviter les questions qui ne peuvent être vérifiées. Par exemple, à une personne qui pose sa candidature au poste de secrétaire pour l'Orchestre Symphonique de Montréal, il ne faut pas demander: « Aimez-vous la musique classique »? À une telle question, le candidat répondra en fonction de sa perception des attentes de l'organisation.

La validité peut se dégrader si les formules de demande d'emploi sont conservées trop longtemps. Les principales causes de cette dégradation sont les variations de la banque de candidats, les conditions du marché du travail et des emplois eux-mêmes. Une révision périodique s'impose alors.

En somme, les recherches montrent que les formules de demande d'emploi et les formules biographiques sont les instruments de sélection les plus valides[12]. Cependant, les recherches indiquent que même si la plupart des organisations utilisent des formules de demande d'emploi, moins du tiers d'entre elles se préoccupent de les mettre à jour et de ce fait, risquent éventuellement d'être reconnues coupables de discrimination[13]. Compte tenu de la taille de l'échantillonnage nécessaire pour valider les deux méthodes, elles ne sont pas pratiques pour la plupart des organisations canadiennes.

La vérification des références et des lettres de recommandations.   Bien que cette étape soit la quatrième du processus de sélection illustré à la figure 5.2, la vérification des références peut s'effectuer plus tôt. Cette étape soulève des controverses parce qu'elle peut être la source de pratiques discriminatoires. Une cause soumise à la Commission canadienne des droits de la personne constitue un bon exemple d'une telle pratique discriminatoire. Il s'agit d'une plainte portée contre une agence de placement de Halifax qui a négligé de référer une femme dont la formation correspondait à celle requise pour occuper le poste vacant parce que l'employeur avait spécifié qu'il voulait un homme[14].

Les employeurs doivent cependant avoir une certaine liberté de pré-sélection entre les candidats, spécialement quand ils recueillent de l'information sur le rendement de ceux-ci. Mais il faut toujours respecter la vie privée de l'individu. Ce conflit potentiel constituera un défi important de la gestion des ressources humaines au cours de la prochaine décennie.

Les recherches sur la vérification des références et des recommandations.   Les études ont démontré que les références provenant du candidat ne seraient pas aussi valables que celles obtenues d'un ancien employeur, des collègues ou des subordonnés. En plus, on obtient beaucoup d'informations en observant, au cours de l'entrevue, si le comportement semble correspondre aux réponses.[15]

La plupart des études indiquent que peu d'employeurs considèrent uniquement les références écrites comme source de renseignements. Seules les références des superviseurs précédents, qui ont observé récemment le candidat au travail semblent être des prédicteurs précis du succès d'un candidat dans un nouvel emploi.

ENTREVUE DE SÉLECTION ET DE PLACEMENT

Quoique les tests soient des instruments plus valides pour connaître les aptitudes, les réalisations, la personnalité, les intérêts et les préférences du candidat, l'entrevue demeure une méthode très populaire de collecte de l'information. Cependant, même si l'entrevue est une bonne méthode pour recueillir de l'information factuelle, ce n'est pas à proprement parler une bonne méthode d'évaluation parce que trop subjective[16]. Les employeurs continuent à utiliser l'entrevue pour recueillir de l'information et prendre des décisions en dépit des pressions exercées par différentes commissions fédérales ou provinciales des droits de la personne pour qu'ils utilisent des méthodes plus objectives, précises et fiables. En effet, plusieurs intervieweurs peuvent faire des découvertes différentes et arriver à des conclusions différentes qui seront utilisées pour discriminer les candidats.

C'est le cas de Segrave vs Zellers (1975) où le plaignant allègue qu'il n'a pas été embauché à cause de son sexe et de son état matrimonial. Le candidat a été tout d'abord interviewé par l'agente du personnel chez Zellers qui lui a affirmé que seules les femmes posaient leur candidature à ce type d'emploi. Aussi, dès l'entrevue préliminaire sa candidature a été rejetée à cause de son « statut matrimonial indésirable ». La Commission d'enquête de l'Ontario a décidé que Zellers a fait preuve de discrimination basée sur le sexe et le statut matrimonial contre Segrave et a ordonné à la compagnie de remédier à ces pratiques d'embauche discriminatoires.

Comme les entrevues sont fréquemment utilisées pour la sélection et le placement des candidats, nous en discuterons plus en détails pour comprendre comment elles pourraient être utilisées pour recueillir des informations plus fiables, plus reliées à l'emploi et non-discriminatoires.

Tel qu'illustré à la figure 5.2, l'entrevue est importante au début et vers la fin du processus de sélection. L'entrevue est mesurée différemment selon la catégorie professionnelle. Dans le cas des cadres intermédiaires et supérieurs, les individus transmettent généralement leur curriculum vitae par la poste ou par une agence de placement. Le rendez-vous pour l'entrevue préliminaire est fixé par téléphone au moment jugé opportun par l'organisation. Pour les cadres inférieurs et les postes non reliés à la gestion, l'individu peut prendre connaissance de l'offre d'emploi dans un journal ou sur le babillard de l'organisation et remplir une formule de demande d'emploi qu'il transmet au service des ressources humaines. L'entrevue préliminaire suivra ce processus.

Généralement, l'entrevue se déroule devant plusieurs intervieweurs, surtout pour les postes de cadres intermédiaires ou supérieurs. Les intervieweurs cherchent à recueillir des informations sur la motivation, le comportement et l'expérience du candidat. Les entrevues ne servent pas seulement à recueillir des informations, mais aussi à évaluer le candidat et ce, dès l'entrevue préliminaire. En effet, dès cette étape, on doit décider de conserver ou de rejeter la candidature.

Les types d'entrevues. On peut classer les entrevues selon la technique ou la méthode utilisée. L'entrevue en profondeur est la plus courante. L'intervieweur s'en tient à une variété limitée de sujets et il les couvre de façon non structurée. Les personnes interviewées sont alors appelées à élaborer des réponses sur plusieurs sujets. Il est difficile de s'assurer de la qualité d'une entrevue non structurée parce qu'elle dépend de la compétence de l'intervieweur. Les organisations utilisent le plus souvent une entrevue structurée ou dirigée. Pour s'assurer d'une certaine constance d'un candidat à l'autre, l'entrevue structurée est un questionnaire oral. Les études de validation montrent que l'entrevue dirigée est vraiment utile pour prédire le succès en emploi.

Comme nous l'avons mentionné précédemment, plusieurs personnes peuvent interviewer un candidat. Il s'agit alors d'une entrevue avec jury. Étant donné les coûts relativement élevés de l'entrevue avec jury, elle est habituellement réservée aux candidats à des postes de gestion. L'entrevue de stress est un autre type d'entrevue parfois utilisée pour certains postes de gestion, particulièrement ceux qui exigent que l'employé soit calme et capable de travailler sous pression. Pendant l'entrevue, le candidat peut être intentionnellement ennuyé, embarrassé ou frustré par l'intervieweur dans le but de noter ses réactions. Bien que ce type d'entrevue puisse être approprié pour des postes de policiers ou de militaires, il ne convient pas à la plupart des catégories professionnelles que l'on retrouve couramment dans les organisations.

Indépendamment de la technique d'entrevue utilisée, plusieurs problèmes peuvent influencer défavorablement l'entrevue. Il faut en être conscient pour réduire les risques inhérents. Le service des ressources humaines joue un rôle clé en s'assurant que les intervieweurs ont été formés pour mener correctement une entrevue et éviter ces problèmes.

Les problèmes inhérents à l'entrevue de sélection[17]. Lors de l'entrevue, l'intervieweur est susceptible de rencontrer plusieurs problèmes reliés non seulement à l'entrevue comme processus de collecte de l'information mais aussi à l'évaluation de cette information.

- Les intervieweurs ne cherchent pas toujours à recueillir des informations sur toutes les dimensions importantes qui permettent de s'assurer du rendement au travail ou de répondre de façon satisfaisante à d'autres critères.

Souvent, les intervieweurs n'ont pas une description complète du poste et des exigences requises ainsi que des conditions de travail. Tant pour l'évaluation du rendement que pour la conformité aux lois, il importe que toute l'information recueillie le soit en fonction de l'emploi.

- Quand il y a plusieurs intervieweurs, ils explorent parfois les mêmes domaines et ils oublient de couvrir d'autres aspects tout aussi bien reliés à l'emploi. En fait, il peut arriver que le candidat ne passe pas 4 entrevues mais plutôt une seule 4 fois de suite.

- Les intervieweurs peuvent se faire une opinion au début de l'entrevue, empêchant ainsi la réception d'informations utiles. Des recherches ont démontré que la plupart des intervieweurs se font une opinion au cours des 4 ou 5 premières minutes de l'entrevue. Le reste du temps, ils cherchent des indices et des faits qui confirment leur impression initiale.[18]

- Une attitude générale à l'égard de la personnalité de l'individu peut influencer les intervieweurs lorsqu'ils procèdent à l'évaluation des autres caractéristiques du candidat. Cette erreur, appelée l'**effet de halo**, survient quand l'intervieweur juge le potentiel d'un candidat sur la base d'une caractéristique telle que la présentation du candidat par exemple (la façon dont il s'habille, dont il parle). L'effet de halo peut être à la source de choix médiocres et/ou discriminatoires par l'intervieweur; cela peut aussi affecter le choix du candidat, pour qui l'intervieweur est le reflet de la compagnie. Ainsi, il pourra accorder plus d'importance au jugement de l'intervieweur qu'à la documentation qu'il a consultée sur la compagnie.

- Parfois, les intervieweurs ne suivent pas les étapes du processus de sélection. La figure 5.2 illustre un certain ordre dans lequel devraient s'effectuer les activités de sélection. Même si ce processus n'est pas rigide, certaines étapes sont préalables à d'autres. Si les références n'ont pas été vérifiées avant l'entrevue, les intervieweurs risquent de procéder inutilement à l'interview de candidats non qualifiés. Toutefois, lorsque les références sont vérifiées avant l'entrevue, l'intervieweur peut être plus vulnérable à l'effet de halo. Occasionnellement, des candidats ne suivront pas le même processus que d'autres; certains passeront des tests, d'autres non. Cette situation est inéquitable et il en résultera des pratiques de sélection inefficaces.

- L'information recueillie lors d'une entrevue avec un candidat n'est pas intégrée et présentée de façon systématique.

- Si plusieurs intervieweurs recueillent des informations sur un candidat, ils peuvent se partager cette information « au petit bonheur ». Ils peuvent ne pas identifier l'information reliée à l'emploi, ni examiner les informations à caractère conflictuel. Cette approche décontractée peut sauver du temps et des confrontations mais seulement à court terme. À long terme, toute l'organisation souffrira d'une décision d'embauche médiocre.

- Le jugement des gestionnaires est souvent affecté par l'urgence à combler un poste vacant. Ils peuvent alors souhaiter embaucher un candidat dont les qualifications sont peu élevées. Il est aussi possible qu'un candidat ayant des exigences salariales plus faibles influence leur décision. Les responsables du service des ressources humaines peuvent éviter de telles situations en ne révélant pas les demandes salariales. La meilleure ligne de conduite est de sélectionner la meilleure personne pour l'emploi tout d'abord, puis de s'intéresser au salaire.

- Le jugement d'un gestionnaire sur un candidat peut aussi être influencé par le nombre de candidats disponibles.

Nous devons aussi souligner deux concepts importants, l'**effet de contraste** et l'**effet d'ordre**. Dans le premier cas, il s'agit d'un bon candidat qui paraît encore mieux lorsqu'on le compare à un groupe de personnes moyennes ou sous la moyenne. De la même façon qu'une personne moyenne paraît moins bien face à un groupe d'excellents candidats. Dans le deuxième cas, il faut considérer deux effets d'ordre, la première et la dernière impression. Quelquefois, la première impression est importante et durable; la première personne peut devenir une norme pour évaluer la qualité des autres candidats. Mais, particulièrement à la fin d'une longue journée, l'intervieweur a plus de chances de bien se rappeler la dernière personne que les candidats précédents.

Comment éviter ces problèmes?   Il y a plusieurs façons d'éviter les problèmes mentionnés ci-dessus. La meilleure méthode consiste essentiellement à accroître la validité et la fiabilité de l'entrevue, les liens avec le poste, l'éventail des caractéristiques mesurées ainsi que la constance et l'objectivité de l'information recueillie. Pour ce faire, l'intervieweur devrait:

- recueillir uniquement l'information reliée à l'emploi et utilisable comme prédicteur du rendement. Par conséquent, l'analyse de poste et la validation des prédicteurs doivent être faites. On améliorera le lien avec l'emploi en structurant l'entrevue et en faisant appel à plusieurs intervieweurs. La fiabilité des résultats de l'entrevue accroît la validité de la procédure (nous en discuterons plus en détails au chapitre 6);
- utiliser les comportements passés comme prédicteurs des comportements futurs. Essentiellement, il s'agit de se concentrer sur la recherche d'informations concernant les expériences de travail précédentes du candidat. Cette information peut être facilement obtenue pendant l'entrevue préliminaire. Il importe d'obtenir des exemples spécifiques d'expériences reliées au rendement;
- coordonner l'entrevue préliminaire avec les entrevues subséquentes et avec les autres étapes de collecte de l'information. L'information relative à l'emploi doit être rassemblée de façon objective et systématique. La coordination et la combinaison systématique de l'information peuvent aider à réduire le risque de décisions prises rapidement et biaisées;
- finalement, impliquer plusieurs gestionnaires dans l'entrevue et la prise de décision finale. Quoique la décision finale puisse être prise par une seule personne, il est préférable que plusieurs soient impliquées dans la collecte de l'information et l'évaluation des candidats.

Les indices non verbaux au cours de l'entrevue.   La partie non verbale de l'entrevue revêt des aspects importants. Une partie de l'information est transmise silencieusement, c'est-à-dire par les mouvements du corps, les gestes, la fermeté de la poignée de main, le contact visuel et l'apparence physique. Souvent les intervieweurs attachent plus d'importance à ces indices non verbaux qu'aux déclarations. On estime qu'au plus 30 à 35% du message est véhiculé verbalement. Seulement 7% des sentiments sont communiqués verbalement alors que les facteurs non verbaux comptent pour 93% de l'information[19]. L'intervieweur doit donc en être conscient car ils participent à la formation des impressions.

Que demander?   Les intervieweurs peuvent s'enquérir de toutes les informations qui constituent un prédicteur du rendement du candidat. Les questions les plus utiles sont:

- Est-ce que le candidat a déjà accompli des tâches similaires?
- Comment le candidat perçoit-il l'emploi et le contexte organisationnel?
- Pourquoi le candidat souhaite-t-il changer d'emploi?
- Quels sont les objectifs de carrière du candidat?

- Est-ce que le candidat aime travailler en équipe ou avec le public?
- Quelles sont les conditions environnementales particulières que le candidat juge nécessaires pour donner un rendement maximum?

Les questions à ne pas poser ou l'information à ne pas recueillir au cours d'une entrevue sont les mêmes que celles prohibées dans la formule de demande d'emploi.

TESTS DE SÉLECTION

Le test de sélection est une étape importante du processus de sélection pour recueillir, transmettre et évaluer l'information sur les aptitudes, les expériences et les motivations du candidat. Les types de tests les plus utilisés mesurent les aptitudes, les intérêts et les préférences des candidats.

La validité et la fiabilité des tests écrits sont de la plus haute importance pour l'organisation et le candidat car elles permettent de vérifier le rendement du candidat et assure ce dernier de l'équité du processus de sélection. Bien qu'un test ne puisse provoquer le rejet d'un candidat sur la base des aspects spécifiés dans les chartes fédérale et provinciales des droits de la personne, le lien entre la validité des tests et la discrimination n'ont pas reçu beaucoup d'attention au Canada contrairement aux États-Unis. En effet, aucune autre composante du processus d'embauche n'a généré autant de controverses aux États-Unis depuis le début des années 1960 que l'utilisation des tests écrits[20]. Les controverses et les critiques ont porté surtout sur les questions d'équité, de biais culturels, de validité et de caractéristiques vagues et sans rapport avec le poste.

Plusieurs tests utilisés au Canada ont été développés aux États-Unis et validés auprès de différents groupes de travailleurs. Un examen du catalogue des tests psychologiques offerts par l'Institut de recherche psychologique au Québec, par exemple, révèle que moins de 5% de tous les tests offerts ont été validés au Canada et/ou au Québec[21]. Si cette estimation est exacte, il y a un sérieux problème potentiel de discrimination.

Bien que chaque organisation doive utiliser son personnel pour valider les tests dont elle se sert, il n'est pas nécessaire qu'elle développe ses propres tests, cela pourrait être trop coûteux. Le service des ressources humaines peut choisir entre plus de 1000 tests disponibles sur le marché. La plupart sont distribués par des groupes ou des entreprises de gestion qui sont déjà prêtes à adapter et/ou développer les tests pour répondre aux besoins des organisations.

Bien que plusieurs tests habituellement utilisés pour prendre des décisions d'embauche soient des prédicteurs valides des critères d'emploi dans une grande variété d'organisations, ils ne devraient pas être utilisés exclusivement. La meilleure approche est d'utiliser un test, ou une batterie de tests avec d'autres méthodes de sélection (entrevues, simulations, etc.). Nous discuterons au chapitre 6 de ce concept de prédicteurs multiples.

Au Canada, on estime que 20 à 25% des employeurs utilisent les tests pour obtenir de l'information sur les candidats[22]. Les exemples qui suivent représentent seulement certains des tests qui peuvent être utilisés pour mesurer les aptitudes, les connaissances, les habiletés, les intérêts et les préférences des individus. Si on applique ces tests aux candidats mais qu'on ne les utilise pas pour prendre la décision finale de sélection, les considérations légales d'égalité d'accès à l'emploi ne s'appliquent plus. Par exemple, les tests de personnalité, d'intérêts et de préférences peuvent être appliqués pour faciliter le placement des nouveaux employés dans un contexte de travail qui leur convient mais ce, après la décision d'embauche. Bien que les considérations légales ne s'appliquent pas aux décisions de placement, elles doivent prises en toute équité.

CATÉGORIES DE TESTS

Les tests sont classés selon la catégorie d'information qu'on tente de recueillir sur les dimensions personnelles des candidats. Les principales catégories sont: les tests d'aptitude, les tests de performance ou de mise en situation et les tests de personnalité, d'intérêts et de préférences.

Les tests d'aptitudes. Les **tests d'aptitudes** mesurent le rendement potentiel des individus. Les tests qui mesurent les aptitudes générales, qu'on appelle souvent les tests d'intelligence, comprennent le « Wechsler Adult Intelligence Scale » et le « Stanford Binet Test ». Ces tests ont pour but premier de prédire le succès académique dans un contexte traditionnel. Ils ont donné lieu au développement de tests multidimensionnels d'aptitudes pour les organisations, tels que le « Differential Aptitude Tests », le « Flanagan Aptitude Classification Test », le « General Aptitude Test Battery » et l'« Employee Aptitude Survey ». Comme ils sont standardisés, ces tests ne sont spécifiques à aucun emploi. Ils sont cependant assez fiables et généraux pour être utilisés pour diverses catégories d'emplois et particulièrement pour souligner la contribution de tests plus spécifiques.

Un autre groupe de tests d'aptitude, appelé les **tests psychomoteurs**, évaluent une gamme d'aptitudes physiques et mentales. Les deux tests psychomoteurs les plus utilisés sont le « MacQuarrie Test for Mechanical Ability » et le « O'Connor Finger and Tweezer Dexterity Tests ». Le test « MacQuarrie » mesure l'habileté à tracer, à pointer, à copier, à localiser, à arranger en blocs, etc. Ce test semble être un prédicteur valide du succès d'un mécanicien ou d'un sténographe. Le test « O'Connor » est un prédicteur valide pour les opérateurs de machines à coudre industrielles, les étudiants en médecine dentaire et d'autres professions requérant des habiletés à manipuler.

Un dernier groupe de tests d'aptitudes analyse les compétences personnelles et interpersonnelles. Un **test de compétence**, le « Career Maturity Inventory », mesure la capacité des individus à prendre les bonnes décisions au bon moment pour eux-mêmes et à fournir l'effort nécessaire pour réussir. Il comprend cinq tests reliés aux problèmes, à la planification, à l'information professionnelle, à la connaissance de soi et au choix d'objectifs. Plus les résultats aux cinq tests sont élevés, plus l'individu a de chances de faire un bon choix de carrière qui lui rapportera de la satisfaction et dans lequel il pourra donner un bon rendement.

Les **tests de compétence interpersonnelle** visent à mesurer l'intelligence sociale. Ils incluent les aspects de l'intelligence reliés à l'information non verbale qu'impliquent les interactions humaines et qui nécessitent une conscience éveillée des perceptions, des pensées, des désirs, des sentiments, des humeurs, des émotions, des intentions et des actions des autres personnes.

Les tests de performance. Les **tests de performance** prédisent le rendement d'un individu selon ses connaissances. La validation est requise pour tous ces tests mais il s'agit d'un processus direct. Le test de performance devient presque un échantillon de travail. Cependant, la décision d'embauche prise en fonction des tests de performance peut exclure des candidats qui n'ont pas eu la même possibilité d'acquérir les qualifications requises pour occuper le poste. Il faut aussi noter que certains tests de performance sont moins reliés à l'emploi que d'autres.

Les tests **papier-crayon** ont tendance à être moins reliés à l'emploi parce qu'ils mesurent les connaissances théoriques des candidats et non leur capacité d'utilisation de ces connaissances. Par exemple, vous pouvez passer un test papier-crayon qui mesure vos connaissances en tennis et le réussir haut la main sans pour autant bien jouer au tennis. Malgré tout, ils continuent à être utilisés dans beaucoup de domaines parce qu'ils sont bien connus et répandus. Par exemple, la réussite d'un tel examen ouvre la porte du Barreau ou du Collège des médecins pour les spécialistes dans ces disciplines. Ces tests sont utilisés parce qu'on pense qu'ils sont reliés au rendement au travail. Bien sûr, le lien avec l'emploi sert de justification légale de l'usage de ces tests.

Les **tests de reconnaissance** sont souvent utilisés pour sélectionner les publicitaires et les mannequins. Au moment de l'entrevue, les candidats apportent des échantillons de leur travail. Cependant, ces échantillons ne donnent pas d'indices sur les conditions ou les circonstances dans lesquelles ils ont été effectués. Certaines organisations insistent pour voir des échantillons écrits du travail scolaire, surtout pour les postes où l'expression écrite est importante. Ces tests constituent des exemples de comportements passés.

Les **tests de simulation** sont utilisés pour vérifier la performance actuelle des candidats. Seule la tâche est simulée, non la situation dans laquelle elle est effectuée. Malgré cela, la simulation peut être extrêmement utile comme instrument de formation et d'apprentissage. Les simulations sont une bonne préparation en vue d'un événement très particulier et qui peut n'arriver qu'une fois, comme le premier alunissage.

Certains tests de performance dépassent la simple simulation artificielle et utilisent la tâche elle-même dans son cadre de travail. Ce sont des tests d'échantillons de travail. Ces échantillons de travail sont fréquemment requis pour les candidats à des emplois de bureau. On peut demander au candidat de dactylographier une lettre au pupitre où il devrait travailler. Ces tests créent une anxiété et une tension artificielles mais ils sont utilisés intensivement à cause de leur facilité d'application et leur validité.

L'anxiété et la tension sont des caractéristiques réelles de certains emplois de gestion. La **corbeille de courrier** est un test élaboré pour évaluer les candidats à ce type de poste. L'objectif est de créer une situation réaliste faisant appel à des comportements typiques au travail. Des situations et des problèmes rencontrés au travail sont écrits sur des feuilles et placés dans un panier. Les problèmes ou situations décrits au candidat impliquent différents groupes de personnes, collègues de travail, subordonnés et personnes extérieures à l'organisation. On demande au candidat d'établir des priorités en rangeant les papiers et occasionnellement il peut avoir à écrire une réponse. Le candidat a généralement un temps limité pour passer le test mais il est souvent dérangé par le téléphone pour créer de la pression et des tensions.

Les **groupes de discussion sans leader formel** et les **jeux simulés d'entreprises** sont d'autres tests utilisés pour sélectionner les gestionnaires. Lors des discussions de groupe sans leader formel, on demande à un groupe d'individus de s'asseoir autour d'une table pour discuter d'un sujet pendant un certain temps. La compagnie IBM utilise cette méthode au cours de laquelle chaque individu fait une présentation de 5 minutes d'un candidat à une promotion, habituellement une personne fictive. Il défend ensuite le candidat dans une discussion de groupe. Les jeux simulés d'entreprises sont des variantes de ces groupes de discussion. Dans ce cas, les candidats doivent prendre des décisions et les assumer comme s'ils faisaient l'exercice de la corbeille de courrier. Parce que la corbeille de courrier, les groupes de discussion sans leader formel et les jeux simulés d'entreprises sont utiles pour la sélection des gestionnaires, les centres d'évaluation les utilisent fréquemment.

Dans un **centre d'évaluation**, on procède à l'évaluation du rendement des candidats ou des employés pour un poste de gestionnaire ou de niveau hiérarchique supérieur. Plus de 20 000 compagnies nord-américaines utilisent cette méthode et ce nombre augmente chaque année parce que c'est un instrument valide pour prédire le succès en emploi des candidats.[23]

Au Canada, des organisations telles que la Commission de la Fonction Publique du Canada, le Groupe Steinberg à Montréal, l'Hydro-Ontario et Northern Electric utilisent les centres d'évaluation. Habituellement, 6 à 12 personnes choisies sont convoquées au centre d'évaluation. L'entreprise retient habituellement les services et les locaux du centre pour une période de 1 à 3 jours. Le rendement des candidats est évalué par des gestionnaires qui sont formés pour faire ces évaluations.

Le programme d'évaluation des superviseurs à la production chez General Motors est un excellent exemple d'utilisation d'un centre d'évaluation. Le but du programme d'évaluation, des exercices et des tests est de déterminer les possibilités de promouvoir les candidats à des postes supérieurs de supervision. Le programme du centre d'évaluation de General Motors mesure 8 dimensions des qualifications, identifiées à partir de l'analyse de poste et considérées comme essentielles au bon rendement des superviseurs. Ces dimensions sont:

1. organisation et planification;
2. capacité d'analyse;
3. prise de décision;
4. contrôle;
5. communication verbale;
6. relations interpersonnelles;
7. influence;
8. flexibilité.

Le programme fournit aussi une évaluation globale des qualifications des candidats.

La performance sur l'ensemble des exercices et des tests est souvent utilisée pour s'assurer des futures possibilités de promotion d'un candidat et pour planifier les exigences et les besoins en matière de formation aussi bien que pour prendre les décisions de sélection et de placement. Les résultats de l'évaluation sont transmis au candidat qui pourra les utiliser à des fins personnelles, pour la planification de sa carrière, par exemple.

Les tests de personnalité, d'intérêts et de préférences. Ces tests visent à mesurer les préférences, les intérêts et la personnalité de l'individu en se concentrant sur ses traits ou ses caractéristiques particulières. On les appelle parfois **inventaire de la personnalité**. Ces inventaires se distinguent des tests parce qu'il n'y a pas de bonne et de mauvaise réponse. Le « Edwards Personal Preference Schedule », le « California Psychological Inventory », le « Gordon Personal Profile », le « Thurstone Temperament Survey », le « Guilford-Zimmerman Temperament Survey » et le « Minnesota Multiphasic Personality Inventory » sont les tests multidimensionnels de la personnalité les plus utilisés.

Ces inventaires de personnalité sont utiles pour prédire le rendement des employés de bureau et des commis aux ventes, par exemple. Actuellement, l'utilité des **tests de personnalité** pour la sélection est plutôt limitée. Ils peuvent cependant jouer un rôle conseil pour le placement et la planification de carrière après l'embauche. On peut aussi s'en servir pour mesurer certains aspects particuliers de la personnalité tels que la tolérance et le contrôle. Ces mesures servent les décisions de sélection, particulièrement si le poste offert se situe dans un contexte de changement et d'incertitude.

Comme nous venons de le mentionner, les **tests d'intérêts** facilitent les décisions de placement et de carrière. Le « Strong Vocational Interest Blank » et le « Kuder Preference Records » sont les deux principaux tests d'intérêts. Ils constituent essentiellement des inventaires d'intérêts. Quoiqu'ils ne prédisent pas le rendement au travail, ils peuvent prédire si l'occupation correspond aux intérêts des individus. Au Québec, le « Strong Vocational Interest Blank » est le test le plus utilisé en orientation scolaire. Plusieurs personnes passent aussi le « Kuder Preference Records » au collège dans le cadre de leur orientation professionnelle. Ce test regroupe les occupations en plusieurs catégories, telles que: plein air, musique, informatique, sciences, arts, littérature, service social, travail de bureau, etc. Chaque catégorie identifie des postes spécifiques. Ces deux tests d'intérêts devraient être utilisés avec précaution car ni un ni l'autre ne prédit le rendement au travail et ils ne sont pas toujours valides pour prédire l'emploi qui convient parfaitement au candidat.

Les **tests de préférences** sont utiles pour assortir les préférences du candidat aux caractéristiques de l'organisation. À l'aide de ces tests, on déduit les préférences individuelles qui s'accordent à la définition d'un poste spécifique.

TESTS D'APTITUDES PHYSIQUES

Au chapitre 3, nous avons dressé une liste de 9 aptitudes physiques, comprenant la force dynamique, la force du tronc et la force statique. Bien qu'au chapitre 3 les analyses d'aptitudes physiques étaient effectuées pour définir les exigences du poste, elles servent aussi à la sélection des candidats. L'utilisation conjointe des **tests d'aptitudes physiques** et des analyses d'aptitudes physiques constitue un bon instrument de sélection.

Il importe cependant de s'assurer que les tests d'aptitudes physiques sont reliés à l'emploi, car cela permet d'identifier ou de modifier et finalement de changer les tests qui ne sont pas conformes. Ce processus peut aussi suggérer des modifications au poste pour accroître l'égalité d'accès à l'emploi, particulièrement pour les femmes et les personnes handicapées, dans le cas où seulement de légères modifications s'imposent.

L'exemple suivant illustre un mauvais usage d'un test d'aptitudes physiques. Il s'agit du congédiement, lors de la première journée de travail, d'une serveuse à la démarche claudicante. La Commission des droits de la personne de la Colombie-Britannique a accordé la somme de 2000$ à la serveuse en guise de compensation pour l'humiliation dont elle a été victime et l'angoisse dont elle a souffert. Le gérant et propriétaire du restaurant a été déclaré coupable de discrimination envers une personne handicapée physiquement. Dans cette cause, la serveuse avait plus de 11 ans d'expérience. Elle devait porter une prothèse et elle boitait parce qu'elle avait souffert de la poliomyélite alors qu'elle était enfant. Toutefois, ce handicap ne l'empêchait pas de dispenser un bon service.[24]

Les examens médicaux. L'examen médical est une des étapes finales du processus de sélection. Certains employeurs exigent un examen médical général de tous les candidats et en soumettent seulement un petit nombre à des examens spéciaux. Par exemple, les candidats à un poste de production peuvent passer une radiographie de leur dos alors que les candidats à un emploi de bureau n'auront pas à subir cet examen.

Les avantages de l'examen médical sont nombreux. Mentionnons entre autres:

- diminuer les primes d'assurance-vie pour l'employeur;
- respecter la réglementation en matière de santé, particulièrement dans le secteur de l'alimentation et dans les hôpitaux où les risques de contagion sont élevés;
- prévenir les malaises, tels que les maux de dos, résultant de conditions de travail ergonomiques et technologiques;

Si les résultats des examens médicaux éliminent des candidats, ce doit être seulement ceux dont le rendement en serait affecté. Les examens médicaux peuvent être utilisés avec les tests d'aptitudes physiques. Cela permet de s'assurer que les postes seront modifiés en conséquence.

Un récent développement dans l'utilisation des examens médicaux consiste à départager les candidats selon leurs gènes. L'**examen génétique** s'appuie sur le fait que certains individus sont plus sensibles que d'autres à des éléments que l'on retrouve sur les lieux de travail, par exemple les produits chimiques. Cette sélection est faite à partir de l'analyse du sang ou de l'urine du candidat. Actuellement, environ 55 000 produits chimiques sont en usage dans l'industrie et quelques 800 autres s'ajoutent à ce nombre tous les ans. Les avantages de cet examen pour les millions de travailleurs canadiens qui sont exposés quotidiennement à ces produits sont évidents. Cependant, on doit se poser certaines questions légales et éthiques: Est-ce que les compagnies ont le droit de sélectionner les employés selon leur probabilité génétique de souffrir d'une maladie industrielle? Qui doit assumer les coûts d'aménagement des lieux de travail pour les employés les plus menacés? Présentement, il n'y a pas de lois sur l'examen génétique au travail. Nous en discuterons au chapitre 14.

L'examen génétique devrait être utilisé pour les décisions de placement plutôt que pour les décisions de sélection. Si tous les candidats démontraient la même sensibilité à un produit chimique, l'information ainsi recueillie permettrait de modifier le lieu de travail en conséquence.

Les détecteurs de mensonges. Un nombre croissant d'organisation soumettent les candidats au **test du polygraphe** pendant le processus de sélection. C'est particulièrement le cas pour les postes de fiduciaires ou lorsque l'employé a accès à des produits pharmaceutiques ou à des objets de valeur de petite taille. En 1978, aux États-Unis, une enquête révélait qu'approximativement 20% des plus grosses organisations du pays utilisaient le détecteur de mensonges pour vérifier l'honnêteté et les antécédents du candidat. Règle générale, on estime qu'entre 7 et 10% des candidats ne sont pas ce qu'ils disent être[25]. Quoiqu'il y ait peu d'informations sur l'usage des détecteurs de mensonges au Canada, un auteur estime que cette technique est largement utilisée dans les entreprises canadiennes[26].

Comme il n'y a pas de loi qui oblige les candidats ou les employés à subir le test du polygraphe dans le but d'être promus ou embauchés, plusieurs compagnies leur demandent de signer une autorisation précisant qu'ils passent le test volontairement. Généralement, le candidat ou l'employé est préparé à répondre honnêtement aux questions qui se retrouvent sur la formule de demande d'emploi. Il a le droit de refuser de répondre aux questions sur la religion, l'activité sexuelle, la politique et tout autre sujet non pertinent.

Récemment, l'usage du polygraphe a été remis en cause au plan psychométrique et au plan éthique. Au plan psychométrique, plusieurs doutent de la validité et de la fiabilité des lectures. La polygraphe ne mesure pas le mensonge, mais plutôt les variations de la respiration, de la pression sanguine et du pouls d'une personne. Avec cette information, un opérateur expérimenté interprète les réponses. Comme la formation d'un opérateur prend de 6 à 8 semaines, les opposants à l'utilisation du polygraphe mettent en doute la compétence de ces opérateurs. Le peu de fiabilité de l'interprétation des résultats en fait un instrument de sélection contesté. Un deuxième problème concerne la constitutionnalité et l'introduction dans la vie privée des personnes interrogées. Pour ces deux motifs, douze états américains ont voté des lois bannissant l'utilisation de polygraphe pour des fins d'embauche[27].

Au Canada, la Commission Royale, lors d'une enquête sur les pratiques de la police de Toronto, conclut que certaines déficiences du polygraphe sont évidentes et que plusieurs opérateurs n'ont pas les compétences pour l'utiliser comme instrument scientifique. Le juge Monard, président de la commission, s'est dit étonné d'entendre les déclarations naïves et dogmatiques des opérateurs de polygraphe. Il a donc demandé à ce qu'un contrôle législatif s'exerce dans ce domaine. Jusqu'à ce jour, il n'y a pas eu de suite à cette demande.

À cause des coûts et des problèmes liés à l'utilisation des tests de polygraphe, le compagnies préfèrent utiliser les tests d'honnêteté écrits.

Les tests de probité.   La théorie qui sous-tend les **tests de probité** consiste à affirmer que les attitudes sont des prédicteurs précis du comportement: un voleur croit que tout le monde vole, il pense que c'est normal et il comprendra un comportement malhonnête. Un voleur s'amusera probablement des histoires de crimes réussis et il pourrait répondre oui à la question: Vous êtes-vous déjà suffisamment diverti de la finesse d'un escroc pour souhaiter qu'il s'en sorte? Les questions suivantes sont des exemples typiques d'un test de probité:

- Que diriez-vous à votre patron si vous saviez qu'un employé vole la compagnie?
- Est-il correct d'emprunter de l'équipement à la compagnie pour l'utiliser à la maison même si vous le rapportez toujours?
- Avez-vous déjà souhaité être plus attrayant physiquement?

Les tests de probité sont légaux et ils coûtent moins cher que le polygraphe. Ils sont plus faciles à corriger et n'importe qui peut les faire passer au candidat. Étant donné que le test de probité est issu du polygraphe, il souffre de la même critique, particulièrement en ce qui concerne sa validité et sa fiabilité. Très peu de recherches ont été faites et les connaissances qu'on en a sont anecdotiques.

RÉSUMÉ

L'information recueillie porte sur les connaissances, les aptitudes, les habiletés, la personnalité, les intérêts, les préférences et les autres caractéristiques du candidat. Le lien entre le poste et les tests d'aptitudes, de performance, de personnalité, d'intérêts, de préférences, d'aptitudes physiques ainsi qu'avec les entrevues et la formule de demande d'emploi doit être facile à démontrer, particulièrement avec les critères qui mesurent les connaissances, les aptitudes et les habiletés. Bien qu'il soit possible de relier les tests d'aptitudes aux critères de l'emploi, ce lien est indirect et pourrait par le fait même être plus difficile à établir. En ce qui concerne les tests de personnalité, d'intérêts et de préférences, les formules biographiques et les entrevues, la démonstration de leur lien avec les critères d'embauche peut présenter certaines difficultés alors qu'avec des critères tels que le taux d'absentéisme par exemple, cela est plus facile. Néanmoins, il est plus facile d'illustrer leur lien avec des critères de qualité de vie au travail tels que l'engagement, la satisfaction et même le stress. Actuellement, les recherches sur les mesures de la personnalité, des intérêts et des préférences montrent qu'elles doivent être considérées comme de l'information utile au placement plutôt qu'à la sélection.

Les tests d'aptitudes et les entrevues servent à recueillir de l'information sur les autres caractéristiques. Ils apportent un degré d'universalité que les employeurs semblent apprécier.

L'information sur des dimensions telles que les préférences d'emploi, les permis spéciaux, la condition physique du candidat et le lieu de résidence est aussi nécessaire. Les façons les plus courantes de l'obtenir sont les examens médicaux, la formule de demande d'emploi, la vérification des références, les tests de probité et les tests avec le détecteur de mensonges.

Dans ce chapitre, nous avons étudié la nature et les objectifs du processus de sélection et de placement et ses interrelations avec les autres activités de gestion des ressources humaines. Il a aussi été question de certains aspects légaux, tels que les droits de la personne, les exigences d'emploi bona fide, l'intérêt de l'entreprise et leur impact sur la décision de sélection et de placement.

QUESTIONS À DISCUTER

1. Quels sont les principaux aspects dont doit se soucier une organisation qui décide d'embaucher plus de femmes ou de membres d'une minorité dans le souci d'améliorer l'égalité d'accès a l'emploi?
2. Comment les activités de sélection et de placement sont-elles reliées?
3. Quels sont les avantages pour l'organisation d'avoir un service des ressources humaines qui coordonne les activités de sélection et de placement?
4. Identifiez et résumez les considérations légales qui influencent les activités de sélection et de placement.
5. Faites une liste de plusieurs motifs qui pourraient constituer des cas prima facie de discrimination envers un groupe d'individus.
6. D'où provient l'information pour la sélection et le placement et à quoi sert-elle?
7. Quels problèmes découlent de l'utilisation de l'entrevue comme méthode principale de sélection et de placement?
8. Quel est le but de la collecte et de l'évaluation d'informations sur un candidat en vue des besoins éventuels de l'organisation en sélection et en placement?

É T U D E D E C A S

LE NOUVEAU TEST

C'est en participant à un séminaire sur le développement des gestionnaires que Pierre Paradis, le vice-président aux ressources humaines chez Squish, une compagnie pharmaceutique de taille moyenne employant environ 500 personnes, s'est familiarisé avec un nouveau test de sélection des représentants.

Le rapport du concepteur sur les applications fructueuses de son test est si convaincant que Pierre décide de considérer la possibilité de l'utiliser chez Squish.

« Ce test semble être la meilleure solution à notre problème de roulement de personnel » a-t-il dit à Jean Guérin, le président de Squish.

« J'essaie d'embaucher 10 nouveaux représentants dès maintenant ». Tout ce qui pourra faciliter la sélection et réduire le roulement sera bienvenu » répond Guérin. Paradis décide alors de commander un échantillon du test de la compagnie new-yorkaise qui le distribue. Il pense que Squish n'a pas les moyens financiers de développer son propre test et que le test américain leur convient parfaitement.

Aussitôt qu'il reçoit sa commande, il administre le test à 18 candidats. On accorde une importance primordiale aux résultats des tests pour la sélection finale des 8 candidats auxquels on offrira un emploi. Les candidats Marie Toulouse et Jean-Marie Lenoir demandent à Paradis des explications sur le rejet de leur candidature. Paradis leur explique que leurs résultats au test sont substantiellement plus bas que les normes américaines. Plusieurs mois plus tard, Squish reçoit une plainte de la Commission des droits de la personne dans laquelle les requérants allèguent que le test de sélection de la compagnie Squish est discriminatoire parce qu'il tend à éliminer les francophones et les autochtones.

QUESTIONS
1. Par rapport au test, quel est le problème?
2. Est-ce que la compagnie Squish pouvait éviter d'être accusée de discrimination? Comment?
3. Quelles étapes devrait suivre une petite ou moyenne entreprise pour développer et appliquer une batterie de tests de sélection des représentants?
4. Quelles autres méthodes aurait-on pu utiliser pour sélectionner les représentants?
5. Que pouvait faire la compagnie pour s'assurer que ce test était un instrument de sélection valide selon ses objectifs?

Sélection, placement et décisions concernant l'affectation et la socialisation des ressources humaines

Actualité

OÙ EN SONT LES PAÉ?

Au cours de 1987, une vingtaine d'entreprises auront conclu une entente avec le Secrétariat à la condition féminine en vue d'implanter un programme d'accès à l'égalité (PAÉ). Voyons de plus près ce qui se passe chez une d'entre elles, Gaz Métropolitain.

Parmi les 550 cols bleus à l'emploi de Gaz Métropolitain, combien y a-t-il de femmes? Cinquante? Vingt? Dix? Vous n'y êtes pas du tout. La réponse est... deux! L'une est préposée au service à la clientèle et l'autre à l'entretien ménager.

Chez Gaz Métropolitain, l'accès aux emplois payants d'ouvrier spécialisé ne pourra sans doute plus être refusé aux femmes. Cette entreprise a accepté de participer à un programme de soutien gouvernemental en vue d'implanter un PAÉ tout comme une vingtaine d'autres entreprises québécoises dont Lavalin, Culinar, Dominion Textile, Canadair, la Confédération des caisses populaires et d'économie Desjardins, la Fiducie du Québec, Schering Canada, Papiers Perkins.

Si la direction de Gaz Métropolitain commence à se sensibiliser à la place des femmes dans l'entreprise, c'est un peu par la force des choses. Deux plaintes pour discrimination systémique ont été déposées contre la compagnie devant la Commission québécoise des droits de la personne: l'une par une jeune travailleuse de 26 ans désirant accéder à un emploi non traditionnel, l'autre par le groupe montréalais Action Travail des femmes (ATF) qui reproche à Gaz Métropolitain d'avoir refusé à une candidate qualifiée un poste de préposée aux services extérieurs et réparation de systèmes de chauffage sous prétexte qu'elle manquait d'expérience. Or, selon ATF, Gaz Métropolitain aurait déjà attribué de tels postes à des candidats masculins sans expérience. « Nos critères d'embauche sont maintenant assouplis affirme André Savard, vice-président aux ressources humaines chez Gaz Métropolitain. Nous comptons ouvrir plus largement nos portes aux femmes ».

De son côté, Liza Novak de Action Travail des femmes accueille avec réserve les déclarations de Gaz Métropolitain: « Il ne s'agit pas d'assouplir les critères mais d'éliminer les exigences discriminatoires telles que les années d'expérience qui ne sont pas nécessaires pour accomplir un travail. Huit femmes ont terminé le cours en montage et installation d'appareils à gaz. Toutefois, Gaz Métropolitain refuse de rendre publics ses critères d'embauche et de faire connaître les postes vacants ».

Une subvention pouvant atteindre 50 000 $ a été accordée aux entreprises ayant accepté de participer au programme de soutien gouvernemental en vue d'implanter un PAÉ en emploi pour les femmes. Cette subvention était-elle nécessaire? Joue-t-elle un rôle déterminant pour une grosse entreprise comme Gaz Métropolitain? Selon André Savard, « ce n'est que l'élément déclencheur », mais c'est un incitatif; ce qui nous intéresse, c'est la démarche proposée. L'approche du programme de soutien gouvernemental est systématique ». À ses yeux, le programme offre aux entreprises l'occasion d'apprivoiser la démarche des PAÉ et de sensibiliser le personnel.

Avant d'adapter un PAÉ, Gaz Métropolitain devra terminer ses trois recherches: une analyse de ses effectifs, une analyse de disponibilité et une analyse de son système d'emploi. L'entreprise pourrait alors, si elle en décide ainsi, passer à la phase d'implantation d'un programme d'accès à l'égalité. « Nous espérons que ces analyses ne seront pas trop longues; il y a si peu de femmes qu'il ne doit pas être bien difficile de les compter, souligne ATF. Nous espérons aussi que ces études ne serviront pas de prétexte à retarder l'embauche des femmes qui ont acquis les qualifications et qui postulent actuellement un emploi chez Gaz Métropolitain.

Source: TREMBLAY, D.-G., « Où en sont les PAÉ »?, La Gazette des femmes, Conseil du statut de la femme, novembre-décembre 1987, p. 7-8.

Cet article soulève un facteur très important à considérer lors de décisions de sélection et de placement. Est-ce que les qualifications requises sont reliées à l'emploi? C'est le critère fondamental pour qu'une entreprise soit certaine que ses pratiques d'embauche sont équitables. Pour ce faire, l'organisation doit obtenir et utiliser une information valide, c'est-à-dire une information qui prédit vraiment le rendement de l'individu. Les décisions de sélection basées sur des prédicteurs valides concilient l'intérêt de l'organisation et des individus. Il est facile d'utiliser des prédicteurs valides, le plus difficile c'est de les développer. C'est ce que nous étudierons dans ce chapitre.

SÉLECTION, PLACEMENT ET DÉCISIONS CONCERNANT L'AFFECTATION ET LA SOCIALISATION DES RESSOURCES HUMAINES

Nous avons étudié au chapitre 5 les méthodes pour recueillir l'information en vue de la sélection et du placement: entrevues, tests et formules de demande d'emploi. L'utilisation d'une seule méthode est appelée l'**approche à prédicteur unique** alors que l'utilisation de plusieurs méthodes combinées est appelée l'**approche à prédicteurs multiples**. Nous discuterons plus en détails de ces approches. Mais auparavant, penchons-nous sur un concept important en gestion des ressources humaines « le succès au travail ». Comment peut-on le mesurer et quels sont les problèmes reliés à ces mesures?

CRITÈRES DE SUCCÈS AU TRAVAIL

Une attention minutieuse doit être apportée au sens de l'expression « succès au travail ». Que signifie être un bon directeur? Un bon ouvrier? Il y a des instruments pour mesurer le succès, mais les spécialistes ne s'entendent pas pour préciser quels sont les meilleurs. Le terme « critère » pour le spécialiste en gestion des ressources humaines réfère aux normes d'évaluation utilisées pour mesurer certaines entités comme le rendement, les aptitudes ou les habiletés d'une personne. Dans la littérature, on retrouve généralement deux types de critères: le **critère ultime** et le **critère actuel**. Le critère ultime est un concept théorique, une idée abstraite qui ne peut jamais être mesurée. Il représente un ensemble de facteurs idéaux qui définissent une personne qui a du succès. Le critère actuel constitue une référence mesurable à des facteurs réels qui sont utilisés pour définir et mesurer le succès. Par exemple, certaines organisations utilisent les résultats périodiques de l'évaluation du rendement, ou le nombre de jours d'absence.

PROBLÈMES RELIÉS À LA MESURE DU SUCCÈS AU TRAVAIL

Les relations entre le critère ultime et le critère actuel peuvent être exprimées en fonction de deux problèmes: la déficience et la contamination. La figure 6.1 montre le recoupement entre les critères ultime et actuel. Le cercle représente le contenu conceptuel de chaque type de critère. Les éléments véritables et valides du succès au travail sont représentés en sombre (la pertinence du critère).

Figure **6.1**   **Déficence, pertinence et contamination d'un critère**

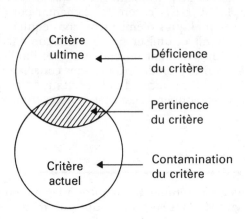

La déficience du critère.   La **déficience du critère** c'est le degré évaluant ce qui manque à un critère actuel pour chevaucher le critère ultime. Par exemple, lorsque l'évaluation exclut une dimension importante de l'emploi dans la mesure du succès au travail. Bien qu'il existe toujours quelque degré de déficience des critères actuels, ce phénomène peut être limité par une analyse minutieuse de l'emploi.

La contamination du critère.   Il y a **contamination du critère** lorsque les critères actuels ne sont pas reliés aux critères ultimes; par exemple, mesurer la qualité du café préparé par un employé. La contamination comprend habituellement deux dimensions: le **biais** et l'**erreur**. Le biais est le degré auquel les critères actuels mesurent de façon systématique quelque chose d'autre que ce qui a trait à l'emploi. L'erreur, est le degré auquel les critères actuels ne sont reliés à rien du tout.

Par conséquent, pour pouvoir relier un instrument de sélection (prédicteur) à une mesure du succès au travail, la première tâche consiste à examiner avec soin les dimensions multiples de l'emploi et à tenter de réduire la déficience et la contamination du critère. Cette tâche s'effectue en utilisant efficacement l'analyse de poste, tel qu'expliqué au chapitre 3.

APPROCHE À PRÉDICTEUR UNIQUE

Lorsque les spécialistes en gestion des ressources humaines n'utilisent qu'un seul élément d'information ou qu'une méthode pour choisir un candidat, ils ont recours à l'**approche à prédicteur unique**. Des prédicteurs uniques sont utilisés par nombre d'organisations pour choisir des employées, surtout quand ces prédicteurs peuvent être effectivement validés. Ceci se présente le plus souvent lorsque le prédicteur unique capte l'essence (ou la dimension majeure) de l'emploi, rendant ainsi la validation facile.

Mais, pour la grande majorité des emplois, un prédicteur unique ou une seule dimension, telle que la dactylographie par exemple, ne suffit pas à démontrer l'essentiel du poste. En effet, la majorité des emplois ne peuvent être décrits complètement qu'au moyen de plusieurs dimensions tel qu'illustré par les descriptions de postes présentées au chapitre 3. Pour de tels emplois, on utilise plusieurs prédicteurs comme les tests écrits et les formules de demande d'emploi afin de prendre les décisions de sélection et de placement les plus valides et les plus équitables.

APPROCHE À PRÉDICTEURS MULTIPLES

Quand plusieurs sources d'information sont combinées (voir Figure 5.2), les décisions de sélection et de placement sont prises au moyen d'une **approche à prédicteurs multiples**. Il y a plusieurs façons de combiner l'information de différentes sources. La catégorie d'emploi influence le type d'information recueillie et la combinaison de ces informations. Généralement, les informations sont combinées en utilisant l'une des trois méthodes suivantes: (1) une approche non-compensatoire, (2) une approche compensatoire, ou (3) une combinaison des deux approches.

L'approche non-compensatoire à prédicteurs multiples. Deux principaux modèles sont utilisés pour les décisions de sélection basées sur une approche non-compensatoire. Il s'agit du modèle de démarcation multiple et du modèle à étapes successives. Les deux modèles sont basés sur l'idée que le poste comporte plusieurs dimensions et qu'ainsi plusieurs prédicteurs sont utiles pour prendre la décision de sélection.

Selon l'**approche de démarcation multiple**, pour être accepté, un candidat doit se situer au-dessus d'un certain niveau de réussite pour tous les prédicteurs. Un échec ou une note faible sur un prédicteur ne peut être compensée par une note plus élevée que celle requise sur un autre prédicteur. Par exemple, un candidat au poste de contrôleur aérien ne peut compenser un échec sur un test de reconnaissance visuelle. C'est pourquoi on l'appelle une **approche non-compensatoire**.

L'**approche à étapes successives** est similaire à celle de démarcation multiple sauf que les décisions sont prises de façon séquentielle. Dans l'approche de démarcation multiple, la sélection est faite seulement parmi les candidats qui ont une note égale ou supérieure au minimum requis pour chacune des mesures utilisées comme prédicteurs. Par contre, quand on utilise une approche à étapes successives, les candidats doivent d'abord passer une épreuve (un test) avant d'être admis à l'épreuve suivante. Par exemple, ils peuvent être obligés de passer un test papier-crayon avant d'être reçu en entrevue.

Selon l'approche à étapes successives, un candidat n'a pas à obtenir ou à dépasser une note minimale sur chaque prédicteur pour être choisi. Il peut arriver que des notes faibles sur un prédicteur résultent en une acceptation provisoire du candidat, ce qui permet à l'organisation de l'évaluer directement selon son travail. Si le candidat réussit bien dans les dimensions pour lesquelles il a obtenu des notes faibles, il peut être confirmé dans son poste. Bien que l'approche à étapes successives aide à s'assurer d'un taux plus élevé de succès dans les décisions d'acceptation finale, elle conduit à l'embauche de candidats qui ne l'auraient pas été autrement ou qui pourraient ne pas demeurer en lice au-delà de l'acceptation provisoire. Donc, il y a un coût à recourir à l'approche à étapes successives même si plus de candidats sont retenus à la fin du processus.

Les pièges de l'approche à étapes successives. Etant donné qu'avec l'approche à étapes successives, la décision relative à une épreuve subséquente est conditionnelle à la réussite de l'épreuve précédente, on peut soulever la question suivante: Comment disposer les différentes épreuves? Nombre d'organisations choisissent un ordre séquentiel des épreuves selon des considérations de confort et de commodité, bien que la commodité ne reflète pas nécessairement la validité de l'épreuve. Idéalement, les épreuves devraient être agencées selon leur validité relative — la plus importante étant la première et la moins importante la dernière. Imaginons, par exemple, un hôpital désirant embaucher un cuisinier. Selon le succès obtenu à plusieurs épreuves incluant les formules de demande d'emploi, les entrevues et même une simulation, l'examen médical constituant la dernière épreuve révèle que le candidat a la tuberculose et ne peut travailler dans une cuisine avec une maladie infectieuse. Dans un tel cas, l'approche appropriée serait de déduire la plus importante exigence du poste et de classer les épreuves en conséquence. Ainsi, un examen médical (une exigence bona fide de l'emploi) devrait avoir lieu en premier. On recommande fortement aux employeurs utilisant une approche à étapes successives de considérer l'ordonnancement des diverses épreuves, non seulement en fonction de leur commodité mais aussi en fonction de leur validité.

L'approche compensatoire à prédicteurs multiples. Dans le cas des deux modèles ci-dessus, on émet l'hypothèse que la réussite sur un prédicteur ne peut compenser la faiblesse sur un autre. Dans la situation où cette hypothèse ne s'applique pas, une approche de régression multiple est utilisée. Il s'agit d'une **approche compensatoire** selon laquelle une bonne performance sur un prédicteur peut compenser pour une mauvaise performance sur un autre. Une note faible pour la dextérité, par exemple, peut être compensée par une bonne note pour la motivation. Selon cette hypothèse, une analyse statistique de régression multiple peut alors être utilisée pour combiner des prédicteurs de critères d'emploi.

L'approche combinée à prédicteurs multiples. Beaucoup d'organisations utilisent une approche combinée, souvent dès l'étape du recrutement. L'approche combinée peut reposer sur les approches non-compensatoires et compensatoires. De façon générale, on utilise tout d'abord l'approche de démarcation multiple. « Vous devez franchir la porte avant d'obtenir une entrevue ». Une fois placé dans le contexte de l'entrevue, l'approche compensatoire peut s'appliquer. Par exemple, une organisation peut établir un seuil minimum, un degré de premier cycle en comptabilité ou une moyenne de notes élevée. Si cette condition est respectée, d'autres caractéristiques deviennent négociables. Ainsi, quand les organisations décident d'utiliser des prédicteurs multiples, elles doivent évaluer les caractéristiques des emplois pour fixer le nombre approprié de prédicteurs et le degré selon lequel les notes de prédiction peuvent se compenser les unes les autres.

À moins d'une exigence légale à cet effet, l'employeur n'a pas à démontrer la validité ou à défendre les prédicteurs utilisés. Cependant, il doit prouver qu'il respecte les exigences d'efficacité en termes de coûts en utilisant seulement des prédicteurs valides et en s'assurant que chacun rencontre le critère de base dont nous avons discuté au chapitre précédent. Il doit aussi démontrer le lien entre le poste et les procédures de sélection retenues et être capable de prouver qu'aucune procédure ou information étrangère au poste n'a servi à prendre la décision.

DÉCISIONS DE SÉLECTION ET DE PLACEMENT

Les décisions de sélection et de placement visent à placer la bonne personne au bon poste. La bonne personne peut se trouver à l'intérieur ou à l'extérieur de l'organisation. Le fait de savoir si une personne est « bonne » dépend de l'appariement entre les aptitudes, les connaissances et les habiletés de la personne avec les exigences du poste et entre la personnalité, les intérêts, et les préférences du candidat avec les caractéristiques de l'emploi et de l'organisation. Une organisation peut rechercher des candidats pour combler de nouveaux postes ou des postes vacants suite à des mises à la retraite, à des transferts ou à des départs volontaires. Des disponibilités peuvent aussi se concrétiser à la suite de rétrogradations et de renvois. Ces deux derniers facteurs font l'objet d'une discussion aux chapitres 8 et 15.

On peut aussi décider de ne pas recruter pour une catégorie occupationnelle spécifique mais plutôt d'élargir le recrutement et de garder en liste des candidats qualifiés pour des emplois qui deviendront disponibles éventuellement. Bien que de façon générale, on ne les définit pas comme tels, les rétrogradations et les congédiements constituent des décisions de sélection ou de placement. Ces décisions devraient être envisagées ainsi car elles sont sujettes aux mêmes considérations légales que les décisions d'embauche, de transfert et de promotion; c'est la raison pour laquelle on les retrouve à la figure 5.1.

Les décisions de sélection peuvent aussi donner accès à l'entreprise à des personnes de l'extérieur pour combler des postes de haut niveau. Ces décisions risquent d'affecter la motivation de candidats internes qui se sentiront oubliés. Par conséquent, certaines organisations préfèrent accorder des promotions au personnel en place. Comme le groupe des 34 à 44 ans va augmenter au cours des années 1990, les transferts et les mutations constitueront des alternatives à la promotion, au moins au plan du défi et de la variété des tâches.

DÉCISIONS DE PROMOTIONS ET DE TRANSFERTS

La majorité des organisations ont des politiques de promotion interne. Une étude américaine rapporte que 76% de celles ayant fait l'objet de l'enquête ont pour politique de combler les postes vacants par leurs employés[1]. Quelques postes vacants sont cependant comblés de l'extérieur, particulièrement dans le cas d'emplois hautement spécialisés ou lorsque l'organisation n'a pas prévu les besoins et ne dispose d'aucun employé capable de combler le poste. Pour prévenir ces surprises, des organisations comme Xérox, IBM, le Canadien Pacifique et le Ministère ontarien des Transports et des Communications ont élaboré des programmes de succession de leurs gestionnaires. Ces programmes font partie de l'activité de planification des ressources humaines. Dans le cadre de ces programmes, les hauts dirigeants de l'entreprise identifient les employés qui pourraient ultérieurement occuper leur poste ou d'autres postes de direction. La figure 6.2 présente un exemple de tableau de succession utilisé par le Ministère ontarien des Transports et des Communications. Les candidats potentiels identifiés par les dirigeants sont évalués par la haute direction. Bien sûr, on identifie aussi une réserve de nouveaux venus. Tous les facteurs indiqués dans ce tableau (Figure 6.2) donnent lieu à une équation d'offre et de demande pour certains postes. Si on note une pénurie, on élabore une stratégie de perfectionnement et/ou de recrutement interne des ressources humaines.

Les catégories de promotions et de transferts. Les promotions peuvent se faire à l'intérieur d'un département, d'une direction ou de l'entreprise toute entière. Elles se font aussi entre des postes d'exécution (par exemple, de dactylo I à secrétaire I), entre des fonctions de direction et entre des postes d'exécution et de direction.

Figure **6.2**   **Le tableau de succession**

Niveau d'emploi	Main-d'oeuvre actuelle	Pertes	Réserves	Demandes futures	Déséquilibres		
					Surplus	Pénuries	Promotions

Source:
Inventaire des ressources humaines

Sources:
Titulaires
Retraites
Transferts
Démissions

Sources:
Personnes présentant un potentiel de haut niveau
Mobilité et préférences de développement de carrière des cadres et des employés

Sources:
Plans stratégiques et opérationnels

Plans d'action:
Perfectionnement
Recrutement
Réaffectation

Source: Adaptée de L.J. Reypert, « Succession Planning in the Ministry of Transportation and Communication, Province of Ontario », Human Resource Planning, 1981, vol. 4, no 3. Utilisée avec la permission de l'éditeur.

Bien que les promotions réfèrent généralement à des mouvements ascendants, le terme s'applique également à un employé affecté à un autre emploi de même niveau, mais comportant un salaire ou un statut plus élevé. Un transfert consiste en un déplacement latéral et à rémunération égale.

Les décisions de promotions et de transferts.   Les supérieurs immédiats jouent un rôle très important au niveau des décisions de promotions ou de transferts.

Ce sont eux qui contrôlent le mieux la création d'un nouveau poste. Il leur est possible de déterminer qui sera promu en rédigeant une description de poste correspondant exactement à une personne donnée. Ce n'est pas une pratique équitable mais elle est assez courante. Toutefois, il faut se rappeler que les décisions de promotions sont des décisions de sélection et qu'en tant que telles, elles doivent être prises sans discrimination.

L'identification des candidats pour les promotions et les transferts.   Les candidats sont identifiés à partir d'informations interpersonnelles, de l'examen des dossiers (ce qui est facile si l'organisation dispose d'un système de données informatisées sur les ressources humaines), de listes de promotions basées sur l'évaluation du rendement ou les résultats de programmes formels d'identification (des centres d'évaluation par exemple). Un système d'information sur les ressources humaines est utile parce qu'il permet de bien apparier les candidats aux postes disponibles. Un appariement efficace contribue à réduire le nombre d'employés qui refusent des promotions ou abandonnent un poste auquel ils ont été récemment promus ou transférés.

La comparaison des candidats.   Les méthodes d'identification des candidats peuvent aussi servir à les évaluer et à les comparer. Bien que plusieurs entreprises appliquent une batterie de tests pour évaluer les capacités intellectuelles, la personnalité et les intérêts des candidats, elles n'utilisent pas ces instruments pour prendre les décisions de promotions internes.

Au lieu de recourir à ces instruments, on se base souvent sur l'expérience, l'évolution du rendement et les données des centres d'évaluation pour évaluer les candidats internes. On recourt aussi aux entrevues, quoique ce moyen soit plus utilisé pour les candidats de l'extérieur. Récemment, des travaux de recherche ont signalé le rôle important que peut jouer un mentor pour aider un subalterne à monter dans la hiérarchie. Dans quelques organisations, l'ancienneté est un facteur de comparaison entre les candidats.

L'**approche de la confirmation** est une stratégie utilisée par les gestionnaires qui favorisent un candidat spécifique. Pour légitimer le processus de sélection, ils choisissent plusieurs candidats en plus de celui qu'ils favorisent. Cependant, ils choisissent délibérément d'autres candidats qui sont beaucoup moins qualifiés que le candidat favori. Bien qu'il y ait un choix, ce dernier est plus apparent qu'effectif.

La décision finale.   La prise de décision est difficile si différentes sources d'information sont disponibles sur plusieurs candidats en concurrence. Mais, même dans ce cas, les candidats peuvent être triés rapidement pour ne conserver que ceux présentant un potentiel évident pour réaliser un bon travail. Ceux qui demeurent en lice sont alors évalués. Bien que cette façon de procéder ne permet pas nécessairement de sélectionner le meilleur candidat, la personne choisie devrait au moins faire preuve d'un bon rendement.

Pourquoi pas le meilleur candidat?   Trop souvent, le meilleur candidat n'est pas celui qui est promu ou transféré. Il y a plusieurs raisons à cette anomalie.

En premier lieu, les personnes occupant des fonctions conseil ne sont pas considérées pour les postes de haute direction. Certaines organisations n'accordent de promotion à la haute direction qu'à des personnes ayant exercé des fonctions de direction. Il existe des exceptions cependant. IBM applique une politique de promotion de dirigeants provenant des fonctions de direction et des fonctions conseil.

En second lieu, les départements et les directions opèrent comme des organisations indépendantes. Quand des postes deviennent vacants, un département ou une direction tend à choisir seulement parmi son personnel et non pas parmi le personnel de l'ensemble de l'organisation. La décentralisation peut aussi correspondre à un système d'évaluation du rendement exclusif à chaque direction. Dans ce cas, il est difficile d'évaluer les candidats des autres directions.

Une troisième raison pour laquelle la personne la plus qualifiée peut être laissée de côté se rapporte au phénomène de la discrimination. On oublie souvent l'immense réservoir de femmes pour les promotions à des postes de direction. En plus d'être illégal, le fait d'ignorer les femmes, les employés plus âgés, et les minorités implique que la sélection des dirigeants est faite sur la base d'un faible pourcentage des employés. Le prochain cas illustre le genre de problèmes auxquels cette pratique peut conduire.

En 1985, la Cour d'appel fédérale décide qu'une pratique d'Air Canada consistant à refuser d'embaucher des pilotes âgés de plus de 27 ans ne constitue pas une condition d'embauche bona fide. Cette décision a contribué à définir ce qui constitue une exigence de cet ordre au titre de la Section 14 de la Loi canadienne sur les droits de la personne. Cette décision s'appliquera probablement aussi aux questions de promotions.

En 1985, la Cour suprême du Canada décide qu'il est discriminatoire de fixer un âge obligatoire de retraite. Dans cette cause, la Cour suprême renverse une politique de retraite obligatoire forçant les instituteurs à prendre leur retraite à 65 ans. Les juges décident qu'en dépit de la convention collective et de la Loi des écoles publiques du Manitoba, cette politique va à l'encontre de la Loi sur les droits de la personne (Craton vs les Écoles publiques du Manitoba).

Cette décision est susceptible d'avoir d'importantes répercussions sur la mise à la retraite obligatoire dans toutes les provinces où les législations sur les droits de la personne excluent la discrimination selon l'âge (voir chapitre 5). La Section 15 de la Charte fédérale des droits interdit aussi la discrimination selon l'âge sans fixer de limites, mais cette clause n'a pas encore été validée par les cours de justice. Cependant, la Confédération ontarienne des Associations de professeurs d'universités a demandé aux tribunaux de clarifier la question de la primauté de la Charte sur la Loi ontarienne des droits de la personne.

En quatrième lieu, la meilleure personne peut ne pas être promue si les responsables de la sélection ont eu recours à des critères subjectifs et personnels, plutôt qu'à des critères objectifs. Par critères subjectifs, on entend la préférence du directeur pour le candidat, sa façon de se vêtir ou sa popularité.

Finalement, des gestionnaires compétents refusent une promotion si elle implique un déménagement. En effet, il est de plus en plus courant que tous les membres d'une famille poursuivent une carrière. Certains refuseront alors une promotion impliquant une migration géographique qui mettrait en danger la carrière du conjoint.

ÉVALUATION DES DÉCISIONS DE SÉLECTION ET DE PLACEMENT

On peut juger de la qualité et de l'efficacité des décisions de sélection et de placement à partir du nombre de bons employés retenus, lequel conduit à une augmentation de la productivité générale. Une organisation qui prend des décisions de sélection et de placement sur la base d'activités qui contribuent à améliorer sa productivité utilise des prédicteurs valides et conformes à la loi. Dans le cas contraire, un mauvais choix de prédicteurs réduit l'efficacité de l'organisation et ne respecte pas les impératifs de la législation à ce sujet.

La validité des prédicteurs ne constitue qu'un facteur de l'efficacité des décisions de sélection et de placement. Les autres facteurs concernent la fidélité du prédicteur, le taux de base par rapport au taux de sélection, le ratio de sélection ainsi que les coûts et les bénéfices des décisions. Par conséquent, il est utile d'examiner ces divers aspects en évaluant la nature de l'arbitrage qu'impliquent les décisions de sélection et de placement.

FIDÉLITÉ

La fidélité signifie la stabilité et l'homogénéité d'un prédicteur, c'est-à-dire donner des résultats semblables à la suite d'un usage répété dans des conditions identiques.

La stabilité du prédicteur. La meilleure façon d'évaluer la fidélité d'un prédicteur est de mesurer la même chose à deux reprises, en laissant un certain intervalle de temps, et de comparer les résultats. Par exemple, un test d'intelligence peut être appliqué à un groupe de candidats trois mois avant l'embauche et à nouveau un mois avant la décision. Les deux groupes de notes sont corrélés pour obtenir le coefficient de stabilité. Ce coefficient, comme son nom l'indique, reflète la stabilité dans le temps du prédicteur. Plus le coefficient de stabilité est élevé, plus la mesure est stable. Des coefficients d'environ +.70 sont acceptables[2].

L'homogénéité du prédicteur. Cette caractéristique exige que le prédicteur ait un contenu homogène. Pour ce faire, différents éléments d'un prédicteur (un test, par exemple) prétendant mesurer la même chose donnent les mêmes résultats. Comme les tests psychologiques sont utilisés de façon extensive en sélection (voir chapitre 5), nous présentons un examen des différentes façons de vérifier l'homogénéité d'un test.

Une technique couramment utilisée consiste à diviser les items ou les questions en deux. Pour chaque personne, on calcule deux notes et ces notes sont ensuite corrélées. Si le test est homogène, le coefficient de corrélation est habituellement élevé.

Une technique qui se rapproche beaucoup de la précédente consiste à calculer le coefficient Cronbach Alfa ou Kuder-Richardson 20. Au plan conceptuel, chaque item d'un test est considéré comme un mini-test en lui-même et est corrélé avec la réponse à chacun des autres items. Cela engendre une matrice de corrélations inter-items dont la moyenne est établie pour obtenir une mesure composite de la similarité des items ou de l'homogénéité du test. Les deux coefficients de fidélité sont très populaires au niveau de la recherche en gestion des ressources humaines.[3]

VALIDITÉ

La validité se distingue de la fidélité en ce sens qu'elle réfère à la précision plutôt qu'à la cohérence. Aussi, la fidélité est inhérente au test ou au prédicteur alors que la validité est fonction de l'utilisation du test. La validité se rapporte à l'opportunité d'utiliser un prédicteur donné pour tirer des conclusions au sujet des critères (Figure 6.1). Par exemple, un test peut être valide pour prédire le rendement d'un employé mais invalide pour prédire son assiduité au travail.

Cinq catégories de validité sont particulièrement pertinentes aux décisions de sélection et de placement:

1. Validité empirique (concurrente et prédictive)

2. Validité de contenu
3. Validité de construit
4. Validité différentielle
5. Validité de généralisation

Bien que toutes ces catégories soient importantes, les stratégies de collecte de l'information pour les démontrer sont très différentes. Les employeurs devraient se familiariser avec chacune d'entre elles pour prouver la validité de leurs prédicteurs en cas de contestation.

Comparaison simultanée dans le temps.

La validité empirique.   Ce type de validité réfère, comme son nom le suggère, au degré selon lequel un prédicteur fait le lien avec une mesure du succès au travail. Tel qu'illustré à la figure 6.3, il existe deux types de stratégies de validation empirique: concurrente et prédictive.

La **validité concurrente** implique la détermination de la relation entre un prédicteur et la notation d'un critère pour tous les employés, au même moment. Par exemple, pour déterminer la validité concurrente de la corrélation entre les années d'expérience et le rendement, le personnel du service des ressources humaines recueille les informations sur les années d'expérience et le rendement de chaque personne concernée par l'étude. Bien sûr, toutes les personnes en question devraient avoir occupé des postes similaires, généralement dans la même famille d'emplois. On calcule ensuite la corrélation. Avec la validité concurrente, il ne s'écoule pas de temps entre la collecte des données sur le prédicteur et le critère. Les deux variables sont évaluées en même temps. La stratégie de validation est plus simple, plus rapide et moins coûteuse que la validité prédictive. Elle est cependant moins précise car les résultats obtenus pour des employés déjà à l'emploi peuvent être quelque peu différents de ceux qu'on obtiendrait pour un groupe de candidats qui n'ont pas encore travaillé dans l'entreprise[4].

La détermination de la **validité prédictive** diffère de la validité concurrente parce que le prédicteur est mesuré un peu avant le critère (Figure 6.3). Ainsi, la validité prédictive d'un prédicteur est obtenue en évaluant un groupe de nouveaux employés à un moment donné et les résultats au critère obtenus à

Figure **6.3**   **Les stratégies de validation empirique**

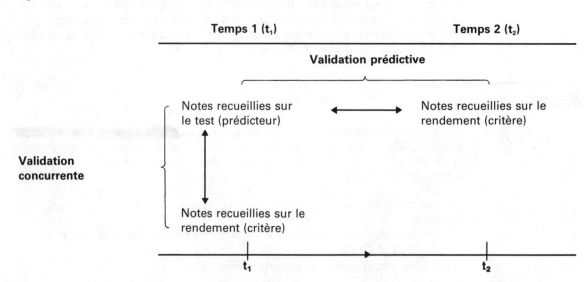

Figure **6.5** **Les étapes du processus de validation**

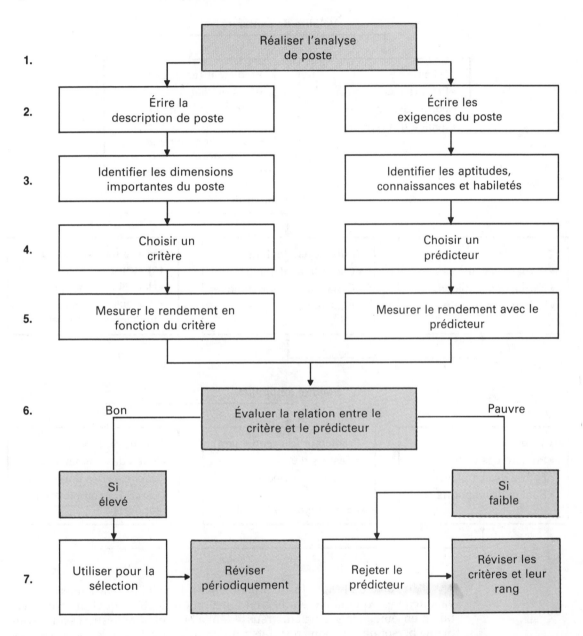

ce qu'une étude de cas mesure de façon fiable le degré selon lequel la personne possède une capacité analytique? Pour démontrer la validité de construit, on aura besoin de données illustrant que les personnes ayant des notes élevées au test sont effectivement capables d'analyser des matières plus difficiles ou de procéder à une meilleure analyse que celles qui ont des notes faibles et que la capacité analytique est reliée aux tâches mentionnées dans la description de poste.

La figure 6.6 illustre la validité de contenu, la validité de construit et la validité empirique. Cet exemple repose en partie sur l'information contenue dans la description de poste du gardien d'animaux (Figure 3.3).

Figure **6.6**   **Illustration de trois processus de validation**

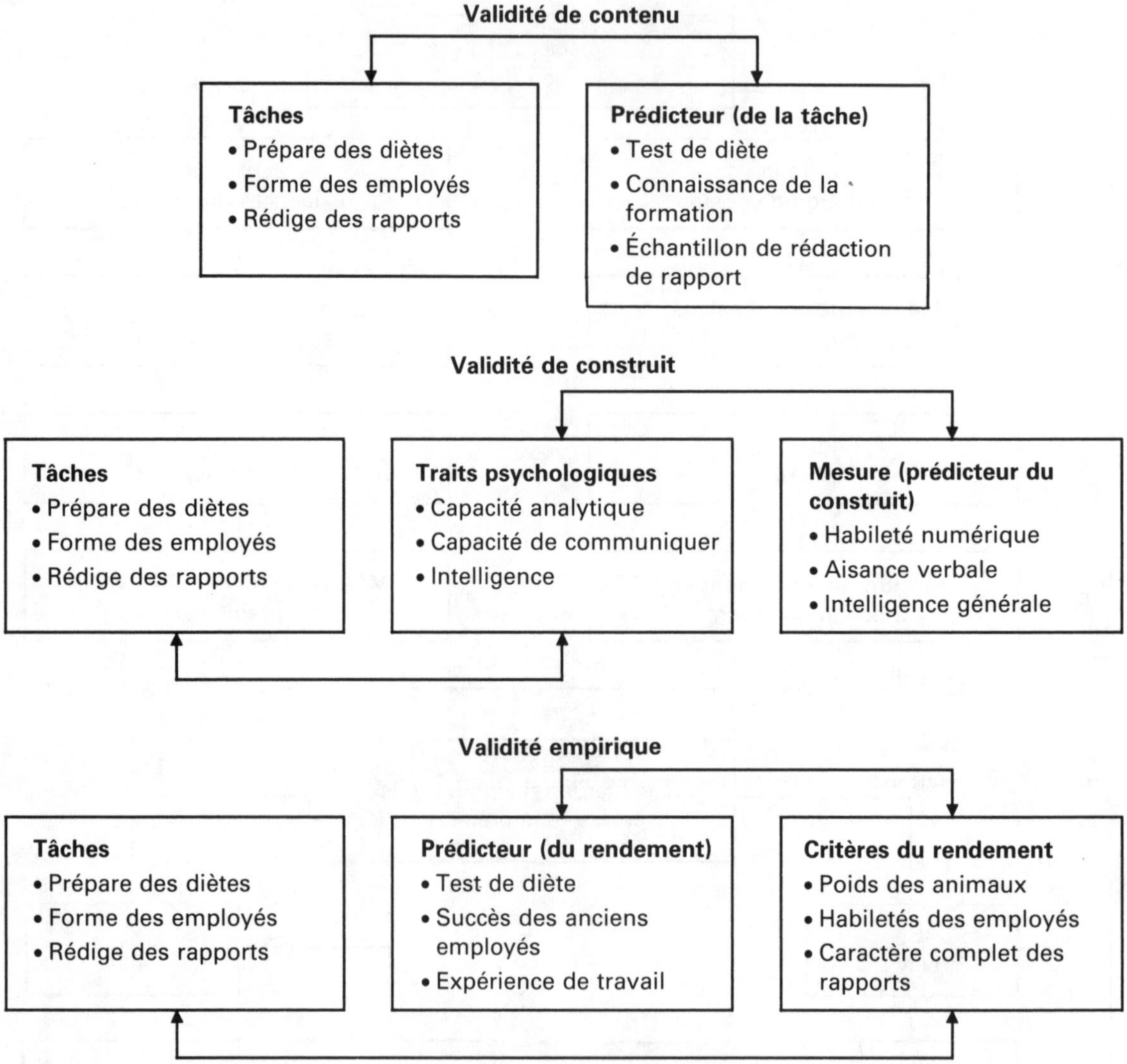

Validité de contenu

Tâches
- Prépare des diètes
- Forme des employés
- Rédige des rapports

Prédicteur (de la tâche)
- Test de diète
- Connaissance de la formation
- Échantillon de rédaction de rapport

Validité de construit

Tâches
- Prépare des diètes
- Forme des employés
- Rédige des rapports

Traits psychologiques
- Capacité analytique
- Capacité de communiquer
- Intelligence

Mesure (prédicteur du construit)
- Habileté numérique
- Aisance verbale
- Intelligence générale

Validité empirique

Tâches
- Prépare des diètes
- Forme des employés
- Rédige des rapports

Prédicteur (du rendement)
- Test de diète
- Succès des anciens employés
- Expérience de travail

Critères du rendement
- Poids des animaux
- Habiletés des employés
- Caractère complet des rapports

La validité différentielle.   Jusqu'à maintenant, la validité, particulièrement la validité empirique, a été étudiée en fonction du degré auquel un prédicteur ou un ensemble de prédicteurs réussissent à bien prédire le succès au travail. Si une personne a de bons résultats à un prédicteur valide, elle est susceptible d'être efficace à l'avenir. Mais il peut exister des situations dans lesquelles un prédicteur est valide pour certaines personnes et peu ou pas du tout valide pour d'autres. Par exemple, une personne démontrant une grande facilité à s'exprimer peut bien réussir dans un emploi indépendamment de la note obtenue au test d'habileté manuelle. Mais pour une personne ayant des capacitées limitées, des résultats élevés au test d'habileté manuelle peuvent s'avérer nécessaires pour qu'elle ait un bon rendement. Ainsi, le test d'habileté manuelle constitue un prédicteur valide du rendement seulement pour la personne ayant des capacités limitées. Par conséquent, le test en question comporte une validité différentielle.

Étant donné que tout test peut comporter une validité différentielle, il importe que le service des ressources humaines effectue plusieurs études de validité pour tous les tests utilisés. Les études de validité différentielle doivent être faites pour les minorités et les groupes majoritaires. L'argument étant qu'un test valide pour un groupe (par exemple, les blancs) peut ne pas être valide pour un autre groupe (par exemple, les autochtones). De la même façon, des études séparées de validité doivent être effectuées pour des emplois identiques ou similaires lorsqu'ils sont exercés dans des conditions et des organisations différentes. Cependant, la nécessité pratique de faire des études de validité séparées pour des groupes d'employés différents ou la même étude pour des emplois similaires exercés dans des conditions différentes est mise en cause par la généralisation de la validité.

La validité de généralisation. L'aspect essentiel de la validité de généralisation est qu'un test ou un prédicteur prédit la même chose pour toutes les personnes occupant des emplois identiques ou similaires dans des organisations identiques ou similaires. Ainsi, s'il y a deux emplois similaires dans deux départements d'une organisation ou dans deux organisations différentes, un seul test de sélection devrait être également valide pour les deux emplois. Ceci repose sur l'hypothèse qu'il y a un certain degré de similarité entre les emplois et les conditions de travail, ce que l'analyse de postes permet de juger. Une organisation qui peut pratiquer facilement la validité de généralisation épargne beaucoup de temps et d'argent en mettant au point des prédicteurs valides et reliés à l'emploi. En résumé, lorsqu'on a déterminé la validité d'un prédicteur pour un poste donné, on peut l'utiliser pour un poste similaire nouvellement créé.

UTILITÉ: LE DEGRÉ DE DIFFICULTÉ DU POSTE PAR RAPPORT AU DEGRÉ DE VALIDITÉ DU PRÉDICTEUR

Aussi longtemps que le prédicteur utilisé pour les décisions de sélection n'est pas parfaitement valide ($r = 1.00$), la sélection de tout le personnel peut comporter quelques erreurs. Évidemment, l'objectif est de minimiser ces erreurs. Lorsqu'ils utilisent des prédicteurs, les spécialistes en gestion des ressources humaines supposent que:

1. certains candidats vont réussir mieux que d'autres;
2. les meilleurs candidats peuvent être identifiés;
3. l'utilisation des prédicteurs va engendrer un taux plus élevé de succès.

En d'autres mots, ils font l'hypothèse que le **degré de validité** du prédicteur (le nombre de décisions correctes par rapport au nombre total de décisions exprimé sous la forme d'un coefficient de corrélation) va dépasser sensiblement le **degré de difficulté du poste** (« base rate »: la proportion des candidats qui réussiraient même s'ils étaient choisis au hasard).

Les concepts **erreur de rejet**, **erreur d'acceptation** et **bonne décision** servent à étudier l'utilité. Au cours d'une activité de sélection, toute organisation essaie de prendre les meilleures décisions possible et de minimiser les erreurs. L'utilisation d'un test ayant un degré de validité plus élevé que le degré de difficulté du poste donne ce résultat. Par exemple, si le degré de difficulté du poste est .5 (50% des candidats embauchés au hasard donnent un bon rendement) et que le degré de validité du prédicteur est .8 (80% des décisions de sélection sont efficaces), on observera un plus grand nombre de bonnes décisions avec l'usage du prédicteur. On peut illustrer ces effets par deux graphiques, chacun représentant l'embauche de 100 candidats. Le premier graphique illustre un degré de validité de .5 et le second un degré de validité de .8. Le **point de démarcation** est utilisé pour diviser les employés à bon rendement de ceux à faible rendement, et ceux qui seraient embauchés de ceux qui seraient laissés de côté si on utilisait le prédicteur. Ces deux graphiques sont présentés à la figure 6.7.

Au graphique A, on remarque qu'il n'y a aucune relation entre le résultat au test et le rendement. Sur les 100 candidats, le total des bonnes et des mauvaises décisions est égal. Le nombre de bonnes décisions étant de 50, cela signifie que le degré de validité du prédicteur ne dépasse pas le degré de difficulté de .5.

Par contre, au graphique B, les quatre catégories présentent des résultats inégaux. De fait, les erreurs dues respectivement au rejet et à l'acceptation sont de 10 chacune alors que les bonnes décisions sont de 40 chacune. Conséquemment, 80 bonnes décisions ont été prises dans ce cas, par rapport à seulement 50 dans le cas précédent. Ce processus montre que l'utilisation d'un prédicteur ayant un degré de validité supérieur au degré de difficulté du poste tend à améliorer l'utilité du mécanisme de sélection. Une évaluation finale de l'utilité du mécanisme de sélection considère cependant un certain nombre de variables additionnelles que nous examinons ci-après.

RATIO DE SÉLECTION

Le **ratio de sélection** est une variable importante pour l'évaluation du processus de sélection et de placement. Il s'agit de la proportion entre le nombre de postes à combler et le nombre de candidats. Par exemple, si on embauche seulement 10 personnes sur 200 candidats, cela correspond à un ratio de sélection de 10/200 ou 5%.

Généralement, le système de sélection est meilleur lorsque le ratio de sélection est faible, c'est-à-dire quand il y a beaucoup plus de candidats que de postes. Moins il y a de candidats, plus faible est la probabilité que ce bassin contienne le meilleur candidat. Lorsqu'il y a peu de candidats, il faut les apparier avec plus de soin aux emplois disponibles. La validité des instruments de sélection et de placement devient très discutable si l'organisation doit embaucher tous les candidats aux postes à combler parce qu'il y en a trop peu. C'est particulièrement vrai lorsqu'une seule catégorie d'emploi est disponible.

Dans ces situations, la probabilité est faible que toutes les personnes embauchées donnent un bon rendement. Par conséquent, l'organisation peut se voir obligée de mettre en place des programmes de formation, ce qui peut s'avérer coûteux. Elle pourrait aussi attirer plus de candidats en haussant les salaires, mais cette décision peut amener plusieurs employés à se sentir défavorisés s'ils détectent l'existence d'inégalités salariales. Par conséquent, il est rentable d'attirer beaucoup de candidats potentiels qualifiés et ainsi, de réduire le ratio de sélection. Sans choix, l'utilité des instruments de sélection est marginale. Avec des choix multiples, leur utilité est élevée et il y a une plus grande probabilité que les candidats retenus donnent un rendement satisfaisant.

UTILITÉ ET COÛT: UNE VUE D'ENSEMBLE

On attribue à quatre variables la valeur de la décision de sélection:
1. Fidélité et validité du critère: dans la mesure où les analyses de postes sont effectuées avec plus de soin et que la validité et la fidélité de la mesure

Figure **6.7**   **Les effets du degré de validité du prédicteur et du degré de difficulté du poste pour des tests comportant deux niveaux de validité**

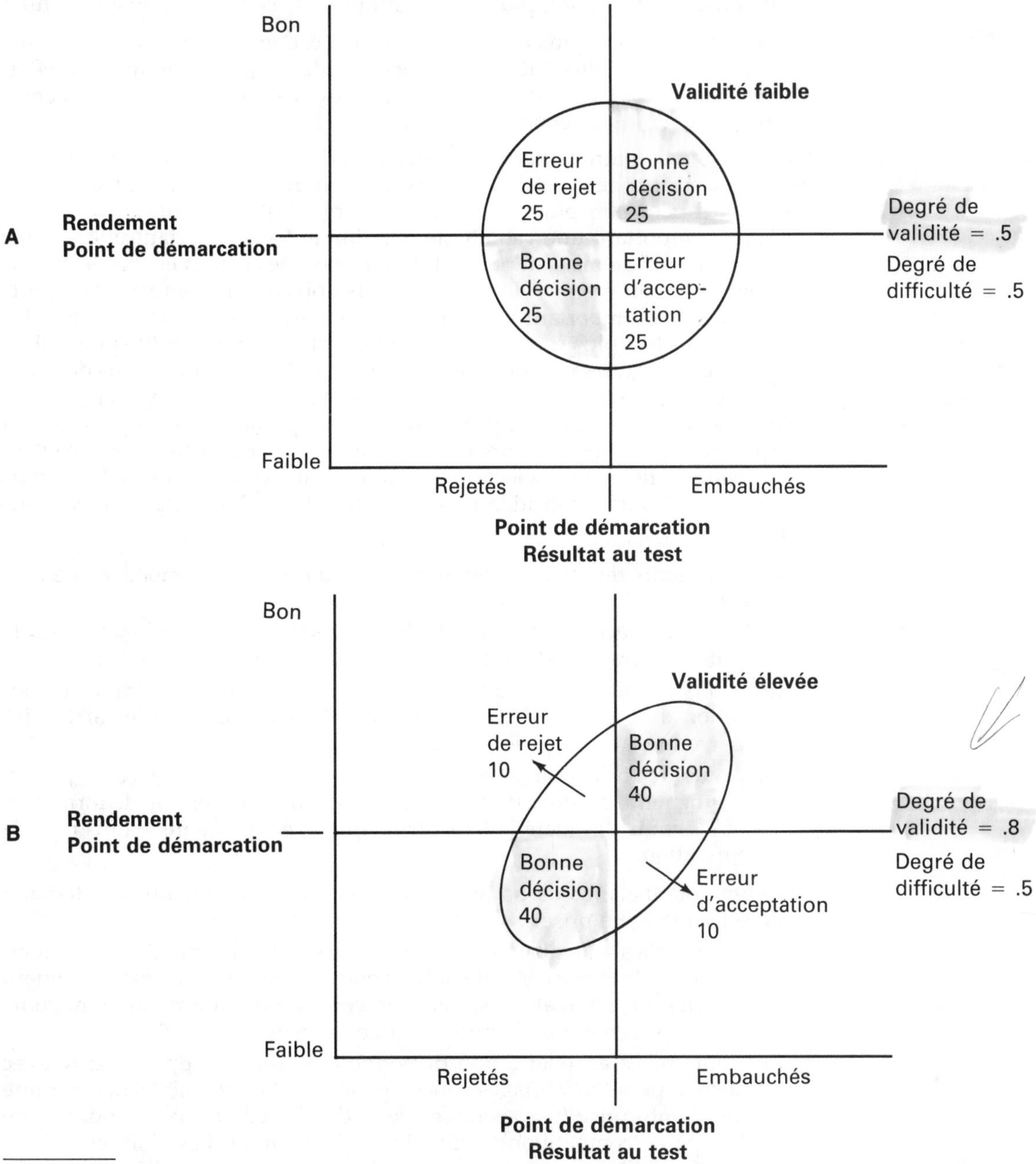

A   **Rendement**
     Point de démarcation

Bon

Validité faible

| Erreur de rejet 25 | Bonne décision 25 |
| Bonne décision 25 | Erreur d'acceptation 25 |

Degré de validité = .5
Degré de difficulté = .5

Faible

Rejetés   Embauchés

Point de démarcation
Résultat au test

B   **Rendement**
     Point de démarcation

Bon

Validité élevée

Erreur de rejet 10

Bonne décision 40

Bonne décision 40

Erreur d'acceptation 10

Degré de validité = .8
Degré de difficulté = .5

Faible

Rejetés   Embauchés

Point de démarcation
Résultat au test

Échantillon = 100

du succès au travail sont définies de façon à inclure les comportements pertinents, l'utilité du processus de sélection va s'accroître.

2. Fidélité et validité du prédicteur: plus les degrés de validité (indépendamment de sa catégorie) et de fidélité du prédicteur augmentent, plus l'utilité du processus de sélection augmente.

3. Degré de difficulté du poste « base rate »: plus l'écart entre le degré de difficulté du poste et le degré de validité du prédicteur augmente (dans l'hypothèse où le degré de validité du prédicteur est plus élevé que le degré de difficulté du poste), plus l'utilité du processus de sélection augmente.[7]

4. Ratio de sélection: plus le ratio de sélection diminue, plus le coût relié aux tests s'accroît et plus l'utilité du processus de sélection diminue. En effet, bien que tous les candidats doivent subir un test, un petit nombre d'entre eux seulement sera choisi.

L'utilité de ces quatre variables peut être modifiée sensiblement en fonction des coûts, surtout ceux relatifs à l'élaboration d'une sélection alternative. Par exemple, il peut être plus utile pour une organisation d'utiliser un test de sélection comportant une validité de .4 qu'un autre comportant une validité de .5 si les coûts de mise au point et d'utilisation de ce dernier sont le double des coûts reliés au premier. Les gains relatifs doivent être comparés aux coûts relatifs. Le test comportant une plus grande validité peut donner lieu à des gains maintes fois plus considérables qu'un test avec une validité plus faible.

Par conséquent, les organisations devraient utiliser des processus de sélection et de placement qui donnent lieu à des gains très élevés par rapport aux coûts. De façon générale, les processus les plus profitables sont plus reliés à l'emploi et plus coûteux. Il importe donc de comparer les bénéfices découlant de décisions efficaces de sélection par rapport aux coûts de procédures plus efficaces. Les coûts à considérer comprennent les coûts effectifs et les coûts potentiels:

1. Coûts effectifs (les coûts effectivement encourus pour l'embauche de candidats):
   (a) Coûts de recrutement et d'évaluation: salaire du personnel, frais de publicité, frais de déplacement, et coûts d'évaluation des tests.
   (b) Coûts induits et d'orientation: coûts administratifs résultant de l'addition d'un employé sur la liste de paie, son salaire et le salaire des personnes responsables de son orientation.
   (c) Coûts de formation: salaire du personnel de formation et de perfectionnement, salaire du nouvel employé durant la période de formation et les coûts des matériaux, instruments et équipements requis pour la formation.

2. Coûts potentiels (coûts pouvant être encourus si une mauvaise décision de sélection a été prise):
   (a) Coûts reliés à l'embauche d'une personne qui échoue ultérieurement: tenue de dossiers; coûts de licenciement; coûts reliés au comportement tels que dégats matériels; perte de clients; perte de réputation; coûts de remplacement de l'employé qui a échoué.
   (b) Coûts reliés au rejet d'une personne qui aurait occupé le poste avec succès: perte d'avantages concurrentiels si elle est embauchée par une autre entreprise (par exemple, perte d'une vedette sportive dans une équipe en compétition), coûts de recrutement et d'évaluation de candidats additionnels pour remplacer la personne congédiée.[8]

En plus de comparer les coûts et les bénéfices de processus alternatifs de sélection et de placement, les organisations devraient aussi comparer ceux reliés à des techniques autres que la sélection et le placement pour améliorer le rendement des individus et les garder dans l'organisation. Ces coûts et ces bénéfices sont influencés par d'autres critères.

Lors de l'évaluation des alternatives à la sélection et au placement, il faut considérer leur impact sur les activités de gestion des ressources humaines.

Par exemple, si une organisation envisage de changer son processus de sélection et de placement, elle doit vérifier l'état de son activité de formation et de perfectionnement. Si une organisation envisage de modifier le contenu des postes, elle doit vérifier l'impact de ces modifications sur les intérêts, les préférences ainsi que les habiletés, les connaissances, et les aptitudes des employés (ces aspects sont examinés plus en détails aux chapitres 3 et 13). Ces considérations, en plus de l'analyse coûts-bénéfices, sont importantes pour évaluer l'utilité dans son ensemble. On parle alors d'une **analyse de faisabilité**. En termes de coûts, certaines alternatives sont peut-être plus efficaces que le processus de sélection, mais elles ne sont peut-être pas réalisables. Par exemple, on ne peut pas accroître la complexité des postes si la haute direction n'accepte pas d'éliminer le travail à la chaîne.

Les organisations doivent aussi prévoir dans quelle mesure les nouveaux employés resteront à leur emploi. Toute entreprise tient à conserver ses bons employés. Dans certains cas, celles-ci sont incapables de les retenir parce que leur système de sélection ne tient pas compte des possibilités de sur-qualification. Par exemple, une candidate possédant un Ph.D. en littérature française ne restera probablement pas longtemps à un poste de secrétaire même si elle est une bonne dactylo. Si l'organisation n'offre pas de possibilités de carrière à une telle candidate, celle-ci ira chercher un autre emploi. Pour éviter l'embauche de candidats sur-qualifiés ou sous-qualifiés, les responsables de la gestion des ressources humaines doivent s'assurer de bien apparier les habiletés, les connaissances et les aptitudes aux exigences du poste.

L'orientation et la socialisation des nouveaux employés influencent la fidélité envers l'organisation.

SOCIALISATION DES NOUVEAUX EMPLOYÉS

Il est peu probable que le recrutement et la sélection donnent lieu à l'embauche de nouveaux employés qui connaissent les valeurs, les normes et les modèles de comportement qui correspondent à l'organisation. Celle-ci doit donc prendre des dispositions pour socialiser les nouveaux employés. La socialisation peut être difficile, surtout lorsque les valeurs de l'organisation sont différentes de celles des nouveaux employés. L'échec du processus de socialisation est susceptible d'entraîner leur départ.

La **socialisation** se définit comme (1) le processus par lequel les personnes acquièrent les connaissances, les habiletés et les dispositions qui en font des membres de l'organisation; (2) les processus d'ajustement et d'adaptation à l'environnement (3) une interaction continue entre les personnes et ceux qui cherchent à les influencer; et (4) le développement de nouvelles attitudes, valeurs et compétences allant dans le sens d'une nouvelle image de soi et des comportements requis par les nouveaux rôles[9]. La socialisation se poursuit dans la relation entre l'organisation et l'employé. Il s'agit donc d'un processus par lequel les employés apprennent les normes, les valeurs, les attitudes, et les comportements appropriés pour exercer leur rôle dans l'organisation.

Un aspect important de cette définition est que la socialisation est plutôt reliée aux rôles exercés qu'aux emplois occupés par les employés. Bien que ceux-ci aient besoin d'habiletés spécifiques pour occuper leur poste et qu'ils soient formés en conséquence, ils doivent aussi prendre conscience des objectifs de l'organisation, des moyens pour les atteindre, de leurs responsabilités et des modèles de comportement cohérents avec les rôles qu'ils doivent jouer. Les employés acquièrent cette information au moyen du processus de socialisation, formel ou informel, comportant des contacts continus et le partage de l'expérience d'autrui.

La prévision du comportement.   La socialisation améliore les chances de prévoir le comportement des employés; ces prévisions portant sur l'efficacité, la loyauté, l'attitude positive et la fidélité vis-à-vis de l'entreprise. Quand une organisation se demande comment trouver des personnes auxquelles elle peut se fier, cela veut dire qu'elle cherche des personnes qui contribueront à sa stabilité, qui l'amélioreront et qui la considéreront toujours comme prioritaire dans la prise de décision.

Beaucoup d'organisations utilisent, intentionnellement ou pas, leurs activités de recrutement et de sélection pour trouver de telles personnes. Ces organisations recrutent habituellement à partir de sources connues qui ont fourni dans le passé de bons candidats ou recrutent des personnes qui sont déjà socialisées. Par exemple, les maisons d'affaires ont tendance à recruter et à embaucher les étudiants des écoles qui dispensent des cours dans le domaine des affaires plutôt que de celles qui se spécialisent dans les sciences sociales. Mais ce type de recrutement et de sélection n'est pas toujours réalisable ou même légal. Le recrutement à l'aide de nouvelles sources est de nature à attirer de nouveaux employés caractérisés par des normes, des valeurs et des comportements imprévisibles qui requièrent des efforts intensifs de socialisation.

La substitution de la socialisation aux règlements pour guider le comportement.   La socialisation apparaît très utile en tant que substitut aux règles, aux règlements et à la supervision directe lorsque les employés travaillent dans des lieux éloignés. De ce point de vue, la socialisation est importante pour les postes de confiance impliquant des secrets d'entreprise, dans les activités de recherche par exemple, ou pour des postes dont l'évolution constante empêche de tenir à date les règles et les règlements appropriés.

L'augmentation du rendement et de la satisfaction.   La socialisation répond à d'autres attentes des nouveaux employés. Si les activités de socialisation minimisent l'incertitude et les situations de conflit chez les employés, ceux-ci seront peut-être satisfaits de leur rôle. Il faut noter qu'une satisfaction accrue ne se manifeste que si les employés acceptent les mécanismes de socialisation; s'ils ne le font pas, il est moins probable qu'ils seront satisfaits. En d'autres mots, une socialisation efficace peut aider les employés à apprendre les comportements, les valeurs et les normes désirés ainsi que les politiques de l'organisation et ce, plus rapidement.

La réduction de l'anxiété.   Des activités efficaces de socialisation réduisent l'anxiété des nouveaux employés. Chez Texas Instruments, on a découvert lors d'entrevues que les nouveaux employés font preuve de beaucoup d'anxiété. Ces entrevues ont révélé que:

- les premiers jours de travail sont marqués par l'anxiété et l'incertitude;
- l'initiation des nouveaux employés par leurs collègues augmente l'anxiété;
- l'anxiété gêne le processus de formation;
- l'anxiété est la principale cause du roulement des nouveaux employés;
- les nouveaux employés hésitent à discuter de leurs problèmes avec leur superviseurs;
- les superviseurs réussissent peu à passer de la théorie à la pratique de la motivation.[10]

À la suite d'une activité initiale de socialisation (souvent identifiée comme une « activité d'orientation ») on s'est aperçu d'une réduction de l'anxiété. L'activité initiale de socialisation offrait plus d'informations sur l'emploi et les superviseurs. De plus, une enquête effectuée à l'aide de questionnaires indiqua que les superviseurs avaient l'impression de ne pas avoir les habiletés pour socialiser les nouveaux employés et avaient aussi tendance à fournir une très faible rétroaction aux nouveaux employés sur leur rendement.

En conséquence, Texas Instruments mit en place un programme de formation d'une durée de trois jours destiné à apprendre aux superviseurs à faciliter l'intégration des nouveaux employés. De plus, un atelier d'une journée pour les superviseurs et leurs nouveaux employés a été organisé pour améliorer les communications et pour résoudre les possibilités de conflits. Ces programmes de formation ont entraîné une diminution de 50% des retards, de l'absentéisme et du temps consacré à la formation, de 60% des coûts de formation et de 80% du gaspillage de matériaux.[11]

MÉTHODES DE SOCIALISATION

Les principales méthodes de socialisation sont les suivantes:
- les exposés réalistes sur l'emploi;
- les programmes d'orientation;
- les affectations d'emploi.

Les exposés réalistes sur l'emploi.   Une méthode de prévention des attentes irréalistes des employés sur leur rôle dans l'organisation consiste à leur faire un exposé réaliste de l'emploi. C'est un mécanisme par lequel les candidats acquièrent une vision équilibrée des aspects positifs et négatifs du travail dans une organisation donnée. Cette stratégie est cruciale pour retenir les candidats qualifiés. Alors que l'approche traditionnelle de nombreuses entreprises consiste à « vendre » l'emploi en ne présentant que la perspective optimiste, la présentation réaliste de l'emploi expose les aspects tant positifs que négatifs de ce dernier. Nombre d'études soulignent que non seulement une image réaliste ne décourage pas les candidats qui désirent le poste mais que ces derniers sont susceptibles de demeurer plus longtemps à l'emploi de l'organisation.[12]

Les programmes d'orientation.   On utilise fréquemment les programmes d'orientation pour initier les nouveaux employés aux programmes d'avantages sociaux et aux options, pour les informer des règlements et leur fournir une pochette d'information ou un manuel des politiques et des pratiques de l'organisation.

Souvent, les programmes d'orientation offrent aussi de l'information sur les pratiques d'équité à l'emploi, les règlements de sécurité, les horaires de travail, les pauses-santé, la structure et l'histoire de l'organisation, et quelquefois ses produits et services. Généralement, le programme d'orientation n'informe pas les employés sur les jeux politiques internes ou sur les stratégies de l'organisation. L'éventualité d'un arrêt des opérations, d'une fusion ou de mises à pied ne font pas partie de l'information fournie dans le cadre d'un tel programme. Malgré tout, les programmes d'orientation sont utiles pour transmettre une information factuelle et on peut utiliser un manuel pour indiquer aux employés où se procurer de l'information additionnelle.

Les programmes d'orientation sont habituellement coordonnés par le service des ressources humaines. Quelques organisations demandent à des supérieurs hiérarchiques ou à des représentants d'autres départements d'assister à ces sessions et d'expliquer leur perception du travail. On note d'ailleurs une tendance à impliquer de plus en plus les supérieurs hiérarchiques dans ces sessions d'orientation.

Les sessions d'orientation ont lieu généralement dans un délai d'une semaine après la date d'entrée en fonction de l'employé. Les organisations qui retardent l'application des programmes d'orientation risquent de voir le nouvel employé obtenir des informations importantes par l'intermédiaire d'autres employés. Cette information peut être erronée et ne pas répondre aux intérêts de l'organisation et des nouveaux employés.

Les programmes d'orientation sont efficaces s'ils transmettent aux nouveaux employés une information appropriée et opportune sur les valeurs, les normes, les attitudes et les comportements. Certains experts identifient ce processus comme un « contrat psychologique ». Le contrat contient un ensemble implicite d'attentes que l'entreprise et l'employé passent entre eux[13]. Un contrat psychologique fructueux peut donner lieu à une meilleure motivation de l'employé et à un plus grand engagement envers l'organisation.

Les programmes d'orientation ne constituent qu'une partie du processus de socialisation. Certains de ces programmes ne durent que quelques heures et les organisations n'en effectuent que rarement une évaluation. D'autres méthodes formelles sont aussi utilisées. De fait, le processus de socialisation dans certaines compagnies comme IBM, Procter & Gamble (aux États-Unis), et VIA Rail (au Canada) comporte une interaction avec les candidats avant leur embauche. Chez Via Rail, une équipe permanente d'agents de formation est affectée à l'orientation des nouveaux employés. Ces sessions d'information et d'orientation durent cinq semaines complètes[14].

Les affectations. Les aspects importants de la socialisation par rapport aux affectations sont les caractéristiques de l'emploi initial, la nature des premières expériences de travail et le premier superviseur. L'emploi initial détermine souvent le succès futur du nouvel employé. Plus l'emploi comporte de défis et de responsabilités, plus il est probable que l'employé réussira dans l'entreprise. Une affectation exigeante sans être écrasante signifie que l'organisation valorise l'employé et qu'il peut occuper le poste. Parfois, les organisations accordent à leurs nouveaux employés des postes peu complexes ou les font cheminer à travers les différents services pour leur donner une perception générale des postes. Les employés peuvent interpréter ces pratiques comme un manque de confiance envers leurs aptitudes ou leur engagement.

Les expériences dans de nouveaux emplois et avec de nouveaux superviseurs préparent les employés à acquérir les valeurs, les normes, les attitudes et les comportements souhaités. Les superviseurs servent de modèle et précisent les attentes. L'influence positive des attentes du superviseur envers le nouvel employé est appelé l'**effet Pygmalion**. Si le superviseur croit que le nouvel employé va bien travailler, l'employé est plus susceptible de répondre à ses attentes.

La clé du succès d'un employé à son premier emploi dépend de la façon dont l'organisation (via le superviseur) traite le succès et l'échec. Les employés vont développer des perceptions positives envers l'organisation s'ils ne sont pas punis pour un premier échec; s'ils obtiennent une rétroaction suite à leurs succès et à leurs échecs; s'ils reçoivent des explications quant à leurs succès et leurs échecs et s'ils découvrent qu'ils peuvent compter sur leurs superviseurs pour obtenir des directives en cas d'échec. Il est alors important d'alerter les supérieurs immédiats de l'impact de leur comportement initial sur le succès ultérieur de leurs nouveaux employés.

QUI RESTE?

Les décisions de sélection et de placement peuvent être évaluées en mesurant la satisfaction des employés, la façon dont ils perçoivent l'utilisation de leurs capacités et de leurs habiletés, le degré de satisfaction de leurs besoins et leur niveau de participation au travail et à l'organisation. Comme tous ces facteurs peuvent évoluer, les responsables de la gestion des ressources humaines doivent en assurer le suivi par des enquêtes périodiques.

Les intérêts de l'organisation sont liés étroitement à ceux des employés. Si la meilleure personne est choisie pour être affectée à un emploi donné, l'organisation tirera avantage d'avoir un employé productif et satisfait, présent régulièrement à son travail et qui lui reste fidèle. Ainsi, les décisions de sélection et de placement peuvent être mesurées du point de vue de l'organisation à partir de la satisfaction, du rendement, du taux d'absentéisme et du roulement.

RÉSUMÉ

Les deux derniers chapitres sont basés sur l'hypothèse que l'objectif premier de la sélection et du placement est de placer la bonne personne au bon endroit pour répondre aux intérêts mutuels à court et à long terme de l'organisation et de l'employé. Cela signifie que l'organisation doit prendre ses décisions de sélection et de placement en se basant sur l'information relative à la motivation des individus et aux récompenses offertes aussi bien que sur les habiletés de la personne et les exigences du poste. En considérant seulement ces aspects, les buts de la sélection et du placement sont atteints.

Ces décisions requièrent par conséquent beaucoup d'informations qui peuvent être recueillies de différentes façons telle que des entrevues, des formules de demande d'emploi, des références ainsi que de nombreux tests. Les méthodes utilisées dépendent de l'information requise et de la validité desdites méthodes. Le type d'information recherchée est fonction de la difficulté à démontrer les liens avec l'emploi. Ce dernier peut à son tour être fonction du type d'information recherchée et de la méthode utilisée.

Tout au long du processus de collecte de l'information, l'organisation doit être consciente de plusieurs aspects légaux. Une omission en ce sens peut donner lieu non seulement à des poursuites légales mais aussi à des décisions d'embauche de candidats moins qualifiés. La meilleure façon pour les organisations de s'assurer qu'elles prennent des décisions de sélection équitables est de se tenir à la fine pointe de l'information en matière d'accès à l'égalité et d'élaborer des politiques de ressources humaines équitables et de nature positive.

Pour sélectionner des employés qualifiés, les organisations doivent avoir recours à des instruments de sélection valides. Ainsi, elles peuvent continuer à améliorer leurs décisions de sélection et de placement en identifiant et en utilisant des prédicteurs plus reliés à l'emploi, et parmi ceux-ci, celui qui présente le meilleur rapport coûts-bénéfices.

Une autre façon d'améliorer l'efficacité des décisions de sélection et de placement consiste à s'engager dans un processus de socialisation des employés. L'organisation pourra alors réduire le roulement et tout autre comportement négatif. La plupart des nouveaux employés ne connaissent pas les valeurs, les normes, les attitudes et les comportements qu'une organisation attend de ses membres. La socialisation vise à leur fournir cette information. Les organisations utilisent diverses méthodes pour socialiser les nouveaux employés telles que l'affectation à un emploi initial, la manière de recruter et de choisir le personnel et le programme formel d'orientation.

Après la sélection et la socialisation, les organisations doivent surveiller le rendement des nouveaux employés. Ceci est crucial pour leur réussite et pour celle des activités de gestion des ressources humaines.

QUESTIONS À DISCUTER

1. Pourquoi les meilleurs candidats à une promotion sont-ils souvent oubliés?

2. Quelles sont les approches de collecte de l'information pour les décisions de sélection et de placement?

3. Comment peut-on expliquer que des tests prédisent le rendement de certains employés avec précision alors qu'ils ne le font pas pour d'autres?

4. Que signifie le terme « critère »? Nommez quelques problèmes reliés à la mesure d'un critère?

5. Que signifie le terme « validité » et pourquoi est-ce important dans les décisions de sélection et de placement?

6. Comment la question du degré de difficulté du poste par rapport au degré de validité du prédicteur affecte-t-elle les décisions de sélection et de placement?

7. Quels sont les critères qui déterminent la valeur de la sélection et du placement?

8. Définissez plusieurs types de validité que les organisations peuvent utiliser pour évaluer les décisions de sélection et de placement.

9. Quelle est la différence entre les approches compensatoire et non-compensatoire ayant recours à des prédicteurs multiples?

10. Quelles sont les principales dimensions légales de la sélection et du placement des employés?

11. Pourquoi la fidélité est-elle importante pour la validation?

12. Comment les organisations peuvent-elle identifier les candidats pour des promotions et des transferts?

13. Pourquoi la socialisation des employés est-elle importante pour l'organisation?

É　T　U　D　E　　D　E　　C　A　S

ADMISSION DANS UNE ÉCOLE GRADUÉE

Jonathan travaille comme assistant de recherche tout en poursuivant ses études de maîtrise en gestion des affaires. Cela représente pour lui une bonne façon de faire face à ses obligations financières. Cependant, le travail d'assistant de Jonathan signifie beaucoup plus qu'un simple soutien financier. Il s'agit aussi d'une importante occasion d'apprendre puisqu'il a la chance d'être attaché au directeur du programme de MBA, le professeur Don Henry.

Don sait que Jonathan a suivi un cours en gestion des ressources humaines et qu'il est familier avec la validation de la sélection, de sorte qu'il a hâte de mettre Jonathan au travail sur un projet important pour l'institution. Etant donné les changements qui ont été apportés au curriculum vitae et à la politique d'admission au programme de MBA deux années auparavant, Don est curieux de savoir si les facteurs utilisés pour admettre les étudiants constituent des prédicteurs valides de l'admission et du succès dans le programme d'études.

Au cours des deux dernières années, Don a recueilli des données sur les candidats au nouveau programme et il désire savoir s'il y a une corrélation statistique entre les deux variables utilisées pour décider des admissions (notes des études de premier cycle et test d'admission aux études supérieures en gestion) et la réussite.

Aussi, demande-t-il à Jonathan d'examiner les dossiers et de noter l'information sur les candidats et les participants éventuels au programme au cours des deux dernières années. Une fois ce travail terminé, Jonathan contactera Don pour s'entendre sur le travail à effectuer.

Don suggère à Jonathan de mettre au point un modèle qui permettrait de prédire quels candidats seront admis. Don suggère aussi à Jonathan d'utiliser les notes de premier cycle et les notes du GMAT en tant que prédicteurs pour le modèle d'admission. Jonathan sait que le GMAT contient des notes détaillées sur des conversations et des notes quantitatives. Il insiste donc auprès de Don pour qu'il lui explique comment il reçoit les dossiers de demande d'admission et comment il utilise l'information. Don explique son processus de prise de décision de la façon suivante: « Quand les candidats ont des notes élevées de premier cycle et de GMAT ou des notes faibles dans les deux cas, je prends une décision d'acceptation ou de rejet prévisible. Quand les notes de premier cycle sont faibles, cela devient plus compliqué et je vérifie s'il y a des données compensatoires à partir du GMAT. Dans d'autres cas, les notes de premier cycle peuvent être élevées et la note totale du GMAT faible. Dans chaque cas, j'accorde plus d'importance aux notes quantitatives comme prédicteur de succès pour les études graduées. »

Avec cette information, Jonathan s'installe à l'ordinateur pour vérifier quel sorte de modèle de prévision il peut mettre au point avec ces données. Il décide d'examiner le modèle de régression suivant:

$$ADMIT = B0$$
$$+$$
$$B1 (VERBAL)$$
$$+$$
$$B2 (GRADES \times QUANT),$$

où ADMIT représente la décision d'accepter (code 1) ou de rejeter (code 0) un candidat, GRADES la note moyenne au niveau du premier cycle, QUANT et VERBAL les notes du GMAT, et GRADES × QUANT un terme d'interaction pour l'influence combinée des notes de premier cycle et du classement quantitatif du GMAT.

À partir de ce modèle, il obtient les résultats suivants:

$$ADMIT = -0.69$$
$$+$$
$$0.02 (VERBAL)$$
$$+$$
$$0.01 (GRADES \times QUANT)$$

Les coefficients des deux variables indépendantes (VERBAL et GRADES × QUANT) sont très significatifs de sorte que Jonathan sait qu'il dispose de bons résultats. Mais il est déçu parce que le modèle ne rend compte que d'environ 49% de la variance des décisions d'admission. Il décide d'utiliser la valeur prédictive du modèle de probabilité d'admission et une valeur de démarcation de .51 pour essayer de reproduire, au moyen du modèle, les décisions effectives prises par Don Henry.

Jonathan est alors capable de dresser le tableau suivant:

Décisions prédites et effectives d'admission

		Décisions effectives d'admission de Don Henry	
		Refus	Acceptation
Décisions prédites à partir du modèle de régression de Jonathan	Refus	139	25
	Acceptation	23	218

Parce que 357 (les 139 refus plus les 218 acceptations) sur un total de 405 décisions sont « correctes », Jonathan décide que le pourcentage de 88% de sa « moyenne de réussite » est particulièrement bon. Avec cela, il retourne au bureau de Don Henry le jour suivant pour discuter des résultats.

QUESTIONS

1. Dans quel sens Jonathan a-t-il validé les décisions de sélection pour le programme de MBA? Aurait-il dû considérer d'autres critères?

2. Comment Jonathan pourrait-il reproduire ses résultats?

3. Est-il possible que Don Henry ait pris des décisions systématiquement biaisées? Comment Jonathan aurait-il pu vérifier une possibilité de discrimination?

4. Est-ce que l'étude de Jonathan constitue un modèle de validation prédictive ou concurrente?

IV

Évaluation du rendement

Évaluation du rendement: collecte des données

Actualité

MADAME LA PRÉSIDENTE DE LA STCUM
LE GRAND OBJECTIF

Madame Roy, présidente de la Société des transports de la communauté urbaine de Montréal souhaite que la STCUM devienne une entreprise gagnante, dynamique et respectée par le public. Selon madame Roy, pour atteindre ce but, il faut que tous les services considèrent leur voisin comme un client.

Chaque service doit se sentir responsable. Par exemple, pour le service du génie, le client c'est l'entretien. Pour ce dernier, le client c'est le transport (chauffeurs) et pour eux, le client c'est l'usager. Si, par exemple, l'entretien ne se préoccupe pas de bien nettoyer les autobus à temps, il est évident que le chauffeur lorsqu'il prendra son autobus le matin, sera insatisfait. Ce dernier, par contre, doit se préoccuper avant tout des usagers et s'assurer qu'ils aient le meilleur service possible. Cela semble simple mais n'est pas nécessairement si facile à mettre en pratique. Les communications deviennent très importantes et il faut que chacun se sente responsable.

Il y a peu de roulement dans cette boîte ». On y demeure 30 ans en moyenne à la STCUM. Par contre, le taux d'absentéisme est très élevé.

Ceci implique qu'il y a un malaise, et ce malaise est dû à ce que les employés ne se sentent pas valorisés. S'il y a insatisfaction à l'interne, cela se reflète automatiquement à l'externe, c'est-à-dire dans le public en général. Ce qui fait que la STCUM est peut-être plus mal perçue que dans le passé.

Mais madame Roy veut établir un climat de confiance, tenter des expériences nouvelles, prendre des risques pour revaloriser le travail de tous et chacun. Car cette entreprise des plus dynamiques sera respectée par le public, affirme-t-elle avec détermination.

On peut alors parler de virage majeur, c'est-à-dire, transformer l'efficacité technique en une approche dynamique de service. Ce n'est pas une tâche facile, dira madame la Présidente, mais le défi est à tous les jours de plus en plus passionnant.

Source: BONNEVILLE, M., « Madame la Présidente de la STCUM », Magazine Ressources Humaines maintenant appelé AVENIR Votre Magazine Ressources Humaines, janvier-février 1986, no 12, p. 69. Reproduit avec autorisation.

Madame Roy n'a pas besoin de le dire pour qu'on sache qu'il y a eu à la STCUM une évaluation du rendement des employés. Un pareil constat et de tels objectifs impliquent qu'il y a eu auparavant évaluation du rendement des individus de toutes les catégories professionnelles. Comme nous le verrons dans ce chapitre, l'absentéisme est un aspect important du rendement dans la mesure où on réussit à en découvrir les causes. Il devient alors possible de prendre les mesures qui s'imposent pour enrayer le mal à sa source. Il peut s'agir, comme dans le cas de la STCUM, de trouver les moyens pour que les individus se sentent valorisés dans leur travail, pour améliorer la communication ou encore des mesures qui visent à améliorer les qualifications des employés. Toutes ces mesures doivent concourir non seulement à améliorer le rendement de l'employé et de l'organisation mais aussi à améliorer le bien-être des individus.

ÉVALUATION DU RENDEMENT: COLLECTE DES DONNÉES

Bien que les employés puissent se renseigner sur la qualité de leur rendement par des moyens informels tels que, l'expression de leurs collègues qu'ils font de l'excellent travail ou de leurs supérieurs qui leur donnent une tape dans le dos de façon occasionnelle, nous examinerons l'**évaluation du rendement** en tant que système formel. Ce dernier peut se définir comme un ensemble d'activités visant à observer, mesurer et influencer le rendement de l'employé, c'est-à-dire sa contribution aux objectifs de l'organisation. Ce système permet ainsi de déterminer la productivité de l'employé et de vérifier s'il peut améliorer son efficacité de telle sorte que l'employé, l'organisation et la société profitent de son activité.

Le concept « système d'évaluation du rendement » couvre l'ensemble des aspects suivants:

- les formulaires ou les méthodes utilisés pour recueillir les données;
- l'analyse de poste effectuée pour identifier les éléments spécifiques de l'emploi (critères) à partir desquels on établit les normes qui servent à examiner les données d'évaluation;
- l'évaluation de la validité et de la fiabilité des méthodes utilisées;
- les caractéristiques de l'évaluateur et de la personne évaluée qui peuvent influencer les résultats de l'entrevue;
- le processus qu'implique l'utilisation de l'information pour les fins de développement et d'évaluation;
- le degré d'utilisation du système d'évaluation du rendement en fonction de l'objectif défini.

Dans ce chapitre, les termes **superviseur** et **directeur** sont mis de côté car l'évaluateur et la personne évaluée peuvent être des superviseurs ou des directeurs. Ainsi, le terme **supérieur** ou **évaluateur** est utilisé pour identifier la personne effectuant l'évaluation et le terme **subalterne** réfère à l'employé dont le rendement est évalué. Les termes de supérieur et subordonné sont utilisés dans ce chapitre seulement pour fins de clarification; ils n'impliquent pas que la personne effectuant l'évaluation est « meilleure » que la personne évaluée ou que le subalterne est « inférieur » au supérieur.

OBJECTIFS ET IMPORTANCE DE L'ÉVALUATION DU RENDEMENT

L'amélioration de la productivité retient l'attention de toutes les organisations, particulièrement dans le cas où les gains de productivité sont relativement faibles. Bien que la productivité de la plupart des organisations soit fonction des ressources technologiques, physiques et humaines, nombre d'entre elles n'ont pas cherché à accroître leur productivité au moyen d'une amélioration du rendement de leurs ressources humaines. L'apport des employés à la productivité peut être mesuré et évalué. Des mesures qualitatives et quantitatives du rendement, ainsi que l'absentéisme, ont une influence cruciale sur la productivité. Le **rendement au travail** évalue si l'employé fait bien son travail tandis que l'**absentéisme** réfère à la présence ou à l'absence de l'employé. Bien que ces deux phénomènes constituent des critères importants, ils font souvent l'objet d'une discussion distincte.

Dans ce chapitre, on met l'accent sur le rendement au travail car les formulaires d'évaluation du rendement sont, de façon générale, mis au point pour le mesurer, même s'ils font état occasionnellement de l'absentéisme. Le rendement au travail est mesuré au moyen des **caractéristiques** de l'employé (par exemple, le sens de l'initiative), du **comportement** (par exemple, l'alimentation des animaux), ou des **résultats** (par exemple, le volume de la production). Nous discuterons ultérieurement du choix de ces critères.

Toutefois, les organisations n'ont pas tout à fait oublié que le rendement au travail et l'absentéisme peuvent avoir des effets sérieux sur la productivité. Alors que la valeur monétaire d'une amélioration du rendement au travail peut être substantielle, le bénéfice financier d'un absentéisme réduit est énorme à lui seul. En 1982, le coût de l'absentéisme pour l'économie canadienne a été estimé à un montant variant entre 3 milliards et 8 milliards de dollars[1]. Plus encore, on estime que dans les succursales de la Banque de Montréal à travers le Canada, 54 000 heures de travail par semaine sont perdues à cause de l'absentéisme, ce qui se traduit par un coût direct de 18 millions de dollars par année pour les salaires seulement[2].

L'évaluation du rendement a aussi une importance stratégique parce qu'un formulaire d'évaluation bien fait sert de **contrat** entre l'organisation et l'employé. Ce contrat agit comme un système de contrôle et d'évaluation et permet d'atteindre une multiplicité d'objectifs:

- identification de gestionnaires: fournit une base pour la promotion de l'employé en identifiant et en préparant les personnes destinées à exercer de plus grandes responsabilités;
- mesure du rendement: établit la valeur relative de la contribution d'une personne à l'entreprise et aide à l'évaluation des réalisations personnelles;
- amélioration du rendement: encourage la poursuite d'un rendement fructueux et aide les personnes à identifier et à corriger leurs faiblesses, ce qui conduit à une plus grande performance et productivité;
- rémunération: contribue à déterminer une rémunération en relation avec la performance ainsi qu'un salaire équitable et des bonis incitatifs basés sur le mérite ou les résultats;
- rétroaction: précise l'attente envers les employés par rapport à leur performance actuelle;
- planification des ressources humaines: vérifie la capacité de la direction d'évaluer l'offre actuelle de ressources humaines aux fins de la planification du remplacement du personnel;
- conformité à la législation: aide à établir la validité des décisions relatives à l'embauche à partir d'informations reliées au rendement (il contribue aussi à défendre les décisions de la direction comme les rétrogradations, les transferts, ou les congédiements);
- communication: fournit un cadre pour le dialogue entre le supérieur et le subalterne et améliore la compréhension des objectifs personnels et de carrière;
- amélioration de la compréhension des superviseurs: contraint les supérieurs à être conscients de ce que font leurs subalternes.

L'évaluation du rendement peut aussi servir d'outil de recherche. On regroupe habituellement les objectifs précédents sous deux catégories générales: évaluation et développement. Les objectifs d'évaluation comprennent les décisions relatives à la paie, la promotion, la rétrogradation, le congédiement et la fin de l'emploi. Les objectifs de développement incluent la recherche, la rétroaction, le développement de la direction et de la carrière, la planification des ressources humaines, l'amélioration du rendement, les communications entre le supérieur et le subordonné et une connaissance améliorée des tâches de supervision. On retiendra ces deux catégories pour discuter des objectifs poursuivis par les différentes méthodes d'évaluation du rendement.

INTERRELATIONS ENTRE L'ÉVALUATION DU RENDEMENT ET LES AUTRES ACTIVITÉS DE GESTION DES RESSOURCES HUMAINES

L'évaluation du rendement est en interrelations avec l'analyse de poste, la sélection et le placement, la rémunération et la formation.

L'analyse de poste.   L'analyse de poste constitue le fondement de l'évaluation du rendement. Si une analyse formelle de poste n'a pas été effectuée pour établir la validité du formulaire d'évaluation du rendement, et par conséquent le lien avec l'emploi des critères d'évaluation, l'organisation peut être accusée de discrimination.

En fait, un tel cas a récemment été soumis à l'arbitrage dans la province de Québec. Un groupe de producteurs de télévision à Radio-Québec se sont vus privés de leur permanence après avoir travaillé en moyenne pendant cinq ans pour l'entreprise. L'administration de Radio-Québec avait pris sa décision à partir d'un formulaire d'évaluation du rendement qui n'avait jamais été validé, c'est-à-dire qu'il n'y avait aucune description de poste pour l'emploi de producteur.

La sélection et le placement.   L'information recueillie lors de l'évaluation du rendement est vitale pour prendre un certain nombre de décisions de sélection et de placement. En premier lieu, elle contribue à accroître la vraisemblance que les candidats choisis parmi un large groupe d'aspirants donneront un meilleur rendement que ceux qui n'ont pas été sélectionnés. En second lieu, étant donné que la validation empirique d'un test de sélection nécessite le calcul de la corrélation entre les points du test et les points du rendement, les résultats de l'évaluation du rendement sont nécessaires. En leur absence, les points de rendement ne peuvent être établis.

À cause de leurs objectifs d'évaluation, il est particulièrement important que les formulaires d'évaluation soient basés sur l'analyse de poste. Ce mécanisme aide à mettre au point des formulaires d'évaluation du rendement qui peuvent accroître la probabilité de choisir des personnes ayant un bon rendement et de respecter ainsi les impératifs des droits de la personne. De plus, si les promotions sont basées strictement sur le rendement, plutôt que l'ancienneté, les décisions de promotions sont mieux défendables lorsqu'on utilise des systèmes d'évaluation du rendement.

La rémunération.   Un des buts de l'évaluation du rendement est de motiver les employés. À cet égard, l'évaluation du rendement peut être utilisée comme base à partir de laquelle est établie la rémunération. Une évaluation valide du rendement de l'employé est nécessaire pour fournir des récompenses cohérentes, c'est-à-dire basées sur la performance. L'information provenant de l'évaluation du rendement peut aussi être utilisée dans la détermination des niveaux de salaires, des augmentations de salaires par exemple.

La formation.   Parce que le rendement de l'employé est en partie déterminé par son habileté et sa motivation, la formation peut améliorer le rendement. Cependant, pour offrir aux employés une formation appropriée, il faut être conscient du rendement réel de l'employé et de tous les aspects insatisfaisants. Il importe aussi de savoir si le rendement insatisfaisant provient d'un manque d'habileté ou de motivation ou encore de la situation de travail elle-même. Pour obtenir ces informations, on doit procéder à l'évaluation du rendement, qu'on utilise alors conjointement avec l'analyse de poste pour établir les programmes de formation préalables à l'emploi.

Ces interrelations entre l'évaluation du rendement et les autres activités de gestion des ressources humaines sont illustrées à la figure 7.1.

CONSIDÉRATIONS LÉGALES

Sur la scène canadienne du travail, de nombreux observateurs s'accordent sur le fait que les exigences légales ont un effet majeur sur le développement des systèmes d'évaluation du rendement. La Charte fédérale des droits et libertés et les diverses législations sur les droits de la personne tant fédérales que provinciales exigent que les procédures de sélection soient valides, c'est-à-dire que toutes les décisions relatives au personnel doivent être basées strictement sur des critères relatifs à l'emploi. Une bonne partie de ce contexte légal a été décrite aux chapitres 4 et 5. À la différence de l'expérience américaine, l'adéquation des critères d'emploi au moyen de systèmes d'évaluation du rendement n'a pas encore été mise en cause de façon directe et légale au Canada. La plupart des tests légaux (tels que décrits aux chapitres 4 et 5) s'appliquent aux pratiques d'embauche. Cependant, dans un certain nombre de cas, présentés devant les tribunaux et les audiences d'arbitrage, impliquant des congédiements, des renvois et même des promotions, des références à l'évaluation du rendement ont été faites. On ne peut que conclure de ces premiers cas que les tribunaux et les comités d'enquête tendent à décider en faveur de l'employé qui conteste la décision de l'employeur.[3]

L'établissement de critères valides de rendement: causes.   Dans la cause de Sorel vs Tomerson Ltd. (1985), le juge Gibbs de la Cour suprême de la Colombie-Britannique décide que l'entreprise ne peut remercier un employé ayant 37 années de service ininterrompu, sans avertissement, sans avis et sans raison. Une somme de 254 556$ est accordée à Sorel pour les avantages perdus. Dans la cause B.L. Means et autres vs l'Hydro Ontario (1984), sept employés noirs se plaignent de discrimination lors de congédiements effectués par l'entreprise. La direction de cette dernière a eu recours à des critères imprécis pour ranger les travailleurs et elle a omis de conserver des dossiers écrits pour appuyer les congédiements. Le Comité d'enquête décide en faveur de quatre des plaignants et conclut qu'étant donné l'omission de l'Hydro Ontario d'utiliser des critères objectifs, la possibilité de discrimination raciale existe.

Un autre exemple de l'échec d'un employeur à justifier ses décisions est une cause impliquant une agence de sécurité-incendie qui embauche un travailleur dont les ancêtres sont Indiens de l'Est pour agir à titre d'assistant-contrôleur, Almeida vs Chubb Fire Security Division (1984). L'assistant-contrôleur travaille pour la compagnie pendant six ans. Durant cette période, quatre nouveaux contrôleurs blancs sont embauchés en dépit de la politique de l'entreprise de recourir à des promotions internes. Peu de temps après la quatrième embauche, la compagnie renvoie l'assistant-contrôleur qui présente alors une plainte à la Commission ontarienne des droits de la personne. L'assistant-contrôleur fait état du fait que la compagnie ne lui a pas accordé de promotion et qu'elle l'a renvoyé sur la base d'un biais discriminatoire.

L'assistant-contrôleur présente une preuve basée sur le fait que, durant ses premiers mois au service de la compagnie, son rendement est hautement apprécié par la direction. Après sept mois d'emploi, le contrôleur quitte la compagnie. L'assistant-contrôleur assume et s'acquitte de plusieurs des responsabilités du contrôleur durant la période intérimaire précédant la nomination d'un nouveau contrôleur. Son salaire est augmenté en marque

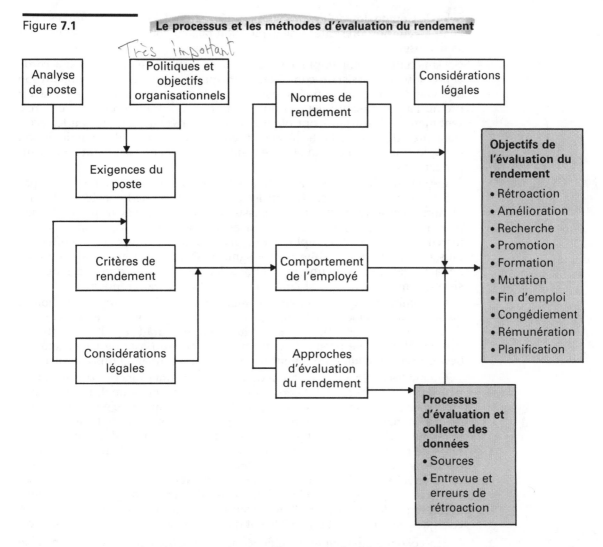

Figure **7.1**   Le processus et les méthodes d'évaluation du rendement

d'appréciation de ses efforts mais il n'obtient pas de promotion au poste de contrôleur. Au cours de la période d'emploi du nouveau contrôleur, l'assistant-contrôleur améliore ses qualifications et obtient un diplôme de comptable agréé. Durant une période de plusieurs années, quatre contrôleurs sont embauchés et lors de chaque période intérimaire, l'assistant-contrôleur s'acquitte de façon compétente des tâches normalement effectuées par le contrôleur. Quand l'assistant-contrôleur se voit refuser le poste pour la quatrième fois, son travail se détériore et il cesse de collaborer complètement avec le nouveau venu au poste de contrôleur. Environ huit mois plus tard, l'assistant-contrôleur est congédié à cause de son rendement insatisfaisant.

À l'audience, le Comité d'enquête réfère à une décision américaine qui établit qu'une personne se plaignant de discrimination raciale doit d'abord établir:

— qu'elle appartient à une minorité raciale;

— qu'elle a posé sa candidature et était qualifiée pour occuper le poste vacant;

— que sa candidature a été rejetée;

— qu'après ce rejet, le poste est demeuré ouvert et l'employeur a continué à chercher des candidats possédant les qualifications du plaignant.

Selon le Comité, lorsqu'une personne a déposé sa plainte et présenté ces faits, l'employeur doit présenter une explication raisonnable de ses décisions pour sa défense.

Dans cette cause, l'employeur a réussi à se justifier de ne pas avoir accordé la promotion à l'assistant-contrôleur alors qu'il n'avait pas encore obtenu son diplôme de comptable agréé. L'employeur s'est aussi justifié de ne pas avoir promu l'assistant-contrôleur la quatrième fois. La preuve révéla que le ressentiment de l'assistant-contrôleur d'avoir été laissé de côté durant les occasions précédentes avait affecté son attitude et que son travail s'était détérioré. L'employeur a aussi été capable de justifier le renvoi de l'assistant-contrôleur sur cette base.

Cependant, le Comité n'accepta pas les raisons de l'employeur de ne pas avoir promu l'assistant-contrôleur les premières fois que le poste est devenu vacant. L'employeur allégua que l'assistant-contrôleur n'avait pas de talents pour les relations humaines et qu'il était incapable de s'entendre avec la direction. Cependant, l'employeur ne présenta pas de preuves à cet effet. De plus, on établit la preuve que la compagnie n'avait jamais considéré le candidat de façon sérieuse pour une promotion. Par exemple, les supérieurs de l'assistant-contrôleur n'avaient jamais été consultés sur son rendement.

Le Comité d'enquête trouva la compagnie coupable de discrimination et lui ordonna de verser des dommages à l'assistant-contrôleur. Le montant des dommages a été déterminé à partir du salaire qu'aurait reçu l'assistant-contrôleur s'il avait été promu la deuxième fois que le poste de contrôleur est devenu vacant jusqu'au moment de la nomination finale d'un contrôleur.[4]

Quand les critères d'évaluation du rendement sont clairs, les organisations peuvent embaucher, congédier ou promouvoir leur personnel, par exemple, en respectant les lois. En Ontario, un Comité d'enquête rejette une plainte de discrimination raciale contre le Metropolitan Toronto Police Board of Commissioners. Un constable d'origine indienne et de religion Sikh se plaint d'un refus de reclassement et d'un renvoi ultérieur pour raisons raciales. À l'audience, les supérieurs du constable prétendent que le refus de reclassement et le renvoi sont basés sur le fait que le constable ne s'entend pas avec ses collègues et qu'il ne respecte pas les règles du service de police. La preuve indique que les raisons de l'incapacité du constable à s'entendre avec ses collègues ne s'appuient pas sur le fait qu'on ne l'aime pas à cause de sa race.

Ses collègues témoignent qu'ils s'objectent à travailler avec le constable congédié parce qu'il est arrogant, qu'il conduit de façon dangereuse, qu'il fait preuve de cruauté envers les animaux et qu'il n'accepte pas aisément les directives et les avis des officiers plus expérimentés. De plus, on présente la preuve qu'à une occasion, il portait des vêtements non appropriés au tribunal et qu'à une autre occasion, il avait omis de se présenter devant le tribunal. L'incident final est l'omission de l'officier de faire rapport d'un accident dans lequel il avait été impliqué, et ses efforts à nier son implication lorsque placé devant le fait. En rejetant la plainte, le Comité d'enquête décide que le constable n'a pas de problèmes de nature raciale. S'il avait exercé ses fonctions avec compétence, ses collègues l'auraient accepté et il aurait eu de bonne relations avec eux. Son problème est donc de nature personnelle et non pas raciale.

Si on considère l'ensemble des cas cités plus haut, il s'avère que la façon la plus efficace de déterminer si les critères d'évaluation sont reliés à l'emploi est de commencer par une analyse minutieuse de l'emploi. Tel que décrite au chapitre 3, une telle procédure permet de s'assurer que les critères reflètent de façon précise le rendement au travail; c'est-à-dire qu'ils ne sont pas déficients ou contaminés (voir chapitre 6).

Une fois les critères appropriés établis, les normes fixant le rendement désirable ou acceptable peuvent être déterminées. Pour s'assurer que l'on capte tous les aspects essentiels à l'évaluation du rendement, des critères sont requis et peuvent être établis de plusieurs façons. Par exemple, les modèles d'analyse dont nous avons discuté au chapitre 3 servent à établir le nombre d'unités de production acceptable. Pour les emplois dont on ne peut quantifier aussi facilement le rendement, les normes peuvent être dérivées de décisions de la direction, de définition, de données historiques, de comparaisons avec d'autres emplois, de comparaisons avec des emplois similaires dans d'autres entreprises ou en fonction des profits.

UTILISATION D'INSTRUMENTS VALIDES POUR L'ÉVALUATION DU RENDEMENT

Une fois que les critères sont établis, des formulaires (instruments) doivent être utilisés pour recueillir l'information sur ces critères (composantes cruciales de l'emploi). Par exemple, si le **volume de production** constitue un critère crucial du poste et que le superviseur commente seulement la personnalité de l'employé, cela conduit à une évaluation déficiente. Si cette évaluation est utilisée pour une décision d'embauche, une plainte en dommage prima facie ou en discrimination peut en résulter. Les formulaires sur lesquels l'évaluateur indique par un crochet son appréciation d'un employé sur des aspects comme le leadership, l'attitude vis-à-vis les gens et la loyauté (qualités) sont susceptibles de donner lieu à des évaluations subjectives. Ils s'opposent aux évaluations faites à partir d'un comportement défini de façon spécifique, du niveau de production, du degré d'atteinte d'un objectif, ou du nombre de jours d'absence (comportements et résultats). Les évaluations faites à partir de ces formulaires sont plus objectives. Nous discuterons de ces formulaires plus en détails au chapitre 8.

La communication des critères et des normes de rendement. Une fois les critères et les normes d'évaluation identifiés, les employés devraient être informés de leur contenu. Peut-on imaginer une classe dans laquelle on ignore comment les notes sont déterminées? Malheureusement, beaucoup d'employés mentionnent qu'ils ne savent pas sur quelle base ils sont évalués. La figure 7.2 résume les principales directives à considérer dans l'élaboration de systèmes d'évaluation du rendement. Ces directives se dégagent des causes mentionnées ci-dessus ainsi que des chartes des droits de la personne.

PROCESSUS ET MÉTHODES D'ÉVALUATION DU RENDEMENT

La figure 7.2 précise différents processus et méthodes essentiels à l'atteinte des objectifs de l'évaluation du rendement et au respect des lois. Il est important de discuter de ces méthodes et processus en commençant par la détermination des critères et des normes.

CRITÈRES ET NORMES

Pour bien servir les objectifs de l'organisation tout en respectant les exigences légales, un système d'évaluation du rendement doit évaluer le rendement de l'employé de façon précise. Si le système d'évaluation du rendement sert à faire ressortir le potentiel des employés pour de plus grandes responsabilités

Figure **7.2**   **Prescriptions pour l'élaboration de systèmes d'évaluation du rendement juridiquement acceptables**

- Les procédures de décision relatives au personnel ne doivent pas varier selon la race, le sexe, la couleur, l'origine ethnique, le statut civil, la religion ou l'âge de ceux qui sont affectés par les décisions.
- Des données objectives, non pondérées et non contaminées devraient être utilisées autant que possible.
- Un système formel de révision ou d'appel devrait être disponible pour discuter des désaccords au sujet de l'évaluation.
- Il faut exiger les services d'au moins deux évaluateurs.
- Un système formel et standardisé pour les décisions en matière de personnel devrait être utilisé.
- Les évaluateurs devraient avoir plusieurs possibilités d'observer le rendement de la personne notée (s'il faut utiliser des notes).
- On devrait éviter de noter des traits de personnalité tels que la fiabilité, l'ambition, l'aptitude ou l'attitude.
- Les données d'évaluation du rendement devraient être validées empiriquement.
- Les normes spécifiques de performance devraient être portées à la connaissance des employés.
- Les évaluateurs devraient recevoir des directives écrites sur les dimensions spécifiques du travail plutôt que de recourir à une seule mesure d'ensemble.
- La documentation sur le comportement devrait être exigée pour les notes extrêmes (par exemple, des incidents critiques).
- L'évaluateur devrait être formé avant d'effectuer l'évaluation du rendement.
- Le contenu du formulaire d'évaluation devrait s'appuyer sur une analyse de poste.
- Les employés devraient se voir offrir la possibilité de revoir leur évaluation.
- Les décideurs dans le domaine du personnel devraient être formés en matière de législation touchant la discrimination.

et des promotions, il doit aussi fournir des données précises sur ledit potentiel. De plus, le système doit produire des données cohérentes (être fiable) au sujet de ce qu'il est sensé mesurer (être valide).

Un système d'évaluation du rendement fiable donne la même évaluation d'un employé indépendamment de l'évaluateur à n'importe quel moment. Dans le temps, un système fiable devrait aboutir aux mêmes résultats de la part du même évaluateur si le rendement du subalterne n'a pas changé. De nombreuses erreurs de pointage peuvent rendre le système d'évaluation du rendement peu fiable. Nous en discuterons dans la section concernant les relations entre les supérieurs et les subordonnés.

Un système valide d'évaluation du rendement précise les **critères de rendement** qui sont reliés à l'emploi et qui sont importants. Ces critères sont faciles à déterminer à partir de l'analyse de poste. L'apport des employés à l'organisation peut être évalué en comparant leurs comportements et leurs résultats à ceux indiqués dans l'analyse de poste. Par exemple, si la vente de 100 unités par mois est le seul résultat important relié à la tâche de l'employé, alors le système d'évaluation devrait mesurer seulement le nombre d'unités vendues. Dans ce cas, il n'y a qu'un critère de rendement.

De façon générale, l'analyse de poste identifie plusieurs critères de rendement reflétant l'apport des employés. Par exemple, la vente de 100 unités par mois peut être accompagnée de critères tels que « effets des remarques faites aux clients », « stabilité de la présence au travail », et même « effets sur les collègues de travail ». Si tous les critères de rendement sont perçus comme importants dans l'analyse de poste, ils devraient tous être mesurés dans l'évaluation du rendement.

Si le formulaire utilisé pour évaluer le rendement de l'employé ne couvre pas le comportement au travail, pas plus que les résultats dégagés par l'analyse de poste, le formulaire est considéré comme **déficient**. Si le formulaire inclut des éléments non importants ou non pertinents, il devient **contaminé**. Plusieurs formulaires utilisés actuellement dans les organisations mesurent des caractéristiques et des comportements non reliés à la tâche de l'employé. Ces formulaires sont contaminés et dans nombre de cas sont aussi déficients.

Les normes doivent être identifiées pour évaluer à quel point les employés ont un rendement élevé. En utilisant des normes, les critères de rendement incorporent un éventail de valeurs. Par exemple, la vente de 100 unités par mois peut être définie comme un rendement excellent, et la vente de 80 unités comme moyen. Les organisations utilisent souvent des dossiers historiques du rendement des employés pour établir ce qui constitue un rendement moyen ou excellent. Des normes peuvent être aussi établies au moyen des études de temps et mouvements et des études d'échantillonnage décrites au chapitre 3. Ces méthodes sont souvent utilisées pour les emplois de cols bleus. Les organisations recourent à d'autres méthodes pour évaluer le rendement des gestionnaires. Une de ces méthodes est la **gestion par objectifs**. Nous en discuterons ultérieurement. De plus en plus, les gestionnaires sont évalués à partir de normes de profits, de revenus et de coûts.

APPROCHES D'ÉVALUATION DU RENDEMENT

On peut identifier quatre principales approches d'évaluation du rendement: les **normes comparatives**, les **normes absolues** (quantitatives et qualitatives), la **gestion par objectifs** et les **indices directs**.

Les normes comparatives. Il existe plusieurs méthodes comparatives d'évaluation du rendement, toutes comparant le rendement d'un subalterne à celui des autres. La première est la **méthode du rangement**. Cette méthode consiste à demander au supérieur d'établir une liste des subalternes selon un ordre allant du meilleur au pire, habituellement en se basant sur la performance générale. La seconde est la **méthode du rangement alternatif** qui se réalise en plusieurs étapes. La première étape consiste à placer le meilleur subalterne au haut de la liste et le moins bon au bas de cette dernière. Le supérieur choisit alors le meilleur et le moins bon parmi les subalternes qui restent. La position moyenne est la dernière à être remplie dans cette méthode. Les approches de rangement peuvent être utilisées de façon assez efficace non seulement par un superviseur mais aussi par les subalternes eux-mêmes. Elles sont particulièrement utiles car elles fournissent des données d'évaluation pour un groupe de personnes qui remplissent des tâches similaires en tant qu'équipe. La figure 7.3 présente un type de formulaire utilisé par nombre de professeurs d'universités pour permettre aux étudiants d'évaluer la contribution de chacun à un projet de groupe.

La **méthode de comparaison par paires** requiert plus de temps mais elle fournit une meilleure information. Chaque subalterne est comparé à chacun des autres, sur une seule norme ou critère ou, alternativement, sur la per-

Figure **7.3**   **Un formulaire d'évaluation du rendement par les collègues**

But:
Ce formulaire vous fournit une opportunité d'estimer le rendement des membres de votre groupe. Souvenez-vous que ces évaluations sont un facteur de votre niveau de participation. Vous êtes invité à présenter des commentaires détaillés au verso du formulaire.

Procédure:
Écrire le nom de chaque membre du groupe, incluant votre propre nom, dans les espaces prévus. Rangez chaque personne dans chaque catégorie. Utilisez un pointage de 1 à 6, où 1 = le meilleur, 2 = le second, et 6 = le moins bon.

Nom du membre du groupe	Responsabilités A. Réalise sa part du travail B. Est préparé pour les réunions		Interactions C. Participe aux discussions D. A une attitude positive face à la critique constructive		Évaluation d'ensemble E.
	A.	B.	C.	D.	E.
1.					
2.					
3.					
4.					
5.					
6.					

VEUILLEZ FAIRE DES COMMENTAIRES ADDITIONNELS AU VERSO DU FORMULAIRE

SIGNATURE: _____

formance générale. Le classement final est alors établi en fonction du nombre de comparaisons favorables obtenues par chacun des employés.

Toutes ces méthodes comparatives attribuent à chaque personne un rang unique. Ainsi, le rendement de deux subalternes ne peut être trop rapproché pour être distingué, un aspect discuté par plusieurs. La **méthode de la distribution imposée** a été mise au point pour tenir compte de cette observation et pour incorporer plusieurs facteurs ou dimensions (plutôt qu'un seul facteur) dans le processus de rangement. On parle de « distribution imposée » parce que le superviseur doit inclure seulement une certaine proportion des subalternes dans chacune des catégories par rapport à chaque facteur.

Généralement, l'échelle de distribution imposée est divisée en cinq catégories. Chaque catégorie doit comprendre une proportion fixe de tous les subalternes du groupe. Un problème évident de cette méthode est que le rendement des individus peut être trop similaire pour qu'on puisse le diviser en proportions fixes. De fait, les quatre méthodes comparatives reposent sur l'hypothèse qu'il y a des personnes à haut et à faible rendement dans tous les groupes. Par expérience, on sait que dans certaines situations tous les membres d'un groupe ont un rendement presqu'identique. Les méthodes de distribution imposée sont inefficaces dans ces situations. Certains systèmes universitaires de gradation basés sur des lettres reposent sur une distribution imposée. La figure 7.4 présente un exemple typique de la méthode de distribution imposée.

Les problèmes liés aux approches comparatives. Ces méthodes sont basées sur l'hypothèse que le rendement est mieux mesuré par un seul critère: la performance générale. Comme ce critère constitue une mesure globale et n'est pas rattaché à un indicateur objectif, tel que les unités vendues, le résultat peut être influencé par la subjectivité de l'évaluateur. Le rangement risque d'ignorer la spécificité du comportement et de ce fait, peut être sujet à contestation légale. De plus, dans la méthode du rangement alternatif, par exemple, on ne précise ni le degré de supériorité du « meilleur », ni le degré d'infériorité du « moins bon »; le niveau de rendement est imprécis. Il en

Figure **7.4**   **Évaluation du rendement par la méthode de la distribution imposée utilisant cinq catégories de rendement pour un échantillon de 100 étudiants**

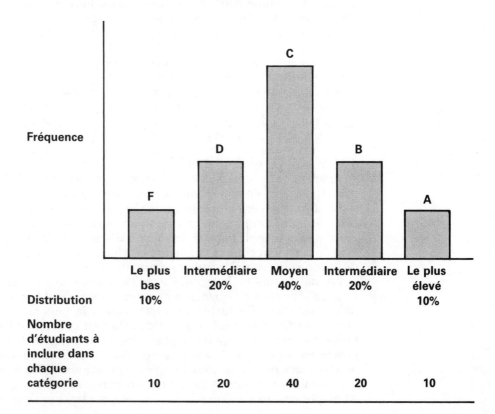

résulte un ordre arbitraire. Dans le cas d'un nombre élevé d'employés, les comparaisons trop considérables sont une limite importante à la méthode de comparaison par paires.

Au sujet de la distribution imposée, on fait l'hypothèse dans la figure 7.4 d'une distribution normale (et imposée). Par conséquent, il est impossible que tous les étudiants (employés) soient considérés comme « excellents ». Les défenseurs de cette méthode sont cependant d'avis qu'elle encourage une émulation saine parmi les employés qui savent qu'en bout de ligne, leur rendement sera jugé par rapport à celui de leurs pairs. Ceux qui s'opposent à cette méthode affirment que la distribution imposée conduit à l'individualisme et à l'absence de coopération. Plus encore, quelques évaluateurs croient que la procédure engendre des distributions artificielles parmi les employés.[5]

Les normes absolues.   Avec l'approche comparative, le supérieur est obligé d'évaluer chaque subalterne par rapport aux autres subalternes, souvent sur la base d'une seule dimension globale. Par contre, l'approche selon les normes absolues permet aux supérieurs d'évaluer le rendement de chaque subalterne indépendamment et ce, à partir de plusieurs dimensions.

La forme la plus simple est le **rapport d'évaluation**. Selon cette méthode, l'évaluateur décrit les forces et les faiblesses de la personne évaluée et suggère des moyens d'améliorer le rendement de l'employé. Étant donné que ces rapports ne sont pas structurés, ils peuvent varier en longueur et en profondeur. Par conséquent, la comparaison entre les personnes évaluées à l'intérieur et entre les départements est difficile à faire. De plus, le rapport d'évaluation ne fournit que des données qualitatives. Cependant, on peut compléter ces évaluations qualitatives en incluant les incidents critiques, la liste des comportements et les choix forcés. Finalement, parce que certains superviseurs ont plus de talent que d'autres pour l'écriture, il en résulte des variations dans la qualité de l'évaluation[6]. Cette méthode ne devrait pas être utilisée par les superviseurs qui n'ont pas d'habiletés pour écrire ou qui n'ont pas le temps nécessaire pour rédiger un rapport d'évaluation, c'est souvent le cas pour les superviseurs de premier niveau.

Au moyen de la technique des **incidents critiques**, le supérieur observe et note les actions particulièrement efficaces ou non des subalternes dans l'accomplissement de leurs tâches. Ces incidents fournissent des descriptions de comportements de la personne évaluée et des situations au cours desquelles ces comportements se manifestent. Par exemple, un incident critique négatif dans le cas d'un vendeur d'assurance-vie peut être « d'avoir menti à un client au moment de la vente d'une assurance ». Un incident positif peut être « d'avoir répondu à la plainte d'un client de façon prompte et cordiale ».

Lorsque le supérieur transmet une rétroaction au subalterne, elle est alors basée sur un comportement spécifique plutôt que sur les caractéristiques personnelles telles la fiabilité, la vigueur d'action, ou la loyauté. Cette dimension de l'incident critique augmente les chances que le subalterne s'améliore, car il connaît plus précisément les attentes.

Les défenseurs de la technique de l'incident critique mettent l'accent sur la simplicité et sur l'orientation comportementale. Un autre avantage est qu'elle élimine « l'influence de l'information la plus récente » puisque les incidents relatifs au rendement sont notés tout au long de l'année. De plus, plusieurs sont d'avis qu'il est plus logique de consacrer une fraction journalière ou périodique du temps pour noter les incidents critiques plutôt que d'utiliser des méthodes plus complexes ou exigeant plus de temps (sujettes à de nombreux erreurs et biais) pour en arriver à conclure que la plupart des employés ont un rendement moyen. Les incidents critiques distinguent les

« meilleurs » et les « moins bons », l'absence d'informations (incidents) pouvant être attribuée à un rendement moyen.

Les inconvénients de la technique de l'incident critique sont surtout: la nécessité pour le supérieur de conserver des dossiers sur chaque subalterne, le caractère qualitatif, le fait que les incidents ne sont pas différenciés en fonction de leur importance et les difficultés de comparaison entre les subalternes quand les incidents rapportés pour chacun sont plutôt différents. Pour vaincre certains de ces inconvénients: (1) les supérieurs doivent être formés à l'utilisation de la méthode, et (2) des incidents critiques reliés à l'emploi et pré-déterminés doivent être définis en tant que critère.

La **liste pondérée des comportements** peut être développée à l'aide de la technique de l'incident critique. Après avoir recueilli un certain nombre d'incidents critiques de la part de plusieurs supérieurs ou évaluateurs ayant une bonne connaissance du poste, les incidents sont utilisés pour construire des listes pondérées de comportements. L'évaluateur a simplement à vérifier les incidents attribuables à chaque subalterne. Le formulaire peut être conçu pour inclure des catégories de fréquence des réponses (par exemple, « toujours », « très souvent, » et « peu souvent »). Au moyen du formulaire, l'évaluateur vérifie la distribution de fréquence pour chaque incident dans le cas de chaque subalterne. Cette méthode épargne du temps à l'évaluateur et permet de fournir un pointage synthétisé.

Pour réduire le biais de la clémence (noter chaque personne à un niveau élevé, nous en discuterons plus loin) et pour établir un formulaire permettant une comparaison plus objective des personnes évaluées, un **formulaire de choix forcés** a été mis au point. La méthode des choix forcés diffère de la liste pondérée des comportements parce qu'elle incite les supérieurs à évaluer chaque subalterne en choisissant lequel de deux items décrit le mieux le subalterne. Les items sont tous les deux souhaitables mais sont d'une pertinence différente par rapport au rendement ou à leur caractère discriminant. Ces degrés sont établis par des personnes qui connaissent bien l'emploi. La figure 7.5 illustre un modèle de formulaire de choix forcés. En respectant ce format, le biais de clémence est minimisé et la fiabilité est améliorée. Bien que l'échelle des choix forcés soit très utile, les évaluateurs ne sont pas nécessairement conscients de l'interprétation que l'on fait de leur pointage. Ce fait ne rend pas seulement la rétroaction difficile, mais il réduit la confiance que l'évaluateur a dans l'organisation. Ces échelles sont coûteuses à mettre au point et l'analyse coûts-bénéfices de leur utilisation ne donne pas des résultats tout à fait évidents.

Figure **7.5**

Un formulaire de choix forcés comportant un indice de désirabilité égal et un indice discriminant différent pour le gardien d'animaux

Prépare les diètes appropriées	Aime les animaux	Nettoie les cages de façon minutieuse	Établit rapidement des relations d'amitié avec les autres
Indice de désirabilité		*Indice de désirabilité*	
4.20	4.37	4.83	4.68
Indice de discrimination		*Indice de discrimination*	
4.56	1.25	4.10	1.72

En plus de ces techniques qualitatives, il existe plusieurs techniques quantitatives. Les techniques quantitatives diffèrent des techniques qualitatives en ce sens qu'elles exigent que l'évaluateur attribue une valeur numérique précise à une caractéristique ou à un comportement de la personne évaluée, plutôt que d'indiquer seulement si cette dernière a démontré ou non cette caractéristique ou ce comportement. Il existe trois techniques quantitatives: l'échelle de notation conventionnelle ou graphique, l'échelle graduée des comportements et l'échelle d'observation des comportements.

L'**échelle de notation conventionnelle** est la méthode d'évaluation du rendement la plus utilisée. Les formulaires varient selon le nombre de dimensions de la performance qu'ils mesurent. Le terme « performance » est utilisé de propos délibéré ici parce que plusieurs formulaires utilisent des traits de personnalité plutôt que le comportement réel en tant qu'indicateurs de performance. On y retrouve fréquemment des traits de personnalité tels que l'agressivité, l'indépendance, la maturité, et le sens des responsabilités. Nombre de formulaires conventionnels ont aussi recours à des indicateurs de production, tels que le volume et la qualité du rendement. Les formulaires varient selon le nombre de traits et d'indicateurs de production qu'ils incorporent. Ils varient aussi selon l'éventail des choix (entre lesquels doit se faire le pointage) pour chaque dimension et le degré de description de chaque dimension.

Ces formulaires sont utilisés de façon extensive parce qu'il est relativement facile de les mettre au point, qu'ils permettent la compilation de résultats quantitatifs pour comparer les personnes évaluées et les départements et parce qu'ils couvrent plusieurs dimensions ou critères de rendement. Mais, parce que l'évaluateur possède un contrôle complet de l'utilisation de ces formulaires, ils sont sujets à plusieurs types d'erreurs telles que la clémence ou la sévérité, la tendance centrale et l'effet de halo (à examiner plus loin dans ce chapitre). Souvent, des traits ou des facteurs sont regroupés et l'évaluateur a seulement un espace à pointer. Les termes descriptifs souvent utilisés dans de telles échelles constituent un autre inconvénient. En effet, ils peuvent avoir une signification différente pour divers évaluateurs. Des concepts tels que « motivation », « coopération », et « sens des responsabilités » sont sujets à interprétation, particulièrement lorsqu'ils sont associés à des termes tels que « excellent », « moyen », et « très faible ».

En plus de donner lieu à ces erreurs, les formulaires conventionnels font l'objet de critiques parce qu'ils ne peuvent servir à des fins de perfectionnement. Ils n'indiquent pas à l'employé comment s'améliorer. Par conséquent, lorsqu'elles les utilisent, les organisations modifient les formulaires en y ajoutant des espaces pour de courts essais afin que les résultats de l'évaluation servent au perfectionnement des employés. Même avec ces modifications, ces formulaires ne constituent pas la manière la plus appropriée de fournir une rétroaction à l'employé en vue d'améliorer son rendement.

L'**échelle graduée des comportements (BARS)** a été développée pour faciliter l'obtention de résultats utilisables pour fins d'amélioration du rendement. Elle a été aussi conçue de façon à ce que les supérieurs se sentent à l'aise lorsqu'ils transmettent une rétroaction en termes de comportement. La première étape de l'élaboration d'une BARS est de recueillir des incidents propres à décrire un comportement satisfaisant, moyen et insatisfaisant pour chaque catégorie occupationnelle. Ces incidents sont alors regroupés en catégories ou dimensions du rendement (par exemple: habileté administrative, capacité de relations interpersonnelles, etc.). Chaque dimension constitue un critère d'évaluation. Un autre groupe de personnes énumèrent les incidents critiques appartenant à chaque catégorie. La figure 7.6 présente un exemple de critère, « les aptitudes organisationnelles » et les incidents critiques pertinents à ce

Figure **7.6**

Une échelle graduée des comportements pour des instructeurs et des formateurs industriels

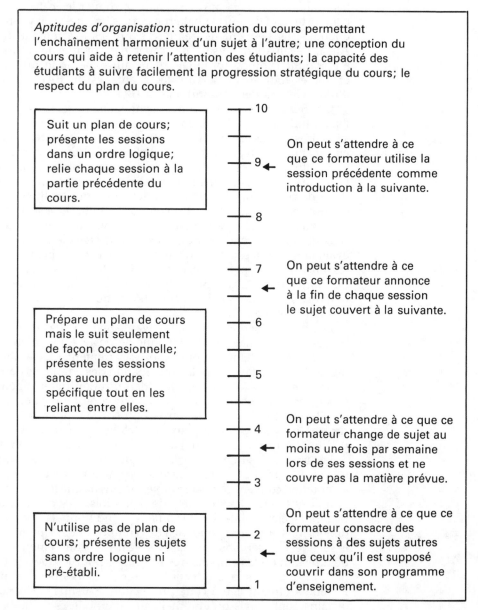

Aptitudes d'organisation: structuration du cours permettant l'enchaînement harmonieux d'un sujet à l'autre; une conception du cours qui aide à retenir l'attention des étudiants; la capacité des étudiants à suivre facilement la progression stratégique du cours; le respect du plan du cours.

Suit un plan de cours; présente les sessions dans un ordre logique; relie chaque session à la partie précédente du cours.

On peut s'attendre à ce que ce formateur utilise la session précédente comme introduction à la suivante.

On peut s'attendre à ce que ce formateur annonce à la fin de chaque session le sujet couvert à la suivante.

Prépare un plan de cours mais le suit seulement de façon occasionnelle; présente les sessions sans aucun ordre spécifique tout en les reliant entre elles.

On peut s'attendre à ce que ce formateur change de sujet au moins une fois par semaine lors de ses sessions et ne couvre pas la matière prévue.

N'utilise pas de plan de cours; présente les sujets sans ordre logique ni pré-établi.

On peut s'attendre à ce que ce formateur consacre des sessions à des sujets autres que ceux qu'il est supposé couvrir dans son programme d'enseignement.

Source: Adaptée de H.-J. Bernardin e. R.-W. Beatty, Performance Appraisal: Assessing Human Behavior at Work, Kent Publishing Company, Boston, 1984, p. 84. Reproduite avec autorisation.

critère. Cette figure illustre aussi l'étape suivante, l'imputation d'une valeur numérique (poids) à chaque incident en relation avec son apport au critère.

À l'aide d'un ensemble de critères basés sur le comportement et sur des choix pondérés, les supérieurs accordent un pointage à leurs subalternes au moyen d'un formulaire relativement peu ambigu, facile à comprendre, justifiable et relativement facile d'utilisation. Pourtant, ce formulaire comporte encore des lacunes. Comme la plupart des formulaires BARS utilisent un nombre limité de critères de rendement, plusieurs incidents critiques provenant de l'analyse de poste peuvent ne pas être retenus. Par conséquent, les évaluateurs risquent de ne pas y retrouver les catégories qui décrivent le comportement de leurs subalternes. Aussi, même si on y retrouve les incidents critiques, ils peuvent ne pas être exprimés exactement de la même façon. Ainsi, l'évaluateur ne sera pas capable d'apparier le comportement observé à une dimension du formulaire. Une autre méthode surmonte ces difficultés et limites tout en conservant les avantages du BARS, il s'agit de l'**échelle d'observations des comportements (BOS)**.

Les BOS et les BARS sont essentiellement les mêmes, à l'exception de l'amplitude de l'échelle, de son format et des façons de noter. Elles sont mêmes similaires sur ces aspects dans la mesure où les évaluateurs notent les incidents en fonction du degré selon lequel chaque incident représente un comportement effectif. Elles se différencient cependant dans la mise au point de l'échelle, c'est-à-dire dans l'utilisation de l'analyse statistique pour choisir les items de chaque dimension du rendement. Pour les BOS, l'analyse statistique est utilisée pour identifier les comportements ou les incidents critiques qui distinguent le plus clairement les employés qui ont un bon rendement de ceux qui ont un rendement insatisfaisant. Dans le cas des BARS, ce sont les évaluateurs professionnels qui remplissent cette tâche. Les principales modalités qui différencient les BOS des BARS sont le format de l'échelle et la méthode de compilation utilisée pour chaque dimension. Ces aspects sont illustrés à la figure 7.7 basée sur les incidents critiques de la description de poste du gardien d'animaux (Figure 3.3).

Les BOS présentent plusieurs avantages: (1) elles (comme les BARS) sont basées sur une analyse systématique de poste; (2) leurs items et leurs dimensions de comportements sont exposés clairement; (3) contrairement à d'autres méthodes, elles favorisent la participation des employés dans la mise au point de la dimension (au moyen de l'identification des incidents critiques de la description de poste), ce qui facilite leur compréhension et leur acception; et (4) elles sont utiles pour la rétroaction sur le rendement et son amélioration car des buts spécifiques peuvent être liés à la notation du comportement pertinent (l'incident critique) au critère ou à la dimension du rendement.

Les limites des BOS sont reliées à quelques-uns de leurs avantages, surtout le temps et le coût de leur mise au point comparativement aux formulaires de notation conventionnelle. Souvenons-nous que les BOS sont mises au point et utilisées pour chaque catégorie d'emplois. Ces coûts peuvent s'avérer un peu plus élevés que les formulaires traditionnels. Par ailleurs, plusieurs dimensions qui correspondent à des comportements peuvent laisser échapper le sens réel de certains emplois. Ceci est particulièrement vrai pour les postes de direction ou les emplois très routiniers pour lesquels le poste n'a de signification que dans la production elle-même, indépendamment des comportements donnant lieu à cette production. Lorsque ces conditions prévalent, certains sont d'avis qu'une meilleure méthode est celle basée sur l'atteinte des objectifs.

La gestion par objectifs. La **direction par objectifs (DPO)** et les **centres de responsabilités** sont les mesures les plus couramment utilisées pour évaluer le rendement des employés de direction. La DPO est probablement la méthode la plus répandue pour évaluer les directeurs[7]. Sa popularité semble découler de sa cohérence avec les valeurs et la philosophie des individus (par exemple, la croyance qu'il est important de récompenser les personnes pour ce qu'elles réalisent). La DPO est populaire parce qu'elle permet aussi une plus grande cohérence des objectifs organisationnels et individuels et parce qu'elle réduit

Figure **7.7** **Échantillon d'éléments BOS illustrant un rendement efficace et inefficace du gardien d'animaux**

Rendement efficace

1. Le gardien d'animaux garde les cages propres sans qu'on lui dise de le faire.

Presque jamais				Presque toujours
1	2	3	4	5

2. Le gardien d'animaux prépare les diètes appropriées pour chacun des animaux.

Presque jamais				Presque toujours
1	2	3	4	5

3. Le gardien d'animaux accepte d'enseigner aux subalternes qui lui demandent de l'aide.

Presque jamais				Presque toujours
1	2	3	4	5

Rendement inefficace

1. Le gardien d'animaux insulte la clientèle du jardin zoologique.

Presque jamais				Presque toujours
1	2	3	4	5

2. Le gardien d'animaux omet de fermer à clé les cages une fois qu'elles ont été nettoyées.

Presque jamais				Presque toujours
1	2	3	4	5

3. Le gardien d'animaux oublie de donner de l'eau aux animaux.

Presque jamais				Presque toujours
1	2	3	4	5

la possibilité que les directeurs soient occupés à la poursuite d'activités qui ne sont pas reliées aux objectifs de l'organisation.

On peut décrire en quatre étapes les aspects essentiels du fonctionnement de la DPO. La première étape consiste à déterminer les objectifs que chaque subalterne doit atteindre. Dans plusieurs organisations, les supérieurs et les subalternes coopèrent à la détermination des objectifs. Les objectifs peuvent référer aux résultats à atteindre, aux moyens (activités) pour atteindre ces objectifs ou aux deux.

La seconde étape détermine le temps nécessaire au subalterne pour atteindre l'objectif. À mesure que les subalternes produisent, ils peuvent organiser leur temps en sachant quoi faire, ce qui a été fait, et ce qui reste à faire.

La troisième étape consiste à comparer le niveau atteint effectivement par rapport aux objectifs initiaux. L'évaluateur examine les raisons pour lesquelles les objectifs n'ont pas été atteints ou ont été dépassés. Cette étape permet de déterminer les besoins de formation. Elle attire aussi l'attention du supérieur sur les conditions organisationnelles qui affectent le rendement d'un subalterne et sur lesquelles il n'a aucun contrôle.

L'étape finale vise à décider des nouveaux objectifs et des nouvelles stratégies pour atteindre les objectifs qui ne l'ont pas été. Les subalternes qui ont atteint avec succès les objectifs fixés peuvent être invités à participer plus activement au processus de détermination des nouveaux objectifs.

Bien que l'utilisation des objectifs dans l'évaluation des directeurs est efficace parce qu'elle les motive à améliorer leur rendement, il n'est pas toujours possible de capter toutes les dimensions importantes d'un emploi en termes de résultats. La façon dont le travail a été exécuté (comportement) peut être aussi importante que les résultats. Par exemple, un directeur qui atteint ses objectifs sans respecter l'éthique professionnelle ou la loi peut nuire à l'organisation. De plus, même si la mesure de la production capte les aspects essentiels de l'emploi, il existe toujours la préoccupation de définir des objectifs d'un niveau de difficulté égal pour tous les directeurs et qui sont assez difficiles pour constituer un défi.

Parce que la DPO est utilisée comme étant plus qu'une méthode d'évaluation du rendement (c'est aussi une source de motivation lorsque les employés sont impliqués dans le choix des objectifs), il est impératif de s'assurer que les objectifs sur lesquels on s'entend sont fonction des talents des employés, de leurs connaissances et de leurs habiletés. Autrement, l'application de la DPO peut être improductive et démoralisante. L'exemple suivant reflète cette préoccupation.

Récemment, une entreprise de franchises en restauration minute décide de mettre en place une DPO pour ses gérants de secteurs. Un groupe de gérants de secteurs négocient une augmentation fixe des ventes par rapport aux ventes de l'année précédente, pour un secteur donné. Bien que les gérants se soient entendus sur un objectif (et sur le boni choisi comme incitatif pour atteindre cet objectif), les résultats à la fin de la première année engendrent une forte insatisfaction et une faible motivation pour plusieurs d'entre eux.

Ces gérants se plaignent que le critère (augmentation des ventes) n'est pas entièrement sous leur contrôle. Des facteurs comme le milieu, le prix de la viande ainsi que la mise en marché et la publicité préparée par le siège social influencent plus les résultats que leurs propres efforts et rendent ainsi aléatoires l'atteinte de l'objectif.

Cet exemple suggère que même si la DPO apparaît parfaite en théorie, elle peut donner lieu à plusieurs problèmes opérationnels lors de son application. Pour éviter quelques-uns des problèmes liés à la détermination des objectifs, quelques organisations ont mis en place des centres de responsabilités. Ces centres semblent être fort pertinents pour l'évaluation du rendement des directeurs.

Selon cette approche, on détermine des critères en termes de profits, de coûts, ou de revenus. Le rendement des directeurs est évalué en fonction d'un ou d'une combinaison de ces critères. Pour mettre en place ces centres, une organisation crée plusieurs sous-organisations indépendantes. Dans la mesure où une véritable indépendance ne peut être assurée, le centre de responsabilités devient une forme moins appropriée d'évaluation du rendement des directeurs. La notion de centre assure à chaque directeur une grande liberté pour réussir ou échouer.

Les **normes de travail** sont une approche semblable à la DPO. Cette approche prend des mesures plus directes du rendement et est habituellement utilisée pour les employés n'occupant pas de postes de direction. Plutôt que de demander aux subalternes de fixer leurs propres normes de rendement ou leurs objectifs, comme dans le cas de la DPO, les organisations déterminent ces derniers sur la base de l'expérience passée, à partir de données sur le temps et d'échantillons de travail. Pour obtenir les données relatives au temps, on recueille l'information quant au temps requis pour effectuer une tâche dans des circonstances spécifiques (par exemple, le temps requis par une secrétaire pour écrire une lettre, dans un bureau où elle subit seulement les interruptions normales du téléphone et des visiteurs). Si les situations particulières de travail sont ignorées, on peut utiliser ces normes pour fixer les objectifs. Mais, si le poste présente des situations particulières, les normes peuvent produire des résultats non applicables. Cette approche est surtout utile pour des emplois relativement répétitifs et simples. Dans le cas d'emplois moins répétitifs et plus complexes, la technique d'échantillonnage est plus appropriée. Au moyen de cette technique, il est possible de déterminer comment les travailleurs répartissent leur temps parmi diverses activités.

Les désavantages de l'approche des normes de travail est qu'elle exige du temps, de l'argent et de la coopération pour sa mise au point. Souvent la collaboration du titulaire du poste est nécessaire et nous avons discuté au chapitre 3 des problèmes inhérents à ce sujet. Cependant, sans cette collaboration, les données ne sont ni fiables ni valides. Ce que les travailleurs font, ingrédient nécessaire de l'échantillonnage du poste, peut refléter les tâches qu'ils aiment et qu'ils n'aiment pas plutôt que ce qu'ils doivent faire ou l'importance de la tâche. Comme pour la DPO, l'essence du rendement ne peut pas être capté entièrement par les normes et les objectifs fixés. De plus, bien que les normes établies peuvent fournir une direction claire aux employés et que les objectifs peuvent les motiver, il est possible aussi qu'ils engendrent une concurrence indésirable entre les employés pour atteindre les normes et les objectifs.

Les indices directs. Cette approche diffère des trois premières surtout par la façon dont le rendement est mesuré. Les trois premières approches, exceptée celle basée sur un objectif, dépendent de l'évaluation du supérieur. Il existe un certain degré de subjectivité dans ces cas. Cependant, l'approche des **indices directs** mesure le rendement du subalterne au moyen de critères objectifs et impersonnels tels que la productivité, l'absentéisme, et le roulement. Par exemple, la performance d'un directeur peut être évaluée par le taux de roulement ou d'absentéisme des employés sous sa direction. Pour les employés qui n'exercent pas de fonctions de direction, des mesures de productivité sont appropriées. Ces mesures de productivité peuvent être ventilées selon des normes de qualité ou de quantité. Les mesures de qualité incluent les taux de rejets, les plaintes des clients et le nombre d'unités ou de parties comportant des défauts de fabrication. Les mesures de quantité comprennent les unités de production à l'heure, les nouvelles commandes des clients, le volume des ventes.

ÉVALUATION DES TECHNIQUES D'ÉVALUATION DU RENDEMENT

Bien que l'évaluation du rendement implique divers processus et méthodes, le système évolue souvent autour de la technique elle-même. Par conséquent, l'attention doit être portée sur l'examen des techniques d'évaluation disponibles de façon à ce que les organisations puissent choisir la meilleure selon leurs objectifs.

Les critères d'évaluation. Pour déterminer quelle technique d'évaluation est la meilleure, on doit se poser la question suivante: « meilleure pour quoi? », c'est-à-dire, quel but la technique est-elle supposée atteindre, ou quelle performance veut-on mesurer? Les buts recherchés sont généralement l'évaluation et le perfectionnement, mais une technique d'évaluation efficace devrait exclure les erreurs, être fiable, valide, efficace au plan des coûts, et permettre des comparaisons entre les subalternes et les départements d'une organisation.

Quelle technique est la meilleure?   L'information provenant de la recherche sur cette question est limitée mais elle renforce la nécessité d'identifier d'abord les buts de l'organisation. Chaque technique peut être évaluée par rapport aux critères suivants:

- développement: motiver les subalternes à être efficaces, fournir de la rétroaction et contribuer à la planification des ressources humaines et au développement de carrière;
- évaluation: prise de décision en matière de promotion, mise à pied, congédiement, rémunération, transfert et, par conséquent, possibilité de faire des comparaisons entre les subalternes et les départements;
- économique: coût de mise au point, de mise en place et d'utilisation;
- exemption d'erreurs: halo, clémence, tendance centrale et le degré de fiabilité et de validité;
- relations interpersonnelles: dans quelle mesure les supérieurs peuvent recueillir des données d'évaluation utiles et valides pour faciliter les entrevues d'évaluation.

La figure 7.8 présente un examen des techniques d'évaluation en fonction de ces critères.

Figure **7.8**   **Appréciation des techniques d'évaluation du rendement**

Critères d'évaluation	Approche relative		Approche absolue				Approche basée sur des objectifs				Indices directs	
	Range-ment	Distribution imposée	Incidents critiques	Liste pon-dérée des comporte-ments	Choix forcés	Notation conven-tionnelle	BARS	BOS	DPO	Normes de travail	Produc-tion	Absen-téisme
Développement[a]	1	1	2	2	1	1	2	2	3	2	1	1
Évaluation[b]	3	2	1	1	2	2	2	2	3	3	3	3
Économique[c]	3	3	2	1	1	3	1	1	1	1	3	3
Exemption d'erreurs[d]	3	3	1	2	2	1	2	2	2	2	2	2
Relations interpersonnelles[e]	1	2	2	2	1	1	3	3	2	2	2	2

I = faible niveau; 2 = niveau moyen, 3 = niveau élevé

a. Degré auquel les subalternes sont motivés à améliorer leur rendement et peuvent développer leur carrière.
b. Degré auquel le formulaire permet à l'entreprise de prendre des décisions, telles que promotion, augmentation de salaire, ou congédiement.
c. Degré auquel les coûts, le temps, et la facilité de mise au point et d'utilisation du formulaire sont minimisés.
d. Degré auquel les erreurs d'évaluation telles que l'effet de halo, la clémence, une faible validité et fiabilité sont minimisées.
e. Degré auquel le formulaire facilite la supervision.

ANALYSE DU POTENTIEL

Les approches examinées jusqu'à maintenant évaluent le rendement passé et actuel. À l'occasion, il est utile d'évaluer le potentiel des employés, c'est-à-dire le rendement que les employés sont susceptibles de fournir à un poste auquel ils peuvent être promus. La méthode du centre d'évaluation, utilisée pour déterminer le potentiel de direction des employés, évalue les personnes alors qu'elles participent à un grand nombre d'activités réalisées dans un environnement relativement isolé. Dans un centre typique d'évaluation, un employé peut passer deux ou trois jours à réaliser une série d'activités, y compris des jeux de leadership, des discussions de groupe, des évaluations par des pairs, et des exercices simulés.

Les avantages des centres d'évaluation sont leur validité et leur capacité à donner à un plus grand nombre d'employés une chance de faire reconnaître leur potentiel de gestionnaire. À l'occasion, des employés sont affectés à des emplois ou à des activités moins visibles pour la haute direction. Si, de plus, ces employés ont un superviseur qui omet de faire une évaluation équitable de leur rendement actuel, ils peuvent être « enterrés » dans l'organisation. Un programme de centres d'évaluation, auxquels les employés peuvent participer volontairement, réduit la possibilité que des employés présentant un potentiel de direction soient oubliés.

D'un autre côté, les centres d'évaluation présentent certaines limites, dont le coût, l'accent sur la concurrence plutôt que la coopération et le « couronnement de princes et de princesses »[8]. La création d'une classe à part d'employés est moins vraisemblable dans le cas d'un programme auquel les employés sont nommés par leurs superviseurs ou sont volontaires. La nature des activités du centre, incluant le degré de concurrence, peut être régularisée pour apparier les besoins de l'organisation et du milieu. Le coût relativement élevé de cette approche, environ 6000$ par employé suggère que l'organisation, pour en justifier l'utilisation, identifie clairement les bénéfices résultant d'une banque de gestionnaires potentiels.

Une fois ce potentiel identifié, les organisations établissent des systèmes d'inventaires de personnel de gestion pour faciliter l'activité de planification des ressources humaines. La même source d'informations permet aussi aux organisations d'effectuer la planification de carrière et d'élaborer des programmes de formation afin d'éliminer les disparités entre les qualifications acquises et les habiletés requises (voir chapitre 12).

CONTEXTE DE L'ÉVALUATION DU RENDEMENT

Sans égard au formulaire ou à la technique utilisés pour les recueillir, la validité et la fiabilité des données et même la faisabilité de la collecte peuvent être influencées par les relations entre supérieurs et subalternes, la nature de l'emploi et des conditions inhérentes à l'organisation.

Les relations entre supérieurs et subordonnés. Les aspects importants des relations entre supérieurs et subordonnés sont liés à la personnalité du supérieur, aux relations interpersonnelles qu'il entretient avec le subalterne, à sa connaissance du subalterne et du travail qu'il effectue, et enfin à la connaissance de l'emploi par le subalterne. Pour fins de discussion, on peut les grouper en deux catégories: problèmes du supérieur et problèmes du subalterne.

Fondamentalement, quatre problèmes peuvent se présenter dans le cas du supérieur. Le premier problème provient du fait que les supérieurs peuvent ne pas savoir ce que les employés font ou peuvent ne pas le comprendre assez bien pour l'évaluer équitablement. Ce problème se présente plus souvent quand le directeur a une aire de contrôle assez vaste, un grand nombre de responsabilités et beaucoup d'employés travaillant dans divers secteurs. Ce problème se présente aussi quand les tâches des employés sont variées, complexes et changeantes au plan technique.

Le second problème survient lorsque les supérieurs, bien que comprenant et sachant la somme de travail qu'effectuent leurs subalternes, ne disposent pas de normes pour évaluer le travail. À cause de la diversité des normes et du pointage, les subalternes peuvent recevoir des évaluations inéquitables (invalides). Ce manque d'équité est particulièrement évident lorsqu'on compare des évaluations de subalternes travaillant pour des supérieurs différents.

Le troisième problème est relié à l'utilisation par les supérieurs de normes qui ne sont pas appropriées. Dans ce cas, les valeurs personnelles, les besoins ou les biais remplacent les valeurs et les normes organisationnelles. Le dernier problème se rapporte au supérieur. En effet, le supérieur lui-même est la source d'erreurs, particulièrement l'effet de halo et les erreurs de clémence. Les supérieurs peuvent ne pas aimer et même s'objecter à faire du pointage, surtout lorsque celui-ci doit être défendu ou justifié par écrit. De cette résistance peuvent aussi découler des conflits inhérents entre les objectifs organisationnels et les objectifs personnels. Nous en discuterons dans le prochain chapitre. On risque alors d'obtenir des évaluations inadéquates ou erronées. Les supérieurs trouvent qu'il faut consacrer trop de temps aux évaluations de rendement. Par exemple, s'ils croient que les évaluations leur enlèvent du temps pour faire du « vrai travail », ou qu'ils ne comprennent pas que ces évaluations facilitent la connaissance du comportement des individus de l'organisation.

Il en résultera l'une ou l'autre des erreurs d'évaluation suivantes. Les erreurs les plus communes se présentent lorsque les supérieurs évaluent un employé ou un groupe de subalternes sur plusieurs dimensions de performance. Fréquemment, le supérieur évalue l'ensemble des dimensions du rendement d'un subalterne à partir de l'évaluation d'une seule dimension, celle-ci étant perçue par l'évaluateur comme la plus importante. Il s'agit de l'**effet de halo**. Quand les supérieurs tendent à donner à leurs subalternes des notes favorables, on peut dire qu'ils font une **erreur de clémence**. Une **erreur de sévérité** est juste le contraire. Une **erreur de tendance centrale** correspond à la tendance du supérieur d'évaluer tous les subalternes comme fournissant un rendement moyen. L'**influence de l'information la plus récente** consiste à évaluer la performance globale à partir des événements les plus récents sur la performance d'un subalterne. Cette erreur peut avoir de sérieuses conséquences pour un subalterne qui a un bon rendement durant six mois ou une année mais qui fait une erreur sérieuse ou coûteuse dans la dernière ou les deux dernières semaines avant l'évaluation.

Ces erreurs peuvent être faites intentionnellement ou non. Certains supérieurs, par exemple, évaluent intentionnellement leurs meilleurs employés comme étant légèrement en-dessous du niveau d'excellence pour éviter qu'ils soient promus dans un autre groupe. D'un autre côté, quelques supérieurs peuvent de façon non-intentionnelle évaluer certains subalternes moins favorablement que d'autres tout simplement parce qu'ils n'ont pas l'apparence d'employés dont le rendement est élevé. Une femme subalterne, par exemple, peut être perçue par un supérieur masculin comme présentant des traits traditionnellement reconnus comme féminins, tels que la dépendance, la passivité, la gentillesse. Si pour ce supérieur, des qualités d'indépendance, d'initiative et de froideur sont essentielles à une bonne performance, il évaluera moins favorablement une femme. Un supérieur peut aussi évaluer incorrectement un subalterne simplement sur la base d'affinités personnelles ou de l'absence de telles affinités. L'effet de halo et l'erreur de clémence se présentent souvent lorsque les supérieurs refusent de prendre le temps de considérer chaque critère de performance séparément pour chaque subalterne. L'erreur de clémence est souvent commise par les supérieurs qui ont de la difficulté à communiquer une rétroaction négative, particulièrement quand une justification suffisante fait défaut.

Même les formulaires d'évaluation les plus valides et les plus fiables ne peuvent être efficaces lorsque les supérieurs font ces erreurs. Mais nombre de ces erreurs peuvent être minimisées si:

- chaque dimension du rendement rejoint une seule activité plutôt qu'un groupe d'activités;
- l'évaluateur peut observer le comportement de la personne évaluée sur une base régulière pendant que les tâches sont effectuées;
- des termes tels que « moyenne » ne sont pas utilisés sur une échelle de pointage, car les évaluateurs ont des réactions diverses à l'emploi de ces termes;
- l'évaluateur n'a pas à évaluer des groupes considérables d'employés;
- les évaluateurs sont formés à éviter les erreurs de clémence, de sévérité, l'effet de halo, la tendance centrale ainsi que l'influence de l'information la plus récente;
- les dimensions qui sont évaluées sont significatives, exprimées de façon claire, et importantes.[9]

Bien que les problèmes des supérieurs soient sérieux, les subalternes ont aussi certaines difficultés. Des employés peuvent ne pas avoir un bon rendement simplement parce qu'ils ne savent pas ce qu'on attend d'eux. Ce n'est pas parce qu'ils n'ont pas la capacité mais plutôt parce qu'ils ne savent pas comment l'utiliser. Cela peut être vrai indépendamment de la difficulté de l'emploi.

Un second problème est qu'il est possible que les subalternes ne soient pas capables de faire ce qu'on attend d'eux. Évidemment, cette lacune peut être corrigée par la formation ou l'appariement à l'emploi. Cependant, il est parfois difficile de détecter des incapacités de rendement. Le spécialiste en gestion des ressources humaines joue alors un rôle important en travaillant avec les supérieurs pour identifier ces lacunes. Nous discuterons au prochain chapitre de l'utilisation de l'évaluation du rendement pour identifier et éliminer les causes d'un rendement faible.

La nature du poste.   La valeur de tout système d'évaluation du rendement dépend de la nature du poste. Le volume ou la qualité du rendement dans certains emplois ne dépendent pas toujours du subalterne. Ceci est particulièrement vrai pour les emplois de routine et ceux dont le rythme de travail est contrôlé par des machines. Aussi, quand les emplois sont très interdépendants, il peut être difficile de séparer le rendement de la personne de celui du groupe.

Les conditions organisationnelles.   Certaines conditions influencent le rendement des individus. Il s'agit entre autres des outils, de l'équipement, de la disponibilité des fournitures, aussi bien que la chaleur, la lumière et le bruit. Si on évalue seulement la production et non le comportement des subalternes et si les conditions organisationnelles affectent négativement leur rendement, les évaluations seront vraisemblablement inéquitables. En conséquence, les subalternes sont susceptibles de quitter l'organisation ou de réduire leur implication. La syndicalisation est une autre condition de nature à influencer la performance aussi bien que l'utilisation de l'évaluation du rendement. Si les employés sont syndiqués, les évaluations du rendement peuvent ne pas être utilisées. Les syndicats ont traditionnellement favorisé l'ancienneté comme facteur déterminant des augmentations de salaires, des promotions, des transferts et des rétrogradations.

COLLECTE DES DONNÉES POUR L'ÉVALUATION DU RENDEMENT

Il existe diverses sources de collectes de données pour fins d'évaluation du rendement. Ce sont le superviseur de la personne évaluée, les subalternes (si la personne évaluée est un directeur ou un superviseur), les pairs et la personne évaluée elle-même.

L'évaluation par les supérieurs. Le supérieur est le patron immédiat du subalterne faisant l'objet d'une évaluation. On fait l'hypothèse que le supérieur est celui qui connaît le mieux l'emploi du subalterne et le rendement de ce dernier. Mais l'évaluation par le supérieur présente des inconvénients:

- comme le supérieur dispose du pouvoir de récompense et de sanction, le subalterne peut se sentir menacé;
- l'évaluation est souvent un processus unidirectionnel qui place le subalterne sur la défensive; la justification de l'action prévaut;
- le supérieur n'a pas toujours les habiletés en relations interpersonnelles pour donner un bonne rétroaction;
- le supérieur peut avoir un biais éthique à ne pas vouloir jouer le « rôle de Dieu »;
- le supérieur, en prenant des sanctions, peut s'aliéner le subalterne.

À cause de ces désavantages, les organisations invitent d'autres personnes à participer au processus d'évaluation, donnant même un rôle plus large au subalterne. En permettant à d'autres personnes d'y participer on crée une plus grande « ouverture » du système d'évaluation du rendement. Généralement, cela a pour effet d'améliorer la qualité des relations entre le supérieur et le subalterne.

L'auto-évaluation. Le recours à l'auto-évaluation, surtout par la participation du subalterne à la définition des objectifs, a été rendu populaire en tant que composante importante de la DPO. Les subalternes qui participent au processus d'évaluation sont plus impliqués et plus engagés envers ces objectifs. La participation du subalterne aide aussi à clarifier les rôles des employés et à diminuer les conflits de rôle.

Les auto-évaluations constituent souvent des instruments efficaces pour l'élaboration de programmes de perfectionnement et d'épanouissement personnel. D'un autre côté, les auto-évaluations sont sujettes à des biais systématiques et à des conflits[10]. Ces biais et ces conflits peuvent donner lieu à des discussions sans fin entre le supérieur et le subalterne sur l'évaluation du rendement.

L'évaluation par les pairs. Les évaluations par les pairs constituent d'utiles prédicteurs de la performance et ce, particulièrement lorsque les supérieurs n'ont pas accès à certaines dimensions de la performance des subalternes. Cependant, la validité des évaluations des pairs est quelque peu réduite si le système de récompense de l'organisation est basé sur le rendement et est hautement compétitif et s'il existe un faible niveau de confiance parmi les subalternes.

L'évaluation par les subalternes.   Peut-être que plusieurs parmi vous, surtout en tant qu'étudiants, avez eu la chance d'évaluer un enseignant. Ce processus d'évaluation vous paraît-il utile? Un aspect important de l'évaluation par les étudiants est de permettre aux enseignants de savoir comment ils sont perçus par leurs étudiants. Parfois, ils ne réalisent pas que les étudiants ne parviennent pas à comprendre certains de leurs enseignements. C'est le même chose dans un contexte de travail. Les évaluations des subalternes rendent les supérieurs plus conscients de leur impact sur leurs subalternes.

Quelquefois, cependant, les subalternes évaluent leur supérieur à partir de leur personnalité ou de leur attitude positive vis-à-vis les besoins des subalternes plutôt que sur la base des besoins de l'organisation. Évidemment, les subalternes peuvent valoriser leur supérieur, surtout s'ils se sentent menacés par ce dernier ou si l'anonymat n'est pas garanti.

RÉSUMÉ

L'évaluation du rendement est une activité importante de la gestion des ressources humaines. Ce chapitre a examiné l'évaluation du rendement en tant que méthodes et processus consistant à développer des normes fiables et valides, des critères et des techniques d'évaluation du rendement. Pour en assurer l'efficacité, les spécialistes en gestion des ressources humaines doivent se préoccuper de l'application et de la surveillance de tous ces aspects du système d'évaluation du rendement tout en étant conscients des considérations légales l'entourant.

L'efficacité de l'évaluation du rendement dépend de plusieurs composantes et non seulement d'une seule comme la technique d'évaluation. La reconnaissance du rôle important de l'individu dans le système d'évaluation du rendement a permis de centrer l'attention sur des composantes comme les relations entre le supérieur et le subalterne, les caractéristiques du poste et les conditions organisationnelles. La façon dont les évaluateurs traitent l'information et prennent les décisions sont des aspects importants que nous examinerons plus en détails dans le prochain chapitre.

En dépit des plans les plus minutieux pour élaborer un système d'évaluation du rendement efficace, les spécialistes en gestion des ressources humaines sont souvent frustrés par l'échec des supérieurs hiérarchiques à utiliser le système correctement. Un certain nombre d'obstacles peuvent contribuer à la résistance de l'évaluateur au système d'évaluation du rendement: les évaluateurs peuvent ne pas avoir l'opportunité d'observer les comportements des subalternes, ils peuvent ne pas avoir de normes de rendement, ils peuvent être enclins à des erreurs et ils peuvent considérer l'évaluation du rendement comme une activité source de conflit et par conséquent, l'éviter. Le chapitre suivant discute de l'utilisation appropriée des systèmes d'évaluation du rendement.

QUESTIONS À DISCUTER

1. Comment un système d'évaluation du rendement peut-il aider une organisation?
2. Qu'implique un système d'évaluation du rendement?
3. Quels sont les objectifs de l'évaluation du rendement?

4. Discutez des aspects que les commissions d'enquête ont trouvé importants pour qu'un système d'évaluation du rendement soit viable au plan légal.

5. Comment les formulaires d'évaluation du rendement peuvent-ils être mis au point pour minimiser les erreurs d'évaluation du rendement du personnel de supervision?

6. Quels sont les critères importants pour répondre à la question: « Quel est le meilleur formulaire d'évaluation du rendement? »

7. Quelles sont les relations entre l'évaluation du rendement et les autres activités de gestion des ressources humaines?

8. Qui est responsable de l'efficacité du système d'évaluation du rendement?

9. Quelle est la différence entre la liste des comportements et l'échelle graduée des comportements?

10. Quelles sont les erreurs typiques d'évaluation du rendement?

É T U D E   D E   C A S

L'ÉVALUATION DISCRIMINATOIRE DU RENDEMENT

Micheline, Marielle, Louise et Nicole ont été surprises de trouver une note de la directrice du service des ressources humaines les invitant à se présenter à une session d'évaluation se tenant l'après-midi. Elles occupaient un poste temporaire de productrice chez Télé-Montréal Inc. depuis environ cinq ans et elles ne pouvaient se souvenir d'une telle session dans le passé. De fait, aucun autre producteur de la station n'était impliqué dans cette session. Les entrevues d'évaluation ont été menées par la directrice du service des ressources humaines, le superviseur de la production et le directeur des services professionnels.

À leur grande surprise, elles apprennent, qu'à partir des résultats d'une récente évaluation de leur rendement, on décide de les rétrograder au poste d'assistante-productrice. On remet à chacune d'entre elles un résumé concis des raisons sur lesquelles s'appuie la décision et on leur demande de signer un document indiquant qu'elles ont été mises au courant de l'évaluation de leur supérieur. Les quatre employées quittent l'entrevue sous l'effet du choc, en colère et impuissantes.

Le lendemain matin, les quatre employées décident d'un commun accord de mieux prendre connaissance de la décision les affectant ainsi que du système d'évaluation du rendement utilisé par Télé-Montréal Inc. Elles obtiennent les renseignements suivants de Johanne Four-nier, directrice du service des ressources humaines, au sujet du nouveau système d'évaluation du rendement. Télé-Montréal a décidé de réorganiser ses opérations et de mettre en place un nouveau système d'évaluation du rendement de ses employés professionnels. Avec l'aide de consultants en gestion des ressources humaines, on met au point une politique d'évaluation du rendement non biaisée comprenant les éléments suivants:

- chaque producteur doit être évalué à partir de quatre critères: créativité; aptitudes; gestion des ressources techniques, matérielles et budgétaires; gestion des ressources humaines;

- l'évaluation doit être faite annuellement;

- l'évaluation doit être assurée par un comité de trois superviseurs, s'appuyant sur l'échelle de notation suivante pour l'évaluation de chaque dimension:

— rendement supérieur aux exigences du poste   5 points
— rendement répondant avec satisfaction aux exigences du poste   3 points
— rendement répondant moyennement aux exigences du poste   2 points
— rendement inférieur aux exigences du poste   1 point

- le coefficient de pondération varie selon les critères: créativité; gestion des ressources

Évaluation du rendement des producteurs de Télé-Montréal Inc.

Nom du producteur	Créativité	Aptitude	Gestion des ressources matérielles, techniques et budgétaires	Ressources humaines	Total
Louise	$4 \times 3 = 12$	$2 \times 3 = 6$	$4 \times 2 = 8$	$4 \times 2 = 8$	34
Nicole	$4 \times 2 = 8$	$2 \times 2 = 4$	$4 \times 2 = 8$	$4 \times 3 = 12$	32
Micheline	$4 \times 1 = 4$	$2 \times 3 = 6$	$4 \times 2 = 8$	$4 \times 2 = 8$	26
Marielle	$4 \times 2 = 8$	$2 \times 4 = 8$	$4 \times 1 = 4$	$4 \times 1 = 4$	24
John	$4 \times 3 = 12$	$2 \times 3 = 6$	$4 \times 3 = 12$	$4 \times 4 = 16$	46
André	$4 \times 4 = 16$	$2 \times 3 = 6$	$4 \times 3 = 12$	$4 \times 3 = 12$	46
Marcel	$4 \times 3 = 12$	$2 \times 4 = 8$	$4 \times 4 = 16$	$4 \times 4 = 16$	52
David	$4 \times 2 = 8$	$2 \times 3 = 6$	$4 \times 4 = 16$	$4 \times 4 = 16$	46

humaines; gestion des ressources techniques, matérielles et budgétaires sont multipliées par quatre, et l'aptitude est multipliée par deux;

- le pointage total de chaque employé est interprété comme suit:

Signification	Notes
Rendement insatisfaisant	30 ou moins
Rendement minimal	30-40
Rendement satisfaisant	40-50
Rendement excellent	50 +

Finalement, selon Watson, « comme cette méthode d'évaluation du rendement a été testée et utilisée par plusieurs organisations canadiennes avec satisfaction, il est probable qu'il s'agit d'une méthode très valide ». Et de plus, ce système numérique sophistiqué et très précis incite Télé-Montréal Inc. à croire que la compagnie ne peut « être inefficace en utilisant ce nouveau système d'évaluation du rendement ».

En apprenant le contenu du nouveau système, les quatre productrices demandent à prendre connaissance de la ventilation détaillée de leur évaluation ainsi que de celle des autres producteurs. Johanne Fournier accepte leur demande et porte les données à leur connaissance.

Quand on lui demande pourquoi les producteurs n'ont pas reçu de description de poste détaillée, Watson répond: « ne me dites pas qu'après avoir travaillé durant deux ans en tant qu'assistantes productrices et ensuite, en tant que productrices, vous ne savez pas quel est votre travail? »

Cette réponse n'apparaît pas satisfaisante aux quatre employées et elles décident de déposer une plainte auprès de la Commission des droits de la personne du Québec alléguant avoir été victime de discrimination, probablement basée sur le sexe.

QUESTIONS

Placez-vous dans la situation de l'enquêteur de la Commission des droits de la personne. À l'aide de l'information disponible, décidez si les accusations portées par les plaignantes sont justifiées. Pour prendre votre décision, considérez les aspects suivants:

1. Est-ce que des questions de fiabilité se posent dans cette cause? Si oui, quelles sources d'erreurs peuvent être considérées?
2. Est-ce que des questions de validité se posent dans cette cause? Si oui, quelles sources d'erreurs peuvent être considérées?
3. Est-ce que l'instrument de mesure lui-même peut être mis en cause?
4. Y a-t-il dans ce cas des problèmes d'administration?

Une autre façon d'analyser le cas est de vous considérer comme un avocat au service des plaignantes. Comment établiriez-vous la cause? Sur quoi l'accent devrait-il être mis?

Évaluation du rendement: utilisation des données

Actualité

UNE FIERTÉ POUR LOTO-QUÉBEC: LE PROGRAMME D'ÉVALUATION DES CADRES

Chez Loto-Québec, on évalue non seulement le rendement des cadres mais aussi leur potentiel de gestion. Au début, il y a eu beaucoup de résistance mais une fois qu'on a entamé le dialogue et qu'ils ont pu s'exprimer sur leurs réserves, le bien-fondé du projet, leurs craintes, la confidentialité des évaluations, la résistance a fait place à la confiance. Finalement le programme a été mis en place. On dresse tout d'abord le portrait du cadre idéal auquel on comparera chacun des cadres de Loto-Québec. Ce portrait est composé de cinq types d'habiletés et de dix champs de gestion. Par exemple, l'habileté administrative comprend le sens du contrôle, l'esprit de décision, la faculté de planification, la facilité à déléguer, la capacité d'organisation alors que l'habileté intellectuelle comprend l'esprit d'analyse, le jugement, l'esprit de synthèse, la méthode et le sens critique. Les trois autres types d'habiletés mesurées sont les compétences personnelles des individus (initiative, créativité, etc.), les habiletés organisationnelles (capacité de reconnaître les besoins de l'organisation, d'adhérer aux décisions, etc.), les habiletés interpersonnelles (leadership, sens de la négociation, etc.).

Tous ceux qui ont participé au programme d'évaluation ont trouvé l'expérience exigeante mais enrichissante. Le programme est constitué de quatre étapes. Tout d'abord une entrevue préliminaire pour vérifier si le cadre maximise l'utilisation de ses aptitudes, des exercices individuels pour étoffer les résultats de l'entrevue préliminaire, un rapport que l'on remet au supérieur dans lequel on suggère des moyens d'aider le cadre à s'améliorer et qui fait ressortir ses forces et ses faiblesses. Finalement, une entrevue de rétroaction. Le programme d'évaluation vise ainsi à obtenir un portrait le plus fidèle possible du gestionnaire.

Source: PIGEON, G., « Le programme d'évaluation du potentiel de gestion », Courants, juin 1986, p. 20-22.

L'évaluation du rendement a pour principal objectif de faire progresser simultanément l'individu et l'organisation, c'est-à-dire qu'en améliorant le rendement des individus, l'organisation assure son propre développement. Conséquemment, une organisation qui fonctionne bien offre à ses employés de meilleures chances de progresser. Pour connaître le rendement des employés, il faut avant tout bien utiliser les données recueillies à cette fin. C'est ce que nous étudierons dans ce chapitre. Nous verrons aussi différentes stratégies d'évaluation du rendement et finalement l'évaluation des méthodes d'évaluation du rendement.

ÉVALUATION DU RENDEMENT: UTILISATION DES DONNÉES

Les données recueillies pour effectuer l'évaluation du rendement servent un éventail d'objectifs tels que (a) l'évaluation des ressources humaines (décisions relatives à la rémunération, aux promotions, aux rétrogradations, aux transferts et aux congédiements) et (b) le perfectionnement des ressources humaines (décisions de conseil, de formation, d'amélioration et de planification de carrière). Bien que l'entrevue d'évaluation soit utilisée pour recueillir des données additionnelles, sa principale utilité est de transmettre au subalterne l'information sur l'évaluation de son rendement. Cette rétroaction permet d'atteindre les objectifs de l'évaluation. Le succès du processus dépend de la façon dont la méthode d'évaluation est conçue et de l'entrevue.

Pour concevoir la méthode d'évaluation du rendement et effectuer l'entrevue, il faut comprendre les conflits inhérents au processus d'évaluation du rendement. Nous en discuterons immédiatement. Ensuite, nous examinerons les méthodes d'amélioration du rendement.

CONFLITS INHÉRENTS À L'ÉVALUATION DU RENDEMENT

L'évaluation et le perfectionnement sont les deux principaux objectifs de l'évaluation du rendement. Bien que la méthode choisie puisse servir les deux ensembles d'objectifs, il s'ensuit souvent des conflits.

Les conflits d'objectifs. Au plan des objectifs de l'organisation et de l'individu, on peut identifier trois types de conflits. Un premier type de conflits réfère aux objectifs d'évaluation du rendement et de perfectionnement de l'individu. La poursuite d'un objectif d'évaluation suppose que les supérieurs doivent porter des jugements susceptibles d'affecter la carrière des subalternes de même que les récompenses attribuées par l'organisation. Les jugements négatifs peuvent donc engendrer une relation conflictuelle entre le supérieur et le subalterne. Ce mécanisme à son tour limite la capacité du supérieur à jouer efficacement son rôle de support, ce dernier étant essentiel à l'atteinte de l'objectif de perfectionnement de l'individu.

Un deuxième type de conflits découle des divers objectifs de la personne évaluée. D'un côté, les individus recherchent une rétroaction valide, leur fournissant de l'information sur la façon de s'améliorer et sur la place qu'ils occupent dans l'organisation. D'un autre côté, ils désirent confirmer l'image qu'ils ont d'eux-mêmes et obtenir des récompenses importantes. Essentiellement, les individus attendent une évaluation franche et honnête de l'évaluateur (fournissant une rétroaction valide pour leur amélioration) et manifestent un besoin de paternalisme (permettant à la personne de conserver une image d'elle-même positive et d'obtenir des récompenses).

Un troisième type de conflits découle des objectifs de l'organisation et manifestent de ceux de l'individu. D'une part, il y a un conflit entre l'objectif de l'organisation d'évaluer le rendement et l'objectif de l'individu d'obtenir des récompenses. D'autre part, il existe un conflit entre l'objectif de l'organisation qui vise à développer les ressources humaines et l'objectif de l'individu qui cherche à maintenir son image intacte. La nature de ces conflits est exposée à la figure 8.1.

Les conséquences des conflits. Parmi les diverses conséquences des conflits que nous venons de mentionner, on peut souligner l'ambivalence, le détachement, la défensive et la résistance. L'ambivalence affecte les supérieurs et les subalternes. Les supérieurs sont ambivalents parce qu'ils doivent se comporter comme juge et juré; en juge parce que les subalternes veulent savoir ce que leur supérieur pense d'eux et en juré, parce que l'organisation exige d'eux un jugement de valeur sur les qualités du personnel. Cependant, ils sont incertains de leur jugement et ne peuvent présumer de la réaction des subalternes à une rétroaction négative. Cette impression est amplifiée lorsque les supérieurs n'ont pas été bien formés à faire connaître aux subalternes les termes de l'évaluation de leur rendement.

Figure **8.1**   **Les conflits inhérents aux objectifs d'évaluation du rendement**

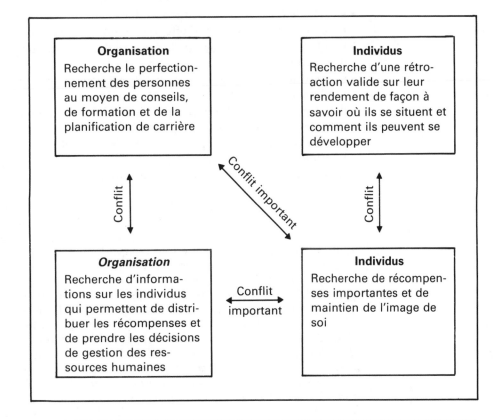

Source: M. Beer, « Performance Appraisal: Dilemmas and Possibilities », Organization Dynamics, AMACOM, une direction de l'American Management Association, New York 1981, p. 27. Reproduite avec l'autorisation de l'auteur.

Les subalternes sont également ambivalents parce qu'ils recherchent une rétroaction honnête, tout en désirant maintenir leur perception d'eux-même (ce qui équivaut à rechercher seulement une rétroaction positive) et recevoir des récompenses. De plus, s'ils sont ouverts à l'idée d'identifier leurs lacunes, ils craignent que leur supérieur n'utilise cette ouverture d'esprit pour les évaluer défavorablement.

Le détachement est une conséquence de cette double ambivalence. Pour éviter une rétroaction négative, les subalternes négligeront de prendre connaissance de l'évaluation du rendement et en réduiront la portée. Quant aux supérieurs, ils éviteront de procéder aux évaluations, étant convaincus que leurs subalternes préfèrent ne rien savoir.

Si les organisations exigent que les supérieurs poursuivent le processus d'évaluation et qu'ils fournissent une rétroaction négative (pour appuyer les décisions de congédiements et de rétrogradations), on dira qu'ils utilisent l'« approche sandwich ». Dans ce cas, ils insèrent la rétroaction négative entre deux rétroactions positives. En conséquence, les subalternes peuvent souligner ne pas avoir reçu la rétroaction négative, même si les supérieurs peuvent signaler l'avoir transmise.

Pendant l'évaluation du rendement, le subalterne adoptera une attitude défensive en réponse à une rétroaction négative menaçant son image et sa possibilité d'obtenir des récompenses. Ce fait est confirmé par les résultats d'une étude effectuée à la Générale Électrique, où on a trouvé que:

- la critique a un effet négatif sur l'atteinte des objectifs;
- les compliments ont peu d'effets dans un sens ou dans l'autre;
- le subalterne moyen réagit de façon négative à la critique pendant l'entrevue d'évaluation;
- une attitude défensive découlant d'une évaluation négative engendre un rendement déficient;
- l'effet perturbateur d'une critique répétée sur le rendement est plus marqué chez les employés qui ont déjà une faible estime d'eux-mêmes;
- l'auto-évaluation de l'employé moyen à la Générale Électrique le situait avant l'évaluation au 77ᵉ percentile;
- seulement 2 des 92 personnes participant à l'étude estimaient avoir un rendement inférieur à la moyenne.[1]

Donc, les subalternes tentent de blâmer d'autres personnes pour leur rendement, mettent en cause le formulaire d'évaluation et demandent que leur supérieur justifie leur évaluation. Au début de l'entrevue, les subalternes ne sont pas portés à s'excuser de leur comportement et à chercher des moyens de l'améliorer. Au contraire, ils résistent aux efforts de leur supérieur à trouver des solutions positives à leurs problèmes. Par conséquent, les supérieurs passent la majeure partie de leur temps à essayer de défendre leur évaluation et à résister aux efforts des subordonnées visant à les modifier. Le processus d'évaluation peut être gênant pour les deux acteurs, particulièrement lorsqu'il s'agit de situations de faible rendement et de rétroaction négative. Mais, même dans les cas de bons rendements, l'évaluation doit motiver encore plus les employés qui excellent établissant ainsi un barème de comparaison pour le rendement des autres employés. Comme le processus d'évaluation est inconfortable mais nécessaire, il importe de chercher des moyens de l'améliorer. La méthode d'évaluation et l'entrevue d'évaluation doivent être conçus pour minimiser ces problèmes.

CONCEPTION D'UNE MÉTHODE D'ÉVALUATION DU RENDEMENT

Pour réduire les problèmes posés par les conflits inhérents à l'évaluation du rendement, le processus d'évaluation doit comporter certaines dispositions.

La distinction entre l'évaluation et le perfectionnement. Nous disions que les subalternes qui adoptent une attitude défensive face aux évaluations négatives ne cherchent pas à s'améliorer. En conséquence, les efforts des supérieurs pour les y inciter peuvent s'avérer futiles. Ces efforts seront efficaces lorsque les subalternes auront une attitude positive face aux suggestions et lorsque les supérieurs joueront un rôle d'aide, et ne se comporteront pas en juge. Ainsi, si les organisations veulent atteindre les objectifs d'évaluation et de perfectionnement, il est préférable qu'elles recourent à deux entrevues d'évaluation; la première pour mettre l'accent sur l'évaluation du rendement et la seconde, à un autre moment de l'année, pour discuter du perfectionnement de l'individu.

L'utilisation des données. Lors de l'évaluation, les supérieurs devraient toujours utiliser les données qui mettent l'accent sur les comportements ou les objectifs spécifiques. Des données qui mettent l'accent sur les caractéristiques personnelles sont susceptibles d'engendrer des attitudes défensives parce qu'elles sont plus subjectives et parce qu'elles rejoignent l'image de soi du subalterne.

Tel que discuté au chapitre précédent, les supérieurs peuvent faciliter la transmission de la rétroaction sur le rendement en sélectionnant et en utilisant les formulaires d'évaluation appropriés. Plus précisément, s'ils désirent utiliser les données sur les comportements, la technique des incidents critiques ou la méthode BOS seraient efficaces tandis que les données sur les objectifs seraient mieux utilisées par l'approche DPO ou les normes de travail. L'utilisation des formulaires d'évaluation permet de faire ressortir les subordonnés qui ont un bon rendement et d'observer comment ils obtiennent ce rendement.

La distinction entre l'évaluation du rendement réel et potentiel.   Le rendement réel des subalternes a parfois peu de rapport avec leur potentiel. Cependant, les supérieurs peuvent inconsciemment incorporer des éléments d'évaluation du rendement potentiel aux évaluations du rendement réel. Pour surmonter cette difficulté, les supérieurs utiliseront un formulaire spécifique et différent pour l'évaluation du potentiel. On évitera alors que l'évaluation du rendement ne constitue qu'une moyenne des rendements réel et potentiel, cette situation pouvant conduire à des évaluations inéquitables, surtout pour les subalternes qui ne sont pas intéressés aux promotions mais qui présentent pourtant un bon rendement.

L'évaluation des supérieurs.   Pour encourager les attitudes positives dans la poursuite de l'évaluation du rendement et pour améliorer les relations entre les supérieurs et les subalternes, ces derniers peuvent être encouragés à procéder à une évaluation de leur supérieur. L'évaluation du supérieur favorise un meilleur équilibre. Un tel équilibre est utile pour réduire le caractère hiérarchique des relations entre les supérieurs et les subalternes qui contribue beaucoup aux attitudes de défense et de détachement.

L'auto-évaluation.   Pour aller plus loin dans cette notion d'ouverture et d'équilibre du pouvoir, on peut recourir à une politique d'auto-évaluation. L'auto-évaluation est susceptible de fournir plus d'informations au supérieur et ainsi résulter en une évaluation plus réaliste du rendement du subalterne et donc en une meilleure acceptation de l'évaluation finale.

ENTREVUE D'ÉVALUATION DU RENDEMENT

Afin d'accroître l'efficacité de l'évaluation du rendement, il faut se préoccuper de plusieurs aspects de l'entrevue.

Les catégories d'entrevues.   Il y a quatre catégories principales d'entrevues: (1) une pour énoncer et convaincre; (2) une pour énoncer et écouter; (3) une pour résoudre les problèmes; (4) l'entrevue mixte. L'entrevue destinée à **énoncer et convaincre**, ou directive, est utilisée pour informer les subalternes de leur rendement et les convaincre de définir des objectifs pour l'améliorer, si nécessaire. Ce type d'entrevue est efficace de ce point de vue surtout si les subalternes ont peu de préférence pour une participation accrue mais il est plus approprié pour fins d'évaluation.

L'entrevue destinée à **énoncer et écouter** fournit aux subalternes la possibilité de participer et d'établir un dialogue avec les supérieurs. Le but de cette entrevue est de communiquer les perceptions des superviseurs sur les forces et les faiblesses des subalternes et de laisser ces derniers réagir à ces perceptions. Les supérieurs résument et paraphrasent les réactions de leurs subalternes mais, de façon générale, ne définissent pas d'objectifs d'amélioration du rendement. Par conséquent, les subalternes peuvent se sentir rassurés mais leur rendement demeurer inchangé.

Dans le cas de l'entrevue destinée à **résoudre des problèmes**, de nature participative, un dialogue actif et ouvert s'engage entre le supérieur et le subalterne. Non seulement on échange les perceptions, mais des solutions aux problèmes ou aux différences de vues sont recherchées, présentées et discutées. Des objectifs d'amélioration sont définis par le supérieur et le subalterne. Ce type d'entrevue est généralement plus difficile à réaliser pour la plupart des supérieurs, de sorte qu'une formation adéquate est habituellement nécessaire et bénéfique.

La réalisation d'une **entrevue mixte** requiert aussi une formation car elle constitue une combinaison des entrevues « énoncer et convaincre » et de « résolution de problèmes ». Certaines qualités sont nécessaires pour effectuer chacune de ces entrevues et pour effectuer la transition de l'une à l'autre. Tel qu'expliqué plus haut, il est souhaitable d'utiliser l'entrevue « énoncer et convaincre » pour l'évaluation et l'entrevue de « résolution de problèmes » pour fins de perfectionnement. Toutefois, des entrevues séparées pour chaque objectif ne sont pas toujours possibles. Par conséquent, une seule entrevue peut atteindre les deux objectifs. Elle peut commencer de façon à ce que le subalterne laisse le supérieur présenter une évaluation de son rendement; par la suite, on passe à une discussion participative des améliorations pouvant être apportées et sur la façon dont elles peuvent l'être (résolution de problèmes). On conclut sur des objectifs d'amélioration acceptés de part de d'autre.

L'efficacité de l'entrevue.   L'entrevue mixte constitue un format efficace d'articulation d'une entrevue, mais l'efficacité de l'entrevue repose aussi sur d'autres facteurs tels que:

- planifier l'horaire de l'entrevue à la satisfaction mutuelle du subalterne et de son supérieur;
- s'entendre sur le contenu de l'entrevue; la question la plus importante est de déterminer si l'entrevue est faite pour fins d'évaluation ou de perfectionnement ou les deux;
- s'entendre sur le processus; comment solutionner les différences de vues, régler les problèmes et quels sujets aborder durant l'entrevue;
- choisir et utiliser un local neutre, c'est-à-dire que l'entrevue n'aura pas lieu dans le bureau du supérieur ou sur le lieu de travail du subalterne.[2]

L'entrevue d'évaluation sera encore plus efficace si elle comporte les caractéristiques suivantes:

- un niveau élevé de participation du subalterne pour accroître son acceptation de l'évaluation et le taux de satisfaction;
- le soutien et la confiance du supérieur envers le subalterne pour accroître l'ouverture de l'entrevue et l'acceptation par le subalterne de l'évaluation et de l'évaluateur lui-même;
- une discussion ouverte des problèmes de rendement et une solution conjointe de ces problèmes, ce qui peut conduire à une amélioration du rendement du subalterne;
- la définition d'objectifs spécifiques et présentant un défi à réaliser par le subalterne pour augmenter les chances d'amélioration du rendement;
- l'inclusion d'une rétroaction effective plutôt qu'une critique. Une telle façon de procéder peut améliorer la qualité de la relation entre le subalterne et le supérieur ainsi que le rendement du subalterne.

Comme les supérieurs ont l'opportunité de fournir une rétroaction informelle sur une base quotidienne autant que dans le cadre de l'entrevue d'évaluation, il est utile d'examiner le processus d'une rétroaction efficace.

La rétroaction efficace.   Qu'elle soit négative ou positive, la rétroaction n'est pas toujours facile à transmettre. Heureusement, plusieurs paramètres d'une rétroaction efficace ont été identifiés.

1. Une rétroaction efficace est spécifique plutôt que générale. Simplement souligner à une personne qu'elle est trop autoritaire n'est probablement pas aussi utile que de dire, « Vous n'écoutiez pas tout de suite ce que je disais mais j'avais l'impression que je devais soit me ranger à vos arguments, soit faire face à votre opposition ».

2. Une rétroaction efficace est centrée sur le comportement plutôt que sur les caractéristiques personnelles. Il est important de faire état de ce qu'une personne fait plutôt que de ce qu'elle est. Ainsi, un supérieur peut mentionner au subalterne qu'il a parlé plus que les autres à la réunion plutôt que de lui dire qu'il est gueulard.

3. Une rétroaction efficace considère aussi les besoins de la personne qui reçoit la rétroaction. Cette dernière peut être destructrice si elle ne correspond qu'aux besoins de l'évaluateur. La rétroaction doit être effectuée pour aider, non pour blesser.

4. Une rétroaction efficace porte sur un comportement dont la personne est responsable. La frustration s'élève lorsqu'on rappelle à des personnes des lacunes sur lesquelles elles n'ont aucun contrôle ou des caractéristiques physiques qu'elles ne peuvent modifier.

5. Une rétroaction est d'autant plus efficace qu'elle est recherchée plutôt qu'imposée. Les personnes qui la reçoivent devraient rechercher activement la rétroaction en posant des questions à l'évaluateur.

6. Une rétroaction efficace implique un partage de l'information plutôt qu'une transmission de conseils. Ainsi les personnes qui la reçoivent sont libres de décider elles-mêmes des changements à réaliser en fonction de leurs propres besoins.

7. Une rétroaction efficace arrive à temps. En général, une rétroaction immédiate est plus utile, à condition qu'elle soit reliée de façon constructive à des comportements récents.

8. Une rétroaction efficace se rapporte à une information limitée. Même si l'évaluateur détient beaucoup d'informations, il devrait transmettre uniquement l'information que la personne peut utiliser. Écraser une personne sous le poids de la rétroaction réduit sa possibilité de bien l'utiliser. Un évaluateur qui transmet trop d'informations le fait souvent pour satisfaire ses besoins plutôt que pour aider l'autre personne.

9. Une rétroaction efficace se rapporte au comment des paroles ou des actes, et non au pourquoi. L'évaluateur qui transmet aux individus son interprétation de leurs motivations ou de leurs intentions tend à se les aliéner. Cette attitude contribue à un climat de ressentiment, de suspicion et de défiance. Elle ne facilite pas la compréhension et le développement positif. Si cela s'avère essentiel dans certaines circonstances, l'évaluateur peut exprimer son incertitude au sujet des motifs ou des intentions de l'individu et demander une explication. Ce n'est pas constructif de partir du principe qu'on sait pourquoi une personne dit ou fait quelque chose.

10. Une rétroaction efficace est vérifiée pour s'assurer que les communications sont transparentes. Une façon de le faire est d'amener la personne qui reçoit la rétroaction à la paraphraser pour vérifier si elle correspond à ce

que l'évaluateur a à l'esprit. Quelle que soit l'intention, une rétroaction peut souvent être menaçante et par conséquent, sujette à distorsion ou à mauvaise interprétation.

Des méthodes d'évaluation bien élaborées ainsi que les entrevues et la rétroaction contribuent à augmenter l'efficacité du système d'évaluation du rendement. Le système d'évaluation efficace n'élimine pas les problèmes de rendement mais il aide l'organisation à les identifier et à développer des stratégies pour les solutionner.

AMÉLIORATION DU RENDEMENT

L'amélioration du rendement est un processus d'identification des lacunes ou des écarts de rendement, d'analyse de leurs causes et d'élaboration de stratégies pour éliminer ces lacunes.

IDENTIFICATION DES ÉCARTS DE RENDEMENT

Tel que discuté au chapitre précédent, le rendement est évalué en fonction des caractéristiques, des comportements (comprenant l'absentéisme) et des résultats ou objectifs. S'ils permettent d'identifier le rendement, ils permettent aussi d'identifier les écarts de rendement. Supposons, par exemple, un employé dont l'objectif est de réduire le taux de rejet de 10% et qui ne réussit à le diminuer que de 5%. Il y a là un écart de rendement. Cette méthode est valide en autant que les objectifs sont mesurables et ne sont pas contradictoires.

Une autre méthode d'identification des rendements irréguliers consiste à **comparer les subalternes, les unités ou les départements entre eux**. Les organisations comportant plusieurs directions mesurent souvent le rendement de chaque direction en le comparant à celui des autres directions. Les directions placées au bas de la liste sont identifiées comme celles comportant des écarts de rendement. Cependant, on a beau ranger les personnes ou les divisions, l'identification d'écarts de rendement au moyen de comparaisons ne fournit pas pour autant un diagnostic de la cause des écarts de rendement.

L'autre façon d'identifier les écarts est de **comparer le rendement dans le temps**. Par exemple, un gérant qui a vendu 1000 disques le mois dernier et 800 seulement ce mois-ci, présente un écart de rendement, mais la cause n'est pas apparente. Le mois au cours duquel il a vendu 1000 disques correspond peut-être à la période des Fêtes, ce qui expliquerait la baisse des ventes le mois suivant.

IDENTIFICATION DES CAUSES DES ÉCARTS DE RENDEMENT

Avant d'examiner les méthodes utilisées pour déterminer les causes des lacunes et des écarts de rendement, il est utile de discuter des facteurs qui affectent le rendement des individus. Le comportement d'un employé influence directement son rendement. Toutefois, ce comportement est lui-même affecté par diverses variables, expériences et événements. Les facteurs qui déterminent le comportement entrent dans trois principales catégories: (1) les variables personnelles (c'est-à-dire les habiletés et les aptitudes, les variables d'expérience et d'instruction et les variables démographiques), (2) les variables psychologiques (c'est-à-dire la perception, les attitudes, la personnalité, la capacité d'apprendre et la motivation) et (3) les variables organisationnelles (c'est-à-dire les ressources disponibles, le leadership, le système de récompenses et la définition du poste).

Les éléments déterminants du comportement incitent les superviseurs à soulever des questions spécifiques au sujet des causes des écarts de rendement:

1. Est-ce que l'employé possède les habiletés et les aptitudes pour occuper le poste?
2. Est-ce que l'employé dispose des ressources nécessaires pour effectuer ses tâches?
3. Est-ce que l'employé est conscient de son problème de rendement?
4. Quand et dans quelles circonstances le problème de rendement s'est-il manifesté?
5. Quelle est la réaction des collègues de travail de l'employé à son problème de rendement?
6. Que font les gestionnaires pour enrayer le problème de rendement?
7. Est-ce que l'employé a les attitudes et la motivation voulues pour donner un bon rendement?

La figure 8.2 illustre une approche plus systématique d'évaluation des écarts de rendement. Le gestionnaire utilise une liste de contrôle à partir de laquelle il tente d'identifier les causes probables des écarts de rendement. L'étape suivante consiste à mettre au point des stratégies correctrices pour améliorer le rendement.

Figure 8.2   **Diagnostiquer les lacunes du rendement**

Indiquer lesquels parmi les facteurs suivants affectent le rendement ou le comportement de la personne que vous analysez.

	OUI	NON
1. Habiletés, connaissances et aptitudes		
A. Est-ce que la personne possède les habilités pour rencontrer les attentes?	_____	_____
B. Est-ce que la personne a eu le rendement attendu dans le passé?	_____	_____
2. Personnalité, intérêts et préférences		
A. Est-ce que la personne possède la personnalité ou l'intérêt pour réussir?	_____	_____
B. Est-ce que la personne perçoit clairement le rendement attendu?	_____	_____
3. Opportunités		
A. Est-ce que la personne a la possibilité de se perfectionner et d'utiliser ses habilités et aptitudes?	_____	_____
B. Est-ce que l'organisation offre des possibilités de carrière?	_____	_____
4. Objectifs		
A. Est-ce que des objectifs ont été définis?	_____	_____
B. Est-ce que ces objectifs sont très spécifiques?	_____	_____
C. Est-ce que ces objectifs sont clairs?	_____	_____
D. Est-ce que ces objectifs sont difficiles?	_____	_____

Figure **8.2 (suite)**   **Diagnostiquer les lacunes du rendement**

	OUI	NON

5. Incertitude

A. Est-ce que la personne est certaine des récompenses offertes?

B. Est-ce que la personne est certaine de la tâche à accomplir?

C. Est-ce que la personne est certaine de ce que les autres attendent d'elle?

D. Est-ce que la personne est certaine de ses responsabilités et des niveaux d'autorité?

6. Rétroaction

A. Est-ce que la personne est informée de ce qui est correct ou incorrect (qualité ou quantité) dans son rendement?

B. Est-ce que l'information reçue indique à la personne comment améliorer son rendement?

C. Est-ce que la personne reçoit souvent de l'information?

D. Y-a-t-il un délai entre le moment où la tâche est effectuée et la transmission de l'information sur cette tâche?

E. Est-ce que l'information peut être interprétée facilement par la personne?

7. Conséquences

A. Est-ce que la personne est défavorisée si elle fait ce qui est attendu (dans l'immédiat)?

B. Est-ce que la personne est défavorisée si elle fait ce qui est attendu (à long terme)?

C. Est-ce que des conséquences positives en découlent si la personne recourt à une action alternative (dans l'immédiat)?

D. Est-ce que des conséquences positives en découlent si la personne recourt à une action alternative (à long terme)?

E. Est-ce qu'aucune conséquence apparente ne résulte du rendement désiré?

F. Est-ce qu'aucune conséquence positive ne résulte du rendement désiré?

8. Pouvoir

A. Est-ce que la personne peut mobiliser les ressources pour réaliser le travail?

B. Est-ce que la personne peut influencer d'autres personnes pour les inciter à réaliser ce qui est nécessaire?

C. Est-ce que la personne qui se détache par rapport à d'autres a un niveau hiérarchique plus élevé dans l'organisation?

STRATÉGIES D'AMÉLIORATION DU RENDEMENT   Les stratégies d'amélioration du rendement sont classées en deux catégories: celles qui visent à réduire ou contrôler les lacunes actuelles et celles qui visent à prévenir ces lacunes. Même s'il y a plusieurs stratégies dans chacune des catégories, nous les étudierons comme si elles ne constituaient qu'une seule catégorie.

STRATÉGIES POSITIVES DE COMPORTEMENT

L'approche positive implique des efforts pour encourager les comportements désirables en précisant des critères de comportement et en mettant en vigueur des systèmes de récompenses conditionnelles aux comportements désirés. L'implantation de cette stratégie nécessite l'élaboration de mesures précises de comportement reliées au rendement. Ceci peut être fait en utilisant la technique des incidents critiques pour identifier les comportements critiques et le rendement insuffisant (voir chapitre 7). Si l'organisation utilise déjà un formulaire d'évaluation du rendement basé sur le comportement, tels que BARS ou BOS, celui-ci peut remplacer la technique des incidents critiques. L'utilisation de critères de comportement devrait éliminer plusieurs erreurs de notation et ainsi améliorer la validité de l'évaluation.

Après avoir définis les critères de comportements, il faut sensibiliser les subalternes. Il s'agit alors de préciser chaque dimension du comportement et d'y associer des récompenses spécifiques. Pour en retirer un maximum de bénéfice, les objectifs doivent être une source de défi, en plus d'être spécifiques, clairs et acceptables par les subalternes.

STRATÉGIES POSITIVES D'ORGANISATION

Une stratégie positive de contrôle organisationnel conçue spécialement pour réduire l'absentéisme est **le temps accumulé**. Le temps accumulé constitue une nouvelle approche de rémunération et d'utilisation des journées d'absence payées. Dans le cadre de l'approche du temps accumulé, les employés ont plus de choix dans l'utilisation des périodes d'absence rémunérées. Ainsi, ils sont responsables de l'affectation de leur temps accumulé. Plutôt que de diviser les avantages sociaux en journées de vacances, absences personnelles, journées de maladie ou invalidité à court terme, le temps accumulé additionne ces journées. Elles peuvent être utilisées pour toute fin choisie par l'employé ou il peut décider d'en recevoir le paiement lors d'un départ volontaire.[3]

Le nombre total de jours est inférieur à ce qu'il est dans un programme où les journées d'absence sont divisées entre les diverses catégories mais l'employé est beaucoup plus libre de s'en servir à son gré. Les avantages de base du programme sont (1) une diminution des absences non planifiées; (2) une réduction du conflit entre l'employé et le superviseur sur la légitimité des absences et la responsabilité personnelle et (3) une flexibilité dans l'utilisation du temps pour fins personnelles.

STRATÉGIES NÉGATIVES DE COMPORTEMENT

Contrairement aux stratégies positives qui cherchent à encourager des comportements désirables au moyen de récompenses, les stratégies négatives cherchent à décourager un comportement indésirable par des mesures punitives[4]. La stratégie négative est utilisée dans de nombreuses organisations parce qu'elle permet d'arriver relativement rapidement aux résultats. Ses effets négatifs sont réduits en respectant certains principes:

- fournir un avertissement clair. Plusieurs organisations ont défini des étapes précises et claires d'action disciplinaire. Par exemple, la première infraction donne lieu à un avertissement oral; la seconde à un avertissement écrit; la troisième à un renvoi disciplinaire; la quatrième à un congédiement;

- administrer la mesure disciplinaire le plus rapidement possible. Si une longue période s'écoule entre l'infraction et la punition, l'employé ne fera pas bien le lien entre les deux;
- administrer la même mesure disciplinaire pour un comportement similaire de n'importe qui et n'importe quand;
- administrer la mesure disciplinaire de façon impersonnelle. Une telle mesure devrait être basée sur le comportement et non en fonction de la personne.[5]

Alors que les stratégies disciplinaires sont les plus usuelles et les plus recommandées pour contrôler les absences, elles présentent plusieurs effets négatifs. De telles stratégies sont une source de stress pour le personnel de supervision responsable de leur application[6] et l'utilisation intensive des mesures disciplinaires engendre une hausse des poursuites et des griefs.

Parce que le supérieur immédiat joue un rôle important dans l'application des mesures disciplinaires, le service des ressources humaines devrait prendre certaines mesures pour améliorer leur efficacité:

- permettre aux superviseurs de choisir leurs employés;
- informer les superviseurs des politiques disciplinaires de l'organisation et les former à la gestion de ces politiques;
- définir des normes équitables et qui peuvent être appliquées facilement et systématiquement par les superviseurs.

En prenant ces mesures, l'organisation diminue non seulement les effets négatifs de l'application des mesures disciplinaires, mais elle s'assure aussi que les droits des employés sont respectés (nous discuterons de cette question au chapitre 15). Le respect des droits est renforcé par la formulation de règles équitables de travail et par l'application systématique des politiques.

Aucune organisation ne peut fonctionner correctement et efficacement sans règles et politiques de travail. Généralement, les employeurs établissent les règles et les politiques, les superviseurs les appliquent et les employés les respectent. Cependant, les employeurs doivent s'assurer que de telles règles et politiques sont reliées aux objectifs de l'organisation, qu'elles sont équitables, non discriminatoires et qu'elles sont portées clairement à la connaissance des employés.

S'il est rentable pour l'organisation d'être cohérente dans l'application des règles et des politiques, il est aussi rentable d'élaborer d'autres stratégies pour enrayer les comportements indésirables qui affectent le rendement.

PROGRAMMES D'AIDE AUX EMPLOYÉS

Les programmes d'aide aux employés sont conçus spécialement pour les employés qui présentent des problèmes chroniques de rendement et d'assiduité au travail. De tels programmes ont pour but d'aider les employés alcooliques, toxicomanes ou bien qui souffrent de stress ou vivent des difficultés conjugales graves. Comme ces problèmes sont en partie reliés au travail, certains employeurs canadiens prennent l'initiative de mettre en place des programme d'aide aux employés.

Les programmes d'aide aux employés semblent répondre encore plus à un besoin au Canada que dans les autres pays. Les données alarmantes sur la consommation de boissons alcooliques et leur impact sur les Canadiens en témoignent. On estime que de 3,5% à 7% de la population active, soit entre 350 000 et 700 000 personnes ont de graves problèmes d'alcoolisme. L'alcoolisme contribue à réduire la productivité, à accroître l'absentéisme, à augmenter les dépressions et les accidents du travail lesquels, selon les estimations, coûteraient à l'industrie canadienne environ 21 millions de dollars par jour[7]. L'Institut international de recherche Gallup présente des données encore plus alarmantes. En effet, les Canadiens seraient les « champions du monde » en matière de consommation d'alcool. L'enquête indique que 77% de la population canadienne adulte consomme de l'alcool, dont 26% en consomme beaucoup et 17% moyennement[8].

Au Québec, on assiste à un déclin de la consommation d'alcool pur depuis 1979. Mais même si l'absorption d'alcool pur per capita au Québec demeure inférieure à celle de la majorité des autres provinces du Canada, le nombre de litres de boissons alcoolisées absorbés per capita y est supérieur au niveau moyen pour l'ensemble des Canadiens; ceci s'explique par la teneur en alcool plus faible des boissons consommées au Québec. En effet, les Québécois présentent la plus faible consommation de spiritueux per capita, mais s'avèrent par contre les deuxièmes plus grands buveurs de bière et se classent au troisième rang en ce qui concerne la consommation de vin[9]. L'alcoolisme au travail entraîne une baisse de productivité représentant des millions de dollars par année en perte pour l'économie québécoise. Plus de 12% des employés se retrouvant dans tous les secteurs d'emploi en seraient atteints et ce sont finalement autant les entreprises que les individus et leurs proches qui en souffriraient[10].

La consommation d'alcool serait la cause d'une accentuation des mauvais traitement aux enfants et aux conjoints, des ruptures conjugales, de l'agression sociale et des crimes violents.[11]

Un éventail de programmes d'aide aux employés a été mis en place par des organisations canadiennes pour aider les employés à affronter leurs problèmes personnels. Quelques-unes des ces approches comprennent:

- des programmes intra-muros sous la responsabilité du personnel professionnel de l'entreprise;
- des programmes dispensés par les agences publiques telles que: l'Addiction Research Foundation, l'Association canadienne pour la santé mentale, l'Association des services familiaux;
- des programmes regroupant plusieurs entreprises qui s'unissent pour fournir l'assistance professionnelle nécessaire;
- des programmes de traitement pour les employés développés par le Congrès du Travail du Canada. Ces programmes assurent la formation de membres des syndicats comme personnes ressources pour établir une liaison entre les employés faisant face à des problèmes et les ressources communautaires appropriées;
- des programmes mis au point dans le cadre d'activités de conseillers en gestion.[12]

Chaque approche a ses propres mérites et chacune peut être efficace dans des situations et des entreprises différentes. Cependant, plusieurs employés qui ont besoin de tels programmes d'aide ne les utilisent que lorsqu'ils risquent un congédiement. Et pourtant, le pourcentage de réussite chez ceux qui participent à ces programmes est élevé et les résultats comportent souvent des gains substantiels de rendement et de réduction de l'absentéisme.

Outre l'alcoolisme et la toxicomanie, le stress et les problèmes émotionnels sont aussi une source de difficultés dans l'organisation. Le comité national de l'Association canadienne pour la santé mentale s'est penché sur ces problèmes et a proposé des idées et des programmes pour améliorer la santé mentale en milieu de travail. Cette initiative comporte un agenda pour les années 1980. Le rapport souligne que, bien que le stress soit normal dans le milieu de travail et dans la vie quotidienne, il peut être accentué par des changements de conditions de travail, la mise en place de nouvelles technologies et des bouleversements sociaux rapides. Le rapport suggère que 15% à 30% de la main-d'oeuvre est sérieusement affectée par des problèmes émotionnels et que de tels problèmes affectent les entreprises en coûts directs et indirects. Ce rapport précise aussi que le milieu de travail constitue un endroit privilégié pour rejoindre le plus grand nombre de personnes et les informer des programmes d'éducation en santé mentale et des programmes d'intervention rapide pour les problèmes d'ordre émotif. Ce sont ces derniers que traite le programme d'aide aux employés.[13]

CONSEIL

Pour modifier les habitudes d'absentéisme chronique, quelques entreprises ont conçu un programme conseil qui met l'accent sur la résolution de problèmes et les techniques de fixation d'objectifs. Cette approche vise à rejoindre le 5% à 10% de la main-d'oeuvre présentant une histoire d'absentéisme. Avant d'instaurer l'activité conseil, les superviseurs franchissent les étapes suivantes:

- Identification des personnes les plus systématiquement absentes. On dresse une liste de tous les employés qui ont un dossier d'absences répétées, indépendamment du caractère légitime présumé des absences ou des raisons sous-jacentes.
- Centralisation des données sur l'absentéisme. Les dossiers et l'information sont accumulés, analysés et conservés dans un seul endroit.
- Collecte des données à long-terme. Les dossiers d'absentéisme doivent être conservés pendant une période assez longue pour déceler les tendances.

Une fois qu'ils ont pris la décision de rencontrer un employé, les superviseurs doivent procéder de la façon suivante:

- examiner le dossier de présence de l'employé;
- s'assurer que l'employé est conscient de la gravité du problème aussi bien que des normes de présence dans l'organisation;
- préparer un mémo bref et précis à la fin de la session pour définir le problème. Il s'agit de noter les raisons invoquées par l'employé et de préciser s'il a manifesté le désir de s'améliorer.

Si la première session n'apporte pas de changements significatifs, une seconde session de conseil doit être planifiée. L'employé, le superviseur, le représentant syndical (s'il y a lieu) et du personnel de la haute direction participeront à cette deuxième rencontre. Un gestionnaire de niveau supérieur doit être présent pour s'assurer que les droits de l'employé (chapitre 15) sont protégés. On conservera par écrit les résultats de la seconde rencontre.

Si l'employé ne s'améliore pas après la seconde session, une autre session doit avoir lieu en présence d'un gestionnaire de haut niveau. À cette étape, il devrait être clair que l'employé est responsable du respect des règles de présence au travail et que, par conséquent, le maintien en emploi repose sur ses épaules. On devrait permettre à l'employé de prendre une journée de congé rémunérée pour décider s'il démissionne ou s'engage à s'améliorer. Si après ce cheminement, il n'y a pas d'amélioration, il peut devenir nécessaire de congédier le travailleur.

Le conseil est-il un bon remède? Cela dépend des facteurs déterminant du comportement; ce qui est également vrai pour d'autres stratégies. Par exemple, si le rendement déficient résulte d'un manque de récompenses positives associées aux comportements souhaités, les éloges du superviseur, la reconnaissance dans l'organisation ou la rémunération rattachée à ces comportements peuvent produire de meilleurs résultats que la technique du conseil. Si les employés n'ont pas un bon rendement parce qu'ils n'ont pas suffisamment d'information sur les progrès qu'ils réalisent, une rétroaction accrue ou la fixation d'objectifs peuvent être appropriées.

L'efficacité de programmes visant à améliorer le rendement peut être évaluée en déterminant les coûts du programme, le coût relié à l'écart de rendement et le degré d'amélioration généré par le programme (ses bénéfices). Généralement, cette méthode est aussi utile pour juger l'ensemble du système d'évaluation du rendement.

ÉVALUATION DES MÉTHODES D'ÉVALUATION DU RENDEMENT	Les objectifs de l'évaluation du rendement sont l'évaluation et le perfectionnement. En d'autres mots, l'information sur l'évaluation est utilisée comme facteur d'évaluation dans les cas de:

- augmentations ou réductions de salaires;
- rétrogradations;
- licenciements temporaires;
- promotions ou transferts;
- congédiements.

L'information sur l'évaluation est aussi utilisée comme facteur inhérent à des objectifs de perfectionnement comprenant:
- l'identification des besoins de formation;
- l'incitation des employés à s'améliorer;
- la transmission de la rétroaction;
- les services conseil aux employés;
- l'identification des déficiences du rendement.

Bien que toutes les organisations ne recourent pas à l'évaluation du rendement pour atteindre ces deux objectifs, toutes devraient se préoccuper des impératifs légaux. Quand l'évaluation du rendement est utilisée pour atteindre des objectifs d'évaluation et de perfectionnement, elle a un impact sur les trois objectifs stratégiques de l'organisation: productivité, qualité de vie au travail et respect des lois (voir chapitre 1). Dans l'hypothèse où les organisations visent à atteindre ces trois objectifs, comment peuvent-elles juger de leur méthode d'évaluation du rendement?

ÉVALUATION GLOBALE DES MÉTHODES D'ÉVALUATION DU RENDEMENT

Avant de juger des aspects spécifiques de la méthode d'évaluation du rendement d'une organisation, il peut être utile d'en faire une évaluation globale. Celle-ci informe rapidement du fonctionnement du système et peut inciter à réaliser une évaluation plus spécifique.

Les responsables de la gestion des ressources humaines peuvent demander aux membres de l'organisation, gestionnaires ou employés, leur opinion sur divers aspects de la méthode d'évaluation du rendement. Toutefois, ceci demande beaucoup de temps. Une autre façon consiste à demander aux membres de l'organisation de répondre à un questionnaire; lequel questionnaire permet à l'organisation de déterminer si la méthode est efficace dans l'ensemble. Selon la ventilation du formulaire, certaines notes indiquent une marge possible d'amélioration (par exemple des notes moyennes ou inférieures à la moyenne) et mettent en lumière des aspects spécifiques qui devraient faire l'objet d'un examen en profondeur.

ÉVALUATION SPÉCIFIQUE D'UNE MÉTHODE D'ÉVALUATION DU RENDEMENT

L'évaluation spécifique d'une méthode d'évaluation du rendement nécessite l'examen de plusieurs de ses aspects. Des réponses aux questions suivantes fournissent une évaluation des composantes spécifiques de la méthode:

- Quels objectifs l'organisation vise-t-elle avec sa méthode d'évaluation du rendement?
- Est-ce que les formulaires d'évaluation génèrent effectivement l'information requise pour atteindre ces objectifs? Ces formulaires sont-ils compatibles avec les tâches pour lesquelles ils sont utilisés, autrement dit sont-ils axés sur l'emploi? Est-ce que les formulaires sont basés sur des comportements ou des résultats qui pourraient être insérés dans un incident critique?
- Est-ce que les formulaires d'évaluation sont conçus pour minimiser les erreurs et assurer la cohérence?
- Est-ce que les processus d'évaluation sont efficaces? Par exemple, les entrevues d'évaluation sont-elles bien conduites? Établit-on des objectifs? Le fait-on de façon conjointe? Est-ce que les supérieurs et les subalternes acceptent le processus d'évaluation?
- À quel point les supérieurs sont-ils influencés par leurs relations de travail quand ils font des évaluations de rendement?
- Est-ce que les évaluations sont effectuées correctement? Quelles procédures ont été mises en place pour s'en assurer? Y-a-t-il des mécanismes de support disponibles pour aider les supérieurs à évaluer leurs subalternes?
- Est-ce qu'il y a des moyens pour vérifier et évaluer l'efficacité générale de la méthode? L'évaluation comporte-t-elle des objectifs? Y-a-t-il des procédures pour recueillir les données et pour mesurer si les objectifs sont atteints?

Si on répond à ces questions et si on adopte les mesures correctives qui s'imposent, on a toutes les raisons de croire que le système d'évaluation du rendement atteint ses objectifs et les objectifs stratégiques de l'organisation au plan des ressources humaines.

RÉSUMÉ

L'évaluation du rendement est une activité cruciale en gestion des ressources humaines parce que ses résultats servent à prendre plusieurs décisions de gestion des ressources humaines. Dans ce chapitre, nous avons examiné les principales composantes de l'utilisation des données recueillies pour fins d'évaluation du rendement: la rétroaction, par le truchement de l'entrevue d'évaluation du rendement, l'identification des écarts de rendement et les stratégies pour l'améliorer.

Dans ce chapitre, nous avons aussi souligné qu'afin de transmettre une rétroaction efficace aux subalternes, les supérieurs doivent utiliser les données appropriées et spécifiques sur le rendement, qu'il faut chercher à atteindre séparément les objectifs d'évaluation et de perfectionnement, qu'il faut distinguer l'évaluation du rendement réel de l'évaluation du rendement potentiel et qu'il doit y avoir des évaluations aux niveaux hiérarchiques supérieurs. L'efficacité de l'entrevue d'évaluation du rendement à transmettre la rétroaction s'améliore si les évaluations sont faites en conformité avec la loi. À cette fin, l'organisation doit effectuer l'évaluation de tous les employés en utilisant seulement des éléments objectifs, si possible, et en laissant les subalternes prendre connaissance de leur évaluation et de leur dossier.

Il existe des programmes pour identifier et corriger les écarts de rendement. De tels programmes s'appuient d'abord sur la détermination des causes de ces écarts. Lorsque les lacunes sont attribuables à la motivation plutôt qu'aux habiletés des employés, l'organisation peut élaborer et implanter plusieurs programmes pour contrôler ou prévenir ces défauts de comportement.

L'évaluation globale et spécifique du système d'évaluation du rendement peut augmenter son efficacité. De telles évaluations sont nécessaires pour vérifier si les objectifs d'évaluation et de perfectionnement sont atteints et si les dimensions légales sont bien respectées. Ces évaluations permettent à l'organisation de réviser ses méthodes d'évaluation et d'élaborer des stratégies plus efficaces pour améliorer le rendement des employés. L'organisation est alors en meilleure posture pour prendre d'autres décisions en matière de gestion des ressources humaines, particulièrement celles reliées à la rémunération, à la formation et au perfectionnement; questions qui feront l'objet des chapitres suivants.

QUESTIONS À DISCUTER

1. Qu'implique l'utilisation de l'évaluation du rendement?
2. Quelles sortes de conflits apparaissent lorsqu'on évalue le rendement?
3. Quels sont les aspects à considérer pour définir une méthode efficace d'évaluation du rendement?
4. Identifiez et discutez différents types d'entrevues utilisées pour l'évaluation du rendement.
5. Quelles caractéristiques de l'entrevue sont susceptibles de renforcer et de faciliter l'efficacité de l'évaluation du personnel?
6. Quelles caractéristiques de la rétroaction et des objectifs freinent l'atteinte de niveaux acceptables de rendement?
7. À quelles causes peut-on relier les défauts de rendement et quelles sont les stratégies respectives utilisées pour corriger ces lacunes?
8. Quelle est l'information cruciale pour déterminer la façon d'améliorer le rendement de l'employé?
9. Quelles sont les questions importantes qui permettent de déterminer l'utilité d'une méthode spécifique d'évaluation du rendement?

É T U D E   D E   C A S

LA DOULOUREUSE ÉVALUATION DU RENDEMENT

Vincent Fournier s'assoit à son bureau tout en regardant le formulaire d'évaluation du rendement qu'il vient de compléter sur Germain Houle, un agent d'assurance. Germain se dirige vers le bureau de Vincent pour l'entrevue annuelle d'évaluation. Vincent déteste ces réunions d'évaluation, même lorsqu'il n'a pas de rétroaction négative à donner à ses employés.

Voici deux ans, alors qu'elle connaissait une croissance très rapide, la compagnie d'assurance Essex décide d'implanter un système formel d'évaluation du rendement. Tous les supervi-seurs prennent connaissance du nouveau formulaire d'évaluation qui comporte cinq sous-catégories différentes en plus d'une notation générale. On demande aux superviseurs de noter les employés dans chacune des dimensions sur la base d'une échelle de 1 (inacceptable) à 5 (exceptionnel). On leur conseille aussi de conserver un dossier sur chaque employé et d'y laisser des notes sur des incidents spécifiques de bon ou de faible rendement pour les utiliser au moment de la rédaction du formulaire d'évaluation. Enfin, on leur signale qu'ils peuvent donner une note globale de 1 ou 5 seulement s'ils disposent de documentation pour la justifier.

Vincent n'avait jamais attribué de telles notes parce qu'il ne prenait jamais soin de noter des incidents critiques pour chacun des employés. Il croyait devoir consacrer trop de temps à la rédaction de la documentation nécessaire pour justifier une telle notation. À son avis, plusieurs employés méritaient une note de 5, mais aucun ne s'était encore plaint de ne pas l'avoir reçue.

Germain était un de ces employés exceptionnels. Dans son dossier, Vincent avait quatre exemples du rendement exceptionnel de Germain. Mais, en regardant le formulaire, il ne pouvait identifier clairement la catégorie à laquelle ils appartenaient. Vincent se dit alors: « Bien, je vais lui donner des notes de 3 et 4 que je n'ai pas à justifier puisque Germain ne s'est jamais plaint auparavant ».

Une des catégories était intitulée « analyse de la documentation de travail ». Vincent n'avait jamais compris la signification de ce concept ni sa pertinence pour le travail d'agent d'assurance. Il avait inscrit 3 (satisfaisant) dans le cas de Germain, comme pour les autres employés. Par contre, il comprenait la signification des autres catégories: qualité du travail, somme de travail, amélioration des méthodes de travail et relations avec ses collègues, bien qu'il était indécis sur la signification d'une note de 3 ou de 4 pour chaque catégorie.

Germain frappe à la porte de Vincent et entre dans le bureau. Vincent le regarde et sourit: « Bonjour, Germain. Assieds-toi. Réglons cette question de façon à pouvoir retourner à nos affaires, OK? »

QUESTIONS

1. Quels problèmes détectez-vous dans la méthode d'évaluation de Vincent?
2. Quelles sont les réactions possibles de Germain lorsqu'il apprendra que ses notes ne sont encore que de 3 et 4 même s'il compte parmi les employés exceptionnels de Vincent?
3. Quelles suggestions faites-vous pour améliorer la méthode d'évaluation du rendement?
4. Quelles suggestions faites-vous pour améliorer le comportement de Vincent?

V

Rémunération

Rémunération globale

Actualité

LES BONIS: QUI NE RISQUE RIEN N'A RIEN

La rémunération, c'est beaucoup plus que le salaire. Les entreprises et les cadres en conviennent. Chez les cadres, les bonis constituent une des formes de rémunération les plus répandues et les plus populaires. C'est une pratique bien ancrée dans les moeurs puisqu'en 1986, 64% des cadres supérieurs et 58% des cadres intermédiaires ont reçu ou recevront des bonis. Cette proportion varie très peu: en 1979, les pourcentages étaient de 64% et 60% respectivement. On remarque cependant de légères variations selon le groupe fonctionnel.

Quelle est la part des bonis dans la rémunération globale? Chez les cadres supérieurs, elle s'établit à 22% comparativement à 19% chez les cadres intermédiaires. Certaines règles se dégagent de l'analyse. Ainsi, celui qui occupe un poste élevé dans la hiérarchie de l'entreprise est davantage susceptible de toucher un boni. De même, plus les fonctions sont reliées à des activités quantifiables aux résultats mesurables, plus la pratique des bonis s'étend. Enfin, la possibilité de distinguer et d'évaluer les résultats individuels apparaît comme un facteur de recours aux bonis. Notons qu'il existe aussi des bonis collectifs: l'ensemble des membres d'une équipe se partagent une assiette monétaire, sur une base égalitaire ou non.

Ces différentes règles expliquent que le principe des bonis est plus largement répandu du côté des fonctions commerciales que du côté des fonctions de nature plus administrative. Leur importance est plus grande également dans le premier groupe que dans le deuxième. Certains secteurs se prêtent mieux que d'autres à la pratique des bonis. Ce sont en général ceux où le rendement est quantifiable ou facilement mesurable. Parfois un certain conservatisme paraît être à l'origine d'une moins grande utilisation de cette forme de rémunération. Ce serait le cas des institutions financières qui ont été plus lentes à l'adopter. Malgré tout, deux cadres supérieurs sur cinq sont aujourd'hui admissibles à des bonis dans ce secteur particulier.

Source: MORAZAIN, J., « Recevez-vous une juste rémunération? » Le Magazine Affaires +, février 1987, p. 46. Reproduit avec autorisation.

Cet article met en évidence le fait que la rémunération c'est bien plus que le salaire. On note aussi que les politiques varient selon les occupations et les secteurs mais qu'il existe toutefois certaines tendances qui se perpétuent à long terme. Nous verrons dans cette partie de trois chapitres que la rémunération globale comprend la rémunération directe et la rémunération indirecte. Les bonis entrent dans la première catégorie. Dans le présent chapitre, nous étudierons principalement la rémunération globale en insistant sur la détermination des salaires et quelques questions actuelles en matière de gestion de la rémunération. Aux chapitres 10 et 11, nous traiterons respectivement de la rémunération au rendement et des avantages sociaux.

RÉMUNÉRATION GLOBALE

La **rémunération globale** est l'activité par laquelle les organisations évaluent les contributions des employés pour les rétribuer sous formes monétaire et non monétaire, directement et indirectement, selon la législation en vigueur et la capacité de payer de l'organisation.

Comme la figure 9.1 l'indique, il existe deux catégories de **rémunération directe** — le salaire de base et la rémunération au rendement — et trois catégories de **rémunération indirecte** — les régimes de sécurité du revenu, la rémunération du temps chômé et les services aux individus. Nous étudierons dans ce chapitre la détermination des salaires de base. Aux chapitres 10 et 11, il sera question de la rémunération au rendement et de la rémunération indirecte.

OBJECTIFS ET IMPORTANCE DE LA RÉMUNÉRATION GLOBALE

La rémunération globale vise à:

- attirer des candidats potentiels: La politique de rémunération globale permet de s'assurer que la paie est suffisante pour attirer les personnes qualifiées, au bon moment et aux postes appropriés;
- garder les bons employés: Si la politique de rémunération globale n'est pas perçue comme équitable à l'intérieur et concurrentielle à l'extérieur, les bons employés sont susceptibles de quitter l'organisation;
- motiver les employés: La rémunération globale aide à motiver la main-d'oeuvre en reliant les récompenses au rendement, c'est-à-dire en comportant des incitatifs à la productivité;

Figure **9.1**   **Les composantes de la rémunération globale**

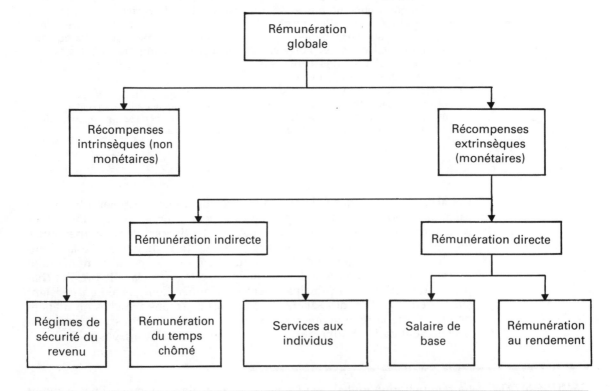

Source: Adaptée de J.F. Sullivan, « Indirect Compensation: The Years Ahead », *California Management Review*, vol. XV, no 2, p. 65, tableau 1. Reproduite avec autorisation de Regents of the University of California auxquels appartiennent les droits réservés, 1972.

■ gérer les salaires en conformité avec les lois: Parce qu'il existe plusieurs législations relatives à la rémunération globale, les organisations doivent connaître ces règles et éviter d'y déroger;

■ favoriser l'atteinte des objectifs de l'organisation et le contrôle des coûts du travail: Pour créer un climat de soutien et d'encouragement et pour attirer les meilleurs candidats, l'organisation peut concevoir une rémunération globale attrayante qui l'aidera à atteindre ses objectifs de croissance rapide, de survie et d'innovation. Une politique de rémunération globale facilite aussi l'estimation et le contrôle des coûts.

Bien que tous ces objectifs soient importants, la rémunération globale est très coûteuse car elle représente environ 50% des coûts de fonctionnement de l'organisation. Plus encore, un pourcentage croissant de ces coûts est imputé à la rémunération indirecte plutôt qu'à la rémunération directe[1]. Le fait de ne pas respecter les lois peut aussi entraîner des coûts élevés à l'organisation.

La rémunération doit attirer, retenir et motiver les individus en fonction de l'importance qu'ils attribuent aux revenus monétaires; cette dernière variant selon les besoins de chacun.

Cependant, les individus sont souvent désireux de joindre une organisation et de lui fournir un bon rendement pour d'autres raisons que la rémunération. Le statut et le prestige du poste, la sécurité d'emploi, la sécurité au travail, les responsabilités et la variété des tâches que comportent l'emploi représentent quelques-unes des récompenses non monétaires offertes par certaines organisations. Malgré tout, les trois chapitres sur la rémunération s'adressent principalement aux rémunérations monétaires, directes et indirectes, habituellement considérées comme les plus importantes dans la plupart des organisations.

INTERRELATIONS ENTRE LA RÉMUNÉRATION GLOBALE ET LES AUTRES ACTIVITÉS DE GESTION DES RESSOURCES HUMAINES

La rémunération globale comporte un ensemble de relations avec les autres activités de gestion des ressources humaines dont elle est une des plus importantes. Elle est étroitement reliée à certaines activités (par exemple, l'analyse de postes et l'évaluation du rendement en tant que données pour la fixation de la rémunération globale) et elle en influence d'autres, telles que le recrutement, la sélection, les relations patronales-syndicales, et la planification des ressources humaines.

Le recrutement et la sélection. Les employés n'accordent pas tous la même valeur à la rémunération. Si le service des ressources humaines est capable de déterminer l'importance que lui attribuent les employés de l'organisation, il recrutera le personnel à partir d'options spécifiques en termes de rémunération. Il semble que pour attirer et retenir les meilleurs candidats, le niveau de rémunération le plus concurrentiel n'est pas toujours nécessaire. Les individus prennent leurs décisions d'emploi à partir de plusieurs facteurs, incluant la localisation de l'organisation, sa réputation comme milieu de travail, ce que leurs amis en pensent, aussi bien que la nature de l'emploi et son niveau de rémunération.

Les relations patronales-syndicales. La présence d'un syndicat influence la détermination des salaires. Cette influence s'exerce non seulement au niveau des gains salariaux mais aussi au plan des concessions salariales. Le syndicat peut aussi jouer un rôle actif dans le processus d'évaluation des emplois et dans la détermination de la politique de rémunération de l'organisation. Nous en discuterons plus en détails au chapitre 17.

La planification des ressources humaines. La rémunération peut aussi s'intégrer à la planification stratégique de l'organisation. Un fabricant de produits de haute technologie a mis au point une vision stratégique de son entreprise qui vise à en faire un leader dans le domaine des nouvelles technologies. Comme la réalisation de cet objectif pouvait entraîner des difficultés dans la gestion courante de l'entreprise localisée en Ontario, on décida d'acheter de petites compagnies innovatrices en Colombie-Britannique. On réalisa alors que ces petites entreprises nécessitaient des styles de gestion et un système de rémunération différents. Par conséquent, on fixa des salaires de base sensiblement plus faibles pour les gestionnaires de ces petites entreprises avec toutefois, des bonis annuels potentiels quatre fois plus élevés![2]

L'analyse de postes. La rémunération est étroitement liée à l'analyse de postes. Le processus d'évaluation des emplois qui en détermine la valeur relative est basé en grande partie sur la description de postes. L'évaluation et l'analyse de postes influencent la structure salariale de l'organisation, incluant les classes d'emplois, les taux de salaires et les salaires individuels.

L'évaluation du rendement. La relation entre la rémunération et l'évaluation du rendement est peut-être l'aspect le plus important pour les individus, particulièrement dans les organisations où les salaires sont basés sur le rendement. L'incapacité de mesurer le rendement d'une façon valide et fiable, c'est-à-dire en faisant le lien entre une récompense importante comme la rémunération et les résultats de l'employé, peut provoquer une baisse de la motivation et du rendement. Nous discuterons des caractéristiques de la rémunération au rendement au chapitre 10. Lorsque les promotions constituent une récompense pour le rendement satisfaisant, le système d'évaluation du rendement prend une signification supplémentaire.

La figure 9.2 est une présentation sommaire de ces relations et des questions relatives à leur gestion. Nous en discuterons aux chapitres 10 et 11. La figure 9.2 illustre aussi plusieurs facteurs externes qui influencent le processus de rémunération globale d'une organisation et sa capacité à attirer, retenir et motiver les employés pour améliorer la productivité et la qualité de vie au travail. Étant donné l'importance de l'environnement, nous l'aborderons en détails dans chacun des chapitres.

FACTEURS EXTERNES INFLUENÇANT LA RÉMUNÉRATION GLOBALE

Les principaux facteurs externes qui influencent la rémunération globale sont la législation du travail, les syndicats et le marché. Chacun d'entre eux a un impact spécifique sur la rémunération.

CONSIDÉRATIONS LÉGALES

Comme pour de nombreuses activités de gestion des ressources humaines, plusieurs lois provinciales et fédérales ainsi que les décisions des commissions des droits de la personne affectent la rémunération globale. La figure 9.3 constitue une présentation succinte des principales législations en matière de

Figure **9.2**   **Le processus de rémunération**

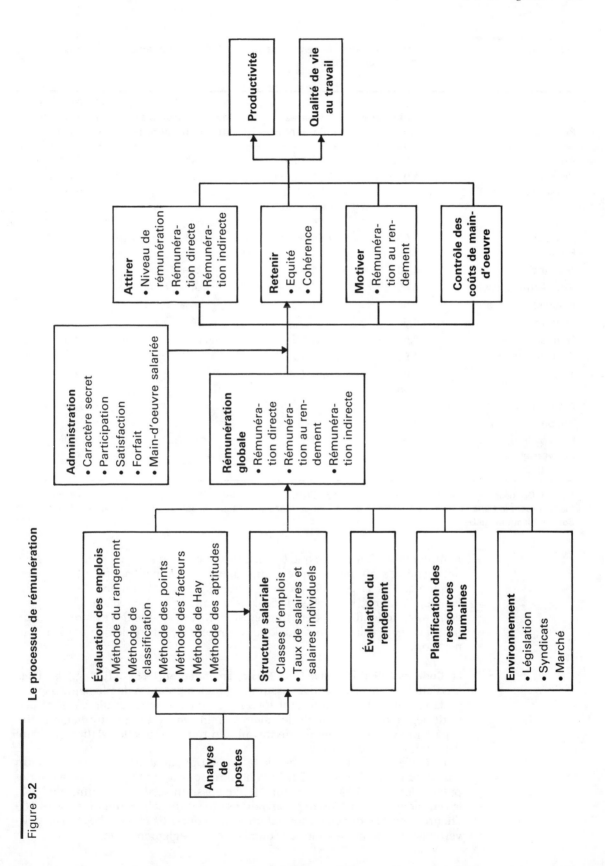

Figure **9.3**   **Normes minimales de rémunération globale: principales législations provinciales en 1988**

Province	Salaire minimum (horaire)	Heures supplémentaires	Paie de vacances (% du salaire annuel)	Législation sur l'égalité des salaires
Alberta	3,80$	1 1/2	4%	non
Colombie-Britannique	4,00	1 1/2 (3 premières heures) 2 (plus de 3 heures)	2%	non
Île du Prince-Édouard	4,00	min. 6,00$	4%	non
Manitoba	4,50	1 1/2	—	oui
Nouveau-Brunswick	4,00	—	4%	non
Nouvelle-Écosse	4,00	1 1/2	4%	oui
Ontario	4,55	—	4%	oui
Québec	4,55	1 1/2	4%-10%	oui
Saskatchewan	4,50	1 1/2	4%	oui
Terre-Neuve	4,00	min. 6,00$	4%	oui
Territoires du Nord-Ouest	5,00	—	—	—
Yukon	4,75	—	—	—
Employés du gouvernement fédéral	4,00	1 1/2	4%-6%	oui

Source: Données compilées à partir de « Employment Standards (September 1985-January 1986), » *Human Resources Management in Canada*, Prentice-Hall Canada Inc. Les données sur le taux de salaire minimum ont été fournies par Communication-Québec.

rémunération. Elle révèle que toutes les provinces et le gouvernement fédéral ont établi des normes pour le salaire minimum, le paiement du temps supplémentaire et la paie de vacances. Plus encore, le Manitoba, la Nouvelle-Écosse, l'Ontario, le Québec, la Saskatchewan, Terre-Neuve ainsi que le gouvernement fédéral possèdent une législation sur l'égalité des salaires pour un travail d'égale valeur. Voici quelques exemples de lois réglementant la rémunération.

Le Code canadien du travail (IIIᵉ Partie, amendée en 1985).   Il s'agit là de la législation la plus exhaustive, assurant la réglementation de plusieurs aspects de la rémunération et affectant tous les employés sous juridiction fédérale. Cette législation réglemente le salaire minimum, le temps supplémentaire, l'âge minimum et les heures de travail. On retrouve une législation similaire dans toutes les provinces.

Le Code canadien stipule que le temps supplémentaire doit être payé à un taux d'au moins 1 fois et 1/2 le taux horaire pour toute heure supplémentaire passées les 40 heures par semaine. Il fixe aussi un salaire minimum. En 1987, les employés sous juridiction fédérale reçoivent un salaire minimum de 4.00$ l'heure. Les personnes en formation et les apprentis embauchés par le gouvernement fédéral ne sont pas soumis à cette réglementation.

Plusieurs lois provinciales affectent aussi les salaires et les heures de travail. Toutes les provinces ont des lois relatives au salaire minimum. Ces lois couvrent les employés qui ne sont pas sous la juridiction fédérale. Cependant, les montants varient selon les provinces. En 1987, le salaire minimum variait de 3.80$ l'heure en Alberta à 4.55$ au Québec et en Ontario. Le salaire minimum a un sérieux effet sur les coûts de main-d'oeuvre d'une organisation et sur le niveau de l'emploi[3]. Les lois relatives au paiement des vacances diffèrent aussi d'une province à l'autre. Le minimum obligatoire le plus bas est en Colombie-Britannique avec 2% du salaire annuel. Dans la plupart des autres provinces, le minimum en vigueur est de 4%.

Le Code canadien du travail comporte des prescriptions relatives aux heures de travail. Les employés ne peuvent pas travailler plus de 48 heures par semaine sauf en cas d'urgence. Le Code exige aussi que les employeurs conservent des dossiers détaillés sur les heures travaillées, les taux de salaires, le nombre d'heures supplémentaires, les déductions et les additions au salaire ainsi que sur divers renseignements reliés à la rémunération. Tous les dossiers qui contiennent des informations pertinentes sur la rémunération doivent être conservés au moins 35 mois après que le travail ait été effectué et doivent être disponibles pour vérification.

Certaines catégories d'employés sont exemptées des prescriptions du Code ou de certaines de ses clauses. Par exemple, les employés de la direction et le personnel professionnel ne sont pas couverts par les clauses sur les heures de travail. De fait, on les appelle les « employés exemptés », ce qui signifie qu'on n'est pas tenu de leur payer d'heures supplémentaires au-delà de 40 heures par semaine.

L'exemption des employés des prescriptions légales dépend des responsabilités, des tâches et du salaire. De façon générale, les dirigeants, les administrateurs et le personnel professionnel sont exemptés non seulement des prescriptions du Code relatives au temps supplémentaire mais aussi de la clause sur le salaire minimum. Les employés payés à l'heure ou sur une base quotidienne ne sont habituellement pas exemptés alors que ceux qui reçoivent un traitement mensuel ou bi-mensuel le sont. Cette pratique est cependant en train de changer et il devient difficile d'affirmer si les employés salariés et à la pièce sont généralement exemptés ou non.

Parce que les lois sur la rémunération varient d'une province à l'autre et qu'elles changent continuellement, les responsables de la gestion des ressources humaines sont bien avisés de tenir leurs dossiers à jour. La plupart de ces lois sont appliquées par le Ministère provincial du travail qui diffuse l'information à tous ceux qui en font la demande.

Le Code du travail du Canada et la Loi sur l'administration financière (Loi C-34) ont été amendés en mars 1985. Des changements substantiels ont été apportés aux prescriptions du Code relatives au congé de maternité, au congé parental, à la réintégration, au congé pour un décès, au congé de maladie et on y a ajouté des clauses sur le harcèlement sexuel. Les autres changements concernant la rémunération portaient sur les droits au paiement des congés, les pénalités aux employeurs qui ne respectent pas les exigences de la loi (avec des amendes maximum de l00 000$) et les exemptions du salaire minimum pour les personnes en formation.

Les lois sur l'équité. Depuis 1960, plusieurs lois fédérales et provinciales sur l'équité ont été adoptées. Ces lois affectent la détermination du salaire individuel. Par exemple, la pratique discriminatoire d'établir ou de maintenir des disparités de salaires entre les hommes et les femmes travaillant dans le même établissement et effectuant un travail de valeur égale (selon la définition de la Loi canadienne sur les droits de la personne et les Directives sur l'égalité des salaires) est interdite par le Code du travail du Canada. Les inspecteurs nommés par le ministre du Travail peuvent présenter des plaintes auprès de la Commission canadienne des droits de la personne s'ils ont des raisons de croire qu'un employeur déroge à cette règle. Des lois similaires ont été mises en vigueur dans la plupart des provinces. Ces lois exigent que les entreprises reconnues coupables de discrimination versent des compensations pour les inégalités et rétablissent l'égalité salariale. Malgré tout, comme on le verra plus loin, la notion de travail d'égale valeur est difficile à démontrer.

Bien que les diverses lois sur l'équité salariale visent à s'assurer que les employés ayant une ancienneté, un rendement, un profil similaires et qui font le même travail reçoivent une rémunération égale, indépendamment de leur sexe, de leur âge, de leur groupe ethnique, de leur religion, etc. (tel que spécifié dans les diverses Lois sur les droits de la personne), on constate que la discrimination salariale basée sur le sexe existe encore. En effet, en 1986, au Canada, les femmes ont gagné en moyenne 19 874$, soit 66% des 30 131$ encaissés par les hommes, en moyenne, au cours de la même année. Selon Statistique Canada, le Québec est la province où l'écart est le plus petit (69,5%) après l'Île-du-Prince-Édouard (69,6%). L'écart le plus grand échoit à la Nouvelle-Écosse (62,4%). D'autres informations révèlent que l'écart entre hommes et femmes s'élargit avec l'âge.[4]

Il n'y a pas d'explications simples des variations de salaires entre hommes et femmes. La discrimination sexuelle est une des raisons évidentes. Mais, les femmes peuvent aussi occuper des postes de moindre valeur (selon les résultats de l'évaluation des emplois) que ceux occupés par les hommes. Cette raison soulève la question de la valeur comparable des emplois et des pressions en vue de l'égalité salariale pour des emplois de valeur comparable. Comme la plupart des lois sur l'équité salariale ne concernent que les emplois dans le cadre desquels les hommes et les femmes exercent les mêmes tâches, il est très difficile de faire respecter des règles de valeur comparable. Cependant, certains employeurs font des efforts pour respecter les prescriptions légales. Surtout depuis le début des années 1980, l'écart entre les salaires des hommes et des femmes s'est réduit. Par exemple, les données sur l'évolution de l'écart salarial hommes-femmes montre que les femmes ne gagnaient que 58,4% du salaire des hommes alors qu'en 1985 cette proportion était de 64,9%.[5]

Le travail d'égale valeur.   Le principe du travail d'égale valeur constituera un défi important pour la recherche au cours de la prochaine décennie. L'aspect critique de la théorie de la valeur comparable est l'assertion selon laquelle il existe des emplois similaires, dont certains, souvent occupés par des femmes, sont payés à un taux de salaire plus faible que d'autres emplois généralement occupés par des hommes. Les disparités de salaires disproportionnées par rapport aux différentes valeurs des emplois engendrent la discrimination salariale. Selon les défenseurs de la valeur comparable, une protection légale devrait être assurée dans ce cas.

Tel qu'illustré à la figure 9.3, il existe au gouvernement fédéral et dans de nombreuses provinces une législation sur l'équité salariale. Comme cette législation est relativement récente, les vérifications légales ont été jusqu'à maintenant limitées. Dans un cas, celui de l'Hôpital des Vétérans de Sainte-Anne de Bellevue, l'employeur a dû augmenter de 10 000$ le salaire d'une femme et lui verser 14 262$ en compensation pour la discrimination dont elle a été victime[6]. Dans un hôpital de la Saskatchewan, une évaluation d'emploi ne parvint pas à justifier la différence salariale entre les emplois occupés principalement par des hommes par rapport à ceux occupés surtout par des femmes (Beatrice Harwatiuk vs Pasqua Hospital)[7].

SYNDICATS

Les syndicats et les associations ont joué un rôle majeur dans la détermination des structures salariales, des taux de salaires et dans la fixation des salaires individuels et ce, même dans les entreprises non-syndiquées. Les actions syndicales influencent chaque phase de la politique de rémunération: de l'analyse de postes à l'évaluation des emplois jusqu'à la fixation finale des taux de salaires et la sélection des critères utilisés pour définir leurs rôles. Bien que, généralement, les syndicats ne poursuivent pas de programmes d'évaluation des emplois, dans de nombreux cas, ils contribuent à la conception de ces derniers. Ils négocient l'implantation ou la modification de ces programmes. À la table de négociation, les intérêts des membres placent l'évaluation des emplois au premier rang tant pour le syndicat que pour la direction de l'entreprise.

Depuis 1980, les demandes syndicales sont de moins en moins axées sur les hausses de salaires et d'avantages sociaux. Ce phénomène est dû, en bonne partie, aux difficultés financières des organisations qui ont mis en péril leur survie au cours de la dernière récession. De fait, les conditions sont devenues si difficiles dans plusieurs industries que des travailleurs ont accepté des coupures de salaires pour éviter les congédiements. Nous discuterons de la négociation reposant sur des concessions salariales au chapitre 17.

LE MARCHÉ

Les taux et les niveaux de salaires syndicaux et patronaux ne dépendent pas que des résultats de l'évaluation des emplois et des enquêtes salariales, même si souvent les deux parties s'appuient sur de telles enquêtes. Les enquêtes salariales permettent de connaître les taux de salaires pour un poste comparable dans d'autres secteurs industriels ainsi que les salaires payés dans la localité ou sur le marché du travail pertinent. Cependant, les organisations doivent être conscientes que les forces du marché — par exemple payer des femmes ou des travailleurs des minorités visibles à un salaire inférieur qu'ils accepteront pour avoir un emploi — n'excusent pas la discrimination salariale.

En plus des niveaux de salaires sur le marché, d'autres critères tels que les conditions du marché du travail (le nombre de personnes sans emploi et en recherche d'emploi), l'histoire de l'évolution de la structure salariale dans l'organisation, les avantages sociaux, les indices de productivité, les données sur les profits de l'entreprise ou sur le roulement du personnel ainsi que l'indice des prix à la consommation (pour déterminer les augmentations de salaires en fonction de la hausse des prix) contribuent à fixer les salaires.

Le marché détermine directement et indirectement les taux de salaires. Directement parce qu'il fournit des points de comparaison (emplois repères) à partir desquels les organisations peuvent fixer les taux de salaires de leurs emplois. Indirectement, parce que les organisations réalisent d'abord une évaluation des emplois, établissent des niveaux et des classes salariales et examinent ensuite le marché pour connaître les salaires payés par les autres organisations. Le taux de salaire sera rarement celui du seul marché. Il est plutôt le résultat de l'information recueillie sur le marché et de la politique salariale de l'organisation. Cette politique est le reflet de réponses à des questions relatives au rôle que l'organisation veut jouer au plan des salaires ou ce qu'elle veut couvrir avec sa politique salariale (le contenu de l'emploi, l'ancienneté, le rendement, ou le coût de la vie). Ces questions sont prioritaires pour la détermination des salaires de base dans la plupart des organisations.

LES DONNÉES FONDAMENTALES DE LA RÉMUNÉRATION

La gestion de la rémunération comprend quatre activités principales: déterminer (1) la valeur des emplois — l'évaluation des emplois; (2) les classes d'emplois; (3) les structures salariales; (4) les salaires individuels.

ÉVALUATION DES EMPLOIS

L'organisation doit procéder à l'évaluation des emplois pour s'assurer que la valeur attribuée aux différents emplois est équitable. On pourrait évidemment décider du salaire versé pour un emploi à partir de l'impression d'un supérieur sur la valeur du poste, mais des méthodes plus formelles sont souvent nécessaires pour garantir l'équité interne. L'évaluation des emplois est « un processus qui permet de hiérarchiser les emplois à l'intérieur d'une organisation en fonction de leurs exigences relatives, de façon à accorder aux employés des salaires de base proportionnels aux exigences des emplois occupés »[8]. Lorsque les emplois ont été formellement évalués, ils sont regroupés en classes d'emplois à l'intérieur desquelles ils sont rangés selon leur importance. L'étape suivante consiste à préciser les fourchettes salariales.

Bien que les organisations rémunèrent généralement les individus selon leur rendement et leur contribution personnelle, elles reconnaissent implicitement l'apport de l'emploi en imputant un salaire à la difficulté et à l'importance du poste. La plupart des organisations procède à une évaluation formelle, de nature comparative, pour déterminer la valeur relative de la contribution de chaque emploi.

Le processus d'évaluation des emplois comprend quatre étapes. La première étape est l'analyse de poste (voir chapitre 3). Elle fournit l'information sur les tâches et les responsabilités ainsi que les exigences du poste pour que l'employé donne un bon rendement au travail.

La seconde étape consiste à déterminer les facteurs d'évaluation des emplois. Les facteurs servent de barèmes pour mesurer l'importance relative des emplois. Comme ces facteurs aident à déterminer le salaire versé pour l'emploi (et non pour la personne), on les appelle les **facteurs de rémunération**. Ces facteurs varient beaucoup d'une organisation à l'autre, mais ils sont tous supposés refléter la contribution de l'emploi. Les responsabilités, le savoir-faire, l'habileté à solutionner des problèmes et les exigences physiques sont des exemples de facteurs. Les facteurs retenus devraient:

- représenter tous les aspects importants du contenu de l'emploi pour lesquels l'entreprise est prête à payer (facteurs de rémunération) soit, l'habileté, l'effort, les responsabilités et les conditions de travail;
- éviter la duplication excessive;
- être définissables et mesurables;
- être faciles à comprendre par les employés et les administrateurs;
- ne pas être excessivement coûteux à instaurer et à administrer;
- être choisis dans le respect de la loi.

Comme les emplois varient beaucoup en termes de contenu au sein de l'organisation, on effectue généralement plus d'une évaluation des emplois. Parfois, le nombre d'évaluations correspond aux différents groupes d'employés.

Après avoir choisi les facteurs de rémunération, il faut préciser leur importance relative, c'est-à-dire pondérer les facteurs de rémunération. Il s'agit d'attribuer des points ou un poids à chacun des facteurs de rémunération. Généralement, la méthode de pondération consiste à demander aux gestionnaires leurs perceptions de l'importance relative des divers facteurs pour l'organisation. La figure 9.4 illustre une pondération différente des facteurs.

La troisième étape consiste à concevoir un système pour évaluer les emplois en fonction des facteurs de rémunération retenus à la deuxième étape. Il existe de nombreuses méthodes d'évaluation des emplois que les organisations peuvent adapter à leurs propres besoins.

Comme la quatrième étape du processus d'évaluation des emplois consiste à décider qui réalisera l'évaluation des emplois et avec quelle méthode, il importe d'examiner quelques-unes de ces méthodes en détails. On classe habituellement les méthodes d'évaluation des emplois en deux catégories: les méthodes qualitatives et les méthodes quantitatives. La **méthode du rangement** et la **méthode de classification** sont qualitatives alors que la **méthode des points**, la **méthode des facteurs** et la **méthode de Hay** sont quantitatives. Plus récemment, on a mis au point des méthodes d'évaluation des emplois basées sur les aptitudes (**méthode des aptitudes** « skill based evaluation »).

La méthode du rangement.   L'information recueillie lors de l'analyse de postes sert à construire une hiérarchie ou une échelle des emplois. Cette hiérarchie reflète la difficulté relative ou la valeur des emplois pour l'organisation. Cela constitue l'essentiel de la **méthode du rangement**. Bien que l'analyste puisse utiliser plusieurs facteurs de rémunération pour évaluer les emplois, il considère souvent l'ensemble de la tâche sur la base d'un seul facteur, soit la difficulté ou la valeur.

Cette méthode est utile lorsqu'il y a seulement un petit nombre d'emplois à évaluer et que l'évaluateur les connaît bien. À mesure que le nombre d'emplois augmente et que la probabilité que l'évaluateur les connaissent bien diminue, l'information détaillée de l'analyse de postes prend de l'importance et le rangement est effectué par un comité. Quand un grand nombre d'emplois doivent être ainsi rangés, le comité utilise des emplois repères pour fins de comparaison.

Cette méthode est surtout efficace lorsque tous les emplois diffèrent les uns des autres. Souvent, il est difficile de faire ressortir de fines distinctions entre des emplois similaires et des désaccords apparaissent. À cause de ces

---

Figure **9.4**   **Exemple présentant la méthode des points**

Facteurs de rémunération	1er degré	2e degré	3e degré	4e degré	5e degré
Connaissances	15	30	45	60	—
Expérience	20	40	60	80	—
Complexité et jugement	15	30	45	60	—
Initiative	5	10	20	40	—
Erreurs possibles	5	10	20	40	—
Contacts avec les autres	5	10	20	40	—
Confidentialité de l'information	5	10	15	20	25
Attention aux aspects fonctionnels	5	10	15	20	—
Conditions de travail	5	10	15	—	—
Pour les postes de supervision seulement					
Nature de la supervision	5	10	20	—	—
Etendue de la supervision	5	10	20	—	—

difficultés, ce sont principalement les petites organisations qui utilisent cette méthode.

La méthode de classification.   La **méthode de classification** des emplois est semblable à la méthode du rangement à laquelle on ajoute des classes à l'intérieur desquelles on range les emplois. Les emplois sont habituellement évalués globalement. On utilise un facteur comme la difficulté ou une synthèse des facteurs. L'analyse de postes est utile pour la classification et des emplois repères sont définis pour chaque classe.

Bien que plusieurs organisations aient recours à la classification des emplois, la Commission canadienne de la fonction publique en est la principale utilisatrice. Elle est cependant en voie de remplacer cette approche par des méthodes plus complexes. Cette méthode est habituellement utilisée pour les postes de direction, d'ingénieurs et de scientifiques dans le secteur privé.

Un avantage de cette méthode est qu'elle peut être appliquée à un grand nombre et une grande variété d'emplois. À mesure que le nombre et la variété des emplois augmentent dans une organisation, leur classification tend à devenir plus subjective. Ceci est particulièrement vrai pour des organisations qui ont plusieurs usines ou bureaux comportant des emplois de même appellation mais dont le contenu diffère. Parce qu'il est difficile d'évaluer chaque emploi séparément dans de tels cas, le titre de l'emploi devient souvent un guide plus important que son contenu.

Un sérieux inconvénient de la méthode de classification des emplois est l'utilisation d'un facteur unique ou d'une synthèse de facteurs. Le problème de l'utilisation d'un facteur, tel que la difficulté (aptitudes), résulte du fait que celui-ci ne s'applique pas nécessairement à tous les emplois. Quelques emplois peuvent nécessiter beaucoup d'aptitudes alors que d'autres comportent beaucoup de responsabilités. Ceci ne veut pas dire que les emplois comportant beaucoup de responsabilités doivent être rangés dans une classe inférieure à ceux exigeant beaucoup d'habiletés. Il est possible qu'il soit nécessaire de considérer les deux facteurs ensemble. Les emplois devraient être évalués et classés à partir de tous les facteurs valorisés par l'organisation. Cependant, la pondération des facteurs de rémunération pour déterminer la valeur relative des emplois est parfois une source de malentendus avec les employés et les syndicats. Pour les éviter, certaines organisations utilisent des méthodes plus quantifiables.

La méthode des points.   La **méthode des points** est sans contredit la méthode d'évaluation des emplois la plus utilisée. Elle consiste à imputer des valeurs (en points) à des facteurs de rémunération déterminés antérieurement et à les additionner pour obtenir le total. Cette méthode présente plusieurs avantages:

1. Étant largement utilisée dans l'industrie, elle permet de comparer les emplois sur une même base entre les entreprises.
2. De toutes les méthodes d'évaluation quantitatives des emplois, c'est la plus simple.
3. Les valeurs en points peuvent être facilement converties en classes d'emplois et de salaires avec un minimum de confusion et de distorsion.
4. Lorsqu'elle est bien conçue, la méthode des points est très stable. Elle est applicable à un large éventail d'emplois durant une longue période. Ses principaux avantages sont la cohérence, l'uniformité et un champ d'application très étendu.
5. Elle constitue une approche précise nécessitant des décisions nettes et sans bavures.

Cette méthode présente quelques limites. Le coût en est relativement élevé et elle est difficile à gérer, car elle peut engendrer des demandes de reclassification ainsi que des injustices lorsqu'on attribue une valeur monétaire aux points. Une carence particulièrement cruciale concerne l'hypothèse selon laquelle tous les emplois peuvent être évalués en fonction des mêmes facteurs. Plusieurs organisations éludent cette difficulté en mettant au point des méthodes de points différentes pour chaque groupe d'employés. La figure 9.4 énumère 11 facteurs de rémunération utilisés par une organisation pour évaluer les emplois de supervision, de non-supervision et de bureau. La figure 9.4 illustre aussi les degrés d'intensité et les points attribués à chaque facteur. On remarque que quelques facteurs sont plus importants que d'autres. Par exemple, le deuxième degré de l'expérience vaut quatre fois plus que le deuxième degré des conditions de travail. Chaque emploi est évalué seulement par rapport à ses facteurs de rémunération. Le service des ressources humaines fixe le degré approprié du facteur et impute des points à chaque degré. Il s'agit ensuite d'additionner les points pour chacun des facteurs. Les niveaux de rémunération sont alors déterminés à partir de ces totaux.

La méthode des points, comme toute autre méthode d'évaluation des emplois, introduit une part de subjectivité de l'analyste. Elle présente donc des risques de discrimination salariale. Le biais ou la subjectivité peuvent se manifester (1) dans la sélection des facteurs de rémunération; (2) dans les poids relatifs (degrés) imputés aux facteurs; (3) dans l'imputation des degrés aux emplois soumis à l'évaluation. L'égalité des salaires et les degrés de comparaison des emplois sont ainsi mis en cause. Pour s'assurer que le système d'évaluation est exempt de biais potentiel, l'organisation peut faire appel à la contribution de la personne qui occupe le poste, du superviseur, d'experts en évaluation des emplois ainsi qu'aux spécialistes du service des ressources humaines.

La méthode de Hay. La **méthode de Hay** comporte seulement trois facteurs généraux. Cette méthode est largement utilisée pour évaluer les postes de direction. Les trois facteurs — connaissances, résolution de problèmes et responsabilités — constitueraient les aspects les plus importants des postes de direction. À toutes fins pratiques, il y a huit facteurs: trois sous-facteurs pour les connaissances, deux pour la résolution de problèmes et trois pour les responsabilités. Pour en déduire le profil final, on impute des points seulement aux trois principaux facteurs. On obtient l'évaluation totale de l'emploi en totalisant les points attribués aux connaissances, à la résolution de problèmes et aux responsabilités.

La méthode des facteurs. La méthode des points, indépendamment du nombre de facteurs et des degrés de chaque facteur, aboutit à un total de points pour chaque emploi. Ainsi, plusieurs catégories d'emplois très différentes peuvent avoir le même nombre de points. Après avoir totalisé les points, on attribue des prix aux emplois (souvent en fonction des classes comme dans la méthode de classification des emplois). La **méthode des facteurs** saute l'étape de la totalisation des points et de la fixation de prix. Cette méthode impute des valeurs monétaires aux facteurs et les compare directement aux salaires des emplois repères. En bref, la méthode des facteurs est semblable à la méthode des points car toutes deux utilisent des facteurs de rémunération. Cependant, la méthode des points fixe des degrés et des points à chaque facteur alors que la méthode des facteurs utilise les emplois repères et la valeur monétaire imputée aux facteurs.

Les taux de salaires des emplois repères sont déterminés par le marché. Bien que ce soit une méthode rapide pour fixer des taux de salaires, c'est aussi un moyen de maintenir les disparités traditionnelles de salaires puisque c'est en fonction de ces salaires que celui des autres emplois sera déterminé. De plus, le processus de détermination des salaires peut être affecté par la subjectivité de l'analyste des salaires, provoquant une autre forme de discrimination salariale. Par conséquent, cette méthode a été remise en cause par les tenants de la comparabilité des emplois qui soutiennent qu'elle engendre la discrimination salariale[9]. Étant donné la complexité de la méthode, peu d'employeurs l'utilisent.

La méthode des aptitudes. Alors que les méthodes précédentes « paient pour l'emploi », l'**évaluation basée sur les aptitudes** vise à « payer pour la personne ». Ce type d'évaluation est axé sur les aptitudes des employés et, par conséquent, incorpore les programmes de formation qui facilitent l'acquisition des habiletés.

L'idée de payer pour l'individu, ou au moins pour une combinaison individu/emploi n'est pas nouvelle. Plusieurs organisations professionnelles procèdent ainsi depuis longtemps. On pense entre autres aux universités, aux bureaux d'avocats et aux laboratoires de recherche. Ce qui est nouveau, cependant, c'est de le faire pour les postes de cols bleus. Steinberg, division de Montréal et Shell, division de Sarnia sont des exemples d'entreprises qui utilisent cette méthode pour les cols bleus. Au départ, tous les employés reçoivent le même taux de salaire d'entrée. Ensuite, les employés avancent d'un niveau de salaire pour chaque emploi avec lequel ils se familiarisent. Les employés peuvent être formés à tous les emplois, sans que l'ordre ne soit imposé. Les membres de chaque équipe s'assurent que les emplois sont bien enseignés et ils décident du moment où l'employé maîtrise le poste. Lorsqu'ils ont été formés à tous les emplois, les employés reçoivent le taux de salaire maximum.

MÉTHODES D'ÉVALUATION DES EMPLOIS ET DISCRIMINATION

La méthode du rangement. Les emplois habituellement occupés par les femmes sont souvent perçus comme ayant un faible statut social et sont par conséquent faiblement rémunérés.

La méthode de classification. On impute souvent aux familles d'emplois de bureau de faibles taux de salaires parce qu'ils sont majoritairement occupés pas des femmes. Généralement, la méthode de classification ne prévoit pas de mécanismes de comparaisons avec d'autres familles d'emplois. Ainsi, l'éventail des salaires fixés pour les classes d'emplois dévalorisés est plus limité que celui des autres classes. Cet aspect discriminatoire est alors validé et devient systémique lorsque les taux de salaires sont basés sur les données du marché. Les taux sous-valorisés restent sous-valorisés.

La méthode des points. Les échelles de salaires sont habituellement ajustées pour refléter les taux du marché du travail et l'évaluation subjective des évaluateurs sur l'importance relative des emplois. Par exemple, la note totale peut être ajustée pour correspondre aux données du marché. Ainsi, certains emplois sous-évalués, surtout des emplois féminins, pourraient se voir attribuer une valeur plus faible indépendamment des facteurs d'aptitudes, d'efforts ou des responsabilités.

La méthode des facteurs. La sélection des emplois repères et la détermination de la valeur et du degré de chaque facteur de rémunération laissent place à beaucoup de subjectivité. Comme pour les méthodes précédentes, la valeur est déterminée en partie par les taux de salaires du marché plutôt que par l'apport de l'emploi dans l'organisation.

La réduction des biais discriminatoires. Plusieurs aspects discriminatoires sont communs à tous les systèmes d'évaluation des emplois, exceptée la méthode des aptitudes. Par exemple, plusieurs facteurs sont choisis en fonction des emplois occupés par les hommes et pondérés comme tels. De plus, étant donné que la plupart des individus impliqués dans la conception des structures salariales des emplois dits féminins ont peu de compréhension ou d'expérience de ces emplois, ils ont tendance à les dévaloriser. Les directives suivantes visent à réduire les biais des systèmes d'évaluation:

1. s'assurer que les personnes impliquées dans l'analyse de postes et l'évaluation des emplois sont conscientes des questions portant sur les emplois occupés majoritairement par les femmes et sur les aspects discriminatoires des systèmes et qu'elles comprennent ces questions;

2. s'assurer que seul le contenu de l'emploi est analysé et évalué, et non pas la personne qui occupe le poste;

3. effectuer des analyses de postes exhaustives et structurées pour trier les aspects discriminatoires des facteurs, des familles d'emplois et des emplois repères;

4. s'assurer que les facteurs reliés aux emplois habituellement occupés par les femmes tels que la dextérité manuelle, la précision, la routine et la concentration sont pondérés sur une base comparable à celle des facteurs reliés aux emplois habituellement occupés par les hommes;

5. discuter tous les aspects des postes habituellement occupés par les femmes avec ces dernières pour détecter les facteurs dévalorisés ou non reconnus dans le passé tels que les efforts physiques et mentaux, l'habileté, les responsabilités et diverses conditions de travail;

6. s'assurer que les aspects discriminatoires sont éliminés lorsqu'il existe plus d'un système d'évaluation pour différents types d'emplois;

7. conserver des dossiers des analyses de postes, des définitions et de la pondération des facteurs, de la notation de chaque emploi et des raisons des décisions de notation;

8. informer les employés des procédures d'évaluation des emplois.

Deux nouveaux systèmes d'évaluation des emplois, censément exempt de biais discriminatoire ont été récemment proposés aux organisations canadiennes. Le système MSP a été conçu pour clarifier la confusion introduite par une longue tradition qui a mené les gens à évaluer les emplois à partir de la façon de faire le travail plutôt qu'à partir de ce qu'il y a à faire, le contenu du poste. Pour éclaircir cette situation, des spécialistes ont mis au point une toute nouvelle approche où tous les critères d'évaluation des emplois sont totalement objectifs (stables) et concrètement reconnaissables. En fait, ils réfèrent tous à ce qu'il faut faire, aux attentes reliées à l'emploi, à sa structure et sa définition. Le modèle comprend donc deux processus distincts: le processus de création-description du poste et le processus de rémunération. Le processus de création analyse les fondements et le macroenvironnement alors que la définition du poste étudie le contenu et la dynamique avec les autres postes de l'organisation pour aboutir à la description du poste. La rémunération est un processus parallèle qui consiste à établir la valeur appropriée pour déterminer les exigences du poste et négocier un salaire de départ avec le titulaire. Avec le temps, le titulaire et son supérieur immédiat s'entendront sur l'évolution du salaire basée sur la façon de faire le travail. Donc, l'évaluation de l'emploi est exempte de biais car nulle part n'intervient un élément se référant directement ou indirectement au titulaire. Le lien entre la valeur du poste et le salaire est le rendement du titulaire[10].

Le système JEBOR évalue les emplois au moyen de la recherche opérationnelle (Job Evaluation by Operations Research). Ce système est informatisé. Des entreprises telles que Gulf Canada, Olympia and York et Epton Industries ont expérimenté ce système. À la différence des autres systèmes, les évaluations de JEBOR sont effectuées seulement par les employés — supérieurs, collègues ou subalternes — qui possèdent une connaissance directe des emplois faisant l'objet de l'évaluation. À l'aide d'un logiciel, JEBOR peut être adapté aux valeurs de l'entreprise. Si l'équité fait partie de ces valeurs, le système en tient compte dans le processus de compilation des données.

DÉTERMINATION DES CLASSES D'EMPLOIS

Après avoir évalué les emplois et avant de déterminer les salaires, on définit des **classes d'emplois**. Les classes d'emplois sont construites à partir des résultats de l'évaluation des emplois. La détermination des classes d'emplois correspond à un regroupement de tous les emplois dont la valeur est similaire tels que les emplois de bureau ou les postes de direction. Dans une classe, les emplois peuvent être assez différents mais leur valeur doit être approximativement la même pour l'organisation. On fixe à tous les emplois de chacune des classes un taux de salaire ou un éventail de taux de salaires.

Les classes d'emplois améliorent l'efficacité de l'administration des salaires. Il serait aussi assez difficile de justifier de faibles disparités de salaires entre les emplois sans l'utilisation de classes d'emploi. Finalement, des petites erreurs qui se seraient glissées lors de l'évaluation des emplois sont ainsi éliminées. Cependant, les employées peuvent remettre en cause les résultats de la classification s'ils jugent que leurs emplois sont regroupés avec des emplois qui leur paraissent moins importants. De plus, la différence entre les emplois regroupés dans une même classe risque d'être trop forte si le nombre de classes d'emplois est restreint. Toutefois, il est approprié de définir un petit nombre de classes lorsque les emplois sont de valeur similaire.

DÉTERMINATION DU NIVEAU GÉNÉRAL DES SALAIRES

Maintenant que les emplois sont évalués, les classes d'emplois définies, il s'agit de déterminer les fourchettes salariales. Même si les classes d'emplois ont été définies en vue de fixer les taux de salaires, elles sont souvent basées sur les taux de salaires existant dans l'organisation. Cette pratique peut être renversée, mais elle est commune à plusieurs organisations. La plupart d'entre elles ont des structures salariales fortement établies et ne ressentent le besoin de définir des classes d'emplois que pour y intégrer de nouveaux emplois ou lorsqu'elles décident de procéder à une solide analyse de postes. Les nouvelles organisations étant généralement de petite taille, les emplois sont rémunérés à partir de l'information recueillie lors d'enquêtes salariales.

Les enquêtes salariales.   Les enquêtes salariales servent à fixer les niveaux de rémunération, les structures salariales et le mode de rémunération (le rapport entre la rémunération directe et la rémunération indirecte). Alors que l'évaluation des emplois assure l'équité interne, les enquêtes salariales fournissent une information susceptible de garantir l'équité externe. Les deux formes d'équité sont importantes si l'organisation souhaite attirer, retenir et motiver les employés avec succès. De plus, les résultats des enquêtes salariales révèlent aussi la philosophie de la rémunération d'organisations concurrentes. Par exemple, une importante compagnie de produits électroniques a comme politique de payer 15% au-dessus du taux du marché (la moyenne de tous les taux pour le même emploi dans une localité donnée); une organisation de service d'une certaine taille décide de payer le taux du marché; une grande banque paie 5% de moins que le taux du marché.

La plupart des organisations utilisent régulièrement les enquêtes salariales. Des enquêtes spécifiques sont publiées pour certaines catégories professionnelles de sorte que les organisations peuvent s'abonner à ces enquêtes. Par exemple, il existe des enquêtes pour les employés de bureau, les professionnels, les cadres et le personnel de direction. Différents types d'enquêtes peuvent être effectuées, qui tiennent compte à la fois des résultats recherchés et de la grande variété du marché du travail. Une organisation qui réalise une enquête pour les employés de bureau peut se limiter à couvrir un territoire d'un rayon de 16 kilomètres tandis qu'une enquête pour les cadres peut se référer à l'ensemble du pays.

Les enquêtes sur la rémunération reflètent les disparités régionales et provinciales. Au début des années 1980, une enquête salariale sur les cadres supérieurs indiqua une augmentation rapide des salaires dans l'Ouest canadien (l'Alberta et la Colombie-Britannique) par rapport aux autres régions. Cette tendance fut cependant renversée au milieu de la décennie. En 1984, non seulement plusieurs organisations ne firent état d'aucune augmentation salariale, mais encore, la moitié d'entre elles, particulièrement dans l'Ouest canadien, rapportèrent des réductions de salaire.[11]

Une fois que les données de l'enquête ont été recueillies, il faut décider de la façon de les utiliser. L'organisation peut utiliser seulement la moyenne des niveaux des salaires et de la rémunération pour déterminer ses propres niveaux, ou encore pondérer ces niveaux par le nombre d'employés. Une autre option serait d'utiliser des fourchettes salariales des autres compagnies pour établir les siennes. Après avoir circonscrit l'information qu'elle désire, l'organisation met au point une structure salariale à taux multiples pour chaque catégorie d'emplois.

Les niveaux de salaires.   La figure 9.5 illustre un exemple type de structure salariale par niveaux. Cette structure par niveau est basée sur une évaluation des emplois effectuée à l'aide de la méthode des points. Chaque bloc est associé à un éventail de points résultant de l'évaluation des emplois (la classe d'emploi) et à l'éventail des niveaux de salaires. Essentiellement, ces **niveaux de salaires** sont les classes d'emplois. Par conséquent, on peut retrouver des emplois différents dans un même bloc, mais ils sont très similaires en termes de points.

Tel qu'illustré à la figure 9.5, les blocs sont croissants de gauche à droite. Ceci reflète une augmentation de la valeur de l'emploi et des niveaux de salaires plus élevés (axe vertical) associés à des emplois plus valorisés. Les niveaux de salaires ont été établis à l'aide de l'information recueillie par enquête salariale pour assurer l'équité externe.

Le taux de salaire de chaque emploi est alors déterminé en fixant son niveau et en se déplaçant sur un point de l'axe vertical, tel qu'indiqué pour l'emploi A de niveau II à la figure 9.5. Notons qu'il existe des limites minimum et maximum de salaire pour les emplois de chaque niveau. Il est essentiel de rester à l'intérieur de ces limites (la fourchette) pour maintenir l'équité interne, dans l'hypothèse où le système d'évaluation des emplois est valide.

Pour qu'un employé obtienne une augmentation sensible de salaire, il doit changer de classe d'emploi. Cependant, l'employé peut aussi toucher une

Figure **9.5**   **Une structure salariale basée sur l'évaluation des emplois**

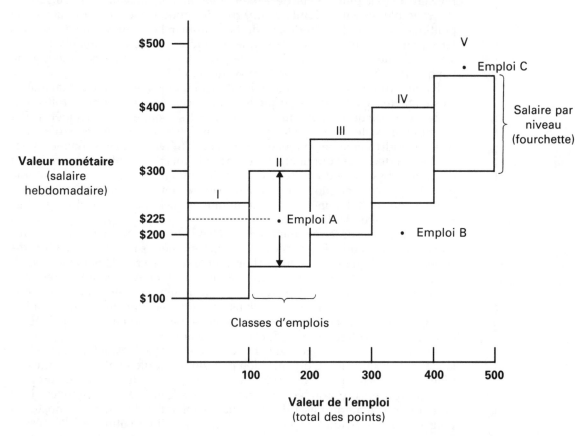

augmentation de salaire à l'intérieur d'une classe donnée. Généralement, chaque emploi a un éventail de taux de salaires. Tel qu'illustré, l'emploi A comporte une fourchette de salaires comprise entre 150$ à 300$ par semaine. Le point médian est 225$. L'employé peut débuter au bas de la fourchette et progresser à l'intérieur de cette dernière. Plusieurs entreprises cherchent cependant à maintenir la majeure partie des employés à un salaire moyen, c'est-à-dire au milieu de la fourchette.

DÉTERMINATION DES SALAIRES INDIVIDUELS

La structure salariale étant établie, il ne reste plus qu'à répondre à la question suivante: quel sera le salaire individuel? Par exemple, considérons les cas de Christine et Yves qui effectuent le même travail. Si la fourchette de salaires est de 1500$ à 2000$, Christine pourrait recevoir 2000$ et Yves 1750$. Qu'est-ce qui pourrait justifier cette disparité? Bien que le rendement constitue une explication appropriée, des caractéristiques personnelles telles que l'ancienneté et l'expérience contribuent aussi à affecter les salaires individuels. De fait, l'ancienneté est fréquemment perçue comme un facteur important[12]. Dans certains cas, des variables comme le potentiel de l'employé, les talents de négociateur et le pouvoir jouent aussi un rôle dans la détermination des niveaux des salaires[13].

Dans les faits, la fixation des salaires est souvent basée sur les facteurs personnels et le rendement. Pourtant, l'ancienneté aussi bien que le rendement peuvent affecter le salaire de Christine et de Yves. Cependant, plusieurs gestionnaires sont d'avis que les différences de salaires basées sur le rendement sont plus équitables que celles basées sur des facteurs individuels tels que l'ancienneté alors qu'il s'agit là d'une vache sacrée pour les syndicats. Ces derniers croient que l'ancienneté devrait constituer le facteur crucial dans la fixation des taux de salaires pour plusieurs raisons: (1) payer selon l'ancienneté revient à reconnaître l'expérience: en supposant l'existence d'une courbe de maturité, on pourrait même argumenter que les personnes plus âgées sont celles qui contribuent le plus à l'organisation; (2) c'est une façon de reconnaître le rendement passé; et (3) c'est une reconnaissance de la loyauté des employés envers l'organisation.

QUESTIONS D'ACTUALITÉ EN MATIÈRE DE GESTION DE LA RÉMUNÉRATION

La gestion de la rémunération pose plusieurs questions d'actualité. Parmi ces dernières, on peut identifier les quatre suivantes qui présentent une importance particulière: (1) les employés sont-ils capables de participer au choix des modes de rémunération les affectant? (2) quels sont les avantages et les inconvénients du secret entourant les salaires? (3) quelle est la satisfaction à l'égard des salaires? (4) les employés sont-ils des salariés? Nous étudierons d'autres questions de gestion dans les deux prochains chapitres.

POLITIQUES DE PARTICIPATION

Pour la majorité des employés, la rémunération globale correspond à une combinaison de salaire direct et d'avantages indirects. Ces avantages indirects peuvent représenter jusqu'à 40% de la rémunération globale. Cependant, les employés n'effectuent aucun choix quant à la composition des bénéfices indirects qu'ils touchent. La direction des entreprises défend cette politique en affirmant qu'elle est capable de choisir les bénéfices appropriés et qu'il y a un avantage en termes de coûts à offrir les mêmes bénéfices à tous les employés. Pourtant, la multiplication des programmes ne permet plus de discerner les préférences des employés. Les employés profitent souvent d'avantages coûteux qu'ils ne veulent pas, dont ils n'ont pas besoin et, dans nombre de cas, dont ils ne connaissent pas l'existence. Et même lorsqu'ils connaissent ces avantages, ils ont tendance à en sous-évaluer les bénéfices.

Quelle est l'alternative? L'**approche cafétéria** est un mode de participation relativement populaire. Selon cette formule les employés choisissent parmi une variété d'éléments de rémunération ceux qu'ils désirent. L'approche cafétéria correspond aux préférences d'une majorité de cadres supérieurs, même si les coûts administratifs de cette pratique sont déduits de leur rémunération annuelle. Nous en discuterons à nouveau au chapitre 11.

SECRET ENTOURANT LES SALAIRES

Si on demande à un individu combien il gagne, on peut s'attendre à des réponses évasives voire même agressives. De telles attitudes ne doivent pas surprendre. Selon l'étiquette organisationnelle, il est malvenu de demander le salaire d'une autre personne. Dans une étude effectuée chez E.I. du Pont de Nemours, tous les employés ont été consultés sur la question de la diffusion d'une information accrue permettant à chacun de connaître le salaire des autres employés. Seulement 18% des employés votèrent pour un système de transparence des salaires.

Malgré tout, quelques entreprises poursuivent une gestion ouverte des salaires. Par exemple, Polaroid a établi une structure par niveau de salaires pour les salariés exemptés des prescriptions de la loi. L'entreprise poursuit une politique d'ouverture qui implique ses employés dans le processus de prise de décision au plan des salaires. Les employés sont aussi invités à participer à l'évaluation des emplois pour acquérir une large compréhension du processus de définition de la valeur des emplois.[14]

SATISFACTION À L'ÉGARD DES SALAIRES

Si les organisations veulent minimiser l'absentéisme et le roulement grâce à la rémunération, elles devraient s'assurer que les employés sont satisfaits de leurs salaires. Comme la motivation n'est pas toujours fonction de cette forme de satisfaction, il est nécessaire d'en connaître les facettes spécifiques. À l'aide de cette information, les organisations peuvent mettre au point des pratiques salariales susceptibles d'engendrer une satisfaction accrue. Nous croyons que les trois principaux facteurs déterminants de la satisfaction au plan salarial sont l'équité, le niveau des salaires et les pratiques de gestion.

L'équité salariale. L'**équité salariale** réfère au salaire que les individus croient mériter. Les individus vérifient l'équité salariale en comparant leur contribution et leur salaire à ceux des autres employés. Ils décident s'ils sont payés équitablement ou non. S'ils considèrent leur salaire équitable, ils sont susceptibles d'être plus satisfaits. S'ils perçoivent cette comparaison comme injuste, ils sont susceptibles de ne pas être satisfaits et de réduire leur rendement.

Une question d'actualité en relation avec l'équité salariale concerne la rémunération du personnel de haute direction des entreprises. Les cadres supérieurs reçoivent-ils une rémunération trop élevée? Aux États-Unis et au Canada, on estime qu'en moyenne, les cadres supérieurs gagnent 12 à 18 fois ce que gagnent les employés les moins payés[15]. Il est intéressant de noter qu'au Japon, les cadres supérieurs gagnent seulement six fois plus que les employés les moins payés. En Roumanie, l'écart se rapproche de celui existant aux États-Unis et au Canada (1:18). Mais, en Union Soviétique, cet écart est de 1:40, donc beaucoup plus élevé, ce qui engendre une grande insatisfaction parmi les travailleurs et le public en général.

Le niveau des salaires. Le **niveau des salaires** est un facteur déterminant de la façon dont l'individu perçoit son salaire. Les personnes comparent leur perception avec ce qu'elles croient leur être dû. Si le niveau « attendu » de la paie correspond au niveau effectif, elles sont satisfaites. Au contraire, l'insatisfaction résulte d'un niveau effectif inférieur au niveau « attendu ».

La gestion de la rémunération. Si l'employeur veut attirer des nouveaux employés et qu'ils soient satisfaits de leur rémunération, celle-ci doit être analogue à celle versée dans des organisations comparables; autrement dit, il doit y avoir une équité externe. De plus, les salaires doivent être fixés de façon à promouvoir et à respecter le principe d'un salaire égal pour des emplois comparables. La valeur des emplois doit être évaluée selon les facteurs considérés comme étant les plus importants par les employés et l'organisation pour assurer l'équité interne.

Plus encore, les systèmes de rémunération au rendement doivent inclure une méthode permettant de mesurer avec précision le rendement des employés et doivent être suffisamment transparents pour que les employés voient clairement la relation entre le rendement et la rémunération.

Les taux de salaires et les structures salariales devraient être revus, mis à jour et révisés aussi souvent que nécessaire. Avec le temps, le contenu de l'emploi peut changer, amenant ainsi une distorsion entre sa valeur réelle et sa valeur estimée.

Finalement, les employés doivent avoir l'impression que l'organisation recherche leurs intérêts. Une atmosphère de confiance et de cohérence doit régner. Sans cela, la satisfaction salariale risque d'être faible et la gestion de la rémunération deviendra une source de plaintes indépendamment des problèmes réels.

MAIN-D'OEUVRE SALARIÉE

On observe généralement que les employés préfèrent être payés sur une base régulière, hebdomadaire par exemple, plutôt que sur une base horaire. Cependant, la plupart des organisations nuancent le mode de rémunération des employés. En d'autres mots, on octroie le statut de salarié (avec une place de stationnement) au personnel de direction alors que les autres catégories d'employés, à l'exception du personnel de bureau, sont payées sur une base horaire.

Quelques organisations ont cependant décidé de payer tous les employés sur une base régulière. IBM conserve une telle pratique depuis les années 1930. La notion du salariat intégral démontre un respect général pour la main-d'oeuvre, considérée comme mature et responsable. Par conséquent, une telle politique établit une atmosphère de confiance et de respect.

Bien qu'il n'existe pas de preuves solides de l'efficacité d'une approche de salariat intégral, elle semble constituer un moyen d'améliorer la productivité et la qualité de vie au travail, deux facteurs à considérer pour l'évaluation de la rémunération globale.

ÉVALUATION DE LA RÉMUNÉRATION GLOBALE

Lors de l'évaluation de l'efficacité de la gestion de la rémunération, les objectifs suivants de la rémunération globale devraient retenir l'attention:

1. attirer des employés qualifiés;
2. motiver les employés;
3. conserver les employés qualifiés;
4. gérer la rémunération dans le cadre législatif en vigueur;
5. faciliter l'atteinte des objectifs stratégiques de l'organisation et contrôler les coûts de main-d'oeuvre.

Pour atteindre ces objectifs, les employés doivent être satisfaits de leur rémunération. Cette assertion signifie que les niveaux de salaires offerts par l'organisation devraient être fortement concurrentiels, que les employés devraient percevoir les salaires comme équitables et que le programme de rémunération devrait être bien géré. Elle signifie aussi que les pratiques de rémunération respectent les législations provinciales et fédérales sur les salaires et les heures de travail, y compris le principe de la valeur comparable. Par conséquent, la rémunération globale d'une organisation peut être évaluée en comparant ses niveaux de salaires avec ceux des autres organisations, en analysant la validité de sa méthode d'évaluation des emplois, en mesurant les perceptions des employés au sujet de l'équité salariale et des liens avec les salaires au rendement et en déterminant des niveaux de salaires individuels entre les emplois.

Attirer, motiver et conserver des employés constituent des objectifs louables de la rémunération globale qui facilitent l'atteinte des finalités de l'organisation. Atteindre ces objectifs à un coût plus compétitif favorise aussi l'atteinte des objectifs stratégiques de l'organisation. Un moyen d'y arriver serait de remplacer les dépenses salariales non-déductibles (bénéfices coûteux tels que les automobiles et l'adhésion à des clubs) par des dépenses déductibles comme des contributions à un régime d'actionnariat. Ce remplacement doit évidemment être fait en considérant l'impact de ces différentes dépenses sur l'attraction, la motivation et la stabilisation des employés.

Étant donné que la rémunération globale se compose de la rémunération de base, de la rémunération au rendement et de la rémunération indirecte, cette évaluation demeure incomplète. Les chapitres suivants nous permettront d'arriver à une évaluation plus exhaustive.

RÉSUMÉ

Dans ce chapitre, nous avons examiné plusieurs aspects de l'une des plus importantes activités de gestion des ressources humaines, la rémunération globale. Peut-être qu'aucune autre réalité ne crée autant d'émotion que la découverte que la rémunération d'une personne est plus faible que celle d'une autre ou qu'une personne a reçu une augmentation plus élevée même si elle travaille moins pour la gagner. Il y a aussi toutes les autres questions reliées à la rémunération qui sont d'un grand d'intérêt pour les spécialistes en gestion des ressources humaines. Rappelons entre autres la notion de la valeur comparable et son impact sur les organisations. La valeur comparable est la « véritable valeur » d'un emploi et devrait être utilisée pour déterminer les taux de rémunération. Actuellement, pour certains emplois, les taux de rémunération reflètent beaucoup plus le sexe de la majorité qui occupe ce poste que sa vraie valeur.

Bien que les méthodes d'évaluation des emplois sont importantes pour déterminer la véritable valeur, elles sont plus pertinentes pour fixer les valeurs relatives des emplois que leurs valeurs absolues. Pour fixer ces dernières, les organisations utilisent souvent les enquêtes salariales, particulièrement dans le cas des emplois qui ont une contrepartie presqu'identique sur le marché. La réalisation d'enquêtes salariales pour des emplois qui n'ont pas de contrepartie sur le marché devrait être effectuée avec prudence. Elle implique une certaine subjectivité. Par conséquent, elle est susceptible de faire l'objet de discrimination salariale. Des évaluations équitables réduisent cette possibilité.

Pour fixer les salaires, les organisations peuvent s'appuyer sur des évaluations d'emplois et des enquêtes salariales et elles peuvent aussi demander la collaboration des employés.

Le choix de la méthode d'évaluation et la détermination des salaires ne constituent que deux composantes, même si elles sont très importantes, de la rémunération globale. D'autres composantes, telles que le choix du mode de rémunération au rendement et les bénéfices se rattachant à la rémunération indirecte sont traitées en détails dans les deux prochains chapitres.

QUESTIONS À DISCUTER

1. Qu'est-ce que la rémunération globale et quels types de récompenses y sont associés?
2. Quels sont les objectifs majeurs de la rémunération globale?

3. Expliquez le lien entre l'analyse de poste et la rémunération, et son importance?

4. Il existe une pléthore de lois de nature à affecter les politiques de l'organisation. Discutez les implications de ces législations sur les politiques de rémunération.

5. Comment se pose la question de la valeur comparable et comment est-elle reliée à la rémunération?

6. Quels sont les avantages et les inconvénients des diverses méthodes d'évaluation des emplois?

7. Quels facteurs contribuent à affecter la satisfaction des employés à l'égard de leur salaire?

8. Comment peut-on évaluer la rémunération globale d'une organisation?

9. Comment la véritable valeur des emplois peut-elle être déterminée?

É T U D E   D E   C A S

AINSI, VOUS VOULEZ ÊTRE AGENT!

Selon des données récentes, en 1987, les salaires annuels moyens des athlètes professionnels en Amérique du Nord varieraient d'environ 135 000$ pour les joueurs de hockey professionnels à environ 500 000$ pour les joueurs de baseball professionnels. Des lanceurs de relève ont même négocié des contrats de quatre ans d'une valeur de 5 millions de dollars. Des vedettes du basketball gagnent environ 2 millions de dollars par année.

Même si ces sommes semblent attrayantes, les sports professionnels ne sont pas sans risques. De jeunes joueurs entrent dans les ligues à titre de remplaçants et le rendement n'est pas seulement un sujet de conversation, il est observé et quantifié. Considérons aussi que la durée moyenne de carrière de ces professionnels est beaucoup plus courte que celle de médecins, d'infirmières, de professeurs, d'avocats, ou de cadres. Quelques athlètes sont connus pour avoir gaspillé leurs revenus en drogues, alcool et folles aventures. Ce n'est pas surprenant que plusieurs d'entre eux ont retenu les services d'agents non seulement pour négocier leurs salaires mais aussi pour les aider à gérer leurs revenus.

Imaginez que vous êtes l'agent d'un athlète professionnel et que vous devez répondre aux questions suivantes:

QUESTIONS

1. Comment évaluer le « taux du marché » ou le rôle du marché du travail dans la détermination du salaire de mon client?

2. Comment devrais-je structurer la composition de sa rémunération?

3. Que pourrais-je conseiller à mon client pour la planification de sa retraite (dans quelques années seulement!)?

4. Quels honoraires devrais-je facturer à mon client?

Rémunération au rendement

Actualité

LE BOUM DE L'ACTIONNARIAT DES SALARIÉS

Règle générale, les politiques de participation des salariés à l'actionnariat des entreprises ont obtenu beaucoup de succès là où elles ont été appliquées. C'est du moins ce qu'affirme l'Association des courtiers en valeurs mobilières qui a accompli une étude sur cette pratique. Incidemment, l'usage des régimes d'actionnariat est devenu si courant qu'on peut parler de véritable raz-de-marée par rapport à la situation qui prévalait au début de la présente décennie.

Selon le responsable de cette étude réalisée avant la dégringolade boursière du 19 octobre, M. Thomas Dalzell, secrétaire adjoint de l'ACCOVAM, « on a assisté, au cours de la récente période haussière des marchés de 1983 à 1987, à une augmentation spectaculaire du nombre de régimes d'actionnariat des salariés. Plus de 60 des régimes actuels ont été créés au cours de cette période et 80 depuis 1980 ».

Au Canada, pays où ces régimes ne disposent d'aucune aide gouvernementale, on distingue deux formules. Soit les régimes d'achat d'actions comprenant un stimulant qui peut prendre la forme d'une remise sur le courtage ou sur le cours du marché, et les régimes d'options d'achat d'actions.

Antérieurement au 19 octobre, M. Dalzell a noté que 23% des sociétés inscrites à la Bourse de Toronto proposaient des régimes d'achat d'ac-tions alors que 63% offraient un ou plusieurs régimes d'actionnariat des employés. Dans le deuxième cas, une proportion de près de 54% de toutes les entreprises inscrites à Toronto ont élaboré des programmes d'options.

Toutes les formules confondues, il a été constaté que 69 des régimes le sont avec options d'achat d'actions. D'après M. Dalzell, « il est intéressant de remarquer que les régimes d'options se sont multipliés à un rythme deux fois plus rapide que les régimes d'achat d'actions au cours de la période de 1983 à 1987.

Même si ces formules peuvent s'adresser à toutes les catégories d'emploi composant une entreprise, « 62% des régimes d'options d'achat ne sont offerts qu'aux associés, administrateurs et dirigeants, tandis que 72% des régimes d'achat d'actions sont offerts à tous les employés ou à la plupart d'entre eux ».

Par secteurs d'activités, M. Dalzell a remarqué que c'est dans celui des services publics que ces formules de participation sont les plus fréquentes. 77% des compagnies de ce secteur offrent un de ces régimes. Paradoxalement, « c'est dans le secteur financier que l'on trouve la plus faible proportion de régimes d'actionnariat des salariés, soit 35% ».

Source: TRUFFAUT, S., « Le boum de l'actionnariat des salariés », Le Devoir, 19 janvier 1988. Reproduit avec autorisation.

Alors qu'au chapitre 9 nous avons discuté des objectifs de la rémunération globale (attirer et retenir les employés), dans celui-ci nous étudierons la rémunération au rendement, c'est-à-dire des systèmes de rémunération qui visent à inciter les employés à améliorer leur rendement. Les deux principales composantes de la rémunération au rendement sont la rémunération au mérite et les régimes d'incitation. L'actionnariat dont il est fait mention dans l'article précédent fait partie de cette dernière catégorie. Nous nous intéresserons non seulement à décrire les systèmes de rémunération au rendement et leur évolution mais aussi à discuter de la participation des employés à leur conception et à leur gestion.

RÉMUNÉRATION AU RENDEMENT

La rémunération au rendement établit un lien direct entre la rémunération et le rendement. On distingue deux catégories principales de rémunération au rendement: les régimes d'incitation et la rémunération au mérite. Dans le premier cas, le rendement est souvent mesuré à l'aide de normes de productivité et d'indices reliés directement à la production des individus, des groupes ou de l'organisation. Dans le deuxième cas, on utilise généralement des mesures du rendement moins directes comme le rangement ou la notation établis par les superviseurs. Les régimes d'incitation affectent une part plus importante de la rémunération. Le niveau de rémunération de l'employé peut donc varier sensiblement selon son rendement. La rémunération au mérite affecte une proportion relativement faible de la rémunération totale car elle sert plutôt à ajuster le salaire à l'intérieur d'une échelle salariale et cet ajustement ne s'effectue qu'une fois l'an. Traditionnellement, dans les régimes d'incitation, l'argent constitue l'unique récompense. Plus récemment, des aspects non-monétaires comme les félicitations, la participation et la rétroaction servent à récompenser le rendement.

Beaucoup de personnes rémunérées au rendement le sont en vertu de régimes de rémunération au mérite. Par conséquent, la majeure partie de leur rémunération n'est pas fondamentalement reliée à leur rendement mais plutôt aux résultats de l'évaluation des emplois et aux échelles salariales dont nous avons discuté au chapitre 9. Dans tous les cas cependant, la rémunération au rendement a pour but d'inciter les employés à améliorer leur rendement.

OBJECTIFS ET IMPORTANCE DE LA RÉMUNÉRATION AU RENDEMENT

Les récompenses monétaires peuvent représenter un incitatif extrêmement puissant à l'amélioration du rendement. Des études ont montré que les régimes d'incitation améliorent beaucoup plus le rendement que les autres systèmes de rémunération et ce, de 30% en moyenne. Les régimes d'incitation de groupe peuvent améliorer le rendement de 15 à 20%[1]. Ces données sont d'autant plus impressionnantes que d'autres programmes de gestion des ressources humaines comme la fixation d'objectifs, les divers modes de participation et l'enrichissement des tâches ont un impact plus faible sur la productivité[2].

Pour que la rémunération influence le rendement des employés certaines conditions s'imposent. Pour l'employé, les aspects suivants sont particulièrement importants:

- l'employé doit percevoir une relation étroite entre le rendement et la rémunération;
- l'employé doit attribuer une valeur importante à la rémunération;
- l'employé doit être capable d'atteindre un rendement élevé (c'est-à-dire posséder les qualifications et savoir ce qu'on attend de lui);
- l'employé ne doit pas être exposé à des dangers ou des conflits en tentant d'obtenir une rémunération additionnelle. Par exemple, il ne doit pas appréhender les blessures physiques, l'insécurité d'emploi ou la raillerie des autres employés;
- la mesure du rendement doit être équitable. Si les évaluations du rendement sont considérées comme biaisées, les employés ne seront pas motivés par le salaire;

Pour remplir ces conditions, l'organisation doit pour sa part:

- inspirer un niveau de confiance élevé aux employés;

- informer les employés du fonctionnement du système de rémunération;
- s'assurer que l'employé peut exercer un contrôle sur son rendement;
- utiliser un système d'évaluation du rendement juste;
- former les gestionnaires à fournir de la rétroaction aux employés;
- prévoir des montants suffisamment élevés pour que l'effort supplémentaire en vaille la peine.

Pour choisir et utiliser avec succès un système de rémunération au rendement, il faut avant tout connaître les conditions qui prévalent dans l'organisation. La figure 10.1 présente une liste des systèmes de rémunération au rendement parmi lesquels l'organisation peut exercer son choix. Leur description ainsi que les conditions de leur efficacité font l'objet d'un examen dans ce chapitre.

INTERRELATIONS ENTRE LA RÉMUNÉRATION AU RENDEMENT ET LES AUTRES ACTIVITÉS DE GESTION DES RESSOURCES HUMAINES

Examinons les relations entre la rémunération au rendement et les autres activités de gestion des ressources humaines.

La formation et le perfectionnement. Les gestionnaires doivent être conscients des effets des récompenses assujetties au rendement. Ils doivent donc être formés à bien observer le rendement des employés et à leur fournir une rétroaction aussi rapidement que possible au moyen d'une augmentation de salaire, de félicitations ou d'autres récompenses. Outre la formation des gestionnaires, d'autres programmes peuvent être combinés à la rémunération au rendement pour améliorer la productivité et la qualité de la vie au travail.

Les relations patronales-syndicales. Comme les salaires sont négociables, la rémunération au rendement doit être approuvée par le syndicat. Traditionnellement, les syndicats se sont opposés aux systèmes de rémunération au rendement. Les organisations doivent donc les convaincre des avantages que présentent ce mode de rémunération. Lorsqu'ils sont convaincus des avantages et de la nécessité de tels systèmes, les syndicats coopèrent et jouent un rôle utile dans leur mise en place.

L'évaluation du rendement. Lorsque la rémunération est basée sur le rendement, la mesure du rendement devient très importante. Le système d'évaluation du rendement doit être précis, fiable, et s'en tenir aux comportements et aux résultats qui répondent aux besoins de l'organisation.

Figure **10.1**   **Systèmes de rémunération au rendement par niveau**

Individuel	De groupe	Organisationnel
• À la pièce	• Production	• Participation aux bénéfices
• Normes horaires	• Directions	
• Journée de travail	• Personnel/professionnel	• Plan Scanlon
• Incitation à la vente	• Haute direction	• Improshare
• Incitation des cadres		
• Suggestions		
• Renforcement positif		

Les lois relatives aux droits de la personne dont nous avons discuté aux chapitres précédents s'appliquent également à la rémunération. En effet, un superviseur peut être accusé de discrimination par un employé qui croit qu'une augmentation de salaire lui a été refusée pour des facteurs non reliés au rendement. Aucun cas de ce type n'a cependant été rapporté jusqu'à maintenant.

RÉGIMES DE RÉMUNÉRATION AU MÉRITE

Une enquête effectuée en 1983 par le Conference Board du Canada révèle que 75% des entreprises interrogées relient la rémunération au rendement. De plus, en 1986, par exemple, les travailleurs présentant un rendement excellent reçoivent une augmentation de salaires moyenne de 7,2% et ceux qui ont un bon rendement reçoivent une augmentation moyenne de 4,6%.[3]

Une utilisation efficace des régimes de rémunération au mérite nécessite la détermination préalable du pourcentage des augmentations de salaires, des périodes d'attribution et de la relation entre la rémunération au mérite et la position dans la fourchette salariale. Surtout durant les périodes de forte inflation, les organisations doivent établir la relation entre la rémunération au mérite et les ajustements en fonction du coût de la vie.

DIRECTIVES POUR LA RÉMUNÉRATION AU MÉRITE

La figure 10.2 présente un exemple de régime de rémunération au mérite. Les augmentations de salaires dépendent non seulement du rendement mais aussi de la position dans la fourchette salariale. La position est déterminée par le pourcentage du salaire de l'employé qui correspond au milieu de la fourchette salariale. Plus la rémunération se situe au bas de la fourchette salariale (le premier quartile est le plus bas), plus le pourcentage d'augmentation au mérite est élevé.

Il importe aussi de contrôler le nombre de personnes dans chaque quartile. Bien que le pourcentage des augmentations au mérite est plus élevé pour les quartiles inférieurs, le montant absolu des augmentations est souvent plus élevé dans les quartiles supérieurs. Plus il y a de personnes dans les quartiles supérieurs, plus le budget nécessaire est considérable. Par conséquent, le responsable de la rémunération doit surveiller les gestionnaires qui tenteraient de pousser leurs employés au sommet de la fourchette salariale pour qu'ils reçoivent des récompenses plus importantes. Cette surveillance est nécessaire pour respecter le budget et assurer l'équité salariale. Tous les employés qui donnent un bon rendement pour le même poste devraient recevoir la même rémunération.

RÉMUNÉRATION AU MÉRITE ET INDEXATION AU COÛT DE LA VIE

Beaucoup d'organisations procèdent à des ajustements automatiques des salaires en fonction de l'évolution du coût de la vie. Ces augmentations sont versées à tous les employés et ne sont pas reliées au rendement. On les retrouve surtout dans les entreprises syndiquées où la convention collective prévoit ce type d'augmentation et elle est généralement étendue aux employés

Figure **10.2**   **Un modèle de régime de rémunération au mérite**

Notation du rendement	Position dans la fourchette salariale			
	Premier quartile	*Deuxième quartile*	*Troisième quartile*	*Quatrième quartile*
Excellent	13-14% augmentation	11-12% augmentation	9-10% augmentation	6-8% augmentation
Supérieur à la moyenne	11-12% augmentation	9-10% augmentation	7-8% augmentation	6% augmentation ou moins
Bon	9-10% augmentation	7-8% augmentation	6% augmentation ou moins	délai augmentation
Satisfaisant	6-8% augmentation	6% augmentation ou moins	délai augmentation	aucune augmentation
Insatisfaisant	aucune augmentation	aucune augmentation	aucune augmentation	aucune augmentation

non syndiqués. Ces augmentations peuvent représenter une part importante du budget prévu à cet effet.

Plusieurs entreprises souhaitent remplacer les **systèmes d'indexation au coût de la vie** par un régime de rémunération au mérite parce qu'ils sont très coûteux et n'ont aucun lien avec le rendement. De plus, ces augmentations échappent au contrôle de l'organisation. Enfin, comme ces ajustements sont généralement reliés à l'indice des prix à la consommation, les salaires augmentent de façon arbitraire à mesure que l'indice s'élève. Comme la rémunération au mérite doit être substantielle pour avoir un impact, elle pourrait remplacer efficacement l'indexation au coût de la vie dans des périodes de forte inflation. La valeur incitative de la rémunération au mérite est modeste parce que l'augmentation moyenne est relativement faible et que l'écart (en valeur absolue) entre l'augmentation la plus forte et l'augmentation la plus faible est petit. Par conséquent, les organisations s'intéressent aux régimes d'incitation lorsqu'elles veulent accroître l'impact des montants consacrés à la rémunération sur le rendement.

RÉGIMES D'INCITATION

Au Canada, la plupart des régimes d'incitation sont des régimes à la pièce ou à normes horaires. L'utilisation de ces régimes varie beaucoup selon l'industrie et la région. Par exemple, une proportion importante des employés oeuvrant dans le textile, le vêtement, les cigares et la sidérurgie sont couverts par des régimes d'incitation alors qu'il n'y en a qu'une très faible proportion dans le secteur des services et le secteur public. Dans l'ensemble, il est plus probable que les régimes d'incitation soient utilisés par les entreprises dont le coût de main-d'oeuvre est élevé, le marché compétitif, la technologie peu avancée et la production d'un employé relativement indépendante de celle des autres employés. Ces facteurs peuvent aussi influencer le type de régime choisi. Les régimes d'incitation peuvent être utilisés aux niveaux individuel, du groupe ou de l'organisation.

Les régimes d'incitation individuels sont les suivants:
- À la pièce
- Normes horaires
- Journée de travail
- Incitation à la vente
- Incitation des cadres
- Suggestions
- Renforcement positif

Régimes à la pièce. La rémunération à la pièce constitue le type de régime le plus courant. En vertu de ce régime, on garantit aux employés un taux de salaire standard pour chaque unité produite. Le taux de rémunération unitaire est fréquemment déterminé à partir d'études de temps et mouvements et d'enquêtes salariales. Par exemple, si la rémunération de base pour un poste est de 30$ par jour et si l'employé peut produire 30 unités par jour, le taux à la pièce peut être fixé à 1$ l'unité. Ce taux de base est habituellement supérieur à celui déterminé par les études de temps et mouvements parce qu'il est supposé représenter une efficacité de 100%. Il est souvent ajusté pour refléter le pouvoir de négociation des employés, les conditions économiques de l'organisation et de son environnement, ainsi que le salaire payé par les concurrents.

Régimes à normes horaires. Le second régime le plus utilisé est le régime à normes horaires. Il s'agit essentiellement d'un régime à la pièce dont les standards sont définis en termes de temps par unité de production plutôt qu'en termes d'argent par unité de production. Les tâches sont divisées selon le temps requis pour les effectuer. On peut faire cette opération à partir des dossiers de production, d'études de temps et mouvements ou d'une combinaison des deux. Le temps pour réaliser chaque tâche devient alors un temps standard.

Régimes de la journée de travail. Les régimes de la journée de travail atténuent le lien entre les taux de salaire et les standards de production. On définit des standards de production à partir desquels on évalue le rendement de l'employé. Toutefois, ces standards sont moins précis que dans les régimes à normes horaires. Par exemple, les standards peuvent être déterminés à partir des résultats de la notation ou du rangement plutôt qu'à l'aide d'un critère objectif comme les unités produites.

Régimes d'incitation à la vente. Tous les régimes d'incitation dont nous venons de discuter ont une caractéristique commune: on les utilise généralement pour les cols bleus et les employés de bureau. On réfère ici aux régimes basés sur les commissions aux vendeurs et à une certaine catégorie de gestionnaires. La majorité du personnel de ventes reçoit une rémunération composée d'un salaire de base auquel on additionne une commission. Dans l'immobilier cependant, une très forte proportion des agents ne touche que des commissions.

Régimes d'incitation des cadres. Pour les cadres, les régimes d'incitation prennent habituellement la forme de bonis qui visent à récompenser le rendement du service, de la direction ou de l'organisation. Ces régimes comprennent aussi les **régimes d'option d'achat d'actions** et de **versement d'actions en fonction du rendement**. Une option d'achat d'actions constitue une opportunité d'acheter des actions de l'entreprise à une date ultérieure mais au prix du marché au moment où l'option est accordée. L'idée étant que les gestionnaires travailleront plus fort pour augmenter leur rendement et la rentabilité de l'entreprise (faisant ainsi augmenter le prix des actions de la compagnie) s'ils peuvent accéder aux profits de l'entreprise à long terme. Si le prix des actions de la compagnie augmente avec le temps, les gestionnaires peuvent utiliser leurs options pour acheter des actions à un prix plus faible et réaliser des profits. Plus encore, les gouvernements reconnaissent aussi l'achat d'options comme moyen de stimuler l'économie. Pour encourager ce comportement, la province de Québec, par exemple, accorde aux employés des déductions fiscales pour acheter des actions des compagnies pour lesquelles ils travaillent.

Les actions versées en fonction du rendement établissent un lien très étroit entre le rendement individuel et les récompenses. En effet, le cadre est récompensé seulement s'il atteint les buts fixés. Ces buts étant habituellement définis en termes des gains par action. Si le but est atteint, le cadre reçoit directement ses actions.

Les options à long terme représentent la tendance actuelle des régimes d'incitation pour les cadres. Cette stratégie est avantageuse à la fois pour l'entreprise et le cadre car:

- elle fournit aux cadres supérieurs un moyen d'accumuler du capital à des taux d'imposition relativement favorables;
- elle comporte pour l'entreprise et souvent pour l'employé un traitement fiscal avantageux;
- elle minimise les sorties de liquidités et les risques de dilution des gains;
- elle motive les gestionnaires à maximiser la croissance et la rentabilité de l'entreprise;
- elle permet à l'entreprise de garder les cadres présentant un rendement supérieur et d'en attirer de nouveaux.[4]

Programmes de suggestions. Ce régime d'incitation récompense les employés pour des suggestions qui réduisent les coûts de production ou qui accroissent les revenus. Ce régime est très utilisé et peut donner lieu au versement de sommes considérables aux employés et contribuer à des économies importantes pour l'entreprise. Certaines organisations versent aux employés jusqu'à 30% des économies réalisées au cours de l'année qui suit l'application de leurs suggestions. Depuis l'application de ce programme chez Eastman Kodak, plus de 1,8 million de suggestions ont été faites par les employés et 30% d'entre elles ont été acceptées, et ont rapporté 2 millions de dollars aux employés. En 1983, le Conseil du Trésor du Canada a accordé 250 000$ pour des économies de presque 11,5 millions de dollars. IBM Canada a économisé en 1984 près de 10 millions de dollars grâce à des suggestions d'employés. Celles-ci en retour ont valu 700 000$ de primes à leurs auteurs. Chacun peut obtenir une somme s'élevant à 25% des économies réalisées, jusqu'à concurrence de 200 000$. Il s'agit du montant le plus élevé accordé par une compagnie canadienne dans le cadre d'un programme de suggestions.[5]

Malgré tout, les programmes de suggestions n'ont pas une très bonne réputation parce que les montants touchés par les employés sont généralement plus faibles que ce que nous venons de mentionner. De plus, dans certains cas, les employés n'entendent jamais parler de leurs suggestions et les entreprises attribuent des récompenses plus faibles que celles auxquelles s'attendent les employés par rapport aux gains réalisés. Dans certains cas, une suggestion négligée dans l'immédiat est reprise plus tard sans qu'une récompense ne soit versée à l'employé. Une telle pratique engendre l'hostilité, le ressentiment et la méfiance envers la direction. La boîte à suggestions peut elle-même, dans certains cas, être tournée en dérision.

Bien que la plupart des programmes de suggestions soient conçus pour obtenir et récompenser les suggestions, certains d'entre eux sont axés sur des groupes d'employés. Un tel programme fait alors partie du plan Scanlon dont nous discuterons ultérieurement. Les programmes de suggestions sont uniques parce qu'ils sont conçus pour augmenter le nombre de bonnes idées plutôt que la production.

Programmes de renforcement positif. Ces programmes informent les employés de leurs résultats par rapport à des objectifs spécifiques. Les renforcements positifs consistent à récompenser les améliorations du rendement par des félicitations et la reconnaissance. Ils constituent un système d'incitation unique.

Pour élaborer un tel programme, l'employeur doit définir les comportements souhaités et les évaluer. Les objectifs doivent donc être mesurables. Il peut s'agir du respect des échéances, de standards de qualité ou du volume de production. Ensuite, les employés reçoivent toute l'information pertinente sur leur rendement.

Une des prémisses du renforcement positif est que le comportement peut être compris et modifié par le jeu des conséquences. De fait, tous les systèmes incitatifs sont basés sur cette prémisse: pas de rendement sans récompense au rendement. Plusieurs organisations n'offrent pas de récompenses monétaires.

Pour qu'un programme de renforcement positif permette de garantir une constance de comportements axés sur le rendement, certaines conditions doivent être respectées. Les paramètres d'un renforcement efficace sont reliés à:

1. La nature de l'agent renforçateur: seuls les compliments appréciés par l'employé sont efficaces.
2. L'opportunité de l'agent renforçateur: seuls les agents renforçateurs qui suivent immédiatement le comportement désiré sont efficaces. Une réaction telle que « Vous avez fait du bon travail, je vais vous recommander pour une augmentation de salaires au prochain budget » est un agent renforçateur inefficace.
3. L'importance de l'agent renforçateur: seuls les agents renforçateurs importants et reliés directement au comportement désiré sont efficaces.
4. La spécificité de l'agent renforçateur: seuls les agents renforçateurs très spécifiques et clairement compris par l'employé sont efficaces. Une rétroaction vague et imprécise telle que « Vous avez fait du bon travail » peut ne pas être un agent renforçateur positif efficace.
5. Le caractère routinier de l'agent renforçateur: les agents renforçateurs utilisés de façon répétitive perdent leur impact avec le temps. Les employés s'y habituent et prennent pour acquis la récompense attendue. Un boni annuel au temps de Noël est un exemple d'agent renforçateur qui perd son impact avec le temps.
6. La programmation de l'agent renforçateur: la plupart des récompenses peuvent être classées en deux catégories: le renforcement continu ou partiel. Un renforcement continu est appliqué chaque fois que le comportement désiré se manifeste. Par exemple, un directeur peut complimenter (ou payer) des employés chaque fois qu'ils ont un bon rendement. Un renforcement partiel est appliqué à des intervalles spécifiques et non pas à chaque fois que le comportement désiré se manifeste. Les travaux de

recherche ont montré qu'un renforcement partiel donne lieu à un apprentissage plus lent mais assure des effets plus prononcés et permanents. La figure 10.3 présente quatre types de programmation de renforcements et leurs effets sur le comportement.

Les régimes d'incitation individuels, qu'ils soient basés sur des récompenses en argent ou sur des félicitations, comportent une valeur sûre au plan de la motivation. Mais, les conditions nécessaires ne sont pas toujours en place. Dans ce cas, les régimes d'incitation au niveau du groupe sont plus efficaces.

RÉGIMES D'INCITATION DE GROUPE

Au fur et à mesure que les organisations se diversifient, un nombre croissant d'emplois sont en relation d'interdépendance. Certains emplois font partie d'une séquence d'opérations: les emplois qui précèdent et qui suivent en affectent le rendement. D'autres emplois font partie d'un effort conjugué nécessaire à l'obtention de bons résultats.

Dans chaque cas, la mesure du rendement individuel est difficile à réaliser. Des incitatifs individuels ne sont pas appropriés dans ces conditions parce qu'ils ne réussissent pas à récompenser la coopération, ce que font les régimes de groupe. Par conséquent, les régimes individuels sont moins utiles lorsque les changements technologiques rendent les emplois de plus en plus interdépendants.

La plupart des régimes d'incitation de groupe sont des adaptations des régimes individuels. Les régimes à normes horaires et de partage des bénéfices sont fréquemment appliqués au groupe. Le taux de base sert alors à rémunérer

Figure **10.3** **Programmation des renforcements**

Programmation du renforcement	Nature du renforcement	Effets de l'application sur le comportement	Effets de la perception sur le comportement	Exemple
À intervalles fixes	Récompense dans une période définie	Engendre un rendement moyen et irrégulier	Affaissement rapide du comportement	Chèque de paie hebdomadaire
Rapport fixe	Récompense reliée systématiquement au rendement	Engendre rapidement un rendement élevé et stable	Affaissement rapide du comportement	Rémunération à la pièce
À intervalles variables	Récompense accordée à des intervalles plus ou moins réguliers	Engendre un rendement assez élevé et stable	Lent affaissement du comportement	Évaluation du rendement mensuelle et récompenses aléatoires chaque mois
Rapport variable	Récompense attribuée à des niveaux de production plus ou moins constants	Engendre un rendement très élevé	Lent affaissement du comportement	Boni relié à des ventes X, X se modifiant constamment autour d'une moyenne

Source: R.M. Steers, *Introduction to Organizational Behavior*, 2e édition, Scott, Foresman, Glenview, Il, 1984, p. 199. Reproduite avec la permission de l'éditeur.

un rendement standard alors que la prime récompense le rendement supérieur du groupe par rapport à cette norme.

Pour que les régimes d'incitation de groupe motivent les employés à améliorer leur rendement, ils doivent comporter des normes et des objectifs mesurables. Les membres du groupe doivent être confiants de la possibilité d'atteindre ces objectifs grâce à un rendement efficace. Aussi, le système doit être perçu comme récompensant à la fois la collaboration et le rendement individuel. Lorsque ces conditions prévalent, les résultats peuvent être fort favorables. Un cas bien connu est celui de la Compagnie Nucor, une entreprise métallurgique américaine.

L'exemple de Nucor.   En 1971, Nucor Corporation déclare des ventes s'élevant à 64,8 millions de dollars et des bénéfices de 2,7 millions de dollars. En 1980, les ventes sont de 482,4 millions de dollars et les bénéfices de 45,1 millions de dollars. Le recours à une technologie moderne, l'adoption d'un style de gestion agressif et l'amélioration de la productivité sont les principaux facteurs responsables de cette croissance de plus de 6090% des ventes et de 1500% des bénéfices[6]. L'accroissement de la productivité est dû en grande partie aux régimes d'incitation de groupe. Comme ces régimes peuvent s'adapter à d'autres organisations, nous utiliserons la compagnie Nucor comme base de discussion.

Nucor a quatre régimes d'incitation de groupe. Ils s'adressent aux employés de la production, aux chefs de divisions, aux secrétaires, aux commis-comptables, aux comptables, aux ingénieurs et aux cadres supérieurs. Ils fonctionnent comme suit:

- Régime de stimulants à la production: Environ 2,500 employés de Nucor sont touchés par ce programme. Les groupes sont composés de 25 à 30 personnes. Dans chaque usine, il y a neuf groupes d'employés qui reçoivent des bonis: trois dans la fonderie où le boni est basé sur le nombre de tonnes de boulettes de bonne qualité produites à l'heure; trois dans le laminoir où le boni est basé sur les tonnes d'acier coupé de bonne qualité produites et trois dans le dressage où le boni est basé sur les tonnes d'acier dressé de bonne qualité. Les mesures et la compilation sont hebdomadaires et les bonis sont payés en même temps que les salaires réguliers des employés, soit la semaine suivante. Pour s'assurer que ces régimes fonctionnent bien, Nucor prend les dispositions pour que les opérations et la production de chaque groupe soient définissables et mesurables.

- Régime de motivation des chefs de division: À ce niveau, le régime est basé sur la contribution de la division aux bénéfices totaux de l'entreprise ou aux bénéfices de la division par rapport à ses dépenses.

- Régime d'incitation pour le personnel conseil et professionnel: Il s'agit du personnel qui n'a aucun lien avec la production et n'a pas la responsabilité d'une division. Par exemple, on forme des groupes composés d'un comptable, d'un ingénieur, d'une secrétaire et d'un commis-comptable. Le boni d'incitation peut-être basé sur le rendement des actifs de la division ou de l'entreprise.

- Régime d'incitation pour les cadres supérieurs: Chez Nucor, les cadres supérieurs ne partagent pas les bénéfices et n'ont pas de régimes de pensions. La rémunération des cadres supérieurs correspond à environ 70% de celle des cadres de même niveau dans des entreprises similaires. Toute autre rémunération prend la forme d'un boni, dont la moitié est versée en liquide et l'autre moitié différée. Le boni provient de 10% des gains avant impôts de l'entreprise mis de côté pour les cadres supérieurs et attribués en fonction de leur salaire.

L'exemple de Nucor montre comment une entreprise entière peut fonctionner avec plusieurs régimes d'incitation plutôt qu'un seul pour tous les employés. Quelquefois, ces régimes ne sont pas appropriés, l'entreprise peut alors utiliser des régimes d'incitation au niveau de l'organisation.

RÉGIMES D'INCITATION AU NIVEAU DE L'ORGANISATION

Les organisations dont le bon fonctionnement nécessite une grande coopération entre les employés utilisent des régimes d'incitation au niveau de l'organisation. Plusieurs compagnies canadiennes ont mis au point des régimes de boni pour l'ensemble de l'entreprise ou diverses modalités de participation aux bénéfices[7].

En vertu de ces régimes, les employés reçoivent sous forme de boni un pourcentage de leur salaire de base si l'organisation atteint un objectif donné. Donc, tous les employés qui ont le même salaire de base ou le même taux de salaire reçoivent le même boni. Les régimes de participation aux bénéfices ne sont pas toujours considérés comme un incitatif car les employés n'ont qu'un contrôle partiel et indirect sur les bénéfices de l'organisation. Cependant, étant donné que la nature du contrôle de rendement effectué par les employés est une question de degré plutôt que de nature, nous en discutons en tant que régime d'incitation au niveau de l'organisation.

Régimes de participation aux bénéfices. Plusieurs régimes de participation aux bénéfices sont enregistrés à Revenu Canada pour respecter les lois fiscales. Il existe deux groupes principaux de régimes de participation aux bénéfices. Dans le cadre des régimes à versements directs, les employés reçoivent une part des bénéfices à intervalles réguliers, mensuellement ou annuellement. Le pourcentage des bénéfices distribué varie entre 8% à 75%. Si la compagnie ne réalise pas de bénéfices, aucun paiement n'est fait aux employés. Le partage des bénéfices améliore la productivité et engendre des bénéfices additionnels qui peuvent être partagés entre les parties.

Les régimes d'incitation basés sur le versement de dividendes déterminent la part des bénéfices versés aux actionnaires. Ces régimes visent à améliorer la concordance des objectifs des employés et des actionnaires. Les employés les perçoivent souvent comme plus équitables que les versements en espèce.

La participation aux bénéfices devient de plus en plus populaire parmi les compagnies canadiennes. Au milieu des années 1950, 2000 régimes étaient enregistrés au Canada alors que ce nombre est passé à 8000 au milieu des années 1980. On prévoit qu'il sera de l'ordre de 25 000 au milieu des années 1990[8]. IPSCO Steel de Régina, Dominion Envelope, les Industries Supreme Aluminium, DOFASCO, Canadian Tire Corporation et le magasin à rayons Simpson constituent seulement quelques exemples de compagnies qui utilisent ce système. Cependant, alors que les régimes américains impliquent tous les employés, plus de 95% des régimes canadiens limitent la participation aux cadres supérieurs. Une étude effectuée aux États-Unis montre que les compagnies qui utilisent un régime de participation aux bénéfices connaissent une amélioration supérieure du rendement à celles qui n'y recourent pas.[9]

Bien que ces deux types de régimes soient les plus utilisés, les organisations continuent de développer des régimes adaptés à leurs conditions particulières. Le producteur d'acier IPSCO de Régina a développé un type de régime dans lequel il demande aux employés participant aux bénéfices de contribuer personnellement pour des sommes variant de 200$ à 500$ directement déduites sur le salaire. Les contributions des employés sont mises en commun avec la cagnotte de bénéfices à partager pour acheter des actions d'IPSCO sur le marché. L'employé qui a contribué pour une somme de 200$ reçoit les deux-cinquièmes des actions attribuées à une personne ayant contribué pour 500$. Les employés éligibles peuvent aussi protéger leurs actions en les versant sur un plan enregistré d'épargne-retraite pour bénéficier sans délai de déductions fiscales. Le régime d'IPSCO est original sur deux aspects importants: tous les employés qui le souhaitent participent également aux bénéfices et les actions achetées sont investies immédiatement, bien que les employés peuvent vendre leurs actions n'importe quand.[10]

Le Plan Scanlon.   Le plan Scanlon correspond autant à une philosophie des relations employeur-employés qu'à un régime d'incitation au niveau de l'entreprise. Il met l'accent sur la participation commune aux opérations et à la rentabilité de la compagnie. Les plans Scanlon sont adaptables à différentes compagnies et à des besoins changeants et sont utilisés dans des entreprises syndiquées aussi bien que non-syndiquées.

Le plan Scanlon est basé sur le fait que l'efficacité des opérations dépend de la coopération et que les incitatifs sous la forme de boni l'encouragent. Le boni est fixé à partir des économies en coûts de main-d'oeuvre mesurées en comparant la liste de paie à la valeur de la production (en ventes) sur une base mensuelle ou bi-mensuelle. Les ratios des salaires sur la valeur des ventes des mois précédents contribuent à définir les coûts de main-d'oeuvre anticipés. Les économies en coûts de main-d'oeuvre sont alors partagées entre les employés (75%) et l'employeur (25%). Parce que tous les employés partagent les économies, un groupe ne fait pas de gains aux dépens d'un autre. Le boni de chaque employé est calculé en convertissant le fond de boni en pourcentage de la liste de paie totale et en appliquant ce pourcentage à la paie mensuelle de chaque employé. Dans une compagnie canadienne, The Canadian Valve and Hydrant Manufacturing Co., le ratio des coûts salariaux aux revenus nets des ventes a été radicalement amélioré après l'introduction d'un plan de type Scanlon[11].

Bien que les plans Scanlon peuvent avoir du succès, leur valeur incitative est parfois de courte durée. Cela se produit lorsque les employés ont l'impression qu'ils ne peuvent plus améliorer leur rendement et conséquemment les ratios. C'est alors que le rendement des employés plafonne et que le plan Scanlon perd sa valeur incitative. Le problème est cependant minimisé lorsque les méthodes de production et les produits changent régulièrement. Dans ces conditions, les employés sont plus susceptibles de penser qu'ils peuvent améliorer constamment leur rendement.

Improshare.   Le régime Improshare a été mis sur pied en 1980 à l'usine Firestone à Hamilton, en Ontario. Cette usine comptait environ 1468 employés et sa performance était comparable à celle des autres usines de l'entreprise.

À partir des résultats de l'année précédente et au moyen du ratio heures totales de travail par semaine/quantité de production, on a déterminé une norme de production. Toute amélioration de cette norme de production est partagée à part égale entre l'entreprise et les employés. Par exemple, si la norme de travail est de 20 000 heures pour un volume de production donné et que le nombre d'heures effectif est de 18 000 heures, l'entreprise réalise une économie de 2000 heures. La valeur de 1000 heures est attribuée aux employés. Mille heures représentant 5,6% de 18 000 heures, la prime versée à chaque employé correspond alors à 5,6% de son salaire hebdomadaire.

Une partie de la prime est versée en argent et une autre partie (10%) en actions de l'entreprise. Les primes sont distribuées aux employés seulement lorsqu'elles représentent au moins 25% de leur salaire. Si pendant une certaine période, l'amélioration de la productivité est de 50% ou plus, l'entreprise peut acheter cette augmentation par un versement unique dont 50% est versé en actions de la compagnie.

GESTION DE LA RÉMUNÉRATION AU RENDEMENT

Bien que la rémunération au rendement augmente sensiblement la productivité, sa conception et son application présente plusieurs obstacles qui limitent son efficacité potentielle.

OBSTACLES À SON EFFICACITÉ

Il existe essentiellement trois catégories d'obstacles reliés à la conception et à l'application des régimes de rémunération au rendement: (1) les difficultés reliées à la définition et à la mesure du rendement; (2) les difficultés à identifier les récompenses privilégiées (la paie n'étant qu'une parmi de nombreuses récompenses); et (3) les difficultés inhérentes à la relation entre les récompenses et le rendement.

Pour récompenser le rendement, il faut d'abord le définir, ensuite, déterminer les relations entre les niveaux de rendement et les récompenses et enfin, mesurer le rendement avec précision. Cela est souvent difficile à cause des changements constants dans la nature du travail, de ses aspects multidimensionnels, des progrès technologiques, du manque de formation des superviseurs et du système de valeurs des gestionnaires.

La seconde catégorie d'obstacles réfère à la sélection des récompenses monétaires ou non-monétaires. Les récompenses autres que monétaires peuvent avoir une plus grande valeur incitative, particulièrement pour des employés dont les augmentations de salaires sont en grande partie absorbées par les impôts. Par conséquent, il importe d'identifier celles qui sont privilégiées par les employés et d'appliquer celles qui ont un effet de renforcement plus marqué.

La troisième catégorie d'obstacles se rapporte aux difficultés d'établir des relations entre les récompenses et le rendement. Il peut être difficile, par exemple, d'établir des relations conditionnelles appropriées ou des mesures précises d'évaluation du rendement. De plus, l'opposition des employés constitue un obstacle majeur à l'application avec succès de la rémunération au rendement et surtout à la mise en place de régimes d'incitation. Cette opposition est due à un grand nombre de convictions que les employés entretiennent à ce sujet:

- les régimes d'incitation provoquent une accélération du rythme de travail;
- les taux sont réduits lorsque les gains en vertu du régime augmentent trop vite;
- les régimes d'incitation entraînent la concurrence entre les travailleurs et le congédiement des travailleurs moins rapides;
- les régimes d'incitation détruisent les métiers en réduisant les exigences au plan des qualifications;
- les travailleurs n'obtiennent pas leur part des gains de productivité;
- les régimes d'incitation sont trop complexes;
- les normes sont établies de façon inéquitable;
- les ingénieurs industriels effectuent leur travail en vue de voler les travailleurs;

- les gains varient dans le temps, rendant plus difficile la gestion du budget du ménage et même l'obtention d'une hypothèque sur une maison;
- les régimes d'incitation évitent d'accorder des augmentations de salaires;
- les régimes d'incitation augmentent la tension et affectent la santé des travailleurs;
- les régimes d'incitation augmentent la fréquence des changements de méthodes de travail;
- les régimes d'incitation requièrent des travailleurs un rendement supérieur à celui d'une journée de travail normale;
- les régimes d'incitation impliquent un manque de confiance envers les travailleurs de la part de la direction.[12]

La plupart de ces convictions découlent d'un manque de confiance envers la direction. Ce manque de confiance a des implications immédiates pour la fixation des taux et des normes sur lesquels seront basés les régimes d'incitation. Les travailleurs peuvent tenter de tromper les ingénieurs chargés de l'étude des temps qui servira à mesurer le rendement (voir chapitre 3). Pour compliquer encore plus la question, les ingénieurs (qui savent que les travailleurs essaient quelquefois de les jouer) incorporent dans leurs données des estimations qui en tiennent compte. Cette combinaison d'observations scientifiques, de mesures et d'estimations peut donner des taux imprécis ou inéquitables qui réduisent la valeur du régime d'incitation, la rentabilité de l'entreprise ou même les deux.

VÉRIFICATION DU SYSTÈME DE RÉMUNÉRATION AU MÉRITE

La gestion est un aspect crucial du succès de tout système de rémunération au mérite. Un tel système doit être géré correctement et équitablement entre les employés et les divisions de l'entreprise. Les employés doivent savoir que la rémunération au mérite est déterminée de la même façon pour tous, indépendamment du superviseur, et que cette détermination est basée sur une mesure valide du rendement. Alors que la précision des évaluations peut être assurée au moyen d'une méthode d'évaluation du rendement telle que BARS ou BOS (voir chapitre 7), le compa-ratio et le ratio de rendement sont des techniques qui assurent une gestion équitable et cohérente de la structure des salaires.

Les **compa-ratios** et les **ratios de rendement** lorsqu'utilisés conjointement mettent en lumière les relations entre la rémunération et le rendement par employé, par niveau de salaire et par niveau hiérarchique dans l'organisation. On calcule le compa-ratio en divisant le salaire effectif de l'individu par le point moyen de la fourchette salariale. On multiplie le résultat par 100. Un ratio de 110, par exemple, signifie que l'individu est payé 10% au-dessus du point moyen. Dans l'hypothèse d'une distribution normale du rendement et de l'expérience, le compa-ratio moyen d'une unité doit se rapprocher de 100. Des ratios supérieurs à 100 donnent l'impression d'un certain laxisme et par conséquent, d'imprécisions dans les évaluations d'un superviseur. Des ratios inférieurs à 100 peuvent conduire à la conclusion inverse. Des ratios différenciés entre les divisions de l'entreprise suggèrent l'existence d'une certaine incohérence dans la gestion de la rémunération au rendement.

Des conclusions similaires se dégagent de l'utilisation de ratios de rendement. Ces ratios situent la notation du rendement d'un employé par rapport à celle des autres. Il s'agit de déterminer le point moyen d'une fourchette de rendement et de diviser ce dernier par la notation du rendement de chaque employé et finalement, de multiplier le résultat par 100. Ce processus est facilité par l'utilisation d'une méthode de points plutôt que de rangement pour évaluer le rendement. La plupart des méthodes d'évaluation du rendement dont nous avons discuté au chapitre 7 peuvent servir à déterminer les ratios de rendement. De nouveau, dans l'hypothèse d'une distribution normale du rendement, le ratio de rendement moyen d'une division devrait se situer près de l00. Des variations supérieures à 100 peuvent mener à la conclusion de pratiques salariales au mérite inéquitables ou incohérentes.

PARTICIPATION À LA RÉMUNERATION AU RENDEMENT

La participation des employés peut se situer à deux étapes importantes: (1) la conception et (2) la gestion.

Participation à la conception.   Nombre de régimes de rémunération sont conçus par la haute direction et implantés de façon autoritaire. Il semble, cependant, que les employés peuvent non seulement concevoir des régimes de rémunération, mais le faire de façon efficace. Les employés sont alors plus susceptibles de comprendre et d'accepter un régime qu'ils ont aidé à concevoir. Cette participation aide aussi à réduire la résistance qui accompagne la majorité des changements dans une organisation. En conséquence, les employés sont plus motivés à améliorer leur rendement.

Participation à la gestion.   Tel qu'indiqué au chapitre 9, les employés peuvent déterminer de façon responsable le moment et l'opportunité d'augmenter les salaires de leurs collègues. Ceci est aussi vrai pour la détermination de leurs propres augmentations de salaires. L'exemple d'une compagne américaine, Friedman Jacobs, illustre ce point:

Friedman décida de permettre à ses employés de fixer leurs salaires selon la perception qu'ils avaient de leur rendement. Cette approche radicale a apparemment bien fonctionné. Plutôt que de tenter de vider les coffres de la compagnie, les employés ont fait preuve d'un comportement responsable. Ils ont fixé leur salaire un peu au-dessus de l'échelle proposée par leur syndicat. Dans l'ensemble, ils étaient plutôt satisfaits de leur rémunération. Lorsqu'on demanda à un préposé au service des appareils qui recevait un salaire inférieur à ses collègues pourquoi il n'avait pas insisté pour obtenir un salaire égal, il répondit: « Je ne veux pas travailler si fort ».[13]

ÉVALUATION DE LA RÉMUNÉRATION AU RENDEMENT

Indépendamment des conditions organisationnelles, les systèmes de rémunération au rendement peuvent être évalués à partir de trois critères: (1) la relation entre le rendement et la rémunération — c'est-à-dire le temps qui s'écoule entre le rendement et la paie; (2) jusqu'à quel point le régime minimise les conséquences négatives d'un bon rendement, comme l'ostracisme social; et (3) la contribution à la perception que les récompenses non-monétaires comme la coopération et la reconnaissance sont aussi des facteurs de bon rendement. Plus le plan minimise les conséquences négatives et plus il contribue à la perception que les autres récompenses sont aussi reliées au rendement, plus il est susceptible d'être motivant. La figure 10.4 présente une évaluation basée sur ces trois critères des régimes individuel, de groupe et d'organisation.

La figure 10.4 illustre trois mesures de rendement récompensées: la productivité (ventes ou unités produites), l'efficacité en termes de coûts et la

Figure **10.4**   **Efficacité des systèmes de rémunération au rendement**

	Type de régime	Mesure du rendement	Lien entre la paie et le rendement	Minimisation des effets négatifs indirects	Lien avec les autres récompenses
Au mérite	Individuel	Productivité	+2	0	0
		Efficacité en termes de coûts	+1	0	0
		Notation par les supérieurs	+1	0	+1
	De groupe	Productivité	+1	0	+1
		Efficacité en termes de coûts	+1	0	+1
		Notation par les supérieurs	+1	0	+1
	Organisationnel	Productivité	+1	0	+1
		Efficacité en termes de coûts	+1	0	+1
		Profits	0	0	+1
D'incitation	Individuel	Productivité	+3	−2	0
		Efficacité en termes de coûts	+2	−1	0
		Notation par les supérieurs	+2	−1	+1
	De groupe	Productivité	+2	0	+1
		Efficacité en termes de coûts	+2	0	+1
		Notation par les supérieurs	+2	0	+1
	Organisationnel	Productivité	+2	0	+1
		Efficacité en termes de coûts	+2	0	+1
		Profits	+1	0	+1

Source: E.E. Lawler III, *Pay and Organizational Effectiveness*, p. 165, McGraw-Hill Book Company, 1971. Reproduite avec autorisation.

notation des superviseurs. Les mesures les plus objectives ont généralement la plus grande crédibilité car elles sont plus valides, plus visibles et plus vérifiables que les notations traditionnelles des superviseurs. C'est pourquoi, les mesures objectives (productivité et efficacité en termes de coûts) sont plus susceptibles de relier la rémunération au rendement et de minimiser les effets négatifs indirects. Cette évaluation est basée sur la croyance que les employés agissent en fonction des récompenses. Des mesures objectives permettent de clarifier ce qui est récompensé et ce qui ne l'est pas. Ceci peut produire une plus forte concurrence entre les travailleurs, un plus grand ostracisme social et conduire les travailleurs à croire qu'un bon rendement réduit l'offre de travail.

L'évaluation générale fait ressortir que les régimes de groupe et d'organisation, bien que ne présentant pas une relation étroite entre le rendement individuel et la rémunération, engendrent moins d'effets négatifs indirects (à l'exception de la concurrence entre les groupes) et présentent des avantages additionnels tels que l'estime, le respect et l'acceptation de la part des employés.

Aucun des trois niveaux ne se détache sur tous les critères. Les régimes d'incitation ont une plus grande valeur incitative que les augmentations de salaires en fonction de l'ancienneté, les augmentations générales de salaires et la rémunération au mérite. Ainsi, on peut espérer améliorer le rendement à l'aide de la rémunération.

Cependant, comme le coût de la rémunération indirecte s'élève considérablement dans la plupart des organisations, les ressources disponibles pour la rémunération au rendement diminuent. Par conséquent, les organisations examinent leur rémunération indirecte pour y trouver une valeur incitative. Nous en discuterons au prochain chapitre.

RÉSUMÉ

Au Canada, les régimes de rémunération au rendement attirent de plus en plus l'attention des spécialistes en gestion des ressources humaines et de la haute direction des entreprises. Tous cherchent des moyens de motiver leurs employés. Pourtant, l'expérience de la rémunération au mérite donne des résultats divers. Certains gestionnaires ont conclu que la paie ne constitue pas toujours une motivation à l'amélioration du rendement.

Le succès de nombreux régimes d'incitation dépend des circonstances dans lesquelles ils ont été mis en pratique. Par exemple, l'implantation de tels régimes nécessite une méthode efficace d'évaluation du rendement. Plus les mesures d'évaluation du rendement sont objectives, plus le régime d'incitation ajoute à sa valeur. Toutefois, beaucoup d'organisations ne disposent pas de programmes efficaces d'évaluation. Dans ces cas, la rémunération n'est pas basée sur le rendement mais plutôt sur des facteurs non reliés au rendement tels que le coût de la vie ou l'ancienneté. Pour donner l'impression de récompenser le rendement, certaines entreprises ont recours à la rémunération au mérite. Par conséquent, la majorité des organisations ne sont pas capables d'utiliser le potentiel incitatif de la rémunération. En dépit de cela, quelques-unes essaient de surmonter les obstacles aux régimes d'incitation en encourageant les employés à participer à la conception et à la gestion du régime, ce qui permet aux employés de bien le comprendre. Ce système a l'avantage de récompenser les employés dans un court laps de temps.

En dépit de la valeur incitative de la rémunération au rendement, la majorité des organisations continuent à choisir des systèmes de rémunération non basés sur le rendement. Ces gestionnaires croient que leur entreprise ne se prête pas à ce mode de rémunération et qu'il est trop coûteux. Cependant, lorsque le système de rémunération au rendement est efficace et équitable, il a pour effet d'accroître le rendement et par conséquent la rentabilité de l'entreprise. Ces profits devraient être supérieurs aux coûts d'implantation du système.

Plusieurs aspects affectent le choix d'un système de rémunération au rendement: le niveau de mesure du rendement (individu, groupe, organisation), le degré de coopération requis entre les groupes et de confiance entre la direction et le personnel. Une entreprise peut aussi utiliser des régimes différents selon les groupes. Certains facteurs limitent la possibilité de l'entreprise d'utiliser un système de rémunération au rendement. Il s'agit entre autres de la volonté de la direction d'implanter un tel système, de son engagement à prendre le temps requis pour concevoir et implanter un ou plusieurs systèmes, du degré d'influence des employés sur leur production et de confiance qui prévaut dans l'organisation.

QUESTIONS À DISCUTER

1. Quels sont les paramètres d'un renforcement efficace par la rémunération?

2. Quelle est la différence entre la rémunération au mérite et un régime d'incitation?

3. Quelles sont les conditions pour que le rémunération au rendement soit efficace?

4. Comment les ajustements au coût de la vie sont-ils reliés à la rémunération au mérite?

5. Quels facteurs augmentent la possibilité d'utiliser des régimes d'incitation?

6. Dans quelles conditions les régimes d'incitation de groupe sont-ils plus appropriés que les régimes individuels?

7. Quels sont les régimes d'incitation au niveau de l'organisation et comment fonctionnent-ils? Donnez des exemples.

8. Pourquoi la rémunération au mérite échoue-t-elle si souvent?

9. L'opposition des employés est un obstacle important à la rémunération au rendement. Discutez cette proposition.

10. Comment l'organisation peut-elle s'assurer de la gestion efficace et équitable de la rémunération au mérite entre tous les employés ou divisions?

É T U D E   D E   C A S

SI LE CHAPEAU TE VA, PORTE-LE!

Ricky a travaillé pendant une dizaine d'années à La Chapellerie de Québec. Il commença à y travailler l'été alors qu'il faisait ses études secondaires. Le père de Ricky a travaillé 36 ans dans cette entreprise avant de prendre sa retraite, l'année dernière. La seule période pendant laquelle Ricky n'a pas travaillé pour La Chapellerie, c'est au cours des deux années qu'il a passé dans l'armée alors qu'il était affecté à Halifax. Après ce temps, Ricky décidait de revenir à Québec vivre près de sa famille.

La production des chapeaux, bien que cyclique, fournit environ 120 emplois stables. Bien que les salaires à La Chapellerie de Québec soient un peu plus faibles que la moyenne salariale des ouvriers semi-spécialisés de la région, Ricky est plutôt satisfait du régime d'incitation utilisé par l'entreprise depuis cinq ans. En vertu de ce système, les travailleurs touchent un salaire de base journalier plus un salaire basé sur le nombre de chapeaux fabriqués en surplus de la norme. Depuis deux ans, Ricky occupe le même poste que son père, ouvrier de service.

En tant qu'ouvrier de service, une des activités préférée de Ricky est le travail de finition. Il s'agit d'assouplir le rebord du chapeau de feutre qui vient d'être pressé. Selon les directives qu'on donne aux nouveaux employés, il faut manipuler le chapeau à deux mains pour enlever au bord la rigidité résultant du pressage. Il est évident que cette tâche nécessite une grande dextérité et beaucoup d'attention. Il est donc difficile de produire au-delà de la norme.

Cependant, Ricky a appris de son père comment effectuer cette opération avec un maximum d'efficacité. En effet, deux ans avant de prendre sa retraite, Bob avait révélé à son fils son invention secrète. Il s'agissait d'un mandrin d'acier qu'il avait conçu une dizaine d'années plus tôt après que l'arthrite lui ait rendu le travail manuel difficile. À cette époque, Bob avait montré son invention à son superviseur qui avait obtenu la permission du propriétaire d'en faire l'évaluation. Toutefois, après que quelques employés eurent utilisé le mandrin sans succès et endommagé plusieurs chapeaux, l'utilisation de l'outil fut bannie.

Bob en fut très désappointé, d'autant plus que le propriétaire ne lui a jamais demandé d'expliquer comment utiliser correctement le mandrin. Bob était d'avis que l'essai expérimental du mandrin avait échoué parce que les employés n'avaient pas reçu la formation adéquate. À partir de ce moment, il cacha le mandrin dans sa boîte à outil. Son superviseur, sympathique à ses intentions, lui permettait de l'utiliser tout en l'avertissant de garder un oeil ouvert du côté de la direction de crainte d'être réprimandés et de risquer de perdre tous deux leur emploi. En effet, le superviseur savait bien que grâce à cet instrument Bob pouvait produire à un rythme d'environ quatre fois la norme prévue.

Ainsi, Ricky hérita du mandrin et continua à l'utiliser en cachette. Le superviseur savait que cet instrument, entre les mains d'un travailleur expérimenté, pouvait augmenter sa productivité à un point tel que le service de la paie s'en apercevrait si Ricky l'utilisait sur une base régulière. Il permit donc à Ricky de poursuivre cette pratique illicite, mais pour quelques heures par jour seulement. Ricky en vint donc à voir cet instrument comme un moyen d'accumuler du temps libre ou comme moyen d'offrir des vacances à sa famille.

Le jeu du chat et de la souris avait d'abord ennuyé Ricky, mais après un certain temps, il ne voyait aucune raison d'essayer de persuader la direction de son erreur d'avoir rejeté l'invention de son père. Pour se justifier, il se rappelait que la direction ne jouait pas franc jeu avec les « gros clients ». Par exemple, lorsque la compagnie avait des contrats importants, une pratique habituelle consistait à produire des chapeaux additionnels pour y apposer le logo de La Chapellerie. Ces chapeaux étaient ensuite expédiés aux magasins de la compagnie pour y être vendus.

Un jour, ce qui devait arriver, arriva: le propriétaire surprit Ricky en train d'effectuer l'opération d'assouplissement des rebords à l'aide du mandrin.

QUESTIONS

1. Quels problèmes sont mis en évidence dans ce cas?
2. Est-ce que La Chapellerie du Québec est une entreprise susceptible d'utiliser un régime d'incitation? Pourquoi?
3. Pour quelles raisons Ricky était-il prêt à prendre le risque d'utiliser le mandrin?
4. Pourquoi le superviseur acceptait-il de prendre des risques en permettant à Ricky d'utiliser le mandrin?
5. Selon vous, que devrait faire le propriétaire envers Ricky et quant à son usage du mandrin?

Avantages sociaux

Actualité

LA PRÉ-RETRAITE GAGNE EN POPULARITÉ PARMI LES EMPLOYÉS DU SECTEUR PUBLIC ET PARAPUBLIC

La pré-retraite dans la fonction publique et parapublique au Québec présente maintenant plus d'attrait et ses adeptes deviennent de plus en plus nombreux. Surtout depuis la présentation et l'adoption récente de la Loi 31 qui fait suite aux dernières négociations entre le gouvernement et ses employés.

La Commission administrative des régimes de retraite et d'assurances a expédié un dépliant explicatif, entre autres, à 12,500 personnes entre 62 et 65 ans travaillant dans les réseaux des Affaires sociales, de l'Éducation et de la Fonction publique. Ces dépliants apportent des informations sur la manière de prendre une retraite anticipée sans baisse de prestations.

La réaction a été telle de la part des gens désireux de quitter le travail avant l'âge de 65 ans et de profiter plus longtemps de la vie qu'on a dû demander un délai de quatre à six semaines pour effectuer le calcul du montant de la retraite.

« Toutefois, lit-on dans la lettre circulaire, devant le nombre considérable de demandes, la priorité sera donnée à ceux dont la date éventuelle de retraite est prévue dans les prochaines semaines ».

Il y a déjà quelques années que s'est amorcé le mouvement de la pré-retraite autant dans le secteur privé que public. Il a principalement pour effet de libérer des postes à l'intention de jeunes prêts à envahir le marché du travail. Une mesure économique que soutiennent d'autant plus les gouvernements que c'est chez les jeunes surtout que sévit le chômage.

Dans cette société de loisir et devant des occasions de toutes sortes de meubler le temps, en particulier chez les retraités, l'idée de laisser le travail ou la « vie active » n'effraie plus autant que dans le passé.

La commission dispense en plus des cours de préparation à la retraite de sorte que l'homme ou la femme ne se retrouve pas démuni quand il ou elle doit modifier ses habitudes de vie.

Source: BELLEMARRE, A., « La pré-retraite gagne en popularité parmi les employés du secteur public et parapublic », Le Devoir, 20 août 1987. Reproduit avec autorisation.

Cet article illustre le souci constant d'offrir aux employés des avantages sociaux qui répondent non seulement à leurs préférences mais qui permettent aussi aux organisations de prendre leurs responsabilités socio-économiques. Dans ce cas-ci la pré-retraite peut être vue comme un instrument de lutte contre le chômage des jeunes. Mais, les avantages sociaux ne sont qu'un aspect de la rémunération indirecte offerte aux employés par la majorité des organisations. Nous verrons dans ce chapitre que la rémunération indirecte est très variée tant en termes de contenu que des objectifs qu'elle vise. Conséquemment, elle est un élément dynamique de la gestion des ressources humaines.

AVANTAGES SOCIAUX

Presque toutes les organisations offrent des programmes d'avantages sociaux à leurs employés. Pour certaines, cette rémunération indirecte représente environ 40% de la rémunération globale[1]. Cette proportion est d'ailleurs susceptible de s'accroître rapidement étant donné l'importance constante qu'on attribue aux avantages sociaux. Les coûts devenant très élevés, les organisations remettent en question le bien-fondé de ces avantages pour les employés. La réponse dépendra des objectifs des avantages sociaux et de leur contenu.

R. Thériault définit les **avantages sociaux** comme étant « un ensemble de traitements (ajoutés au salaire immédiat ou différé) et d'autres biens ou services offerts par une organisation à une partie ou à l'ensemble de son personnel »[2]. Il y a trois catégories d'avantages sociaux:[3]

1. Régimes de sécurité du revenu:
   — publics
   — privés
2. Rémunération du temps chômé
   — au travail
   — en dehors du travail
3. Services aux individus
   — généraux
   — spécifiques

Bien que quelques-uns de ces avantages sociaux soient obligatoires en vertu des lois fédérales et provinciales et doivent être gérés dans ce cadre, d'autres sont offerts par les organisations. La variété des avantages offerts associée aux préférences des employés font que la rémunération indirecte n'est pas toujours appréciée à sa juste valeur par la majorité des employés. Cependant, l'organisation atteint plus facilement les objectifs de la rémunération indirecte lorsque les avantages sociaux correspondent aux préférences des employés.

OBJECTIFS ET IMPORTANCE DES AVANTAGES SOCIAUX

Depuis le début des années 1960, le coût total des avantages sociaux s'est accru d'environ 25% pour les entreprises canadiennes. C'est au cours des années 1980 que l'augmentation est la plus importante, une légère diminution se manifestant pendant la récession[4]. Les avantages sociaux varient aussi selon les industries et les catégories professionnelles. Par exemple, on remarque une différence sensible entre le secteur privé et le gouvernement fédéral. Alors qu'on offrait généralement moins d'avantages sociaux aux employés fédéraux qu'à ceux du secteur privé, le contenu global de ces avantages sociaux est maintenant estimé aussi bon sinon supérieur. Mais, indépendamment du niveau salarial ou du secteur de l'économie, le coût des avantages sociaux est énorme pour les organisations.

Par le biais des avantages sociaux, les organisations cherchent à:
- attirer de bons employés;
- élever le moral des employés;
- réduire le roulement;
- augmenter la satisfaction;
- motiver les employés;
- promouvoir l'image de l'organisation;
- faire un meilleur usage des fonds affectés à la rémunération.

Il est très rare que l'organisation puisse atteindre tous ces objectifs. Plusieurs recherches ont montré que si ces objectifs ne peuvent l'être, c'est en grande partie, à cause d'un manque de communication[5]. On peut arguer, cependant, que certains objectifs ne seront pas atteints au moyen de la rémunération indirecte, même si celle-ci est largement publicisée. Par exemple, il est possible de motiver les employés à l'aide de régimes d'incitation parce que les récompenses sont reliées directement au rendement, alors que la rémunération indirecte est reliée seulement au fait d'être membre de l'organisation. Donc, il n'y a aucune raison pour qu'une amélioration de la rémunération indirecte incite les employés à améliorer leur rendement.

De plus, nombre d'employés considèrent les avantages sociaux comme des conditions de travail ou des droits associés à l'emploi plutôt que comme des récompenses. Pour certains, la rémunération indirecte est une protection offerte par une organisation qui assume ses responsabilités sociales.

INTERRELATIONS ENTRE LES AVANTAGES SOCIAUX ET LES AUTRES ACTIVITÉS DE GESTION DES RESSOURCES HUMAINES

Bien que les relations entre la rémunération globale et les autres activités de gestion des ressources humaines décrites au chapitre 9 s'appliquent ici, il est approprié de faire ressortir quelques relations particulières des avantages sociaux, notamment avec le recrutement, la sélection ainsi que la santé et la sécurité du travail.

Le recrutement et la sélection. Au fur et à mesure que les exigences des individus augmentent en termes de rémunération indirecte, les organisations doivent offrir plus pour attirer des candidats qualifiés. En l'absence d'avantages sociaux comparables à ceux offerts par d'autres employeurs du même secteur d'activité ou de la même région, l'organisation peut perdre des personnes qualifiées au bénéfice des autres. Souvent, le candidat ne connaît pas la rémunération indirecte offerte par l'employeur tant qu'il n'a pas été recruté. Dans ce cas, le recrutement n'est pas aussi affecté que la sélection. Un candidat peut franchir toutes les étapes de la sélection dont nous avons discuté au chapitre 5 pour finalement rejeter l'offre d'emploi si le contenu des avantages sociaux lui paraît insuffisant.

De la même façon, des avantages sociaux intéressants permettront à une organisation d'attirer beaucoup de candidats. Les gouvernements fédéral et provinciaux sont recherchés en partie à cause de leurs programmes d'avantages sociaux.

La santé et la sécurité au travail. Comme les problèmes de santé et de sécurité augmentent dans les organisations, les taux de compensation augmentent aussi. Pour les organisations, ceci a pour effet d'accroître le coût de la rémunération indirecte. Et quand bien même les coûts de la rémunération indirecte comme telle n'augmentent pas, les poursuites en dommages contre l'employeur entraînent une augmentation effective de la rémunération globale. Nous en discuterons plus en détails au chapitre 14.

CONSIDÉRATIONS LÉGALES

Au Canada, c'est depuis la Première Guerre Mondiale que des avantages sociaux sont offerts aux citoyens. Toutefois, seule une faible proportion de la population pouvait en profiter. Ce n'est qu'en 1927 que le gouvernement fédéral met en place le régime de sécurité de la vieillesse. Cette loi constitue la base du système actuel de pensions. Les politiques relatives au chômage apparaissent à la suite de la dépression et la Loi sur l'assurance-chômage est passée en 1940. La croissance économique d'après-guerre, au cours des années

1950 et 1960, permet le développement d'un ensemble de programmes sociaux et de législations sur les avantages sociaux. Ce sont les lois européennes, surtout britanniques, qui ont influencé la législation canadienne en la matière. Au Canada, et particulièrement au Québec, la législation sociale est une des plus progressives de l'hémisphère occidental. Actuellement, les deux paliers de gouvernement tentent de limiter le coût de ces programmes pour réduire leur déficit budgétaire. Voyons quelles sont les principales protections offertes aux Canadiens.

Les régimes de retraite au Canada et au Québec.   Au Canada, le régime de pension présente une structure à trois paliers, chacun étant aussi important pour s'assurer d'une source de revenus lors de la retraite:

- Palier no 1 — Régimes de retraite publics
- Palier no 2 — Régimes privés de retraite
- Palier no 3 — Épargne personnelle

Le régime de pensions du Canada et le régime des rentes du Québec (en vigueur depuis 1966) sont obligatoires et couvrent tous les travailleurs autonomes et salariés au Canada. Les deux régimes sont financés par des contributions paritaires. En 1988, les contributions des employeurs et les cotisations des salariés s'élèvent à 2,0% du maximum annuel des gains admissibles (MAGA). Le taux de prestations est limité à un taux de remplacement du revenu de l'ordre de 25 % du salaire industriel. Les prestations sont versées mensuellement à compter de 65 ans quels que soient les revenus d'emploi du retraité par la suite.

Un certain nombre d'avantages sociaux sont reliés au régime de retraite dans les cas d'invalidité, de décès (avantages sociaux pour les survivants) et d'émigration. Si l'assuré en vertu du régime devient invalide, il reçoit une rente mensuelle basée sur un montant nominal fixe plus un montant forfaitaire additionnel. Si l'assuré décède, un maximum de 10% du MAGA est versé en tant que montant forfaitaire à sa succession. De plus, la conjointe survivante reçoit une rente mensuelle. Le montant varie selon l'âge de la conjointe au moment du décès. Par ailleurs, un montant fixe est versé pour chaque enfant dépendant. Le Canada a signé des accords internationaux avec plusieurs pays pour protéger les droits acquis de sécurité sociale de l'assuré éligible. Les avantages sociaux sont versés indépendamment du pays de résidence une fois le bénéficiaire qualifié pour recevoir les paiements de pension.

La Loi des normes de prestations des pensions.   En vigueur depuis 1966, cette loi réglemente les régimes de retraite des organismes sous la juridiction du gouvernement fédéral (tels que les corporations de la Couronne, les banques à charte, etc.). De plus, cinq provinces (Alberta, Saskatchewan, Québec, Nouvelle-Écosse et Manitoba) ont des lois similaires. Cette loi exige que les fonds de pension soient gardés en fiducie pour les membres et que les fonds ne soient pas contrôlés totalement par les employés ou par les employeurs. À cette fin, un tiers tel qu'une compagnie d'assurance, une compagnie de fiducie et même le Gouvernement du Canada est enregistré comme garant du fond et le gère.

La Loi sur la sécurité de la vieillesse.   Tous les Canadiens qui remplissent les critères d'âge et de résidence ont droit au paiement d'un revenu minimum en vertu du la Loi sur la sécurité de la vieillesse.

La Loi sur l'assurance-chômage.   En 1988, tous les travailleurs occupant un emploi assurable doivent versés des cotisations à l'assurance-chômage s'élevant à 2,35% des gains hebdomadaires assurables. La cotisation patronale est égale à 1,4 fois la cotisation ouvrière, soit 3,22%.

Il existe deux types de prestations d'assurance-chômage: régulières et spéciales. Pour recevoir les prestations régulières, le prestataire doit être privé de revenus pendant au moins sept jours et avoir occupé un emploi assurable pendant au moins 10 des dernières 52 semaines. Les prestations spéciales sont versées aux personnes malades, blessées, enceintes ou en quarantaine. La durée des prestations de chômage est déterminée selon une formule de droits acquis. Le taux de prestations est le même pour tous; il est égal à 60% de la moyenne des gains assurables touchés pendant la période de référence.

La Loi sur l'indemnisation des accidents du travail. La législation sur l'indemnisation des accidents du travail octroie aux employés une protection contre les accidents du travail et les maladies professionnelles. Au Canada, chaque province possède sa propre législation en matière de santé et de sécurité au travail. La gestion de ces lois est sous la responsabilité des organismes provinciaux. Au Québec, la presque totalité des travailleurs et des employeurs, tant dans le secteur public que dans le secteur privé, sont assujettis au Régime de la santé et de la sécurité du travail du Québec. Le taux de cotisation étant affecté par les coûts des accidents enregistrés dans chaque unité au cours des dernières années, il n'est pas uniforme à tous les secteurs économiques. Les coûts de ce régime sont donc sujets à une forte variation selon le secteur d'activité économique, ce qui constitue un incitatif monétaire à l'amélioration de l'environnement de travail. En 1988, les contributions de l'employeur au régime sont égales, en moyenne, à 2,75% de la masse salariale et le salaire maximum assurable est de 36 500$.

Les prestations sociales versées en vertu de l'indemnisation des travailleurs comprennent: (1) les soins médicaux; (2) un montant forfaitaire et une rente versés au conjoint en cas de décès; (3) une indemnité de salaires pour invalidité temporaire et (4) des services de réadaptation.

Les régimes d'assurance-hospitalisation et d'assurance-maladie. Même si le Canada ne dispose pas d'un régime national d'assurance-maladie, tous les Canadiens sont couverts par une série d'ententes en vertu de la Loi canadienne sur la santé (1984). Quelques provinces telles que le Manitoba et le Québec offrent un régime complet d'assurance-maladie (au Québec, même lorsque les résidents voyagent en dehors de la province), alors que d'autres provinces fournissent seulement une couverture minimale. Le Manitoba et le Québec, imposent cependant des taxes supplémentaires de 1,5% et de 3,0% respectivement, à tous les employeurs pour couvrir leur régime. L'Alberta, la Colombie-Britannique et l'Ontario fixent des primes payables par le résident ou un agent (habituellement l'employeur). En Alberta, pour un groupe d'employés de 5 ou plus et en Ontario, pour un groupe de 15 ou plus, l'employeur a l'obligation de garantir la participation au régime et de recueillir les primes.

Au Québec, toutes les personnes qui sont considérées comme des résidents sont admissibles au Régime d'assurance-maladie du Québec. Le financement est assuré par diverses sources dont le Fonds des services de santé. Le Fonds des services de santé a été créé en juin 1981 afin de pourvoir à une partie des besoins financiers de la régie et du ministère des Affaires sociales pour l'administration de leurs programmes. Il est alimenté par une contribution égale à 3,0% de la masse salariale (salaire brut avant toute retenue) que les employeurs doivent versés en vertu de leur contribution au Régime d'assurance-maladie du Québec. Il n'y a pas d'exemption générale ou de maximum à l'égard de chaque employé et l'employé n'a pas à verser de contributions au régime.

RÉGIMES PRIVÉS DE SÉCURITÉ DU REVENU

Les régimes privés de protection sont offerts par les organisations, privées et publiques et ne sont pas imposés par voie législative, bien que leur gestion puisse être réglementée par la loi. Ces programmes assurent une protection contre la maladie, l'invalidité et le décès et un revenu après la retraite. Presque tous les employeurs offrent une partie de ces programmes.

RÉGIMES DE RETRAITE

Environ 40% de tous les employés canadiens sont couverts par des régimes de retraite[6]. La plupart des employeurs contribuent à ces plans et ce, principalement dans les secteurs syndiqués. L'entreprise moyenne consacre environ 6,3% des coûts de la rémunération aux régimes de retraite[7].

Les employeurs peuvent choisir entre deux types de régimes de retraite: contributifs et non contributifs. Bien que la réglementation exige toujours que l'employeur verse des cotisations minimales, il peut être nécessaire ou désirable que les employés contribuent aussi. Les avantages des régimes contributifs sont les suivants: (1) la constitution d'un fonds plus important ou un fardeau réduit pour l'employeur; (2) un plus grand intérêt des employés et un vision plus réaliste des coûts du régime; (3) des cotisations déductibles d'impôt. Les plans non contributifs présentent aussi des avantages: (1) des coûts de rémunération et de comptabilité moindres, (2) une plus grande loyauté des employés et moins de demandes en termes salariaux et d'autres avantages sociaux; (3) une plus grande autonomie dans la conception des régimes et la gestion des investissements.[8]

Dans plusieurs pays industrialisés, deux sérieux problèmes sont apparus au fil des ans relativement à la gestion des régimes de retraite. Premièrement, des entreprises ferment, laissant le régime de retraite avec des fonds insuffisants ou nuls. Deuxièmement, l'écart entre les prestations sociales payées sur une base annuelle et les cotisations tend à s'élargir, alors que le montant des engagements non capitalisés tend à s'élever. Selon des experts, l'incompréhension des décideurs quant aux engagements financiers qu'engendre leur régime de retraite est la principale raison de cet écart croissant[9]. Ces problèmes ont été amoindris par l'imposition d'une gestion de surveillance en vertu de la Loi des normes de prestations des pensions.

RÉGIMES DE PRÉ-RETRAITE

Des milliers de Canadiens ont profité des offres alléchantes de retraite anticipée. Cette tendance s'est manifestée au cours de la récession de 1981-1982 et se poursuit toujours[10]. Certains employeurs ont conçu des stratégies susceptibles d'encourager les employés les plus âgés et le personnel le mieux rémunéré à prendre une retraite anticipée pour réduire leurs coûts de fonctionnement ou pour créer de l'emploi pour les jeunes. Dans le secteur privé, les principaux leaders sont: l'entreprise géante de produits forestiers MacMillan Bloedel Ltd. située à Vancouver (12 000 employés); Metropolitan Life Insurance d'Ottawa (2 800); General Motors of Canada d'Oshawa (45 000) et Imperial Oil Ltd. de Toronto (14 700). Ces compagnies ont mis en place des régimes leur permettant d'épargner jusqu'à 30% de ce qu'il leur en coûterait de garder au travail les plus anciens employés jusqu'à l'âge de 65 ans.

Pour rendre ces régimes plus attrayants, les entreprises ont eu recours à une large gamme d'incitations. La plupart des programmes couvrent partiellement la portion de la pension que les employés auraient reçu s'ils avaient travaillé jusqu'à 65 ans. Quelques entreprises accordent un montant forfaitaire qui peut être converti en régime enregistré d'épargne retraite (REER). D'autres permettent aux retraités de conserver des avantages sociaux tels que l'assurance-vie et l'assurance-maladie.

RÉGIMES D'ASSURANCE-VIE, D'ASSURANCE-SANTÉ ET D'INVALIDITÉ

Il existe trois types de programmes d'assurance: vie, santé et invalidité. Ces programmes sont disponibles dans la plupart des organisations à un coût substantiellement inférieur à ce que coûte une assurance individuelle. Ces programmes ont connu une croissance considérable, en termes de bénéfices monétaires et du nombre d'employés couverts.

Les programmes d'assurance-vie couvrent presque tous les employés. Une enquête effectuée auprès de 171 compagnies canadiennes indique que 98,8% d'entre elles mettent à la disposition de leurs employés des programmes d'assurance-vie[11]. Le pourcentage du salaire versé au moment du décès de l'employé correspondrait à environ deux années de revenus, mais cela est plutôt vrai pour le personnel de direction que pour le personnel d'exécution.

Le personnel d'exécution, les employés de bureau et les cols bleus sont habituellement couverts pour un montant inférieur à une année de leur revenu. Après la retraite, les avantages se maintiennent pour la plupart des employés mais ils peuvent être réduits substantiellement. La majorité des programmes d'assurance-vie sont non contributifs, c'est-à-dire que l'employé ne contribue pas financièrement au programme. Il existe cependant une tendance vers une couverture plus large, par exemple, incluant les membres de la famille. En dépit du coût, les organisations offrent cette couverture pour ne pas se laisser dépasser par d'autres.

Plusieurs employeurs offrent également la possibilité aux employés de souscrire à une **assurance-maladie complémentaire**. Même si tous les citoyens canadiens sont couverts par les programmes provinciaux d'assurance-santé (pour les soins hospitaliers et les services médicaux requis), les régimes complémentaires octroient une couverture pour les services exclus de ces régimes, tels que les chambres privées ou semi-privées à l'hôpital, le transport en ambulance, les services de réadaptation dans le cas d'une longue convalescence et d'autres services annexes.

Les régimes de soins dentaires sont maintenant offerts par une forte proportion d'entreprises et sont en croissance rapide. Au Canada, une enquête a montré que 86% des employeurs consultés offraient des régimes de soins dentaires.[12]

Alors que les programmes d'assurance-maladie couvrent généralement les courtes absences de travail pour cause de maladie, celles dues à l'invalidité sont couvertes par un régime de protection du revenu en cas d'invalidité à court terme. Les absences de longue durée sont couvertes par des régimes de longue durée tant au plan maladie qu'invalidité. La protection à court terme contre l'invalidité est offerte par un plus grand nombre d'organisations que la protection de longue durée.

RÉGIMES COMPLÉMENTAIRES DE RETRAITE ANTICIPÉE

Un petit nombre d'organisations offrent à leurs employés une protection contre la perte de revenu avant la retraite. Cette protection prend la forme d'un assurance-chômage complémentaire bien connu sous le vocable « **Supplemental Unemployment Benefits** » **(SUB)**. Lorsque ces bénéfices sont combinés avec les prestations d'assurance-chômage, les employés peuvent toucher jusqu'à 95% de leurs revenus[13]. Ces avantages aident les employés qui ont de nombreuses années d'ancienneté à accepter les mises à pied permettant ainsi à des employés plus jeunes de continuer à travailler. On retrouve ces programmes dans un nombre limité d'industries, surtout l'automobile, et ils sont le résultat de négociation.

Ces plans doivent être approuvés par Emploi et Immigration Canada et ils peuvent donner lieu à une diminution des prestations d'assurance-chômage. Pour éviter cette coupure, les plans doivent être conçus de façon à respecter les règlements de l'assurance-chômage. Ces règlements précisent le contenu de certaines clauses du programme telles que la durée, le financement, la dévolution, l'admissibilité et les indemnités de départ.

RÉMUNÉRATION DU TEMPS CHÔMÉ

La rémunération du temps chômé est moins complexe à gérer que celle des programmes de protection mais est presqu'aussi coûteuse, car elle s'accroît constamment, tant au plan de la valeur monétaire qu'à celui des modalités. Cependant, les récentes concessions en cours de négociation collective ont eu pour effet de réduire plutôt que d'augmenter les vacances annuelles et les congés payés (voir chapitre 17).

Il existe deux catégories principales de rémunération pour le temps chômé: en dehors du travail et au travail.

TEMPS CHÔMÉ EN DEHORS DU TRAVAIL

La rémunération du temps chômé en dehors du travail représente une proportion importante du coût total de la rémunération indirecte. Il s'agit des vacances annuelles, des jours fériés et des autres congés pour fins personnelles ainsi que des congés sabbatiques.

Les politiques spécifiques à ces congés et vacances varient entre les organisations. Par exemple, les vacances annuelles peuvent varier entre deux à quatre semaines et plus par année et les jours fériés de 6 à 13 par année. Au Canada, les principaux jours fériés sont les suivants: Jour du Nouvel An, le Vendredi Saint, le Lundi de Pâques, La Fête de la Reine, la Saint-Jean-Baptiste, la Fête du Canada, la Fête du Travail, l'Action de Grâces, le Jour de Noël.[14]

TEMPS CHÔMÉ AU TRAVAIL

À la suite d'une prise de conscience de la relation entre le stress au travail, les maladies coronariennes et d'autres maladies physiques et mentales, les organisations se sont préoccupées de trouver des moyens d'alléger le stress. Les personnes en bonne condition physique et qui font de l'exercice régulièrement peuvent mieux l'affronter et présentent moins de symptômes. En fournissant une infrastructure sportive sur les lieux du travail, les organisations encouragent leurs employés à demeurer en bonne forme physique et à faire de l'exercice. Le temps payé pour le conditionnement physique correspond évidemment à une rémunération pour du temps chômé au travail. Les organisations offrent ces activités parce qu'elles améliorent le rendement.

SERVICES AUX INDIVIDUS

Les services aux individus constituent la dernière composante de la rémunération indirecte. Il s'agit principalement des services suivants:

- repas subventionnés;
- escomptes sur les produits ou les services;
- services de garde;
- bourses ou frais de scolarité pour les employés et leur famille;
- conseils financiers et juridiques;
- prêts personnels;
- automobile et stationnement.

Les avantages offerts au personnel de haute direction sont les suivants:

- examens de santé annuels;
- adhésion à des clubs;
- comptes de dépenses pour déplacements personnels, repas et sorties;
- logement ou propriété;
- utilisation de l'avion de l'entreprise;
- congés sabbatiques;
- frais de déménagement.

Bien que ces services ne représentent qu'un faible pourcentage de la rémunération indirecte, ils constituent des récompenses aussi importantes pour certains employés que nécessaires pour d'autres. Certains avantages sont liés au statut dans l'organisation et sont appréciés comme tels. D'autres, comme les services de garde, sont des moyens qui permettent ou facilitent l'activité de travail.

SERVICES SPÉCIAUX

On a assisté au cours des dernières années à des développements au niveau de la rémunération indirecte offerte aux cadres supérieurs. En anglais, on les nomme « **golden parachutes** » (parachutes dorés). Ces arrangements consistent généralement à accorder une protection financière aux cadres supérieurs dans l'éventualité d'une fusion ou acquisition d'entreprises. Cette protection prend la forme soit d'un emploi garanti, soit d'une indemnité de départ dans les cas d'un renvoi ou d'une démission. Ce besoin s'est particulièrement fait sentir depuis le début des années 1980 alors qu'on assiste à plusieurs fusions ou acquisitions d'entreprises. Ces avantages visent à affaiblir la résistance de la haute direction aux fusions et aux acquisitions souhaitables pour certaines compagnies et leurs actionnaires. Les cadres supérieurs que l'entreprise désire remplacer à la suite d'une prise de contrôle resteraient ainsi très, sinon plus, à l'aise financièrement.

Les « **golden handcuffs** » (menottes dorées), correspondent essentiellement à l'inverse des « golden parachutes ». Quand une organisation désire retenir un cadre supérieur, elle peut accroître les coûts de son départ volontaire. Des formes de rémunération telles que les options d'achats d'actions et les régimes de retraite constituent les « golden handcuffs » les plus courantes. En quittant l'entreprise, le cadre supérieur abandonne ces avantages. Une utilisation habile des ces moyens aide à retenir des employés de grande valeur.

Au Japon, par exemple, la mobilité coûte cher. Un cadre qui change d'emploi à l'âge de 35 ans perd en moyenne environ 520 000$ en avantages sociaux de toutes sortes. Une étude de la compagnie d'assurance Asahi Mutual Life révèle qu'un jeune cadre quittant son emploi à 25 ans perdra environ 260 000$ par rapport à celui ou celle qui demeure fidèle à la compagnie qui l'a embauché à la fin de ses études. Le système de rémunération au Japon est fondé sur l'hypothèse d'un travail à vie au sein de la même compagnie. Celui ou celle qui s'écarte de cette norme voit alors sa caisse de retraite et ses autres avantages sociaux baisser substantiellement. Il ou elle devra alors obtenir un salaire nettement supérieur pour compenser ces pertes de revenus.[15]

GESTION DES AVANTAGES SOCIAUX

Bien que les organisations ont tendance à considérer ces avantages comme des récompenses, les bénéficiaires n'ont pas tous cette perception. Ils les considèrent souvent comme un dû. Par conséquent, les organisations n'obtiennent en retour qu'une faible rentabilité et même une rentabilité nulle de leur investissement en rémunération indirecte. Elles se préoccupent donc sérieusement de sa gestion.

DÉTERMINATION DU VOLUME GLOBAL D'AVANTAGES SOCIAUX

Pour déterminer le volume global des avantages sociaux, l'organisation doit avant tout se soucier des besoins des employés et des coûts pour l'employeur. Il faudra donc procéder à une analyse des préférences des employés pour déterminer le volume et la composition des avantages que l'employeur devrait offrir. Par exemple, les employés peuvent préférer l'assurance-dentaire à l'assurance-vie, même si l'assurance-dentaire ne coûte que le quart de l'assurance-vie. Actuellement, le temps libre est un avantage relativement recherché. Les travailleurs âgés manifestent le désir d'une augmentation substantielle des prestations de retraite. C'est aussi le cas des employés dont les revenus augmentent. Ces préférences diverses vont dans le sens d'une plus grande diversification dans la composition des avantages sociaux.

DIVERSIFICATION DES AVANTAGES SOCIAUX

La diversification de la composition des avantages sociaux vise à répondre à l'évolution des besoins dans le temps et à satisfaire les employés comme l'employeur. Plusieurs compagnies canadiennes dont les magasins Eaton et Cominco ont fait cette expérience. Par exemple, 75% des 1800 employés de Cominco ont choisi de participer à un régime optionnel d'avantages sociaux. L'entreprise accorde à tous les employés un programme de base comprenant le paiement du régime provincial d'assurance-maladie; une couverture médicale complémentaire moyennant une franchise de 500$; une assurance-vie versant le salaire d'une année au bénéficiaire; une assurance accidents, décès et perte d'un membre égale à trois fois le salaire annuel; une assurance invalidité de courte et longue durée; des vacances; un régime de retraite et un régime enregistré d'épargne-retraite collectif. De plus, chaque employé peut choisir parmi un éventail de bénéfices optionnels. Certains avantages du groupe de base peuvent être « revendus » à Cominco pour venir s'ajouter en liquidités au compte individuel. Par exemple, si l'épouse d'un employé est déjà couverte par le régime provincial d'assurance-hospitalisation, l'employé peut obtenir un crédit pour ce plan. Aussi, en fonction des années d'ancienneté, cinq congés peuvent être convertis en argent pour acheter d'autres bénéfices. D'autres options telles qu'une couverture médicale complémentaire moyennant une franchise de 25$; trois plans alternatifs d'assurance-dentaire; une assurance-vie améliorée sur six points et une assurance accrue dans les cas de mort accidentelle, de perte de membres et d'invalidité à long terme sont aussi offertes.[16]

COMMUNICATION DES AVANTAGES SOCIAUX

La diversification des avantages sociaux est utile non seulement pour répondre aux préférences des employés mais aussi pour les rendre conscients de ce qu'ils reçoivent. Nombre d'employés ne sont pas conscients de la variété et des coûts des avantages sociaux dont ils profitent. Par conséquent, il n'y a aucune raison de croire que les objectifs du programme d'avantages sociaux seront atteints. Dans ce but, plusieurs organisations affirment accorder une priorité à informer les employés.

Parfois, les techniques de communication sont inefficaces. Presque toutes les organisations utilisent des moyens impersonnels et passifs comme des dépliants ou des brochures d'information. Un petit nombre seulement utilisent des moyens de diffusion personnels et actifs comme les vidéos et les réunions[17]. Une technique comme les « calendriers d'avantages sociaux » qui informe chaque jour des composantes de la rémunération indirecte peut être très efficace. Par exemple, un mois on peut présenter la photo d'un employé construisant une nouvelle maison grâce au régime d'incitation et au régime d'épargne offerts par la compagnie. Un autre mois, on met l'accent sur les frais médicaux. En informant les employés et en assurant une plus grande diversification des bénéfices, l'impact positif de la rémunération indirecte s'accroît.

ÉVALUATION DE L'EFFICACITÉ DE LA RÉMUNÉRATION INDIRECTE

Au début de ce chapitre, nous avons énuméré plusieurs objectifs de la rémunération indirecte. L'impact de la rémunération indirecte sur ces objectifs est un moyen de mesurer son efficacité. On peut aussi en calculer les coûts et les comparer aux bénéfices.

Il y a quatre méthodes pour calculer les coûts de la rémunération indirecte:
1. le coût total annuel pour tous les employés;
2. le coût annuel par employé divisé par le nombre d'heures travaillées;
3. le pourcentage de la liste de paie divisé par la liste de paie annuelle;
4. le coût horaire par employé divisé par le nombre d'heures de travail de l'employé.

Ces coûts peuvent être comparés à des bénéfices tels que la réduction du roulement et de l'absentéisme, l'amélioration de l'image de l'entreprise auprès de ses employés. La valeur monétaire de ces bénéfices, bien que difficile à calculer exactement, peut être estimée. Cela permet alors à l'organisation de comparer les coûts de la rémunération indirecte aux économies qu'elle engendre.

Une fois que l'entreprise a déterminé ces coefficients coûts-bénéfices, elle peut évaluer plus en détails les bénéfices de la rémunération indirecte en:
- examinant le coût et le bénéfice de la rémunération indirecte par groupe d'employés, par direction ou source de profit. Cette information aide à surveiller les coûts et à assurer l'uniformité entre les niveaux et les unités. Cette information joue un rôle similaire à celui des compa-ratios et des ratios de rendement examinés au chapitre 10;

- comparant les coûts à des normes externes. Par exemple, l'entreprise peut comparer ses coûts pour la totalité de la rémunération indirecte ou pour chaque service aux moyennes de l'industrie. Ces données disponibles dans les publications d'enquêtes permettent à l'entreprise de s'assurer qu'elle ne dépense pas plus que nécessaire pour attirer et retenir du personnel. Elles servent aussi à déterminer combien l'entreprise doit dépenser en plus pour améliorer son image au plan du recrutement;
- analysant les coûts que doivent assumer les employés. Il s'agit de calculer les déboursés des employés pour l'ensemble de la rémunération indirecte et par service;
- comparant les résultats obtenus à l'étape précédente avec les données publiées;
- analysant le degré de satisfaction des employés pour le programme actuel par rapport aux programmes des entreprises concurrentes.

Ces méthodes mettent l'accent sur la rémunération indirecte effectivement accordée par une organisation. Deux autres méthodes attirent l'attention sur l'évaluation des alternatives disponibles en:

- explorant les coûts et les bénéfices de programmes alternatifs tels que les plans diversifiés et les plans de type cafétéria. Dans ce cas, les coûts impliquent ceux qui sont associés aux avantages eux-mêmes aussi bien qu'aux frais de gestion. Ces derniers sont particulièrement importants pour les plans de type cafétéria;
- comparant les coûts et les bénéfices de programmes alternatifs à ceux du programme actuel. Bien que le programme actuel entraîne des coûts plutôt élevés, les coûts des programmes alternatifs peuvent être plus élevés et même prohibitifs.

RÉSUMÉ

Les chapitres 9, 10 et 11 ont tenté de répondre aux questions les plus fréquemment posées dans le cadre des programmes d'orientation: « Combien suis-je payé? » et « Quelle est la durée de mes vacances »? Bien que la plupart des organisations peuvent répondre aux deux questions en termes de croissance, celle de la rémunération indirecte a été deux fois plus rapide que celle de la rémunération directe. Cette croissance s'est réalisée en dépit du manque de preuve que la rémunération indirecte aide vraiment à atteindre les objectifs de la rémunération globale. Le salaire, les défis et les chances de promotions rejoignent autant sinon plus les objectifs de la rémunération que les avantages sociaux, particulièrement pour les employés qui aspirent à des postes de cadres.

Cependant, ceci ne veut pas dire que les employés ne désirent pas de rémunération indirecte. Si les organisations les offrent à un tel rythme c'est qu'ils les réclament. Toutefois, les employés n'apprécient pas toujours les avantages spécifiques offerts par une organisation, de même qu'ils ne connaissent pas tous les avantages offerts. Le manque d'information peut expliquer en partie pourquoi ils ne les perçoivent pas aussi favorablement. Par conséquent, certaines organisations sollicitent les employés pour qu'ils expriment leurs préférences. Elles sont aussi plus préoccupées de la diffusion de l'information sur la rémunération indirecte. De meilleures communications et une plus grande participation des employés au développement des programmes peuvent augmenter les chances de l'organisation de tirer profit de la rémunération indirecte. Cependant, ces gains ne sont pas gratuits. L'organisation doit donc procéder à une évaluation minutieuse de l'efficacité de sa rémunération indirecte et comparer ses programmes à ceux offerts par les autres organisations.

Même si la rémunération indirecte est gérée efficacement, cela ne veut pas dire qu'elle améliorera le rendement de l'employé, sa motivation pouvant être limitée par ses habiletés. Étant donné que l'amélioration du rendement dépend à la fois de la motivation et des habiletés, il est nécessaire d'étudier les moyens d'améliorer ces dernières. Nous en discuterons au prochain chapitre qui traite des activités de formation et de perfectionnement.

QUESTIONS À DISCUTER

1. Pourquoi les organisations doivent-elles se préoccuper de la rémunération indirecte?
2. Qu'est-ce que la rémunération indirecte et comment peut-on la conceptualiser?
3. Quels sont les objectifs de la rémunération indirecte?
4. Comment le recrutement et la sélection, la rémunération directe et les activités reliées à la santé et à la sécurité au travail sont-ils affectés par la rémunération indirecte?
5. Quelles sont les principales lois qui ont influencé le volume et le type de rémunération indirecte qu'une organisation doit offrir à ses employés?
6. Discutez du développement du programme d'assurance-chômage et de ses caractéristiques?
7. Identifiez et décrivez les principaux régimes privés de protection offerts par les employeurs?
8. Quelles sont les principales catégories de rémunération du temps chômé ainsi que leur coût relatif pour les organisations?
9. Quels aspects doit considérer l'organisation pour élaborer l'ensemble de son programme de rémunération indirecte?
10. Quels sont les avantages et les inconvénients des programmes diversifiés d'avantages sociaux?

É T U D E   D E   C A S

ÊTRE MALADE AVEC RÉMUNÉRATION: UN DROIT OU UN AVANTAGE SOCIAL?

Le 1er décembre, l'Hôpital Métro signe une nouvelle convention collective. L'entente prévoit, entre autres, que tous les employés ayant plus de trois années d'ancienneté ont droit à 10 jours de congés de maladie (sans certificat médical) et qu'en aucun cas, on ne peut accumuler plus de 15 jours. Un congé de maladie signifie que l'employé reçoit 100% de son salaire. L'accord stipule aussi qu'un certificat médical est requis pour un congé de maladie de trois jours consécutifs et plus.

Dans les cinq années précédant cette convention, l'absentéisme moyen chez les infirmières est d'environ 2,5 jours. Lorsqu'une infirmière est malade, il est nécessaire de la remplacer. Ainsi, en vertu de l'ancienne convention collective, personne n'est rémunéré pour les maladies de courte durée puisque des dépenses additionnelles de remplacement doivent être absorbées par l'hôpital.

Six mois après l'entrée en vigueur de la nouvelle convention collective, on remarque des symptômes alarmants. La moyenne des congés de maladie réclamés par les infirmières augmente à 6 jours et, dans certaines unités comme les soins intensifs et la salle d'urgence, cette moyenne s'élève à 7 jours.

Ce phénomène inquiète Marc Gagnon, le directeur du service des ressources humaines à l'Hôpital Métro. Non seulement il engendre des difficultés administratives sérieuses telles que le remplacement urgent du personnel mais il augmente substantiellement le budget de fonctionnement. Il convoque son personnel à une réunion spéciale pour discuter des remèdes appropriés à la situation.

QUESTIONS
1. Quelles suggestions feriez-vous à Marc Gagnon?
2. Comment pourrait-on s'assurer que les infirmières n'abusent pas du programme?
3. À l'exception d'une stratégie faisant intervenir la rémunération, quelles autres stratégies peuvent être envisagées?

VI

Formation et développement

Formation et perfectionnement

Actualité

DOMINION TEXTILE

Le fil conducteur: les ressources humaines

Une chose est claire chez Dominion Textile: on ne cherche pas à vous tricoter des réponses en trébuchant dans les fleurs du tapis!

Chez Dominion Textile, le secteur des ressources humaines prend de l'étoffe! En effet, grâce à une écoute attentive des besoins des quelque 11 200 employés et à une ouverture d'esprit peu commune, Dominion Textile se tournait récemment vers l'implantation de programmes dont les objectifs visent à améliorer la communication entre les employés et les dirigeants de l'entreprise et à favoriser, sur tous les plans, leur participation, leur épanouissement. Bref, du cousu main, dans un contexte où tous sont traités honnêtement, équitablement et sans discrimination.

Dans le domaine de la formation, Dominion Textile participe à des programmes spéciaux pour techniciens en textile au Cégep de Saint-Hyacinthe et parraine des étudiants qui souhaitent recevoir une formation dans les secteurs du textile. On offre une bourse de 1000$ la première année et, par la suite, l'équivalent de 4500$ sur deux ans. Une fois le cours terminé, on leur propose un emploi chez Dominion Textile, bien que les étudiants soient libres d'accepter ou de refuser.

Toujours dans cette philosophie d'appui à la formation, Dominion Textile soutient un programme de spécialisation en génie des textiles, au sein du programme de génie chimique à l'Université de Sherbrooke. L'étudiant participe à des cours qui s'inscrivent dans un cadre d'enseignement coopératif et peut effectuer des stages chez Dominion Textile.

Et, toujours consciente des chances de réussite et de succès dans une interaction entreprise-université, Dominion Textile donne 30 000$ par année, dans le cadre d'un plan quinquennal à l'Université de Sherbrooke pour l'aider à obtenir une subvention de démarrage du Conseil de recherche en sciences naturelles et en génie.

Si le CRSNG accepte cette forme de contribution et de soutien, il doublera le montant investi par Dominion Textile.

Comme on peut le constater, l'avenir des ressources humaines chez Dominion Textile est prometteur. Somme toute, voilà un secteur visible et accessible qui ne peut, lui aussi, que porter la griffe de l'excellence!

Source: GINGRAS, P.-P., « Dominion Textile — Le fil conducteur: les ressources humaines », AVENIR Votre Magazine Ressources Humaines, vol. 2, no 2, février-mars 1988, p. 39, 41. Reproduit avec autorisation.

Cet article fait ressortir plusieurs aspects de la formation et du perfectionnement. Tout d'abord, certaines entreprises investissent des sommes importantes dans la formation et le perfectionnement de leurs employés. Elles viennent aussi en aide financièrement à leur famille par le biais de bourses d'études pour les enfants ou sous forme de remboursement de frais de scolarité. L'évolution rapide de la technologie oblige les entreprises à former leurs employés pour éviter l'obsolescence de leurs connaissances. Cette attitude a le double avantage de garder les bons employés et permettre à ces derniers de développer leur potentiel et de cheminer dans leur plan de carrière. Nous étudierons tous ces aspects dans ce chapitre, particulièrement les considérations légales relatives à la formation, la détermination des besoins de formation ainsi que les divers programmes de formation et de perfectionnement, sans oublier l'évaluation de ces activités.

FORMATION ET PERFECTION-NEMENT

Les **activités de formation et de perfectionnement** réfèrent aux programmes mis en oeuvre par les employeurs pour améliorer le rendement actuel ou futur des employés, habituellement en orientant l'apprentissage sur les habiletés, les connaissances et les attitudes. La formule suivante définit le rendement (R):

R = f (connaissances, habiletés, attitudes, situation).

La formation vise à pallier aux faiblesses du rendement attribuables aux habiletés, aux connaissances ou aux attitudes de l'employé. Le rendement peut aussi être affecté par des facteurs tels que la technologie, la qualité de la supervision, etc. Cette formule permet aux organisations de détecter les pertes de rendement en répondant aux questions suivantes:

- habiletés: l'employé est-il capable d'effectuer les tâches?
- connaissances: l'employé sait-il comment effectuer les tâches?
- attitudes: l'employé est-il motivé à effectuer les tâches?

Tous les programmes de formation visent à répondre à une ou plusieurs de ces questions. Bien que cette formule soit plutôt simple, il peut être assez difficile de déterminer le niveau exact du rendement de l'employé. Malgré tout, les organisations qui s'engagent dans des activités de formation et de perfectionnement effectuent de tels estimés pour augmenter l'efficacité potentielle de leurs programmes.

OBJECTIFS ET IMPORTANCE DE LA FORMATION ET DU PERFECTIONNEMENT

Un objectif majeur de la formation et du perfectionnement est d'éliminer les pertes de rendement, qu'elles soient réelles ou anticipées, résultant de l'incapacité de l'employé à atteindre le niveau souhaité par l'employeur. La formation en vue d'améliorer le rendement est particulièrement importante pour les organisations qui font face à des niveaux stables ou décroissants de productivité. Elle est aussi utile pour les organisations qui intègrent rapidement de nouvelles technologies et augmentent par conséquent la probabilité d'une obsolescence croissante des connaissances de leur personnel. Par exemple, en 1983, IBM Canada dépensa 36 millions de dollars pour former et recycler son personnel. La majeure partie de cette somme servit à compenser l'obsolescence des connaissances du personnel et à améliorer les habiletés des employés à transiger avec les clients[1].

Un autre objectif de la formation et du perfectionnement est d'accroître la flexibilité et l'adaptabilité de la main-d'oeuvre. En augmentant l'adaptabilité du personnel, l'organisation accroît aussi la sienne. Il en résulte une augmentation du potentiel de survie et du profit de l'entreprise.

La formation et le perfectionnement peuvent aussi approfondir l'engagement des employés envers l'organisation et sa perception en tant que lieu de travail. Un engagement accru entraîne une réduction du roulement du personnel et de l'absentéisme et par conséquent une augmentation de la productivité. La formation et le perfectionnement profitent aussi à la société qui s'enrichit de personnes plus productives et plus positives envers l'entreprise.

INTERRELATIONS ENTRE LA FORMATION, LE PERFECTIONNEMENT ET LES AUTRES ACTIVITÉS DE GESTION DES RESSOURCES HUMAINES

Tel qu'illustré à la figure 12.1, la formation et le perfectionnement impliquent de nombreux processus et procédures intimement liés aux activités de gestion des ressources humaines.[2]

Figure **12.1**   Processus et procédures de formation et de perfectionnement

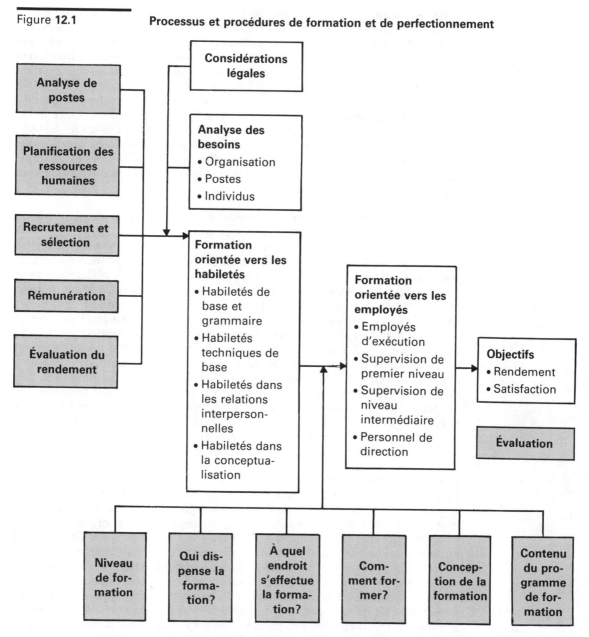

La planification des ressources humaines. Les besoins de formation et de perfectionnement dépendent tout d'abord des exigences en termes de personnel et de planification des ressources humaines. Ces exigences, tel que discuté au chapitre 2, découlent des plans et des objectifs globaux de l'organisation, de la demande de main-d'oeuvre (habiletés, catégories, nombre), et de l'offre de ressources humaines pour combler ces besoins. L'évolution constante de la technologie augmente la difficulté de combler les besoins avec des employés déjà formés. Il est donc de plus en plus difficile de faire de la formation interne et de développer des talents à l'intérieur de l'organisation. La planification des ressources humaines aide à formaliser cette nécessité et à articuler les préoccupations de la direction pour utiliser de façon efficace les ressources humaines, tant présentement qu'à l'avenir.

L'analyse de postes et l'évaluation du rendement. Alors que la planification des ressources humaines permet de définir le cadre général dans lequel la formation et le perfectionnement se situent, l'analyse de postes et l'évaluation du rendement contribuent à identifier les besoins spécifiques de formation et de perfectionnement. Ce processus est facilité par les méthodes d'évaluation du rendement basées sur le comportement telles que les BOS et les BARS (voir chapitre 7). Les résultats de l'évaluation révéleront les baisses de rendement et une analyse plus poussée en indiquera les causes. Cette information, utilisée conjointement avec l'analyse de postes, précisera les besoins de formation spécifique pour éliminer ces problèmes. Cependant, le processus global peut indiquer que le superviseur est incapable de faire des évaluations de rendement valides et que c'est dans ce sens que doivent être orientés les programmes de formation.

Le recrutement et la sélection. L'entreprise qui fait face à des besoins de formation et de perfectionnement peut toujours choisir de recruter des employés déjà formés plutôt que de former ses employés. Ceci peut être économique en termes de coûts de formation et de perfectionnement mais a pour effet de réduire les chances de promotion des employés, ce qui peut avoir un impact négatif sur la motivation. Par conséquent, nombre d'organisations ont des programmes pour améliorer le rendement actuel des employés et pour dégager le potentiel dont aura un jour besoin l'entreprise.

Occasionnellement, les organisations ont besoin de personnel spécialisé et décident de recruter à l'extérieur. Toutefois, même ce type de recrutement ne garantit pas la découverte de candidats bien formés. Certaines organisations choisiront alors de développer et d'appliquer des programmes de formation en pré-emploi. Elles se serviront du recrutement pour identifier les candidats qualifiés aussi bien que ceux qui possèdent un potentiel de qualification. Les candidats potentiellement qualifiés sont admis à un programme de formation en pré-emploi. S'ils terminent ce programme avec succès, ils seront embauchés ou inscrits à une banque de candidats potentiels.

La rémunération. Il importe d'attacher des récompenses à toute activité de formation et de perfectionnement parce qu'il n'est pas évident que tous les employés sont intéressés à améliorer leur rendement. Par exemple, pour encourager des directeurs à former leur personnel, les organisations récompensent ceux qui effectuent bien leurs tâches. L'utilisation des incitatifs est importante non seulement pour amener les employés à participer aux activités de formation et de perfectionnement mais aussi pour maintenir l'amélioration du rendement consécutive à ces programmes. Les employés peuvent revenir au rendement ou au comportement antérieurs s'ils sont sans cesse récompensés ou s'ils ne sont pas « réprimandés ». Par conséquent, l'application et le maintien fructueux des programmes de formation et de perfectionnement dépendent de la capacité du système de rémunération à motiver les employés.

Le succès passe par l'identification des besoins de formation et de perfectionnement appropriés. Avant de discuter de la formation et du perfectionnement plus en détails, nous en étudierons les dimensions légales et politiques.

CONSIDÉRATIONS LÉGALES ET POLITIQUES

Les considérations légales et politiques portent sur plusieurs aspects de la formation et du perfectionnement dont la détermination des besoins de formation et de perfectionnement des candidats.

Aux chapitres 5 et 6, nous avons abordé plusieurs dimensions de la discrimination au travail. Les mêmes préoccupations s'adressent aux pratiques discriminatoires relatives à la formation et au perfectionnement. Bien qu'aucun tribunal des droits de la personne ne se soit encore prononcé sur l'incidence discriminatoire des programmes de formation et de perfectionnement, la législation englobe cette activité de gestion des ressources humaines. Les personnes identifiées comme faisant partie des groupes protégés peuvent présenter une plainte auprès des commissions des droits de la personne si elles se sentent lésées dans leur droit de participer et de compléter un programme de formation et de perfectionnement ou si elles reçoivent un traitement irrégulier dans la poursuite de leurs activités de formation[3].

En vertu des directives générales de la politique d'action positive, la Commission Canadienne de l'Emploi et de l'Immigration a accru le niveau de financement de la formation en emploi par l'expansion du Programme canadien de formation de la main-d'oeuvre en industrie. Le financement a augmenté en termes absolus et relatifs par rapport au programme de formation en établissement[4].

En 1982, le gouvernement canadien adopte la Loi nationale sur la formation. Cette loi vise à offrir à la main-d'oeuvre une formation professionnelle qui lui permettra de mieux répondre aux besoins d'une économie dynamique et à augmenter l'employabilité des individus. Le programme national de formation professionnelle inclut des cours allant du développement des habiletés de base à la formation en langues et à l'apprentissage. La loi met aussi l'accent sur la formation des femmes dans des métiers non-traditionnels[5].

En vertu de la Loi sur la formation professionnelle des adultes de 1967, le gouvernement fédéral supporte une formation axée sur les besoins des employeurs. Actuellement, des employeurs peuvent obtenir un soutien financier pour une période de trois années. Dans le cadre de ces mécanismes de subventions, on met l'accent sur la formation de certains groupes défavorisés: les femmes, les minorités visibles, les handicapés et les autochtones[6].

Dans sa stratégie d'emploi rendue publique à l'été 1985, le gouvernement fédéral exprime son intention de mettre sur pied des Conseils de formation industrielle et communautaire composés de représentants des employeurs, des syndicats et des milieux de formation. Il suggère aussi la création de fonds en fiducie pour aider les employeurs à améliorer les qualifications professionnelles des travailleurs affectés par des changements technologiques. Pour encourager la création de tels fonds, le gouvernement fédéral accepte de contribuer dans une proportion de 50% des fonds des participants et ce, jusqu'à 400 000$ sur une période de trois ans. Les employés pourraient aussi contribuer à un régime enregistré d'épargne pour congé d'études (REECE) qui servirait à financer leurs frais de formation. En vertu de la Loi de l'impôt sur le revenu, ces sommes ne seraient pas imposables[7].

IDENTIFICATION DES BESOINS DE FORMATION

Les trois principales phases de tout programme de formation sont (1) la **phase d'analyse** au cours de laquelle l'entreprise détermine ses besoins de formation et de perfectionnement, (2) la **phase d'implantation** (formation et perfectionnement des effectifs) au cours de laquelle certains programmes et certaines méthodes d'apprentissage servent à transmettre de nouvelles attitudes et habiletés et (3) la **phase d'évaluation**. Les relations entre ces trois phases sont illustrées à la figure 12.2.

La section suivante met l'accent sur l'évaluation des besoins relatifs à l'organisation, aux individus et aux postes.

Figure **12.2** **Un exemple de système de formation et de perfectionnement***

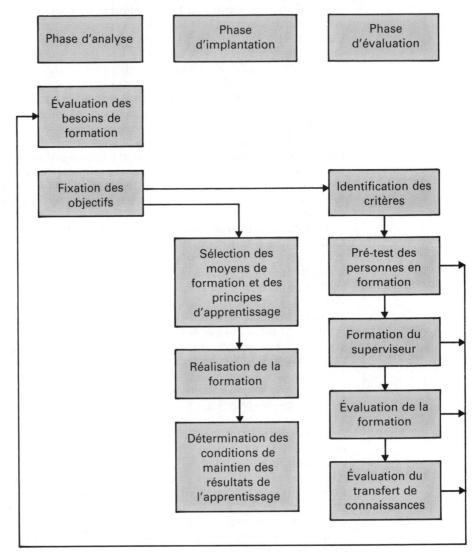

*On trouve de nombreux exemples de systèmes de formation dans les domaines militaire, des affaires ou de l'éduction. Quelques composantes de ce modèle proviennent de ces systèmes.

Source: Adaptée de I.I. Goldstein, *Training Program Development and Evaluation*, 1974, p. 8. Reproduite avec l'autorisation de Brooks/Cole Publishing Company, Monterey, CA.

ANALYSE DES BESOINS RELATIFS À L'ORGANISATION

L'**analyse des besoins relatifs à l'organisation** débute par un examen des objectifs à court et à long terme de l'organisation et des tendances susceptibles de les affecter. Il faut aussi procéder à l'analyse des ressources humaines, des indices d'efficacité et du climat organisationnel. Bien que l'analyse des indices d'efficacité et du climat organisationnel contribuent à identifier les besoins de formation, elles servent surtout à l'évaluation des programmes de formation et de perfectionnement.

L'analyse des ressources humaines identifie les objectifs de l'organisation aux plans de la demande de main-d'oeuvre, des qualifications requises et des programmes nécessaires à l'acquisition du personnel et des qualifications. Les programmes de formation et de perfectionnement jouent un rôle vital dans l'appariement des ressources humaines aux postes.

L'analyse des indices d'efficacité fournit de l'information sur l'efficacité des groupes de travail et de l'organisation. On peut utiliser des indices tels que les coûts de main-d'oeuvre, le volume de production, la qualité de la production, le gaspillage, l'utilisation de l'équipement et les réparations. L'organisation peut fixer des normes pour ces indices et ensuite les analyser pour évaluer l'efficacité générale et les besoins de formation et de perfectionnement de chacun des groupes.

L'analyse du climat organisationnel vise à décrire la qualité de l'organisation, la perception des employés et leur efficacité. Comme l'analyse des indices d'efficacité, elle peut contribuer à identifier les besoins de formation et de perfectionnement ainsi que des critères pour évaluer l'efficacité des programmes. Des variables telles que l'absentéisme, le roulement, les griefs, la productivité, les suggestions, les enquêtes et les accidents peuvent servir à mesurer la qualité du climat organisationnel.

Ces trois types d'analyses ne fournissent qu'une définition générale des besoins de l'organisation en formation et perfectionnement. Ils sont très importants pour isoler les aspects sur lesquels les programmes de formation et de perfectionnement doivent être axés et pour préciser les critères d'évaluation de l'efficacité des programmes. Nombre d'organisations omettent de faire cette analyse, préférant se lancer dans la formation simplement pour imiter les autres.

ANALYSE DES BESOINS RELATIFS AUX POSTES

La deuxième phase de l'analyse des besoins est tout aussi importante et parfois tout aussi négligée. Comme l'analyse des besoins relatifs à l'organisation est trop générale pour identifier les besoins de formation pour des postes spécifiques, il est nécessaire d'effectuer une **analyse des besoins relatifs aux postes**. Essentiellement, elle permet de recueillir des informations sur les tâches composant chaque poste (l'information de base contenue dans les descriptions de postes), les qualifications requises pour effectuer ces tâches (les exigences des postes) et les normes minimales de rendement. Ces trois catégories d'informations peuvent être recueillies indépendamment des employés, du service des ressources humaines ou des superviseurs. Elles peuvent aussi être recueillies simultanément par des équipes représentant différents services dans l'organisation. La figure 12.3 décrit le processus de l'analyse des besoins relatifs aux postes.

ANALYSE DES BESOINS RELATIFS AUX INDIVIDUS

L'**analyse des besoins relatifs aux individus** peut s'effectuer de deux façons. Les baisses de rendement sont identifiées en comparant le rendement effectif avec les normes minimales acceptables ou en comparant les résultats de l'évaluation des compétences de l'employé à chaque dimension des aptitudes requises avec le niveau de compétence exigé pour chacune. Il est à noter que

Figure **12.3**   **Le processus d'analyse des besoins relatifs aux postes**

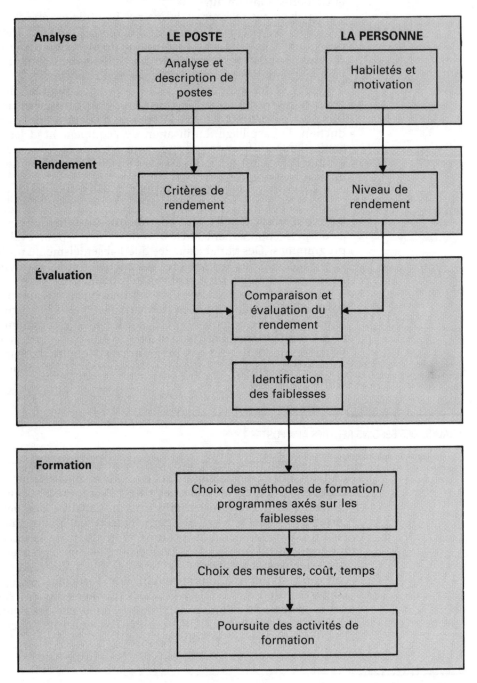

la première méthode étant basée sur le rendement effectif de l'employé, elle peut donc être utilisée pour définir les besoins de formation et de perfectionnement immédiats alors que la deuxième méthode sert à identifier les besoins de formation et de perfectionnement pour un poste éventuel.

La question pertinente dans le cas de la première méthode est de savoir si l'employé est capable d'occuper le poste auquel il est affecté. Dans le cas de la seconde méthode, il s'agit de vérifier si l'employé ou le candidat est capable d'occuper un poste éventuel. Ces deux questions ont des implications importantes pour l'égalité d'accès à l'emploi. Pour assurer cette égalité, les mesures doivent être validées, tel que décrit au chapitre 7.

L'auto-évaluation est une technique de plus en plus populaire pour recueillir les informations sur les besoins des individus. Elle fait ressortir les besoins de formation pour le poste occupé actuellement et ceux pour les postes que l'employé souhaite occuper dans son plan de carrière.

TYPES DE BESOINS DE FORMATION

À partir des analyses, on détermine le type de formation approprié. Bien qu'il existe de nombreux types de formation, nous les avons regroupés en quatre catégories pour faciliter la discussion. Elles correspondent aux habiletés que la formation vise à améliorer.

- Connaissances de base en grammaire, mathématiques, sécurité, lecture, compréhension et écriture. Les nouveaux employés et parfois même certains cadres qui sont à l'emploi de l'entreprise depuis longtemps ne maîtrisent pas ces notions de base.
- Connaissances techniques de base d'un poste spécifique. Il peut s'agir de la dactylographie, du classement de documents, de la soudure d'un tuyau ou de la réparation d'une automobile. La capacité de faire un budget ou de planifier des activités fait partie de ces compétences. D'autres habiletés de base peuvent être spécifiques à l'entreprise plutôt qu'au poste.
- Aptitudes au plan des relations interpersonnelles incluant les communications, les relations humaines, le leadership et les relations de travail. On inclut aussi dans cette catégorie les qualifications reliées aux aspects légaux, aux aptitudes d'organisation et d'utilisation du temps. On exige surtout ces habiletés des superviseurs et elles font partie intégrante de la tâche des cadres.
- Aptitudes d'intégration conceptuelle telles que la planification stratégique et opérationnelle et les aptitudes à définir des structures et des politiques. On inclut ici la capacité de prendre des décisions et l'adaptation à un environnement changeant et complexe. Ce sont généralement des responsabilités de cadres intermédiaires et supérieurs.

IMPLANTATION DES PROGRAMMES DE FORMATION

Le succès des programmes de formation dépend de la sélection des programmes pour les individus auxquels ils s'adressent dans des conditions précises. L'analyse des besoins a permis d'identifier les individus qui ont besoin de formation et les programmes appropriés. Plusieurs considérations relatives à la formation aident à identifier les bonnes conditions.

CONSIDÉRATIONS RELATIVES À LA FORMATION

Lors de l'implantation d'un programme de formation, il faut considérer plusieurs aspects. Chacun doit être examiné avec soin pour accroître l'efficacité du programme. Il s'agit des aspects suivants:

- qui participe au programme?
- qui dispense l'enseignement?

- quelles méthodes pédagogiques utiliser?
- quel niveau d'apprentissage?
- quels sont les principes d'apprentissage requis?
- où réaliser le programme?

En tenant compte de ces considérations, le spécialiste en gestion des ressources humaines choisit un programme de formation et de perfectionnement approprié. L'efficacité de la sélection dépend de la connaissance des programmes disponibles.

Qui participe au programme?   Généralement, les programmes de formation et de perfectionnement sont conçus pour transmettre des compétences particulières à un groupe cible. Cependant, il y a des cas où la formation simultanée de deux ou plusieurs groupes cibles peut être utile. Par exemple, les employés et leurs superviseurs peuvent apprendre ensemble un nouveau processus ou le fonctionnement d'une nouvelle machine. Ainsi, ils acquièrent non seulement la connaissance du processus mais aussi de leurs rôles respectifs. Cette forme de participation facilite aussi les activités de groupes telles que la solution de problèmes et la prise de décision ainsi que le développement d'habiletés utiles aux cercles de qualité ou aux groupes semi-autonomes.

Qui dispense l'enseignement?   La matière peut être enseignée par une des personnes suivantes:

- superviseurs immédiats;
- collègues de travail, comme dans le système d'apprenti;
- spécialistes en gestion des ressources humaines;
- spécialistes des autres services de l'entreprise;
- conseillers externes;
- représentants d'associations industrielles;
- professeurs.

Le choix de l'enseignant dépend souvent du lieu de formation et des matières enseignées. Par exemple, les programmes d'acquisition d'habiletés de base sont habituellement sous la responsabilité de spécialistes en gestion des ressources humaines ou de spécialistes des autres services de l'entreprise alors que les habiletés au niveau des relations interpersonnelles et de l'intégration conceptuelle sont généralement acquises dans le cadre de cours universitaires. Cependant, des entreprises qui ont parfois un nombre élevé d'employés intéressés au programme de formation et de perfectionnement telles que McDonald, IBM, Xerox et Air Canada disposent de leurs propres programmes de formation, surtout pour les cadres supérieurs.

Quelles méthodes pédagogiques utiliser?   Il existe de nombreuses façons d'enseigner une matière. Dans plusieurs collèges et universités, les méthodes les plus couramment utilisées sont les cours magistraux, les combinaisons de lectures/discussions, les études de cas et l'enseignement programmé. Ces méthodes s'appliquent aussi à la plupart des programmes de formation et de perfectionnement. L'enseignant peut aussi choisir parmi les méthodes suivantes:

- jeux de rôles;
- modèles de comportement;
- exercices de participation au groupe;
- conseil individuel;
- démonstrations;

- montage et présentation de vidéocassettes;
- cours informatisés.

On utilise souvent des combinaisons de ces techniques. Par exemple, des magasins de ventes au détail forment leurs gérants à l'aide d'une combinaison de vidéocassette/modèle de comportement. En premier lieu, les stagiaires en formation à un poste cadre regardent une vidéocassette présentant un gérant (en réalité un acteur) au comportement idéal. Par la suite, les gérants ont l'opportunité de « modeler » le comportement de l'acteur sur la vidéocassette. Quelques grandes entreprises de transport utilisent des méthodes similaires pour former les chauffeurs à conduire prudemment, Provost Transport à Montréal, par exemple.

La règle de base pour choisir une méthode de formation est la suivante: plus le stagiaire est actif dans le cadre de son programme de formation, plus le taux de rétention de l'information est élevé. Le degré de participation varie selon la méthode pédagogique. Les cours correspondent à une faible niveau de participation tandis que les vidéocassettes et les modèles de comportement offrent un niveau élevé de participation. Cependant, il y a aussi une pondération en termes de coûts: les moyens simples tels que les cours sont peu coûteux tandis que les moyens plus sophistiqués comportent des coûts très élevés.

Quel niveau d'apprentissage?. L'apprentissage peut s'effectuer à trois niveaux. Au premier niveau, l'employé ou le candidat acquiert des **connaissances de base** dans un domaine particulier et devient familier avec le langage, les concepts et les relations. Au niveau suivant, c'est le **développement des habiletés** ou la façon de fonctionner dans un champ d'habiletés donné. Le plus haut niveau vise l'acquisition de **connaissances opérationnelles**, c'est-à-dire de l'expérience additionnelle et l'amélioration d'habiletés déjà acquises.

Ces trois niveaux s'appliquent aux quatre catégories de besoins de formation dont nous avons discuté précédemment. Le degré d'assimilation est influencé par les principes d'apprentissage.

Quels sont les principes d'apprentissage? Les programmes de formation et de perfectionnement sont beaucoup plus susceptibles d'être efficaces quand ils incorporent plusieurs principes d'apprentissage fondamentaux. Ces derniers comprennent:

- la motivation de l'employé;
- la reconnaissance des différences individuelles;
- l'opportunité de pratiquer;
- le renforcement;
- la rétroaction;
- la fixation d'objectifs;
- le transfert de connaissances;
- le suivi.

Si les employés manifestent de la **motivation au changement** et à l'acquisition de nouveaux comportements, la formation n'en sera que plus facile et mieux réussie. Quelquefois, un poste disponible ou une hausse éventuelle de salaires suffit à motiver les employés. Dans d'autres cas, la motivation est affectée par les mauvaises conditions dans lesquelles la formation se déroule et par le manque de qualités pédagogiques de la personne qui dispense l'enseignement.

La **reconnaissance des différences individuelles** est essentielle. Certaines personnes apprennent plus vite que d'autres, quelques-unes ont plus d'expérience alors que d'autres ont des qualités physiques qui facilitent l'apprentissage des comportements. C'est pourquoi nombre de formateurs professionnels préfèrent sélectionner les stagiaires selon leur capacité d'apprendre. On suggère souvent de former des groupes plus homogènes (en termes de caractéristiques similaires d'apprentissage) afin d'améliorer l'efficacité de la formation. Plusieurs institutions d'enseignement appliquent ce principe.

Indépendamment des différences individuelles, lorsqu'un stagiaire développe une habileté ou acquiert des connaissances, il doit avoir l'**opportunité de pratiquer** ce qui lui est enseigné. La pratique est importante même si le programme de formation se termine avec succès. Il n'y a pas de joueur de tennis professionnel ou de pianiste qui ne réussisse sans avoir pratiqué plusieurs heures par jour.

Selon les principes du **renforcement**, les individus agissent en fonction des récompenses, c'est-à-dire qu'ils font ce qui est récompensé et évitent ce qui est puni. Bien que l'apprentissage comporte une récompense en lui-même, c'est généralement un processus difficile et peu attrayant qui doit faire l'objet d'une récompense extrinsèque pour assurer son efficacité. Les supérieurs devraient donc complimenter leurs employés qui acquièrent de nouvelles habiletés et l'organisation devrait accorder des possibilités de promotion aux personnes qui ont complété avec succès un programme de formation et de perfectionnement. Ces récompenses extrinsèques ou conditionnelles sont des renforcements du comportement (par exemple, apprendre de nouvelles habiletés) parce qu'elles sont accordées sur la base de ce comportement. Les principes de renforcement étant très importants dans l'apprentissage, l'application et le maintien d'une formation efficace dépendent en partie de la gestion efficace des récompenses. Plusieurs supérieurs affirment cependant avoir peu de récompenses à accorder. Pourtant, ils omettent souvent de donner ce qui constitue le renforcement le plus important et le plus incitatif, la **rétroaction**. Il est parfois difficile pour les individus de juger eux-mêmes s'ils ont bien appris un nouveau comportement. C'est alors que les superviseurs jouent un rôle important en informant les employés.

La **fixation d'objectifs** peut aussi accélérer l'apprentissage, particulièrement quand elle est accompagnée de la rétroaction. Généralement, les individus donnent un meilleur rendement et apprennent plus rapidement lorsqu'ils poursuivent des objectifs, surtout si les objectifs sont spécifiques et posent un défi. Des objectifs trop faciles ou trop difficiles ont peu de valeur au plan de la motivation. C'est seulement lorsque les personnes se considèrent capables d'atteindre l'objectif qu'elles deviennent motivées à le faire.

La valeur motivante des objectifs s'accroît lorsque les employés participent au processus de détermination des objectifs. Lorsque le formateur et l'employé travaillent ensemble à la fixation des objectifs, les forces et les faiblesses de l'employé sont identifiées. Les différents aspects du programme de formation et de perfectionnement sont alors ajustés en fonction de la personnalité de l'employé, ce qui peut accroître l'efficacité du programme de formation.

Les attentes du formateur affectent aussi la motivation des employés. Des recherches ont démontré que les attentes constituent souvent des prophéties qui se réalisent. Ainsi, plus les attentes sont optimistes, meilleur est le rendement des stagiaires. Le caractère d'auto-réalisation des prophéties est aussi connu sous le nom d'**effet Pygmalion**. La légende voulant que Pygmalion, amoureux d'une statue, adressa des prières si ardentes, que la statue prit vie. Le vif désir de Pygmalion, son attente, devint une réalité.

Une faiblesse sérieuse lors de la conception des programmes de formation et de perfectionnement consiste à omettre de développer des systèmes précis, des politiques et/ou des programmes de suivi pour assurer l'utilisation efficace des habiletés, des connaissances et des comportements nouvellement acquis. Comme résultat, ces derniers ne serviront peut-être jamais à l'accomplissement du travail. Ou encore, s'ils servent, ce ne sera que pendant un court laps de temps à cause du manque de support. Il est donc important que des dispositions soient prises pour assurer le **transfert** des habiletés, connaissances et comportements au poste.

Il existe trois façons de le faire. Tout d'abord, recréer au cours du programme de formation des conditions identiques à celles du poste. Deuxièmement, enseigner les principes d'application des connaissances acquises à la situation d'emploi et troisièmement, le plan contractuel dont nous traitons ci-après.

Le suivi est un principe important de tout programme de formation. Lorsque la formation est terminée, le supérieur doit exercer un suivi pour s'assurer que la personne utilisera ce qu'on lui a enseigné. Trop souvent, des participants désireux de modifier leur comportement reprennent rapidement leurs mauvaises habitudes par manque de suivi, ce qui diminue l'efficacité du programme de formation.

Le **plan contractuel** permet de prévenir cet abandon. Sa simplicité est un facteur-clé de son succès. Vers la fin du programme de formation, chaque participant rédige un rapport précisant les aspects qui seront le plus bénéfiques pour son poste et il accepte de les appliquer. On demande aussi à chaque participant de donner une copie du contrat à un autre participant; ce dernier accepte alors de vérifier le progrès du participant à intervalles réguliers, toutes les deux semaines par exemple.[8]

Bien qu'il soit souhaitable d'incorporer ces principes d'apprentissage, nombre de programmes de formation ne le font pas ou ne tiennent pas compte des caractéristiques individuelles, de la motivation, du renforcement, de la rétroaction et de la fixation d'objectifs. L'application de ces principes d'apprentissage peut accroître le succès de l'implantation d'un programme de formation et de perfectionnement.

Où réaliser le programme?   Il existe trois options quant à la localisation du programme de formation:

- sur les lieux de travail;
- dans l'entreprise, par exemple, dans des locaux affectés à la formation;
- hors du milieu de travail, par exemple dans la salle de cours d'une université ou d'un collège, dans un hôtel, ou dans un centre de conférence.

Généralement, les connaissances de base pour un poste sont enseignées sur les lieux de travail et les connaissances de base en grammaire dans l'entreprise. La majeure partie de la formation à des habiletés de relations interpersonnelles ou d'intégration conceptuelle s'effectue en dehors du milieu de travail.

PROGRAMMES DE FORMATION

Un grand nombre de programmes de formation et de perfectionnement sont offerts au personnel de direction et d'exécution. Ils se distinguent par le rôle des participants (personnel de direction ou d'exécution), le lieu (en milieu de travail ou en dehors du milieu de travail), les habiletés à acquérir (habiletés et connaissances techniques, habiletés et aptitudes en relations interpersonnelles, ou habiletés et aptitudes en conceptualisation).

Formation en milieu de travail.   Tel qu'indiqué à la figure 12.4, plusieurs programmes peuvent être réalisés en milieu de travail. Ils sont souvent formels

---

Figure **12.4**   **Les principaux programmes de formation**

Formation en milieu de travail

« Coaching »

Apprentissage

Assistanat et internat

Rotation des postes

Conseil junior d'administration

Formation hors du milieu de travail

Cours formels (cours magistraux, enseignement programmé, cours par correspondance)

Simulation — formation en vestibule, centre d'évaluation, jeux d'entreprise, corbeille d'entrée

Relations humaines, jeux de rôles

Relations humaines, « T-Group »

---

bien que certains puissent être informels. Par exemple, l'assistance du superviseur est une méthode de formation informelle.

Les entreprises apprécient les **programmes de formation en milieu de travail** parce qu'ils constituent une expérience d'apprentissage appliquée qui facilite le transfert des connaissances et parce qu'ils s'inscrivent bien dans le flux des activités de l'organisation. Généralement, il n'est pas nécessaire d'utiliser un autre local et les employés peuvent contribuer à la production alors qu'ils sont encore en formation.

Toutefois, les programmes de formation en milieu de travail présentent aussi des inconvénients. Par exemple, dans un restaurant, avez-vous déjà attendu dans la file où le serveur est un stagiaire? Ou avez-vous déjà eu l'occasion d'attendre très longtemps dans une file parce que la banque forme plusieurs stagiaires? Les programmes de formation en milieu de travail peuvent engendrer non seulement l'insatisfaction des consommateurs mais aussi des dommages à l'équipement, des erreurs coûteuses et une certaine frustration pour le formateur (habituellement un collègue de travail ou un superviseur) et pour le stagiaire. Toutefois, si le programme de formation en milieu de travail est aussi explicite que possible, les inconvénients en sont minimisés.

Le « **coaching** » en est un exemple typique puisqu'il peut aussi bien s'appliquer aux cols bleus, aux cols blancs ou aux techniciens. Comme cette approche est plutôt une technique qu'un programme, elle peut être adaptée à la formation en milieu de travail ou hors du milieu de travail.

Le « coaching » comporte quatre étapes: (1) sélection et préparation du formateur et du stagiaire; (2) explication et démonstration par le formateur des tâches à effectuer; (3) expérimentation par le stagiaire; (4) session de rétroaction entre le formateur et le stagiaire pour discuter du rendement de ce dernier et des exigences du poste.

L'**apprentissage**, l'**internat**, et l'**assistanat** sont des programmes qui combinent la formation en milieu et hors du milieu de travail. L'apprentissage est obligatoire pour l'accession à plusieurs métiers spécialisés, tels que la plomberie, l'électronique, la menuiserie. Pour être efficaces, les composantes en milieu et hors du milieu de travail doivent être bien intégrées et planifiées. Elles doivent considérer les caractéristiques individuelles en ce qui a trait à la faculté d'apprentissage et aux habiletés et être assez flexibles pour affronter les changements technologiques.

Les programmes d'internat et d'assistanat sont un peu moins développés. L'internat fait généralement suite à une entente entre les institutions d'enseignement et les entreprises. Comme dans le cas de l'apprentissage, les stagiaires reçoivent un salaire, inférieur cependant aux maîtres ou professionnels. L'internat constitue non seulement un programme de formation mais aussi un moyen de se familiariser avec les conditions d'exécution du travail. Les stagiaires peuvent observer l'application de ce qu'on leur enseigne et pratiquer, contrairement aux étudiants sans expérience de travail. L'assistanat implique un emploi à plein temps et permet d'exposer le stagiaire à un large éventail de postes. Cependant, comme l'étudiant ne fait qu'assister les autres travailleurs, l'apprentissage est souvent plus superficiel. On peut pallier à cet inconvénient par la rotation des postes et le conseil junior d'administration.

Les programmes de **rotation des postes** et de conseil junior d'administration sont utilisés pour former et familiariser les employés à une grande variété de postes et à la prise de décision. On a cependant tendance à exagérer les bénéfices à long terme de la rotation des postes. Souvent, la période d'affectation à un poste est trop courte pour que l'employé acquière suffisamment de connaissances et surtout pour qu'il les approfondissent. Ce court laps de temps a aussi pour effet de diminuer le désir d'apprendre.

Au **conseil junior d'administration**, les cadres de premier niveau et intermédiaires participent de façon formelle avec les cadres supérieurs à la planification et à la gestion des affaires. En résumé, les cadres supérieurs considèrent les recommandations du conseil junior d'administration avant de prendre leurs décisions. La participation des cadres de tous les niveaux permet aux cadres supérieurs d'identifier et de choisir les meilleurs candidats aux postes de haute direction. Dans un sens, il s'agit là d'un système d'évaluation du rendement. Participer à un conseil junior d'administration peut constituer une étape importante dans la carrière d'une personne. Étant donné le nombre relativement limité de postes dans un tel conseil et les récompenses importantes qui y sont associées, la concurrence est forte.

Formation hors du milieu de travail. À la figure 12.4, on note quatre catégories de programmes de formation hors du milieu de travail. Les deux premières — cours formels et simulation — servent à la fois au personnel d'exécution et de direction; les deux dernières sont axées principalement sur le personnel de direction

Les **cours formels** comprennent les cours magistraux, l'enseignement programmé, et les cours par correspondance. Bien que le cours magistral soit la méthode la plus répandue parce qu'elle a l'avantage de permettre la transmission de beaucoup de matière à une quantité considérable de personnes en même temps, elle comporte plusieurs carences:

- elle perpétue la traditionnelle structure autoritaire des organisations et affaiblit le rendement à cause du manque d'auto-contrôle sur l'apprentissage;
- elle donne lieu à un transfert limité d'habiletés requises pour effectuer les tâches, sauf dans le domaine des connaissances cognitives et des principes conceptuels;
- les exigences verbales peuvent être menaçantes pour les personnes qui ont une expérience ou des aptitudes limitées au plan de l'expression;
- elle ne permet pas de formation individualisée basée sur les caractéristiques au plan des habiletés, des intérêts et de la personnalité.

À cause de ces inconvénients, le cours est souvent complété par l'**enseignement programmé**. La matière est alors décomposée en éléments significatifs selon une succession conduisant à un apprentissage optimal. En bref, chaque élément doit avoir été bien assimilé avant de passer au suivant. Pour faciliter le processus d'apprentissage, une rétroaction est transmise sans délai sur l'exactitude de la réponse. Cette méthode offre des chances de succès élevé parce qu'elle permet aux individus de définir leur propre rythme d'apprentissage et d'obtenir une rétroaction immédiate et impersonnelle. Cependant, nombre d'habiletés et de tâches ne peuvent pas être décomposées en éléments. On utilise alors une autre méthode comme la simulation.

La **simulation** consiste à présenter aux participants des situations similaires à celles qu'ils pourraient rencontrer dans l'exécution de leurs tâches. Elle est utilisée autant pour le personnel de direction que pour le personnel d'exécution. La **formation en vestibule** est une technique de simulation très répandue. Elle consiste à reproduire un environnement de travail artificiel, semblable au lieu réel de travail. Cependant, l'environnement artificiel est généralement plus sécurisant et mieux organisé que l'environnement réel ce qui entraîne parfois des difficultés d'adaptation à ce dernier. Par conséquent, certaines organisations préfèrent effectuer la formation dans l'environnement réel de travail. Toutefois, les arguments en faveur de l'environnement simulé sont convaincants: — il réduit la possibilité d'engendrer l'insatisfaction des clients; — il réduit la frustration du stagiaire; — il est économique à cause de la réduction des accidents en cours de formation.

Le **centre d'évaluation** dont nous avons discuté au chapitre 5 est une technique de simulation de plus en plus populaire pour sélectionner les cadres. Ils sont aussi particulièrement utiles pour identifier des besoins potentiels de formation. Qu'ils soient utilisés pour la formation ou la sélection, les centres d'évaluation semblent une façon valide de prendre des décisions d'emploi.

Indépendamment de l'endroit où ils se tiennent, les **jeux simulés d'entreprise** comportent des degrés variables de concurrence entre des équipes de stagiaires. Par contre, les exercices de **corbeille de courrier** sont plus solitaires. Le stagiaire est assis à un bureau et travaille à partir d'une pile de documents comme celle que l'on pourrait trouver dans la corbeille de travail d'un directeur type, placé devant des priorités, recommandant des solutions à des problèmes et entreprenant toute action nécessaire sur la base du contenu des documents.[9]

Bien que la corbeille de courrier soit agréable et constitue un défi, l'amélioration du rendement d'un directeur dépend en partie de ce qui se passe après cette période de formation. Si le participant n'a pas de rétroaction à ses décisions, l'amélioration peut être terriblement réduite; il ne sait pas ce qui doit être transféré du jeu au travail.

Alors que les exercices de simulation sont utiles pour le développement d'habiletés de conceptualisation et de solution de problèmes, il existe deux méthodes pour développer chez les gestionnaires des perceptions interpersonnelles — conscience de soi et des autres — pour changer des attitudes et pour s'exercer à des activités de relations humaines, telles que le leadership et l'entrevue.

Les **jeux de rôles** mettent l'accent sur les aspects humains plutôt que sur les aspects factuels. L'élément essentiel du jeu de rôle est de créer une situation réaliste et ensuite d'amener les stagiaires à assumer diverses personnalités de cette situation. L'utilité du jeu de rôle dépend considérablement du degré réel d'implication personnelle du stagiaire dans les scènes qu'il joue. Si vous avez déjà participé à un jeu de rôle, vous savez combien il est difficile de le faire et combien il est facile de se contenter de lire le texte concerné. Mais quand le stagiaire entre dans le rôle, il en résulte une plus grande sensibilité aux impressions et aux perceptions présentées dans le rôle.

Le « **T-Group** » a été une méthode assez populaire à une certaine époque. Un groupe non-structuré d'individus échangent des idées et des impressions sur le « présent immédiat » plutôt que sur le « futur éloigné ». Bien que l'expérience du « T-Group » aide les individus à percevoir le comment et le pourquoi, cela ne modifie pas néanmoins ce qu'ils sont. On reproche souvent au « T-Group » de ne pas produire un changement substantiel de comportement au travail pour bon nombre d'employés.[10]

La figure 12.5 présente un résumé des avantages et des inconvénients de tous les programmes de formation

CHOIX D'UN PROGRAMME DE FORMATION

La connaissance des principes d'apprentissage, des quatre catégories de besoins de formation des individus et de l'organisation, des programmes de

Figure **12.5** — **Résumé des avantages et des inconvénients des programmes de formation**

Type de programmes	Avantages	Inconvénients
« Coaching »	Informel, intégré au poste Peu coûteux	Efficacité fonction du superviseur Tous les superviseurs ne peuvent le faire
Apprentissage	N'entrave pas le rendement Assure une formation extensive	Exige une longue période Coûteux
Internat	Facilite le transfert d'apprentissage	Ne correspond pas à toutes les tâches d'un poste
Assistanat	Assure une familiarisation avec le poste réel	Apprentissage superficiel
Rotation des postes	Familiarisation avec beaucoup de postes Apprentissage réel	N'implique pas une responsabilité totale Présence de trop courte durée dans chaque poste
Conseil junior d'administration	Implique des responsabilités de haut niveau Expérience valable	Pas beaucoup de postes disponibles Peut être coûteux
Cours formel	Peu coûteux pour des groupes considérables Ne gêne pas le travail	Requiert des habiletés verbales Limite le transfert d'apprentissage
Simulation	Contribue au transfert d'apprentissage Engendre des situations semblables aux situations réelles	Ne peut pas toujours bien reproduire les situations réelles
Jeux de rôles	Bon pour les habiletés interpersonnelles Acquisition de perceptions des autres	Ne peut pas créer exactement des situations réelles — reste un jeu de rôles
« T-Group »	Bon pour la perception de soi Contribue à améliorer la compréhension d'autrui	Pas toujours de transfert au poste Pas toujours relié au poste

formation existant ainsi que leurs avantages et leurs inconvénients fournit l'information nécessaire au choix des programmes appropriés. La sélection d'un programme est basée sur les réponses aux trois questions suivantes:

- quelles habiletés les employés ont-ils besoin d'acquérir?
- quel niveau de qualification doivent-ils acquérir?
- quels sont les programmes de formation les plus appropriés à cet effet?

Les habiletés requises. Les réponses aux deux premières questions sont fournies par les résultats des analyses de besoins. Par exemple, si ce sont les employés de supervision et d'exécution qui présentent des carences, la majeure partie de la formation devrait viser à améliorer les connaissances techniques. Par ailleurs, les relations interpersonnelles constituent le principal besoin des cadres intermédiaires alors que les cadres supérieurs ont surtout besoin d'être qualifiés en matière de conceptualisation, de direction et de gestion. Cet appariement entre la catégorie d'employé et le type prédominant de formation requise constitue un guide. Cet appariement peut servir à faciliter le développement de carrière des employés et la planification de l'organisation eu égard aux programmes de formation et de perfectionnement.

Le niveau requis. Pour utiliser cet appariement au bénéfice de l'individu et de l'organisation, il est encore nécessaire de connaître le niveau approprié de formation: augmenter l'efficacité opérationnelle, développer des habiletés, ou acquérir des connaissances fondamentales. Les résultats des analyses des besoins respectifs des postes et des individus déterminent le niveau nécessaire, particulièrement dans le cas de la formation au poste existant. Pour un poste éventuel, le niveau requis dépendra de l'analyse des besoins pour ce poste, de l'organisation aussi bien que des individus.

Le programme requis. L'étape finale consiste à déterminer le programme qui permettra de développer les habiletés nécessaires au niveau requis. Un guide en illustre les caractéristiques à la figure 12.6. Par exemple, la formation par l'apprentissage est appropriée pour ceux qui ont besoin d'améliorer leur efficacité opérationnelle dans des activités techniques de base alors que l'étude de cas améliore les aptitudes aux plans conceptualisation, direction et gestion.

Malheureusement, la sélection du programme approprié n'assure pas le succès d'un effort de formation. Le succès dépend aussi de l'utilisation efficace des principes d'apprentissage, de la compétence des formateurs, des politiques et du support de l'organisation à la formation et au perfectionnement des employés.

PROBLÈMES ET ÉCUEILS À LA FORMATION

« Ce matériel de formation et de perfectionnement est très bien, mais c'est mon patron qui en a réellement besoin! » — Cadres de niveau intermédiaire et de premier niveau.

« Si la haute direction voulait seulement montrer un soutien actif au programme, ce serait un succès! » — spécialiste en formation des ressources humaines.

« Perfectionnement des cadres? Soutien actif? Pourquoi, je fais cela sans arrêt! » — Haute direction.[11]

Ces trois citations font ressortir les malentendus et la tendance à attribuer le blâme et la responsabilité à d'autres lors de discussions sur la formation.

Figure **12.6**   **Le choix d'un programme de formation**

		Habiletés requises		
		Aptitudes de base	**Relations interpersonnelles**	**Conceptualisation**
Niveau d'habiletés requis	**Connaissances fondamentales**	Rotation des postes Conseil junior d'administration Apprentissage « Coaching »	Jeux de rôles « T-Group » Cours formels	Rotation des postes Conseil junior d'administration Simulation Études de cas
	Développement des habiletés	Rotation des postes Conseil junior d'administration Simulation « Coaching »	Jeux de rôles « T-Group » Rotation des postes Conseil junior d'administration Simulation	Rotation des postes Conseil junior d'administration Simulation Études de cas
	Efficacité opérationnelle	Rotation des postes Conseil junior d'administration Apprentissage «Coaching» Simulation Internat Assistanat	Jeux de rôles Rotation des postes Conseil junior d'administration Apprentissage « Coaching » Simulation	Rotation des postes Conseil junior d'administration Simulation Etudes de cas

Source: Adaptée de T.J. Von der Embse, « Choosing a Management Development Program: A Decision Model », *Personnel Journal*, octobre 1973, p. 911. Reproduite avec autorisation.

Ces attitudes sont en partie responsables du peu de succès de certains efforts de formation. Mais il y aussi d'autres raisons d'échecs:[12]

- effectuer des analyses de besoins bâclées et imprécises qui conduisent à une mauvaise définition des véritables besoins de formation et des personnes à former;
- substituer la formation à la sélection et accorder une confiance trop importante en la « magie » pour améliorer le rendement des individus jugés inaptes;
- limiter la formation à l'utilisation des cours formels;
- fusionner tous les besoins de formation, évitant ainsi d'implanter des programmes spécifiques aux besoins;
- oublier d'accorder l'attention nécessaire à la formation;
- omettre d'offrir le support organisationnel permettant de tester les comportements nouvellement acquis.

Des observateurs de la scène canadienne notent, qu'en plus de ces problèmes généraux, nombre de programmes de formation canadiens présentent d'autres lacunes:

- faible priorité à la formation des cadres;
- rareté de formateurs spécialisés (nombre de cadres supérieurs responsables de la formation ont une expérience très limitée).[13]

ÉVALUATION DES PROGRAMMES DE FORMATION

L'évaluation des programmes de formation constitue une activité importante du service des ressources humaines. Sans évaluation, il n'est pas possible de porter un jugement sur les programmes. Tel que discuté au chapitre 1, le service des ressources humaines doit démontrer son efficacité. L'évaluation implique la définition de données et de critères pertinents de validation et ensuite, la collecte et l'analyse de ceux-ci. Les méthodes permettant de recueillir les données, tel que discuté aux chapitres précédents, sont les entrevues, les tests, les résultats d'évaluation du rendement et les enquêtes effectuées par d'autres entreprises. Une fois connus les critères pertinents, on peut procéder à l'évaluation. L'efficacité de la formation peut alors être mesurée en comparant deux ou plusieurs groupes de critères.

Sans évaluation, on ne peut connaître l'efficacité. Pourtant nombre d'organisations omettent d'évaluer leurs programmes de formation pour plusieurs raisons. Certaines choisissent des programmes selon leur apparence et ne soupçonnent pas l'importance de l'évaluation. Dans d'autres cas, les gestionnaires craignent de découvrir que les programmes ne fonctionnent pas bien. Il peut aussi y avoir un manque de compréhension des méthodes d'évaluation et des différences d'opinions concernant les critères d'efficacité.

Pour évaluer l'efficacité de tout programme de formation, il faut répondre aux questions suivantes:

- est-ce qu'il y a eu un changement?
- est-ce que le changement est dû à la formation?
- est-ce que le changement est positivement relié à l'atteinte des objectifs de l'organisation?
- est-ce que des changements similaires se produiront avec le même programme de formation et d'autres candidats?

Pour l'évaluation des programmes de formation, on mesure le changement selon quatre catégories:

1. Réaction: quelles sont les impressions des participants au programme de formation? C'est l'information la plus utilisée mais aussi la plus discutable (c'est-à-dire qu'aucun changement résultant du programme n'est apparent).
2. Apprentissage: dans quelle mesure les stagiaires ont-ils assimilé ce qu'on leur a enseigné?
3. Comportement: a-t-on constaté des changements de comportements depuis la participation au programme de formation?
4. Résultats: dans quelle mesure la formation a-t-elle influé sur les améliorations de comportements reliés aux coûts (par exemple, roulement, productivité ou améliorations de la qualité du travail)?

MODÈLES D'ÉVALUATION

Le spécialiste en gestion des ressources humaines doit aussi choisir un modèle d'évaluation. Ceux-ci permettent de vérifier s'il y a eu des améliorations et si le programme de formation doit en être crédité. De plus, de tels modèles peuvent servir à (1) évaluer tout programme de gestion des ressources humaines qui vise à améliorer la productivité et la qualité de vie au travail et, (2) évaluer l'efficacité de toute activité de gestion des ressources humaines. Une combinaison des outils de collecte de données dont nous discuterons au chapitre 13 et des modèles d'évaluation est essentielle pour démontrer l'efficacité des programmes de gestion des ressources humaines et les bénéfices qui en résultent pour l'organisation. Les modèles d'évaluation étant très importants nous en discutons en détails.

Les modèles d'évaluation se classent en trois principales catégories: pré-expérimentaux, quasi-expérimentaux et expérimentaux. Bien qu'il soit préférable d'utiliser un modèle expérimental, parce que plus rigoureux, plusieurs contraintes organisationnelles le rendent peu pratique. Aussi, les spécialistes en gestion des ressources humaines utilisent un modèle moyennement rigoureux de nature quasi-expérimentale. Toutefois, même lorsque les modèles quasi-expérimentaux sont utilisables, la plupart des évaluations reposent sur un modèle pré-expérimental parce qu'il est plus facile et plus rapide mais malheureusement de qualité inférieure. La figure 12.7 illustre les trois modèles qui peuvent servir à l'évaluation des programmes de formation.

Les meilleurs modèles sont ceux qui utilisent un groupe-contrôle. Le groupe-contrôle est composé d'employés non formés. L'utilisation d'un tel modèle permet de faire des comparaisons. La section A de la figure 12.7 illustre le modèle le plus couramment utilisé par les entreprises. C'est aussi le moins bon pour juger de l'efficacité de la formation parce qu'on ne connaît pas les habiletés initiales des personnes en formation. La section B représente un modèle amélioré qui tient compte d'une certaine information sur les habiletés, les connaissances et les aptitudes des stagiaires avant la formation. Cependant, même s'il y a des changements après la formation, ils ne peuvent pas être attribués aux activités de formation dans ce modèle. La section C illustre un modèle de mesure post-formation seulement avec groupe-contrôle. Il faut être prudent, dans ce cas, quant à la causalité des changements lorsqu'on compare deux groupes semblables. La section D illustre un modèle complet pré et post-formation avec groupe-contrôle. La preuve de l'efficacité de la formation est claire lorsque les changements avant et après formation sont plus prononcés pour les personnes formées que pour celles sans formation. Il s'agit là cependant d'une procédure coûteuse. Finalement, les sections E et F correspondent à un modèle basé sur des séries chronologiques sans groupe-contrôle (E) et avec un groupe-contrôle (F). Ces modèles offrent la possibilité de recueillir plusieurs mesures initiales d'habiletés, de connaissances et d'aptitudes et impliquent une surveillance des changements après la formation pendant une période donnée. La tendance qui se dégage fournit une estimation de la stabilité avant et après la formation. Elle aide à éliminer la formation qui n'est pas nécessaire dans des conditions où seule l'expérience (le temps) améliore les habiletés, les connaissances et les aptitudes (c'est-à-dire une courbe de maturité), et peut aussi fournir des estimés quant à leur taux de rétention. Pour toutes ces raisons, plusieurs experts sont d'avis que des mesures multiples sont préférables parce qu'elles minimisent les effets de mesure et d'interaction dans l'intervention.[14]

La plupart de ces considérations relatives aux modèles s'appliquent aussi à la mesure de l'efficacité des programmes de perfectionnement du personnel. Cependant, bien que le perfectionnement des employés soit habituellement associé au concept de formation, il est différent sur deux plans, l'objectif central et l'aspect formel. Alors que les programmes de formation sont mis en place principalement pour répondre aux besoins de l'organisation, le perfectionnement met l'accent sur les besoins des individus. Il cherche à identifier

Figure **12.7**   **Les principaux modèles d'évaluation de l'efficacité des programmes de formation**

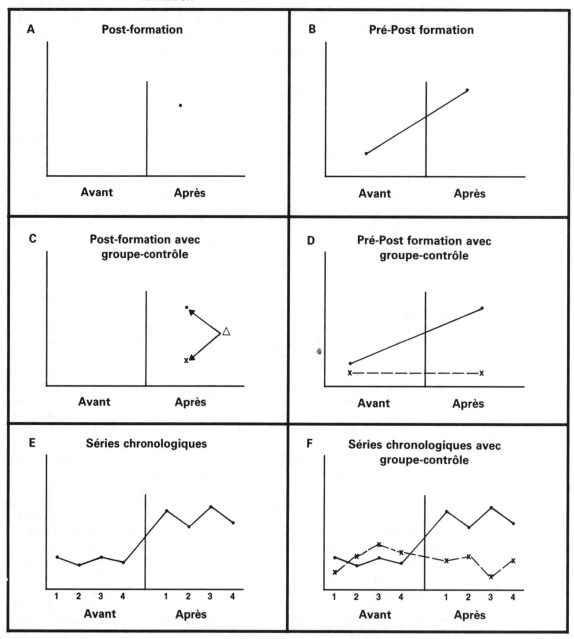

• formé × non formé (contrôle) | Intervention (formation)

les besoins des employés de façon à les aider à être plus efficaces et plus heureux au travail. Ce dernier aspect représente une évolution dans le rôle que nombre d'organisations attribuent au service des ressources humaines. De fait, quelques organisations ont même changé le titre de leur cadre supérieur responsable de la gestion des ressources humaines pour faire ressortir cette philosophie. Par exemple, le titre de vice-président aux ressources humaines chez MacDonald a récemment été changé en « vice-président de la personnalité ».

Cet accent sur la personne signifie que le processus de perfectionnement peut être beaucoup moins formel et structuré que les programmes de formation. À cause de l'importance croissante du perfectionnement des employés dans les organisations, la section suivante examine les activités formelles et non formelles du perfectionnement des employés et la planification de la carrière.

DÉVELOPPEMENT DU POTENTIEL

Les objectifs de développement du potentiel des employés sont nombreux. Bien que le perfectionnement se préoccupe habituellement de l'amélioration des habiletés intellectuelles, d'autres objectifs de gestion des ressources humaines peuvent être atteints au cours du processus, tels que:

- améliorer la satisfaction et la qualité de vie au travail;
- aider les employés à découvrir de nouveaux intérêts ainsi que leur potentiel sous-utilisé;
- améliorer le rendement;
- prévenir la détérioration des habiletés et des connaissances;
- maintenir l'enthousiasme des employés pour éviter l'épuisement.

Le perfectionnement des employés dépend dans de nombreux cas des relations et des attitudes de l'employé envers son supérieur immédiat. En se concentrant sur les objectifs et le potentiel de l'individu, le supérieur peut affecter significativement son développement. Dans ce sens, tous les patrons ont la responsabilité informelle de contribuer au perfectionnement des employés, une responsabilité qu'on nomme le **mentorship**. Il s'agit d'« une relation où une personne ayant un certain rang hiérarchique et une certaine expérience au sein d'une organisation, prend un intérêt personnel dans le développement de la carrière d'une personne située soit dans la même organisation, soit dans une autre et ayant un rang ou une expérience inférieure »[15].

Deux types de fonctions contribuent au perfectionnement de la personne subalterne. En premier lieu, un éventail d'activités de progression dans la carrière (c'est-à-dire parrainage, entraînement, visibilité, protection et affectation à des postes posant des défis). En second lieu, un éventail d'activités de soutien personnel (c'est-à-dire modèle, conseil, acceptation, confirmation et amitié)[16].

FAVORISER LE PERFECTIONNEMENT

Le perfectionnement est une activité beaucoup plus étendue que l'acquisition d'une habileté spécifique. C'est pourquoi un certain nombre de conditions sont cruciales: une philosophie organisationnelle qui fait la promotion du perfectionnement et qui est bien supportée par la haute direction, et une compréhension véritable de sa nature interrelationnelle.

L'appui de la haute direction est une condition centrale pour faciliter le perfectionnement puisque c'est elle qui en crée les opportunités. La délégation de la prise de décision à des postes de niveau hiérarchique inférieur, le maintien d'un climat qui fournit des opportunités de communications fréquentes et ouvertes entre les personnes des différents niveaux hiérarchiques et un système de récompense pour les mentors sont des comportements à encourager chez la haute direction. Si celle-ci n'est pas engagée, le perfectionnement du personnel ne pourra se faire.

Il existe une relation entre les efforts de perfectionnement des employés et les autres activités de gestion des ressources humaines telles que la sélection, le placement, la rémunération et l'évaluation. Négliger n'importe laquelle d'entre elles réduit les efforts de perfectionnement. Cependant, le perfectionnement n'est pas un substitut à la sélection ou au placement. Si une personne est choisie pour effectuer une tâche et qu'elle est incapable de s'en acquitter (manque d'habiletés ou de connaissances), le perfectionnement ne pourra changer la situation, pas plus que dans le cas d'une mauvaise affectation.

En plus du processus informel de perfectionnement, plusieurs entreprises ont essayé de mettre au point des systèmes formels. Les résultats d'une recherche nous apprennent qu'environ 50% des entreprises couvertes par l'enquête ont mis en place de tels programmes pour leurs superviseurs de premier niveau[17]. Nombre de ces programmes formels sont gérés par le service des ressources humaines.

PROGRAMMES DE PERFECTIONNEMENT

Les organisations utilisent un grand éventail de programmes de perfectionnement. L'objectif de la majorité de ces programmes est de développer les habiletés des individus, les qualifications spécifiques au travail et celles reliées à la planification et à la conception. Comme nous avons déjà discuté de certains de ces programmes dans le cadre de la formation, nous les abordons brièvement.

Le « **coaching** » est un processus continu par lequel le supérieur immédiat guide et surveille de très près le subalterne durant le processus de perfectionnement. La participation à des **conseils junior d'administration** permet à l'employé potentiellement prometteur d'observer comment se prennent les décisions, ce qui est bénéfique pour un employé que l'on prépare à une promotion.

La rotation des postes consiste à affecter un employé à différentes situations/postes/départements (un à la fois) pour une période limitée. L'employé acquiert une connaissance directe des problèmes et des processus associés aux différents postes et départements de l'entreprise. Théoriquement, il devrait ainsi mieux comprendre les réalités de l'organisation. Plusieurs banques canadiennes utilisent un processus de rotation des postes sur une période de 12 mois pour leurs futurs gérants.

L'**assistanat** est une extension du « coaching », bien que dans ce cas, le stagiaire travaille comme assistant, habituellement dans une fonction conseil. Nombre de programmes de perfectionnement comprennent des **cours magistraux** au cours desquels les employés développent des habiletés générales telles que la lecture rapide ou le traitement de textes. Certaines entreprises encouragent le perfectionnement sous la forme de remboursement de frais pour suivre des cours et même pour acquérir des diplômes d'études supérieures dans le cadre de cours du soir. Canadian Liquid Air, Sperry Canada et Northern Telecom ne sont que quelques exemples d'entreprises canadiennes qui encouragent ainsi leurs employés. Le rythme et l'orientation de ce type de perfectionnement sont laissés au choix de l'employé lui-même.

D'autres organisations accordent des **congés de perfectionnement** tels que l'année sabbatique, très populaire parmi les professeurs d'universités. Elle leur permet de se recycler et de faire progresser leurs travaux de recherche. De nombreuses entreprises adoptent des approches similaires au profit de leur personnel cadre et professionnel. Comme le congé sabbatique payé est une option très coûteuse, d'autres employeurs préfèrent accorder des congés sans solde. Dans quelques organisations, le droit à ces congés est inscrit dans la convention collective.

Le « **T-Group** » et les **relations humaines** ont été très populaires au cours des années 1960 et 1970. Les deux sont considérés comme étant plus reliés au perfectionnement individuel qu'au développement organisationnel, sauf lorsqu'ils font partie d'un programme de développement organisationnel. Le « T-Group » a été introduit dans l'industrie canadienne par le U.S. National Training Laboratory. Il s'agit d'une technique qui met fortement l'accent sur les principes de la dynamique de groupe et qui est axé vers le perfectionnement de la connaissance de soi et des autres par l'observation et la participation à des situations de groupe. La formation en relations humaines vise à sensibiliser l'employé aux problèmes d'autrui. Cette école de pensée s'est développée dans le cadre des études bien connue d'Hawthorne.

Les **études de cas**, les **jeux de rôles** et les **simulations** sont aussi utilisés comme programmes de perfectionnement individuel. Le plus souvent, ces méthodes servent auprès de stagiaires à des postes de direction et l'on met l'accent sur l'application et l'expérience plutôt que sur la mémorisation. Quelques organisations utilisent ces méthodes, non seulement pour des fins de perfectionnement mais aussi pour la « gestion des conflits » ou pour les deux. Par exemple, les 30 employés de direction d'une des usines de l'entreprise de pâtes et papier Kruger se rencontrent le premier vendredi de chaque mois pour une « réunion de confrontation ». Les dirigeants sont encouragés à extérioriser leurs griefs personnels et les conflits interpersonnels avec les personnes présentes. Les conflits sont « alors gérés » au moyen de jeux de rôles et de simulations.

PLANIFICATION ET CHEMINEMENT DE CARRIÈRE

Dans le passé, la planification et le cheminement de carrière se limitaient aux étudiants de niveau secondaire et collégial. Maintenant, nombre d'organisations offrent des services d'orientation et de conseil aux employés qui désirent poursuivre une carrière. Selon certains experts, plusieurs forces convergent pour stimuler la popularité des activités de planification de la carrière dans les organisations incluant:[18]

- l'élargissement des programmes d'action positive et d'accès à l'égalité pour couvrir non seulement les femmes et les minorités mais plusieurs autres catégories d'employés;
- le nombre croissant de couples où les deux conjoints poursuivent une carrière rend nécessaire la planification de leur carrière pour un meilleur équilibre entre la maison et le bureau;
- une plus grande préoccupation des employés pour la qualité de vie, et les aspirations plus élevées d'une main-d'oeuvre mieux formée;
- un besoin croissant de planification de la carrière pour la génération du Baby Boom de façon à éviter un plafonnement et une obsolescence de la compétence;
- la gestion de la carrière comme moyen de faire face à une économie qui passe de périodes de quasi-dépression à une croissance très lente.[19]

Toutes ces forces rendent bénéfiques, tant pour les employés que pour les employeurs, le développement d'une stratégie permettant l'utilisation et le perfectionnement à long terme des possibilités des employés.

Il existe deux stratégies de planification de carrière: une centrée sur les besoins de planification individuelle et l'autre sur les besoins de planification des ressources humaines pour l'organisation. La planification pour la carrière individuelle met l'accent sur les plans qui visent à satisfaire les besoins personnels de croissance et de perfectionnement. La planification de la carrière pour l'organisation met l'accent sur les postes et les sentiers de carrière qui offrent aux individus une progression logique. La figure 12.8 illustre des activités de cheminement de carrière.

PLANIFICATION DE CARRIÈRE CENTRÉE SUR L'INDIVIDU

Plusieurs études ont montré que le choix de carrière est influencé par quatre caractéristiques individuelles: les intérêts, l'identité, la personnalité et le milieu social[20]. Par conséquent, on trouve de nombreux manuels et vidéocassettes qui aident les individus à poser un diagnostic sur leur propre potentiel de carrière. Des tests psychologiques écrits, souvent fournis par l'organisation, peuvent aider les individus à découvrir leurs intérêts et leurs préférences professionnelles. Les inventaires de personnalité et d'identité sont disponibles pour des ateliers et des séminaires de planification au cours desquels les employés peuvent apprendre à se présenter (se préparer à une entrevue, rédiger un curriculum vitae, etc.), à être plus convaincant lors de la présentation de leurs objectifs de carrière, à évaluer différents cheminements de carrière et à faire un choix à ce sujet. Le contenu de tels ateliers varie entre les entreprises.

La plupart des entreprises n'appliquent pas leurs programmes à tout le personnel, mais seulement à ceux qui désirent poser un diagnostic systématique sur leur image ou leurs besoins face au pouvoir, l'affiliation ou l'excellence. De tels inventaires fournissent une information utile si les résultats sont bien interprétés. L'interprétation exige une compréhension des caractéristiques psychométriques des tests (particulièrement eu égard à la validité et à la fiabilité, voir le chapitre 6) et ne devrait pas être laissée à un novice. Par conséquent, nombre d'organisations fournissent des services de conseil sur la carrière, ces services étant dispensés par un spécialiste en gestion des ressources humaines, quelquefois avec la collaboration de spécialistes externes.

Figure **12.8** **Les activités de cheminement de carrière**

Planification de carrière centrée sur l'organisation		**Planification de carrière comportant un objectif d'assistance**		**Planification de carrière centrée sur l'individu**	
Planification de la succession de la haute direction	Inventaires des talents	Centre d'évaluation (avec rétroaction)	Discussions sur la carrière entre l'employé et le supérieur (comprenant une formation séparée pour les supérieurs)	Séminaires sur la carrière dans l'organisation	Ateliers de planification de carrière mis en place par l'entreprise	Ateliers et cassettes auto-dirigés

Note: Échantillon d'activités pour illustrer différents points sur une ligne continue allant d'une planification de carrière centrée sur la personne à une planification de carrière centrée sur l'organisation. Ce n'est pas une liste complète des activités possibles de développement de carrière.

Source: Adaptée de D.T. Hall et de J.G. Goodale, *Human Resource Management*, Scott, Foresman and Company, Glenview, IL, 1986, p. 392.

PLANIFICATION DE CARRIÈRE CENTRÉE SUR L'ORGANISATION

L'activité de planification de la carrière pour l'organisation est similaire à l'activité centrée sur l'individu. La différence majeure réside dans le fait que la planification de la carrière pour l'organisation est conçue de façon à rencontrer ses objectifs de planification des ressources humaines. Pour cette raison, les organisations conçoivent des programmes allant du cheminement progressif (politique claire communiquée aux employés) aux modalités telles que la pré-retraite ou la retraite.

Le cheminement de carrière est composé de paliers que chaque employé peut franchir dans certaines unités de l'organisation. Par exemple, Sears utilise le plan Hay pour analyser les emplois sur trois dimensions de base: connaissances techniques, solution de problèmes et responsabilités. Ces dimensions requérant différentes habiletés, une séquence rationnelle consiste à occuper des postes comprenant ces dimensions (par exemple, ventes, comptabilité, budget). Par conséquent, Sears peut utiliser son programme pour identifier des cheminements rationnels pour des emplois cibles (ceux qui se retrouvent à la fin du cheminement); pour classer les cheminements selon la vitesse et le niveau de perfectionnement; et pour justifier et identifier les mouvements latéraux et descendants.

Le cheminement de carrière n'est pas toujours linéaire et n'implique pas toujours une ascension dans la structure organisationnelle. De fait, des employés professionnels et techniques, comme les ingénieurs et les techniciens, peuvent cheminer selon « la double échelle de carrière ». Ceux qui désirent progresser dans leur carrière technique ou professionnelle ont l'opportunité de le faire (bien que les cheminements de carrière soient très étroits) et ceux désirant monter dans la hiérarchie se déplacent habituellement du côté de la direction.

Pour mieux planifier les cheminements de carrière et certaines modalités, les entreprises utilisent des banques de données informatisées permettant de conserver des informations sur les histoires de carrière, les inventaires d'habiletés et les préférences des employés. On peut donc à la fois considérer les opportunités de carrière et les objectifs des individus. Les Forces Armées Canadiennes utilisent un inventaire de talents dans certains départements et le Canadien National a procédé à des inventaires de talents pour son programme de planification de succession.

RÉSUMÉ

À mesure que les employés progressent en occupant plusieurs emplois dans l'organisation, le besoin d'acquérir de nouvelles compétences et habiletés est fonction à la fois des changements qui affectent les employés et les postes. L'efficacité de la gestion des ressources humaines exige que les organisations détectent avec précision les besoins de formation et de perfectionnement et identifient les moyens de répondre à ces besoins.

Les activités de formation et de perfectionnement sont étroitement reliées à d'autres activités de gestion des ressources humaines telles que la planification, l'évaluation du rendement, la sélection et le recrutement, l'analyse des postes, la définition des postes et la rémunération. Des liens lâches entre ces fonctions sont susceptibles de limiter l'efficacité des programmes de formation et de perfectionnement. Au minimum, l'analyse des postes et l'évaluation du rendement sont essentielles à chacune des trois phases de la formation et du perfectionnement: l'analyse des besoins, l'implantation du programme et l'évaluation.

L'évaluation de l'efficacité du programme de formation exige l'utilisation d'un modèle rigoureux, expérimental de préférence. Bien que similaires aux modèles de validation prédictive, les modèles expérimentaux sont plus coûteux à appliquer en termes de temps et d'argent. Des modèles quasi-expérimentaux et l'utilisation de l'information sur le rendement permettent aux spécialistes d'évaluer efficacement les décisions de formation et de perfectionnement.

Le développement du potentiel des employés comporte deux objectifs: aider les personnes à fournir un rendement cohérent avec leurs intérêts et leurs préférences et aider les organisations à apparier les emplois disponibles aux habiletés, connaissances et aptitudes de la main-d'oeuvre. Le support au perfectionnement des employés repose sur des activités formelles et informelles et profite à la fois à l'organisation et à l'individu.

Parce que les organisations sont dynamiques et présentent un éventail de possibilités de déplacements entre les postes (affectation du nouveau personnel, promotions, transferts, renvois, congédiements et retraite), la planification de carrière et les activités de perfectionnement doivent être offertes à tous les membres de l'organisation. Le cheminement de carrière est un processus continu.

Selon les perspectives de l'organisation, les activités de cheminement de carrière contribuent à d'autres fonctions-clé de la gestion des ressources humaines qui permettent à l'entreprise d'attirer et de retenir le meilleur personnel. Cependant, l'employé partage la responsabilité de trouver un emploi correspondant à ses habiletés, à ses connaissances et à ses aptitudes aussi bien qu'à ses intérêts et à ses préférences. Une planification de carrière centrée sur la personne peut conduire à des décisions proactives permettant à l'employé de réaliser de nombreuses transitions au cours d'une carrière. La planification de carrière centrée sur l'organisation peut conduire à une meilleure utilisation des ressources humaines et maintenir la satisfaction des employés quant à l'éventail des opportunités de carrière offertes par l'organisation.

QUESTIONS À DISCUTER

1. Quelles sont les étapes de l'évaluation des besoins de formation?
2. Discutez des quatre catégories de formation et identifiez à quels types d'employés ces catégories de formation sont généralement reliées.
3. Énumérez et décrivez brièvement plusieurs principes de la conception de la formation et du perfectionnement.
4. Qu'est-ce que le « coaching » et comment peut-il être utilisé pour minimiser les inconvénients des programmes de formation?
5. Quels sont les écueils importants de l'utilisation des cours formels pour la formation et le perfectionnement?
6. Quelles sont les trois questions importantes auxquelles il faut répondre pour choisir un programme de formation?
7. Quels sont les principes de base pour améliorer l'acquisition de connaissances au cours d'un programme de formation?
8. Pourquoi les organisations omettent ou oublient d'effectuer l'évaluation des programmes de formation?
9. Pourquoi les organisations s'engagent-elles dans des programmes de perfectionnement des employés?
10. Quel est de rôle de la haute direction en tant que support aux programmes de perfectionnement des employés? Pourquoi est-ce aussi crucial?
11. Distinguez entre les programmes de perfectionnement « formels » et « informels ».

12. Distinguez entre les programmes de planification de la carrière centrés sur l'individu et ceux centrés sur l'organisation.

┌───┐
│ É   T   U   D   E   D   E   C   A   S   │
└───┘

UN MAUVAIS DIAGNOSTIC DU BESOIN DE FORMATION OU UNE ERREUR?

Sue Catallo, responsable de la formation au bureau régional d'une grande entreprise est enthousiasmée par un nouveau programme de formation. Le service des ressources humaines du siège social l'a avisée six mois auparavant de l'achat d'un programme de formation en lecture rapide. Ce programme a été créé par une entreprise réputée et les statistiques démontrent que le programme a été très efficace dans d'autres entreprises.

Sue sait que la plupart des employés du bureau régional font face quotidiennement à un volume considérable de correspondance, incluant des notes internes, des avis de politiques et de procédures nouvelles ou révisées, des rapports sur la législation fédérale et des lettres de clients. Ainsi, un cours de lecture rapide pourrait certes être utile à la majorité des employés.

Le siège social a convoqué les responsables régionaux de la formation à une session spéciale sur l'application du programme de lecture rapide. Sue a donc implanté le programme avec beaucoup de confiance. Elle a dirigé cinq groupes de 30 employés qui ont suivi le programme en sessions de neuf heures. Les sessions se tenaient dans les locaux de l'entreprise affectés à la formation. 1200 employés de l'entreprise ont participé à la formation, à un coût d'environ 110$ par participant, coûts assumés par la compagnie. Ces coûts incluent le matériel de formation et la perte de temps de travail. Le programme a été bien reçu par les participants et les tests de vitesse effectués avant et après la formation montrèrent qu'en moyenne, la vitesse de lecture avait augmenté de 20% sans perte de compréhension.

Deux mois après la dernière session, Sue demanda de façon informelle à quelques employés ayant suivi le programme de formation s'ils appliquaient les principes de lecture rapide au travail et s'ils maintenaient leur vitesse de lecture. Ils répondirent qu'ils ne les utilisaient pas au travail mais qu'ils pratiquaient leur nouvelle habileté dans leurs lectures hors travail. D'autres participants vinrent confirmer ces dires. Bien qu'ils appliquaient ce qu'ils avaient appris pour leurs lectures personnelles et pour les cours qu'ils suivaient, ils ne s'en servaient pas au travail. Quand Sue leur demanda ce qui arrivait de tous les documents qui s'accumulaient sur leur bureau tous les jours, la réponse typique qu'elle reçut fut: « Je ne lisais pas ces mémos et ces avis de politiques de toute façon! ». Sue fut préoccupée de cette information mais ne savait pas quoi en faire.

QUESTIONS

1. Est-ce que Sue a mal dépensé des fonds attribués à la formation?
2. Est-ce que Sue devrait maintenant mettre en place un programme pour inciter les employés à lire les mémos et les avis de politiques?
3. Est-ce que Sue aurait pu éviter la situation à laquelle elle doit faire face maintenant?
4. Est-ce que les organisations devraient fournir des programmes de formation qui contribuent à améliorer les habiletés des employés pouvant être utilisées en dehors du travail?

Qualité de vie au travail et productivité

Actualité

LA PARTICIPATION DES EMPLOYÉS ET LES NOUVELLES TECHNOLOGIES

Bromont au Québec semble être synonyme de nouvelle implantation dans sa plus pure expression : 100 millions de dollars ont été injectés dans la nouvelle usine de la Compagnie Générale Électrique à Bromont. Il s'agit d'une usine de technologie de pointe informatisée où l'on fabrique des pièces de moteur d'avion à réaction. La qualité du produit demeure la considération ultime et elle est pourtant assurée sans inspecteurs ni contremaîtres. La décision de construire l'usine a fourni l'occasion de concevoir un lieu de travail qui permettrait de régler les problèmes de ressources humaines en créant une atmosphère où les employés se sentiraient propriétaires.

L'affaire a commencé à la suite de l'achat par le gouvernement canadien d'avions CFL de la McDonnell Douglas et de l'entente de contrepartie de la CGE de construire une usine au Canada. La compagnie s'est fixé comme défi de faire concurrence à une autre de ses usines située à Rutland au Vermont, où l'on fabrique le même produit, selon la même technologie, mais que l'on gère de façon traditionnelle. La comparaison se solde nettement en faveur de la formule d'organisation préconisant la participation et adoptée à Bromont. L'organisation de Bromont consiste en trois paliers seulement, l'accent est mis sur les équipes, les salaires sont déterminés en fonction des compétences acquises et arrondis par la participation aux bénéfices.

Inaugurée en août 1983, l'usine a surpassé Rutland au chapitre de la productivité en moins d'un an. Les résultats font état jusqu'ici de coûts inférieurs de 27% à ceux de Rutland. L'organisation caractérisée par une QVT avancée à Bromont a produit des employés dévoués et requiert moins de main-d'oeuvre (la décision d'éliminer les inspecteurs et les cadres intermédiaires a été prise dans l'optique de cet avantage pour la compagnie). L'atmosphère ainsi créée se révèle extrêmement réceptive envers la préparation au changement et à l'innovation technologique.

L'usine de Bromont est la plus avancée sur le plan de la technologie et de la robotisation de toutes les usines du même type de la CGE. L'élément déterminant de ce succès réside dans la sélection rigoureuse du personnel (les équipes participent à bien des décisions qui ne sont généralement pas déléguées aux simples employés dans les organisations traditionnelles). Il n'y a pas d'avantages personnels pour certains groupes, pas de symboles de prestige, ni de titres.

Source : La qualité de la vie au travail : la scène canadienne, vol. 9, no 1, 1986, p. 12-13.

La Compagnie Générale Électrique fait partie des nombreuses entreprises canadiennes ayant expérimenté les programmes d'amélioration de la QVT et de la productivité. Cet exemple fait ressortir plusieurs aspects des programmes de QVT et de productivité que doivent considérer les entreprises qui veulent allier avec succès nouvelles technologies, productivité et QVT. Nous discuterons de ces aspects plus en détails dans ce chapitre.

QUALITÉ DE VIE AU TRAVAIL ET PRODUCTIVITÉ

Le déclin de la productivité est un problème crucial au Canada et il préoccupe la majorité des gestionnaires. La productivité du travail constitue un concept difficile à définir et à mesurer. La mesure la plus courante consiste à calculer la moyenne des unités produites par individu. Ce calcul simple en apparence présente plusieurs difficultés.[1]

Au premier coup d'oeil, il paraît très difficile de mesurer la productivité d'une infirmière, d'une banque ou d'un groupe de musiciens. Essayons par exemple de calculer la productivité de l'Orchestre Symphonique de Québec? À priori, cela semble pratiquement impossible. Bien que la tâche paraisse impossible, elle demeure pourtant réalisable. Il suffit d'adapter les mesures de productivité aux besoins et aux objectifs de chaque organisation. La **productivité** se calcule habituellement en divisant la production par le nombre d'employés utilisés à cette fin. On peut donc affirmer que tout programme de qualité de vie au travail qui améliore le rendement de l'employé, réduit l'absentéisme ainsi que le taux de roulement, a pour effet d'accroître la productivité. Ces mesures peuvent être utilisées aussi bien pour s'assurer de la survie et de la compétitivité de l'organisation que pour vérifier si un programme a contribué à l'amélioration de la productivité.

Le concept de qualité de vie au travail est aussi difficile à définir et à mesurer que la productivité[2]. Un programme **de qualité de vie au travail**[3] est un processus par lequel les employés s'expriment sur les décisions qui affectent leur emploi en particulier et leur milieu de travail en général. L'amélioration de la QVT aura comme résultat une plus grande participation des employés aux objectifs de l'organisation, une satisfaction accrue et une réduction du stress[4].

Essentiellement, la QVT reflète une culture organisationnelle ou un style de gestion qui permet aux employés d'expérimenter l'auto-contrôle, la prise de responsabilités et le respect de soi. Les programmes qui doivent être élaborés pour atteindre ces objectifs varient d'une organisation à l'autre. Généralement, si l'organisation vise un niveau élevé de QVT, les suggestions, les questions et les critiques qui peuvent donner lieu à des améliorations de toutes sortes sont acceptées et même encouragées. Ces manifestations des employés peuvent d'ailleurs avoir non seulement pour effet d'améliorer la QVT mais aussi d'accroître la productivité. Dans ce cas, une amélioration de la productivité pourrait être aussi bien qualitative que quantitative.

OBJECTIFS ET IMPORTANCE DE LA QVT ET DE LA PRODUCTIVITÉ

Bien que la QVT et la productivité soient étroitement reliées, elles servent parfois des objectifs différents dans l'organisation.[5]

La qualité de vie au travail.   Depuis plusieurs années, on s'intéresse de plus en plus à la QVT[6]. Surtout parce que de plus en plus de travailleurs canadiens semblent ne pas être heureux dans leur milieu de travail et réclament des améliorations significatives non seulement à leur environnement de travail mais surtout à leurs tâches. En effet, on constate un changement important quant aux catégories de revendications des employés. Ils mettent l'accent beaucoup plus qu'auparavant sur des revendications non monétaires telles que la durée du travail, les services de garde, etc. Ces nouvelles revendications impliquent une amélioration de la QVT.

Certains analystes attribuent une part de la chute de la productivité et de la qualité des produits fabriqués au Canada à une déficience au niveau de la QVT et aux changements profonds de mentalité des individus, qui réclament plus de contrôle et de participation au travail[7]. En somme, ils ne veulent plus être considérés comme des machines. D'ailleurs, l'employeur qui respecte ses employés, écoute leurs opinions et leur accorde plus de pouvoir décisionnel, constate généralement qu'ils réagissent favorablement.

La productivité. La productivité retient autant, sinon plus, l'attention que la QVT. En effet, comme les gestionnaires et les organisations sont souvent évalués en fonction des profits, il n'est pas surprenant que tout ce qui peut améliorer la productivité soit d'un grand intérêt pour eux. C'est particulièrement vrai au Canada depuis que le taux de croissance de la productivité est faible à un point tel qu'il menace la compétitivité des organisations sur le plan national et international. On se rappellera les comparaisons que nous avons faites au chapitre 1 entre le taux de croissance de la productivité au Canada et celui des autres pays industrialisés.

Accroître la productivité est maintenant perçu comme un enjeu important par les Canadiens car ils réalisent que leur niveau de vie en dépend. De surcroît, si la tendance se poursuit, la prochaine génération aura un niveau de vie inférieur à la précédente; ce qui créerait un précédent au Canada.

En résumé, l'intérêt pour la QVT et la productivité doit se manifester à travers des techniques qui modifient l'organisation du travail en vue d'améliorer le rendement, la productivité, la participation et la satisfaction des employés et de réduire le stress, le taux de roulement et l'absentéisme. Évidemment, on souhaiterait rencontrer tous ces objectifs à la fois.

INTERRELATIONS ENTRE LES PROGRAMMES D'AMÉLIORATION DE LA QVT ET DE LA PRODUCTIVITÉ ET LES AUTRES ACTIVITÉS DE GESTION DES RESSOURCES HUMAINES

Toutes les activités de gestion des ressources humaines sont évaluées en fonction de leur effet sur la QVT et la productivité et l'instauration de programmes d'amélioration de la QVT et de la productivité entraîne parfois des changements substantiels dans le contenu des activités de gestion des ressources humaines. Par exemple, un programme d'amélioration de la QVT et de la productivité peut être basé presqu'entièrement sur une seule activité de gestion des ressources humaines, comme la rémunération. Il existe donc des relations d'interdépendance étroites entre les programmes d'amélioration de la QVT et de la productivité et les autres activités de gestion des ressources humaines. Nous les résumons brièvement.

La redéfinition des postes. Certains programmes d'amélioration de la QVT et de la productivité consistent à redéfinir les postes, c'est-à-dire à modifier le contenu des emplois de façon à ce qu'ils répondent mieux aux exigences des individus et de l'organisation, par l'enrichissement des tâches par exemple. En conséquence, les buts, les caractéristiques et les responsabilités associés aux emplois changent. Il faut alors procéder à de nouvelles analyses de postes, en redéfinir les exigences et corriger les prévisions en besoins de main-d'oeuvre.

L'acquisition des ressources humaines. Les programmes d'amélioration de la QVT et de la productivité affectent directement les activités de recrutement et de sélection car ils réduisent le taux de roulement et l'absentéisme, et diminuent donc les besoins en main-d'oeuvre. On peut donc affirmer qu'ils ont un effet positif sur les activités de recrutement et de sélection.

L'évaluation du rendement et la rémunération des ressources humaines. Bien que les programmes d'amélioration de la QVT et de la productivité n'affectent pas les méthodes d'évaluation du rendement, ils ont cependant un impact positif sur le rendement; c'est du moins l'objectif visé. En effet, une amélioration du rendement signifie également une croissance de la productivité dans l'organisation. Si les gains de productivité sont partagés entre les employés et l'employeur, il s'ensuivra une augmentation du salaire des employés, donc de la rémunération.

Le perfectionnement des ressources humaines.   Si les programmes d'amélioration de la QVT et de la productivité réduisent l'absentéisme et le roulement, les besoins en ressources humaines diminuent. Cependant, les besoins en formation et en perfectionnement peuvent augmenter, du moins initialement. Cela est vrai particulièrement pour les superviseurs qui doivent s'initier à leur nouveau rôle car la réussite des programmes d'amélioration de la QVT et de la productivité nécessite une grande coopération de leur part, surtout ceux de premier niveau.

Plusieurs programmes mis sur pied pour améliorer la QVT et la productivité ont un effet bienfaisant sur la santé et la sécurité au travail. Prenons, par exemple, le cas d'individus à risque élevé d'accident causé par la monotonie de leur travail. Le programme d'amélioration de la QVT qui vise à réduire cette monotonie réduira par le fait même les risques d'accidents.

L'instauration et le maintien d'un climat de travail satisfaisant.   Le syndicat a un rôle important à jouer dans l'élaboration des programmes d'amélioration de la QVT et de la productivité. D'ailleurs, certains programmes impliquent des changements de conditions de travail et font ainsi l'objet de négociations avec le syndicat. Le syndicat peut aussi jouer un rôle proactif en incitant l'organisation à instaurer des programmes qui amélioreront la QVT. Cependant, ce ne sont pas tous les syndicats qui ont le souci de participer à ces programmes. Certains d'entre eux croient que ces programmes diluent les rôles respectifs des gestionnaires et des employés. Dans ces cas, leur succès est sérieusement compromis.

La figure 13.1 présente un résumé des interrelations entre les programmes de QVT et de productivité avec les autres activités de gestion des ressources humaines.

POLITIQUES D'AMÉLIORATION DE LA QVT ET DE LA PRODUCTIVITÉ

C'est en 1978 que les programmes d'amélioration de la QVT ont été introduits officiellement au Canada, à l'initiative du gouvernement fédéral, qui crée la Section de la QVT de Travail Canada. La section de la QVT était dirigée par le professeur E. Trist, de l'Université York à Toronto, un pionnier dans la recherche et le développement en QVT. Les activités de cette section ont été très diversifiées. Plutôt que de se lancer dans l'implantation de programmes, la section a tenu à travers le Canada une série de séances de travail auxquelles elle invitait des gestionnaires, des consultants, des syndicats et des universitaires. Elle a aussi produit et distribué plusieurs bulletins, publications et volumes d'informations sur la QVT ainsi que des articles relatant des initiatives organisationnelles de QVT. La Section de la QVT a ainsi joué un rôle de sensibilisation et d'informations sur les techniques de QVT; particulièrement en ce qui concerne l'approche socio-technique et les cercles de qualité. Travail Canada pouvait aussi fournir de l'aide technique et financière pour la formation en QVT et la recherche. Finalement la Section de la QVT a développé un réseau d'experts en QVT à travers tout le Canada. Malheureusement, cette Section de Travail Canada n'existe plus depuis le 1er avril 1986.[8]

Depuis 1975, des activités parallèles ont été entreprises par le Conseil du Trésor canadien. En 1975, des expériences de groupes de travail semi-autonomes sont organisées dans trois départements du gouvernement fédéral.

Figure **13.1**   **Les programmes d'amélioration de la QVT et de la productivité**

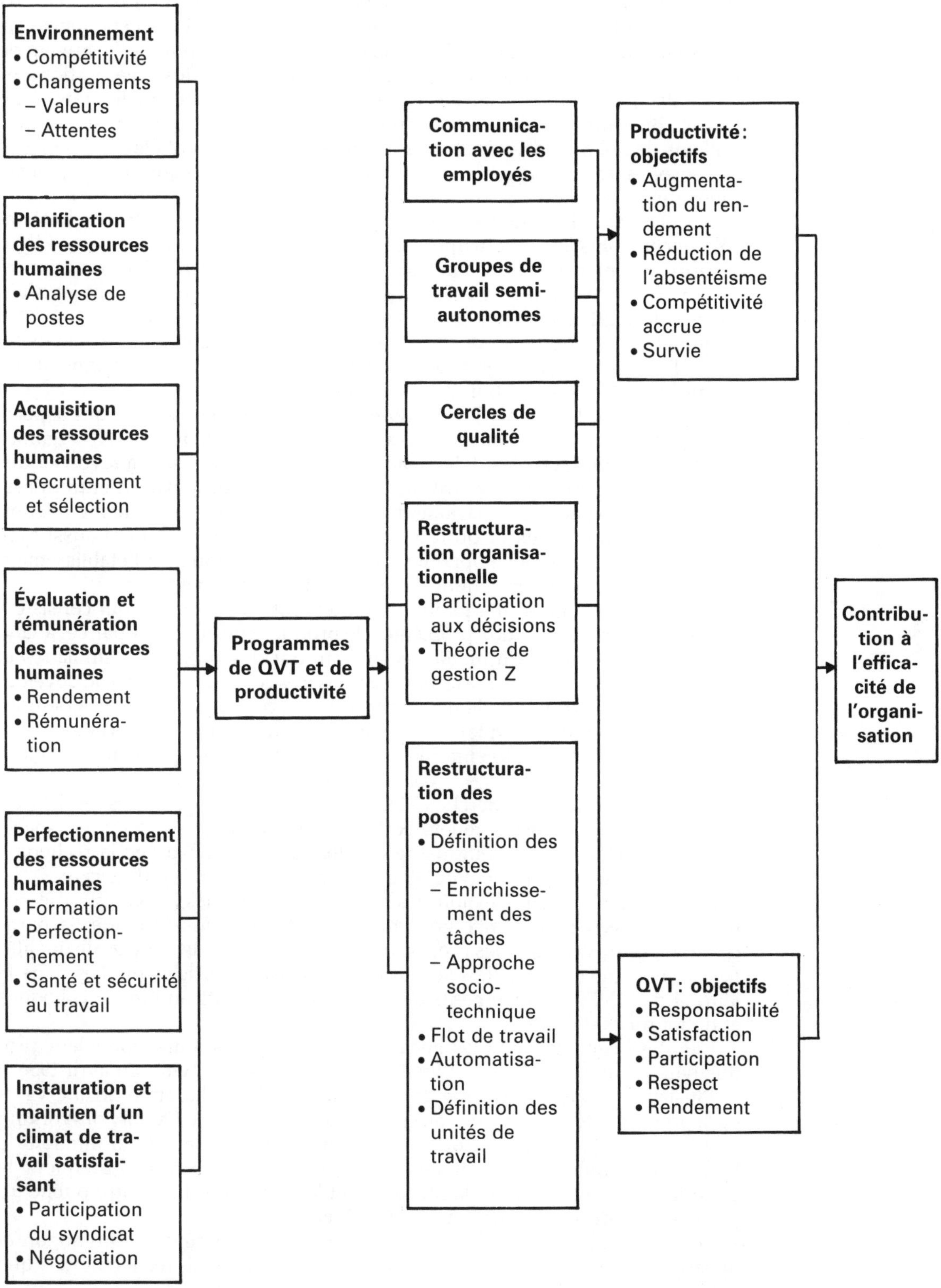

Environnement
- Compétitivité
- Changements
  - Valeurs
  - Attentes

Planification des ressources humaines
- Analyse de postes

Acquisition des ressources humaines
- Recrutement et sélection

Évaluation et rémunération des ressources humaines
- Rendement
- Rémunération

Perfectionnement des ressources humaines
- Formation
- Perfectionnement
- Santé et sécurité au travail

Instauration et maintien d'un climat de travail satisfaisant
- Participation du syndicat
- Négociation

Programmes de QVT et de productivité

Communication avec les employés

Groupes de travail semi-autonomes

Cercles de qualité

Restructuration organisationnelle
- Participation aux décisions
- Théorie de gestion Z

Restructuration des postes
- Définition des postes
  - Enrichissement des tâches
  - Approche socio-technique
- Flot de travail
- Automatisation
- Définition des unités de travail

Productivité : objectifs
- Augmentation du rendement
- Réduction de l'absentéisme
- Compétitivité accrue
- Survie

QVT : objectifs
- Responsabilité
- Satisfaction
- Participation
- Respect
- Rendement

Contribution à l'efficacité de l'organisation

Malgré quelques hésitations, les syndicats ont accepté de participer à ces expériences. Cette première tentative est rapidement suivie d'une seconde série d'expériences de création de groupes semi-autonomes en 1978 dans deux autres départements du gouvernement fédéral. Même si ces expériences ne se sont pas toujours avérées de grandes réussites, elles ont eu l'avantage de publiciser les expériences de QVT et de capter l'intérêt des organisations.

En 1984, on crée le Centre canadien de la productivité sur le marché du travail. Bien que ce Centre soit pourvu d'un budget important (environ 7 millions de dollars par année), son rôle n'est pas clairement établi. On ne sait pas encore s'il se consacrera à la promotion de modes d'organisation du travail innovateurs.[9]

Au Québec, l'Institut national de productivité, fondé en 1979, a joué un rôle encore plus important que la Section QVT de Travail Canada. L'INP répartit son plan d'action sur trois niveaux: la recherche, l'information et l'animation. C'est autour de ces lignes d'action que se sont centrées les réalisations de l'INP dans cinq champs d'action prioritaires: — l'analyse économique et sociale de la productivité; — le partage des gains de productivité; — les liens entre la productivité et l'emploi; — la mesure et le diagnostic de la productivité; — la gestion des ressources humaines.

L'INP publie le journal **Productividées** qui aborde l'ensemble des aspects de la productivité. Pour ouvrir le dialogue sur la productivité, l'INP organise et participe à des activités, telles que des colloques, qui visent à favoriser des échanges éclairés entre les agents de tous les milieux: dirigeants d'entreprises, représentants syndicaux, travailleurs, représentants des gouvernements, universitaires, consultants et professionnels divers. L'INP collabore aussi avec les Commissions de développement économique régionale à l'établissement de programmes qui permettent d'améliorer la productivité.

L'INP élabore aussi une politique d'intervention sectorielle qui consiste à envisager des solutions aux problèmes de productivité en regroupant et analysant les entreprises d'un même secteur qui ont des problèmes similaires et qui peuvent bénéficier de mesures ou de services communs comme le développement de services particuliers pour répondre à ces besoins (des programmes de formation, par exemple); les recommandations aux gouvernements et autres instances; l'expérimentation de moyens développés pour améliorer leur gestion.

Au chapitre de la recherche, l'INP met en marche plusieurs projets de recherche sur des aspects généraux de la productivité et sur certains aspects spécifiques à des secteurs industriels. L'INP a aussi encouragé la recherche universitaire sur la productivité et les divers facteurs qui l'influencent.

Dans le champ de la gestion des ressources humaines, l'INP effectue des travaux de recherche sur l'ergonomie, l'approche socio-technique, la participation des travailleurs, les groupes semi-autonomes et les cercles de qualité. Les connaissances recueillies sont transmises par les articles publiés dans le journal de l'INP, les documents de travail, les dépliants ou lors de colloques et de journées d'études.

L'INP a beaucoup aidé les entreprises québécoises à améliorer leur productivité. Malheureusement, l'Institut a mis fin à ses activités en avril 1986.[10]

Plusieurs provinces ont créé des programmes d'amélioration de la QVT et de la productivité. En Ontario, on crée en 1978 le « Ontario Quality of Working Life Centre ». Ce centre est de loin le mieux organisé dans la promotion de la QVT au Canada. Les activités courantes de ce Centre comprennent la consultation, l'information, la recherche et la formation. Le Centre publie un journal d'informations sur la QVT, **QWL Focus**.

Les autres provinces ont plutôt laissé la responsabilité de la promotion et de la recherche en QVT aux universités et aux centres de recherche tels que le Laboratoire environnemental de l'Université McGill et le Centre de recherche sur la QVT de l'École des Hautes Études Commerciales. Le Conseil de recherche de la Colombie-Britannique chapeaute un laboratoire de recherche sur la QVT. Dans les provinces de l'Atlantique, l'Institut de recherche sur les affaires publiques de l'Université Dalhousie, fondé en 1984, tient des expériences de QVT dans huit organisations. Quelques provinces seulement ont organisé des centres de recherche sur la productivité dont certains n'ont pas survécu. On fait ici allusion à l'Institut de recherche sur la productivité créé par le gouvernement du Québec.

Au Canada, même si le support syndical aux expériences de QVT est acquis, il n'est pas général. Alors que pour certains syndicats, la QVT est au centre de leurs revendications, pour d'autres, particulièrement ceux dont les relations avec l'employeur sont tendues, c'est une hérésie. Ils craignent entre autres, que les initiatives patronales visant l'amélioration de la QVT aient pour but de réduire l'utilité et l'efficacité du syndicat ou tout simplement de l'éliminer.

PROGRAMMES D'AMÉLIORATION DE LA QVT ET DE LA PRODUCTIVITÉ

Alors que certains programmes d'amélioration de la QVT et de la productivité requièrent des changements minimes dans l'organisation, d'autres nécessitent des bouleversements plus importants[11]. Mais, au préalable, tous ces programmes doivent tenir compte des intérêts et du respect des individus. Évidemment, les organisations seront généralement plus favorables à investir dans des programmes qui profiteront à la fois aux individus et à l'organisation. Les principaux programmes auxquels nous nous intéresserons dans cette section sont: — la communication avec les employés, — les groupes de travail semi-autonomes, — les cercles de qualité, — la restructuration organisationnelle et, — la restructuration des postes.[12]

COMMUNICATION AVEC LES EMPLOYÉS: LE SONDAGE ORGANISATIONNEL

L'amélioration de la communication sert à la fois les objectifs d'amélioration de la QVT et de croissance de la productivité. La communication constitue le canal par lequel les employés transmettent leurs idées sur toutes les dimensions de leur travail; la qualité du produit par exemple. Elle rehausse le rôle des employés en augmentant leur niveau de participation et d'auto-contrôle. C'est le service des ressources humaines qui a la responsabilité de communiquer avec le personnel sous la forme d'enquêtes ou de sondages organisationnels. Évidemment, toute communication se fait par l'intermédiaire des superviseurs. S'il y a des difficultés de communication à ce niveau, des programmes de formation peuvent être organisés pour améliorer la communication entre les superviseurs et le service des ressources humaines.

Que mesurent ces sondages?.   Les sondages peuvent mesurer la perception des employés sur les diverses caractéristiques de l'organisation, incluant les conséquences de l'évaluation du rendement, les politiques organisationnelles, la fréquence des rétroactions, la qualité de la définition des postes, les relations entre les postes, les objectifs de l'organisation et le comportement des superviseurs. On peut aussi chercher à connaître les réactions des employés face aux conditions de travail, à la QVT, à leur niveau de stress et de participation au travail.

Outre ces données subjectives que sont les perceptions et les réactions, l'organisation peut accumuler des données plus objectives. Par exemple, si on veut améliorer la définition des postes, il importe de savoir quelles sont les tâches que les employés trouvent répétitives. Ainsi, la combinaison de ces informations avec les perceptions et les réactions facilitera une redéfinition efficace des postes. Mais il est également nécessaire d'obtenir des mesures objectives des réactions des employés, certaines pouvant être des symptômes de stress vérifiables à l'aide de tests psychologiques ou d'examens médicaux complets. Le taux d'absentéisme et de roulement, le rendement au travail, les types d'accidents et la fréquence des maladies sont également mesurables.

Les objectifs des sondages organisationnels.   Les sondages organisationnels ont pour but de vérifier l'efficacité des activités de gestion des ressources humaines. Ils servent aussi à mesurer la qualité de l'environnement interne pour permettre à l'organisation de cerner les aspects qui nécessitent une amélioration. Par la suite, les sondages guideront l'élaboration de programmes pour apporter les changements jugés nécessaires. Finalement, les sondages seront utilisés pour vérifier l'efficacité des divers programmes et politiques organisationnelles.

Les étapes du sondage organisationnel.   Outre qu'il faut planifier soigneusement le sondage, rassembler les données déjà accumulées et s'assurer de la participation des employés, le sondage organisationnel comprend plusieurs étapes que le responsable a intérêt à respecter pour accroître son efficacité. Ainsi, après s'être assuré du support de la haute direction, la première étape consiste à:

- préciser les types de perceptions et de réactions à mesurer;
- choisir les méthodes qui seront utilisées pour collecter les données: observations, questionnaires, entrevues ou dossiers;
- vérifier la fidélité et la validité des instruments choisis;
- déterminer l'échantillon: tous les employés, les gestionnaires seulement, un groupe d'employés, quelques services, etc.;
- fixer le moment opportun pour effectuer le sondage, surtout s'il nécessite des efforts à long terme;
- décider du mode d'analyse des données;
- préciser les objectifs spécifiques de la collecte de données. Par exemple, découvrir les raisons d'un taux de roulement élevé.

Ce dernier aspect est très important car en identifiant l'objet du sondage, on précise déjà le modèle qu'on utilisera pour recueillir les données dont on a besoin. En effet, la question du sondage détermine les données à accumuler et les méthodes statistiques à utiliser pour y arriver.

La seconde étape consiste à recueillir les données. On a alors trois décisions importantes à prendre:

- qui effectuera le sondage? Le supérieur immédiat, un spécialiste en gestion des ressources humaines ou un consultant?
- où et quand s'effectuera le sondage? Pour s'assurer de la participation des travailleurs il est préférable de mener le sondage sur les lieux et aux heures de travail et de leur promettre une rétroaction;
- quel sera l'échantillon? Si on utilise un questionnaire on peut l'appliquer à un plus grand nombre d'employés que si on décide de passer des entrevues.

Maintenant qu'on a répondu à ces trois questions et qu'on a effectué la collecte des données, il ne reste qu'à passer à la troisième et dernière étape:

- analyser les données relatives aux problèmes et aux objectifs pour lesquels elles ont été recueillies;

- le service des ressources humaines doit informer la direction des résultats du sondage;
- le responsable de chaque unité doit discuter les résultats avec ses employés;
- utiliser la période de rétroaction pour susciter des suggestions de solutions aux problèmes et évaluer l'efficacité des programmes déjà implantés à partir des résultats d'enquêtes précédentes.

L'importance qu'on accordera à la discussion des solutions potentielles pendant la période de rétroaction dépend de la philosophie de gestion de la haute direction de l'organisation. Généralement, les organisations qui se soucient de l'opinion de leurs employés sont aussi celles qui les invitent à participer à l'élaboration de programmes en vue de solutionner les problèmes identifiés lors des sondages. Ces organisations sont habituellement celles dont le taux d'efficacité des sondages est le plus élevé.

GROUPES DE TRAVAIL SEMI-AUTONOMES

Un groupe est un ensemble d'individus qui 1) agissent de façon interdépendante, 2) se perçoivent comme un groupe car ils établissent une distinction entre les membres et les non-membres, 3) sont reconnus comme un groupe par les non-membres, 4) jouent différents rôles dans le groupe en fonction de leurs attentes et de celles des autres membres et non-membres et, 5) comme membres d'un groupe, agissent individuellement ou de concert et sont en interrelation avec les autres groupes.

Cette définition d'un groupe d'individus décrit bien ce qu'est un **groupe de travail semi-autonome** puisqu'il est composé d'un ensemble d'individus dont la fonction première est de travailler conjointement à la réalisation d'un produit final. De plus, le groupe de travail semi-autonome peut prendre certaines décisions concernant les postes et les employés avec une relative indépendance par rapport au service des ressources humaines; surtout des décisions concernant la discipline, le pourcentage d'augmentation des salaires, l'embauche et le congédiement.

La structure d'un groupe de travail semi-autonome est illustrée à la figure 13.2. La partie A de cette figure représente un groupe d'individus qui ont accepté la responsabilité d'un objectif commun. Ils doivent donc entreprendre le processus d'apprentissage permettant l'utilisation de leurs ressources et habiletés communes. La partie B, au contraire, illustre une organisation traditionnelle du travail. La différence majeure entre ces deux modes réside dans le seul fait que lorsqu'un groupe d'individus a la responsabilité de travailler à un objectif commun, les membres doivent apprendre à partager et à consacrer toutes les ressources nécessaires au contrôle et à la coordination des responsabilités, aussi bien que les habiletés spécifiques à chacune des tâches pour atteindre cet objectif. Il y a six catégories d'aptitudes requises d'un groupe de travail semi-autonome:

- les aptitudes reliées directement à l'emploi;
- les aptitudes de communication et de prise de décision;
- les aptitudes à obtenir de l'information des autres groupes;
- les aptitudes à structurer le travail;
- les aptitudes de gestion;
- les aptitudes à créer et maintenir une atmosphère de travail productive.

Volvo a été un pionnier dans l'implantation de groupes de travail semi-autonomes. C'est en 1974, que Volvo a introduit de tels groupes dans ses programmes d'amélioration de la QVT. Après 10 ans de fonctionnement,

Figure **13.2**   **Comparaison entre une structure de travail traditionnelle et une structure de travail semi-autonome**

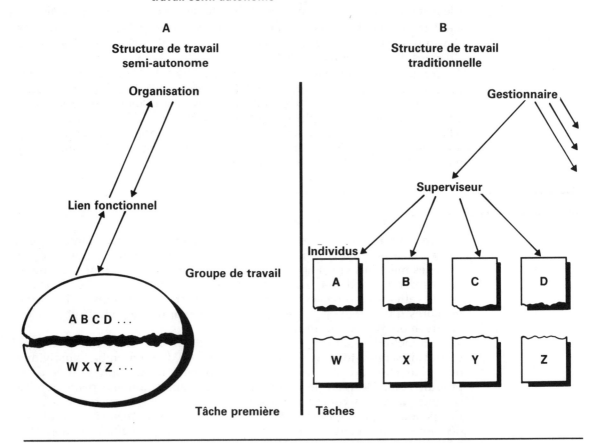

Source: E. Emery, « Learning and the QWL », *QWL Focus, News Journal of the Ontario Quality of Working Life Centre*, Ministère du Travail, Ontario, vol. 3, no 1, février 1983, p. 4. Utilisée avec autorisation.

l'expérience s'est avérée un succès en termes de productivité, qualité du produit, volume de production, etc.

Il n'est pas certain toutefois que cette expérience soit transposable ailleurs. Au Canada, par exemple, alors que certaines expériences se sont avérées un échec, d'autres ont eu un succès certain. Deux exemples classiques sont ceux de la division des remboursements du Service des finances d'Air Canada et de la chaîne d'alimentation Steinberg.

La première expérience de ce genre a eu lieu à la division des remboursements du Service des finances d'Air Canada à Winnipeg. Ce service devait traiter 50 000 demandes de remboursements par mois. Un programme d'implantation de groupes de travail semi-autonomes impliquant les employés, le syndicat et la direction a transformé radicalement le travail. Les commis spécialisés ont pu, grâce à des cours de formation, diversifier leurs connaissances. On a alors constitué des groupes de travail semi-autonomes pour traiter les remboursements dans leur région. On a remarqué, suite à ces changements, une plus grande satisfaction au travail, un meilleur moral des employés ainsi qu'une hausse de 30% de leur rendement au travail.[13]

La chaîne d'alimentation Steinberg a organisé des groupes de travail semi-autonomes dans son centre de distribution des aliments congelés de Dorval.

Pour accroître les chances de réussite, on a demandé la participation des employés à la création et à la mise en application de cette nouvelle structure de travail. Ces changements ont engendré de nombreuses conséquences positives. On a noté une amélioration significative du moral des employés, l'absence de plaintes de la part des magasins qui reçoivent de la marchandise de ce centre de distribution, un taux d'absentéisme réduit de 15% à 5% (12% dans les autres centres de distribution) et une productivité supérieure de 35% à celle des autres centres de distribution[14]. Toutefois, la chaîne d'alimentation n'a pas donné suite à ces expériences dans les autres centres de distribution.

Les syndicats ont changé d'attitude face à ces expériences. D'une attitude défensive qu'ils avaient, ils sont passés à l'offensive, pour finalement participer aux expériences. Ils ont pris conscience qu'en participant, ils pouvaient exercer un certain contrôle sur l'expérience et l'orienter en fonction de leur survie.

CERCLES DE QUALITÉ

Les cercles de qualité constituent un mode de gestion très innovateur et qui a contribué à la croissance industrielle dynamique du Japon. Cette technique considère la main-d'oeuvre comme la ressource la plus importante dans l'organisation parce qu'elle est souvent la plus qualifiée pour identifier et solutionner les problèmes reliés au travail. Après 20 ans d'expériences fructueuses au Japon, et plus récemment en Europe et aux États-Unis, des centaines d'organisations canadiennes ont tenté l'expérience des cercles de qualité au cours des années 1980. Ce mode de gestion mérite donc qu'on lui porte une attention particulière.

La définition. Un **cercle de qualité** est composé de 7 à 10 personnes d'un même secteur de travail et qui sont appelées régulièrement à définir, analyser et résoudre des problèmes reliés à la qualité du travail dans leur secteur. La participation est volontaire et les membres se réunissent habituellement une heure par semaine. Au cours des premières rencontres de formation du groupe, les individus sont initiés aux techniques de résolution de problèmes qui s'inspirent de la dynamique de groupes, de l'ingénierie industrielle et du contrôle de qualité. Ces techniques sont entre autres, le « brainstorming », l'analyse de Pareto, l'analyse causale, l'histogramme.

Le syndicat. Généralement, les syndicats ne s'opposent pas aux cercles de qualité car l'adhésion est volontaire. Ils peuvent même en faire un élément de négociation s'ils en reçoivent le mandat de leurs membres. Évidemment, le cercle de qualité est un élément négociable dans la mesure où il présente un certain intérêt pour l'organisation.

Le superviseur comme chef d'équipe. Le superviseur peut agir comme coordonnateur et diriger les réunions de l'équipe. Cette relation est compatible avec le modèle d'autorité de l'organisation et facilite la communication entre le superviseur et les employés. Pour bien assumer son rôle de chef d'équipe, le superviseur devra alors être initié à la dynamique de groupe, à la résolution de problèmes et à toutes les autres techniques auxquelles les membres ont été formés préalablement.

Les résultats. Beaucoup d'expériences ont démontré que les travailleurs possèdent l'expertise nécessaire pour améliorer la productivité et la QVT. Dans certaines organisations américaines, les employés ont contribué à accroître le volume de production ou de ventes ainsi qu'à réduire les coûts de production et les inventaires. On a noté dans certains cas une baisse du taux de roulement et d'absentéisme ainsi qu'une réduction significative des griefs. Des organisations telles que la General Motors, Packard Electric, Bethlehem Steel, Westinghouse Defense, Electronic Systems Center ont obtenu des résultats spectaculaires à la suite de l'instauration de cercles de qualité.

Les caractéristiques.   Quelles sont les principales caractéristiques du cercle de qualité?

- Le poste le plus important d'un cercle de qualité est celui de coordonnateur. La personne qui joue ce rôle doit être capable de travailler avec les individus de tous les niveaux hiérarchiques de l'organisation. Elle doit être créative, flexible et comprendre la culture organisationnelle.
- Les gestionnaires et le syndicat doivent offrir leur support au cercle de qualité. Le syndicat doit toujours être impliqué dans l'instauration d'un cercle de qualité et on doit solliciter son opinion.
- La participation des travailleurs est volontaire mais les gestionnaires doivent les encourager à former des cercles de qualité.
- Dans une certaine mesure, les membres du cercle de qualité doivent travailler sur les problèmes de leur choix.
- Le coordonnateur du cercle de qualité doit informer régulièrement les gestionnaires de leurs progrès.
- La principale préoccupation doit être la qualité et non la quantité.
- Pour plus d'efficacité, les membres doivent connaître à fond les concepts et les principes de base du cercle de qualité. La tâche la plus importante du coordonnateur est de s'assurer que le processus de fonctionnement du cercle de qualité est respecté. Si tel n'est pas le cas, le cercle de qualité sera improductif et éventuellement dissous.

RESTRUCTURATION ORGANISATIONNELLE

Les deux méthodes les plus couramment utilisées pour effectuer une restructuration organisationnelle sont 1) une participation accrue et 2) la théorie de gestion Z.

Participation accrue des travailleurs.   Bien que les cercles de qualité représentent une formule intéressante pour augmenter la participation des employés, d'autres efforts en ce sens ont été entrepris. La cogestion est une des premières tentatives de démocratie industrielle très répandue en Allemagne de l'Ouest. Elle consiste à donner aux représentants des employés la possibilité de discuter et de voter sur les décisions qui les affectent. La coopération est un autre modèle de participation des travailleurs développé en Europe. On pense entre autres aux conseils d'entreprises en Yougoslavie et aux kibboutz israéliens.

Les entreprises canadiennes, quant à elles, ont obtenu toutes sortes de résultats en expérimentant des modèles de participation des employés à divers degrés. Bien qu'en théorie ces modèles sont supposés accroître les profits de l'organisation et la satisfaction des travailleurs, en pratique cela n'a pas toujours été le cas. Par exemple, chez Tricofil à St-Jérôme au Québec, les travailleurs ont acheté la compagnie et instauré un modèle de cogestion. Malgré cela, l'organisation s'est vue confrontée à la faillite au bout de quelques années. L'analyse de ce cas fait toutefois apparaître qu'un certain nombre de conditions étrangères à la cogestion sont essentielles à son succès. Il s'agit des conditions du marché, des aptitudes de gestion des employés, d'une vision claire des objectifs et des responsabilités[15]. Par contre, une structure coopérative mise sur pied chez Harpel Printing Industries à Montréal a entraîné une plus grande satisfaction des travailleurs et des gains de productivité significatifs.

Ces exemples illustrent qu'il y a cependant une limite à l'étendue de la participation des employés. De plus, l'efficacité de la participation aux décisions dépend de plusieurs facteurs:

- le désir des employés de participer aux décisions;
- la catégorie et la portée des décisions auxquelles veulent bien participer les employés; seulement celles reliées à l'emploi ou à l'ensemble de l'organisation;
- la somme d'informations que l'organisation est disposée à partager avec les employés;
- la bonne volonté des gestionnaires à autoriser les employés à participer.

La figure 13.3 illustre certaines activités auxquelles peuvent participer les employés ainsi que les contraintes à cette participation.

La théorie de gestion Z.   Bien que la participation, la communication des employés et les cercles de qualité améliorent la QVT et la productivité, ces programmes ont un effet limité sur l'organisation elle-même. Certains efforts d'amélioration de la QVT et de la productivité combinent plusieurs programmes et ont un impact important sur les individus et l'organisation. À cet effet, des entreprises ont adopté plusieurs des principes de la **Théorie Z**. La théorie Z est une combinaison de la Théorie A (North American Management) et de la Théorie J (Japanese management). Elle n'est pas une théorie dans le vrai sens du terme mais plutôt un modèle de gestion des grandes organisations. On décrit habituellement l'organisation de type Z à partir de sept dimensions qui la distinguent de l'organisation japonaise et de l'organisation traditionnelle américaine. Toutes ces dimensions sont reliées aux ressources humaines:

- durée de l'emploi: long terme;
- type de prise de décision: par consensus;
- niveau des responsabilités: individuel;

Figure **13.3**   **Les activités auxquelles peuvent participer les employés et les contraintes à cette participation**

Activités	Contraintes
Évaluation du rendement	Faible fréquence
Rémunération	Étendue des règles et procédures
Affectation et définition des postes	Style de leadership
Sécurité	Préférences de la haute direction
Décisions concernant l'emploi: embauche, congédiement, etc. Horaires de travail	Volonté de changement: gestionnaires et employés
Stratégies de gestion	Climat et style de leadership au service des ressources humaines
Changements	Disponibilité et accès à l'information

- évaluation du rendement et promotion: relativement lente;
- type de contrôle: informel avec des méthodes formelles;
- cheminement de carrière: vitesse modérée via plusieurs fonctions
- intérêt pour les employés: haute considération.

Comme dans le cas de la Théorie A et de la Théorie J, la Théorie Z prend plusieurs formes. Elle peut être adaptée non seulement à la culture nord-américaine mais aussi à la culture et aux besoins de chaque organisation[16]. On a dû modifier la Théorie J parce que l'environnement culturel au Canada est tellement différent de celui du Japon qu'il était impossible de gérer les organisations canadiennes comme les organisations japonaises et cela pour deux raisons principales:[17]

- le Canada est caractérisé par le multiculturalisme et les divers groupes ethniques ont tendance à vouloir perpétuer leur identité culturelle;
- le taux de syndicalisation relativement élevé au Canada, rivalise avec le sentiment de loyauté envers l'organisation.[18]

Malgré ces facteurs, les résultats d'une enquête effectuée auprès de cent entreprises canadiennes montrent qu'un certain nombre de ces compagnies sont des exemples d'organisations de type Z. Parmi elles, on retrouve Canadian Tire Corporation, Northern Telecom Canada, Four Seasons Hotel, Great-West Life Assurance, Syncrude Canada, Labatt et plusieurs autres[19]. Ces organisations sont similaires à celles de type Z, c'est-à-dire qu'elles possèdent les caractéristiques suivantes: — culture organisationnelle forte,[20] — grande stabilité d'emploi, — continuité du leadership et de la promotion à l'intérieur de l'organisation, — une grande estime pour les employés.

On a toutefois porté des attaques envers le Théorie Z. Dans un article récent, les auteurs suggèrent que ce qui motive actuellement les japonais et permet que le système fonctionne c'est plutôt la Théorie F (F pour fear c'est-à-dire crainte). La culture ne doit pas tolérer l'échec et la punition pour l'échec est le congédiement. La crainte est un facteur puissant de motivation.[21]

RESTRUCTURATION DES EMPLOIS

Les programmes dont nous venons de discuter ont un effet positif sur la QVT et la productivité. Toutefois, certains autres programmes qui affectent plus directement la tâche elle-même ainsi que sa répartition entre les individus ou les unités de travail sont susceptibles d'avoir un impact encore plus important sur la productivité. Il s'agit de la définition des postes, de la définition des unités de travail et de l'automatisation de la production.

La définition des postes. Bien que les différentes approches de définition des postes dont nous avons discuté au chapitre 3 sont susceptibles d'améliorer la QVT et la productivité à différents degrés, l'enrichissement des tâches et l'approche socio-technique semblent être les plus efficaces. Nous nous y intéresserons plus particulièrement.

L'enrichissement des tâches affecte les dimensions suivantes de l'emploi:
- la variété des aptitudes;
- l'identité du poste;
- l'importance du poste;
- l'autonomie;
- la rétroaction.

L'effet des programmes d'enrichissement des tâches sur la productivité et la diminution des coûts peut être substantiel. Cependant, il est parfois nécessaire d'apporter d'autres changements à l'organisation du travail pour fournir un support à toute tentative d'enrichissement des tâches.

De plus, le programme d'enrichissement des tâches n'affectera pas toujours les cinq dimensions de l'emploi que nous venons de mentionner et les résultats ne seront pas les mêmes pour tous les employés impliqués. En effet, les employés n'ont pas tous les mêmes aspirations et l'enrichissement des tâches peut ne pas satisfaire tous les besoins d'un individu. Il faut alors se tourner vers l'approche socio-technique pour combler certaines des lacunes de l'enrichissement des tâches.

L'approche socio-technique a pour objectif premier de trouver la meilleure façon de combiner les ressources humaines et technologiques pour améliorer la QVT et la productivité. Avec l'approche socio-technique, l'individu reprend contact avec son travail, retrouve une dignité nouvelle, est porté à mieux le faire, et en fait bénéficier l'organisation par un accroissement de la productivité.

Selon l'approche socio-technique, l'organisation doit son succès autant à une bonne gestion des interactions au travail des employés qu'à l'utilisation d'une technologie appropriée. Si on ne recherche que la technologie la plus efficace, on risque de négliger les individus qui l'utiliseront. Si on ne cherche qu'à satisfaire les besoins humains, on risque d'utiliser des techniques inefficaces. Ainsi, avec l'approche socio-technique, on parle d'optimisation conjointe.

Le principe d'optimisation conjointe suppose que l'organisation doit faire un choix car l'équilibre entre « le technique » et « le social » peut être atteint en tout point d'un continuum dont les deux pôles sont « tout technique » et « tout social ». L'organisation ne peut choisir ce point d'équilibre qu'après un examen détaillé et minutieux de la situation. Cela implique une participation étroite des personnes responsables du programme, des gestionnaires et des employés, sans oublier bien sûr le syndicat s'il est présent dans l'organisation.[22]

Le meilleur exemple d'optimisation conjointe qu'on peut citer est encore celui de Volvo à son usine de Kalmar. D'une part, on ne peut revenir aux conditions de travail artisanales, c'est-à-dire que l'individu ou même un groupe d'individus fabriquent une automobile entière; et cela à cause des coûts reliés à l'investissement en machinerie. D'autre part, comme la chaîne de montage a les inconvénients qu'on connaît, absentéisme, retards, sabotage, on a effectué un compromis. On conserve seulement une des caractéristiques de la chaîne de montage, c'est-à-dire le transfert des véhicules d'un poste de travail à l'autre. Les transferts se font entre des blocs de postes permettant ainsi une diversité d'actions et une plus grande liberté de manoeuvre des ouvriers.

Par conséquent, la décision de réaliser un programme de redéfinition des postes est complexe et doit respecter les étapes suivantes:[23]

- reconnaître le besoin de changement et recueillir des données avant d'effectuer le changement pour procéder à l'évaluation par la suite;
- décider si la redéfinition des postes est le changement approprié;
- analyser les besoins de l'organisation, le flot de travail, les méthodes de groupes et les besoins des individus;
- déterminer comment, quand et dans quelles unités les postes seront redéfinis;
- fournir la formation et le support nécessaires;

- effectuer la redéfinition des postes;
- évaluer les changements en comparant les données recueillies avant et après le changement.

Le flot de travail. Des variations au **flot de travail** peuvent améliorer la productivité. On utilise alors les principes de l'ingénierie industrielle et de la définition organisationnelle. Ces principes sont les suivants:

- diviser les postes en petites tâches;
- mesurer le temps d'exécution de chaque tâche,
- établir les critères d'évaluation du rendement pour chaque tâche;
- concevoir les méthodes d'évaluation du rendement;
- évaluer le rendement;
- informer les employés et la direction des résultats;
- contrôler le flot de travail;
- corriger le flot de travail si nécessaire.

Les principes du flot de travail aussi bien que ceux de l'enrichissement des tâches peuvent être appliqués à l'usine comme au bureau et aux postes de cols blancs comme à ceux de cols bleus.

DÉFINITION DES UNITÉS DE TRAVAIL

Il s'agit habituellement de regrouper des unités de travail pour que l'accès à l'information et l'interaction entre les individus en soient facilités; ce qui peut avoir un effet positif sur la productivité. Toutefois, plusieurs personnes considèrent l'interaction entre les individus plus comme un obstacle que comme un avantage car elle nuirait à la concentration. Il faut donc que la définition des unités de travail se fasse tout en préservant l'intimité et la tranquilité des individus.

On peut citer un exemple de réussite dans ce domaine. Il s'agit du Scarborough Municipal Building en Ontario où plusieurs milliers de personnes travaillent dans un édifice de quatre étage à aires ouvertes. Étonnamment, l'environnement est très agréable, pas du tout bruyant et les employés sont très heureux de travailler dans un tel milieu. En fait, cet édifice est un tel modèle de réussite dans ce domaine que les touristes viennent visiter ce « Twentieth century industrial wonder ».

Dans l'ensemble, tous les programmes d'amélioration de la QVT et de la productivité ne peuvent fonctionner de façon isolée. Pour que ces programmes soient efficaces, certaines conditions doivent être respectées:

- la haute direction de l'organisation doit appuyer les programmes;
- les employés doivent être formés adéquatement;
- les employés doivent être rémunérés équitablement;
- les employés doivent être impliqués et recevoir de la rétroaction;
- le système d'évaluation du rendement doit être équitable et être utilisé pour toute décision relative à la rémunération.

AUTOMATISATION

L'accroissement de la productivité dans l'organisation nécessite non seulement une amélioration de la productivité des ressources humaines mais aussi une amélioration de la productivité de ses ressources matérielles, physiques et technologiques. L'amélioration de la productivité implique alors l'amélioration de la qualité du produit et la diminution des coûts ou une meilleure utilisation des ressources nécessaires à la production. L'organisation doit donc dans un premier temps rationaliser ses coûts et dans un deuxième temps développer son mode de production.

Les entreprises canadiennes ont pris conscience que l'automatisation était nécessaire pour assurer leur compétitivité sur le marché international. On procède alors à l'introduction de nouvelles technologies qui vont du robot qui remplace la main-d'oeuvre jusqu'au micro-ordinateur qui facilite le travail de bureau. Non seulement les industries mais aussi les services sont affectés par les nouvelles technologies. On reconnaît d'ailleurs, que dans le secteur des services, les gains de productivité les plus élevés proviendraient de l'automatisation des emplois des professionnels et des gestionnaires.[24]

Comme l'automatisation va affecter des millions d'emplois au cours de la prochaine décennie[25] et qu'elle peut contribuer à l'amélioration de la QVT et de la productivité, les services des ressources humaines ont la responsabilité de connaître et de contribuer à l'introduction des nouvelles technologies dans l'organisation. L'automatisation est particulièrement importante car elle a le pouvoir de modifier le contenu des postes et de créer plusieurs nouveaux emplois. Tous ces changements vont affecter plusieurs activités de gestion des ressources humaines telles que le recrutement, la sélection, l'évaluation du rendement et la formation au cours des prochaines années.

Si les nouvelles technologies ne sont pas soigneusement introduites, elles peuvent donner lieu à une forte résistance au changement, créer de l'insécurité et de la crainte, et ainsi être improductives. L'introduction des nouvelles technologies doit donc être planifiée et exécutée avec soin pour minimiser ces effets secondaires et le service des ressources humaines doit agir comme coordonnateur. Idéalement, il devrait être impliqué dans le processus de planification avant qu'une nouvelle technologie soit introduite car son rôle est de prévoir les besoins en termes de relocalisation des employés, de conseils pour l'organisation du travail et la santé et sécurité. Le service des ressources humaines pourra ainsi être proactif en prévenant les griefs auxquels aurait pu donner lieu l'introduction de nouvelles technologies. Le service des ressources humaines doit aussi organiser des programmes de formation qui répondront aux nouveaux besoins de l'organisation et disposer du surplus de main-d'oeuvre que les nouvelles technologies pourraient engendrer. Trop souvent, le service des ressources humaines est obligé de réagir après l'introduction des nouvelles technologies plutôt que d'avoir une attitude proactive qui permet d'obtenir de meilleurs résultats.

ÉVALUATION DES PROGRAMMES D'AMÉLIORATION DE LA QVT ET DE LA PRODUCTIVITÉ

Comme bien d'autres activités de gestion des ressources humaines, il est difficile d'évaluer monétairement l'efficacité des programmes d'amélioration de la QVT. Considérons par exemple la difficulté d'attribuer une valeur monétaire à un accroissement de 10% de l'auto-contrôle ou de la satisfaction des employés. Toutefois, il est nécessaire de procéder à l'évaluation de l'efficacité de ces programmes. Est-ce que nous devons alors nous efforcer d'attribuer une valeur monétaire aux résultats ou bien devons-nous nous satisfaire d'une évaluation de l'efficacité en fonction des résultats sur la satisfaction, le respect de soi, l'auto-contrôle, la participation, c'est-à-dire uniquement en considérant les bénéfices qui se rapportent directement aux employés?

Bien que certaines organisations considèrent les bénéfices individuels comme très importants, plusieurs programmes d'amélioration de la QVT et de la productivité sont approuvés par les organisations et les employés parce qu'ils visent à la fois les objectifs des individus et de l'organisation. Par conséquent, il est nécessaire d'attribuer une valeur financière aux programmes de QVT tout en gardant en mémoire que ces effets peuvent prendre quelques années avant de se faire sentir.

Évidemment, il est plus facile d'évaluer les résultats des programmes qui visent surtout à améliorer la productivité car ils sont comptabilisables. Par exemple, on peut mesurer l'amélioration de la productivité en évaluant le rendement des employés ou encore en calculant les variations des taux d'absentéisme et de roulement. D'autre part, l'amélioration de la productivité peut être mesurée par l'augmentation des profits, l'amélioration de la compétitivité ou la survie de l'organisation.[26]

RÉSUMÉ

Devant une compétition internationale de plus en plus serrée et de profonds changements sociaux qui ont modifié les valeurs que les individus attribuent au travail, les organisations canadiennes font face à une grave crise de productivité. Cette crise a incité plusieurs organisations canadiennes à mettre sur pied des programmes d'amélioration de la QVT et de la productivité.

Dans ce chapitre, nous avons passé en revue les principaux programmes d'amélioration de la QVT et de la productivité. La majorité de ces programmes ont été expérimentés dans des organisations canadiennes et ont souvent donné des résultats intéressants. Bien que plusieurs programmes visent les mêmes objectifs, il importe que chaque organisation pose un diagnostic précis de sa situation pour déterminer quels sont ses besoins réels et le programme qui a le plus de chances de réussir dans son contexte. De plus, l'organisation doit choisir des programmes qui sont directement reliés aux activités de gestion des ressources humaines. Choisir un programme parce qu'il est à la mode ou parce que tout le monde a le goût de tenter cette expérience n'est pas un gage de succès. Cependant, après avoir analysé et déterminé sérieusement le programme qui correspond le mieux aux besoins de l'organisation, consulter sans tarder les employés et le syndicat et tenir compte de leur opinion, est un gage de succès.

L'organisation peut aussi ne pas hésiter à utiliser une autre approche, la Théorie Z par exemple, qui provient d'une autre culture pour améliorer la QVT et la productivité. Il faut toutefois l'adapter non seulement à la culture canadienne mais aussi à la culture organisationnelle. Il est cependant encore trop tôt pour dire si dans l'ensemble ces théories auront du succès au Canada. Mais de nouvelles idées et de nouvelles approches continueront sans cesse de surgir et les services des ressources humaines ont la responsabilité de se tenir à l'écoute.

QUESTIONS À DISCUTER

1. Expliquez comment les programmes cherchant à améliorer la QVT peuvent aussi améliorer la productivité?
2. À quelles activités de gestion des ressources humaines les programmes de QVT et de productivité sont-ils étroitement reliés et selon quel processus?
3. On affirme que les expériences de QVT affectent le comportement des employés. Illustrez par un exemple et expliquez quelles sont les implications pour la gestion des ressources humaines.
4. En relation avec la QVT et la productivité, quelles catégories d'informations peut-on obtenir avec le sondage organisationnel?
5. Quels sont les objectifs du sondage organisationnel?

6. Quels sont les facteurs importants à considérer pour évaluer l'efficacité d'une participation accrue des employés?

7. Identifiez quelques-unes des caractéristiques de la Théorie Z.

8. Quelles sont les principales caractéristiques d'un cercle de qualité?

9. Quelles conditions doit-on respecter pour s'assurer de l'efficacité d'un programme d'amélioration de la productivité?

10. Pourquoi est-il plus difficile d'évaluer l'efficacité d'un programme en termes de QVT qu'en termes de productivité?

11. Certains individus croient que la QVT est une marotte alors que d'autres affirment qu'elle demeurera une préoccupation constante des organisations. Discutez ces deux opinions.

É T U D E   D E   C A S

COOPÉRATION PATRONALE-SYNDICALE À SHELL CANADA

Charles Sullivan, président du Syndicat international des travailleurs du pétrole, de la chimie et de l'énergie atomique, décrit la conception d'une nouvelle usine de produits chimiques chez Shell Canada. Il croit qu'il s'agit d'une première sur les trois dimensions suivantes: (1) un premier plan conjoint de nature sociale et technique d'une usine très complexe, automatisée et à production continue; (2) un premier plan entrepris de façon conjointe avec la participation du syndicat et de la direction de l'entreprise; (3) une première convention collective négociée en réponse à une structure d'organisation et d'emploi constituant une alternative à la bureaucratie. Les coûts d'instrumentation et d'équipement pour l'usine nécessitèrent des investissements d'environ deux millions de dollars par employé (pour environ cent cinquante employés).

Les activités de conception de la nouvelle usine commencèrent en 1975. Préalablement, une enquête sur la qualité de vie au travail effectuée en coopération par le syndicat et la direction de Shell avait démontré que des niveaux plus élevés de technologie, reposant habituellement sur des dépenses en capital considérables, augmentent la dépendance des organisations par rapport aux travailleurs plutôt que le contraire, tel que prédit par les ingénieurs. On a donc décidé d'impliquer le syndicat en tant que partenaire à part entière dans la mise au point de la conception de base de l'organisation, des emplois, de la formation, des contrôles et de la rémunération.

L'usine fonctionne à l'aide de six équipes de travail qui pratiquent la rotation. Chaque équipe est composée de dix-huit personnes et d'un coordonateur. L'équipe fait fonctionner l'ensemble de l'usine, y compris le raffinage, les laboratoires, l'administration, les expéditions, l'entreposage et l'entretien. Les augmentations de salaires sont établies sur la base du rendement plutôt que sur l'ancienneté. Un permanent syndical est membre de chaque équipe.

L'usine entière est régie maintenant par une convention collective qui met l'accent sur la flexibilité et les notions de responsabilités des employés, de confiance envers eux ainsi que sur leur capacité de prendre des décisions en autant qu'ils détiennent l'autorité nécessaire et qu'ils possèdent l'information et la formation. La convention collective a été perçue avec suspicion par les dirigeants des autres syndicats de la région mais cette dernière peut constituer un mécanisme avant-coureur des structures des organisations ainsi que des conventions collectives de l'avenir.

QUESTIONS

1. Quelle est l'importance de la coopération patronale-syndicale dans un projet de qualité de vie au travail?

2. Comment amener le syndicat et la direction à coopérer?

3. Est-ce que la direction de l'usine détient « moins de pouvoir » que les dirigeants des usines plus traditionnelles?

4. Si la coopération patronale-syndicale est efficace dans ce type de projet, pourquoi d'autres entreprises ne font-elles pas la même chose?

14

Santé et sécurité au travail

Actualité

NOUVELLES BRÈVES

Diminution des accidents du travail

Tout indique que les mesures en matière de sécurité au travail s'avèrent payantes. Le nombre d'accidents et de décès d'origine professionnelle est en baisse aussi bien dans les pays en voie de développement que dans les pays développés. Dans 70 pays, on a enregistré une réduction d'environ 10% des décès causés par des accidents du travail depuis 1980.

Avant l'application des mesures en santé et sécurité, les industries manufacturières et la construction constituaient les secteurs les plus dangereux puisque 50% des accidents mortels s'y produisaient, alors que le secteur eau-gaz-électricité semblait le plus sûr, car on n'y comptait que 2% des décès.

Programme coopératif d'aide au personnel

La direction de Vidéotron, division Montréal, vient de lancer, en collaboration avec le Syndicat des employés de Vidéotron-Montréal, un programme coopératif d'aide au personnel. Ce programme a pour but d'encourager tous ceux et celles qui auraient des problèmes (exemples: abus d'alcool ou de drogues, etc.), à se confier à des gens qualifiés qui les aideront à un niveau professionnel et de façon strictement confidentielle.

À l'occasion de ce lancement, Michel L. Daignault, président de Vidéotron Ltée, a déclaré devant un groupe de cadres et de représentants syndicaux de la division de Montréal: « J'appuie tous les intervenants dans ce programme et je souhaite sincèrement que nous puissions ainsi aider ceux et celles d'entre vous qui auront peut-être un jour à faire face à un problème particulier. » André Demers, président du Syndicat des employés de Montréal, est venu quant à lui confirmer l'implication active de son équipe dans ce projet: « Espérant que ce programme viendra enrichir notre unité, qu'il la rende encore meilleure et qu'il puisse, de par son excellence, aider le plus de gens possible à retrouver une vie sociale agréable au sein de leur travail et de leur famille ».

Source: « Nouvelles brèves », Magazine Ressources Humaines maintenant appelé AVENIR Votre Magazine Ressources Humaines, no 14, été 1986, p. 25, 54. Reproduit avec autorisation.

Ces deux nouvelles illustrent des aspects importants de la santé et de la sécurité au travail. Le domaine est complexe et plusieurs groupes sont impliqués dans le processus de résolution des problèmes; tout d'abord les employeurs et les travailleurs, mais également les syndicats et les gouvernements par le biais de leurs législations. Nous étudierons dans ce chapitre le cadre légal de la santé et de la sécurité au travail, les risques associés au travail et les stratégies visant à améliorer la santé et la sécurité auxquelles doivent participer tous les agents socio-économiques.

SANTÉ ET SÉCURITÉ AU TRAVAIL

En vue d'une plus grande efficacité en termes de coûts et d'un exercice plus actif de la gestion des ressources humaines, les responsables de la gestion des ressources humaines peuvent démontrer la valeur de leurs services en s'impliquant directement dans l'amélioration de la santé et de la sécurité au travail. En fait, plusieurs activités de gestion des ressources humaines sont reliées à la santé et à la sécurité au travail; les négliger peut entraîner des coûts substantiels à l'organisation.

La **santé et la sécurité au travail** réfère à l'environnement physiologique, physique et psychologique du travail dans une organisation. Si une organisation prend des mesures efficaces en santé et en sécurité au travail, moins d'employés souffriront de lésions physiologiques, physiques, ou psychologiques.

Parmi les maladies ou les accidents reliés au travail on retrouve entre autres, les maladies cardiovasculaires, les diverses formes de cancer comme la leucémie, l'emphysème, les maladies pulmonaires comme la bronchite chronique, la stérilité, les affections du système nerveux et même l'amputation d'un membre ou le décès.

Les conséquences psycho-sociales résultant d'une mauvaise qualité de vie au travail incluent le stress, l'insatisfaction, l'apathie, le retrait, la projection, l'oubli, l'incertitude quant aux rôles ou aux tâches, le manque de confiance envers autrui, l'hésitation dans la prise de décision, le manque d'attention, l'irritabilité, la temporisation et l'angoisse au sujet de questions insignifiantes.

OBJECTIFS ET IMPORTANCE DE LA SANTÉ ET DE LA SÉCURITÉ AU TRAVAIL

Les coûts énormes tant humains que financiers reliés à de mauvaises conditions de travail suffisent à justifier les programmes d'amélioration de la santé et de la sécurité au travail.

Les coûts.   De 1975 à 1985, environ 1000 ouvriers canadiens décèdent chaque année à la suite d'accidents de travail. En 1982, les coûts directs des compensations aux travailleurs accidentés se sont élevés à 2 milliards de dollars et on estime que les coûts indirects haussent ce montant au niveau alarmant de 10 milliards[1]. De plus, le nombre des accidents de travail ne semble pas avoir tendance à diminuer. Toutes les six secondes, un accident de travail se produit dans une entreprise canadienne[2]. Non seulement le nombre des accidents a-t-il augmenté au fil des ans dans un bon nombre de provinces, mais la gravité des accidents de travail, mesurée à partir du nombre de jours de travail perdus par réclamation, s'est considérablement accrue[3].

De plus, des coûts énormes sont associés au stress organisationnel et à une mauvaise qualité de vie au travail. Par exemple, le coût de l'alcoolisme, souvent considéré comme une réaction au stress et à une mauvaise qualité de vie au travail, est estimé à plus de 21 millions de dollars par jour au Canada[4]. D'autres symptômes, relevant des mêmes causes mais, plus difficiles à quantifier, entraînent progressivement une diminution de la motivation au travail ainsi que la perte de confiance en soi.

Pour éliminer ces conditions néfastes, il faut s'attaquer aux sources. Celles-ci proviennent de l'environnement physique et psychologique de travail. Les dommages causés par les conditions néfastes de l'environnement engendrent un manque d'efficacité organisationnelle sous la forme d'une productivité réduite, d'un taux d'absence et de roulement accru, de réclamations pour compensations et de coûts de services médicaux. Il faut garder à l'esprit que ces conditions de l'environnement n'affectent pas tous les travailleurs de façon similaire. Ce qui peut être nuisible pour un travailleur peut ne pas l'être pour un autre. Prises dans l'ensemble, les conditions environnementales, leurs causes et leurs conséquences, constituent un modèle d'étude en santé et en sécurité au travail. Nous examinerons ce modèle un peu plus loin dans ce chapitre.

Les bénéfices.   Si les organisations s'efforcent de diminuer la fréquence et la gravité des accidents de travail, les maladies professionnelles et le stress ainsi que d'améliorer la qualité de vie au travail, elles récolteront les bénéfices suivants: (1) une plus grande productivité grâce à un nombre réduit de journées de travail perdues; (2) une plus grande efficacité des employés à cause de leur plus forte implication au travail; (3) une réduction des coûts des services médicaux et des frais d'assurance; (4) une diminution des taux de compensation des travailleurs et des paiements directs grâce à une baisse du nombre de réclamations; (5) une plus grande flexibilité et adaptabilité de la main-d'oeuvre grâce à une participation accrue et à une augmentation du sentiment d'appartenance; (6) de meilleurs ratios de sélection grâce à un plus grand intérêt des travailleurs pour l'organisation en tant que lieu de travail; et (7) un nombre réduit de décès.

À cause des coûts énormes qui y sont reliés, les organisations ont compris qu'elles ont financièrement intérêt à se préoccuper de la santé et de la sécurité des travailleurs.

INTERRELATIONS ENTRE LA SANTÉ ET LA SÉCURITÉ AU TRAVAIL ET LES AUTRES ACTIVITÉS DE GESTION DES RESSOURCES HUMAINES

Les activités en santé et en sécurité au travail ont des liens étroits avec les autres activités de gestion des ressources humaines. La figure 14.1 présente sommairement ces multiples relations.

Le recrutement et la sélection.   Dans la mesure où une organisation offre un milieu de travail sûr, sain et confortable, elle améliorera la qualité de son activité de recrutement et de sélection en attirant et en retenant une main-d'oeuvre qualifiée et productive, à l'inverse des organisations qui ont la réputation d'être des milieux de travail dangereux.

L'amélioration de la qualité de vie au travail.   Une mauvaise qualité de vie au travail étant associée à plusieurs problèmes psychologiques, les programmes d'amélioration s'y rapportant sont reliés étroitement à la santé et à la sécurité au travail. Puisque la qualité de vie au travail dépend souvent de la façon dont les travailleurs perçoivent les politiques et les structures organisationnelles, plusieurs compagnies canadiennes ont procédé à des études pour mesurer ces perceptions. Des mécanismes plus informels sont également mis en oeuvre pour améliorer la communication. De plus, les comités de santé et de sécurité au travail et les cercles de qualité deviennent des instruments permettant la mise au point de stratégies qui visent à améliorer le contexte du travail.

Les relations patronales-syndicales.   La santé et la sécurité au travail constitue l'une des préoccupations majeures des syndicats. De nombreuses conventions collectives contiennent des clauses de sécurité qui complètent la législation fédérale et provinciale en matière de santé et de sécurité au travail. Elles mettent surtout l'accent sur le refus d'effectuer un travail dangereux. D'autres clauses comportent un engagement employeur-syndicat à coopérer à l'élaboration et à l'application de programmes de sécurité et de santé ou prévoient le droit de protester contre un travail dangereux, le droit d'imposer des mesures disciplinaires aux employés qui violent les règles de sécurité, la réglementation sur la composition des équipes de travail, la publication des règles de sécurité et le droit d'inspection par un comité paritaire ou syndical de sécurité.

Figure **14.1** | **Interrelations entre la santé et la sécurité au travail et les autres activités de gestion des ressources humaines**

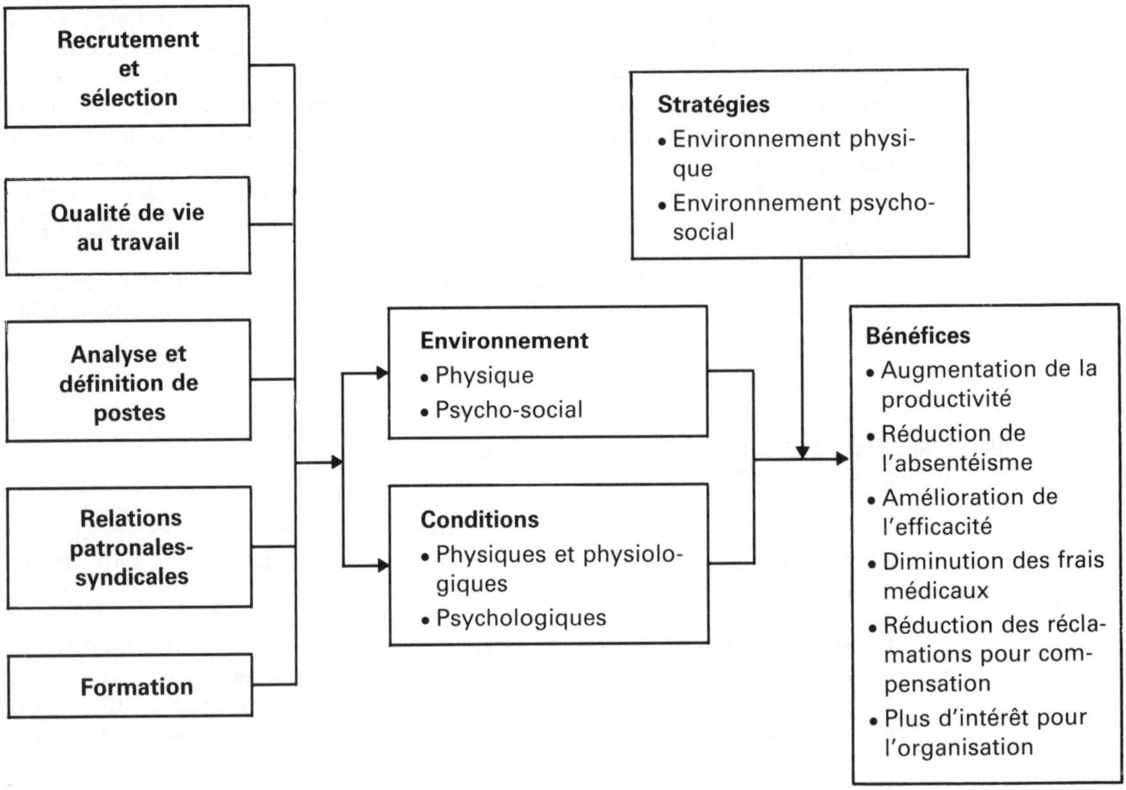

L'analyse et la définition de postes. Tel que discuté au chapitre 3, la façon dont les emplois sont conçus au plan physique a un impact considérable sur le rendement du personnel. Des problèmes ergonomiques, résultant d'un mauvais appariement des personnes et des machines, sont à la source de nombreux accidents de travail. L'appariement des capacités physiques de l'employé aux exigences du poste implique souvent de modifier la conception de l'emploi.

La formation. La formation en matière de santé et de sécurité est en voie de devenir une partie intégrante des fonctions de gestion des ressources humaines. À cause de la complexité des lois y référant, certaines organisations tiennent des sessions de formation afin d'augmenter le respect des règlements. Des compagnies organisent aussi des sessions intensives de formation pour améliorer la prise de conscience des diverses dimensions de la sécurité. D'autres compagnies tiennent des ateliers sur le stress pour aider leurs employés à mieux faire face au contexte psycho-social du travail.

CONSIDÉRA-TIONS LÉGALES

Selon le président du Centre canadien de la santé et de la sécurité du travail: « La santé et la sécurité au travail représentent une combinaison complexe de juridictions, de rôles, de responsabilités et de devoirs qui, non seulement se chevauchent, mais souvent entrent en conflit »[5].

La législation sur la santé et la sécurité au travail s'inscrit dans les juridictions fédérale et provinciales. Moins de 10% de la main-d'oeuvre canadienne est couverte par la juridiction fédérale et de ce pourcentage, plus de la moitié sont des employés du gouvernement fédéral. La législation canadienne sur la santé et la sécurité au travail comparativement à celle en vigueur dans la plupart des autres pays met l'accent sur les droits des travailleurs. La législation fédérale leur reconnaît le droit de refuser un travail dangereux, d'être informés sur les matériaux dangereux qu'ils doivent utiliser et sur les conditions de travail dangereuses, de participer à des comités locaux de santé et de sécurité au travail. Il s'agit de trois droits fondamentaux qui revêtent une importance particulière pour les services des ressources humaines[6].

LE CADRE DE LA JURIDICTION CANADIENNE

Le Canada diffère des États-Unis relativement à l'extension de la juridiction fédérale sur la santé et la sécurité au travail. Au Canada, il n'y a pas d'équivalent national de la Loi fédérale américaine. Il n'existe pas une approche gouvernementale unique mais plutôt une législation dans chacune des dix provinces et des deux territoires. La constitution canadienne définit les paramètres des juridictions fédérale et provinciales sur la santé et la sécurité au travail. En vertu de cette juridiction, le pouvoir de légiférer du gouvernement fédéral est limité aux employés du gouvernement fédéral et aux industries couvertes par la juridiction fédérale, telles que les chemins de fer interprovinciaux, les communications, les pipelines, les canaux, les traversiers, la navigation, le transport aérien, les banques, les élévateurs à grains, les mines d'uranium, certaines corporations de la Couronne et l'énergie atomique. De façon générale, le pouvoir de réglementation fédéral est relié aux domaines de nature nationale, internationale ou interprovinciale. Chaque province, par ailleurs, détient de vastes pouvoirs de réglementation à l'intérieur de ses frontières sur les questions se rapportant à l'environnement de travail et à la relation employeur-employé. Par conséquent, chaque province possède sa propre législation avec ses caractéristiques particulières bien qu'on y retrouve des thèmes et des tendances communs.

LÉGISLATION FÉDÉRALE SUR LA SANTÉ ET LA SÉCURITÉ AU TRAVAIL

Il y a trois lois fédérales importantes en matière de santé et de sécurité au travail: La Loi sur les matières dangereuses, la Loi sur le transport des produits dangereux et la Loi sur laquelle s'est appuyée la mise en place du Centre canadien de la santé et de la sécurité du travail.

La Loi sur les matières dangereuses, adoptée en 1969, s'applique à l'industrie à l'échelle du Canada. Cette loi vise avant tout à protéger les consommateurs, ce qui affecte l'industrie de deux façons:

1. Elle défend la vente ou l'importation de produits spécifiques, par exemple, les meubles d'enfants peints avec des produits dont la teneur en plomb est trop élevée.

2. Elle définit les exigences d'identification des risques et d'étiquetage s'appliquant à la vente ou à l'importation de produits spécifiques. Ainsi, les produits vendus aux consommateurs doivent être étiquetés pour indiquer les risques inhérents aux matières chimiques qu'ils contiennent ainsi que l'information sur les précautions nécessaires et les traitements d'urgence.

Bien que la loi se préoccupe principalement de la sécurité du consommateur, elle protège aussi les nombreuses petites entreprises qui achètent ces produits au détail pour les utiliser en milieu de travail.

La Loi sur le transport des produits dangereux, adoptée en 1981, prévoit la mise en place d'une seule autorité législative (Transports Canada) sur les questions relatives à la manutention et au transport des produits dangereux par tout moyen de transport réglementé au Canada. Le but de la loi est de s'assurer que toutes les matières dangereuses sont identifiées, connues du transporteur et classifiées selon un système de codage.

La **Loi du Centre canadien de la santé et de la sécurité du travail**, adoptée en 1978, prévoit la fondation d'un organisme canadien ayant la responsabilité d'étudier et de promouvoir la santé et la sécurité au travail au Canada. Le Centre canadien, créé en vertu de cette loi, n'a aucun pouvoir réglementaire. Son but est de fournir une plate-forme pour assurer la collecte de l'information pertinente à l'échelle du pays. Les objectifs du Centre sont de:

- promouvoir la notion d'environnement de travail sûr;
- coordonner les services de recherche et de consultation;
- promouvoir le partage de l'information.

Le Centre, situé à Hamilton en Ontario, est un organisme autonome qui ne relève de l'autorité d'aucun ministère. Il est dirigé par un conseil d'administration composé de représentants des gouvernements fédéral et provinciaux, des entreprises et des syndicats.

Jusqu'à maintenant, le principal apport du Centre a été de fournir des services conseil sur les risques en matière de santé au travail, particulièrement ceux reliés aux produits chimiques. Il a mis en place un système élaboré d'information par ordinateur, d'accès public, qui s'est avéré une source utile d'information pour tous ceux qui sont concernés par la santé et la sécurité au travail. Plus de deux cents cinquante organisations, incluant les gouvernements, ont maintenant accès à ce système d'information au moyen de terminaux locaux.

LÉGISLATION PROVINCIALE SUR LA SANTÉ ET LA SÉCURITÉ AU TRAVAIL

Chaque province canadienne possède sa propre législation en matière de santé et de sécurité au travail. Néanmoins, au cours de la dernière décennie, la majeure partie des règlements ont été redéfinis de façon à inclure les caractéristiques communes suivantes:

- consolidation des différentes parties de la législation dans une loi cadre;
- changements apportés à la structure administrative, par exemple, consolidation sous l'autorité d'un ministère ou d'une commission;
- plus grande attention apportée aux questions de santé au travail;
- accent sur la participation des employés par l'entremise des droits statutaires.

Divers mécanismes permettent aux gouvernements provinciaux d'exercer un contrôle sur la santé et la sécurité au travail par l'application des lois:

- l'incorporation des clauses de responsabilité générale dans la législation. Une clause de responsabilité générale place l'application de la loi sous la responsabilité d'une entité spécifique;
- l'émission de règlements sous l'autorité des lois. En général, un large éventail de règlements relatifs aux questions de santé et de sécurité au travail

est précisé. Dans certaines provinces, la signature du lieutenant-gouverneur suffit, tandis que dans d'autres, certains règlements font l'objet d'audiences publiques avant d'être promulgués;

- la définition de pouvoirs statutaires tels que le droit de refuser un travail, la participation aux comités paritaires et la diffusion de l'information en matière de santé et de sécurité;

- l'imposition et l'inspection des mécanismes en matière de santé et de sécurité. Des inspecteurs nommés à cette fin ont le droit de pénétrer dans un milieu de travail et d'émettre des directives pour faire modifier des conditions de travail non conformes à la loi. Ces inspecteurs peuvent aussi poursuivre en justice les personnes responsables des violations de la loi.

- la détermination de normes et de codes pour rendre obligatoire le respect des prescriptions de la loi.

Au cours des dernières années, des changements majeurs se sont produits dans la majorité des provinces au niveau des structures administratives de la législation sur la santé et la sécurité au travail. Deux tendances se sont manifestées: (1) la consolidation des fonctions de normalisation et d'exécution dans la cadre d'un organisme gouvernemental, et (2) la mise en place de mécanismes tripartites, consultatifs et de définition de politiques.

Essentiellement, trois fonctions sont impliquées dans l'administration gouvernementale de la santé et de la sécurité au travail: la normalisation et l'application de la législation, les indemnités aux travailleurs et l'éducation à la prévention des accidents. Ces fonctions ne sont pas toutes intégrées sous l'autorité d'un organisme gouvernemental dans toutes les provinces bien que, par exemple, en Colombie-Britannique on les trouve regroupées sous l'autorité de la Commission des accidents du travail. En Alberta, elles sont sous l'autorité du ministère de la Santé et de la Sécurité et de l'Indemnisation des travailleurs. Dans d'autres provinces (par exemple, le Québec et le Nouveau-Brunswick), toutes ces fonctions relèvent de la direction générale d'une commission.

Quelques points saillants sur l'administration de la législation en matière de santé et de sécurité au travail:

- À Terre-Neuve, en Nouvelle-Écosse, en Ontario et en Saskatchewan, le principal organisme de gestion pour la législation sur la santé et la sécurité au travail est le ministère provincial du Travail.

- En Colombie-Britannique et à l'Ile du Prince-Édouard, le principal organisme de gestion est la Commission provinciale des accidents du travail.

- Le Québec et le Nouveau-Brunswick ont mis sur pied des commissions comportant une représentation des travailleurs et des entreprises. Ces commissions assurent de façon effective la direction des politiques pour la mise au point, l'administration et l'application des lois sur la santé et la sécurité, de même que pour la compensation et la prévention des accidents[7].

- Au Manitoba, en Saskatchewan, en Alberta, en Ontario et à l'Ile du Prince-Édouard, on a mis en place des conseils consultatifs dans le cadre d'une législation prévoyant des représentants des employeurs et des travailleurs. Ces conseils fournissent une consultation en matière de santé et de sécurité au ministère provincial du Travail.

- Dans les Territoires du Nord-Ouest et au Yukon, la juridiction politique est sous la responsabilité d'un commissaire et d'un gouvernement territorial qui détient le pouvoir de promulguer des ordonnances couvrant un large éventail de matières d'ordre local, incluant la santé et la sécurité. Quelques-unes de ces ordonnances, par exemple la sécurité dans les mines et l'indemnisation des accidents de travail, se rapportent de façon spécifique à la santé et à la sécurité au travail. D'autres traitent de la santé et de la sécurité en général, de la prévention des incendies, par exemple. Dans certains cas, l'application de ces ordonnances est sous la responsabilité du ministère fédéral approprié.

- Dans la plupart des provinces, l'information sur la prévention des accidents, la consultation et l'éducation sont fournies soit par le ministère du Travail, soit par la Commission des accidents du travail ou par une autre commission. En Ontario, les associations de prévention des accidents ont été établies au début du siècle et leur financement est assuré sur la base d'une clause statutaire dans la Loi des accidents du travail.

- La Loi québécoise sur la santé et la sécurité du travail (Loi 17,S2.1), adoptée le 21 décembre 1979 et mise en vigueur le 10 janvier 1980, consacre l'importance de la prévention en milieu de travail et la participation paritaire des employeurs et des travailleurs dans tout ce qui touche la santé et la sécurité au travail. Ses fondements sont: l'élimination à la source; l'information et la formation du travailleur; le paritarisme, tous ont un rôle à jouer dans la prise en charge des problèmes de santé et de sécurité par le milieu.

Les mécanismes paritaires d'intervention sont composés au niveau central d'un conseil d'administration sur lequel siège un nombre égal de représentants syndicaux et patronaux et dont le champ de compétence s'étend à la réglementation, au budget et l'affectation des ressources. À un autre niveau, on retrouve les associations paritaires sectorielles qui ont comme mandat de former, informer et guider le travail de prévention des divers établissements. Enfin, au niveau de l'entreprise, les programmes de prévention, leur surveillance et leur application sont du ressort des comités paritaires de santé-sécurité.[8]

DROIT À L'INFORMATION

Plusieurs provinces préparent une législation sur le droit à l'information initiée par le groupe de travail créé en 1982 par Travail Canada et connue sous le nom de « Système d'information sur les matières dangereuses en milieu de travail ». Dans le contexte de la législation provinciale, les fournisseurs sont responsables de l'évaluation et du classement des produits chimiques en fonction de leur degré de toxicité et des autres risques qu'ils comportent, tel l'inflammabilité. En vertu de cette législation, le système d'information devrait comporter trois composantes complémentaires: l'étiquetage, l'accès aux données et les programmes de formation pour les travailleurs.[9]

La première cause judiciaire permettant d'éprouver au plan légal la validité de ces directives a été engagée récemment. Le juge D. Steele de la Cour Suprême d'Ontario accorde une compensation de 350 000$ à un travailleur, E. Meilleur devenu aveugle sur un chantier de construction après avoir été arrosé au visage par un produit chimique, Uni-Crete XL, utilisé avec le béton pour sceller des forages dans le roc. Bien qu'il touche des prestations d'accidents de travail, E. Meilleur obtient la permission de la Commission des accidents du travail de poursuivre le fabricant et le vendeur du produit. Dans cette cause, on a mis l'accent sur la qualité des avertissements donnés par le fabricant, Uni-Crete Canada and Diamond Shamrock et sur le caractère dangereux du produit utilisé par E. Meilleur dans son travail. Le juge en vient à la conclusion que même si le travailleur est responsable à 75% de l'accident parce qu'il a omis de porter ses lunettes de sécurité, Uni-Crete est responsable pour 20% et Diamond Shamrock pour 5%.[10]

DROIT DE REFUS

Une caractéristique particulière des réformes de la plupart des législations canadiennes sur la santé et la sécurité au travail est l'accent mis sur le droit du travailleur de refuser d'effectuer une tâche dangereuse. Même avant l'adoption de telles réformes, tout travailleur avait légalement le droit de refuser d'effectuer un travail à haut risque. Cependant, la défense d'un tel droit dans le contexte du droit civil pouvait s'avérer coûteuse, difficile et longue, ce qui n'en faisait pas une option pratique pour la majorité des travailleurs.

Lorsque les travailleurs ont acquis ce droit en vertu de la législation du travail dans plusieurs provinces, certains employeurs exprimèrent leurs préoccupations quant aux abus éventuels, particulièrement de la part des syndicats. Par conséquent, on craignait que ce droit devienne un élément perturbateur dans l'industrie. À part quelques exceptions, ces craintes ne se sont pas concrétisées jusqu'à maintenant. Dans une organisation qui possède de bonnes politiques de communication et des programmes de sécurité efficaces, des refus de travailler ne devraient pas se produire. Les responsables de la gestion des ressources humaines doivent s'assurer que des procédures existent afin de minimiser le besoin des travailleurs d'avoir recours au droit de refus. Cependant, lorsqu'un employé exerce ce droit, il doit être traité légalement, équitablement et efficacement.

De façon générale, le droit de refus n'implique pas que le travailleur soit tenu de prouver qu'un risque existe. Dans la plupart des cas, tout ce qui est requis est une « raison de croire » que le travail est dangereux. Cependant, ce droit ne s'applique pas pour certaines catégories de travailleurs. En Ontario, par exemple, certains travailleurs sont spécifiquement exclus: policiers, pompiers, personnel des institutions pénitentiaires, travailleurs hospitaliers qui mettraient la sécurité d'autres personnes en danger par l'exercice du droit de refus. Au Québec, les travailleurs couverts par la loi ne peuvent exercer ce droit de refus lorsque celui-ci met en danger la sécurité d'autres personnes ou lorsque le risque fait partie intégrante du travail.

COMITÉS PARITAIRES EN SANTÉ ET SÉCURITÉ AU TRAVAIL

Le gouvernement fédéral et toutes les provinces, excepté la Nouvelle-Écosse et l'Ile du Prince-Édouard, ont des règlements qui exigent la mise en place de comités paritaires en santé et sécurité dans certains milieux de travail. L'objectif de cette réglementation est de mettre l'accent sur le rôle essentiel des travailleurs dans l'élaboration de programmes de santé et de sécurité et d'encourager les employeurs à résoudre les problèmes au moyen de leurs propres systèmes de sécurité. L'appui du gouvernement aux comités paritaires de santé et de sécurité au travail s'exprime de deux façons:
1. les clauses statutaires relatives aux comités, à leurs droits et à leurs responsabilités;
2. le mode d'intégration des comités paritaires au processus d'inspection et d'application de la loi.

L'autorité légale de ces comités paritaires varie selon les provinces. En général, les législations du Québec et de la Saskatchewan accordent plus d'autorité aux comités paritaires que celles des autres provinces.

Bien que les comités paritaires patronaux-syndicaux soient en place depuis peu de temps, les études préliminaires indiquent que lorsqu'il y a une réelle coopération, ce sont des instruments efficaces pour réduire les accidents de travail et les maladies professionnelles[11]. Cependant, plusieurs de ces comités, dans l'ensemble de l'industrie canadienne, n'ont pas encore atteint leur maturité. L'information sera plus facilement disponible lorsque les comités de tous les secteurs industriels auront acquis suffisamment d'expérience.

RAPPORTS ET ENQUÊTES SUR LES ACCIDENTS

Dans toutes les juridictions canadiennes, les employeurs sont obligés de rapporter les accidents et les maladies professionnelles à la Commission des accidents de travail pour que soient administrés les programmes d'indemnisation et de réhabilitation. Cependant, la plupart des administrations exigent aussi qu'un rapport distinct sur les accidents et certaines maladies soit transmis au ministère responsable de la législation sur la santé et la sécurité au travail.

Les clauses relatives au rapport sur les accidents diffèrent selon les juridictions. La plupart exigent une déclaration immédiate des décès ou des blessures graves, ainsi que des explosions qui auraient pu être de sérieuses causes de blessures ou de décès. Une déclaration est généralement nécessaire dans les cas où un employé souffre d'une maladie professionnelle. À moins que ce ne soit nécessaire pour prévenir d'autres blessures, on demande en général à l'employeur de laisser intact le site de l'accident. Quelques juridictions exigent également des employeurs une enquête et un rapport écrit.

RISQUES AU TRAVAIL

Selon la figure 14.2, les aspects physiques et psycho-sociaux de l'environnement de travail influencent la santé et la sécurité au travail. Chaque aspect comporte ses propres risques. Du côté physique, ce sont les maladies et les accidents; au plan psychologique, ce sont une mauvaise qualité de vie au travail et le stress. Traditionnellement, seul l'environnement physique a retenu l'attention de la plupart des entreprises et des lois sur la santé et la sécurité au travail. Cependant, les employeurs reconnaissent de plus en plus l'impact des risques psycho-sociaux sur la santé et la sécurité des travailleurs.

Par conséquent, les efforts pour améliorer la santé et la sécurité des travailleurs doivent inclure des stratégies afin d'éliminer les risques à ces deux niveaux. Ceci commence par une meilleure compréhension des facteurs qui influencent la santé et la sécurité des travailleurs et de l'organisation.

FACTEURS INFLUENÇANT LES ACCIDENTS DE TRAVAIL

Certaines organisations, et même certains départements à l'intérieur de ces organisations, ont des taux d'accidents plus élevés que d'autres. Plusieurs facteurs expliquent cette différence.

Les caractéristiques organisationnelles.　Les taux d'accidents varient beaucoup selon l'industrie. Par exemple, les entreprises du secteur de la construction et de la fabrication ont des taux d'accidents plus élevés que les entreprises des secteurs des services, de la finance, des assurances et de l'immobilier. Les petites et les grandes organisations (celles qui ont moins de 100 employés et plus de 1000 employés respectivement) ont des taux d'accidents plus faibles que les organisations de taille moyenne. Ceci s'explique par le fait que les

Figure **14.2**   **Un modèle de santé et de sécurité au travail**

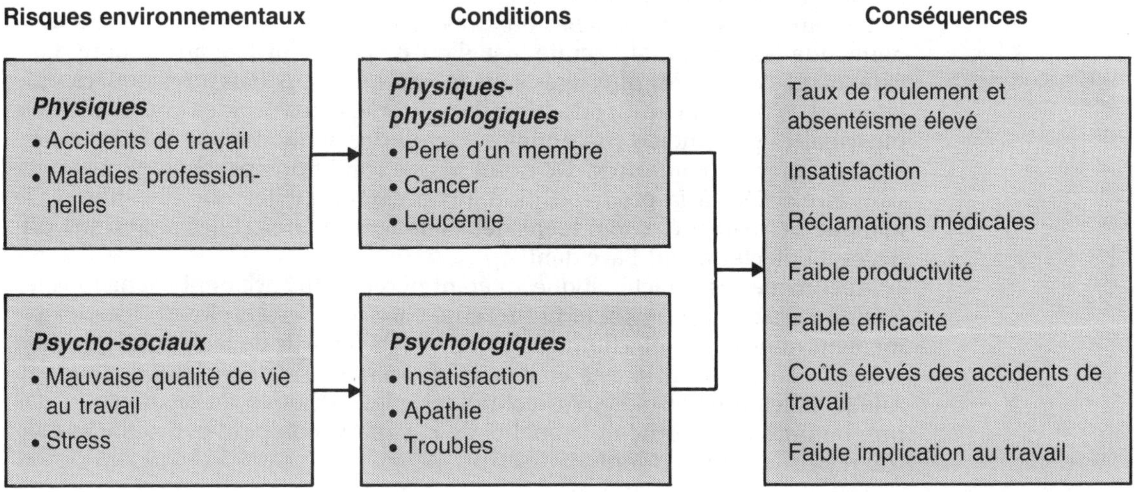

Risques environnementaux   **Conditions**   **Conséquences**

Physiques
• Accidents de travail
• Maladies profession-
  nelles

*Physiques-
physiologiques*
• Perte d'un membre
• Cancer
• Leucémie

Psycho-sociaux
• Mauvaise qualité de vie
  au travail
• Stress

Psychologiques
• Insatisfaction
• Apathie
• Troubles

Taux de roulement et
absentéisme élevé

Insatisfaction

Réclamations médicales

Faible productivité

Faible efficacité

Coûts élevés des accidents de
travail

Faible implication au travail

superviseurs des petites organisations sont mieux placés pour détecter les risques d'accidents et les prévenir que ceux des entreprises de taille moyenne. Les organisations de plus grande taille disposent de plus de ressources que les entreprises moyennes pour recruter un personnel spécialisé qui consacrera tous ses efforts à la sécurité et à la prévention des accidents.

Les programmes de sécurité.   Les organisations diffèrent selon leur degré de développement dans la promotion de leurs programmes de sécurité et de prévention des accidents. L'efficacité de ces programmes varie selon le type d'industrie et la taille des organisations. Par exemple, dans certaines industries majeures de produits chimiques, des budgets considérables pour promouvoir la sécurité hors travail, l'accès aux soins et au personnel médical, des programmes de formation en sécurité et une augmentation de la supervision ont contribué à réduire substantiellement les coûts des accidents de travail[12]. Par ailleurs, si les budgets conçus pour corriger un environnement physique dangereux, pour augmenter le personnel en sécurité, pour des programmes d'orientation, sont gérés de façon inefficace, le taux d'accidents et par le fait même les coûts augmenteront. Par conséquent, certaines organisations encourent des coûts plus élevés par employé que d'autres, à l'intérieur d'un secteur industriel donné. Évidemment, les organisations qui n'ont aucun programme de sécurité ont dans l'ensemble des coûts plus élevés que les entreprises analogues qui ont mis en place de tels programmes.

L'employé instable.   Bien que les facteurs organisationnels jouent un rôle important pour la sécurité au travail, plusieurs experts sont d'accord pour dire que l'employé lui-même est parfois responsable des accidents. Les accidents sont fonction du comportement de la personne, du degré de risque dans l'environnement de travail et de la chance. Le degré auquel une personne contribue aux accidents est souvent considéré comme un indicateur de prédisposition aux accidents.

La prédisposition aux accidents ne peut être définie comme une série de traits responsables des accidents. Néanmoins, certains traits psychologiques et physiques rendent des personnes plus susceptibles que d'autres d'être victimes d'accidents. Par exemple, des employés fragiles au plan émotionnel ont plus d'accidents que des employés plus stables émotivement. Parmi les employés qui ont moins d'accidents on retrouve des individus plus optimistes, confiants et soucieux du bien-être des autres.

Les employés plus sensibles au stress ont vraisemblablement plus d'accidents que les autres, et l'acuité visuelle est également liée au nombre d'accidents. Les employés plus âgés sont moins sujets aux blessures que les plus jeunes. Les personnes qui ont des réflexes visuels plus rapides que les réflexes musculaires sont moins susceptibles d'avoir des accidents que celles qui présentent les traits contraires. De nombreuses conditions psychologiques pouvant être reliées à la prédisposition aux accidents, telles que l'hostilité et le manque de maturité, constituent des états temporaires. Elles sont donc difficiles à détecter avant l'accident.

Aucune de ces caractéristiques n'étant ni reliée aux accidents dans tous les environnements de travail et ni présente chez tous les employés, il est extrêmement difficile de sélectionner des candidats à partir de leur prédisposition aux accidents. Même si cela était possible, certaines dimensions de l'organisation, telles que sa taille, sa technologie, les attitudes de la direction, les programmes de sécurité et la qualité de la supervision peuvent toujours contribuer au facteur accidents.

FACTEURS INFLUENÇANT LES MALADIES PROFESSIONNELLES

Les sources potentielles de maladies professionnelles sont aussi variées que les agents qui affectent l'organisme humain. Les maladies du système respiratoire constituent la catégorie de maladies professionnelles qui prend présentement le plus d'ampleur. Cependant, le cancer tend à retenir plus d'attention parce qu'il représente une des premières causes de décès au Canada, occupant la seconde place après les maladies cardiovasculaires. Certains agents physiques et chimiques environnementaux font partie des causes reconnues de cancer. Il existe présentement un effort considérable afin d'éliminer ces agents toxiques du milieu de travail parce qu'ils apparaissent, en théorie, plus faciles à contrôler.

La législation se préoccupe de nombreuses autres catégories de maladies professionnelles telles que les affections cutanées, les maladies ou troubles respiratoires liés à la poussière ou autres agents toxiques, l'empoisonnement (suite à l'exposition à des agents toxiques), les troubles associés à des agents physiques ainsi qu'à des traumatismes successifs.

Les catégories professionnelles à risque.   Les mineurs, les ouvriers de la construction et des transports, les cols bleus et les superviseurs de premier niveau de l'industrie manufacturière sont victimes de la majorité des maladies professionnelles et des blessures. Par contre, les types d'occupations à risque maximum sont les pompiers, les mineurs et les policiers. De plus, un nombre considérable de travailleurs de l'industrie pétrochimique, de l'industrie du textile et de la teinture, de l'industrie des plastiques et de la chimie industrielle ainsi que les peintres sont particulièrement exposés aux maladies professionnelles.

Évidemment, celles-ci ne sont pas le lot exclusif des cols bleus et des travailleurs oeuvrant dans l'industrie manufacturière. Les cols blancs du secteur des services sont devenus la cible de troubles physiques et psychologiques. Parmi les affections les plus répandues, on trouve: les varices, les maux de dos, la baisse de la vue, les migraines, l'hypertension, les maladies coronariennes, les problèmes respiratoires et les troubles digestifs. Les facteurs environnementaux responsables de ces troubles sont: (1) un niveau de bruit trop élevé; (2) la pollution de l'air provenant de la fumée de cigarette et de vapeurs chimiques des machines à photocopier par exemple; (3) un environnement physique mal conçu et inconfortable (voir chapitre 13); (4) la papeterie à traitement chimique; et (5) la bureautique et la nouvelle technologie. Les dentistes, exposés de façon régulière aux radiations, au mercure et aux anesthésiants ainsi que les esthéticiennes qui utilisent fréquemment des produits chimiques souffrent d'un taux élevé de cancer, de maladies respiratoires et cardiovasculaires.

Les individus à risque. Les scientifiques estiment qu'il existe environ 1600 maladies résultant de malformations génétiques. Certaines personnes sont plus vulnérables que d'autres à cause de leur hérédité génétique[13]. Cette affirmation, difficile à valider, a provoqué une nouvelle controverse quant au rôle des services des ressources humaines par rapport au recours à des examens et à un contrôle de nature génétique.

En théorie, l'examen génétique pourrait permettre d'évaluer les antécédents génétiques d'un candidat. Cette évaluation, associée à une connaissance des produits chimiques de l'environnement de travail, pourrait suggérer quels produits seraient susceptibles d'engendrer des maladies comme le cancer. En identifiant la susceptibilité d'un individu à développer une maladie professionnelle, l'entreprise pourrait: (a) rejeter la candidature, (b) éloigner le candidat de l'environnement à risque, ou (c) mettre sur pied des politiques (par exemple, port obligatoire de vêtements protecteurs) pour diminuer la probabilité de la maladie. Actuellement, aucune législation fédérale ou provinciale ne couvre spécifiquement le recours à des examens génétiques en milieu de travail.

Bien qu'ils ne soient actuellement pas répandus, plusieurs grandes entreprises envisagent la possibilité de recourir à des examens génétiques. Cependant, dans aucun cas, la recherche n'a établi de relation directe entre la présence ou l'absence d'un trait génétique (pouvant être mesurée de façon fiable) et l'apparition éventuelle d'une maladie. Nombreux sont ceux qui ont des antécédents génétiques sans jamais développer des troubles associés. Bien qu'il puisse être utile de vérifier la vulnérabilité des candidats à une maladie, il ne semblerait pas raisonnable, souhaitable ou équitable de rejeter des candidats sans de meilleurs indicateurs de risque potentiel de maladie.

La surveillance génétique semblerait préférable au dépistage génétique. Elle met l'accent sur le suivi médical des employés exposés à des substances potentiellement dangereuses afin d'identifier les changements dans leur bagage génétique propres à engendrer des risques pour leur santé. La surveillance, si elle est utilisée pour identifier des toxines potentielles, pourrait entraîner le transfert des travailleurs susceptibles d'être affectés et permettre d'assainir l'environnement de travail. Une telle procédure serait également bénéfique aux travailleurs et à l'entreprise.

FACTEURS INFLUENÇANT LA QUALITÉ DE VIE AU TRAVAIL

Une mauvaise qualité de vie au travail est associée, pour beaucoup de travailleurs, à un environnement organisationnel ne répondant pas à leurs aspirations et à leurs intérêts tels que le besoin de responsabilités, de défis, un travail enrichissant, la reconnaissance, la réussite, l'équité ou la justice, la sécurité et la sérénité. Les facteurs organisationnels associés à ce manque de satisfaction comprennent: (1) des emplois peu significatifs, monotones, sans autonomie ni rétroaction et avec peu d'exigences qualitatives (voir les chapitres 3 et 13 pour une discussion de ces caractéristiques); (2) un degré élevé de communication unidirectionnelle et une implication minimale des employés dans la prise de décision; (3) des modalités de rémunération ne reposant pas sur le rendement ou reposant sur un rendement qui n'est pas mesuré adéquatement ou hors du contrôle de l'employé; (4) des superviseurs, des descriptions de postes et des politiques organisationnelles qui engendrent des conflits et des ambiguïtés de rôles; (5) des politiques et des pratiques de gestion des ressources humaines discriminatoires ou inefficaces; et (6) des renvois arbitraires.

Plusieurs de ces conditions sont aussi associées au stress organisationnel. Rappelons-nous, cependant, qu'un facteur contribuant au stress ou à une moindre qualité de vie au travail pour un individu donné peut ne pas avoir le même effet pour un autre.

SOURCES DE STRESS

Les principales sources du stress organisationnel sont (1) le superviseur; (2) le salaire; (3) la sécurité d'emploi et un environnement de travail sécuritaire.[14]

Les sources de stress que les travailleurs associent au superviseur sont les règlements mesquins et la pression incessante pour accroître la productivité. Ces deux facteurs interfèrent avec les besoins de contrôle, de reconnaissance et d'acceptation.

Le salaire est un facteur de stress lorsqu'on le perçoit comme étant inéquitable. Beaucoup de cols bleus croient qu'ils sont sous-payés par rapport à leurs collègues de bureau. Les enseignants pensent qu'ils sont sous-payés par rapport à des personnes ayant la même formation mais travaillant dans le secteur privé.

L'insécurité d'emploi, à court terme, peut être un facteur de stress important pour certains travailleurs, peut-être même plus qu'un travail dangereux. Ce dernier est prévisible; pas l'insécurité d'emploi.

Les changements organisationnels.   Les changements effectués dans une organisation sont souvent une source de stress parce qu'ils sont sérieux et accompagnés d'incertitude. Certains changements sont quelquefois faits sans avis préalable et leur nature exacte est parfois laissée au jeu des rumeurs. Les inquiétudes augmentent par rapport à des transferts ou déplacements éventuels. L'incertitude entourant d'éventuels changements provoque des symptômes de stress chez plusieurs employés.

Le rythme de travail.   Le rythme de travail, particulièrement ce qui concerne le contrôle du rythme de travail, constitue une source potentielle de stress dans l'organisation. Le détermination mécanique du rythme de travail enlève à l'employé le contrôle de la vitesse de l'opération et de la production. Les effets du rythme de travail sont sérieux car il empêche l'individu de satisfaire son besoin de contrôler la situation. On a observé que des travailleurs occupant des emplois dont le rythme est contrôlé mécaniquement sont épuisés à la fin de leur période de travail et sont incapables de se détendre suite à une augmentation de la sécrétion d'adrénaline. De plus, une étude effectuée auprès de 23 emplois de bureau et en usine rapporte que les travailleurs oeuvrant sur des chaînes de montage démontrent le plus haut niveau de symptômes du stress.

La surcharge de travail.   Alors que certains employés se plaignent de ne pas avoir assez de travail à faire, d'autres en ont beaucoup trop. En fait, certaines personnes ont un surcroît de travail qui dépasse leurs aptitudes et leur capacité. Une telle situation, si elle se prolonge, peut être fatale.

L'environnement physique.   Bien que la bureautique améliore la productivité, elle comporte des inconvénients associés au stress. Les écrans cathodiques peuvent représenter des sources de stress mais les conclusions des études quant à leurs effets sur les travailleurs sont encore incomplètes. D'autres facteurs de l'environnement de travail reliés au stress sont l'encombrement, le manque d'intimité et l'impossibilité de modifier ou de personnaliser le lieu de travail, par exemple, en déplaçant les bureaux ou les chaises, ou en installant des tableaux ou des plantes.

AMÉLIORATION DE LA SANTÉ ET DE LA SÉCURITÉ AU TRAVAIL

Pour améliorer la santé et la sécurité au travail, il faut d'abord identifier les sources de danger pour ensuite élaborer des stratégies de changements. Enfin, l'unique moyen de connaître l'efficacité des moyens mis en place, c'est l'étude comparative des taux d'accidents et des maladies professionnelles avant et après l'implantation des stratégies.

STRATÉGIES POUR AMÉLIORER LA SANTÉ ET LA SÉCURITÉ DE L'ENVIRONNEMENT PHYSIQUE DE TRAVAIL

La tenue de registres est un instrument utile pour améliorer l'environnement physique de travail. En effet, ils peuvent être utilisés pour évaluer la situation dans l'organisation en termes d'incidence des accidents et des maladies. Ils fournissent des données de base pour comparer et évaluer des stratégies alternatives d'amélioration des milieux de travail. Comme le processus de collecte de ces données engendre une prise de conscience des problèmes de santé et de sécurité, il peut être considéré autant comme une stratégie d'amélioration du milieu de travail qu'un processus pour déterminer l'efficacité de stratégies alternatives.

Les taux de santé et de sécurité.   Les taux de santé et de sécurité sont établis en fonction de leur fréquence, de leur gravité, et de leur incidence. Les organisations doivent tenir des dossiers sur l'incidence des accidents et des maladies pour fins de comparaison. Plusieurs organisations conservent aussi des dossiers sur la fréquence et la gravité des accidents et des maladies. Comme le service des ressources humaines est généralement responsable de la santé et de la sécurité, il importe que le personnel de ce service sache calculer les taux de santé et de sécurité.

Le **taux d'incidence** est le plus explicite car il combine les maladies et les blessures. La formule suivante illustre le taux d'incidence:

Taux d'incidence = Nombre de blessures et de maladies enregistrées x 1 million/Nombre d'heures de travail

Supposons qu'une organisation ait enregistré 10 blessures et maladies pour 500 employés. Pour calculer le nombre d'heures de travail, on multiplie le nombre d'employés par 40 heures et par 50 semaines de travail ou 500 x 40 x 50 = 1 million. Dans ce cas, l'incidence serait de 10.

Le **taux de gravité** reflète les heures perdues pour blessures ou maladies. Comme toutes les blessures et les maladies ne sont pas similaires, on définit quatre catégories: les décès, les invalidités totales permanentes, les invalidités partielles permanentes et les invalidités totales temporaires. Le taux de gravité peut être calculé à l'aide de la formule suivante:

Taux de gravité = Total des heures imputées x 1 million/Nombre total des heures travaillées

Évidemment, une organisation ayant le même nombre de blessures et de maladies qu'une autre, mais plus de décès aurait un taux supérieur de gravité.

Le **taux de fréquence** est similaire au taux d'incidence sauf qu'il reflète le nombre de blessures et de maladies par million d'heures de travail plutôt que par année:

Taux de fréquence = Nombre de blessures et de maladies enregistrées x 1 million/Nombre total des heures travaillées

Les accidents de travail. Cet aspect de l'environnement de travail se rapporte aux accidents physiques, aux coupures mineures et contusions jusqu'à la perte d'un membre et même de la vie. Il faudrait concevoir l'environnement de travail de façon à éliminer les accidents. C'est le meilleur moyen de les prévenir et d'améliorer la sécurité. Parmi les mesures de sécurité, on trouve les dispositifs de sûreté sur les machines, les rampes d'escaliers, les lunettes et les masques de sécurité, l'éclairage, les dispositifs auto-correcteurs et les arrêts automatiques. Ces moyens diminuent effectivement les accidents dans la mesure où les travailleurs les acceptent et les utilisent. Par exemple, les blessures aux yeux seront réduites par les lunettes de sécurité seulement si les employés les portent correctement. L'efficacité de tout règlement de sécurité dépend de la façon dont il est appliqué et respecté. Si les travailleurs participent à la prise de décision dans la façon d'apporter des changements pour améliorer la sécurité, ils seront plus enclins à les appliquer.

Une autre façon de modifier l'environnement de travail et d'améliorer la sécurité est de rendre le travail lui-même plus confortable et moins fatiguant. Cette approche se définit comme l'**ergonomie**. L'ergonomie étudie les changements devant être apportés à l'environnement de travail en fonction des aptitudes physiques, physiologiques et des limites des travailleurs. Conséquemment, les travailleurs sont moins susceptibles de faire des erreurs dues à la fatigue.

Alors que l'ergonomie met l'accent sur les dimensions physiques et physiologiques, une autre approche s'adresse aux dimensions psychologiques. La redéfinition des postes peut également prévenir les accidents en accroissant la motivation des travailleurs, en diminuant l'ennui au travail, et par le fait même en augmentant la vigilance.

Le service des ressources humaines peut être un instrument de prévention des accidents. En effet, il assiste les superviseurs dans leurs efforts de formation et élabore des programmes qui incitent les travailleurs à améliorer la sécurité. Les organisations utilisent diverses méthodes telles que des affiches qui indiquent le nombre de jours ou d'heures travaillées sans accidents, d'autres avec la mention « La sécurité d'abord » ou encore elles organisent des concours de sécurité. Lors de ces concours, on décerne des récompenses ou des mentions aux personnes ou aux services qui ont le meilleur dossier de sécurité. Ces programmes sont plus efficaces quand les employés sont déjà conscients des problèmes de sécurité et quand les conditions de l'environnement physique de travail ne comportent pas de graves dangers.

De nombreuses organisations ont mis en place des programmes de gestion par objectifs reliés à la santé au travail. Les cinq principales étapes de ces programmes sont:

1. identification des risques existants selon les dossiers du personnel;
2. évaluation de la gravité et du degré de ces risques;

3. élaboration de programmes appropriés pour contrôler, prévenir, ou réduire les accidents (par la fixation d'objectifs);
4. établissement d'un système pour évaluer objectivement les améliorations et fournir une rétroaction pour corriger les mesures de sécurité;
5. contrôle du progrès des programmes par rapport aux objectifs et aux révisions lorsqu'elles s'imposent.[15]

Les maladies professionnelles. Les maladies professionnelles sont plus graves et plus coûteuses que les accidents de travail autant pour les travailleurs que pour les organisations. De plus, l'environnement physique a un impact plus subtil dans le cas des maladies professionnelles que dans celui des accidents de travail. Par conséquent, il est habituellement plus difficile de développer des stratégies pour réduire l'incidence des maladies professionnelles. Malgré tout, on peut suggérer quatre stratégies:

1. tenue de registres;
2. formulation d'objectifs;
3. reconnaissance des maladies antérieures;
4. programmes de formation.

Les dossiers doivent inclure la date, le nombre d'échantillons, la durée de l'échantillonnage, la procédure utilisée, les noms, les numéros d'assurance-sociale, les classes d'emplois ainsi que le lieu de travail dans l'organisation et l'équipement de protection utilisé. Souvent, un médecin est impliqué dans le processus de collecte de l'information. Mais, la responsabilité de recueillir et d'analyser l'information appartient à l'organisation. Cette dernière devrait conserver l'information pendant une période aussi longue que celle qui correspond à la période d'incubation d'une maladie spécifique, ce qui peut vouloir dire pendant 40 ans. Ces dossiers contribuent à l'augmentation des connaissances dans des domaines comme l'épidémiologie et ils sont utiles lorsqu'il faut prendre des décisions pour améliorer l'environnement de travail.

La deuxième stratégie consiste à définir des objectifs, mettre en place des programmes et conserver des dossiers sur les maladies. Cette stratégie utilise l'information recueillie dans le cadre de la première stratégie et suit les mêmes étapes que la gestion par objectifs pour réduire les accidents de travail.

Une troisième stratégie consiste à reconnaître l'importance des maladies négligées dans le passé et à faire un effort concerté pour aider les travailleurs victimes de ces maladies. Par exemple, comme une longue exposition à l'amiante peut engendrer de graves maladies, plusieurs compagnies d'amiante au Québec ont mis sur pied un programme conjoint avec l'École de médecine de l'Hôpital Mount Sinai pour vérifier et suivre la santé des employés qui ont travaillé pour les compagnies durant plusieurs années. Des anciens employés ont aussi été invités à participer au programme.

L'éducation des travailleurs et les programmes de conditionnement physique représentent la dernière stratégie[16]. Des programmes éducatifs sur l'arthrite, par exemple, ont été organisés à la General Motors. Une partie de la prise de conscience des travailleurs provient de l'information qu'on leur transmet sur l'existence de cliniques qui reçoivent ceux qui pensent être atteints de maladies professionnelles. Nous discuterons un peu plus loin des programmes de conditionnement physique.

STRATÉGIES POUR AMÉLIORER LA SANTÉ ET LA SÉCURITÉ DE L'ENVIRONNEMENT PSYCHO-SOCIAL DE TRAVAIL

On peut utiliser plusieurs techniques pour améliorer l'environnement psycho-social de travail. Les techniques pour améliorer la qualité de vie au travail comprennent la gestion de la carrière, la redéfinition de l'emploi, les cercles de qualité et une nouvelle conception de l'organisation. Comme ces techniques ont été décrites aux chapitres 12 et 13, nous insisterons sur les techniques pour gérer le stress

Les programmes de gestion du stress dans l'organisation.   Des programmes spécifiques peuvent être conçus pour améliorer des aspects de l'organisation tels que le rôle du superviseur, la surcharge de travail, l'environnement physique, la structure des salaires et la sécurité d'emploi. Même s'il est peu probable qu'une organisation utilise tous ces programmes, plusieurs d'entre elles ont recours à certains programmes.

La Children's Aid Society du Toronto métropolitain a mis au point un programme intéressant pour réduire les risques de stress dans le cas des travailleurs sociaux chargés de s'occuper d'enfants à problèmes. Le programme, qui diffère radicalement des autres approches, comprend plusieurs éléments:

1. l'embauche des travailleurs par groupe;
2. le regroupement de ce nouveau personnel en petits groupes de cinq ou six personnes au cours des six premiers mois de travail;
3. l'accroissement graduel du nombre de cas pour atteindre une charge d'environ 60% de la charge normale après six mois;
4. le rôle élargi du superviseur orienté vers l'éducation, limitant ainsi les autres tâches du superviseur;
5. le programme de formation amélioré: un ou deux jours de formation par période de deux semaines;
6. le support social amélioré pour le groupe.[17]

D'autres organisations utilisent des stratégies alternatives de gestion du stress organisationnel telles que la « consolidation de l'équipe », la mise au point de politiques nouvelles ou claires sur des aspects ambigus du travail et la possibilité de consultation pour les employés désorientés.

Les stratégies de gestion du stress au plan individuel.   La gestion du temps peut être une stratégie efficace au plan individuel pour faire face au stress dans l'organisation. D'autres stratégies personnelles qui entrent dans la gestion du stress comprennent: (1) une bonne alimentation; (2) un programme d'exercices réguliers; (3) un contrôle médical; et (4) le développement de réseaux de supports sociaux. De nombreuses entreprises canadiennes assument habituellement les frais d'adhésion à des centres de conditionnement physique pour le personnel professionnel et cadre. Quelques organisations ont construit des gymnases de premier ordre sur les lieux de travail dont les services sont assurés par un personnel qualifié. Des travaux de recherche effectués dans deux compagnies d'assurances canadiennes situées à Toronto ont démontré une association significative entre l'utilisation de programmes de conditionnement physique d'une part et la satisfaction des travailleurs. On a également observé une réduction de l'absentéisme de 22% parmi les employés qui participaient au programme[18].

Les organisations peuvent offrir plusieurs activités ou programmes en vue d'améliorer les conditions de travail physiques et psycho-sociales. Le choix de l'activité la plus appropriée est fonction d'un diagnostic minutieux des sources de stress. L'évaluation des activités antérieures ainsi que celles utilisées par d'autres organisations peut devenir un outil dans le choix de ces stratégies.

ÉVALUATION DES ACTIVITÉS EN SANTÉ ET SÉCURITÉ AU TRAVAIL

L'efficacité des activités de santé et de sécurité peut être mesurée à l'aide des données recueillies sur les résultats associés à la santé et à la sécurité définis à la figure 14.2. Cependant, l'évaluation des stratégies visant à améliorer l'environnement physique de travail diffère de celle se rapportant à l'environnement psycho-social.

STRATÉGIES POUR AMÉLIORER L'ENVIRONNEMENT PHYSIQUE DE TRAVAIL

L'efficacité de ces stratégies est souvent mesurée par les effets sur l'absentéisme et le taux de roulement des travailleurs, les réclamations médicales, les taux et les coûts d'indemnisation, la productivité (quantité et qualité) et l'efficacité. Les effets de ces stratégies peuvent aussi être analysés par rapport aux variations des taux d'accidents ou l'incidence de maladies spécifiques. L'efficacité relative de ces stratégies peut être mesurée en déterminant le coût du programme et les bénéfices relatifs de ce dernier. Par exemple, on suggère que la sécurité en milieu de travail peut être augmentée de façon substantielle en harmonisant le couple personne-machine au moyen de l'ergonomie. Étant donné que les changements découlant de l'ergonomie sont relativement rapides et peu coûteux, l'ergonomie peut être la stratégie la plus efficace pour des changements apportés à l'environnement physique.

STRATÉGIES POUR AMÉLIORER L'ENVIRONNEMENT PSYCHO-SOCIAL DE TRAVAIL

L'efficacité de cette catégorie de stratégies est évaluée à l'aide d'indicateurs psychologiques des niveaux de santé et de sécurité, de la satisfaction et de l'implication au travail. Elle peut également être mesurée en utilisant les mêmes facteurs qui servent à déterminer l'amélioration de l'environnement physique de travail. Évidemment, il est approprié de mesurer l'efficacité de la gestion du stress en ayant recours aux indicateurs physiques et physiologiques.

Cependant, il est souvent très difficile d'établir une relation de cause à effet entre les stratégies de gestion du stress et la plupart des indicateurs physiques et physiologiques. Pour ce faire, il faudrait utiliser des mesures relativement sensibles à la réduction du stress telles que la fréquence cardiaque et la pression artérielle. Souvent, des mesures indirectes de performance, telles que les registres d'absences, peuvent être utilisées.

RÉSUMÉ

La santé et la sécurité au travail gagnent de l'importance au fil des ans. Les employeurs prennent conscience des coûts de la maladie et des bénéfices d'une main-d'oeuvre en bonne santé. Les gouvernements fédéral et provinciaux obligent les employeurs à se préoccuper de la santé et de la sécurité au travail. Les préoccupations actuelles portent avant tout sur les accidents de travail et les maladies professionnelles associées à l'environnement physique. Cependant, les organisations peuvent choisir de préserver la santé des travailleurs par des améliorations à l'environnement psycho-social. Bien que la plupart des efforts relatifs à ce dernier point soient volontaires, le gouvernement pourrait décider, dans un avenir prochain, de réglementer les conditions de l'environnement psycho-social de travail. Par conséquent, il serait rentable pour les organisations de se préoccuper de ces deux aspects de l'environnement de travail dès maintenant. Des programmes efficaces peuvent améliorer significativement la santé et la sécurité des travailleurs et l'efficacité de l'organisation.

Pour une plus grande efficacité, il faut impliquer les travailleurs dans l'élaboration et l'application des programmes de santé et de sécurité au travail. Comme dans le cas des programmes associés à la qualité de vie au travail, la participation des travailleurs à l'amélioration de la santé et de la sécurité n'est pas seulement une bonne idée mais est également susceptible d'être appréciée par les travailleurs.

Les environnements physiques et psycho-sociaux sont assez différents, et comportent chacun leurs propres composantes. Alors que certaines stratégies d'amélioration peuvent bien fonctionner pour un type d'environnement, elles ne fonctionneront pas nécessairement pour d'autres parties. Un diagnostic minutieux doit être fait avant que ces programmes ne soient choisis et mis en place.

Dans une perspective de gestion des ressources humaines, il faut avoir à l'esprit que ces programmes peuvent réduire les coûts des primes et des réclamations d'assurances, les frais des accidents de travail, les procédures judiciaires, ainsi que les pertes de productivité dues à l'invalidité, aux accidents, à l'absentéisme, au taux de roulement et même aux décès.

QUESTIONS À DISCUTER

1. Qu'est-ce que la santé et la sécurité au travail? Donnez des exemples pour appuyer votre définition.
2. Quelle est l'importance stratégique d'améliorer la santé et la sécurité au travail?
3. Quels programmes associés à l'amélioration de la qualité de vie au travail peuvent influencer la santé et la sécurité au travail?
4. Quelles sont les exigences légales en matière de santé et de sécurité au travail au Canada?
5. Quels facteurs affectent les accidents de travail et les maladies professionnelles?
6. Identifiez et décrivez les sources du stress dans l'organisation?
7. Quelles sont les étapes nécessaires au développement d'une stratégie d'amélioration de la santé et de la sécurité dans l'organisation?
8. Comment une organisation peut-elle prévenir les accidents de travail?
9. Discutez de l'importance des maladies professionnelles pour les organisations.
10. Comment peut-on évaluer les stratégies d'amélioration de l'environnement physique et psycho-social de travail?

É T U D E   D E   C A S

GESTION DU STRESS À L'HÔPITAL GÉNÉRAL

On a implanté et suivi un programme de gestion du stress à l'Hôpital Général pendant plus d'une année. De multiples plaintes de la part des infirmières concernant le stress, la sur-charge de travail, la solitude, et les changements imprévus de politiques et de procédures ont donné l'impulsion au projet. Pour aborder ces problèmes, les administrateurs hospitaliers ont eu recours à une équipe de consultants. Ces derniers avaient déjà implanté un programme analogue dans un autre hôpital de la région de Québec.

Une première phase impliqua un diagnostic des causes et des conséquences du stress à l'hôpital. La compréhension des sources du stress est une condition préalable nécessaire à la mise sur pied d'un programme approprié de gestion du stress.

Les conseillers ont développé un questionnaire pour recueillir de l'information auprès d'un échantillon de 300 infirmières représentant les différents services de l'hôpital. Le questionnaire portait en partie sur les sources de stress dans l'organisation: les facteurs courants, les facteurs récurrents et les sources associées à des changements récents. Il comportait aussi des questions sur l'utilisation de techniques de gestion du stress, telles que l'exercice physique, l'alimentation et les systèmes de soutien disponibles.

Une dernière section du questionnaire concernait des symptômes tels que l'irritabilité, l'insomnie, les changements dans les habitudes alimentaires ainsi que des effets à plus long terme tels que les problèmes de santé, l'insatisfaction au travail et la diminution de l'efficacité au travail. De plus, les conseillers ont eu accès au registre de présence au cours des douze derniers mois et aux données sur l'évaluation du rendement.

L'analyse démontra que plusieurs des changements administratifs et les conditions actuelles de travail étaient reliés de façon significative aux conséquences et symptômes du stress. Parmi les sources organisationnelles du stress, on nota des changements importants et fréquents de directives, de politiques et de procédures; des échéanciers imprévus et de soudaines augmentations du niveau d'activité ou du rythme de travail. Les conditions de travail ayant le plus d'effets négatifs incluaient la surcharge quantitative, la rétroaction associée à une diminution du rendement, le manque de confiance dans l'administration ainsi que les conflits et les ambiguïtés de rôles.

Les techniques de gestion du stress étaient peu ou pas utilisées. Seulement 20% des infirmières faisaient de l'exercice physique et, fait surprenant, 60% d'entre elles avaient une alimentation mal équilibrée. Parmi les problèmes de santé les plus répandus, on pouvait noter les migraines, la diarrhée ou la constipation, les grippes, les maux de dos et la dépression.

À partir de ce diagnostic, les administrateurs de l'hôpital et les conseillers ont décidé d'apporter certaines améliorations d'ordre organisationnel. Pour réduire la surcharge de travail et les ambiguïtés de rôles, les postes ont été analysés au plan de la répartition du travail, des exigences et des normes de rendement. Les charges de travail entre les postes ont été équilibrées et les descriptions de postes éclaircies. Les administrateurs de l'hôpital ont aussi travaillé avec le personnel des services pour clarifier leurs attentes et pour fournir une rétroaction sur le rendement. Les infirmières ont reçu une formation pour apprendre à mieux organiser leur charge de travail et leur temps et pour améliorer le réseau des supports sociaux.

Un effort a été entrepris pour augmenter l'information et la formation des infirmières quant aux changements administratifs à venir. La haute direction a mis sur pied des réunions d'information avec les infirmières d'expérience sur une base trimestrielle de façon à éliminer les malentendus, les mauvaises interprétations, et les rumeurs.

Alors que les changements indiqués plus haut visaient à réduire les sources du stress dans l'organisation, des mesures additionnelles ont été mises en place pour aider les infirmières à identifier et à affronter le stress de façon plus efficace. On a mis sur pied des examens physiques annuels pour détecter les problèmes reliés au stress, et des programmes de formation pour identifier les symptômes du stress et les problèmes personnels et interpersonnels associés. On organisa aussi un programme d'exercices physiques et d'activités sportives diverses ainsi que des cours hebdomadaires de yoga. L'hôpital créa aussi un programme de formation orienté vers une saine alimentation et des techniques de contrôle des migraines et des maux de dos. Lors des réunions et des sessions de formation, on a servi des fruits frais au lieu des brioches et des beignes.

Les réactions initiales au programme de gestion du stress ont été positives et l'hôpital évalue présentement les effets à long terme de cette intervention. Le coût total pour une année a été estimé à 150 000$.

VII

Instauration et maintien d'un climat de travail satisfaisant

Droits des employés

Actualité

LE DROIT À UNE PROTECTION CONTRE LE HARCÈLEMENT SEXUEL

COUR SUPRÊME DU CANADA (Québec) — Madame Bonnie Robichaud a déposé auprès de la Commission canadienne des droits de la personne une plainte, en date du 26 janvier 1980, dans laquelle elle alléguait avoir été victime de harcèlement sexuel, de discrimination et d'intimidation de la part de son employeur, le ministère de la Défense nationale; elle précisait que Denis Brennan, son surveillant, était la personne qui l'avait harcelée sexuellement. Le tribunal des droits de la personne, constitué pour examiner la plainte de madame Robichaud, a conclu qu'il y avait eu plusieurs rencontres à caractère sexuel entre madame Robichaud et monsieur Brennan, mais il a rejeté la plainte portée contre ce dernier et contre l'employeur. Un appel a été interjeté devant le tribunal d'appel, qui a jugé que monsieur Brennan avait harcelé sexuellement madame Robichaud et que le ministère de la Défense était strictement responsable des actes de son personnel de surveillance... La question en litige, dans la présente affaire, est de savoir si, en vertu de la Loi canadienne sur les droits de la personne, un employeur est responsable des actes discriminatoires accomplis sans autorisation par ses employés dans le cadre de leur emploi.

La Cour suprême du Canada statua que la responsabilité de l'employeur doit plutôt être établie en fonction de l'objet de la loi. Les objectifs réparateurs de la loi perdraient toute leur valeur si les redressements qu'elle prévoit, surtout ceux énoncés aux articles 41 et 42 ne pouvaient pas être obtenus contre l'employeur... Seul l'employeur peut remédier à des effets peu souhaitables et seul l'employeur est en mesure de fournir le redressement le plus important, celui d'un milieu de travail sain. La loi met l'accent sur la prévention et l'élimination de conditions peu souhaitables plutôt que sur la faute, la responsabilité morale et la punition... Il ressort... que l'acte discriminatoire d'un employé doit être aussi considéré comme l'acte discriminatoire de l'employeur, qu'il ait été ou non autorisé ou voulu par ce dernier.

Source : ROBICHAUD c. CANADA (CONSEIL DU TRESOR), décision no 87T-816, Jurisprudence Express, S.O.Q.U.I.J.

Cette décision fait ressortir l'importance de la responsabilité de l'employeur au niveau de la reconnaissance et du respect des droits accordés aux employés par les textes législatifs. Dans ce chapitre, nous analyserons les aspects légaux des droits des employés ainsi que les mesures utilisées par les gestionnaires pour faire respecter ces lois qui se font de plus en plus nombreuses.

DROITS DES EMPLOYÉS

La notion de **droits des employés** se réfère d'une part aux droits fondamentaux de la personne prévus dans les lois d'ordre public et, d'autre part aux droits supplémentaires accordés par la négociation collective.

Dans la première catégorie, les droits sont protégés par des lois dites « d'ordre public ». Cela signifie que nul ne doit outrepasser les dispositions qui y sont prévues et cela dans le but ultime d'offrir une protection sociale et économique minimale. Le Code canadien du travail, la Loi canadienne des droits de la personne et la Loi sur la santé et la sécurité du travail sont les principales lois protégeant les droits fondamentaux des travailleurs canadiens.

Au Québec, nous retrouvons sensiblement les mêmes lois soit, le Code du travail, la Charte des droits et libertés de la personne et la Loi sur la santé et la sécurité du travail. Contrairement au Code canadien du travail, le Code du travail québécois ne prévoit aucune disposition relative aux conditions minimales de travail. Ces dispositions sont prévues à la Loi sur les normes du travail.

Les principaux droits fondamentaux des travailleurs sont les suivants:
- le droit à des conditions de travail assurant un minimum de qualité de vie;
- le droit à la protection contre le harcèlement sexuel;
- le droit à la protection contre les actes discriminatoires basés sur le sexe, le statut marital, la race, la religion, le handicap ou le groupe ethnique;
- le droit à un préavis en cas de licenciement collectif;
- le droit à la confidentialité des dossiers personnels.

Le droit à des conditions de travail assurant un minimun de qualité de vie est prévu au Code canadien de travail et à la Loi sur les normes du travail du Québec. Ces conditions minimales concernent principalement les salaires, les repos et congés divers, les jours fériés et la durée du travail. La protection contre le harcèlement sexuel et les actes discriminatoires est prévue aux dispositions des Chartes canadienne et québécoise des droits de la personne. Les dispositions relatives au préavis de **licenciement collectif** en cas de fermeture d'usine ou de baisse de production sont régies au fédéral, par le Code canadien du travail et au Québec, par la Loi sur la formation et la qualification professionnelle. Ce sont ces mêmes lois qui interdisent le congédiement sans cause juste et suffisante. Le Code canadien du travail prévoit l'ouverture de ce droit à tout employé ayant accumulé au moins douze mois de service continu chez le même employeur (article 61.5(1)). Au Québec, la Loi sur les normes du travail exige que le salarié ait cinq ans de service continu chez le même employeur pour exercer un recours en vertu de cette loi (article 124). Ainsi, les employés ne répondant pas à ce prérequis sont sans protection contre un congédiement abusif. Le droit à la confidentialité des dossiers personnels est protégé par la Loi sur l'accès à l'information adoptée par le gouvernement du Québec.

L'existence de ces législations vient établir un cadre général limitant, dans une certaine mesure, l'exercice du droit de gérance des employeurs. Ces derniers se doivent de respecter scrupuleusement les dispositions d'ordre public. La violation d'un droit reconnu par ces lois peut entraîner des pénalités et des amendes.

La deuxième catégorie réfère aux droits supplémentaires obtenus par la négociation collective. Ces derniers comprennent tous les avantages au-delà des dispositions légales d'ordre public sur lesquels le syndicat et l'employeur se sont entendus en cours de négociation. Ces droits sont inscrits dans une convention collective.

OBJECTIFS ET IMPORTANCE DES DROITS DES EMPLOYÉS

La reconnaissance des droits des employés par la législation vise à assurer des conditions de travail minimales et un environnement de travail sain à tous les salariés sans distinction. Les droits reconnus par la négociation collective ont pour but de leur octroyer des conditions supérieures qui reflètent généralement la réalité économique de l'entreprise et du marché dans lesquels ils évoluent. Le résultat de ces négociations est en grande partie déterminé par le pouvoir respectif des parties. Nous en discuterons plus en détails au chapitre 17.

Une fois ces droits reconnus, les employeurs sont tenus de les respecter. En cas de violation, les travailleurs peuvent demander réparation, soit par le biais de recours civils ou par arbitrage, dépendamment du droit dont ils sont lésés. Il devient donc important pour l'employeur de connaître et de respecter cesdits droits. Une violation volontaire d'un de ces droits peut lui être coûteuse en termes de frais, réputation et détérioration du climat de travail. Cela apparaît évident lorsqu'on analyse les décisions rendues par les tribunaux et les arbitres dans les cas d'un congédiement sans cause juste et suffisante. Prenons par exemple, une cause de congédiement pour rendement insuffisant décrété sans cause juste et suffisante en vertu du Code canadien du travail. L'arbitre décide que les douze années de service continu de la plaignante devaient être prises en considération et que l'employeur devait payer une indemnité de départ en reconnaissance de ces années de service, soit une indemnité correspondant à huit mois de salaire plutôt que les sept semaines déjà versées[1].

Dans un autre exemple, la Cour suprême de l'Ontario décide qu'un concessionnaire de voitures doit payer à un ancien employé une somme de 93 940$ avec un intérêt de 15% à partir de la date du congédiement en dédommagement pour son « congédiement rapide et méprisant ». Voici les faits: Robert Eyers s'absente de son poste de gérant général des ventes pour City Buick Pontiac Cadillac Limitée après avoir subi une attaque cardiaque en juin 1982. Faisant l'hypothèse incorrecte que cet employé était devenu invalide de façon permanente, la compagnie cesse de verser le salaire à R. Eyers au mois d'août, au moment où il est encore à l'extérieur du pays et cela, sans l'en informer.

À son retour, Eyers est déclaré complètement guéri et apte au travail par ses médecins. Peu de temps après avoir pris contact avec son employeur à la mi-septembre, Eyers reçoit ce qui semble être une lettre de congédiement. Cette dernière précise que « étant donné la situation économique, le poste de gérant général des ventes... n'existe plus et qu'il ne serait pas créé à nouveau jusqu'à ce que la situation économique s'améliore ».

Au cours du procès, la compagnie affirme s'être préoccupée de l'état de santé de R. Eyers et de sa capacité à faire face aux pressions d'un poste plus exigeant. Le juge Joseph Potts de la Cour suprême qualifie la préoccupation pour la santé du plaignant d'« écran de fumée ». Le Juge Potts demande: « Quelle est la différence entre dire à une personne « Vous êtes congédié »... et lui dire « Le poste que vous occupiez auparavant n'existe plus »?

Eyers avait occupé un poste au sein de l'entreprise pendant huit ans et gagnait un salaire annuel de 40 000$ en plus des avantages sociaux et des bonis. On lui offrit un poste en tant que gérant des ventes de Cadillac à un salaire de 14 000$ lequel, selon le juge, il n'était pas obligé d'accepter pour limiter ses dommages. De plus, le juge Potts signale: « On l'aurait probablement congédié de toute façon dans ce nouveau poste ».

Selon le juge Potts et dans des circonstances normales, un préavis approprié pour un employé de huit ans de service serait d'une année. Mais, étant donné le manque de courtoisie de l'employeur envers R. Eyers et dû au fait qu'il n'avait même pas été informé du moment où il serait rayé de la liste de paie, le juge Potts décide que la période de préavis pour laquelle Eyers doit être compensé est de dix-sept mois et cela en date du 1er août 1982.[2]

INTERRELATIONS ENTRE LES DROITS DES EMPLOYÉS ET LES AUTRES ACTIVITÉS DE GESTION DES RESSOURCES HUMAINES

Tel qu'illustré à la figure 15.1, les droits des employés comportent de multiples relations avec les autres activités de gestion des ressources humaines. Nous nous en tiendrons aux plus importantes.

Figure **15.1**   **Relations et aspects des droits des employés**

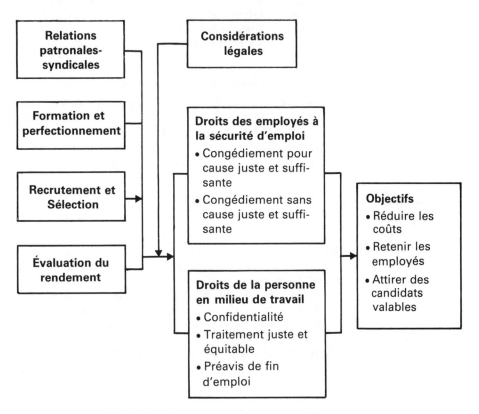

Les relations employeur-employés.   Les droits des travailleurs non-syndiqués sont protégés par des législations d'ordre public. Ces dispositions ne prévoient que les conditions minimales qui ne garantissent souvent qu'un niveau de qualité de vie acceptable. Lorsque le désir des travailleurs d'augmenter leur qualité de vie devient une préoccupation importante, cela stimule leur désir de se syndiquer. Nous en discuterons au chapitre 16. Pour les employés syndiqués, le droit à la sécurité d'emploi est généralement inscrit dans la convention collective.

La formation et le perfectionnement.   Il est suggéré aux dirigeants d'entreprises d'établir des politiques internes et des programmes de formation adéquats pour faire connaître à tous les gestionnaires les mesures à prendre pour respecter les droits des employés. En ce qui a trait au harcèlement sexuel, le Code canadien du travail oblige maintenant les employeurs sous juridiction fédérale à élaborer et à implanter une politique en matière de harcèlement sexuel et à prévoir un mécanisme de réparation pour les victimes[3].

L'évaluation du rendement.   Les superviseurs invoquent souvent comme raison de congédiement le faible rendement d'un employé. Il devient très difficile pour les gestionnaires d'établir une preuve solide pour motiver une telle décision devant un tribunal. Les dossiers d'évaluation du rendement sont souvent peu précis et/ou mal analysés et les résultats de ces évaluations ne sont généralement pas communiqués aux employés. Il est donc très difficile pour ces derniers de se justifier ou d'améliorer leur rendement au travail. Le courant jurisprudentiel favorisant actuellement les employés va probablement forcer les spécialistes en gestion des ressources humaines à intensifier leurs efforts pour élaborer des politiques d'évaluation de rendement précises et équitables. Un programme de formation adéquat devrait être donné à tous les gestionnaires responsables de ces dossiers.

CONSIDÉRATIONS LÉGALES

L'analyse des droits des employés engendre des considérations légales complexes de sorte que nous nous en tiendrons aux principaux aspects. Après avoir examiné les questions légales relatives aux droits des employés, nous discuterons des stratégies de gestion des ressources humaines visant à faciliter la reconnaissance de ces droits par l'employeur.

DROIT DES EMPLOYÉS À LA SÉCURITÉ D'EMPLOI

Dans les cas où il n'existe pas de convention collective ou de loi spécifique protégeant les travailleurs contre un **congédiement**, ceux qui se sentent lésés peuvent déposer une plainte devant les tribunaux de droit commun.

Au Canada, la définition de « cause de congédiement » s'est considérablement modifiée dans le temps. Dans le passé, la décision de mettre fin à un emploi pour des raisons de mauvaise conduite, négligence ou désobéissance s'appliquait presqu'automatiquement[4]. Maintenant, il faut qu'il y ait non respect d'une des obligations contractuelles de l'employé pour justifier un tel geste. Ces obligations sont: l'exécution du travail pour lequel l'employé est rémunéré, la loyauté envers l'entreprise et le respect des règles et politiques qui la gouverne. Il faut donc que le comportement de l'employé constitue une rupture sérieuse de ses obligations pour qu'un congédiement soit justifié.

La plupart des employés sont embauchés en vertu d'un contrat implicite alors que les gestionnaires le sont en vertu d'un contrat écrit. Habituellement, les contrats implicites ne comportent pas de durée déterminée. La décision de mettre fin à un lien d'emploi sans cause juste est alors considérée comme une rupture de contrat. Une erreur mineure dans l'exécution du travail par exemple, ne constitue pas un congédiement justifié. La faute ou la mauvaise conduite doit être suffisamment grave pour expliquer le bris du contrat de travail[5].

De plus, les législations canadiennes interdisent à l'employeur de mettre fin au lien d'emploi pour des raisons spécifiques. Par exemple, un congédiement pour activités syndicales est illégal dans toutes les provinces et en vertu des lois fédérales. Au Québec, l'article 15 du Code du travail prévoit une telle interdiction. Un congédiement pour cause de maternité ou parce qu'une saisie de salaire a été pratiquée à l'égard d'un salarié font l'objet d'une protection légale dans plusieurs provinces. Au Québec, cette protection est prévue à l'article 122(4) de la Loi sur les normes du travail.

Congédiement pour cause juste et suffisante. Pour qu'une cause de congédiement soit jugée juste et suffisante en vertu du droit commun, il faut qu'un employé ait commis un acte qui puisse avoir des répercussions négatives sérieuses sur les opérations, la réputation ou la gestion de l'entreprise. Une telle raison peut inclure, par exemple, la fraude, la malhonnêteté, la réalisation de faux, l'insubordination, l'absentéisme chronique ou un refus d'obéir à des demandes « raisonnables ». Le fardeau de la preuve dans ces cas revient à l'employeur.

Si nous considérons seulement la protection offerte aux employés en vertu du droit commun canadien, elle est très limitée pour plusieurs raisons. Par exemple: (1) le fait que l'employeur connaisse son obligation légale de donner ou de payer un préavis ne l'empêche pas de congédier un employé sans cause juste et suffisante. La majorité de la main-d'oeuvre canadienne ne profite que d'une période légale de préavis d'un à deux mois; (2) en vertu du droit commun, les réparations prévues en cas de congédiement sont très réduites. Par exemple, la personne congédiée peut obtenir une compensation monétaire correspondant seulement au montant du salaire qui aurait été gagné durant la période de préavis. La réintégration en emploi n'est pas prévue en vertu du droit commun, sauf dans des cas très spéciaux. Traditionnellement, l'employeur n'était pas tenu de respecter le principe d'un congédiement « équitable » et n'était pas obligé de faire part à l'employé des raisons de son congédiement ni de lui accorder l'opportunité de s'expliquer.[6]

La protection légale contre un congédiement sans cause juste et suffisante.
Trois gouvernements ont adopté des lois plus favorables à la protection des employés contre un congédiement sans cause juste et suffisante: le Québec, la Nouvelle-Écosse et le gouvernement fédéral.

La Nouvelle-Écosse est la première province à adopter une législation qui assure une protection à tous les employés ayant au moins dix ans de service chez un même employeur. En vertu de cette loi, l'employé peut porter son cas en appel devant le Directeur des normes du travail qui agit d'abord comme conciliateur. En cas de désaccord, le Directeur a l'autorité pour prendre une décision exécutoire, à moins que l'une ou l'autre des parties ne fasse appel devant le Tribunal des normes du travail. Le Directeur peut exiger la réintégration de l'employé à son poste.

L'article 61.5 du Code canadien du travail protège les employés sous juridiction fédérale qui ne sont pas couverts par une convention collective et qui ont complété au moins douze mois d'emploi continu. Quand un employé enregistre une plainte pour un congédiement injuste auprès du ministre du Travail Canada, un inspecteur tente de régler le cas. Le ministre du Travail peut nommer un arbitre qui déterminera si le plaignant a été congédié injustement ou non. L'arbitre dispose de pouvoirs importants de réparation dont celui de réintégrer le plaignant dans son poste et de demander paiement d'une indemnité (article 61.5(9) du Code canadien du travail).

En 1979, le Québec a adopté la Loi sur les normes du travail. Les dispositions sont similaires à celles prévues au Code canadien du travail. Elle permet aux employés qui ont cinq ans de service continu chez un même employeur de recourir à un arbitre nommé par la Commission des normes du travail (article 124). L'arbitre dispose des mêmes pouvoirs de réparation que ceux prévus au Code canadien du travail.

Lorsqu'un employeur met fin à l'emploi d'un travailleur, il doit lui accorder un préavis correspondant aux normes fixées par la loi. Au Québec, l'article 82 de la Loi sur les normes du travail prévoit des avis variant en fonction de la durée de service des travailleurs. Le Code canadien du travail prévoit également un préavis pour tout employé justifiant d'au moins trois mois de service continu chez un même employeur (article 60.4 du Code canadien du travail). Pour les employés non couverts par la Loi sur les normes du travail et le Code canadien du travail, des préavis de fin d'emploi sont prévus au Code civil (article 1668 al. 3). Pour avoir droit à l'ouverture de ce droit, les employés ne doivent pas avoir été congédiés pour une faute grave.

Congédiement déguisé et préavis raisonnable. Une fois qu'un employé est embauché, aucune des parties ne peut changer de façon unilatérale les clauses du contrat de travail; tout changement nécessite un accord mutuel. Lorsqu'un changement de statut ou de conditions de travail force un employé à démissionner, cette démission peut être un congédiement déguisé. On entend par changement de statut et de conditions de travail susceptibles de conduire à un tel congédiement:

- un changement de fonction;
- une diminution du salaire ou des avantages sociaux;
- un changement de niveau hiérarchique;
- une rétrogradation;
- une réaffectation à un nouveau poste ou dans un nouveau lieu de travail.

Dans l'éventualité d'un changement abusif entraînant la démission d'un salarié, celui-ci peut utiliser les mêmes recours prévus pour les cas de congédiement sans cause juste et suffisante.

Pour les employés qui ne sont ni couverts par la Loi sur les normes du travail ou par le Code canadien du travail et pour lesquels les préavis prévus au Code civil ne sont pas jugés suffisants en raison de la nature de leur emploi, l'employeur peut mettre fin à leur emploi par un préavis raisonnable. Cette notion de « délai raisonnable » s'applique généralement aux cadres et aux individus occupant des postes spécialisés difficilement substituables. À part les périodes minimales de préavis prévues à la loi (article 1668(9) du Code civil) aucun délai de préavis raisonnable n'a été fixé par voie législative. D'ailleurs, la notion de « préavis raisonnable » n'est pas clairement définie dans la loi. Toutefois, au fil des ans, un courant jurisprudentiel s'est établi à partir de l'analyse de cas . Il semblerait que les tribunaux prennent en considération les facteurs suivants:[7]

- nombre d'années de service;
- âge de l'employé;
- disponibilité d'un poste équivalent sur le marché;
- expérience et formation;
- niveau de responsabilités;
- degré de spécialisation;
- méthode de recrutement.

Les dommages et intérêts.   Quand un employeur met fin à l'emploi d'un individu il doit lui donner un préavis raisonnable ou lui verser un montant égal au salaire qu'il aurait gagné durant cette période de préavis. Si l'employé désire poursuivre son ex-employeur pour une somme plus substantielle, il devra demander réparation en « dommages et intérêts ». Pour avoir droit à une telle réparation, l'employé doit avoir subit un préjudice moral ou économique (perte de revenu, perte de gratifications, atteinte à sa réputation, etc.). Dans l'évaluation des dommages et intérêts, les tribunaux considèrent d'autres aspects tels que les avantages sociaux, les commissions et primes qu'aurait pu recevoir le plaignant durant la période de préavis, les frais de déplacement ou autres frais raisonnables encourus lors de la recherche d'emploi.

Depuis la fin des années 1970, les juges ont accordé des dommages et intérêts pour « atteinte à l'équilibre mental » dans de nombreux cas. Le degré d'atteinte à l'équilibre mental varie en fonction de divers facteurs tels que la manière dont le congédiement s'est effectué, le caractère soudain de la perte d'emploi, la perte de réputation, l'ancienneté, le statut, etc. La cause de Pilon vs Peugeot du Canada est un exemple classique de cette situation.

Pilon, après dix-sept ans de service chez Peugeot est congédié de façon arbitraire. Il obtient un autre poste peu de temps après, mais sa santé se détériore. Il décide alors de poursuivre en justice son ex-employeur. Le juge, en étudiant la cause, trouve que Peugeot ne s'est pas conformé au contrat implicite. Il condamne donc Peugeot à verser à Pilon la somme de 7500$ pour atteinte à l'équilibre mental conséquente à la nature et au caractère soudain de la fin d'emploi.

La sécurité d'emploi en vertu d'une convention collective. Les clauses de sécurité d'emploi prévues dans de nombreuses conventions collectives visent à éliminer les décisions arbitraires en matière de congédiement sans cause juste et sans préavis approprié[8]. De plus, les conventions collectives prévoient généralement deux situations spécifiques de fin d'emploi: licenciement et échec de l'employé à faire face à ses obligations. La plupart des conventions collectives permettent à l'employeur de réduire son personnel en cas de surplus de main-d'oeuvre. Par contre, ce dernier sera tenu de respecter les dispositions de la convention collective relatives aux règles d'ancienneté, de mise à pied et de préavis.

Les mésententes au niveau de l'application de la convention collective sont habituellement soumises à l'arbitrage. L'expression « sans cause juste et suffisante » est laissée délibérément vague pour que l'arbitre dispose de plus de flexibilité dans ses décisions. En dépit de cette flexibilité, la tendance va généralement dans le sens d'un traitement équitable envers l'employé.

DROITS DE LA PERSONNE EN MILIEU DE TRAVAIL

On entend par droits de la personne en milieu de travail, la confidentialité et l'accès aux dossiers personnels, un traitement juste et équitable, la protection contre le harcèlement sexuel, le droit à un environnement sain et le droit à des arrangements spéciaux dans le cas de fermetures d'usines/de bureaux.

Le droit à la confidentialité et à l'accès aux dossiers. Depuis le début des années 1980, moment du dépôt du Bill C-43, les Canadiens ont acquis le droit d'accéder aux dossiers gouvernementaux et d'être protégés par des clauses de confidentialité. Cette amélioration provient de la révision de la Section IV de la Loi canadienne sur les droits de la personne, laquelle permet à un tribunal d'examiner tout dossier gouvernemental pour décider s'il peut être produit devant un tribunal.

La Loi sur l'accès à l'information contenue dans le Bill C-43 reprend les principales caractéristiques structurelles de la Loi américaine sur la liberté de l'information. Le principe central de la loi affirme que le public a le droit d'accéder à l'information contenue dans les dossiers gouvernementaux à moins que ces derniers en soient spécifiquement exclus. De plus, la loi prévoit une revue jurisprudentielle des décisions gouvernementales ayant trait au refus d'accès à certains dossiers particuliers[9]. L'exemption principale que prévoit la Loi sur l'accès à l'information se rapporte à la diffusion d'informations de nature personnelle. En effet, l'article 19 du Bill C-43 défend la diffusion de tout dossier qui contient des informations personnelles à moins que la personne concernée consente à la diffusion de cette information ou que l'information soit disponible publiquement.

Le droit à un traitement juste et équitable. Il s'agit du droit des employés d'être traités de façon équitable et avec respect indépendamment de la race, du sexe, de l'origine ethnique, du handicap physique, de l'âge ou de la religion. Ceci implique non seulement que les employés ont le droit d'être protégés contre des mesures discriminatoires dans le cadre des pratiques et des décisions en matière d'emploi mais également, qu'ils ont le droit d'être protégés contre tout harcèlement, y compris sexuel.

Le harcèlement sexuel est devenu un problème sérieux et croissant dans les milieux de travail. Plusieurs commissions des droits de la personne font état d'une augmentation continue de plaintes dans ce domaine. En Ontario, par exemple, le nombre de plaintes a augmenté de 35 à 122 entre 1978 et 1983. En Colombie-Britannique, environ le quart des plaintes pour discrimination au travail se rapporte au harcèlement sexuel en 1983 et 1984.[10]

En 1985, des amendements au Code canadien du travail obligent toutes les entreprises sous juridiction fédérale à élaborer et à faire appliquer des politiques relatives au harcèlement sexuel ainsi qu'à prévoir un mécanisme de réparation pour les victimes.[11]

La responsabilité de l'employeur dans le cas du harcèlement sexuel a été illustrée clairement à la suite de décisions rendues dans plusieurs causes. Par exemple, dans la cause de Kotyk vs Emploi et Immigration Canada (1983), le tribunal déclare le gérant d'un Centre de main-d'oeuvre du Canada coupable d'avoir fait des avances à caractère sexuel non-désirées envers deux de ses subalternes. L'employeur est également déclaré coupable en raison de l'absence de politique relative au harcèlement sexuel et de directive claire destinée au personnel de supervision.

Un cas récent en Saskatchewan reflète cette notion de responsabilité de l'employeur. Le Commissaire en chef de la Commission des droits de la personne, Ron Kzuzewiski fait les commentaires suivants: « C'est la responsabilité de l'employeur d'assurer un environnement ne permettant pas de discrimination » et avertit que « ceux qui dévieraient aux dispositions de cette loi seront tenus responsables des actes de harcèlement sexuel posés dans leur milieu de travail ».[12]

Le droit à la santé et à la sécurité.   Tel que discuté au chapitre 14, les questions de santé et de sécurité au travail constituent une préoccupation croissante au Canada. Toutes les provinces et le législateur fédéral protègent les travailleurs en matière de santé et sécurité et leur permettent de refuser d'effectuer un travail dangereux.

Les travailleurs québécois commencent à réclamer également le droit à un environnement exempt de pollution. Quelques compagnies ont pris des mesures préventives contre des substances qui n'étaient pas jusqu'à maintenant considérées dangereuses. Par exemple, Boeing Canada a imposé l'interdiction de fumer sur les lieux de travail. D'autres organisations tentent aussi de réduire le stress résultant de conditions psycho-sociales malsaines en milieu de travail.

Les mesures prévues en cas de fermetures d'usines/de bureaux.   Le gouvernement fédéral ainsi que les gouvernements de quelques provinces ont montré leur préoccupation envers les employés victimes d'une fermeture d'usine ou d'une réduction de travail en adoptant une législation obligeant les employeurs à former des comités pour assister le personnel affecté. Les comités sont composés de représentants des employés et de la direction ainsi que d'un président impartial. Leur rôle est d'assister les employés dans leur recherche d'emploi. De plus, les gouvernements offrent un support technique et conseil aux employeurs et aux employés affectés par une diminution non négligeable de personnel.

Au niveau fédéral, il existe un programme de planification de l'emploi, « Développement des collectivités », régi par la Commission d'Emploi et d'Immigration du Canada. Ce programme vise à rapprocher employeur et employés et à les amener à discuter des changements en milieu de travail (particulièrement des changements technologiques), à formuler des mesures d'adaptation pour alléger les problèmes en résultant et pour surveiller et évaluer l'application des plans adoptés. Le gouvernement contribue aussi financièrement pour faciliter l'application d'ententes négociées. La contribution fédérale est habituellement de 50% du coût, l'employeur défraie la balance.

En 1980, le gouvernement ontarien a mis en place un service de révision des mesures prévues en cas de fermetures d'usines pour soutenir l'initiative du gouvernement fédéral en cette matière. Le mandat du service est:

- recenser le plus tôt possible toutes les fermetures d'usines annoncées ou prévisibles ainsi que toute les diminutions radicales des opérations;
- prendre contact avec les représentants des employés et de la direction de l'entreprise en difficulté;
- obtenir les informations nécessaires sur ces fermetures et conseiller le gouvernement sur la possibilité de maintenir les opérations;
- tenter de solutionner toute mésentente au sujet des droits et des avantages sociaux reliés à une fermeture inévitable et recommander le recours aux services de médiation du ministère du Travail selon le besoin;
- coordonner l'action des ministères des Collèges et des Universités, des Affaires intergouvernementales, de l'Industrie et du Commerce, des Services communautaires et sociaux dans le cas d'une fermeture d'usine spécifique. Cette activité vient confirmer la préoccupation du gouvernement ontarien de répondre aux besoins des travailleurs affectés par une fermeture d'usine.

Ce service de juridiction provinciale coopère fortement avec la Commission d'Emploi et d'Immigration du Canada. Le ministère du Travail apporte une contribution financière aux comités d'adaption de la main-d'oeuvre dans les cas de licenciements.

Un programme comprenant des sessions de formation et d'information individuelle ou de groupe est disponible dans des situations de fermeture impliquant plus de 50 employés. Le programme est financé par le ministère du Travail de l'Ontario; il est offert dans les collèges locaux et est sous la coordination du ministère des Collèges et des Universités.

STRATÉGIES PATRONALES POUR LA RECONNAISSANCE DES DROITS DES EMPLOYÉS

Pour respecter les droits des employés, les entreprises doivent mettre au point et appliquer des stratégies. La coordination de toutes les activités de gestion des ressources humaines est un moyen efficace d'assurer le respect de ces droits. De plus, les organisations peuvent appliquer des programmes spécifiques, y compris des politiques de confidentialité et d'accès à l'information contenue dans les dossiers personnels, des programmes d'aide, de formation, de réaffectation, de relocalisation, etc.

STRATÉGIES POUR LA RECONNAISSANCE DU DROIT DES EMPLOYÉS À LA SÉCURITÉ D'EMPLOI

En plus de respecter les lois relatives à la sécurité d'emploi, les employeurs doivent élaborer un réseau d'information efficace, une procédure de griefs bien articulée et juste (s'il n'y a pas de convention collective) et une procédure disciplinaire à caractère progressif.

La communication des règlements. L'affirmation selon laquelle « Nul n'est censé ignorer la loi » ne s'applique pas sur les lieux de travail. En effet, il incombe à l'employeur de faire connaître et comprendre à ses employés ses objectifs de production, ses attentes, ses règlements, etc. Logiquement un employé ne peut faire l'objet d'une mesure disciplinaire que dans la mesure où il connaît les actions ou comportements repréhensibles.

Le traitement égal des employés.   L'employeur se doit d'uniformiser et de régulariser ses décisions en matière de gestion des ressources humaines. Par exemple, si un employeur renvoie un de ses employés dû au fait qu'il s'est absenté à cinq reprises sans justification, tous les employés dans la même situation doivent également être congédiés. Une formation périodique des superviseurs permet de s'assurer qu'ils connaîtront bien les politiques et pourront les gérer efficacement.

Une procédure de griefs juste.   Non seulement une procédure de griefs doit-elle être établie pour assurer un processus équitable de règlement mais elle doit être gérée de façon cohérente et équitable. Par exemple, la preuve doit être disponible à l'employé comme à l'employeur, et les deux parties doivent avoir le droit de faire appel à des témoins et de refuser de témoigner contre elles-mêmes. Plus encore, ces procédures de griefs doivent être définies clairement en tant que politique et portées en tant que telle à la connaissance des employés.

Une procédure disciplinaire à caractère progressif.   Une politique formelle de griefs doit être complétée par une procédure disciplinaire respectant une gradation des sanctions. Pour la plupart des violations aux règles internes de l'entreprise, le congédiement est la dernière étape du processus disciplinaire. Le maintien de dossiers précis durant toutes les phases du processus est crucial pour établir une cause valide et justifiant un congédiement pour raison disciplinaire. Les étapes possibles d'une **procédure disciplinaire à caractère progressif** sont les suivantes:[13]

- un avertissement peut être d'abord oral mais par la suite écrit et signé par l'employé; une copie doit être conservée au dossier de l'employé. Des dossiers du personnel fiables, en relation avec une politique disciplinaire progressive sont essentiels pour sa mise en application. C'est en fait le gage de succès lorsque l'affaire est portée devant les tribunaux;
- un blâme doit être fait par écrit et une copie doit être versée au dossier de l'employé;
- une suspension peut être de courte durée, par exemple une partie d'une journée, ou de plusieurs mois et ce, sans rémunération, selon le caractère plus ou moins sérieux de la faute reprochée ainsi que des circonstances;
- un transfert de poste peut diminuer la tension crée par un conflit de personnalité pouvant conduire à la violence;
- une rétrogradation peut être une solution raisonnable à des problèmes de qualifications ou une alternative à un congédiement pour des raisons économiques;
- le congédiement constitue une mesure de dernier ressort, utilisée seulement lorsque toutes les autres mesures n'ont donné aucun résultat, même dans les cas de violence, de vol ou de falsification de dossiers. Il ne faut pas perdre de vue qu'un congédiement est extrêmement douloureux, même s'il est justifié et bien planifié. C'est pourquoi, certaines organisations font un diagnostic minutieux des lacunes au niveau du rendement avant d'en venir à une décision de congédiement et, occasionnellement mutent les employés fautifs à d'autres fonctions.

Il y a une étape additionnelle à considérer dans l'élaboration d'une politique disciplinaire à caractère progressif. Il s'agit de « l'accord de la dernière chance ». Avant de recourir au congédiement, un employeur peut accepter d'accorder une chance additionnelle à l'employé mais ce, à plusieurs conditions. Par exemple, au lieu de suspendre ou de congédier un employé pour raison d'absentéisme chronique, l'employeur peut accorder à ce dernier une dernière période de temps pour s'améliorer.

Le respect de toutes ces étapes n'assure pas une solution pour autant, un congédiement peut demeurer le seul issu. Les conseils suivants faciliteront cette tâche difficile:

- l'entrevue de congédiement doit être courte. Normalement, une rencontre de 10-15 minutes suffira. Une rencontre prolongée augmente la possibilité que le représentant patronal commette une erreur;
- il est préférable que l'entrevue ait lieu dans le bureau de la personne concernée ou dans un autre bureau pour éviter de subir les remarques désobligeantes d'une personne mécontente;
- plusieurs personnes écoutent très peu une fois qu'elles ont compris qu'elles ont perdu leur emploi. Ceci est compréhensible. Elles ressentent l'anxiété et le stress de ne plus avoir d'emploi, particulièrement si cette personne est le principal gagne-pain de la famille;
- il est approprié d'avoir sous la main une description écrite des ententes salariales de fin d'emploi ainsi que du mode de paiement de cette somme.

STRATÉGIES POUR LA RECONNAISSANCE DES DROITS DE LA PERSONNE EN MILIEU DE TRAVAIL

Afin de protéger les droits des employés, les employeurs doivent mettre au point des politiques, des procédures et des programmes relativement à la confidentialité des dossiers, à un traitement juste et équitable (particulièrement en ce qui a trait au harcèlement sexuel) et aux mesures à prendre en cas de fermetures d'usines ou de bureaux.

Le droit à la confidentialité et à l'accès aux dossiers. La préoccupation manifestée pour la confidentialité et l'accès aux dossiers du personnel apparaît seulement au début des années 1980. De façon générale, la législation relative à la confidentialité ne couvre pas les informations résultant du lien employeur-employé. Malgré cela, bon nombre d'entreprises prennent elles-mêmes l'initiative de mettre au point des politiques et des règles assurant la confidentialité et l'accessibilité aux dossiers de leur personnel. Même si les premiers efforts sur ce plan ont surtout permis de s'entendre sur la notion de « confidentialité », plusieurs entreprises ont élaboré des politiques écrites à ce sujet.

Les préoccupations patronales au sujet des droits des employés à la confidentialité ont influencé le processus de sélection. Les outils de collecte d'information utilisés lors de la pré-sélection des candidats doivent être examinés soigneusement afin de s'assurer que seules les informations pertinentes sont recueillies. La collecte d'informations non reliées au poste est maintenant considérée comme une intrusion dans la vie privée des candidats.[14]

Le droit des employés à un traitement juste et équitable. Alors que de nombreuses questions sont reliées au droit des employés à un traitement juste et équitable, le harcèlement sexuel est devenu récemment une préoccupation majeure pour beaucoup d'employés et d'employeurs. Bien que l'accent soit mis sur cette question, la discrimination basée sur le sexe, la race, l'âge, le handicap, l'origine ethnique et la religion devrait également être considérée comme une question importante. L'élaboration d'une stratégie en vue de protéger les employés contre le harcèlement sexuel comprend les étapes suivantes:

- soulever de façon explicite la question du harcèlement sexuel et le fait qu'il peut s'exercer à tous les niveaux de l'organisation. Le responsable de la gestion des ressources humaines devrait convaincre la haute direction de la nécessité de réviser tous les dossiers de congédiements, que ce soit par un cadre de niveau supérieur ou un comité de révision;

- prévoir une procédure de griefs pour les personnes victimes de harcèlement sexuel. Il est rentable pour une entreprise de prévoir des mesures contre le harcèlement sexuel car, il ne faut pas perdre de vue qu'un employeur est tenu responsable de tout acte de harcèlement sexuel sauf dans les cas où il a appliqué des mesures correctives immédiates;

- établir des procédures pour corroborer les accusations de harcèlement sexuel. En d'autres termes, le responsable de la gestion des ressources humaines devrait s'assurer que la personne accusée de harcèlement sexuel a le droit de réagir immédiatement aux accusations portées par la victime. Une procédure équitable doit être prévue autant pour la personne présumée coupable que pour la personne présumée victime;

- prévoir une politique disciplinaire à caractère progressif pour les personnes qui se rendent coupables de harcèlement sexuel. Ces étapes devraient être les mêmes que celles prévues en cas de violation d'un règlement interne (voir les procédures disciplinaires à caractère progressif décrites auparavant);

- faire connaître la position de l'entreprise face au harcèlement sexuel à tous les employés. Apporter un soutien à ce sujet au moyen, par exemple, de programmes de formation.

Bien que l'application de cette stratégie ne garantisse pas l'élimination du harcèlement sexuel, elle constitue une politique claire concernant cet aspect important de la gestion des ressources humaines.

Les droits des employés lors de fermetures d'usines/de bureaux.   Au Québec, le législateur impose aux employeurs des obligations à respecter lors de **licenciements collectifs**. Ces obligations sont de trois types soit: le préavis de licenciement, la constitution d'un fonds collectif d'indemnisation et la création de comités de reclassement des salariés touchés.

Pour être conforme à la loi, l'employeur doit donner un préavis de 2 mois si le nombre d'employés touchés par la fermeture ou l'arrêt des opérations pour plus de six mois se situe entre 10 et 99; de 3 mois si le nombre se situe entre 100 et 299 et de 4 mois si le nombre est de plus de 300 employés (disposition prévue à l'article 45a) de la Loi sur la formation et la qualification professionnelle).

Pour certains, ces délais sembleront généreux mais il ne faut pas perdre de vue que la fermeture d'une entreprise sature parfois rapidement le marché local de l'emploi. Il faut alors prévoir un minimum de temps pour permettre aux salariés de se réorienter et ainsi augmenter leurs chances de se reclasser. À défaut de respecter les délais imposés par la loi, les employeurs sont passibles d'une amende variant de 200$ à 1000$ par jour ou partie de journée depuis le début de l'infraction.[15] Bien que la reconnaissance de ce droit résulte d'abord de pressions syndicales, nombre de compagnies non-syndiquées le reconnaissent sous la forme d'aide à la recherche d'emploi.[16]

L'aide à la recherche d'emploi est habituellement offerte aux personnes qui sont déplacées. Les programmes d'aide à la recherche d'emploi comportent un certain nombre d'avantages pour les employés, dont:

- indemnité de départ;

- préavis de licenciement;
- programmes de formation et de perfectionnement pour permettre aux employés d'acquérir de nouvelles habiletés;
- paiement à taux double pour le surtemps nécessaire à la préparation de la fermeture;
- bonis pour encourager les employés à demeurer au travail jusqu'à la fermeture effective.

ÉVALUATION DES MESURES VISANT À RESPECTER LES DROITS DES EMPLOYÉS

Lorsque l'entreprise reconnaît les droits des employés, il devient plus facile pour la direction de planifier ses activités de gestion en fonction des droits et obligations des salariés et des cadres. Il va sans dire que les deux parties bénéficient d'une telle reconnaissance par la réduction des coûts inhérents aux poursuites en justice engendrées par l'inobservation des lois et règles établies. De plus, l'image de l'entreprise en est améliorée, ce qui facilite le recrutement de candidats potentiellement qualifiés. Bien que l'on puisse penser que l'extension des droits des employés, surtout ceux se rapportant à la sécurité d'emploi, puisse limiter les droits de gérance, la reconnaissance de tels droits peut conduire à une meilleure planification et engendrer à son tour une hausse de la rentabilité de l'entreprise.

L'amélioration du niveau de satisfaction des employés face à la reconnaissance de leurs droits peut expliquer en partie une hausse de rentabilité. Les employés qui ne se sentent pas menacés dans leur emploi peuvent être plus productifs et loyaux envers l'entreprise que ceux qui vivent dans l'insécurité de perdre leur emploi. Ce phénomène peut également s'observer dans plusieurs entreprises traditionnellement syndiquées où l'on considère le respect des droits des employés (plus spécifiquement celui relatif à la sécurité d'emploi) autant comme une question de survie que de rentabilité.

Les mesures assurant le respect des droits des employés dans une entreprise peuvent être évaluées de différentes façons. Par exemple, une évaluation basée sur le nombre de poursuites juridiques est certainement appropriée pour les entreprises régies par des règles strictes. En effet, lorsque les organisations ne respectent pas certains droits fondamentaux, elles peuvent se retrouver devant les tribunaux. Nombre d'entreprises reconnaissent maintenant ce fait et sont disposées à respecter les droits des employés. Ce respect est particulièrement vrai en ce qui concerne le droit à la confidentialité et l'accès aux dossiers personnels ainsi que celui relié aux mesures prévues en cas de fermetures d'usines/de bureaux.

RÉSUMÉ

Les droits des employés prennent de plus en plus d'importance depuis le début des années 1980. Bien que les employés aient acquis beaucoup de droits au cours des dernières années, des situations sont encore laissées à la discrétion des employeurs. Ainsi, les tribunaux ont un rôle potentiellement important à jouer dans l'avancement des droits des employés. Le fait que les tribunaux et les assemblées législatives peuvent jouer un rôle prédominant dans l'extension des droits des employés dépend jusqu'à un certain point de la façon dont les employeurs se comportent. Si les employeurs adoptaient une attitude préventive, les tribunaux seraient moins enclins à utiliser leur pouvoir de légiférer dans le domaine du travail. Actuellement, un momentum assez important existe pour accorder une protection légale relativement à la sécurité d'emploi. Il est encore temps pour les responsables en gestion des ressources humaines de faire valoir leurs préoccupations. Le contenu d'une telle disposition pourrait s'en trouver modifié.

Bien que certains employeurs prétendent que plusieurs de leurs droits leur ont été enlevés, ils revendiquent encore le droit de congédier des employés pour raison de rendement insuffisant, d'absentéisme chronique, de conduite dangereuse et de comportements indésirables. Il est cependant crucial pour les employeurs de conserver des dossiers précis sur les faits et gestes des employés et de les aviser de leur situation. Pour assurer leurs chances de succès en cas de poursuites, il est aussi conseillé aux employeurs de prévoir une procédure de griefs assurant un traitement équitable aux contrevenants.

Aujourd'hui, il est plus primordial que jamais de conserver des dossiers objectifs et complets, afin d'établir une preuve solide en cas d'accusation relativement à la violation d'un des droits reconnus par la législation. Sans de telles preuves, les entreprises peuvent être prises au dépourvu et être l'objet de poursuites judiciaires. Nombre d'employeurs prennent l'initiative d'accorder à leurs employés le droit à l'accès à leur dossier personnel tout en défendant la diffusion de leur contenu à des tiers sans autorisation des personnes concernées. De plus, certains évitent d'inclure aux dossiers personnels toute information non reliée à l'emploi et de recourir à des pratiques d'embauche qui font appel à une telle information.

En plus d'aviser les employés touchés par une fermeture, quelques employeurs mettent en place des programmes de relocalisation et offrent aux employés la possibilité de se recycler, des services conseil et d'aide à la recherche d'emploi, un fonds collectif d'indemnisation et même, des bonis pour demeurer au travail jusqu'au moment de la fermeture. Une telle fermeture accompagnée d'un préavis aux employés et de comités de reclassement semble produire des résultats positifs pour l'organisation et minimise les aspects négatifs pour les employés.

Finalement, en ce qui a trait aux droits des employés à un traitement juste et équitable, il est particulièrement important pour les employeurs de prévenir le harcèlement sexuel. Ceci peut être réalisé avec l'appui de la haute direction et par la mise sur pied de procédures telles que procédures de griefs, de vérification, de formation pour tous les employés et d'évaluation du rendement. S'il y a lieu, il est aussi utile de développer de telles politiques en coopération avec le syndicat. La coopération avec le syndicat doit être recherchée sur plusieurs questions dont nous discuterons dans les deux prochains chapitres.

QUESTIONS À DISCUTER

1. Pour l'organisation, quelle est l'importance stratégique de protéger les droits des employés?
2. À partir des informations contenues dans ce chapitre, discutez de quelques modalités de protection légale des employés.
3. Quels sont les motifs légaux de congédiement d'un employé?
4. Discutez des droits relatifs à la confidentialité et à l'accès aux dossiers personnels?
5. Quelle est la protection minimale offerte aux employés en cas de fermetures d'usines/de bureaux ou de relocalisation d'activités?
6. Quelles stratégies peuvent utiliser les employeurs pour assurer le droit à la sécurité d'emploi?
7. Qu'entend-t-on par procédure disciplinaire à caractère progressif?
8. Dans quelles conditions un employeur peut-il être tenu légalement responsable d'un acte de harcèlement sexuel par un de ses employés?

É	T	U	D	E	D	E	C	A	S

LÉGAL OU ILLÉGAL?

Denis Leclerc est engagé à titre d'agent de recherche par la compagnie Hightech Inc. le 15 octobre 1971. En février 1974, il est nommé secrétaire général du Centre de recherche en développement économique, poste qu'il occupe jusqu'au 30 avril 1986. À ce titre, il relève du directeur et voit à l'administration du centre, à l'embauche du personnel, à la négociation et au suivi des contrats, de même qu'à la gestion et à la planification budgétaire.

Le 29 avril 1985, il reçoit une lettre de la vice-présidente à la recherche, madame Gisèle Lalonde, l'informant que la direction a décidé d'abolir son poste à partir du 30 mai 1985, et qu'un préavis de six mois lui est consenti à partir du 1er mai jusqu'au 31 octobre 1985. Monsieur Leclerc refuse la décision de la vice-présidente protestant qu'il n'a jamais eu de discussion à ce sujet. De plus, Leclerc a appris de source sûre qu'un candidat au poste de directeur a posé comme condition pour accepter ce poste le départ de Leclerc, ce que lui confirme la vice-présidente le 10 mars 1985. Cette dernière entreprend des démarches pour tenter de relocaliser monsieur Leclerc dans la compagnie mais ses efforts sont vains. Elle lui offre alors un poste temporaire pour la période du 30 mars 1985 au 30 avril 1986. Monsieur Leclerc demande une extension de son statut mais, il essuie un refus de la direction. Leclerc signe donc les formulaires de cessation d'emploi, quitte l'entreprise et décide de poursuivre son ex-employeur en justice.

Les responsabilités de Leclerc sont partagées entre madame Thérèse Daigle et monsieur André Lavoie. Une des raisons invoquées par l'employeur, pour expliquer l'abolition du poste de monsieur Leclerc, est un important déficit de 31 millions de dollars. Ce qui n'a pas empêché pour autant le nouveau directeur d'augmenter le salaire de madame Daigle de 40%. De plus, selon les témoignages recueillis, la direction a décidé d'abolir le poste en raison d'une incompatibilité de personnalité entre Leclerc et Lavoie, le nouveau directeur.

Source: Ce cas est largement inspiré d'une décision résumée dans le périodique S.O.Q.U.I.J.

QUESTIONS

1. Le départ de monsieur Leclerc est-il un congédiement ou une démission? Motivez votre réponse.
2. Comment la compagnie Hightech aurait-elle pu éviter cette poursuite en justice?
3. Quelles peuvent-être les conséquences négatives pour la compagnie si elle ne protège pas ses employés contre la violation de leurs droits?

Syndicalisation

Objectifs et importance de la syndicalisation

Interrelations entre la syndicalisation et les autres activités de gestion des ressources humaines

Considérations légales

La législation à ses débuts
La législation actuelle

Campagne de maraudage

Campagne de sollicitation

Attrait de la syndicalisation

Décision d'adhérer à un syndicat

Évolution du syndicalisme

Les syndicats à leurs débuts
Structures et fonctions des principaux syndicats québécois

Résumé

Questions à discuter

Étude de cas

Actualité

LA MONTÉE DU SYNDICALISME

La montée du syndicalisme a eu sa raison-d'être au cours de l'histoire. Les conditions de travail étaient dures, la main-d'oeuvre sur-exploitée. Les travailleurs durent se regrouper pour se donner une force de persuasion auprès des employeurs. Plusieurs conflits d'importance furent nécessaires pour que les trois grandes revendications syndicales de l'époque soient reconnues: le droit d'association, la semaine de 40 heures et le droit à un salaire décent. C'est grâce à ces pressions syndicales s'il existe aujourd'hui des législations protégeant les droits et les conditions de travail des individus. Depuis l'adoption de ces lois (Loi sur les normes du travail, Codes du travail canadien et provinciaux, Chartes des droits et libertés de la personne), les relations du travail ont changé. Il a fallu que les employeurs apprennent à gérer avec la présence d'un syndicat. Les débuts furent difficiles car ils le considéraient comme un obstacle à leur droit de gérance. De nos jours, la présence syndicale fait partie de la réalité de nombre d'entreprises et est considérée comme un moyen d'assurer la paix sociale. Il faut également noter que pour bien des employeurs, le syndicat est plus toléré qu'admis.

Les entreprises comme Canam Manac et Cascades sont des exemples de réussites au niveau de leurs relations patronales-syndicales. Canam Manac, de St-Gédeon dans la Beauce, est une entreprise syndiquée qui se spécialise dans la fabrication de poutrelles d'acier. Depuis les 25 dernières années, elle n'a connu aucun ralentissement de travail ni griefs. Son secret: un dialogue franc avec les représentants syndicaux et les employés. Les contremaîtres sont constamment sur le plancher de production donc toujours disponibles en cas de problèmes. Les employés ont également la possibilité d'échanger avec la direction par le biais de divers comités.

Chez Cascades, fabricant de papiers, la direction pratique une gestion de « portes ouvertes ». Cette expression signifie que les cadres de l'entreprise sont facilement accessibles. Les employés de tout niveau peuvent faire part de leurs commentaires aux membres de la direction, lesquels sont très réceptifs aux suggestions. Les tâches sont déterminées et réparties par les équipes de travail elles-mêmes. Le syndicat est respecté et considéré comme un partenaire de gestion de la convention collective.

Source: DURANT, M. « Comment des entreprises réussissent à améliorer leur productivité à l'aide des communications », Productividées, I.N.P., vol. 6 no 2, juillet 1985, p. 4.

Ces deux exemples ne sont pas nécessairement typiques de l'ensemble mais, si ces modes de gestion se généralisaient, peut-être que les résultats seraient aussi positifs dans d'autres entreprises. D'ailleurs, la qualité de la communication entre les employés, le syndicat et la direction est importante pour le maintien d'un climat de travail sain. Cette bonne entente ne faisait pourtant pas partie de la réalité au 19e siècle lorsque les premiers travailleurs tentèrent de se regrouper en syndicats. Dans ce chapitre, nous examinerons les objectifs et l'importance de la syndicalisation ainsi que ses effets sur les activités de gestion des ressources humaines. Nous procéderons à une brève revue historique du syndicalisme au Canada et des législations qui l'ont influencé. Nous analyserons ensuite les raisons qui motivent des travailleurs à adhérer à un syndicat ainsi que les procédures d'accréditation nécessaires à sa formation. Finalement, nous discuterons de l'idéologie, des fonctions et des structures des trois plus importantes centrales syndicales québécoises: la CEQ, la CSN et la FTQ.

SYNDICALISATION   La **syndicalisation** résulte d'efforts collectifs qui ont pour but de doter les travailleurs d'une force de négociation dans leurs discussions avec l'employeur. Ces regroupements de travailleurs portent le nom de « syndicats » et possèdent l'autorité légale de négocier au nom des salariés des conditions de travail telles que les salaires, les horaires de travail, les vacances et de gérer la convention collective qui résulte de cette négociation.

OBJECTIFS ET IMPORTANCE DE LA SYNDICALISATION

L'importance pour les employeurs.   La gestion des ressources humaines doit se préoccuper de la syndicalisation, de ses causes et de ses conséquences. Ces informations sont d'autant plus importantes lorsqu'on sait que la présence d'un syndicat dans une entreprise peut amener une réorganisation du mode de gestion des ressources humaines. La syndicalisation résulte souvent de décisions arbitraires de la direction dans les processus d'embauche, d'affectation, d'introduction de nouvelles méthodes de travail ou de l'organisation du travail.

Ainsi, la présence syndicale permet aux salariés de posséder un certain niveau de contrôle sur les décisions patronales. La crainte de ce pouvoir syndical incite les entreprises non-syndiquées à réviser leur gestion des ressources humaines[1]. Cette crainte n'est pas toujours justifiée. En effet, les syndicats peuvent apporter un soutien aux employeurs en rationalisant les échelles salariales et les conditions de travail. Il devient alors plus facile de prévoir les coûts de main-d'oeuvre sur une période de deux ou trois ans selon la durée de la convention collective. Les ententes patronales-syndicales peuvent donner lieu à l'amélioration de la productivité et de la qualité de vie au travail.

L'importance pour les employés.   Plusieurs recherches[2] ont permis de vérifier que les éléments qui préoccupent les travailleurs, nonobstant leur statut de syndiqué, sont les suivants:
- obtenir la sécurité d'emploi;
- gagner un salaire décent;
- travailler en toute sécurité;
- avoir des heures de travail raisonnables;
- oeuvrer dans un milieu de travail physiquement confortable.

Ces objectifs sont intéressants et expliquent l'importance croissante de l'utilisation de programmes de qualité de vie au travail. Dans ce chapitre, nous référons surtout aux programmes de participation des employés aux décisions, aux cercles de qualité et à l'aménagement du temps de travail.

INTERRELATIONS ENTRE LA SYNDICALISATION ET LES AUTRES ACTIVITÉS DE GESTION DES RESSOURCES HUMAINES

Tel qu'illustré à la figure 16.1, la syndicalisation a des répercussions sur plusieurs activités de gestion des ressources humaines particulièrement le recru-

Figure **16.1**

Interrelations entre la gestion des ressources humaines et la syndicalisation

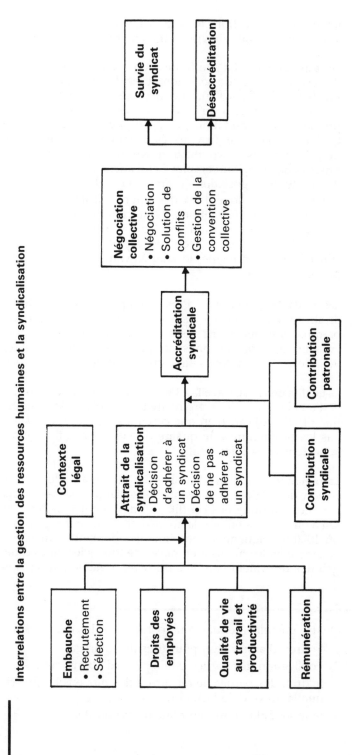

tement et la sélection, le respect des droits des employés, la rémunération ainsi que la qualité de vie au travail et la productivité.

Le recrutement.   La syndicalisation a une incidence directe sur le processus de recrutement et de sélection et les divers mouvements de main-d'oeuvre. En effet, par le biais d'ententes négociées, les employeurs peuvent être soumis à des règles strictes qu'ils devront respecter dans les cas par exemple, de promotions, de mutations, de mises à pied ou de licenciements collectifs. Le Québec est la seule province canadienne à interdire l'embauche de briseurs de grève en cas de conflit de travail (article 109.1 du c. t.). On entend par briseurs de grève tout employé embauché pour exécuter le travail d'un salarié de l'unité de négociation en grève ou en lock-out.

Les syndicats jouent un rôle important dans la prise de décision lors de congédiements, promotions, réaffectations, mutations, participation à des programmes de formation, etc. Un des principes syndicaux le plus largement accepté lors des décisions de mise à pied est celui du respect de l'ancienneté. Ainsi, selon ce principe, le salarié ayant acquis le moins d'ancienneté est le premier mis à pied.

Les droits des employés.   Plus les employeurs reconnaissent et respectent les droits des employés, moins ces derniers se sentent menacés par les décisions patronales et moins ils ressentent le besoin de se regrouper en syndicat. Lorsque les employés sont syndiqués, le syndicat contribue à assurer le respect des droits des employés ainsi que des ententes négociées avec la direction.

La qualité de vie au travail.   Plusieurs programmes de qualité de vie au travail et d'amélioration de la productivité sont élaborés conjointement par la direction et le syndicat. Bien que certaines organisations syndicales n'entérinent pas les programmes de qualité de vie au travail, nombre de syndicats leur apportent un soutien actif.

La rémunération.   Un des objectifs principaux des syndicats est la détermination de salaires et d'avantages sociaux justes et équitables. Cette préoccupation entraîne des conflits qui marquent l'histoire syndicale au Québec. On a qu'à se remémorer la grève de l'Alliance des professeurs en janvier 1949 où 1800 enseignants et enseignantes demandèrent une hausse salariale. Ils étaient alors les moins bien payés de toutes les villes canadiennes. Les enseignantes recevaient la moitié du revenu gagné par les hommes.[3]

CONSIDÉRATIONS LÉGALES

Quatre postulats fondamentaux régissent les relations de travail au Canada:
1. le droit d'association pour tous les salariés;
2. l'obligation des parties de négocier de bonne foi;
3. le droit des parties de recourir à des moyens de pression économique tels que la grève et le lock-out.
4. le monopole de représentativité syndicale.

LA LÉGISLATION À SES DEBUTS

Historiquement, la législation sur les relations de travail au Canada se partage entre les législations fédérale et provinciales. La division des pouvoirs en matière de droit du travail selon la Loi constitutionnelle de 1867 a conduit au régime de relations industrielles le plus décentralisé au monde. Ainsi, les niveaux fédéral et provincial ont prévu des régimes distincts de rapports collectifs du travail. Ce sont le Code du travail du Canada et pour le Québec, le Code du travail du Québec. Le gouvernement fédéral détient une juridiction spécifique sur certains secteurs d'activités d'intérêt national tels que les transports et les communications ou, lorsqu'une urgence nationale le justifie. Nous faisons ici référence aux urgences en temps de guerre (voir la Loi sur les mesures de guerre). Le gouvernement fédéral légifère alors au lieu et place des gouvernements provinciaux. On a attribué aux législations provinciales le droit de légiférer (article 92(13) de la Loi constitutionnelle de 1867) en matière de relations de travail pour toutes les entreprises autres que celles relevant du gouvernement fédéral (article 91 (10) (11) (12) et (13) de cette même loi).[4]

Les provinces ont juridiction sur plus de 90% de la main-d'oeuvre. Après la Deuxième Guerre Mondiale, plusieurs provinces élaborent leur législation du travail en prenant comme modèle le Wagner Act adopté en 1935 aux États-Unis. Cette loi réglemente le droit d'association et l'accréditation des syndicats en tant qu'agent négociateur. Elle exige également que les syndicats et les employeurs négocient de bonne foi.

À compter de 1938, le Nouveau-Brunswick, l'Ontario, l'Alberta et la Colombie-Britannique reconnaissent par législation la nécessité du caractère majoritaire de la représentativité syndicale. En 1943 et 1944, la majorité des provinces se dotent de leur propre régime de relations de travail. Le Québec adopte la Loi des relations ouvrières en 1944.

Dans les années 1950, plusieurs provinces commencent à se différencier du modèle américain. L'esprit du droit véhiculé par le Wagner Act n'a pas changé mais des mécanismes nouveaux se sont ajoutés et ont donné lieu à onze législations en matière de travail (10 provinciales et une fédérale).

LA LÉGISLATION ACTUELLE

Voyons succintement les caractéristiques des lois provinciales et fédérale en matière de relations de travail.

L'accréditation syndicale et la détermination de l'unité de négociation. En vertu de la législation canadienne, l'employeur doit reconnaître le syndicat et négocier une convention collective. Cette obligation légale existe aussi au Québec. Si l'employeur refuse de reconnaître le syndicat, ce dernier peut présenter quand même une requête en accréditation devant le commissaire du travail. L'accréditation du syndicat est nécessaire pour qu'il soit reconnu comme représentant des employés et qu'il puisse négocier une convention collective, principe reconnu depuis 1969.

Depuis les années 1950, la législation canadienne exige que les syndicats soient entérinés par la majorité des employés de l'**unité de négociation**. Quelques juridictions fixent à 50% le nombre de voix nécessaires pour décider du caractère représentatif d'un syndicat. Au Québec, le Code du travail (articles 21, 32 et 37) prévoit qu'une association est représentative des travailleurs lorsqu'elle a obtenu la majorité absolue (50% + 1) des voix des salariés faisant partie de l'unité d'accréditation décrite dans la requête syndicale. C'est le commissaire du travail ou son représentant qui est chargé de vérifier le caractère représentatif de l'association requérante. Le commissaire du travail doit ordonner un vote au scrutin secret lorsque l'association requérante possède au moins 35% des voix des salariés de l'unité de négociation. Seules les associations qui ont au moins 35% des voix participent au scrutin, les autres sont éliminées.

À l'exception de la Colombie-Britannique, les procédures d'accréditation provinciales et fédérale sont différentes de la procédure américaine. Ces dernières accréditent le syndicat requérant automatiquement, sauf lorsque la Commission des relations de travail doute de son caractère représentatif. Un scrutin est alors demandé. Aux États-Unis et en Colombie-Britannique, suite au changement apporté en 1984, la vérification du caractère représentatif est nécessaire dans tous les cas de demande d'accréditation.

La Commission des relations de travail.   Toutes les provinces, à l'exception du Québec, possèdent des Commissions des relations de travail. Le respect des procédures d'accréditation est assuré par les commissaires du travail (il y en a environ 20). Les commissions ont pour but d'administrer les lois en matière de relations de travail. Habituellement, elles sont tripartites c'est-à-dire qu'elles sont composées de représentants patronaux et syndicaux et présidées par un membre neutre. Les Commissions des relations de travail ont une grande latitude quant à leurs modes d'interventions, particulièrement en ce qui a trait à la solution des conflits.

La détermination de « l'unité appropriée » de négociation est une des plus importantes fonctions des commissions. Une commission peut accepter l'unité décrite dans la requête en accréditation ou peut la modifier en ajoutant ou en éliminant des postes de façon à assurer l'homogénéité, la vitalité et le respect des caractéristiques de l'organisation. Il est important de noter que l'unité de négociation vise les postes de travail et non les individus. Les unités peuvent inclure tous les postes d'un établissement, de plusieurs établissements ou d'une partie de l'établissement en autant qu'il n'y ait qu'un seul et même employeur. La plupart des lois fournissent quelques directives relativement à ce qui constitue une « unité appropriée ». Au Québec, c'est le commissaire du travail qui a le pouvoir de juger du caractère approprié d'une unité d'accréditation (articles 1 paragraphe l, 21 et 34 du c. t.). Il base sa décision sur cinq critères principaux:[5]

1. la cohérence du groupe comme milieu de travail;
2. les expériences dans des milieux de travail semblables;
3. le choix du requérant;
4. la structure organisationnelle;
5. la paix industrielle, soit l'aménagement pacifique et virtuellement utile des rapports collectifs envisagés.

La plupart des législations du travail précisent certaines catégories de travailleurs qui ne sont pas couverts par la loi. Généralement, ces catégories comprennent le personnel de direction et les professionnels dont les fonctions exigent la confidentialité comme les médecins, les dentistes et les avocats. Ceci signifie que ces employés n'ont pas de protection en vertu des lois du travail. Au Québec, l'article 1 paragraphe 1 du Code du travail définit clairement la notion de « salarié ». Six catégories de travailleurs sont exclus de cette notion au sens du code. On peut citer en guise d'exemples, les gérants, les surintendants, les contremaîtres, les membres de la Sûreté du Québec. Lors de la détermination de l'unité de négociation appropriée, le commissaire du travail peut exclure d'autres catégories de salariés que celles prévues au code. Il peut exclure des salariés qui n'occupent pas directement un poste dans l'entreprise (par exemple: les sous-contractants, les pigistes, les travailleurs autonomes) ou qui possèdent des conditions de travail trop différentes des autres salariés.

En définissant l'unité appropriée, les commissaires portent une attention particulière au désir des employés, à l'histoire de la négociation dans des unités similaires, au type d'organisation syndicale (industrie ou métier) et aux groupes de salariés concernés (usine, bureau, technique, profession, métier). La plupart des décisions impliquent une seule usine. C'est la principale raison pour laquelle la négociation collective fonctionne sur une base locale.

Une période de temps considérable peut s'écouler entre le dépôt d'une requête en accréditation et l'accréditation effective. Durant cette période, les employés peuvent être détournés du processus d'accréditation ou perdre de l'intérêt pour une raison ou une autre, par exemple l'inaction occasionnée par ce délai. Comme ce délai peut affecter le syndicat requérant, plusieurs lois prévoient des votes préalables aux enquêtes des commissions dans le cas d'une telle prescription. La Commission des relations de travail procède à un vote sur réception de la requête. En Ontario, au Québec et au fédéral, par exemple, un vote préalable à l'enquête peut être tenu si au moins 35% des employés votent en faveur du ou des syndicat(s) requérant(s). Ce vote couvre habituellement l'unité spécifiée dans la requête bien qu'elle peut être modifiée par la commission selon la décision qu'elle aura prise sur son caractère approprié.

La désaccréditation. Toutes les lois prévoient des procédures pour désaccréditer un syndicat qui a perdu son caractère représentatif. Généralement, la procédure de désaccréditation peut être mise en branle lorsque le syndicat en place néglige de représenter les intérêts de ses membres, lorsqu'il a cessé d'exister, lorsqu'il ne représente plus la majorité absolue des salariés ou lorsqu'une autre association dépose une requête en accréditation dans les délais prescrits et qu'elle obtient la majorité des voix. La procédure en désaccréditation ne peut être enclenchée qu'à des moments ou situations déterminés. Par exemple au Québec, une autre association peut déposer une requête en accréditation entre le 90e jour et le 60e jour précédant la date d'expiration de la convention collective (article 22 du c. t.). Dans les secteurs public et para-public québécois, une demande d'accréditation peut être déposée entre le 270e et le 240e jour précédant l'expiration de la convention collective.

La demande en désaccréditation peut être faite par l'employeur. En effet, au Québec, toute partie intéressée (incluant l'employeur) peut exiger la vérification du caractère représentatif du syndicat en place devant le commissaire du travail et lui seul a juridiction pour décider (articles 32 et 41 paragraphe 2 du c. t.) de la représentativité du syndicat.

L'accréditation multipatronale. Au Québec, l'accréditation multipatronale existe seulement dans le secteur de la construction. Le pluralisme syndical fait partie de la réalité particulière du système de relations de travail dans ce secteur. La négociation des conditions de travail se fait au niveau provincial par un comité paritaire où l'Association des entrepreneurs en construction du Québec négocie avec les représentants des différents syndicats accrédités. Seuls les syndicats possédant au moins 15% des votes des travailleurs peuvent être représentés par leurs délégués à la table de négociation. Le nombre de délégués syndicaux présents est déterminé en fonction du membership de chacun des syndicats. Les relations de travail dans le secteur québécois de la construction obéissent aux dispositions du Code du travail et du décret régissant les conditions de travail dans le domaine de la construction.

Les pratiques déloyales. Certaines pratiques impliquant l'entreprise ou les syndicats sont considérées comme déloyales et les règles les interdisant sont soumises au contrôle des commissaires du travail ou des tribunaux. Les pratiques patronales suivantes en sont quelques exemples:[6]

- s'ingérer dans le droit des employés à choisir un syndicat de leur choix;
- poser des actes discriminatoires envers les salariés désirant se syndiquer. Selon la loi, l'employeur ne peut congédier, adopter des mesures disciplinaires ou menacer des employés pour la raison qu'ils exercent des activités syndicales prévues au Code du travail ou à la convention collective. L'article 14 du Code du travail québécois est très clair à ce sujet: « Aucun employeur, ni aucune personne agissant pour un employeur... ne doit chercher par intimidation, mesures discriminatoires ou représailles, menace de renvoi ou autre menace, ou par imposition d'une sanction ou par quelque autre moyen à contraindre un salarié à s'abstenir ou cesser d'exercer un droit qui lui résulte du présent Code »;
- participer à la formation du syndicat soit par un support financier ou autre. L'article 12 du Code du travail québécois est également explicite à ce sujet: « Aucun employeur... ne cherchera d'aucune manière à dominer, entraver ou financer la formation ou les activités d'une association de salariés, ni à y participer »;
- changer unilatéralement le contenu de la convention collective ou s'il n'y en a pas encore les salaires et les conditions de travail durant la procédure d'accréditation;

Les pratiques syndicales suivantes constituent également des exemples de pratiques déloyales:

- s'ingérer ou participer à la formation ou à la gestion d'une organisation d'employeurs;
- s'ingérer dans les droits de négociation d'un syndicat déjà accrédité;
- faire preuve de discrimination envers les membres du syndicat ou envers des employés de l'unité de négociation;
- intimider des salariés pour qu'ils deviennent ou demeurent membres du syndicat;
- forcer des employeurs à faire preuve de discrimination envers des membres indésirables du syndicat;
- refuser de représenter équitablement les salariés de l'unité de négociation.[7]

La conciliation et la médiation.   Presque toutes les juridictions prévoient des services de conciliation et de médiation. Toutefois, les mesures varient au plan de l'intervention gouvernementale. Au Québec, il n'y a pas de commission de conciliation mais, l'une ou l'autre des parties peut demander au ministre du Travail de désigner un conciliateur pour les aider à conclure une entente (article 54 du c. t.). À toute phase de la négociation, le ministre peut d'office désigner un conciliateur; il doit alors informer les parties de cette nomination (article 55 du c. t.). Les parties sont tenues d'assister à toute réunion convoquée par le conciliateur (article 56 du c. t.).

Généralement, la législation précise qu'une grève ou un lock-out n'est pas permis avant qu'un effort réel de négociation n'ait été déployé. Les conciliateurs sont nommés par les ministres du Travail fédéral et provinciaux, cela à la demande d'une des deux parties concernées ou, selon la décision du ministre. Si le conflit n'est pas encore réglé, une commission de conciliation peut être nommée. La commission doit essayer d'arriver à un règlement équitable pour les deux parties. La plupart des lois prévoient un délai de 7 à 14 jours après la diffusion du rapport de la commission avant de pouvoir recourir à la grève ou au lock-out. Les procédures de conciliation et de médiation seront examinées plus longuement au chapitre 17.

L'arbitrage. Toutes les juridictions, à l'exception de la Saskatchewan, exigent que les conventions collectives prévoient une procédure de règlement par arbitrage en cas de mésentente (c'est-à-dire en cas de problèmes relativement à l'interprétation de la convention collective) et cela sans droit de grève ou de lock-out. En d'autres mots, lorsqu'une convention collective est en vigueur, toute grève ou lock-out est illégal et la procédure de griefs devient le seul moyen de régler les conflits entre l'employeur et le syndicat. La décision de l'arbitre est finale et ne peut être changée ou révisée sauf en cas d'erreur, de corruption, de fraude, de manquement à la justice naturelle ou si l'arbitre a excédé sa juridiction.

Il existe un autre type d'arbitrage. Il s'agit de l'arbitrage de différends prévu lors d'une mésentente au cours du processus de négociation. La procédure de règlement des différends prévue au Code du travail québécois est de deux ordres: l'arbitrage terminal lors d'une première convention collective et l'arbitrage volontaire visant à conclure une convention collective.

L'arbitrage terminal lors d'une première convention collective aide les parties à trouver un terrain d'entente le plus rapidement possible. Cet arbitrage se fait en deux temps. Tout d'abord lorsqu'un arbitre intervient dans un dossier mettant en cause une première négociation, il n'agit qu'à titre de médiateur afin de permettre un rapprochement entre les parties. S'il s'aperçoit qu'aucun règlement n'est possible, il décide lui-même du contenu de la convention collective (article 93.4 du c. t.).

En ce qui concerne l'arbitrage volontaire, la demande de nomination d'un arbitre auprès du ministre doit être faite par les deux parties. L'arbitre ainsi nommé aidera les parties à dénouer l'impasse dans laquelle elles se trouvent. La décision rendue par l'arbitre tient lieu et place de contenu de la convention collective et est exécutoire (article 93 du c. t.). Lorsque les parties ont recours à cette procédure, elles renoncent à leur droit de grève et de lock-out.[8]

CAMPAGNE DE MARAUDAGE

Une des fonctions majeures des commissions des relations de travail consiste à déterminer quel est le syndicat le plus représentatif pour assurer la protection des intérêts des salariés. En vertu des lois canadiennes, le syndicat accrédité détient le droit exclusif de négocier au nom des travailleurs faisant partie de l'unité de négociation. Plus d'un syndicat peut être intéressé à obtenir l'accréditation pour un même groupe d'employés.

Le processus régulier d'accréditation comprend plusieurs étapes. Elles sont illustrées à la figure 16.2. Lorsqu'un syndicat reçoit l'assentiment de la majorité des employés et que l'employeur ne manifeste pas d'objections à sa nomination, il n'est pas nécessaire de franchir toutes les étapes.

Chaque juridiction provinciale a statué sur la représentativité nécessaire pour accréditer une association requérante (voir Figure 16.3). Selon la législation québécoise, lorsque plus d'un syndicat dépose une requête en accréditation, seules les associations ayant au moins 35% des votes peuvent briguer les suffrages. Cette vérification s'annule lorsqu'une association détient la majorité absolue des votes (article 37 du c. t.).

CAMPAGNE DE SOLLICITATION

Lors de sa campagne de sollicitation, le syndicat tente d'obtenir l'appui des employés pour être accrédité. La majorité des syndicats utilisent les services d'organisateurs professionnels qui connaissent à fond la législation du travail et ont des talents de communicateur.

Figure **16.2**   **Le processus d'accréditation**

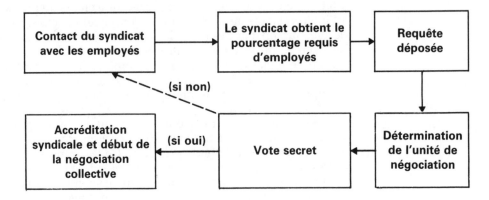

La prise de contact. À l'occasion du premier contact entre les représentants syndicaux et les employés, le responsable syndical évalue la situation et met en place un plan d'action. À partir de ce moment, l'organisateur devient un stratège, un éducateur et un conseiller.

Dans toutes les campagnes de sollicitation, une liste des employés de l'unité de négociation doit être dressée. Pour obtenir une telle liste sans éveiller les soupçons de l'employeur, les organisateurs syndicaux recourent à plusieurs stratégies. Une fois la liste compilée, on procède à des analyses démographiques et socio-économiques.

La signature des cartes. Après avoir établi le contact, le syndicat commence à solliciter les employés pour qu'ils signent leur carte d'adhésion au syndicat le plus tôt possible. Plusieurs syndicats encouragent un petit groupe de militants à effectuer des visites à domicile.

La résistance de l'employeur. L'employeur résiste parfois à la campagne de sollicitation syndicale. Il peut être tenté d'utiliser des moyens de dissuasion. Cependant, la majorité des juridictions provinciales et fédérale prévoient des sanctions en cas de violation de la liberté de choix et d'association des employés. Les actions patronales suivantes sont illégales:

- promettre d'améliorer les salaires et les conditions de travail des employés s'ils ne se syndiquent pas;
- augmenter les salaires des employés qui ne sont pas favorables à la syndicalisation;
- recourir à toute action qui vise à tromper les employés dans leur liberté de choix. Pour le Québec, par exemple, voir les articles 12, 13 et 14 du Code du travail.

Durant la période de sollicitation, il importe que le service des ressources humaines informe la direction des sanctions qu'elle peut encourir si elle s'engage dans des pratiques illégales. En effet, au Québec, le Code du travail stipule que les employeurs contrevenants peuvent être passibles de sanctions de l'ordre de 100$ à 1000$ par jour ou fraction de jour d'infraction. De plus dans les cas de congédiement pour activités syndicales, l'employeur peut être obligé de rembourser le salaire perdu et de réintégrer le salarié congédié.

Figure **16.3**   **La représentativité nécessaire à l'accréditation d'un syndicat**

Juridiction	Représentativité nécessaire pour le dépôt d'une requête en accréditation	Représentativité nécessaire pour que la commission accrédite un syndicat sans procéder au vote	Représentativité nécessaire pour briguer les suffrages[ab]	Représentativité nécessaire à l'accréditation d'un syndicat lorsqu'il y a vote	
				50% des employés de l'unité de négociation	50% des personnes qui votent
Fédéral	35%	50% ou plus	35%		X (si plus de 35% des votes)
Terre-Neuve[c]	50		N/R	X	
Île-du-Prince-Édouard	50		Aucune spécification		X
Nouvelle-Écosse	40	50 ou plus	N/R		X
Nouveau-Brunswick	40-60	60 ou plus	40	X	
Québec	35	50 ou plus	N/R	X	
Ontario	45-55	55 ou plus	35		X
Manitoba	50		N/R		X
Saskatchewan	25				X (si plus de 50% des votes)
Alberta	50	50 ou plus	N/R		X
Colombie-Britannique	45-55	55 ou plus	45		X (si plus de 50% des votes)

[a] Dans la plupart des juridictions, les commissions ont le pouvoir d'accréditer un syndicat sans vote lorsque plus de 50% des membres démontrent leur intérêt pour ce syndicat.

[b] Comprend les lois qui réfèrent spécifiquement à un vote préalable à l'audience.

[c] À Terre-Neuve, la Commission peut demander au commissaire de faire enquête quand une requête est déposée et lorsqu'au moins 40% mais pas plus de 50% des membres sont en règle avec le syndicat. Le commissaire prendra les dispositions pour qu'un vote de représentation soit tenu.

N/R Aucune référence à un vote préalable

Source: A.W.J. Craig, The System of Industrial Relations, 2ᵉ édition, Prentice-Hall Canada, Scarborough, Ontario, p. 129. Utilisée avec la permission de Prentice-Hall Canada Inc.

ATTRAIT DE LA SYNDICALISATION Pour comprendre le mouvement syndical, il faut considérer les raisons pour lesquelles les employés décident d'adhérer ou non à un syndicat. Bien qu'il n'y ait pas de raisons spécifiques, trois conditions semblent constituer des facteurs importants de la décision de devenir membre d'un syndicat: l'insatisfaction, le manque de pouvoir et le caractère utilitaire du syndicat.

DÉCISION D'ADHÉRER À UN SYNDICAT

L'insatisfaction.   Quand une personne accepte un emploi, certaines conditions de travail (salaire, horaires de travail, nature du travail) sont spécifiées dans un contrat explicite de travail. Mais il existe aussi des contrats implicites de travail. Ce genre de contrat consiste à prendre des ententes verbales sur différentes conditions de travail. Ces ententes sont reliées au désir de l'employé de satisfaire des attentes personnelles dans son milieu de travail. Le degré selon lequel l'organisation rencontre ces attentes détermine le niveau de satisfaction de l'employé. L'insatisfaction conduit l'employé à tenter d'améliorer sa situation et la syndicalisation peut être un moyen efficace pour y parvenir.

La direction et le service des ressources humaines peuvent contribuer à la détérioration du niveau de satisfaction des employés s'ils adoptent les comportements suivants:

- établir des objectifs irréalistes;
- offrir des postes qui n'utilisent pas les talents, les connaissances et les habilités des employés et qui ne sont pas compatibles avec leur personnalité, leurs intérêts et leurs attentes;
- adopter des comportements de supervision inéquitables et des réseaux de communication inadéquats;
- ne pas manifester la volonté d'améliorer les conditions de travail.[9]

Le manque de pouvoir.   La syndicalisation est rarement le premier recours des employés insatisfaits. La première tentative pour améliorer leur condition s'effectue habituellement sur une base individuelle de négociation avec le supérieur. Un employé qui occupe un poste stratégique dans l'organisation (ce qui le rend peu substituable) possède un pouvoir de négociation considérable. Cependant, lorsque les postes ne sont pas stratégiques, les titulaires, conscients de leur faible influence, chercheront à se regrouper afin de contrer ce désavantage.

Le caractère utilitaire du syndicat.   Les employés insatisfaits de leurs conditions de travail perçoivent le syndicat comme la solution rêvée pour améliorer leur qualité de vie au travail. Plus les employés croient que la présence d'un porte-parole permet l'obtention de gains, plus ces derniers perçoivent le syndicat comme un outil de négociation et de défense efficace.

Les employés évaluent alors les avantages et les désavantages associés à la syndicalisation. Nous entendons par désavantages:

- la perception négative des supérieurs et des cadres des militants syndicaux;
- les délais du processus d'accréditation et le ressentiment des employés qui sont contre l'arrivée du syndicat dans leur milieu de travail;
- le risque d'avoir un syndicat faible qui ne pourra défendre adéquatement les intérêts de la collectivité;
- le risque de vivre des conflits majeurs (grève ou lock-out) qui peuvent entraîner des pertes financières importantes.

Quand les avantages deviennent plus importants que les désavantages, les employés sont favorables à la syndicalisation. La figure 16.4 résume le processus d'adhésion à un syndicat. À mesure que le niveau d'insatisfaction s'élève, les travailleurs cherchent individuellement à modifier leur situation de travail. S'ils échouent, et qu'alors les conséquences positives de la syndicalisation apparaissent dépasser les conséquences négatives, les salariés acceptent l'idée de joindre les rangs d'un syndicat.

ÉVOLUTION DU SYNDICALISME   Il importe de connaître brièvement le contexte législatif dans lequel est né le mouvement ouvrier. En effet, il faut savoir qu'il n' y a jamais eu au Canada de loi interdisant les associations ouvrières mais que leur activité principale,

Figure **16.4**   **Le processus de décision d'adhérer à un syndicat**

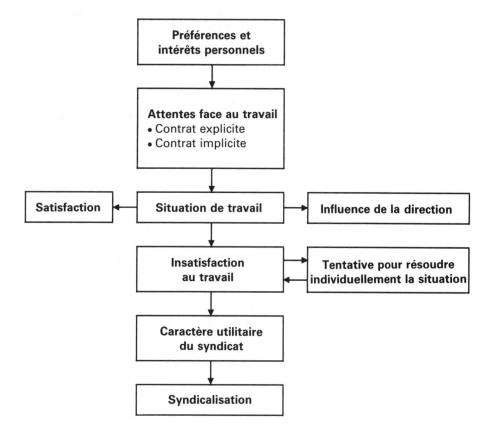

la défense de droits des travailleurs, était illégale. La raison en était simple. Elle portait préjudice à la liberté de commerce des entreprises et pendant la révolution industrielle, le lobbying patronal était très puissant. Il y eut par la suite une succession de lois favorisant ou défavorisant le développement syndical telles que la Loi sur les syndicats ouvriers de 1872 et la Loi Lemieux de 1907[10]. Les lois les plus bénéfiques sont adoptées aux États-Unis en 1935 et au Canada et au Québec en 1944. Il s'agit respectivement du Wagner Act, de la Loi sur les relations industrielles et les enquêtes relatives aux différends de travail (décret CP 1003) et de la Loi des relations ouvrières qui jetèrent les premières assises juridiques de la protection du droit d'association. L'adoption de ces lois permit au mouvement ouvrier de prendre un essor considérable.

Au Québec, en 1964, c'est l'adoption du Code du travail. En 1977, l'imposition de la formule Rand oblige tous les salariés d'une unité de négociation à payer la cotisation syndicale qu'ils soient membres ou non du syndicat.

LES SYNDICATS À LEURS DÉBUTS

Au siècle dernier, l'économie canadienne repose sur l'agriculture et l'artisanat. On y retrouve peu de concentrations démographiques et industrielles d'importance. L'évolution industrielle commence à se faire sentir et les entrepreneurs, en pénurie de main-d'oeuvre, mettent sur pied des campagnes pour attirer les travailleurs de la terre et les artisans vers les villes. Tous les types de main-d'oeuvre sont acceptés: enfants, femmes, vieillards. Les horaires de travail sont longs et fastidieux, les salaires minables. Face aux abus flagrants des employeurs, certains travailleurs plus organisés et audacieux se rebellent contre cette exploitation.

Le développement et la croissance des syndicats canadiens se fait pénible-ment. Tout devait se faire dans la clandestinité. On voit apparaître des sociétés de secours mutuels qui viennent en aide aux familles des travailleurs frappés par la maladie, le chômage ou la famine. C'est entre 1823-1830 que les pre-mières organisations syndicales proprement dites s'organisent. Les tailleurs de vêtements, les typographes, les travailleurs du bâtiment (maçons, menui-siers) et les imprimeurs sont les premiers groupes de travailleurs à se doter d'une force ouvrière. Les luttes restent cependant isolées.

L'influence du syndicalisme américain, très fervent à cette époque, stimule les travailleurs canadiens à se donner des structures de représentation plus fortes. Les mouleurs de fonte et les travailleurs de la chaussures sont les premiers syndicats à s'affilier aux syndicats américains vers les années 1860. Ce genre de syndicalisme vise à regrouper presqu'exclusivement des travail-leurs de métiers. En 1883, les travailleurs québécois se regroupent pour former un syndicat national du nom des Chevaliers du travail. Cette organisation est indépendante des structures syndicales américaines et de l'influence du clergé. Elle regroupe les travailleurs par entreprise sans égard à leur métier. L'objectif premier de cette organisation syndicale est de faire pression sur les autorités gouvernementales afin qu'elles adoptent des lois améliorant les con-ditions de travail des ouvriers. Conscients de leur manque de pouvoir, les Chevaliers du travail se joignent aux unions internationales pour former en 1886, le Congrès des Métiers et du Travail du Canada (CMTC). C'est de ce dernier qu'origine deux de nos grandes organisations syndicales d'au-jourd'hui soit le Congrès du Travail du Canada (CTC) et la Fédération des Travailleurs du Québec (FTQ) (division provinciale du CTC). Le CMTC regroupe plus de 65% des travailleurs.

Le clergé n'appréciant guère de se faire ignorer des organisations ouvrières, profite de son pouvoir confessionnel pour convaincre bon nombre de tra-vailleurs de se syndiquer. Ces syndicats devaient, il va sans dire, épouser la doctrine de l'Église. Certains syndicats nationaux adhèrent à cette approche et se regroupent pour former former en 1921 la Confédération des Travailleurs Catholiques du Canada (CTCC) mieux connue aujourd'hui sous le nom de la Confédération des Syndicats Nationaux (CSN). La CTCC regroupe, à cette époque, un peu plus de 30% des travailleurs syndiqués canadiens. La figure 16.5 présente l'évolution historique du mouvement ouvrier.

La période 1860-1930 a vu naître de grands conflits ouvriers. L'objectif visé par tous est le même: l'amélioration des conditions de travail. Les résultats sont probants. Des lois sont adoptées pour réglementer le travail des enfants et des femmes, la journée de travail est réduite à l0 heures puis à 8 heures. On met aussi sur pied un régime d'arbitrage en cas de conflits de travail.[11]

La Deuxième Guerre Mondiale, l'adoption de la Loi des relations ouvrières de 1944 et la syndicalisation de nouveaux groupes de travailleurs (par exem-ple: dans les hôpitaux et dans l'enseignement) donnent un essor spectaculaire aux organisations syndicales. Mais cette croissance devait cesser.

La diminution du membership syndical.   Plusieurs raisons expliquent la perte de croissance du syndicalisme au Québec et au Canada. Voici les principales:

- l'adoption de lois protégeant les droits fondamentaux des travailleurs a enlevé au syndicat le rôle de défenseur des démunis face aux abus des employeurs;

Figure **16.5**   **Historique du mouvement ouvrier**

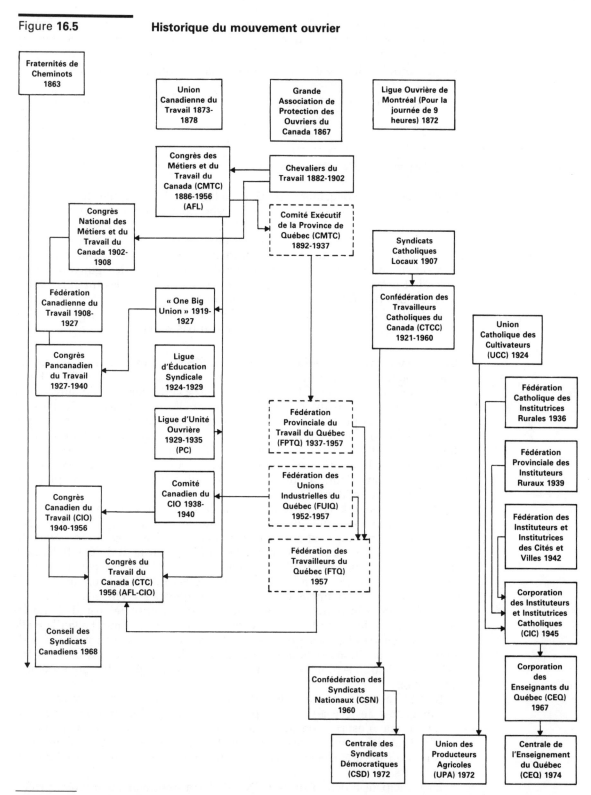

Source: L'Action politique des ouvriers Québécois, P.U.Q., 1976 et F. Harvey, Aspects historiques du mouvement ouvrier au Québec, Boréal Express, 1973.

■ l'humanisation des modes de gestion des ressources humaines par le biais de divers programmes de qualité de vie au travail comblent mieux les besoins des travailleurs;

■ la diminution du nombre d'emplois dans les entreprises fortement syndiquées;

■ la désaffiliation des travailleurs canadiens aux syndicats internationaux.[12]

STRUCTURES ET FONCTIONS DES PRINCIPAUX SYNDICATS QUÉBÉCOIS

La Centrale de l'Enseignement du Québec (CEQ).   La Centrale de l'Enseignement du Québec a été créée en 1946 du regroupement d'institutrices et d'instituteurs ruraux. Elle dénonce la lutte des classes et oriente son action vers le développement de la conscience sociale. Elle cherche à créer une solidarité sociale chez les enseignants et les étudiants. La CEQ vise l'unité syndicale afin de se doter d'une force réelle d'influence auprès des gouvernements fédéral et provincial[13]. Son rôle principal est de défendre les intérêts professionnels des travailleurs de l'enseignement.

La figure 16.6 illustre la structure de la CEQ. Les fonctions de chacun des niveaux organisationnels sont expliquées au bas de la figure.

La Confédération des Syndicats Nationaux (CSN).   Les militants en faveur d'une nouvelle orientation idéologique de la Confédération des Travailleurs Catholiques du Canada (CTCC) reprochaient à cette dernière de faire passer l'action catholique avant l'action professionnelle et syndicale. De plus, la CTCC prônait la protection de l'intégrité culturelle canadienne-française par l'attachement à la religion catholique et à la terre. Avec la révolution industrielle du début du siècle, ce mouvement ouvrier oriente son action vers la collaboration plutôt que vers la confrontation pour assurer la protection des intérêts des travailleurs. Cette absence de militantisme syndical ne plaît pas à un groupe de militants.

De 1940 à 1960, la concurrence syndicale se fait de plus en plus féroce et la réalité industrielle plus oppressante pour les travailleurs. La CTCC doit repenser ses structures et son plan d'action. C'est en 1960 qu'une nouvelle orientation lui est donnée. On rebaptise la CTCC du nom de Confédération des Syndicats nationaux (CSN). L'idéologie de la CSN est axée sur le militantisme, la démocratie syndicale et la défense des intérêts nationaux. La CSN se veut non confessionnelle et neutre sur les questions religieuses. Elle vise deux objectifs principaux: la transformation sociale et la défense des intérêts professionnels des travailleurs dans l'entreprise. Contrairement à la FTQ, elle ne privilégie pas l'action politique partisane; ce qui ne l'empêche pas de prendre des positions politiques pour assurer la défense des droits des travailleurs. Elle utilise plutôt une stratégie d'influence auprès du gouvernement au pouvoir.

La CSN accepte mal les effets d'une économie capitaliste, grande cause des inégalités des classes, d'abus patronaux et d'apathie du pouvoir public. Cette centrale n'est pas considérée comme un syndicat d'affaires mais comme un syndicat de combat c'est-à-dire, qu'elle tente par son action d'améliorer la condition de la collectivité et non seulement d'un groupe spécifique de travailleurs.[14]

La principale fonction de la CSN est de promouvoir les intérêts professionnels, économiques, sociaux et moraux des travailleurs et cela sans discrimination selon le sexe, la race, la langue ou la religion.

Figure **16.6**   **La structure organisationnelle de la CEQ**

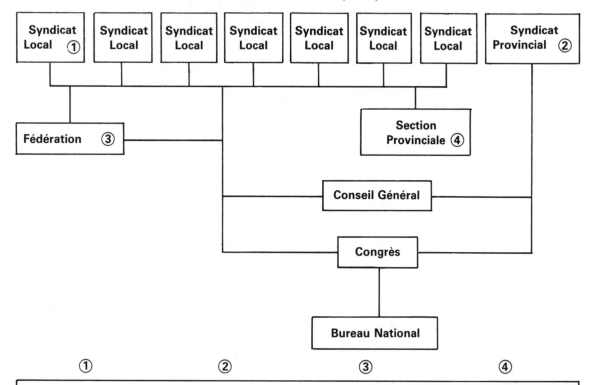

Votre syndicat dans les structures politiques de la CEQ

① Syndicat Local

Syndicat dont la juridiction couvre un certain territoire géographique strictement local ou régional, pouvant regrouper qu'une catégorie de membres (par exemple: personnel de soutien) ou plusieurs catégories de membres (par exemple: personnel de soutien et enseignants). Ce syndicat est directement représenté au Conseil général et au Congrès. Il peut se regrouper au sein d'une section provinciale.

② Syndicat Provincial

Syndicat dont la juridiction couvre l'ensemble du territoire québécois et qui réunit les travailleurs de l'enseignement ayant une unité particulière d'intérêts. Il est directement représenté au Conseil général et au Congrès. Actuellement, il n'existe à la CEQ qu'un syndicat provincial, soit l'Association des Professionnels Non Enseignants du Québec (APNEQ).

Fédération

Section provinciale dont la juridiction couvre l'ensemble du territoire québecois et qui regroupe des syndicats de travailleurs de l'enseignement ayant une unité particulière d'intérêts. La Fédération est directement représentée au Conseil général et au Congrès. Actuellement, il n'existe à la CEQ qu'une seule fédération de ce type, soit celle des CEGEP.

Section provinciale

Organisme de coordination et de service dont la juridiction couvre l'ensemble du territoire québécois et qui réunit des syndicats ou des sections de syndicats ayant une unité particulière d'intérêts. Ce type de section n'a aucune représentation politique directe au Conseil général et au Congrès (par exemple: Fédération des Professeurs d'Universités).

Source: La Centrale de l'Enseignement du Québec, 1988.

La figure 16.7 présente la structure de la CSN. Le Conseil confédéral est l'instance suprême où, lors du Congrès biennal, les délégués viennent y élire le Conseil exécutif. On y discute également des orientations que prendra la Confédération. Le Conseil confédéral a aussi comme fonction de surveiller les activités du Bureau confédéral et du Conseil exécutif. Le Bureau confédéral

Figure **16.7**   **La structure organisationnelle de la CSN**

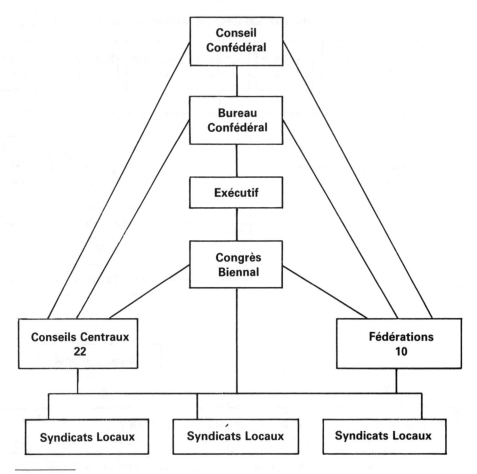

Source: La Confédération des Syndicats Nationaux, 1988.

est une instance intermédiaire qui a comme fonction première de faire toute recommandation au Conseil exécutif ou au Conseil confédéral. Les Conseils centraux quant à eux ont les mêmes fonctions que les Conseils du travail de la FTQ soit, assurer un service d'éducation syndicale.

Les syndicats locaux sont la base du mouvement syndical de la CSN. La décision de prendre des moyens de pression économiques tels que la grève relève exclusivement de la décision de ces derniers. La CSN supporte financièrement les travailleurs en conflits (qu'ils soient légaux ou non) à partir du fonds de grève. Tous les membres sont obligés de participer à ce fonds de grève par le biais de cotisations.[15]

Il y a eu un accroissement important du membership de la CSN de 1985 à 1987, de 141 000 à 204 000 membres. Comment peut-on expliquer cette remontée? Marcel Pepin, dans son récent ouvrage **Le nécessaire combat syndical** nous fournit quelques indices:

- la participation plus active des membres à la défense de leurs propres intérêts (plus grande autonomie des affiliés);
- l'hétérogénéité de la clientèle; phénomène unique en Amérique du Nord, où des corps professionnels jamais syndiqués viennent se joindre aux rangs

de la CSN (par exemple: des professionnels tels que des ingénieurs);

- le militantisme ardent et le dévouement des permanents de la CSN lui ont permis de se tailler des bases solides au sein de la communauté québécoise;
- le respect de la démocratie et de la volonté des membres a permis d'obtenir une structure forte.

Comme toute force sociale en croissance, la CSN doit s'attendre à ce que des forces opposées tentent de contrecarrer ses efforts afin de rééquilibrer le pouvoir de force.[16]

Pour terminer, il faut signaler qu'en 1972, 1400 militants syndicaux en désaccord avec la CSN sur le mode de défense des intérêts des travailleurs se dissocient de cette dernière pour former la Centrale des Syndicats Démocratiques (CSD). L'objectif premier de cette centrale est de défendre les intérêts réels des travailleurs selon leurs aspirations. La CSD désire que son action syndicale ne soit pas associée à un parti politique mais accepte d'utiliser l'action politique pour la défense des intérêts de ses membres. Le principe conducteur de la CSD est celui de la démocratie. Elle reconnaît en effet que la centrale ne peut en aucun moment représenter ses membres sans leur consentement.[17]

La Fédération des Travailleurs du Québec (FTQ). La Fédération des Travailleurs du Québec est l'aile provinciale du Congrès du Travail du Canada (CTC). La Fédération regroupe, tout comme le CTC, plusieurs syndicats de métiers affiliés à des syndicats nationaux et internationaux. Elle possède ses propres structures organisationnelles et, contrairement aux autres fédérations provinciales affiliées au CTC, une plus grande autonomie envers la structure mère. La réalité culturelle, linguistique et syndicale québécoise explique ce phénomène.

La notion de syndicalisme d'affaires est ce qui caractérise le mieux la FTQ. En effet, cette centrale accepte les fondements du capitalisme, c'est-à-dire les principes de profits, de rentabilité, de productivité, de progrès technologique et d'investissement. Elle défend avant tout les intérêts économico-professionnels de ses membres en négociant le partage des bénéfices de la production. Ce qui ne l'empêche pas d'avoir à coeur la défense et la promotion des valeurs démocratiques et de s'engager dans des projets de transformation sociale. Le patronat est considéré comme un adversaire à surveiller. La FTQ n'encourage pas l'affrontement.

La FTQ est favorable à l'action politique énergique. Si elle le juge utile, la FTQ ne se gênera pas pour faire de la politique partisane en appuyant un parti politique (par exemple le PQ vers les années 1976).[18]

La figure 16.8 présente la structure de la FTQ. Le Conseil général est un organisme de contrôle qui s'assure du respect des orientations fixées lors du Congrès biennal. Il fait également toute recommandation jugée appropriée au Bureau exécutif. Le Congrès général a lieu à tous les deux ans et consiste en une rencontre des tous les délégués. Son but est d'établir les orientations de la Fédération et de discuter de toute question en matière de travail relevant de la juridiction provinciale. Le Bureau exécutif est élu lors de ce congrès pour un mandat de deux ans.

Les syndicats nationaux et internationaux avec leurs unités locales respectives sont la base du mouvement ouvrier de la FTQ. Les unités locales envoient les cotisations à leur syndicat national ou international, lequel constitue le fonds de grève. Les travailleurs en conflit ont accès à ce fonds à la condition que leur syndicat approuve leur démarche.

Les Conseils du travail sont des organismes de support pour les membres des syndicats nationaux et internationaux. Ils assurent les services de con-

Figure **16.8**   **Les structures de décision de la FTQ**

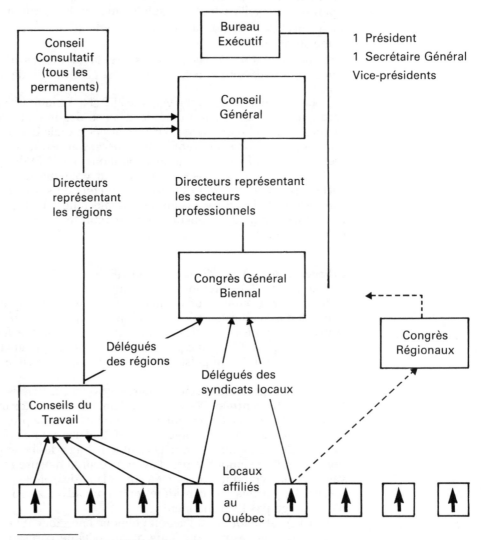

Source: Statuts de la FTQ, 1977, p. 46.

sultation lors des négociations collectives et l'éducation syndicale à leurs membres. Les syndicats nationaux sont obligés de s'affilier au Conseil du travail de leur région tandis que les syndicats internationaux sont libres d'y adhérer[19].

RÉSUMÉ

Comme nous avons pu le constater dans ce chapitre, la montée du syndicalisme au Canada et au Québec était inévitable au cours du 19e siècle. Les travailleurs n'ont eu d'autres choix que de s'organiser en syndicats pour contrer les effets négatifs de l'industrialisation sur leurs conditions de vie et de travail. Les premiers syndicats se forment et se rencontrent clandestinement en raison de l'illégalité de leur action.

L'action syndicale est dirigée vers l'influence politique dans le but de sensibiliser les gouvernements sur l'urgence de protéger les travailleurs par des législations. C'est ainsi que sont nées des lois comme la Loi des relations ouvrières de 1944.

La syndicalisation des travailleurs canadiens et québécois n'a pas eu que des effets sur la législation du travail mais également sur le mode de gestion des ressources humaines. L'employeur étant obligé de reconnaître le syndicat choisi par les salariés doit réviser ses pratiques de gestion. En effet, le processus de négociation collective qui s'enclenche et qui se conclut par la signature d'une convention collective, établit pour une durée déterminée les conditions de travail de tous les salariés visés par l'unité de négociation. La direction de l'entreprise doit donc s'assurer que toutes les activités de gestion des ressources humaines (embauche, formation, promotion, mesures disciplinaires, etc.) respectent les ententes et principes reconnus par la convention. Nous avons analysé les raisons qui poussent les travailleurs à adhérer à un syndicat, la raison majeure étant l'amélioration des conditions de travail.

Lorsqu'un syndicat désire représenter un groupe de travailleurs spécifique, il doit respecter les règles d'accréditation prévues au Code du travail canadien et au Code du travail provincial. Pour être reconnu officiellement comme le porte-parole des salariés, le syndicat doit obtenir l'assentiment de la majorité de ces derniers.

La Centrale de l'Enseignement du Québec, la Confédération des Syndicats Nationaux, la Centrale des Syndicats Démocratiques et la Fédération des Travailleurs du Québec sont les principaux syndicats oeuvrant au Québec.

QUESTIONS À DISCUTER

1. Pourquoi les travailleurs ont-ils ressenti le besoin de s'organiser en syndicat? Est-ce que les raisons sont différentes aujourd'hui?
2. Qu'est-ce qu'une Commission des relations de travail? Comment ces commissions contribuent-elles à promouvoir la politique de libre négociation collective au Canada?
3. Expliquez la structure et les objectifs du mouvement syndical canadien.
4. Pourquoi les syndicats perdent-ils du pouvoir?
5. Identifiez et expliquez les principales étapes du processus d'accréditation.
6. Quels sont les principaux ingrédients d'une campagne fructueuse pour obtenir l'appui des employés?

É T U D E   D E   C A S

UN COUP DUR POUR LA SYNDICALISATION!

À la suite d'un tourbillon d'activités syndicales dans 16 des magasins Eaton, Simpsons et Sears Canada, les efforts pour organiser plus de 800 magasins de ventes au détail importants ont diminué considérablement. Des développements récents ont remis en cause l'existence même du syndicat.

Même si les représentants syndicaux prennent une autre approche stratégique, plusieurs observateurs affirment que les tentatives récentes des travailleurs de quatre magasins Eaton à Toronto pour désaccréditer le syndicat donnent un coup dur aux efforts de ce dernier pour organiser les magasins de ventes au détail non-syndiqués du Canada.

Ce recul serait, selon les représentants de l'industrie, causé par la reprise économique des magasins de ventes au détail. La menace d'une syndicalisation à l'échelle nationale qui commença en 1984 se précisa juste au moment où les magasins de ventes au détail, sortant de la récession, devaient faire face à de fortes pertes.

Si l'industrie des magasins de ventes au détail devait subir une nouvelle montée de la syndicalisation, celle-ci créerait une lourde pression sur les marges de profit déjà très minces. Les coûts reliés à la main-d'oeuvre représentent déjà 20% des ventes pour des compagnies opérant avec des marges de profit de 3%. Par conséquent, une augmentation des coûts du travail même de 1% aurait un impact sérieux.

Les propriétaires de magasins de ventes au détail croient que les syndicats menacent l'autonomie de la direction. Ils affirment qu'ils ne veulent pas que quelqu'un d'autre dirige leurs entreprises.

Les spécialistes en gestion des ressources humaines ont l'impression que la tendance de l'accroissement de la main-d'oeuvre à temps partiel et des franchises signifie que ces individus ont des intérêts différents du groupe. La cohésion et la cohérence des travailleurs requises pour une action syndicale ne seraient pas les mêmes que dans le passé. De plus, les gestionnaires croient également qu'ils répondront à la menace syndicale en développant de meilleures relations de travail et en tentant de mieux répondre aux besoins de leurs employés.

Au même moment, plusieurs employés réalisent que les syndicats ne peuvent garantir leur sécurité d'emploi. Par exemple, en 1985, Eaton décida de mettre à pied la moitié de ses travailleurs dans un magasin syndiqué de Brandon au Manitoba suite à l'imposition d'une convention collective par le gouvernement provincial. Cette convention comportait des augmentations salariales substantielles.

QUESTIONS

1. En quoi la syndicalisation des magasins de ventes au détail au Canada est-elle différente de la syndicalisation dans d'autres secteurs?
2. Pourquoi, selon vous, quelques employés essaient-ils de désaccréditer le syndicat?
3. Quels sont les facteurs évoqués par les employeurs de l'industrie des magasins de ventes au détail contre la syndicalisation? Qu'en pensez-vous?
4. Si vous étiez un organisateur syndical, quelle serait votre stratégie? Quels seraient vos arguments en faveur de la montée du niveau de la syndicalisation dans le secteur des magasins de ventes au détail?

Négociation collective

Actualité

LE RÉGIME DE NÉGOCIATION COLLECTIVE DANS LES SECTEURS PUBLIC ET PARAPUBLIC

Le 19 juin 1985, la législation québécoise adoptait la Loi sur le régime de négociation des conventions collectives dans les secteurs public et parapublic (L.Q. 1985, c. 12). Ayant pour objectif de mettre fin à la longue suite de conflits et d'affrontements qui a ponctué le déroulement des négociations dans les secteurs public et parapublic, la Loi 37 cherche à redonner aux instances locales plus d'emprise et une marge de manoeuvre plus considérable à l'égard des matières ayant trait à l'organisation du travail.

Cette loi qui vise particulièrement les salariés des secteurs des Affaires sociales et de l'Éducation, définit un nouveau cadre de négociation des conventions collectives. Elle détermine les matières susceptibles de faire l'objet de négociation à l'échelle locale ou régionale et les matières pouvant faire l'objet d'arrangements locaux. Elle établit un nouveau mode de détermination des salaires et d'échelles salariales pour chacune des deux années suivant la première année des conventions collectives. Elle modifie le mécanisme de règlement des différends à l'échelle locale ou régionale. Elle confère au Conseil des services essentiels des pouvoirs de redressement dans le cas de certains conflits.

La Loi 37 prévoit l'intervention d'un médiateur avant l'acquisition au niveau national du droit de grève. Ce mécanisme est introduit dans le but d'inciter les salariés à décider ou non du recours à la grève sur la base du rapport produit par le médiateur plutôt que sur la base d'un constat d'échec découlant de la comparaison entre des offres et des demandes.

Auparavant, les syndicats et l'État négociaient et concluaient leurs conventions collectives dans le cadre du Code du travail et de la Loi sur l'organisation des parties patronale et syndicale aux fins de négociation collective dans les secteurs de l'Éducation, des Affaires sociales et des organismes gouvernementaux (L.R.Q., c. O-7.1). Peut-on dire que les secteurs public et parapublic se sont dotés de leur propre code du travail? Peut-être! Chose certaine, l'encadrement des négociations collectives est clairement défini dans la Loi 37. La latitude laissée aux parties négociantes est plus limitée que dans le Code canadien du travail et le Code du travail québécois.

Source: CHAMARD, R. et al., « Les relations du travail en 1985 », Le marché du travail, vol. 7, no 1, janvier 1986, p.64-65 et POTHIER, R., « Le droit du travail », Le marché du travail, vol. 8, no 1, janvier 1987, p. 34. Reproduit avec autorisation.

Les relations de travail dans les secteurs public et parapublic se situent dans un contexte socio-économique particulier en raison même de l'identité de l'employeur et de la clientèle desservie par ces secteurs: l'État et la population. Cet article permet d'avoir une idée de la complexité des rapports collectifs du travail dans ces secteurs. Mais comment se vit le régime des relations de travail dans le secteur privé? Sans en dénigrer l'importance, ce chapitre référera peu aux relations de travail dans les secteurs public et parapublic. Nous orienterons plutôt notre étude sur le régime collectif de travail en vigueur dans le secteur privé.

Pour ce faire, nous ferons la lumière sur les objectifs et l'importance de la négociation collective. Nous verrons comment un processus de négociation se prépare et se déclenche. Nous verrons également quel est le rôle des législations canadienne et québécoise dans un tel régime de rapports collectifs du travail et comment se gère une convention collective.

NÉGOCIATION COLLECTIVE

La **négociation collective** est l'activité principale d'un régime juridique de relations de travail. C'est par le processus de négociation collective que le syndicat et l'employeur établissent les conditions de travail auxquelles seront soumis les salariés compris dans l'unité de négociation. Comme dans tout processus de marchandage (achat d'auto, maison, chalet, etc.), les intérêts des partenaires sont à la fois divergents et convergents. En effet, l'un désire payer le moins cher possible tandis que l'autre désire faire le plus de profit possible. Les deux, par contre, souhaitent arriver à une entente. Le résultat final dépend de l'épreuve de force entre les négociateurs.

Le régime de négociation au Canada fonctionne sur le même principe. D'une part, le syndicat cherche à obtenir le plus d'avantages possible de l'employeur et ce dernier, veut en octroyer le moins possible. Pourtant les deux désirent arriver à une entente afin d'assurer la paix industrielle. Le succès d'une telle entente dépend de plusieurs facteurs dont:

- la qualité des relations patronales-syndicales;
- la maîtrise par les parties des différentes dimensions de la négociation collective;
- les stratégies patronales dans le processus de négociation collective;
- les stratégies syndicales dans le processus de négociation collective;
- les stratégies conjointes patronales-syndicales.

Avant de discuter de ces facteurs, il serait utile d'examiner les objectifs et l'importance du processus de négociation collective et de procéder à une revue historique.

OBJECTIFS ET IMPORTANCE DE LA NÉGOCIATION COLLECTIVE

Le processus de négociation collective offre une occasion au syndicat et à l'employeur de planifier ensemble une activité importante pour les deux parties: l'établissement des conditions de travail. Les Codes du travail canadien et québécois reconnaissent le droit au syndicat et à l'employeur d'enclencher des pourparlers au niveau des conditions de travail auxquelles l'employeur ne pourra se soustraire (article 148 du Code canadien du travail et articles 52 et 53 du Code du travail du Québec). Ils permettent également de prévoir des périodes spécifiques et cycliques où les parties sont appelées à se réunir autour d'une table de négociation. Ainsi, lorsqu'une convention collective est signée, la paix industrielle est garantie jusqu'au moment du renouvellement de celle-ci.

Les objectifs principaux visés par la négociation collective sont de quatre types:

1. assurer la paix industrielle pour un temps défini par la négociation;
2. permettre au syndicat de contribuer à l'élaboration de conditions de travail justes pour tous les salariés compris dans l'unité de négociation;
3. favoriser la coopération patronale-syndicale;
4. prévoir un mécanisme de règlement en cas de mésententes durant la vie de la convention collective soit, l'arbitrage de griefs.[1]

INTERRELATIONS ENTRE LA NÉGOCIATION COLLECTIVE ET LES AUTRES ACTIVITÉS DE GESTION DES RESSOURCES HUMAINES

Le développement et l'utilisation accrue de la négociation collective a nécessité la formation de spécialistes en relations de travail. Ces spécialistes doivent être d'excellents négociateurs (stratèges et perspicaces) et bien connaître les législations qui régissent les rapports collectifs du travail. Plusieurs entreprises utilisent des conseillers en relations de travail ou des avocats expérimentés comme porte-parole officiels à la table de négociation. Leurs connaissances sont parfois fort utiles pour rééquilibrer le rapport de forces avec le syndicat qui possède souvent des ressources conseil importantes. Nous faisons référence ici aux syndicats affiliés à d'importantes organisations syndicales (par exemple le CTC, la FTQ, la CSN ou la CEQ) qui leur offrent les services de permanents pour les représenter à la table de négociation. Un syndicat indépendant, qui n'est affilié à aucune centrale ou fédération, peut être techniquement moins avantagé.

Une fois que la convention est signée, il faut que la direction de l'entreprise s'assure que les ententes négociées au plan des salaires, vacances, congés divers, horaires de travail, remplacement, droits associés à l'ancienneté, heures supplémentaires, mesures disciplinaires, procédures de promotion ou d'embauche soient respectées. Habituellement, la personne (ou les personnes) responsable de l'administration de la convention collective a participé étroitement à la négociation de ladite convention. Elle doit respecter scrupuleusement les délais fixés par la convention lors du dépôt d'une plainte en vertu de la procédure de griefs et assurer le suivi jusqu'au règlement complet de ladite plainte. Elle travaille à la création et au maintien d'un bon climat de travail afin d'assurer le succès de la prochaine négociation collective qu'elle devra préparer et planifier.

Comme on peut le constater, bien des activités de gestion des ressources humaines sont touchées par l'existence même d'une convention collective. Les plus importantes sont la gestion de la rémunération et des avantages sociaux, de la discipline, les mouvements de personnel et la santé et sécurité au travail.

HISTORIQUE

L'origine de la négociation collective proprement dite ne correspond pas à celle des premières organisations syndicales. Rappelons que celles-ci, étant à leur début illégales, ne pouvaient participer à l'établissement des conditions de travail. Au début du 19e siècle, les conditions de travail sont déterminées unilatéralement par l'employeur. Ce dernier possède une grande latitude car aucune loi ne régit les normes de travail. Comme nous l'avons vu au chapitre 16, les travailleurs se sont rebellés face à l'exploitation des employeurs. Des grèves éclatent un peu partout au pays et des guerres d'usure commencent alors à voir le jour. Il n'est pas très difficile de prévoir laquelle des deux parties obtient gain de cause. Les organisations syndicales de l'époque ne possèdent pas de structures suffisamment solides pour supporter adéquatement les grévistes.

Ce n'est que vers 1869 qu'apparaissent les premières véritables négociations avec signature d'une entente[2]. Ces négociations ont lieu dans le secteur de l'imprimerie. À partir de cette époque, le principe même de la négociation patronale-syndicale prend progressivement de la popularité. Ce n'est vraiment qu'à partir de l'adoption de législations du travail (l'Acte de conciliation de 1900, la Loi des syndicats professionnels de 1924 et la Loi des relations ouvrières de 1944) que le processus de négociation connaît une croissance appréciable[3]. L'Acte de conciliation adopté en 1900 par le gouvernement fédéral a pour but de régler à l'amiable les conflits de travail par le biais d'une conciliation volontaire demandée par les parties. Un an plus tard, le Québec adopte un texte législatif du même type connu sous le nom de Loi des différends ouvriers[4]. Le comité de conciliation est composé d'un tribunal d'arbitrage qui a comme objectif de rapprocher les parties en conflit. Les recommandations de ce dernier n'ont pas force de loi et ne lient nullement les parties à moins qu'elles y consentent d'un commun accord.

Cette loi ne reconnaît pas vraiment le droit au syndicat de négocier avec l'employeur, elle cherche avant tout à protéger la paix industrielle. C'est en 1924, alors que le gouvernement québécois adopte la Loi des syndicats professionnels que la valeur juridique de la convention collective est reconnue. En effet, à partir de cet instant, les ententes signées entre le syndicat et l'employeur deviennent un acte juridique reconnu et protégé par les tribunaux[5]. Le terrain des négociations se fait déjà plus solide mais l'employeur n'est pas encore obligé de négocier avec le syndicat. L'adoption en 1935 du Wagner Act américain a donné naissance aux régimes de relations de travail canadiens. La majorité des provinces se sont inspirées de cette législation pour adopter leurs propres textes de loi reconnaissant aux travailleurs le droit à la représentativité syndicale et à la négociation collective. Au Québec, ce n'est qu'en 1944, par l'adoption de la Loi des relations ouvrières que ces principes sont reconnus. Suite à plusieurs modifications, cette loi est devenue en 1964 le Code du travail. Au Canada, tout employeur se doit de négocier avec diligence et bonne foi avec le syndicat accrédité.[6]

Nous élaborerons plus longuement sur les aspects légaux du processus de négociation collective prévu au Code du travail québécois dans la section « Considérations légales ».

RELATIONS PATRONALES-SYNDICALES

Le système de relations de travail définissant le contexte dans lequel oeuvrent les parties est considéré comme un système ouvert. On entend par là un système dans lequel interagissent de nombreux facteurs externes soient les facteurs économiques, sociologiques, politiques, culturels et légaux.[7] La figure 17.1 illustre la dynamique d'un système de relations de travail en démontrant les interactions entre le syndicat, l'employeur et l'environnement (facteurs externes).

Basé sur le modèle de John Dunlop, il identifie les principales composantes et sous-composantes d'un système de relations de travail. Il montre qu'un système de relations de travail est influencé par un certain nombre de sous-systèmes environnementaux aussi bien que par les intérêts, les valeurs et le pouvoir des principaux acteurs. Ces acteurs sont les travailleurs et leurs organisations (syndicales ou autres), l'employeur et ses organisations et le gouvernement.[8]

Chacun des acteurs identifiés dans le modèle poursuit des intérêts différents. Les travailleurs s'intéressent à l'amélioration de leurs conditions de travail et à un traitement équitable; le syndicat à sa propre survie, sa croissance et à son pouvoir de négociation (lequel dépend en partie de sa capacité à conserver l'appui de ses membres); les intérêts de l'employeur se rapportent aux profits, à la productivité, à la croissance de sa part de marché et à la

Figure **17.1**   Un cadre de référence pour l'analyse des systèmes de relations de travail

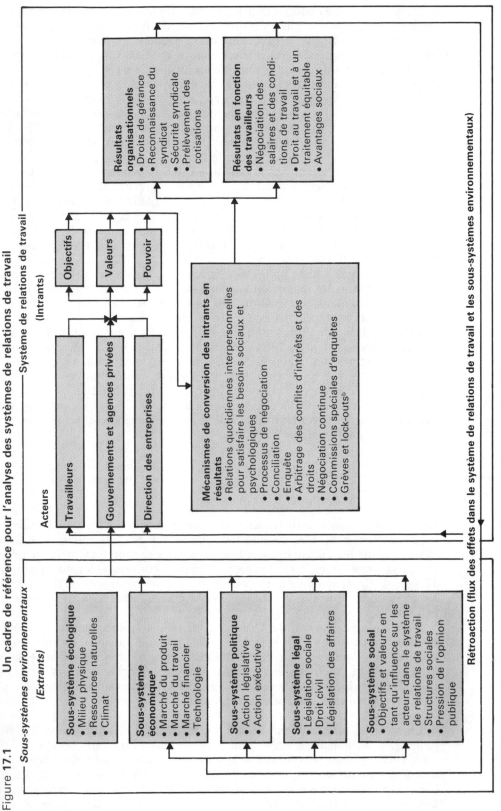

[a]Ce modèle suppose, mais ne montre pas de façon explicite, les relations entre les différents sous-systèmes sociaux.

[b]Un arrêt de travail peut aussi être considéré comme un résultat ou un produit du système des relations de travail.

Source: A.W.J. Craig, The System of Industrial Relations in Canada, 2e édition, Prentice-Hall Canada Inc., Scarborough, 1986, p. 3. Utilisée avec autorisation.

préservation de ses droits de gérance. Le gouvernement, quant à lui, s'intéresse, à la protection des droits de la personne, à la diminution du taux de chômage et à la préservation de la paix industrielle et sociale.

Ces divers intérêts influencent directement la nature des relations entre le syndicat et l'employeur. En effet, lorsque le syndicat et l'employeur perçoivent leurs objectifs comme incompatibles, une relation conflictuelle est susceptible d'exister entre les deux parties. Par contre, lorsque les objectifs paraissent complémentaires, une relation plus coopérative peut s'établir.

La relation conflictuelle. Ce type de relation est généralement occasionnée par l'orientation opposée des objectifs recherchés par les parties. Historiquement, les syndicats ont adopté une attitude offensive dans leurs relations avec les employeurs. Ils ont mis davantage l'accent sur l'amélioration des salaires et des conditions de travail. Ils ont tenté d'obtenir « plus et mieux ». Cette approche a eu du succès dans les périodes de prospérité économique mais beaucoup moins au cours des périodes de récession. De fait, un niveau élevé de chômage et la menace de pertes d'emplois ont amené les syndicats et les employeurs à modifier leurs relations. Plusieurs syndicats commencèrent alors à faire des efforts de collaboration avec les employeurs. Aujourd'hui, le syndicat est considéré plus comme un agent de transformation sociale et un gardien du respect des conventions collectives qu'un défenseur des opprimés. Cette évolution ne peut que modifier les relations patronales-syndicales. La relation de type coopératif est plus appropriée pour assurer la paix industrielle.

La relation coopérative. Dans un **système coopératif**, le syndicat est un partenaire plutôt qu'un adversaire. Ce dernier devient conjointement responsable avec l'employeur du maintien d'un climat de travail sain. Un système coopératif exige donc que le syndicat et l'employeur s'engagent ensemble dans la résolution de problèmes, la transmission de l'information et dans l'atteinte des objectifs de production. L'apparition de cette forme de coopération constitue une composante majeure des systèmes de relations industrielles des pays tels que la Suède, la Yougoslavie, l'Allemagne de l'Ouest et la Tchécoslovaquie.[9]

Au Canada, nous ne sommes pas très familiers avec la coopération patronale-syndicale. Mais, nous avons connu et connaissons de plus en plus de projets d'entreprises mis de l'avant avec la participation directe des syndicats. Nous n'avons qu'à penser au projet de la compagnie Shell de Sarnia (discuté au chapitre 13). Ce projet implique le syndicat dans un effort coopératif pour solutionner les problèmes qui préoccupent les deux parties. Un autre exemple réfère aux expériences coopératives de 1986 dans l'industrie canadienne de l'acier. Au cours du mois de mai 1985, des cadres supérieurs se sont réunis avec le Syndicat des Métallurgistes Unis, à Sault Ste-Marie en Ontario, pour explorer des stratégies conjointes afin de mieux affronter les faiblesses de l'industrie. En 1986, les deux groupes ont procédé à l'institutionnalisation de leurs relations en créant la Conférence canadienne de l'acier. Les parties acceptèrent de mettre de côté leurs vieilles querelles pour s'entendre sur des clauses importantes telles que celles relatives aux changements technologiques et aux ajustements d'échelles salariales.

Comme mentionné plus haut, le système canadien de relations de travail, quoique conflictuel, tend vers une certaine forme de « tripartisme ». Ce genre de tripartisme réfère à des structures formelles ou quasi-formelles de décision dans le cadre desquelles les représentants des travailleurs, du patronat et du gouvernement tentent d'en venir à un consensus sur des politiques d'intérêt mutuel.[10]

Pour en arriver à une convention collective, les parties doivent s'engager dans un processus de négociation. Il existe différentes dimensions au processus de négociation collective.

DIMENSIONS DE LA NÉGOCIATION COLLECTIVE

Plusieurs dimensions de la négociation collective permettent d'aboutir à une entente. On en reconnaît généralement quatre: la dimension distributive, intégrative, de structuration des attitudes et intra-organisationnelle.[11] Ces quatre dimensions sont considérées comme des sous-processus de négociation collective présents dans tout processus de négociation mais utilisés à des degrés divers.

La dimension distributive.   La **dimension distributive** se définit comme un sous-processus de négociation par lequel les parties obtiennent des gains et des pertes également. On peut décrire ce sous-processus comme un jeu où chacun cherche à obtenir le maximum de son adversaire et où il y a répartition des ressources économiques et du pouvoir de manière à ce qu'il n'y ait ni gagnant ni perdant.

La figure 17.2 présente une ébauche de la dimension distributive de la négociation collective. Sur une question spécifique, les négociateurs syndicaux et patronaux adoptent chacun trois positions: la demande ou l'offre initiale, le niveau cible et le niveau de résistance. Pour mieux comprendre ces trois positions, illustrons par un exemple les attitudes syndicales et patronales.

Le syndicat dépose une **demande initiale** supérieure à ce qu'il s'attend d'obtenir, un **niveau cible** qui correspond de façon réaliste à ce qu'il peut obtenir et un **niveau de résistance** qui constitue le minimum acceptable.

L'employeur, quant à lui, détermine une **offre initiale** qui est habituellement inférieure au règlement attendu, un **niveau cible** qui constitue l'entente à laquelle il voudrait arriver et un **niveau de résistance** qui constitue le maximum acceptable. Si, tel qu'illustré à la figure 17.2, le niveau de résistance de l'employeur est plus élevé que celui du syndicat, il existe une **zone positive** de règlement à l'intérieur de laquelle la négociation peut s'effectuer. Par contre, si le niveau de résistance de l'employeur est plus bas que celui du syndicat, il n'existe pas de terrain d'entente. Dans une telle éventualité, on trouve une **zone négative** de règlement et la négociation est dans une impasse.

Par exemple, au sujet des salaires, le syndicat peut avoir un niveau de résistance de 5.40$ l'heure, un niveau cible de 5.60$ et une demande initiale de 5.75$. L'employeur peut offrir 5.20$, mais avoir un niveau cible de 5.45$ et un niveau de résistance de 5.55$. La zone positive de règlement se situe entre 5.40$ et 5.55$, et il est très probable que c'est dans cette zone que le règlement se fera. Notons cependant que seules la demande et l'offre initiales sont connues au début des négociations.

Comme on peut le voir, le processus de négociation de distribution est un rituel bien établi et tout écart est souvent considéré avec suspicion. D'ailleurs, l'anecdote suivante illustre bien ce fait. C'est l'histoire d'un jeune cadre plutôt idéaliste qui désirait mettre un terme aux querelles qu'il avait observées dans le passé durant les négociations avec le syndicat. Pour atteindre son but, il était prêt à accorder aux travailleurs tout ce que la compagnie était capable de donner. Il demanda à des membres de son personnel d'étudier la structure de rémunération en fonction du marché. S'assoyant à la table de négociation, plein de bonnes intentions, il demanda la parole. Il procéda à l'élaboration de ce qu'il avait à offrir.

Figure **17.2**   La dimension distributive de la négociation

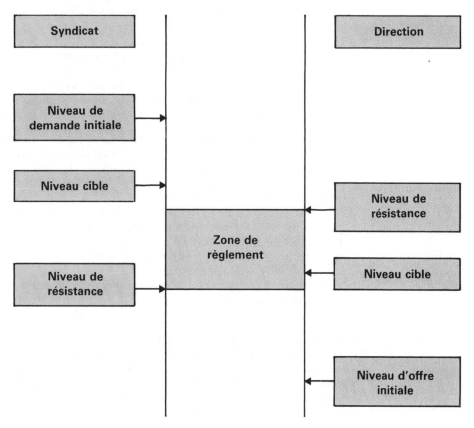

Source : U.S. Department on Labour Statistics, Occupational Safety and Health Statistic Concepts and Methods, BLS Report 438, Bureau of Labor Statistics, Washington D.C., 1975, p. 2.

Les représentants syndicaux le regardèrent avec surprise. Il venait de leur offrir plus que ce qu'ils s'attendaient d'obtenir. Mais, dès qu'il eût fini sa présentation, en dépit de cette constatation, ils se mirent à le cuisiner, l'accusant d'essayer de détruire la négociation et d'acheter la partie syndicale. Ils annoncèrent qu'ils n'accepteraient pas de telles manoeuvres qui ne respectaient en rien les règles de l'éthique et demandèrent immédiatement 5 cents de plus que ce qui était offert. [12]

La dimention intégrative.   La **dimension intégrative** de la négociation est un sous-processus par lequel l'employeur et le syndicat s'efforcent de solutionner un problème à l'avantage des deux parties. Il s'agit habituellement de questions qualitatives (principes, santé et sécurité au travail, embauche, etc.) et non économiques. Les intérêts des parties sur ces questions ne sont pas opposés mais complémentaires.

Étant donné la nature conflictuelle des relations patronales-syndicales au Canada, la négociation d'intégration est malheureusement peu répandue. C'est pourquoi les ministères du Travail ont développé une réforme d'envergure pour promouvoir ce processus de négociation. Ses initiatives comprennent essentiellement des moyens pour éliminer les irritants pouvant conduire à des conflits. En guise d'exemples, notons les règlements antibriseurs de grève prévus aux législations du Québec, de l'Ontario et de la Colombie-Britannique; la formule Rand (soit l'obligation pour les employeurs du Québec de prélever les cotisations syndicales à tous les salariés de l'unité de négociation) et l'arbitrage obligatoire lors d'une impasse dans la négociation d'une première convention collective. Il est difficile de prévoir, dans un processus de négociation, quelle est la partie qui obtiendra gain de cause sur un point spécifique. Ainsi, les parties utiliserons un jeu d'influences pour augmenter leurs chances de succès. Ce jeu d'influences se fait à différents niveaux, dépendamment du type de relations existant entre le syndicat et la direction. Ce phénomène est connu sous le terme de « structuration des attitudes ».

La structuration des attitudes. La **structuration des attitudes** nous révèle que les attitudes et les relations patronales-syndicales jouent un rôle important dans la négociation collective. Les attitudes et le relations entre les parties se modifient selon le pouvoir de négociation des parties, le niveau de crédibilité des porte-parole à la table de négociation et la qualité des relations patronales-syndicales (compétitive, coopérative, individualiste, etc.). Les attitudes des parties durant la négociation ne sont pas statiques. En effet, à mesure que le processus de négociation se poursuit, ces attitudes se transforment. Elles auront un impact sérieux sur le fonctionnement et les résultats des négociations collectives actuelles et futures.[13]

Le choix des attitudes à adopter envers l'autre partie est une stratégie de négociation qui peut avoir des effets à court, moyen et long terme dans les relations avec cette dernière.

La négociation intra-organisationnelle. La **négociation intra-organisationnelle** est un sous-processus de négociation qui consiste à définir le ou les mandat(s) de négociation de chacune des parties. En d'autres mots, par ce processus, le syndicat et l'employeur définissent clairement ce qu'ils sont prêts à concéder ou non à l'adversaire et s'assurent que leurs porte-parole respectifs comprennent bien l'enjeu. Lorsqu'il y a impasse, les porte-parole retournent dans leur organisation respective pour redéfinir avec leurs mandataires d'autres possibilités d'ententes. Ainsi, le porte-parole patronal peut avoir à convaincre la direction de modifier sa position sur une question spécifique. Le porte-parole syndical peut également avoir à convaincre les membres d'accepter les ententes proposées par la direction. Les porte-parole des deux parties ne doivent pas seulement être attentifs aux demandes de la partie représentée mais être aussi réalistes. D'ailleurs, l'influence de ces porte-parole sur leurs membres n'est pas négligeable. Par exemple, lorsque les membres du syndicat votent sur une proposition patronale, ils désirent généralement connaître l'opinion de ce dernier.

À l'intérieur de ces sous-processus de négociation, le syndicat et l'employeur peuvent utiliser une large variété de comportements relatifs à la négociation. Le processus choisi et les comportements spécifiques adoptés sont souvent un produit des stratégies que les parties décident de poursuivre.[14]

ENCADREMENT DE LA NÉGOCIATION COLLECTIVE

L'encadrement des négociations collectives au Canada et au Québec est très flexible. Par exemple, le Code du travail québécois définit les grands paramètres de la négociation: début de la négociation, ouverture du droit à la grève et au lock-out, intervention d'un tiers, arbitrage de différends, durée de la convention. Les autres aspects sont laissés à la discrétion des parties.

Pour qu'un processus de négociation se déroule efficacement, il est nécessaire que les parties se préparent adéquatement et connaissent bien le contexte légal. Dans la prochaine section, nous analyserons les différentes dispositions législatives en vigueur au Canada et au Québec qui encadrent la négociation collective ainsi que l'importance d'une bonne préparation des parties à la négociation.[15]

CONSIDÉRATIONS LÉGALES

Au Canada, en raison de la séparation des pouvoirs en matière de travail, chaque province est autonome face à l'adoption des textes législatifs. On retrouve donc 11 lois (10 provinciales et 1 fédérale) qui régissent les rapports collectifs du travail au Canada. Afin d'éviter de se lancer dans une étude comparative complexe de tous les codes du travail provinciaux, nous nous limiterons à l'analyse du Code du travail de la province de Québec. Les codes des autres provinces diffèrent sur quelques points mais l'esprit dans lequel ils furent adoptés est le même.

Au Québec, les rapports collectifs du travail sont considérés comme un régime de négociation libre car les parties peuvent négocier toutes les ententes qu'elles jugent appropriées. Il n'existe pas de convention modèle, seules les parties décident du contenu de leur convention collective qui répond à leur réalité économique et régionale.

Les buts et les objectifs du Code du travail québécois. Le Code du travail québécois vise trois objectifs généraux:

1. permettre à tous les salariés de l'unité de négociation de participer à l'élaboration de leurs conditions de travail via le syndicat;
2. prévoir l'encadrement général de la négociation collective;
3. prévoir un système de règlement en cas de mésentente.

L'encadrement général. Le Code du travail québécois prévoit les préambules au processus de négociation. L'accréditation, l'établissement de l'unité appropriée de négociation ainsi que du caractère représentatif du syndicat (articles 21 à 51.1 du c.t.) sont les trois étapes à respecter. Une fois le syndicat accrédité en bonne et due forme, le processus de négociation peut être amorcé.

Tout en laissant les partenaires libres de leurs gestes, le Code du travail indique la procédure de convocation de la première session de négociation. Celle-ci doit se faire par avis écrit de l'une des parties, à partir de 90 jours précédant la date d'expiration de la convention collective (articles 52 et 53 du c.t.). À défaut d'un tel avis, la date de l'ouverture des négociations est réputée être celle de l'échéance de la convention collective (article 52.2 du c.t.). Une copie de cet avis doit être envoyée au ministre du Travail. Durant cette période, l'employeur ne peut pas changer unilatéralement les conditions de travail des salariés et cela jusqu'à ce que son droit de lock-out soit acquis (article 59 du c.t.).

Le droit de grève et de lock-out n'est permis que 90 jours suivant la réception par le ministre du Travail de l'avis de négocier (article 58 du c.t.). Avant cette période, l'utilisation de la grève et du lock-out est illégale et passible de sanctions (article 142 du c.t.). Lorsqu'une convention collective est conclue ou lorsque les parties, d'un commun accord, décident de soumettre leurs différends à l'arbitrage, ce droit est également prohibé (article 58 du c.t.).

Les parties peuvent négocier toute entente jugée appropriée en autant que cette dernière ne soit pas contraire à l'ordre public ou à la loi (article 62 du c.t.). Une seule et unique convention collective peut être signée entre les parties (article 67 par. 2 du c.t.) et celle-ci doit être déposée officiellement devant le greffe du bureau du Commissaire général du travail (article 72 du c.t.). À défaut d'un tel dépôt, la convention collective signée n'a pas d'effet juridique et donne le droit, après 60 jours de la signature, à un autre syndicat de déposer une requête en accréditation devant le Commissaire général du travail (article 72 par. 3 du c.t.).

Le Code québécois du travail prévoit la possibilité d'intervention d'un tiers pour aider les parties à dénouer une impasse. Cette intervention est soit obligatoire, soit volontaire. En effet, à toute phase des négociations l'une ou l'autre des parties peut demander au ministre du Travail de nommer un conciliateur (article 54 du c.t.). Ce dernier cherche à trouver un terrain d'entente entre les parties. Ses recommandations ne lient pas les parties. Le ministre peut également nommer d'office un conciliateur pour intervenir dans un dossier de négociation losqu'il juge que les parties n'arriveront pas à une entente dans un délai raisonnable. Il avise alors les parties de sa décision (article 55 du c.t.) et ces dernières sont tenues d'assister aux rencontres convoquées par le conciliateur (article 56 du c.t.). Dans le cas de la négociation d'une première convention collective, lorsque la conciliation s'est avérée infructueuse, l'une des parties peut demander au ministre de nommer un arbitre (article 93.1 du c.t.). La sentence arbitrale lie les parties (article 93.7 par. 2 du c.t.). À la limite, l'arbitre peut décider du contenu de cette première convention collective (article 93.4 du c.t.) s'il juge que les parties ne peuvent, dans un délai raisonnable, arriver à une entente.

L'intervention d'un arbitre durant un processus de négociation, autre que celui d'une première convention collective, doit se faire à la demande des deux parties (article 74 du c.t.). Cette précision est importante car les recommandations de l'arbitre lient les parties pour la durée d'au moins un an et d'au plus deux ans (article 92 du c.t.).

La durée de la convention collective intervenue entre les parties peut varier d'un an à trois ans. Les parties décident du terme exact à l'intérieur de ce délai (article 65 du c.t.). À défaut d'un terme fixe, la convention est réputée être d'une durée d'un an (article 66 du c.t.).

PRÉPARATION PATRONALE À LA NÉGOCIATION

Avant la période de négociation, les négociateurs patronaux se préparent en développant leurs stratégies et leurs propositions. Cinq éléments importants composent cette préparation:

1. la préparation de propositions spécifiques;
2. la détermination de la portée des propositions;
3. la préparation d'études statistiques et de données utiles lors des négociations;
4. l'analyse des griefs et des décisions arbitrales;
5. la préparation d'un dossier de négociation dans lequel se retrouvent les points à négocier, une étude comparative des clauses de la convention collective avec celles d'entreprises concurrentielles.[16]

Une autre partie importante de cette préparation consiste à estimer le coût des différents éléments de négociation. Les coûts relatifs aux contributions aux régimes de retraite, aux augmentations de salaires, aux régimes d'avantages sociaux devront être déterminés avant la période de négociation.

L'objectif de cet exercice est d'être aussi bien préparé que possible à présenter des arguments solides à la table de négociation.

PRÉPARATION SYNDICALE À LA NÉGOCIATION

Comme la partie patronale, le syndicat doit se préparer en vue des négociations. La qualité de cette préparation lui permet de représenter adéquatement les intérêts de ses membres et d'être plus persuasif à la table de négociation. Les informations pertinentes que doit recueillir le syndicat concernent cinq aspects:

1. la situation financière de la compagnie ainsi que sa capacité de payer;
2. les comportements à prévoir de la part de la partie patronale face aux diverses demandes syndicales;
3. les demandes des employés;
4. l'analyse des griefs et des sentences arbitrales;
5. la comparaison avec d'autres ententes déjà négociées.

Les deux premiers points orientent le syndicat sur les demandes que l'employeur est susceptible d'accepter. Le troisième est également important car il donne l'heure juste sur les attentes et aspirations des salariés. Ces préférences peuvent varier selon les caractéristiques des travailleurs. Par exemple, les demandes de travailleurs plus jeunes risquent de s'orienter vers des demandes d'ordre monétaire (augmentations de salaires, paiement des heures supplémentaires à un taux majoré, primes diverses, etc) tandis que les demandes de travailleurs plus âgés seront plutôt orientées vers la sécurité (régime de pension, reconnaissance de l'ancienneté, régime de pré-retraite, régime d'assurances collectives, etc). Il est alors primordial que le syndicat détermine clairement ses préférences s'il désire représenter adéquatement la volonté de ses membres à la table de négociation.

COOPÉRATION PATRONALE-SYNDICALE

Trois occasions peuvent contribuer à créer un climat de coopération entre les parties. Ces occasions se présentent lorsque les parties s'engagent dans la négociation sur la productivité, la négociation de concessions et la négociation continue.

La négociation sur la productivité. La **négociation sur la productivité** se définit comme l'acceptation, par les travailleurs, de modifications à leurs méthodes de travail suite à des changements technologiques en échange d'avantages divers.

Quelques syndicats hésitent à adopter cette approche parce qu'ils craignent que certains de leurs membres perdent leur emploi ou vivent une surcharge de travail excessive. En dépit de cette hésitation, la négociation sur la productivité a été utilisée avec succès. Ce succès est principalement attribuable au fait que le syndicat et la direction travaillent ensemble, non seulement à définir la convention elle-même mais aussi à créer une atmosphère de coopération qui permet la réalisation d'économies considérables.

La négociation de concessions. La **négociation de concessions** est principalement utilisée lorsque la compagnie est en difficultés économiques sérieuses pouvant entraîner des mises à pied importantes, des fermetures d'usines ou même la faillite. Pour survivre et prospérer, les employeurs cherchent à obtenir des concessions de la part des syndicats, en échange du maintien des emplois. Ces concessions peuvent comprendre des gels de salaires, des réductions d'avantages sociaux, ou l'élimination de l'indexation des salaires.

Pour sauvegarder les emplois lorsque la santé financière de l'entreprise est chancelante, les travailleurs sont parfois disposés à participer à l'achat intégral ou partiel de cette dernière. Au Québec, nous connaissons des expériences positives, par le biais de la participation à l'actionnariat de l'entreprise ou le Fonds de Solidarité de la FTQ. Des compagnies québécoises telles que Logiquest (Montréal), Les aciers Truscon (ville Lasalle), Structal (Québec), La scierie des outardes (Côte Nord) et Réchapex (Beauce) sont quelques exemples d'entreprises où il a été possible de créer et de sauvegarder des emplois grâce au Fonds de Solidarité de la F.T.Q. Ce Fonds auquel contribuent, sur une base volontaire, les travailleurs québécois, a comme objectif premier d'investir dans des entreprises en expansion, en démarrage ou en difficultés financières. À l'heure actuelle, près de 2500 emplois ont été créés ou maintenus depuis la création de ce fonds en janvier 1984. Le fonds est présentement constitué d'un actif de 50 millions de dollars et regroupe près de 20 000 actionnaires.[17]

La négociation continue. L'objectif recherché par la **négociation continue** est de développer une communication patronale-syndicale capable de s'adapter aux changements de l'environnement d'une façon positive et constructive. Cette approche est en quelque sorte une négociation qui vise à éviter les crises pouvant survenir pendant la durée de la convention collective. Cette négociation continue ne se fait en général que sur des points spécifiques déterminés au préalable dans la convention collective. L'article 107 du Code du travail québécois prévoit une telle éventualité.

COMITÉS DE NÉGOCIATION

Afin de faire converger leurs efforts, les parties patronale et syndicale forment respectivement des **comités de négociation**. Ces comités ont comme principale fonction de planifier et d'organiser les stratégies de négociation.

Les comités syndicaux. Ces comités sont formés de représentants élus par les travailleurs et sont généralement assistés d'un permanent syndical de l'organisation centrale à laquelle le syndicat local est affilié. Ce permanent est un conseiller technique qui oriente les discussions pour optimiser les préparatifs. Il est normalement le porte-parole officiel à la table de négociation.[18] Les rencontres entre les membres du comité syndical peuvent se faire, soit pendant (si la convention collective le permet) ou en dehors des heures de travail. Certaines conventions collectives permettent la libération avec solde des délégués syndicaux pour siéger sur le comité de négociation. Un nombre maximun d'heures et de délégués est normalement prévu.

Les comités patronaux. Le choix des participants au comité de négociation patronal dépend en grande partie des structures et de la taille de l'entreprise. Une entreprise d'envergure, qui épouse une philosophie de décentralisation, invitera les cadres des divisions en cours de négociation à participer au comité de négociation. Ainsi, le directeur général et le directeur de production de la division seront sûrement deux membres dudit comité, auxquels peut se joindre un spécialiste. Ce dernier peut être un consultant externe en relations de travail ou un professionnel du siège social. Par contre, si les négociations sont centralisées (négociations sectorielles), la présence des vice-présidents finances, production et relations industrielles accompagnés des directeurs de chacune des divisions en négociation est requise.[19]

MATIÈRES SOUMISES À LA NÉGOCIATION

Il n'existe pas de contenu modèle d'une convention collective. Les matières traitées vont des salaires aux avantages sociaux, à la procédure de griefs et aux autres éléments qui déterminent les conditions de travail. En fait, la liste des sujets soumis à la négociation est longue. Quelques-uns des plus importants sont présentés de façon sommaire dans les paragraphes suivants.

Les salaires. Cette matière est sûrement celle qui occasionne le plus de controverses. Cela est compréhensible en raison du fait qu'une augmentation de salaires représente un coût direct pour l'entreprise et peut affecter sa rentabilité. Le salaire touché par un employé est principalement déterminé par un taux de base enrichi de bonis, primes ou ajustements au rendement. Trois normes sont généralement utilisées pour déterminer le salaire de base: (1) salaire payé sur le marché pour un emploi similaire; (2) la capacité de payer de l'entreprise et (3) l'indice des prix à la consommation.

Les avantages sociaux. Les **avantages sociaux** représentent une partie croissante de la rémunération globale. Il s'agit principalement des vacances, des congés, des régimes de retraite et d'assurances collectives. Ces avantages peuvent représenter jusqu'à 40% du coût de la rémunération globale[20]. Ils comprennent les éléments suivants:

- Les régimes de retraite: Les régimes de retraite sont sans doute les avantages les plus complexes à administrer. Ils sont soumis à des législations qui prévoient des règles strictes de contrôle. En 1980, on estimait que plus de 54% des travailleurs canadiens participaient à un régime privé de retraite[21]. Les coûts d'un tel régime peuvent être partagés entre les travailleurs et l'entreprise. Le pourcentage de répartition de ces coûts peut faire l'objet de négociation.
- Les vacances payées: Le nombre de semaines de vacances payées est habituellement déterminé par la durée de service et cela jusqu'à concurrence d'un maximum de semaines. Les critères d'admissibilité donnant droit aux vacances font l'objet de clauses spécifiques dans les conventions collectives. Le Code canadien du travail (articles 39 à 46) et la Loi sur les normes du travail en vigueur au Québec (articles 66 à 77) prévoient des dispositions relativement à l'octroi et au paiement de vacances en deçà desquelles les employeurs ne peuvent aller.
- Les congés payés: La majorité des conventions collectives prévoient des dispositions assurant le paiement de congés fériés. Le Code canadien du travail prévoit le paiement obligatoire de neuf congés fériés: le Jour de Noël et le lendemain, le Jour du Nouvel an, la Fête du Canada, le Jour du souvenir, le Jour de la Reine, la Fête du Travail, le Vendredi Saint et le Jour de l'Action de Grâces. La Loi québécoise sur les normes du travail en prévoit six: le Jour du Nouvel an, le Jour de Noël, la Fête du Travail, le Vendredi Saint, la Fête de Dollar et le Jour de l'Action de Grâces. Un autre congé obligatoire doit être accordé par l'employeur et cela, depuis 1983 au Québec. Il s'agit du 24 juin, journée de la Fête nationale, prévue à la Loi sur la fête nationale (L.R.Q., c. F-1.1). Comme ces dispositions sont d'ordre public, les parties ne peuvent s'entendre sur des clauses inférieures; il va sans dire que les clauses à portée plus large sont généralement bien accueillies et tout à fait légales.

Pour être éligibles aux dispositions concernant les congés statutaires, les salariés doivent remplir certaines conditions: 1) le salarié doit avoir accumulé un certain nombre de jours de service chez le même employeur (30 jours selon l'article 57 par. 1 du Code canadien du travail et 60 jours selon l'article 65 de la Loi québécoise sur les normes du travail); et 2) il doit avoir travaillé un certain nombre de jours précédant ou suivant ledit congé (voir article 56 du Code canadien du Travail et l'article 65 de la Loi sur les normes du travail).

- Les congés de maladie: Le droit au paiement de congés pour cause de maladie se fait généralement par l'accumulation mensuelle d'un certain nombre de jours ou de fractions de jour. Cette accumulation varie habituellement d'une journée à une journée et demie par mois. Certaines clauses permettent le paiement des congés non utilisés en fin d'année de référence tandis que certaines autres en permettent l'accumulation d'année en année.

- Les assurances collectives diverses: Généralement les plans globaux d'assurances collectives sont administrés par une compagnie spécialisée dans le domaine (une fiducie par exemple). L'employeur n'a plus qu'à débourser la totalité ou une partie des frais reliés à ce plan. Les frais résiduels sont couverts par les salariés. Les coûts seront directement influencés par la composition même de la main-d'oeuvre[22]. Par exemple, si le niveau d'âge moyen de la main-d'oeuvre d'une entreprise est élevé, les coûts relatifs à un régime de retraite seront également élevés.

Un plan global d'assurances collectives peut contenir une brochette très variée de régimes d'assurances. Les régimes les plus importants sont ceux touchant l'assurance-vie, l'assurance-maladie à court, moyen et long terme, l'assurance-invalidité, l'assurance-dentaire, l'assurance-hospitalisation, l'assurance-salaire et les régimes privés de retraite.

- Les congés de maternité: Des dispositions minimales concernant les congés de maternité sont également prévues au Code canadien du travail (17 semaines selon l'article 59.2 par. 1) et à la Loi sur les normes du travail (18 semaines selon l'article 17 du Règlement sur les normes du travail). Les parties peuvent prévoir des congés plus longs et des dispositions d'application plus larges que celles contenues dans ces deux textes législatifs.

Les clauses institutionnelles.   Les **clauses institutionnelles** sont définies comme étant les éléments assurant les droits et privilèges des parties à la négociation. Voici les principales:

- La sécurité syndicale: Les clauses de sécurité syndicale définissent la relation entre le syndicat et ses membres. On peut identifier quatre grands types de clauses de sécurité syndicale au Canada. En vertu d'une clause d'**atelier fermé**, la compagnie accepte d'embaucher et de garder à son emploi que les salariés membres du syndicat. On trouve fréquemment les clauses d'atelier fermé dans le domaine de la construction. L'atelier fermé n'est pas une forme de sécurité syndicale très populaire car on retrouve ce type de clause dans moins de 11,01% des conventions québécoises. L'**atelier syndical parfait** exige que tous les employés deviennent membres du syndicat comme condition de maintien de leur emploi.; 11,6% des conventions collectives au Québec prévoient une telle clause. L'**atelier syndical imparfait** exempte d'une adhésion obligatoire tous les employés qui ne sont pas membres du syndicat au moment de la signature de la convention mais exige que les futurs employés adhèrent au syndicat comme condition de maintien de leur emploi; 56,5% des conventions au Québec comprennent cette clause.[23]

- Le prélèvement des cotisations syndicales: Les syndicats ont tenté de prendre des arrangements pour que le versement des cotisations soit effectué par déduction à la source. Quelques provinces, dont le Québec (voir article 47 du c.t.), ont rendu obligatoire ce prélèvement par voie de législation.

Cette obligation est connue sous le nom de « Formule Rand ». Elle exige que tous les employés de l'unité de négociation (incluant les salariés n'ayant pas adhéré au syndicat) paient l'équivalent des cotisations syndicales. Les clauses de prélèvement dans les autres provinces comportent des précisions relatives au type de prélèvement: obligatoire pour tous les employés, pour les membres du syndicat seulement ou révocable de façon volontaire.

- Les droits de gérance: La majorité des conventions collectives prévoient des activités qui relèvent exclusivement du droit de gérance de l'employeur. Les droits de gérance touchent habituellement les activités administratives de l'entreprise telles que les investissements, les méthodes et le volume de production, les politiques internes de gestion des ressources humaines, les budgets, etc. De plus, les matières qui ne sont pas spécifiquement prévues à la convention collective sont considérées sous la juridiction de la direction[24]. Il s'agit des droits résiduels de l'employeur.

Les clauses normatives: La dernière catégorie de clauses négociables concerne les conditions de travail. Les **clauses normatives** incluent les sujets suivants:

- Les pauses et le nettoyage: Certaines conventions collectives précisent le temps et la durée des pauses-santé et des pauses pour les repas des employés. Les conditions d'exécution des tâches dans certains lieux de travail (par exemple: imprimeries, fonderies, mines, garages, entrepôts, etc.) obligent les travailleurs à se laver avant de quitter les lieux. Du temps est alors alloué à cette fin.

- L'ancienneté: La durée de service est utilisée comme critère pour nombre de décisions dans la plupart des conventions collectives (par exemple: promotion, mutation, congé avec ou sans solde, temps supplémentaire, supplantation, mises à pied et licenciements). L'ancienneté sert aussi à déterminer l'ordre des mises à pied ou des licenciements. Ceux-ci se font généralement par ordre inverse d'entrée en service. Ainsi, selon ce principe le dernier salarié embauché est le premier mis à pied et le dernier rappelé.

L'ancienneté n'est pas l'élément unique à considérer dans les décisions touchant les mouvements de personnel. Par exemple, dans les cas de promotion et de mutation, la compétence professionnelle est souvent le critère de décision. À compétence égale, le salarié le plus ancien obtiendra l'emploi.

- La sécurité d'emploi totale ou partielle: On retrouve des clauses de sécurité d'emploi dans tous les secteurs d'activités. Elles garantissent le maintien des emplois des salariés couverts par la convention collective. Plusieurs syndicats sont prêts à bien des concessions pour obtenir des clauses de cette nature. Citons, en exemple, le cas des employés d'entretien des trains chez Via Rail affectés en 1985 par des changements technologiques importants. Le syndicat réussit à négocier une clause de sécurité partielle d'emploi en échange de concessions salariales. En effet, tous les salariés possédant au moins quatre ans d'ancienneté étaient assurés de conserver leur emploi mais, en échange, ils devaient accepter une restructuration salariale[25]. Il faut noter qu'une clause de sécurité d'emploi a des limites car elle ne peut garantir le maintien des emplois lors de la fermeture d'usine.

- Les mesures disciplinaires: Les procédures disciplinaires prévues dans les conventions collectives sont un moyen de minimiser les abus et les dérogations graves aux politiques de l'entreprise. On peut toutefois sentir l'influence syndicale lorsque l'on voit apparaître dans les textes des conventions collectives les notions de progression des sanctions disciplinaires (voir chapitre 15) ou l'annulation des fautes reprochées à un salarié après un certain temps.

- La santé et la sécurité au travail: Bien que diverses lois sur la santé et la sécurité au travail traitent spécifiquement de cette question, quelques conventions possèdent des clauses concernant les équipements de sécurité, les premiers soins, les examens médicaux, les enquêtes sur les accidents et l'organisation des comités de sécurité.
- Les normes de production: Le niveau de productivité ou de rendement des employés est une préoccupation de l'employeur et du syndicat. L'employeur est préoccupé de l'efficacité et le syndicat de l'équité et du caractère raisonnable des demandes de la direction.
- La procédure de griefs: Ceci constitue une partie importante de la négociation collective. Le respect de cette procédure garantit un règlement équitable et juste des mésententes intervenues entre les parties. Nous discuterons plus en détails de ce sujet dans la prochaine section.
- La formation: La planification et la réalisation de programmes de formation et de perfectionnement de la main-d'oeuvre sont des sujets pouvant être négociés entre les parties.
- La durée de la convention: La durée d'une convention collective varie de un à trois ans (article 65 du Code du travail québécois). Les parties sont libres de déterminer une date d'expiration à l'intérieur de ce délai. Le choix de la période est un choix stratégique qui tient compte des périodes de production ou de la conjoncture économique.

SOLUTION DES CONFLITS

Bien que le résultat recherché par la négociation collective soit un accord sur les conditions de travail, il arrive que les négociateurs ne puissent en arriver à une entente. Plusieurs alternatives sont possibles pour résoudre l'impasse. La solution la plus drastique est le conflit ouvert par l'exercice du droit de **grève** et de **lock-out**. L'intervention d'un tiers par le biais de la médiation, de la conciliation et de l'arbitrage sont des moyens pour diminuer les dommages et rapprocher les parties pour qu'elles reprennent un dialogue constructif. Nous discuterons dans la prochaine section de ces solutions.

GRÈVE ET LOCK-OUT

Lorsqu'une des parties est incapable d'amener l'autre à accepter une demande qu'elle considère cruciale, elle peut recourir à la grève. Le syndicat aura recours à la grève pour forcer l'employeur à accepter les demandes déposées. La grève se traduit par un refus complet ou partiel des travailleurs d'effectuer le travail qu'ils accomplissent normalement. La partie patronale utilisera comme moyen de pression le lock-out. Il consiste à refuser l'accès des lieux de travail aux employés. Ces conflits ouverts sont, tout de même, une solution relativement peu utilisée malgré la publicité qui entoure souvent la grève et le lock-out.

La fréquence des grèves est affectée par une variété de circonstances, incluant l'état général de l'économie et les relations patronales-syndicales.[26]

Avant de recourir à la grève, le syndicat doit obtenir l'approbation de ses membres. Pour ce faire, le syndicat organise une assemblée générale où un vote au scrutin secret est tenu. Seule l'approbation de la majorité des membres de l'association accréditée compris dans l'unité de négociation permet l'ouverture du droit de grève. Il va sans dire que plus le pourcentage des voix en faveur de la grève est élevé plus la position syndicale est forte. Si la grève se concrétise, les membres du syndicat font du piquetage devant les locaux de l'employeur, informant ainsi le public de l'existence d'un conflit de travail. Ils espèrent ainsi sensibiliser le public en l'invitant à boycotter la compagnie durant le conflit et en incitant les autres travailleurs à respecter le piquet de grève.

Les parties ne peuvent faire la grève ou décréter un lock-out quand bon leur semble. Elles doivent respecter les délais et périodes fixés par la législation. Au Québec, par exemple, les parties ne peuvent utiliser ces moyens de pression économique que 90 jours après la réception par le ministre de la copie de l'avis de négociation envoyé par l'une des parties (voir article 58 du c.t.). Un tel avis peut se donner 90 jours précédant l'expiration de la convention collective ou, par défaut, est considéré avoir été donné à la date d'expiration de ladite convention collective (articles 52 et 52.2 du c.t.).

Habituellement, les employeurs tentent de poursuivre leurs opérations durant la grève en utilisant les services de leur personnel cadre ou par l'embauche de personnel temporaire. Notons immédiatement que plusieurs juridictions provinciales interdisent l'embauche de personnel extérieur (briseurs de grève) pour combler les postes des grévistes. Le Québec fait partie de ces juridictions (voir article 109.1 du c.t.).

Le succès d'une grève dépend de sa capacité à créer des préjudices économiques à l'employeur. Des dommages importants amènent habituellement l'employeur à se plier aux demandes syndicales. Ainsi, le choix du moment de la grève est crucial. Le syndicat a tout avantage à choisir un moment où le niveau de production est très élevé.

Les grèves sont coûteuses non seulement pour l'employeur à cause des pertes de profit mais également pour les travailleurs à cause de la perte de revenu. Lorsque la grève se prolonge, il arrive que les pertes salariales ne soient jamais complètement compensées par les gains résultant du conflit.

Le droit de grève dans le secteur public a des répercussions plus larges. Les grèves des services publics affectent toute la population. Pour ces raisons, les juridictions canadiennes qui accordent le droit de grève au secteur public, obligent les syndicats à respecter les services essentiels. Quelques juridictions telles que le Québec et la Colombie-Britannique prévoient des mesures assurant le maintien des services essentiels. En 1982, le Québec a établi un Conseil des services essentiels. Ce Conseil a le pouvoir de définir quels sont les services essentiels à maintenir dans les secteurs public et parapublic. Il est de la responsabilité expresse du syndicat de prévoir le nombre suffisant de travailleurs pour assurer de tels services. En cas de défaut de se plier aux exigences du Conseil, le syndicat est passible de fortes amendes et peut être forcé de s'y soumettre par le biais d'une injonction ou, encore pire, d'une loi spéciale.

Les parties ne sont pas toujours intéressées à recourir à ce genre de moyens et décident, d'un commun accord, de faire plutôt intervenir un médiateur dans leur processus de négociation. Ce dernier tente de dénouer l'impasse dans laquelle les parties se retrouvent. Elles peuvent également utiliser l'arbitrage comme moyen d'entente.

CONCILIATION ET MÉDIATION

La **conciliation** consiste à réunir les parties dans une ambiance neutre où elles pourront plus facilement en arriver à une entente. Le conciliateur qui intervient dans un dossier n'a aucun pouvoir pour forcer les parties à appliquer ses suggestions. Le rôle de ce dernier se limite à améliorer la qualité des communications entre l'employeur et le syndicat et à faire rapport au ministre du Travail (sur demande de celui-ci) de ses conclusions. Toute information doit rester confidentielle. Au Québec, le Code du travail prévoit l'intervention d'un conciliateur aux articles 54 à 57.1.

La **médiation** est une procédure qui ressemble beaucoup à la conciliation. Les différences réfèrent à l'influence un peu plus grande du médiateur pour convaincre les parties d'accepter les recommandations qu'il juge appropriées. Cette influence lui est conférée par son statut. Le médiateur est habituellement une personne de forte réputation qui possède une excellente crédibilité aux yeux des parties et du milieu en général. Ce dernier est appelé habituellement dans des conflits qui perdurent ou qui ont des répercussions importantes. Le médiateur n'a aucun pouvoir d'imposer une solution mais il essaie, comme le conciliateur, de faciliter la négociation entre le syndicat et l'employeur.

À la fin des années 1970 et au début des années 1980, des données publiées par Travail Canada indiquent qu'au moins 55% de tous les règlements ont été obtenus au moyen de formes diverses d'intervention d'un tiers et de ce groupe, on estime qu'un médiateur ou un conciliateur a été impliqué dans environ 20% des règlements. Les mêmes données indiquent aussi qu'on peut observer une utilisation croissante de la médiation dans le secteur privé au cours des dernières années.[27]

Il existe depuis peu une nouvelle approche qui permet de rapprocher les parties. Il s'agit de la médiation préventive. La médiation préventive est une approche adoptée par certaines provinces canadiennes qui permet d'améliorer les relations entre les représentants syndicaux et patronaux en dehors des périodes de négociation. L'Ontario et le Québec sont parmi les provinces qui ont innové dans ce domaine. Le programme de médiation préventive de l'Ontario prévoit la création de comités mixtes (patronat-syndicat), un programme de développement d'attitudes positives pour rétablir un climat sain entre les parties et un programme de formation destiné aux représentants des parties[28].

ARBITRAGE DE DIFFÉRENDS

L'arbitrage est une procédure plus formelle selon laquelle une tierce personne est appelée (sur demande du ministre ou des parties) à intervenir dans le règlement d'un conflit. Il existe deux grandes catégories d'arbitrage. La première est l'arbitrage de griefs qui prend lieu et place lors d'une mésentente relativement à l'interprétation ou à l'application de la convention collective et la seconde est l'arbitrage de différends qui se déroule lors de la négociation ou du renouvellement d'une convention collective. Nous élaborerons plus en détails sur la première catégorie dans la prochaine section intitulée « procédure de griefs ».

Au Canada, l'**arbitrage de différends** a pris de plus en plus d'importance au cours des vingt dernières années. Il est largement utilisé dans le secteur public et parapublic[29]. Il peut être soit volontaire, soit obligatoire. Tout dépend des circonstances et de l'importance du conflit entre les parties dans la négociation de leur convention collective. Au Québec, l'arbitrage obligatoire est requis lorsqu'il y a impasse dans la négociation d'une première convention collective (articles 93.1 à 93.9 du c.t), lors du renouvellement des conventions collectives des policiers et pompiers (article 94 du c.t.) et lorsqu'une des parties le demande. Dans ces trois situations, le législateur a prévu, en première étape, une période de conciliation dans le but de rapprocher les parties. Lorsque cette tentative échoue, l'arbitre a plein pouvoir pour déterminer le contenu de la convention collective. Sa sentence lie les parties.

Au Canada, l'arbitrage volontaire s'enclenche lorsque les parties, d'un commun accord, jugent qu'une grève ou un lock-out est un moyen trop coûteux ou inapproprié pour régler leurs mésententes. Il est très important que l'intervention d'un arbitre ait reçu l'assentiment des deux parties car: 1) elles renoncent à l'exercice de la grève ou du lock-out et; 2) les conclusions de l'arbitre sont irréversibles.[30]

Considérant l'objectif général de l'arbitrage de différends qui consiste à arriver à une décision rationnelle, équitable et acceptable pour les deux parties, l'arbitre peut utiliser deux moyens pour arriver à une telle décision: l'arbitrage de l'offre finale et de l'offre fermée. L'**arbitrage de l'offre finale** signifie que l'arbitre doit choisir laquelle des offres finales entre celle déposée par le syndicat et celle déposée par l'employeur est la plus raisonnable. L'arbitre ne peut modifier ces offres. Cette réalité oblige les parties à présenter des offres et demandes réalistes car elles seront appelées à vivre avec l'une d'entre elles durant une période prédéterminée qui est celle de la durée de la convention collective. Le but ultime de l'arbitrage de l'offre finale est d'encourager les parties à déposer la meilleure offre et demande possible pour arriver à un accord acceptable pour les deux parties. C'est également l'objectif recherché par l'**arbitrage de l'offre fermée**. L'arbitre reçoit l'offre et la demande originales des parties et tente de trouver une entente entre les deux.

GESTION DE LA CONVENTION COLLECTIVE

Une fois signée, la convention collective devient la « loi du travail négociée »[31]. Elle devient un acte de paix qui, pour un temps déterminé, permet aux parties signataires de co-gérer les conditions de travail des salariés compris dans l'unité de négociation. Comme il est impossible de prévoir toutes les situations pouvant se présenter au cours de l'application de la convention collective, il y aura inévitablement des litiges au sujet de l'interprétation et de l'application de la convention. C'est pourquoi, dans la majorité des conventions collectives nous retrouvons une procédure de contrôle et de réparation en cas de mésentente connue sous le nom de **procédure de griefs**. À défaut d'une telle procédure dans la convention, le Code canadien du travail et les législations provinciales prévoient une procédure ayant les mêmes effets (voir les articles 100 à 102 du Code du travail québécois).

PROCÉDURE DE GRIEFS

Selon l'article 1 f) du Code du travail québécois un grief est « une mésentente relative à l'interprétation ou à l'application d'une convention collective ». Ainsi pour qu'il y ait grief, il faut que la mésentente entre les parties soit directement reliée à la convention collective en vigueur[32]. Il existe plusieurs types de griefs. Il y a celui qui concerne les personnes visées par la convention collective: les salariés, le syndicat et l'employeur. Ainsi, chacune de ces parties possède un moyen de faire respecter ses droits. Un salarié peut déposer un grief en son nom personnel lorsqu'il croit qu'un de ses droits est violé (voir article 16 du Code du travail québécois). Le grief syndical fait référence à la violation d'un droit collectif (par exemple: procédure de promotion, paiement des heures supplémentaires, congés fériés, horaires de travail, procédures de rappel, etc.) ou d'un privilège propre au syndicat (par exemple: retenue de la cotisation syndicale, procédure d'affichage des affaires syndicales, présence du délégué syndical à divers comités, etc.) et reconnu par la convention collective. Le grief patronal réfère au droit de l'employeur de réclamer réparation dans les cas de violation par le syndicat et ses membres d'une des clauses de la convention collective.[33]

La classification des griefs selon l'objet recherché constitue une autre méthode. Il existe trois grands types de mésententes:

1. les mésententes relatives au non-respect des clauses de la convention collective;

2. les mésententes relatives à l'interprétation des clauses de la convention collective;

3. les mésententes relatives à la négligence du syndicat de représenter adéquatement un ou plusieurs de ses membres.[34]

Les procédures internes de griefs prévoient un règlement en plusieurs étapes. La convention collective précise la durée maximum de chacune de ces étapes. Par exemple, elle peut exiger que le grief soit déposé dans une période de cinq jours de la connaissance du litige. La figure 17.3 illustre un exemple typique d'une procédure interne de griefs. Vous remarquerez que l'étape finale d'un tel processus est l'arbitrage. Toutes les étapes précédentes laissent une occasion aux parties de s'entendre sans l'intervention d'un tiers.

- Étape 1: Un employé qui croit qu'un de ses droits est violé avise son délégué syndical. Ils discutent du problème avec le supérieur immédiat. Si le problème est simple, il est souvent résolu à ce niveau. Plusieurs conventions exigent, qu'à cette étape, la plainte soit présentée par écrit. Notons qu'il est possible pour les parties de régler la mésentente à l'amiable sans passer par la procédure formelle de griefs.

- Étape 2: Lorsqu'aucun accord n'intervient (ou que le règlement proposé ne satisfait pas le syndicat ou le salarié lésé) ou que les délais de réponse du supérieur immédiat sont écoulés, la deuxième étape s'enclenche. Habituellement le dossier est référé à un niveau hierarchique plus élevé. Un certain délai de réponse est également accordé.

- Étape 3: Si le grief est suffisamment important ou difficile à résoudre, une troisième étape peut être nécessaire. Bien que les clauses du contrat varient, les cadres supérieurs et les dirigeants syndicaux sont habituellement impliqués à cette étape. Ces personnes ont l'autorité pour prendre les décisions importantes qui peuvent être nécessaires pour résoudre le grief.

- Étape 4: Si le grief ne peut être résolu à la troisième étape, la plupart des conventions exigent le recours à un arbitre pour en arriver à un accord. L'arbitre (ou les membres du comité d'arbitrage) doivent être neutres et objectifs. Le choix de l'arbitre (ou du tribunal d'arbitrage) revient aux parties. À défaut d'un tel choix ou de désaccord sur le choix de l'arbitre, le ministre du Travail en nomme un d'office. Pour favoriser un accord entre les parties, certaines provinces fournissent aux parties une liste d'arbitres. L'arbitre tient des audiences, revoit la preuve et remet sa décision dans un délai convenu dans la convention collective ou par la législation (au Québec, selon l'article 101.5 du c.t., le délai accordé est de 90 jours suivant la nomination). La décision de l'arbitre lie les parties.

Au Québec, losqu'il y a incompatibilité des dispositions dans la procédure interne de griefs prévue dans une convention collective ou lorsque les parties ne donnent pas suite à ladite procédure, les dispositions du Code du travail (articles 100 à 100.2) tiennent lieu de procédure de griefs.

Les coûts de l'arbitrage (honoraires et frais de déplacement) sont généralement partagés également entre le syndicat et l'entreprise. Considérant que les honoraires des arbitres canadiens varient de 300$ à 1000$ par jour, ceci exerce une certaine pression sur les parties afin qu'elles solutionnent le grief avant d'aller à l'arbitrage ou qu'elles recherchent des moyens moins coûteux pour régler leur mésentente.

Figure **17.3**   **Une procédure typique de griefs**

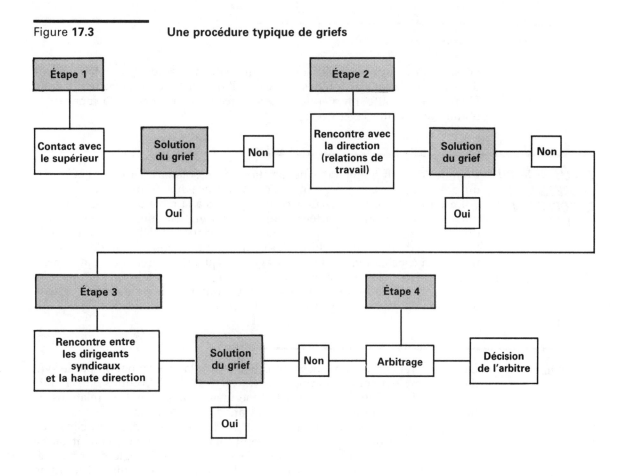

UTILISATION DE LA PROCÉDURE DE GRIEFS COMME STRATÉGIE
SYNDICALE

Les syndicats peuvent avoir un intérêt autre que celui de la défense des droits de leurs membres de se référer à la procédure de griefs. Ils peuvent l'utiliser comme stratégie de négociation. Ils peuvent tenter d'augmenter le nombre de griefs, dans la période précédant la négociation, pour influencer la direction. Les griefs peuvent être aussi une façon efficace d'attirer l'attention sur une question qui aurait pu ne pas être matière à négociation. Dans d'autres cas, les griefs peuvent être retirés en échange de concessions patronales.

Le délégué syndical exerce une influence importante sur la procédure de griefs. Étant donné que le délégué est, de façon générale, la première personne à être informée d'une plainte d'un employé, il peut encourager l'employé à déposer un grief, ou à régler la mésentente à l'amiable sans entraîner de coûts inutiles. Connaissant l'importance du rôle que peut jouer un délégué syndical, il est important que ce dernier soit bien formé pour accomplir ses fonctions. En raison du fait que les délégués sont choisis parmi les travailleurs, il arrive qu'ils possèdent peu de connaissances en relations de travail. Les permanents syndicaux devraient donc leur assurer une formation adéquate afin d'améliorer leur efficacité.

Le succès de l'arbitrage est souvent jugé sur la base de l'acceptabilité des décisions, de la satisfaction des parties, de l'innovation et de l'absence d'abus. L'efficacité de toute intervention d'une tierce partie réside sur sa capacité de réduire ou d'éviter les grèves.

ÉVALUATION DU PROCESSUS DE NÉGOCIATION COLLECTIVE

Comme l'objectif premier des négociations est d'obtenir un accord, l'efficacité du processus est liée à cette obtention. Un processus de négociation sain et efficace encourage le dialogue entre les parties à la table de négociation. De plus, les concessions accordées pour arriver à une entente sont une mesure du bon fonctionnement du processus de négociation. L'utilisation ou non de la grève ou du lock-out, la durée des conflits, l'utilisation ou non de la médiation, de la conciliation ou de l'arbitrage et la qualité des relations patronales-syndicales sont des indicateurs de ces efforts. Il est certain que la mise sur pied de programmes conjoints pour l'amélioration de la productivité et de la qualité de vie au travail est un signe de succès.

RÉSUMÉ

L'objectif premier de la négociation collective est la détermination par le syndicat et l'employeur des conditions de travail des salariés compris dans l'unité de négociation. Cette activité est la base même du système de relations de travail tel que nous le connaissons au Canada et au Québec.

Le processus de négociation ne s'est pas toujours fait dans un climat de coopération patronale-syndicale. La confrontation des parties étaient plutôt d'usage au début du 19e siècle. La grève a été l'outil privilégié pour amener les employeurs à offrir de meilleures conditions de travail. Suite à l'adoption de certaines lois (l'Acte de conciliation de 1900, la Loi des syndicats professionnels de 1924 et la Loi sur les relations ouvrières de 1944), les conflits ouverts diminuèrent et le processus de négociation devint plus encadré. Le Code canadien du travail et les Codes du travail provinciaux sont les législations qui prévoient l'encadrement des rapports collectifs du travail. On y prévoit entre autres, des dispositions relatives aux préambules à la négociation (l'accréditation, la détermination de l'unité appropriée de négociation et le caratère représentatif du syndicat), à la période de négociation (avis de négociation, délai de convocation aux sessions de négociation), à l'acquisition du droit de grève et de lock-out, aux obligations des parties, à l'intervention d'un tiers, à la durée de la convention collective et aux conditions d'entrée en vigueur. Cet encadrement ne nuit nullement à la liberté des parties de négocier les ententes de leur choix. Il ne définit en rien le contenu de la convention collective et c'est là où réside la liberté d'action des parties.

Le processus de négociation est un processus par lequel le syndicat et l'employeur usent de diverses stratégies afin d'en arriver à une entente acceptable. Ces ententes touchent une multitude de sujets (les salaires; les avantages sociaux tels que les congés payés, les assurances collectives, les régimes de retraite; les horaires de travail; la sécurité syndicale; les droits de gérance; etc.).

Lorsque survient une mésentente au cours de la négociation d'une convention collective, les parties peuvent utiliser des moyens de pression économique (grève et/ou lock-out) ou demander l'aide d'un tiers (médiateur, conciliateur ou arbitre) pour dénouer l'impasse.

Lorsque survient une mésentente relative à l'interprétation et à l'application de la convention collective, les parties ont recours à l'arbitrage de griefs.

QUESTIONS À DISCUTER

1. Quelle est la tendance actuelle au plan des relations patronales-syndicales et en quoi influence-t-elle les syndicats, les employeurs et les employés?

2. Quels sont les objectifs visés par un régime de relations de travail tel que nous le connaissons au Québec?

3. Faites une étude comparative des relations de travail de type conflictuel et coopératif. Lequel des deux types fournit de meilleurs résultats? Pourquoi?

4. Quelles sont les stratégies patronales et syndicales succeptibles d'être utilisées au cours d'une négociation?

5. Identifiez et expliquez les trois types de stratégies conjointes patronales-syndicales.

6. Les avantages économiques supplémentaires sont un facteur très important dans la négociation collective. Nommez-en trois et dites à quoi peut-on attribuer leur importance?

7. Quelles alternatives permettent à la direction et au syndicat de solutionner une impasse dans la négociation collective?

8. Quel est le but de la procédure de griefs? Quels sont les différents types de griefs?

É T U D E   D E   C A S

DE MEILLEURS EMPLOIS POUR QUI?

Les représentants de la direction et du syndicat se sont réunis toute la matinée pour discuter une proposition relative à la mise en place d'un programme d'enrichissement et d'élargissement des tâches. La direction a invité le syndicat à participer à l'élaboration de ce projet dans l'espoir qu'il convainque ses membres du bien-fondé d'un tel programme. Ce programme vise à diminuer le niveau de stress et à améliorer la qualité de vie au travail en diversifiant les tâches et en y ajoutant des responsabilités.

Le syndicat n'a pas apporté son support et, de fait, a indiqué son opposition féroce à ce genre de projet. Ses arguments, entre autres, sont:

1. Les programmes d'élargissement des tâches sont une tactique patronale pour former les employés à une plus grande variété d'emplois. Les employés ne reçoivent pas de compensation monétaire additionnelle; ce qui est clairement inéquitable. Évidemment, selon le syndicat, un employé plus polyvalent et qui possède plus d'habiletés a plus de valeur aux yeux de l'employeur. Ainsi, quand un employé est absent, un autre employé peut plus facilement prendre sa place. La polyvalence ça se paie!

2. Les programmes d'enrichissement des tâches sont également inéquitables. Lorsque des employés sont appelés à prendre place dans un processus de prise de décision, ils doivent être mieux rémunérés. Après tout, c'est là la principale distinction entre les cadres et les employés payés à l'heure. Évidemment, quand on donne une responsabilité à un employé, une augmentation de salaire doit être prévue.

QUESTIONS

1. Que pensez-vous de la position du syndicat face aux programmes d'élargissement et d'enrichissement des tâches?

2. Que pensez-vous de la position de la compagnie sur ces deux questions?

3. Quelles recommandations feriez-vous aux deux parties pour solutionner cette impasse?

VIII

Gestion des ressources humaines: perspectives d'avenir

Tendances et défis en gestion des ressources humaines

Actualité

DÉFIS DE LA GESTION DES RESSOURCES HUMAINES AU JAPON

Le travail, cette véritable « eau de vie » pour 120 millions de Japonais, serait en voie de se tarir. Un sondage réalisé en 1985 par le New York Times, CBS News et le Tokyo Broadcasting System, révèle que la majorité des Japonais de moins de 30 ans travaillent surtout pour leur réussite personnelle et non plus pour celle de leur entreprise comme leurs parents; 60% d'entre eux ont pour objectif principal dans la vie d'avoir plus de temps libre, illustrant ainsi les profonds changements qui secouent la société japonaise.

À l'heure de la montée fulgurante du yen, l'augmentation de la consommation et des temps libres apparaissent comme les revendications de la nouvelle génération. Du même coup, des milliers de Japonais découvrent ce que leur a coûté le « miracle » des dernières décennies: privations, mesures sociales déficientes, vie familiale inexistante, alcoolisme et taux de suicide élevé. Car on ne sort pas, en 30 ans, du sous-développement sans en payer le prix, le carcan forgé par les générations précédentes. D'autant plus que les grandes sociétés nippones n'offrent plus aux jeunes les chances d'avancement qu'ont eues leurs parents. Des milliers de cadres entre 35 et 45 ans, qui ont connu la famine de l'après-guerre, avaient tout misé sur la croissance économique et connu un avancement rapide et régulier. Dévoués corps et âme à une seule grande entreprise comme les samourais de jadis à leur seigneur de la guerre, ils recevaient la reconnaissance de leur employeur sous forme d'un emploi à vie et de possibilités d'avancement rapide. Mais là aussi, les entreprises ont dénoncé le pacte. Pour la première fois depuis la guerre, le Japon a connu des mises à pied, dans les chantiers navals, la sidérurgie et les petites et moyennes entreprises sous-traitantes qui représentent le « matelas amortisseur » des grandes sociétés.

D'ici 15 ans, le secteur manufacturier devrait perdre 2,6 millions d'emplois au profit des services. À cause de la redistribution du travail qui s'opère entre le Japon, la Corée et Taiwan, certains critiques soutiennent même que la façon de calculer le taux de chômage « miraculeux » (2,9%, un record quand même!) ne tiendrait pas compte de la réalité, les chiffres réels étant beaucoup plus près de ceux de l'Europe et des États-Unis.

« Auparavant, un cadre japonais était assuré d'accéder un jour à un poste de directeur, dit Sumihiko Seto. Ce n'est plus vrai aujourd'hui, ce qui crée des frustations énormes dans la jeune génération. Il en découle un certain manque de loyauté envers la compagnie. Je ne parlerai pas de crise, mais d'une grande mutation de la société japonaise qui pourrait freiner sa croissance économique. Peu d'employés vont encore jusqu'à quitter leur employeur pour se joindre à un concurrent, mais cela arrive aujourd'hui alors qu'on n'aurait pu l'imaginer il y a quelques années ». Marcel Bergeron, sous-ministre adjoint au ministère québécois des Affaires internationales, a constaté cette évolution lors de son séjour au Japon entre 1980 et 1983 comme délégué général du Québec. « La fidélité à l'employeur était absolue jusqu'à il y a quelques années. J'ai vu une dizaine de cadres changer d'employeur en milieu de carrière. Mais c'est encore tout à fait nouveau et limité aux jeunes. Ceux qui le font sont encore très mal vus... ».

Source: RIOUX, C., « Japon, La révolution tranquille », Revue Commerce, mai 1987, p. 50-52. Reproduit avec autorisation.

L'article précédent souligne quelques aspects importants des défis présents et futurs de la gestion des ressources humaines dont nous discuterons dans ce chapitre. Nous aborderons aussi la gestion des ressources humaines à l'échelle internationale. Finalement, nous étudierons les différentes approches, qualitatives et quantitatives, d'évaluation de la fonction ressources humaines.

TENDANCES ET DÉFIS EN GESTION DES RESSOURCES HUMAINES

Les facteurs qui ont contribué à l'importance croissante de la gestion des ressources humaines décrits au premier chapitre, créent également de nouveaux défis et autorisent des comparaisons avec d'autres pays[1]. Mais ces facteurs évoluent. Par exemple, alors que depuis 1985, la productivité déclinait, les prédictions indiquent une tendance vers la croissance plutôt que vers la dépression ou la stagnation. Les taux de croissance prévus au milieu des années 1990 se rapprochent des moyennes historiques canadiennes les plus élevées. Alors que durant les années 1980, plusieurs compagnies favorisent la productivité au prix d'un chômage élevé, la réalité des années 1990 pourrait être différente. Plusieurs prédictions canadiennes (Commission McDonald, Conseil économique du Canada) indiquent que la hausse de productivité prévue pour les années 1990 ne résultera pas en un chômage accru. De plus, l'emploi restera sous les 10% et l'inflation se stabilisera autour de 5 à 6%[2].

Le rythme et la complexité des changements technologiques s'accélèreront au cours des années 1990. Une controverse existe au sujet de l'impact de cette tendance: certains croient qu'elle provoquera du chômage, d'autres pensent qu'historiquement les innovations technologiques créent davantage d'emplois, tout en modifiant la composition de la main-d'oeuvre. Les futurs employés seront plus instruits, mieux formés et mieux préparés à vivre avec les nouvelles technologies. Dans les cinq plus grandes banques à charte canadiennes, par exemple, un employé sur quatorze a un travail touchant à l'informatique[3]. La formation et la gestion de ce nouveau type d'employés constitue un défi majeur pour la gestion des ressources humaines.

La compétition internationale, la promulgation de politiques de déréglementation et l'existence d'un accord de libre-échange entre le Canada et les États-Unis seront des facteurs importants qui influenceront l'efficacité des opérations des entreprises canadiennes. Un grand nombre d'entreprises vont exporter leurs produits et services dans le monde entier, et un développement des structures multinationales va probablement avoir lieu. Des multinationales telles que Bell Canada, Northern Telecom, Alcan, seront obligées de poursuivre des politiques de gestion des ressources humaines adaptées à la culture locale, à la géopolitique et aux réalités économiques des pays où elles vont opérer. En conséquence, une profonde compréhension de la gestion des ressources humaines dans un contexte international deviendra essentielle. Bien que quelques tendances, telle que la baisse de l'absentéisme, puissent suggérer une amélioration de la productivité, il semble que plusieurs employés continuent à se sentir aliénés et insatisfaits de leur travail et demandent à avoir leur mot à dire dans les décisions qui les touchent. Cette demande naît d'un besoin plus grand des employés d'obtenir davantage de droits dans leur milieu de travail. Cette orientation, et de là l'importance d'harmoniser les droits des employés aux droits de la direction, va probablement s'intensifier au cours des années 1990. Il est probable que la gestion des ressources humaines devra davantage prendre en considération certains aspects légaux de l'utilisation des ressources humaines. Si les employés ne s'efforcent pas d'obtenir davantage de droits, les nouvelles législations ne se matérialiseront pas mais, la fréquence des litiges touchant particulièrement l'égalité en emploi, le harcèlement sexuel, la discrimination salariale et la santé et sécurité, augmentera probablement.

Les organisations continueront à accorder de l'importance à la productivité, à la qualité de vie au travail et au respect des lois, ce qui devrait contribuer au développement de l'importance stratégique de la gestion des ressources humaines. Ces éléments seront déterminants dans l'intensification des multiples rôles de la gestion des ressources humaines et dans son implication tant au niveau opérationnel, de gestion, que stratégique.

Ce chapitre se concentre sur quelques-uns des défis de la gestion des ressources humaines au cours des années 1990. D'abord, nous discuterons du rôle et du pouvoir de la gestion des ressources humaines dans les organisations, suivi par un appel à plus de professionnalisme de la part des praticiens en ressources humaines ainsi qu'un survol de quelques défis spécifiques à l'intérieur des différents champs d'application de la gestion des ressources humaines. Par la suite, pour avoir une appréciation générale dans un contexte international, une revue de la gestion des ressources humaines au Japon et en Allemagne sera présentée. L'expérience américaine a été volontairement mise de côté étant donné sa similarité avec celle du Canada et parce que la plus grande partie de la littérature sur le sujet est aisément accessible. Finalement, l'objet de ce dernier chapitre est de présenter différentes méthodes et procédures pouvant être utilisées pour évaluer l'efficacité générale des activités de gestion des ressources humaines.

POUVOIR DE LA GESTION DES RESSOURCES HUMAINES DANS L'ORGANISATION

Pour que la gestion des ressources humaines soit efficace, son rôle et son importance dans l'organisation doivent être reconnus. Une étude américaine récente sur le pouvoir de la fonction ressources humaines conclut que même si celle-ci gagne de l'influence, il y a place à amélioration dans la plupart des organisations. Cette étude montre également qu'il y a un certain déplacement des priorités depuis quelques années. Le recrutement, la sélection et la rémunération restent des activités majeures, mais à celles-ci s'ajoutent des priorités telles que l'égalité en emploi, la négociation collective, la communication avec les employés et la planification des ressources humaines[4]. Les mêmes conclusions ont été observées sur la scène canadienne à l'exception peut-être de la question de l'égalité en emploi qui domine déjà la gestion des ressources humaines. De plus, la même étude indique que les cadres supérieurs en ressources humaines voient, par ordre d'importance, les priorités suivantes comme déterminantes au cours des années 1990:

- développement de stratégies de gestion des ressources humaines;
- planification des ressources humaines;
- planification stratégique;
- recrutement, sélection;
- communication avec les employés.

Ces recherches montrent que la gestion des ressources humaines délaisse des activités plus traditionnelles au profit de nouvelles, plus intimement reliées à la planification stratégique de l'entreprise. Cela implique une plus grande influence de la gestion des ressources humaines. Celle-ci se verra désormais confier un rôle de consultant pour la haute direction et sera perçue l'égale des autres services de l'organisation. Elle participera ainsi à l'amélioration de la santé financière de l'organisation.

NÉCESSITÉ DU PROFESSIONNALISME EN GESTION DES RESSOURCES HUMAINES

Un des obstacles majeurs au progrès et à l'expansion de la fonction ressources humaines est le fait que plusieurs services sont formés de personnes n'ayant pas bénéficié d'une formation adéquate. Au Canada, un gestionnaire en ressources humaines sur cinq possède un diplôme universitaire. Il reste donc un long chemin à parcourir. Pour plusieurs praticiens, le professionnalisme et un code d'éthique ne sont pas nécessaires pour leur assurer une crédibilité. Un cadre supérieur d'une grande entreprise admettait qu'il lui arrivait parfois de promouvoir du personnel de production au poste de gestion des ressources humaines.

Pour augmenter cette crédibilité, le personnel du service des ressources humaines doit être perçu comme étant professionnel. Avec un salaire adéquat et une délégation d'autorité véritable, les professionnels seront attirés vers ce champ d'activité. Dans les organisations qui sous-évaluent leur service des ressources humaines, le responsable se rapporte souvent au vice-président administratif, au vice-président des opérations, du marketing ou des finances, ce qui a pour effet de donner à la fonction ressources humaines un statut inférieur. À l'inverse, les organisations qui accordent de l'importance à cette fonction la font relever directement du vice-président exécutif ou du président de la compagnie.

L'augmentation du budget du service des ressources humaines permet l'embauche de professionnels et la mise en branle de nouveaux projets et activités. Cela permet également une interaction avec plusieurs individus ou services de l'organisation. Ainsi, l'image de policier en charge de la discipline et des griefs ou celle d'un service émettant des chèques de paie et compilant de l'information sur les employés pourrait devenir celle d'un partenaire chargé de la planification de la carrière, de la formation et du perfectionnement des employés ainsi que d'autres activités essentielles.

Un professionnel se définit par la somme de ses connaissances et par son adhésion à un code d'éthique habituellement renforcé et supervisé par ses pairs, par le biais d'une association professionnelle. Les lois canadiennes actuelles n'obligent pas les professionnels en ressources humaines à posséder une licence. C'est un paradoxe dans la mesure où le public n'est pas protégé quand des décisions concernant l'embauche, les congédiements, les promotions sont prises par des individus non qualifiés. Une décision prise par un employé non qualifié du service des ressources humaines pourrait entraîner des problèmes physiques ou psychologiques importants à un employé.

Bien que les récents développements dans le domaine des droits des employés, la pression des syndicats et d'autres phénomènes limitent la possibilité de décisions arbitraires, il reste que certains employés dans les organisations canadiennes voient leur avenir soumis à la discrétion des décisions de personnes oeuvrant en gestion des ressources humaines. En conséquence, il est à souhaiter que les gouvernements, les associations professionnelles en ressources humaines et les gestionnaires concernés coopèrent pour mettre sur pied des lignes directrices et imposer un code de conduite aux praticiens en ressources humaines. Les universités devraient également contribuer à cet effort en proposant des cours d'éthique et de conduite dans le cadre de leur programme de gestion des ressources humaines.

À l'avenir, non seulement les services de ressources humaines seront confrontés au défi résultant de l'introduction des nouvelles technologies, mais ils devront utiliser davantage la micro-électronique pour améliorer leur efficacité. Par exemple, la Banque de Montréal a installé plus de vingt micro-ordinateurs dans son service en 1984 et plusieurs autres ont été rajoutés depuis. Ils servent entre autres à la planification hiérarchique des postes, à la gestion de l'absentéisme, du recrutement et à l'inventaire du personnel[5].

Ces systèmes d'information ont été introduits dans plusieurs organisations pour satisfaire les employés qui exigent une réponse rapide à leurs doléances. De plus, la réglementation gouvernementale oblige les entreprises à gérer des activités telles que la santé et la sécurité au travail et l'équité. La réduction significative du prix d'achat et d'entretien des micro-ordinateurs est un autre facteur déterminant de leur apparition[6]. Plus spécifiquement, les systèmes d'information peuvent servir à plusieurs activités de gestion des ressources humaines. Voici quelques brèves suggestions pour chacune de ces applications.

La planification des ressources humaines. Cette activité exige un accès rapide à l'information sur l'état de la situation. L'ordinateur peut donc servir à établir une liste de contrôle des objectifs et activités qui minimisent les coûts et maximisent le perfectionnement des employés. Par exemple, l'absentéisme représente des coûts supplémentaires élevés comprenant ceux des heures perdues, des avantages sociaux des employés additionnels, des heures de supervision additionnelles, ainsi que les autres coûts propres à chaque organisation. L'ordinateur permet de calculer le coût total de l'absentéisme et d'analyser cette information.

La définition et l'analyse de postes. Une grande partie de l'information portant sur la définition et l'analyse de postes peut être compilée dans un système d'information sur les ressources humaines. Par exemple, modifier les exigences d'un poste pour répondre à un ensemble de qualifications, de connaissances et d'intérêts peut donner lieu à une description et des exigences de poste qui ne reflètent pas les besoins de l'organisation. L'ordinateur peut être utile pour éviter les mauvais choix. Les informations relatives aux postes peuvent être emmagasinées dans une banque de données pour harmoniser les besoins des individus aux postes.

Le recrutement et la sélection. Les systèmes d'information en ressources humaines sont utiles pour les programmes d'action positive. Ces systèmes peuvent aussi améliorer l'efficacité du recrutement en retraçant les tendances historiques des sources de recrutement. Par exemple, on peut déterminer la meilleure source de candidats pour un poste ou un département.

Ils peuvent aussi être utilisés pour choisir les prédicteurs les plus appropriés à un cas particulier. Par exemple, le personnel du service des ressources humaines peut faire rapidement une étude de validation en associant l'information sur le rendement aux différents prédicteurs. Enfin, les possibilités de simulation peuvent être utilisées pour prédire les effets de procédures de sélection alternatives.

L'évaluation du rendement. L'ordinateur peut faire le lien entre l'évaluation du rendement et la formation ainsi que la sélection. En établissant une liste des habiletés et des connaissances nécessaires à chaque poste, le résultat d'une entrevue d'évaluation peut être utilisé comme base pour déterminer si un faible rendement nécessite de la formation, un transfert ou même un renvoi. De plus, à partir d'informations sur l'évaluation du rendement emmagasinées dans une banque de données, les employés peuvent obtenir une rétroaction instantanée.

La rémunération.   L'ordinateur peut être d'un grand secours dans la gestion de la rémunération et pour assurer l'égalité en emploi. La rémunération globale peut être calculée pour chaque employé et la moyenne pour chaque poste. À l'aide de l'évaluation du rendement, le service des ressources humaines peut déterminer si les facteurs sont rémunérés systématiquement ou pas, ce qui minimise les risques d'une rémunération injuste. De plus, cette technologie peut faciliter la rémunération basée sur le rendement de plusieurs façons. D'abord, à l'aide de l'ordinateur, on peut établir une grille de mérite. L'ordinateur peut être programmé pour inscrire le pourcentage d'augmentation approprié. De plus, la planification budgétaire est simplifiée en utilisant les pourcentages de la grille, la paie s'ajustant automatiquement en fonction de chaque individu. D'ailleurs, on retrouve plusieurs programmes de ce type sur le marché (Lotus 1-2-3, Multiplan, D-Base, R Base 5000 et autres).

Également, l'ordinateur facilite la manipulation des données utilisables pour formuler des propositions concernant la structure des salaires, le coût total des avantages sociaux et le coût de la rémunération future selon différents taux d'inflation. Finalement, avec un tel système d'information, une organisation peut plus facilement gérer un système d'avantages sociaux flexibles[7].

La formation, le perfectionnement et la qualité de vie au travail.   Tout comme pour le recrutement et la sélection, établir une banque de données sur les habiletés, les connaissances, les intérêts et les préférences des employés est un moyen d'identifier leurs besoins en formation. Les individus peuvent également être orientés vers des postes correspondant à leur plan de carrière.

Pour améliorer la qualité de vie au travail, les systèmes d'information servent également à accumuler de l'information sur des enquêtes portant sur le moral, le climat de travail et le stress. L'analyse de telles données regroupées par fonction ou par département peut faciliter le choix de mesures correctives. L'information peut aussi servir à améliorer la productivité.

La santé et la sécurité au travail.   L'utilisation de systèmes d'information peut être très utile, particulièrement dans les organisations qui produisent des matières dangereuses, pour mener des études épidémiologiques. Le système d'information peut servir à contrôler la santé des employés et les facteurs de risques peuvent être détectés suffisamment tôt pour remédier à la situation. De plus, avec le nombre élevé d'accidents, les coûts des mesures de redressement peuvent être détaillés pour chaque département et peuvent être regroupés selon leur nature pour permettre au service des ressources humaines d'identifier les principaux problèmes.

Les droits des employés, le syndicalisme et les relations de travail.   Avec l'installation d'un système d'information, l'ordinateur peut contrôler les plaintes relatives aux violations des droits des employés. Cette technologie facilite la prise de décision concernant les relations employeur-employés en conservant une base de données sur les règlements négociés par d'autres syndicats dans des secteurs économiques semblables ou différents. La direction peut aussi faire des simulations d'offres plus rapidement et ainsi améliorer ses stratégies de négociation[8].

Alors que l'informatique affecte les pratiques de gestion des ressources humaines, plusieurs autres facteurs tendent à les faire progresser, tels les changements dans la composition de la main-d'oeuvre, les attentes des employés, le style de vie et les changements qui surviendront dans le système social et juridique. Voyons maintenant un résumé des changements résultant de ces facteurs sur les différentes activités de gestion des ressources humaines.

La planification des ressources humaines.   Plusieurs organisations sont engagées dans différentes formes de planification à long terme. Le plus souvent, les prévisions en ressources humaines étaient construites autour de décisions déjà prises[9]. Cette pratique était possible à l'époque où des ressources humaines abondantes permettaient aux organisations d'embaucher et de congédier sans difficulté. Cela n'est plus possible aujourd'hui. Maintenant, la planification des ressources humaines doit être intégrée à la planification stratégique de l'organisation.

Les services des ressources humaines ne peuvent plus éviter la planification à long terme. Cette tâche implique le développement de programmes pour faciliter l'expansion ou la réduction des opérations. La rapidité des changements technologiques va aussi augmenter la nécessité du recyclage des employés et par conséquent, les besoins en formation et en perfectionnement.

Enfin, il y aura un besoin grandissant de flexibilité du temps de travail et une demande accrue des femmes et des minorités pour une participation égale à tous les niveaux. Étant donné le cheminement de carrière de chacun, de plus en plus de couples manifesteront davantage le besoin de temps libre. En conséquence, une bonne planification devra tenir compte de ces réalités.

La définition et l'analyse de postes.   Alors que les organisations tenteront de respecter les exigences de l'accès à l'égalité, il faudra qu'elles justifient les résultats des processus de recrutement et de sélection. À la base de ces processus, on retrouve l'analyse de poste qui décrit en détails les tâches et les qualifications nécessaires pour les accomplir.

En plus de la description du poste, l'analyse de poste incluera une description des résultats attendus et même des récompenses. De plus, cette description devra présenter le contexte de travail. L'analyse de poste sera préparée en collaboration avec le superviseur et le titulaire du poste.

Les services de ressources humaines devront définir les postes de façon à les rendre accessibles à tous les types d'employés, particulièrement les handicapés. De plus, l'accent sera mis sur la modification des emplois en utilisant des principes d'ergonomie pour rehausser la motivation, la productivité et la sécurité des employés.

Le recrutement et la sélection.   L'augmentation de l'utilisation d'échantillons de travail amènera le développement des tests de sélection. L'emphase sera mise sur les entrevues structurées et les intervieweurs devront recevoir une formation sur les aspects légaux et normatifs de l'entrevue. Les nouveaux instruments de sélection seront construits pour répondre non seulement aux aptitudes, aux habiletés et aux connaissances des individus mais aussi à leurs intérêts et à leurs préférences. Par exemple, la résistance au stress et la préférence pour le travail d'équipe seront des facteurs à considérer dans le processus de sélection. De plus, le personnel des services des ressources humaines sera très sensible aux problèmes de sur-qualification et de sous-qualification.

Le recrutement et la sélection devront tenir compte de la législation. De nouvelles lois contrôleront l'usage de tests, tels que les tests de drogue, les tests d'honnêteté et les tests de graphologie. Un récent sondage a montré que les tests ont davantage comme rôle de minimiser les erreurs de sélection que de maximiser la prise de décision[10], maximisation qui serait contraire à l'esprit de la Charte canadienne des droits et libertés de la personne.

L'évaluation du rendement.   Cet aspect est négligé par plusieurs organisations. Étant donné que le coût associé à une mauvaise évaluation augmente, certaines entreprises commencent à développer des systèmes d'évaluation internes. Les coûts augmentent pour deux raisons principales: (1) les commissions des droits de la personne ont tendance à favoriser les individus qui ont été victimes de discrimination dans les organisations qui n'ont pas de système d'évaluation du rendement; (2) les coûts associés au manque de reconnaissance de l'excellence et du potentiel.

À l'avenir, les responsables de la gestion des ressources humaines devront fournir une évaluation basée sur le comportement au travail plutôt que sur les traits de personnalité. La retraite à l'âge de soixante-cinq ans n'étant plus obligatoire, les employeurs doivent développer des systèmes d'évaluation du rendement légalement défendables et qui seront utilisés dans les décisions relatives à leurs plus vieux employés. Enfin, des systèmes d'évaluation du rendement seront développés dans les organisations qui implanteront des modèles de rémunération basés sur le rendement[11].

La rémunération.   La gestion de la rémunération deviendra de plus en plus complexe à cause de la nécessité d'une rémunération individualisée et des changements périodiques de la fiscalité. Un défi particulier se pose également dans le domaine de l'égalité des salaires entre les hommes et les femmes pour un travail d'égale valeur.

La formation, le perfectionnement et la qualité de vie au travail.   La formation et le perfectionnement prennent de plus en plus d'importance et leur coût augmente en conséquence. À l'avenir, l'accent sera mis sur l'efficacité de ces activités pour que les organisations en aient pour leur argent. Avec l'obsolescence accélérée des connaissances, le recyclage de la main-d'oeuvre sera essentiel. De plus, l'introduction massive de nouvelles technologies nécessitera une formation particulière dans ce domaine. En ce sens, les services des ressources humaines en installant ces nouveaux programmes devront vaincre la résistance au changement des employés souvent associée à la venue de nouvelles technologies[12].

Les employés mettront l'emphase sur une plus grande participation aux décisions. Les services des ressources humaines devront donc apprendre à gérer une main-d'oeuvre ayant différents systèmes de valeur. L'attention sera mise aussi sur des expériences de qualité de vie au travail destinées à insuffler de nouvelles valeurs partagées par tous les employés, les syndicats et la direction[13].

La santé et la sécurité au travail.   En raison des différentes lois fédérales et provinciales, mais également grâce à la prise de conscience des employeurs, les activités de santé et de sécurité vont augmenter[14]. Plusieurs experts seront embauchés. En fait, au Québec, en Ontario et au Manitoba, il s'agit de l'activité de gestion des ressources humaines dont le développement est le plus rapide.

Un des aspects de la santé et de la sécurité au travail qui retiendra le plus l'attention est celui de l'environnement psycho-social du travail et son impact sur la santé physique et psychologique des employés. Donc, en plus des programmes traditionnels de santé et sécurité, on verra s'ajouter différents programmes de gestion du stress[15].

Les droits des employés, le syndicalisme et les relations de travail.   De nos jours, l'accent est mis sur une réduction des responsablités de l'individu et une augmentation des responsabilités de la société dans son ensemble non seulement pour respecter les droits des employés mais aussi leur permettre d'avoir un niveau de vie décent.

Les relations de travail continueront d'être une priorité dans certaines organisations alors que d'autres consentiront des efforts particuliers dans leurs relations avec leurs employés pour éviter la syndicalisation. Les syndicats et les directions seront forcés d'utiliser différents types de négociation moins conflictuels. Les services des ressources humaines devront accepter les syndicats davantage comme partenaires que comme adversaires.

Les syndicats devront également se rendre compte qu'ils sont de moins en moins attrayants pour leurs membres. Ils devront trouver d'autres stratégies pour susciter de nouvelles adhésions. Certains syndicats le font en élargissant leurs demandes au-delà des simples questions de pain et de beurre. Il ne serait pas surprenant de voir les syndicats négocier des questions de planification de carrière et de définition et d'analyse de postes. Quelques syndicats du secteur public en sont d'ailleurs déjà là[16].

GESTION DES RESSOURCES HUMAINES À L'ÉCHELLE INTERNATIONALE

Dans un monde de plus en plus interdépendant et caractérisé par la mobilité internationale de plusieurs organisations, on reconnaît la nécessité d'être conscient des pratiques de gestion des ressources humaines dans d'autres pays. Dans les années 1970 et le début des années 1980, alors que la récession a sérieusement ralenti l'économie, les organisations en quête de recettes miracles ont été tentées de jeter un coup d'oeil aux pratiques en vogue dans d'autres pays, particulièrement au Japon.

De ce pays proviennent des techniques telles que les cercles de qualité et la gestion par consensus. D'Allemagne de l'Ouest nous vient la cogestion. Mais quand on regarde ces nouveautés de plus près, on se rend compte qu'elles sont connues depuis longtemps au Canada.

Ce qui est frappant pour l'observateur, c'est que ces idées ont été appliquées à l'échelle de l'organisation et même du pays dans son ensemble. La raison de ce succès dans des pays tels que le Japon et l'Allemagne de l'Ouest tient surtout à des variables culturelles.

La section qui suit jette un regard critique sur les pratiques de gestion des ressources humaines au Japon et en Allemagne de l'Ouest en présentant les principaux aspects et en les comparant avec ce qui se fait au Canada.

GESTION DES RESSOURCES HUMAINES AU JAPON

L'emploi garanti est un des traits fondamentaux du marché du travail japonais. Même si ce n'est pas une obligation légale et même si cette pratique n'est pas garantie par un contrat écrit, l'emploi garanti est encouragé par le ministère du Travail et l'Association des employeurs du Japon et est pratiqué dans toutes les grandes organisations. Contrairement à l'Amérique de Nord, la mobilité entre organisations n'est pas encouragée.

Avec l'emploi garanti, la planification des ressources humaines devient plus facile. Par contre, l'emploi garanti ne s'applique pas aux femmes, lesquelles pour la plupart, quittent le marché du travail une fois mariées, ce qui explique le faible taux de chômage au Japon.

À cause de l'emploi garanti, les pratiques de recrutement sont surtout basées sur les qualités générales de l'individu, incluant la loyauté à l'employeur, contrairement au Canada, où on met l'accent sur les aptitudes et les qualifications. Tous les employés sont habituellement embauchés une fois par année au mois d'avril, période qui suit immédiatement la fin de l'année académique. La première phase qui suit l'embauche est celle de l'initiation alors que l'individu est introduit à la culture organisationnelle[17].

Tous ceux qui ne sont pas embauchés se voient offrir du travail à temps partiel, travail pour lequel ils n'ont pas d'engagement garanti. En fait, les non réguliers représentent de 50% à 70% de la main-d'oeuvre, ce qui explique que la politique d'emploi garanti persiste même durant les périodes de ralentissement économique.

Les employés doivent posséder des aptitudes diversifiées et accomplir plusieurs tâches dès que le besoin s'en fait sentir. Les gestionnaires japonais sont encouragés à obtenir des consensus avant toute nouvelle affectation ou l'imposition de règles nouvelles. Les Japonais aiment à dire qu'il y a trois trésors sacrés dans le palais impérial: l'emploi garanti, l'ancienneté qui détermine les salaires et les promotions, et le syndicat d'entreprise.

À l'intérieur du système d'ancienneté, il est rare de voir un employé travailler sous les directives de quelqu'un ayant moins d'années de service. Ce système prend ses racines dans le traditionnel « Oyabum-Kobun » ou relation parent-enfant, qui attache un grand respect aux membres les plus âgés d'une famille.

Si la salaire n'est basé que sur l'ancienneté, ceux qui ont plus de capacités auront tendance à moins travailler. Aujourd'hui, les augmentations de salaires sont déterminées par l'ancienneté et le mérite, le tout dépendant du niveau de responsabilités et des exigences du poste. Toutefois, si les responsabilités d'un employé n'augmentent pas jusqu'à l'âge de la retraite (récemment porté à 60 ans), ses augmentations de salaire seront en fonction de son ancienneté.

Sur une base horaire, les salaires japonais sont parmi les plus élevés au monde. Depuis 1965, les syndicats japonais ont développé une campagne appelée « offensive du printemps », à l'échelle de l'industrie, au cours de laquelle ils demandent des augmentations de salaires. Aujourd'hui, près de 80% des travailleurs organisés négocient leur salaire au printemps, avec le résultat que les augmentations consenties dans les secteurs majeurs de l'industrie, tels que l'acier influencent les résultats des autres industries. Les augmentations de salaires sont donc relativement standardisées pour l'ensemble de l'industrie japonaise.

Le système de rémunération japonais se distingue aussi par l'allocation d'un boni semi-annuel distinct de l'augmentation annuelle. Remis à tous sans exception, ce boni est déterminé par la convention collective et est relié à la santé générale de l'économie et au niveau de profit de l'entreprise.

Généralement, l'équivalent de cinq à six mois de salaires est payé en boni au milieu ou à la fin de l'année.

En plus, les employés bénéficient habituellement d'une rémunération indirecte qui prend plusieurs formes. Cela inclut le logis ou une allocation de logement, des facilités pour le transport, les repas, les uniformes ainsi que des soins de santé. Cette forme de rémunération varie en fonction de la taille et des profits de la compagnie.

Dans la plupart des grandes organisations la formation se fait sur les lieux de travail. Cette formation est la clé de la productivité et du contrôle de l'organisation. Les employés réguliers sont souvent des diplômés gradués du secondaire ou des collèges où ils ont acquis une formation académique générale mais peu de qualifications professionnelles. La formation permet donc à l'organisation d'orienter les employés selon ses besoins. Il n'est pas rare que de nouveaux employés reçoivent en commençant de un à six mois de formation. De la formation supplémentaire pourra être donnée en cours d'emploi.

La description des programmes de formation révèle que l'importance est mise sur l'organisation vue comme un tout, son rôle dans la société, sa relation avec ses concurrents, ses objectifs et les moyens pour les atteindre, ses désavantages face à la concurrence et les mesures correctives à y apporter. Bref, il s'agit d'une formation à long terme plutôt qu'une formation à court terme semblable à celle dispensée au Canada. En plus de cette formation générale, les entreprises japonaises peuvent dispenser une formation plus spécialisée mettant l'emphase sur l'amélioration des aptitudes.

Pour éviter la fatigue et l'ennui, la formation favorise la rotation des postes et les changements d'horaires, ce qui permet un ajustement aux fluctuations de la demande pour le produit. Tous les cols bleus doivent être polyvalents après cinq ans dans l'entreprise. Parmi les cols blancs, un nouvel employé change d'emploi tous les trois à six mois. Ce processus mené parallèlement à une formation adéquate représente les trois à quatre premières années de travail d'un employé. Passé cette période, la formation est donnée en fonction des besoins de développement de chacun.

Ces pratiques de gestion des ressources humaines amènent une grande loyauté des employés qui produisent des biens d'excellente qualité. Des résultats semblables ont été observés dans des usines nord-américaines dirigées par des Japonais[18].

Le troisième trésor sacré du palais impérial est ce qu'il est convenu d'appeler le syndicat d'entreprise. Contrairement à l'Europe et à l'Amérique du Nord où les syndicats sont sectoriels, chaque entreprise japonaise possède son syndicat, près de 71 000 à la fin des années 1970. Il y a aussi quatre fédérations industrielles qui assurent une certaine standardisation et jouent le rôle de centres d'information.

Par conséquent, les relations de travail s'exercent directement entre les parties, sans intervenants extérieurs. La présence des cols bleus et des cols blancs dans un même syndicat est efficace pour déterminer des demandes plus représentatives. La grande participation des employés fait que 16% de cadres supérieurs japonais ont déjà été dirigeants de syndicats. Les syndicats d'entreprise mettent également l'accent sur la loyauté des employés envers la compagnie. Pour ces derniers, le syndicat n'est pas seulement une instance de négociation, il peut aussi participer aux réformes techniques, aux plans d'investissements en nouvel équipement et s'occuper du perfectionnement du personnel et de la productivité.

La figure 18.1 présente un tableau comparatif des politiques de la gestion des ressources humaines au Japon et au Canada. Les pratiques japonaises de gestion des ressources humaines sont orientées en fonction de l'accomplissement de buts à long terme. Mais des défis contemporains doivent être relevés par le système paternaliste traditionnel japonais au cours des prochaines années. Déjà certains employés perçoivent le système actuel comme une prison. De plus, ce système fonctionne bien en situation de croissance économique, mais il peut être moins efficace dans une économie en déclin. L'uniformité qui a joué en faveur des Japonais jusqu'à maintenant est menacée par le succès de la créativité et de l'innovation qui caractérise l'individualisme propre à la culture occidentale.

Figure **18.1**   **Comparaison des systèmes de gestion des ressources humaines au Japon et au Canada**

Caractéristiques des politiques de gestion des ressources humaines	Canada	Japon
Relation d'emploi	Court terme	Garanti
Critères de promotion	Principalement au mérite	Principalement l'ancienneté
Critères d'augmentation des salaires	Principalement au mérite	Principalement l'ancienneté
Sélection	Formelle	Informelle et intensive
Formation	Formelle	Informelle et intensive
Relations de travail	Confrontation	Coopération
Motivation	Individuelle	Groupe
Cheminement de carrière	Spécialisé	Non-spécialisé
Méthodes de contrôle du comportement	Conformité aux critères	Endoctrinement
Prise de décisions	Individuelle	Collective

GESTION DES RESSOURCES HUMAINES EN ALLEMAGNE DE L'OUEST

Les Allemands accordent une attention particulière aux règles, au pouvoir et aux symboles rattachés au statut. Il en résulte une forme de gestion plus formelle qu'au Canada. La plupart des lignes directrices en gestion des ressources humaines sont codifiées dans des règlements avec lesquels employés et employeurs se sentent plus en sécurité, ce qui n'empêche pas toutefois, l'introduction d'innovations.

Plusieurs employés travaillent dans des îlots où ils peuvent éviter la routine en pratiquant la rotation des postes. L'Allemagne de l'Ouest innove en ce qui concerne la modification de la traditionnelle ligne de montage. La redéfinition des postes est le résultat du mouvement d'humanisation du travail mis en place par le gouvernement fédéral en 1974 et soutenu par les employeurs et les employés. Plusieurs organisations participent financièrement aux projets d'innovation dans la définition des postes.

Un autre aspect important est celui de l'horaire flexible où chaque employé détermine son temps de travail sur une base annuelle plutôt que sur une base quotidienne ou hebdomadaire. En général, les employés indiquent combien d'heures ils veulent travailler par mois pour l'année en cours. Par la suite, employeurs et employés s'entendent sur les jours et les heures de travail quotidiennes. Un des avantages de l'horaire flexible est le choix qu'il offre aux employés. Il en résulte une réduction de l'absentéisme, une réduction du conflit entre travail et famille et une satisfaction du désir des employés pour davantage de temps libre[19].

Un des aspects particuliers de la formation et du perfectionnement en Allemagne de l'Ouest est le vaste système d'apprentissage supporté financièrement par les employés et la direction. Pour plusieurs jeunes Allemands de l'Ouest, l'apprentissage commence à 15 ans, à la fin de l'école obligatoire.

Ils choisissent un des nombreux programmes d'une durée de 2 à 3 ans. Actuellement, 451 emplois en Allemagne de l'Ouest nécessitent un apprentissage. La moitié des jeunes entre 15 et 18 ans sont engagés dans un de ces programmes, avec le résultat que le taux de chômage reste faible et qu'une main-d'oeuvre efficace est préparée systématiquement.

On appelle « Mitbestimmung » la participation des employés aux décisions. Ce concept de cogestion issu d'Allemagne de l'Ouest s'étend aujourd'hui à d'autres pays européens. La cogestion prévoit des sièges au Conseil d'administration pour les représentants syndicaux. Les employeurs sont invités à consulter les syndicats pour tout changement organisationnel majeur, fusionnement, investissement ou relocalisation. Si les deux partenaires ne s'entendent pas, l'opinion de la direction prévaut. Enfin, le syndicat a accès aux livres et possède un droit de veto sur la sous-traitance.

La direction du gouvernement social-démocrate a obtenu un consensus pour promouvoir la compétivité internationale par l'innovation technologique en intégrant les syndicats au processus de changement. Le système ouest-allemand basé sur la centralisation, la participation et la législation semble bien fonctionner. L'efficacité et la légitimité de la négociation collective sont acceptées de tous. Le faible niveau de conflits ainsi que la coopération caractérisent le système de relations de travail en Allemagne de l'Ouest[20].

Depuis son étouffement par les fascistes dans les années 1930, le mouvement ouvrier ouest-allemand est composé de syndicats aux structures unitaires qui sont la synthèse d'éléments traditionnels des mouvements ouvriers socialistes et catholiques. L'influence catholique sur le développement de concepts tels que la cogestion, le partenariat social ou la formation des employés est intégrée à l'idéologie des syndicats ouest-allemands. De plus, les syndicats sont organisés sur une base industrielle.

Les principales organisations sont les 17 syndicats affiliés au DGB (Confédération des syndicats) qui déterminent les modèles de négociation pour la majorité des travailleurs. D'autres fédérations (le DBB, Association des employés civils; le DAG, Association des cols blancs; le CGB, les Syndicats chrétiens) ont peu de pouvoir de négociation puisque les employés des services publics n'ont pas le droit de grève.

De nos jours, les employés syndiqués membres de syndicats affiliés à la DGB représentent le tiers de la main-d'oeuvre. Leur pouvoir et leur influence vont bien au-delà de la proportion qu'ils représentent. Par exemple, l'appui des employés aux syndicats dépasse de beaucoup leur désir de se syndiquer. En fait, pendant les élections des représentants, près de 80% des employés votent régulièrement pour des candidats nommés par les syndicats de la DGB. Les syndicats ouest-allemands ont une autorité centralisée. Les décisions internes sont prises aux échelons les plus élevés du syndicat.

Tout comme les syndicats, les associations patronales ouest-allemandes sont organisées et centralisées. Il existe des associations patronales dans plusieurs industries dominées par les grandes corporations. La plus importante est la BDA (Fédération des employeurs allemands). Elle coordonne plusieurs accords législatifs pour ses membres. Par exemple en 1978, elle a publié un catalogue contenant des règles destinées à renforcer son pouvoir de négociation et à limiter les concessions faites lors de négociations. Parmi ces règles, il a été convenu de faire du samedi, normalement une journée de congé, un jour de travail pour augmenter l'utilisation de la main-d'oeuvre et de la machinerie. Bien que cette directive ait été renversée en 1984, cela illustre bien la stratégie de cette association d'employeurs visant à établir des politiques communes.

Un sommaire des aspects de la gestion des ressources humaines en Allemagne de l'Ouest comparés à ceux du Canada est présenté à la figure 18.2.

Figure **18.2**   **Comparaison des systèmes de gestion des ressources humaines en Allemagne de l'Ouest et au Canada**

Caractéristiques des politiques de gestion des ressources humaines	Canada	Allemagne de l'Ouest
Définition du poste	Orientée vers la production	Orientée vers l'employé
Formation	Formelle: multiple	Formelle: emphase sur l'apprentissage
Motivation	Individuelle: informelle	Collective: formelle
Méthodes de contrôle du comportement	Flexible	Rigide
Source de pouvoir de la direction	Charisme/expertise	Légale/structurelle
Négociation collective	Décentralisée	Centralisée
Relations de travail	Confrontation	Partenariat

ÉVALUATION DE LA GESTION DES RESSOURCES HUMAINES DANS LES ANNÉES 1990

Au Québec, rares sont les organisations en mesure d'estimer l'ampleur de leur investissement en gestion des ressources humaines à moins d'adopter une structure systématique d'évaluation. Seules les grandes organisations se prêtent à cet exercice. Plusieurs gestionnaires considèrent comme intangible l'apport des activités de gestion des ressources humaines négligeant ainsi la nécessité d'une évaluation formelle. Ainsi, plusieurs organisations ne reconnaissent pas l'importance du service des ressources humaines dans l'amélioration de leur productivité globale.

Les gestionnaires sont les premiers à affirmer que les employés font la force de leur organisation, mais lorsqu'ils doivent justifier le budget en ressources humaines ou les coupures budgétaires en temps de ralentissement économique, ils sont incapables de présenter des arguments rationnels et empiriques pour appuyer leurs choix[21].

Plusieurs gestionnaires en ressources humaines font face au même problème lorsqu'on leur demande une justification économique de l'introduction de nouveaux programmes ou services. Les gestionnaires comprennent et respectent les activités de gestion des ressources humaines dans la mesure où les coûts et les bénéfices qu'elles génèrent peuvent être traduits en dollars. Le développement d'un cadre systématique pour estimer et évaluer les activités de gestion des ressources humaines traduit donc un besoin évident. Sans un tel cadre, le gestionnaire en ressources humaines risque d'avoir de la difficulté à justifier les activités de son service et à vérifier leur efficacité.

L'évaluation des activités de gestion des ressources humaines a de multiples utilités:

- évaluer l'état de santé du système de gestion des ressources humaines et identifier l'ampleur des problèmes;
- évaluer et contrôler les activités de gestion des ressources humaines à partir de critères tangibles;
- prévoir les problèmes et mettre en branle les correctifs nécessaires.

Depuis peu, les organisations accordent un intérêt grandissant aux techniques d'évaluation des activités de gestion des ressources humaines. Avec l'augmentation des coûts de main-d'oeuvre et l'importance accrue du capital humain, la recherche de nouvelles méthodes d'évaluation se développe. Certaines approches pouvant être combinées entre elles sont présentées ici.

APPROCHES QUALITATIVES

La vérification de la gestion des ressources humaines. La façon la plus simple d'évaluer l'efficacité des activités de gestion des ressources humaines est la vérification. Dans sa forme la plus pure, la vérification du service des ressources humaines débute par une revue des principaux dossiers pour déterminer si les politiques et les procédures en matière de gestion des ressources humaines sont en place et sont suivies. Semblable à la vérification financière, la vérification de la gestion des ressources humaines est basée sur des rapports tels que le budget, les griefs, le type et le nombre de programmes de formation et de perfectionnement et sur les rapports d'évaluation du rendement. La vérification de la gestion des ressources humaines est habituellement réalisée en développant une liste de contrôle des différentes politiques et procédures telle qu'illustrée à la figure 18.3. Les éléments sont le plus souvent regroupés par activité, tels que le recrutement et la sélection, la rémunération et les relations de travail. À partir des activités, on étudie les statistiques s'y rapportant, puis on organise des rencontres avec 10% à 20% des employés du service des ressources humaines, de même qu'avec les utilisateurs du service.

Figure **18.3** **Modèle de questionnaire de vérification de la gestion des ressources humaines (entrevue avec un directeur des opérations)**

1. Quels sont, d'après vous, les objectifs de votre service?
2. Comment voyez-vous les responsabilités des cadres?
3. Y-a-t-il eu des changements importants dans leurs responsabilités au cours des dernières années?
4. Selon vous, y-a-t-il des responsabilités au niveau du personnel que les cadres auraient besoin d'améliorer?
5. Quels sont les aspects positifs des relations avec les employés dans ce service?
6. Croyez-vous qu'il y a des problèmes ou des difficultés importantes dans le service? Quelles en sont les causes? Quelle en est l'étendue? Quelles sont les mesures correctives à apporter?
7. Avez-vous des objectifs personnels pour cette année?
8. En général, dans quelle mesure croyez-vous que le personnel du service fait son travail? Quels changements devrait apporter le service?

Relations communautaires
9. Quelles sont les attentes des cadres au sujet des relations communautaires? Y-a-t-il de la pression dans le service? Comment réagit-on à cette pression?
10. Quelles démarches avez-vous entreprises au sujet des relations communautaires? Encouragez-vous vos subordonnés à y participer? Quelles sont vos activités personnelles?

Santé et sécurité
11. Qui est responsable de la sécurité dans votre secteur? Quel est le rôle des chefs de groupe?

Figure **18.3 (suite)**   **Modèle de questionnaire de vérification de la gestion des ressources humaines (entrevue avec un directeur des opérations)**

12. Que faites-vous pour améliorer la sécurité? Quelles sont les mesures habituellement prises? Quels sont les résultats?

13. Avez-vous un important problème de sécurité dans vos opérations? Quelles en sont les causes? Quels sont les remèdes? Quelle est l'étendue du problème?

14. Quel est le rôle du spécialiste en sécurité? Ses activités sont-elles utiles? Que peut-on y ajouter?

15. Avez-vous d'autres commentaires ou suggestions à faire au sujet de la sécurité?

16. Avez-vous des commentaires à formuler au sujet du service de santé, des heures de travail des employés? Quels sont les services offerts? Le personnel est-il courtois?

Communication

17. Comment informez-vous vos employés? Quelles sont vos activités de communication? Avez-vous des problèmes particuliers?

18. De quelle façon obtenez-vous de l'information de vos employés? Par quelles méthodes, par quels canaux de communication? Ces canaux sont-ils utilisés régulièrement? Quelle est la proportion d'informations transmise aux supérieurs? Les supérieurs y accordent-ils de l'intérêt? Le personnel fournit-il de l'information?

19. Le service des ressources humaines soutient-il l'amélioration des communications dans l'organisation? Quelle est la nature de cette aide?

20. Le service des ressources humaines vous assiste-t-il dans vos activités de communication?

Canaux de communication disponibles

21. Quelles sont les améliorations nécessaires dans ce secteur?

22. Avez-vous d'autres commentaires à apporter au sujet des communications? Y-a-t-il des changements et des améliorations que vous souhaiteriez voir apportés?

Planification des ressources humaines

23. Quels plans avez-vous élaborés pour combler les besoins futurs en main-d'oeuvre de votre service? Décrivez les plans pour les employés horaires? Quelle période ces plans couvrent-ils?

24. Que fait votre supérieur pour planifier les besoins de main-d'oeuvre? De quelle façon sa planification est-elle reliée à la vôtre?

25. Quel est le rôle du service des ressources humaines dans la planification des besoins de main-d'oeuvre de votre service? De l'organisation dans son ensemble?

Formation et perfectionnement des ressources humaines

26. Comment est menée la formation interne dans votre groupe? Qui la donne? Quelles sont les procédures suivies?

27. Quels changements ou améliorations devraient, selon vous, être apportées à la formation interne des employés? Pourquoi?

28. Avez-vous travaillé avec vos subordonnés pour améliorer leur rendement? Dans le cadre ou hors du cadre de leur évaluation? Quelle procédure avez-vous utilisée? Quelle a été la réaction des employés? Quels ont été les résultats? Quelles seraient les améliorations à apporter?

Figure **18.3 (suite)**   **Modèle de questionnaire de vérification de la gestion des ressources humaines (entrevue avec un directeur des opérations)**

29. Avez-vous travaillé avec vos subordonnés sur des projets visant à les préparer à de futures responsabilités? Dans le cadre ou hors du cadre de leur évaluation? Quelle procédure avez-vous employée? Quelle a été la réaction des employés? Quels ont été les résultats? Quelles seraient les améliorations à apporter?

30. Que fait le service des ressources humaines pour vous aider dans vos problèmes de formation et de perfectionnement?

31. Avez-vous d'autres commentaires à formuler au sujet de la formation ou du perfectionnement?

Pratiques de gestion des ressources humaines

32. Comment les employés sont-ils intégrés à votre groupe de travail? Les nouveaux employés, par exemple? Quelle est la procédure suivie? Comment sont prises les décisions? Quelle est la contribution du service des ressources humaines? Changements et raisons de ces changements?

33. Comment sont menées les mutations et les rétrogradations? Quelle est la procédure suivie? Comment sont prises les décisions? Quelle est la contribution du service des ressources humaines? Changements et raisons de ces changements.

34. Comment sont attribuées les promotions? Quelle est la procédure suivie? Comment sont prises les décisions? Quelle est la contribution du service des ressources humaines? Changements et raisons de ces changements.

35. Avez-vous des problèmes avec les licenciements? De quelle nature? Quelles sont les solutions possibles? Quelle est la contribution du service des ressources humaines?

36. Comment sont menées les périodes de probation? Quelle est leur durée? Quelle est l'attitude du syndicat?

37. Comment s'occupe-t-on des employés incompétents? Comment vous en occupez-vous? Comment les autres superviseurs s'en occupent-ils? À quelle fréquence?

Gestion des salaires

38. Quelles « sont vos responsabilités dans la gestion des salaires? Dans l'évaluation des positions? Pour déterminer les augmentations? Votre degré d'autorité?

39. Comment décidez-vous des augmentations de salaire? Quelle est la procédure? (Quelle importance est donnée au mérite? Les employés sont-ils informés?).

40. Quel est votre problème majeur dans la gestion des salaires? Par rapport aux employés, à vous-même? Ou au système?

41. Le service des ressources humaines vous assiste-t-il dans vos problèmes de gestion des salaires? De quelle façon? (Quel est le rôle de l'administrateur? De quelle nature est cette assistance? Avez-vous besoin d'autres formes d'assistance et pourquoi?).

Source: Adaptation de Walter R. Malher, « Auditing PAIR », dans YODER, D., HENEMAN, H., éditeurs, ASPA Handbook of Personnel and Industrial Relations, p. 2-103, The Bureau of National Affairs Inc., Washington, D.C. 20037, 1979.

Ces entrevues servent à évaluer la pertinence des activités, le support que les gestionnaires leur donnent et les problèmes d'application rencontrés. Chaque intervenant évalue le service des ressources humaines en fonction de ses propres attentes. Ainsi, des activités qui ne sont pas conformes à leurs critères peuvent être perçues comme inefficaces. Les résultats d'un tel modèle sont très peu fiables et très difficiles à interpréter. Pour faciliter cette interprétation, les résultats peuvent être comparés avec ceux d'autres services de l'organisation ou avec les services des ressources humaines d'organisations comparables dans le même secteur d'activité économique. La comparaison portera surtout sur des données touchant à la santé et à la sécurité au travail, la rémunération et les avantages sociaux, les relations de travail, le taux de roulement et l'absentéisme. Cette approche qualitative est d'abord et avant tout basée sur des données subjectives et des impressions. Les approches quantitatives que nous étudierons maintenant, se basent sur des modèles statistiques et mathématiques.

APPROCHES QUANTITATIVES

Les indicateurs de gestion des ressources humaines. Plusieurs organisations développent leurs propres modèles pour mesurer l'efficacité de leur service des ressources humaines[22]. Ces modèles rejettent l'idée que certaines variables peuvent, à coup sûr, évaluer l'efficacité d'un programme ou du service. Chaque organisation possède ses caractéristiques propres, tant au niveau du fonctionnement qu'à celui de l'environnement. Les critères d'évaluation doivent donc être suffisamment flexibles pour tenir compte de ces particularités. Ces modèles sont regroupés pour correspondre aux différentes activités du service des ressources humaines. Ils peuvent aussi être regroupés selon certains intérêts spécifiques tels que les accidents du travail, le taux de roulement, l'absentéisme, la productivité, etc. Des exemples d'indicateurs sont présentés à la figure 18.4.

La plupart des organisations comparent ces informations à celles des années précédentes ou à certains objectifs prédéterminés. Ces données peuvent également être comparées avec celles d'organisations ou d'industries semblables. L'analyse de ces tendances peut donner un aperçu de la relation entre les activités de gestion des ressources humaines et la performance du service[23].

L'analyse coûts-bénéfices. Depuis le début des années 1950, plusieurs tentatives ont été faites pour développer des modèles d'analyse coûts-bénéfices des activités de gestion des ressources humaines[24].

L'originalité de ces modèles vient de la comptabilisation de comportements et de la performance. Bien qu'il n'y ait pas de procédure comptable généralement acceptée, des efforts ont été faits pour appliquer des principes standards au comportement des employés. Les comportements mesurés sont ceux habituellement associés aux activités de gestion des ressources humaines tels que le recrutement, la sélection, la formation et le perfectionnement des ressources humaines.

Les coûts des activités de gestion des ressources humaines comprennent deux paramètres majeurs. Les coûts contrôlables par rapport aux coûts incontrôlables et les coûts directs par rapport aux coûts indirects. Par conséquent, il importe de reconnaître l'impact des facteurs situationnels lors du développement de catégories de coûts. Par exemple, l'absentéisme dû à la maladie ou aux conditions climatiques représente un coût incontrôlable. Par contre, l'utilisation par les employés de leur banque de congés de maladie parce qu'ils

Figure **18.4**

Échantillon d'indicateurs de l'efficacité de la gestion des ressources humaines

Planification
- Nombre d'ouvertures de postes non-prévues
- Écart entre les besoins prévus et les besoins réels

Recrutement, sélection
- Moyenne d'âge de la main-d'oeuvre
- Moyenne du temps de recrutement des employés par types d'habiletés
- Coût de la publicité par embauche/par référence
- Taux de roulement et d'absentéisme
- Ratio des différents mécanismes de sélection (formulaires de demandes d'emploi, tests, etc.) sur les indicateurs de rendement

Rémunération
- Nombre d'employés au-dessus ou sous les taux de salaires standards
- Ratio des promotions au mérite par rapport aux promotions par ancienneté
- Différences des salaires entre les départements, les divisions et/ou les catégories d'employés
- Nombre et catégories d'employés participant au partage des profits
- Nombre et catégories d'employés utilisant les services fournis par la compagnie (assurances, loisirs, etc.)

Formation et perfectionnement
- Proportion des employés éligibles qui ont reçu de la formation dans la dernière année; nouveaux superviseurs qui ont reçu de la formation pour les cadres
- Proportion des employés parfaitement qualifiés pour leur emploi
- Qualité des produits et services avant et après la formation
- Coûts de formation par employé et niveaux de salaires des employés

Santé et sécurité
- Taux de fréquence des accidents
- Nombre de jours/heures perdues à cause des accidents
- Types d'accidents
- Accidents/maladies professionnelles par départements ou catégories d'employés

Relations de travail
- Proportion des griefs gagnés au cours de la dernière année
- Coût moyen du grief par employé
- Nombre de griefs et de plaintes compilés
- Griefs par sujet

sont insatisfaits de leur travail ou comme façon de combattre le stress représente un coût contrôlable.

Les coûts directs sont par exemple, les coûts de remplacement d'un employé. Les coûts indirects sont, par ailleurs, souvent exprimés en terme de temps, de qualité ou de quantité. La plupart du temps, les coûts indirects dépassent largement les coûts directs, mais ils sont rarement pris en considération par les organisations. Par exemple, les coûts indirects associés au remplacement d'un employé comprennent:

- le coût administratif de la recherche d'un remplaçant;
- le coût en temps productif du superviseur responsable du remplaçant;
- le coût de formation du remplaçant;
- le coût associé à la baisse du moral des autres employés.

Souvent, les procédures pour estimer les coûts indirects constituent des dépenses élevées. Pourtant, au cours des dernières années, certains auteurs ont tenté de remédier à cet état de fait en proposant des approches plus pratiques et concrètes pour calculer les coûts de façon à éviter une certaine lourdeur bureaucratique[25].

Ainsi, les coûts indirects sont d'une grande utilité puisqu'ils suppléent à une partie des données nécessaires pour développer une mesure précise des coûts. Estimer la valeur comptable associée aux résultats peut être très utile pour calculer les bénéfices et pour établir des programmes visant à réduire ces coûts.

L'avantage à long terme du calcul des coûts reliés aux comportements des employés se trouve dans la possibilité de gains financiers.

La comptabilisation des ressources humaines considère les ressources humaines comme un actif plutôt qu'une dépense. Cette approche applique à la main-d'oeuvre les conventions comptables habituellement utilisées pour le capital[26]. Ainsi, la valeur des ressources humaines est estimée en termes de coûts d'acquisition et de coûts de remplacement. Le concept de dépréciation apparaît également.

Selon les comptables, le problème que pose cette approche est qu'elle ne peut considérer comme un actif des employés qui n'appartiennent pas à l'organisation qui les embauche. La valeur d'un employé dépend de la période durant laquelle il est dans l'organisation[27].

Les échantillons de travail et la budgétisation. Les échantillons des activités de gestion des ressources humaines servent à tirer des conclusions sur l'ensemble de ses activités. Par exemple, une étude récente a conclu que le service des ressources humaines consacre plus de 50% de son temps aux activités de recrutement et sélection et de gestion des avantages sociaux[28].

La budgétisation peut fournir d'autres indices pour estimer l'efficacité des activités de gestion des ressources humaines; ces dernières peuvent être évaluées en termes de pourcentage du budget alloué à chacune des principales activités. Le montant alloué reflète l'importance stratégique de l'activité. Les changements d'orientation et d'ampleur des activités de gestion de ressources humaines peuvent être évalués au fil du temps, tout comme ils peuvent être comparés à ceux d'autres activités semblables.

RÉSUMÉ

Ce chapitre présente les tendances ainsi que les problèmes auxquels sera confrontée la gestion des ressources humaines. Les activités de gestion des ressources humaines évoluent et présentent des défis pour les spécialistes. Les services des ressources humaines seront de plus en plus présents dans la détermination des objectifs stratégiques des organisations. Ces nouveaux défis exigeront des gestionnaires en ressources humaines mieux formés et encadrés par un code d'éthique. De plus, ceux-ci devront acquérir des qualifications, particulièrement en informatique et en robotique.

Un survol des pratiques de gestion des ressources humaines dans d'autres pays permet de déceler les différences et les similarités avec les pratiques utilisées au Canada. Il serait cependant naïf de croire qu'on puisse facilement introduire les techniques étrangères dans le contexte canadien.

Enfin, il existe plusieurs méthodes contemporaines d'évaluation des activités de gestion des ressources humaines. Autant les méthodes qualitatives que quantitatives peuvent être utilisées pour mener une évaluation systématique. L'objectif visé par l'évaluation est le développement et l'application d'instruments de mesure en gestion des ressources humaines.

QUESTIONS À DISCUTER

1. Pourquoi le service des ressources humaines prend-t-il de l'importance dans l'organisation?

2. Les professionnels en gestion des ressources humaines devraient-ils posséder un diplôme dans ce domaine? Qu'est-ce qu'un professionnel en gestion des ressources humaines?

3. Quelles sont les nouvelles technologies utilisées maintenant dans le travail des gestionnaires en ressources humaines?

4. Quelles tendances importantes en planification des ressources humaines, en définition de postes et en recrutement devraient être connues par le service des ressources humaines?

5. Quelles tendances importantes en évaluation et en rémunération devraient être connues par le service des ressources humaines?

6. Quels sont les défis à venir dans le champ des relations de travail?

7. Quelles sont les forces et les faiblesses des activités de gestion des ressources humaines au Japon?

8. Quels sont les faits saillants des activités de gestion des ressources humaines en Allemagne de l'Ouest?

9. Pourquoi les activités de gestion des ressources humaines doivent-elles être évaluées?

10. Quelle est la différence entre les coûts directs et les coûts indirects? Donnez un exemple de chacun.

11. Quelle est l'utilité de procéder à une évaluation qualitative des activités de gestion des ressources humaines?

12. Discutez des avantages et inconvénients de deux techniques d'évaluation quantitatives des activités de gestion des ressources humaines.

Notes et références

1

Gestion des ressources humaines

1. Sans vouloir minimiser les autres tendances, nous nous intéresserons particulièrement à la productivité car elle va constituer le défi important des organisations au cours de la prochaine décennie.

2. EMMA, V., « CMA Turns to People Power », QWL Focus, the News Journal of Ontarion Quality of Working Life Center, Ontario Ministry of labour, vol. 3, no 2, 1983, p. 12-13.

3. Dans tous les cas le concept productivité réfère à la productivité du travail.

4. Une recherche effectuée pour le compte de la Commission royale sur l'union économique et les perspectives de développement du Canada par J. Helliwell de l'Université de Colombie-Britannique, constitue une exception importante à cet égard. Voir HELLIWELL, J., MACGREGOR, M-E., PADMORE, T., « La croissance économique et la productivité au Canada de 1955 à 1990 » dans La croissance économique: ses facteurs déterminants et ses persperctives, vol. 22, Approvisionnement et Services Canada, Ottawa, 1985. Selon l'analyse de Helliwell, la plus grande part du ralentissement de la croissance de la productivité peut s'expliquer par des conditions cycliques plus fragiles et par l'augmentation du prix de l'énergie. Helliwell ne souscrit donc pas à la théorie selon laquelle le taux « sous-jacent » de croissance de la productivité a diminué après 1973.

5. Institut national de productivité, Productivité et performance de l'économie québecoise, Bilan 1984, Gouvernement du Québec, 1985.

6. Ministère de la Main-d'oeuvre et la Sécurité du revenu, Le marché du travail au Québec: Situation et problèmes actuels, Direction de la recherche, Gouvernement du Québec, janvier 1986. Ce document de recherche présente aussi des informations intéressantes concernant entre autres, les perspectives de l'emploi dans un contexte dominé par les changements technologiques, les impératifs de productivité et la concurrence internationale ainsi que la situation spécifique de certains groupes sur le marché du travail.

7. GARNEAU, M., « Selon une étude du MEQ — Le tiers de la main-d'oeuvre québécoise est peu scolarisée », Le Journal du travail, octobre 1985.

8. MESSIER, S., Les femmes ça compte. Profil socio-économique des Québécoises, Conseil du statut de la femme, Gouvernement du Québec, Éditeur officiel du Québec, 1984. Les mêmes données sont disponibles à l'échelle nationale. Consulter Travail Canada, Les femmes dans la population active, édition 1985-1986, Bureau de la main-d'oeuvre féminine, no de catalogue L24-1468/86B.

9. The Financial Post, les 6, 13, 20, et 27 juin 1981.

10. PETERS, T.J., WATERMANS, R.H., Le Prix de L'Excellence, InterÉditions, Paris, 1983.

11. Centre des dirigeants d'entreprise, La productivité des ressources humaines, matérielles et technologiques, deuxième édition révisée, Montréal, janvier 1986, p. 5.

12. Productividées, Journal de l'Institut National de Productivité, juin-juillet 1985, vol. 6, no 2, p. 4.

13. KOCHAN, T.A., CAPPELLI, P., « The Transformation of the Industrial Relations and Personnel Function », Internal Labor Markets, Paul Osterman, éditeur, Cambridge, Mass., MIT Press, 1984, p. 133-161.

14. Selon L. Bélanger, 5 facteurs sont responsables du développement de la gestion stratégique. Il s'agit de l'internationalisation des marchés, de la complexité et de la taille des organisations existantes, de l'engouement pour la culture organisationnelle, des nouvelles aspirations des personnes et du rôle accru de l'État au plan de la protection à accorder aux différentes catégories de personnel. Voir BÉLANGER, L., « D'une approche centrée sur des activités à une vision stratégique du domaine de la gestion des ressources humaines » dans BÉLANGER, L. et al., Gestion stratégique des ressources humaines, Gaétan Morin, éditeur, à paraître.

15. Ceux qui souhaitent approfondir leurs connaissances sur la gestion stratégique des ressources humaines peuvent consulter les ouvrages suivants:

    ALLAIRE, Y., FIRSIROTU, M., « La stratégie en deux temps, trois mouvements », Revue Gestion, vol. 9, no 2, avril 1984, p. 13-20.

    DE SAINTES, J., Gestion des ressources humaines et compétitivité de l'entreprise, Éditions Labor, Bruxelles, 1985.

    EVANS, P., « Gestion stratégique des ressources humaines et avenir des relations professionnelles », Bulletin d'informations sociales, no 2, 1986, p. 226-232.

    GÉLINIER, O., Nouvelle direction de l'entreprise personnalisée et compétitivité, Suresnes, Éditions Hommes et Techniques, 1979.

    GÉLINIER, O., Stratégie de l'entreprise et motivation des hommes, Éditions Hommes et Techniques, 1984.

    MARTORY, B., CROZET, D., Gestion des ressources humaines, Fernand Nathan éditeur, Paris, 1984.

    MILLER, R., « La stratégie d'entreprise et la gestion des ressources humaines », Relations Industrielles, vol. 40, no 1, 1985.

    PORTER, M.E., Choix stratégiques et concurrence, Paris, Economica, 1982.

    THIÉTART, R.A., La stratégie d'entreprise, McGraw-Hill, Paris, collection: Stratégie et Management, 1987.

16. BÉLANGER, L., note 14, présente une excellente synthèse de ces modèles.

17. GOSSELIN, L., La fonction personnel dans l'entreprise québecoise, aspect global et aspect particulier: les perceptions que les directeurs généraux et les directeurs de personnel s'en font, thèse présentée à l'École des gradués pour l'obtention du grade de M.A. en relations industrielles, Université Laval, 1979.

18. MEALIEA, L.W., LEE, D., « Contemporary Personnel Practices in Canadian Firms: An Empirical Evaluation », Relations industrielles, vol. 35, no 3, 1980.

19. BLOUIN, R., « Le titre réservé de CRI et la déontologie de la profession », Relations Industrielles, vol. 42, no 2, 1987, p. 309-324.

20. COUSINEAU, J.-M., « Labor Market Trends and Their Implications for PHRM Professionals in Canada », dans Dolan, S.-L., Schuler, R.-S., éditeurs, Canadian Readings in Personnel and Human Ressource Management, West Publishing, St-Paul, 1987, p. 27-37.

2

Planification

1. Un article publié en deux parties dans la revue Gestion présente les résultats d'une recherche dont l'objectif était d'étudier l'organisation des activités de planification dans les services des ressources humaines au Québec. Pour ce faire, on a expédié un questionnaire au responsable du service des ressources humaines de 180 organisations québécoises. 89 organisations ont répondu au questionnaire et de ce nombre 72 étaient activement impliquées dans des activités de planification des ressources humaines. Les résultats de l'étude sont fondés sur ce nombre. Voir GUÉRIN, G., « Organisation des activités de planification des ressources humaines dans les grandes entreprises québécoises », Revue Gestion, première partie publiée en février 1984 et deuxième partie publiée en avril 1984.

2. La compagnie pharmaceutique Upjohn a développé une série de ratios pour vérifier la relation entre le coût des ressources humaines, perçu comme un investissement, et le rendement de cet investissement pour l'organisation. Par exemples: revenu brut/nombre d'employés, revenu net/nombre d'employés, ventes/nombre d'employés, coût d'un employé/valeur ajoutée, etc. Pour plus de détails, consulter MILKOVICH, G., DYER, L., MAHONEY, T., « The State of Practice and Research in Human Resource Planning », dans S.-J. CARROLL et R.-S. SCHULER, éditeurs, Human Resource Management in the 1980s, The Bureau of National Affairs Inc., Washington D.C., 1983.

3. WALKER, J.-W., Human Resource Planning, McGraw-Hill, New-York, 1980, p. 111-118. LYNCH, J-J., Making manpower more effective: A systematic approach to personnel planning, Pan Books Ltd, 1982, p. 57. Walker propose une classification en trois catégories des données recueillies lors de l'inventaire: 1) selon les caractéristiques de la main-d'oeuvre; 2) selon les changements produits dans la main-d'oeuvre (surtout utile pour l'analyse et la prévision des mouvements internes et externes); 3) selon les changements anticipés à court terme. Lynch propose une classification pour l'organisation qui envisage de modifier sa demande de ressources humaines. Elle consiste surtout en une évaluation du potentiel de la main-d'oeuvre.

4. MARIER, C., directeur du service des ressources humaines, nous explique les objectifs et le processus d'implantation d'un SIRH chez Provigo Inc. dans un article intitulé « Human Resource Information System: The Case of Provigo » dans DOLAN, S.-L., SCHULER, R.-S., éditeurs, Canadian Readings in Personnel and Human Resource Management, West Publishing, St-Paul, 1987, p. 69-81.

5. GANNON, M.-J., Organizational Behavior, Little, Brown, Boston, 1979, p. 97.

6. Pour une étude plus exhaustive, consulter GUÉRIN, G., « Prévision de la demande de travail interne à l'entreprise », Tiré-à-part no 39, École des relations industrielles, Université de Montréal, 1980.

7. Pour plus de détails concernant ces techniques, consulter Emploi et Immigration Canada, La planification des ressources humaines dans l'entreprise, deuxième édition, 1986.

8. BURACK, E.-H., GUTTERIDGE, T.-G., « Institutional Manpower Planning: Rhetoric Versus Reality », California Management Review, vol. XX, no 3, 1978, p. 18.

9. BURACK et GUTTERIDGE citent les résultats d'une enquête Corporate Manpower Planning menée par Towers, Perrin, Forter et Crosby en 1971.

10. L'expression aptitudes, habiletés et connaissances comprend toutes les autres caractéristiques de l'individu.

11. Pour plus de détails à ce sujet, consulter le vol. 4, no 1, printemps 1984, de la revue QWL Focus, The News Journal of Ontario Quality of Working Life Centre, consacré entièrement à ce sujet.

12. Les documents suivants publiés par les grandes centrales québécoises traitent de modes d'aménagement du temps de travail qui ont pour but de gérer les surplus de main-d'oeuvre plutôt que d'effectuer des mises-à-pied systématiques:

    CEQ, « Nouvelles technologies, emploi et aménagement du temps de travail », documents numéros 5 et 5a du XXIXᵉ Congrès tenu à Montréal du 25 au 29 juin 1984.

    CEQ, « Proposition 4C sur Nouvelles technologies et aménagement du temps de travail », Montréal, juin 1984.

    CSD, « Le plein emploi », Bulletin CSD, vol. 2, no 4, décembre 1984.

    CSN, « Les puces qui piquent nos jobs », Comité de la condition féminine, Montréal, novembre 1982.

    CSN, « Réduisons notre temps de travail. Pour du travail, pour mieux vivre », Document de référence, février 1985.

    FTQ, « Du travail pour tous, du temps pour vivre », Colloque de la FTQ sur la réduction du temps de travail tenu à Montréal, mai 1983.

13. Statistique Canada, Projections de la population pour le Canada et les provinces — 1976-2001, catalogue no 91-520, Ottawa, 1979.

14. MESSIER, S., Les femmes ça compte. Profil socio-économique des Québécoises, Conseil du statut de la femme, Gouvernement du Québec, Éditeur officiel du Québec, 1984, p. 81. Pour plus de détails, consulter la Série III intitulée « Caractéristiques de l'emploi », p. 75-115.

15. Statistique Canada, données sur le recensement, catalogue no 92-220.

16. DIMICK, D., « Survey Report: The Influence of Computers on Human Resource Management in Canada », Human Resource Management in Canada, Prentice-Hall Canada Inc., septembre 1984, p. 5,251-5,280.

17. MANSELL, J.-J., RUNKIN, T., « Changing Organizations: The Quality of Working Life Process », Ontario Quality of Life Centre, occasional papers, séries no 4, septembre 1983.

18. Au sujet de la planification des carrières, consulter GUÉRIN, G., CHARETTE, A., « La planification des carrières », École des relations industrielles, Université de Montréal, Tiré-à-part no 55, 1984.

19. Le document publié par Emploi et Immigration Canada, note 7, propose aux entreprises un exercice d'auto-évaluation de la fonction gestion ressources humaines pour les aider à prendre conscience que la révolution technologique, les changements économiques et sociaux rendent nécessaire et urgent de procéder à l'élaboration d'un plan de ressources humaines.

3

Définition et analyse de postes

1. FALLU, P., « Pour recruter une main-d'oeuvre qualifiée, Bell Canada et Northern Telecom font la différence », Ressources humaines, no 12, janvier-février 1986, p. 34-36.

2. Productividées, Journal de l'Institut National de Productivité, vol. 6, no 2, juin-juillet 1985, p. 14.

3. THÉRIAULT, R., LESAGE, P.-B., BOISVERT, M., « L'absentéisme: importance, nature et remèdes », Relations Industrielles, vol. 36, no 4, 1981.

4. On peut compléter l'étude de cette section par la lecture de: HACCOUN, R., BIGNY, A.-R., BORDELEAU, Y., « Une nouvelle approche en recrutement et en gestion: la description réaliste de l'emploi (D.R.E.) », Commerce, no 9, septembre 1979, p. 54-56,58,60,62,64.

5. Classification canadienne descriptive des professions 1971 — CCDP. Ouvrage en deux tomes publié par le ministère de l'emploi et de l'immigration du Canada comprenant la classification et la description de plus de 6,700 emplois et les exigences requises pour les exercer. Le tome I est consacré à la classification et aux définitions; le tome II porte sur les normes professionnelles. L'ouvrage comporte une version française et une version anglaise. Numéro de calatogue Information Canada MP53-171-2F.

4

Recrutement et accès à l'égalité

1. DUNNETTE, M.-D., Recrutement et affectation du personnel, éditions Hommes et Techniques, Paris, 1969. Pour ceux et celles

qui veulent en savoir plus, ce livre est un classique qu'il faut lire.

2. Bureau of National Affairs, Bulletin to Management, 24 septembre 1981, p. 3

3. GIBB-CLARK, M., « CN ordered to recruit more women in landmark human-rights decision », The Globe and Mail, 23 août 1984, p. 1-2.

4. JAIN, H.-C., Human Rights: Issues in Employment, Human Resources Management in Canada, Prentice-Hall Canada, 1983, p. 50,012.

5. Pour la description de ce programme consulter WHITE, L.-J., « Equal Employment Opportunities, Challenges, and Practice for Canadian Companies: Royal Bank Experience, dans DOLAN, S.-L., SCHULER, R.-S., éditeurs, Canadian Readings in Personnel and Human Resource Management, West Publishing, St-Paul, 1987, p. 142-153 et, « Equal Employment Opportunities at the Royal Bank », entrevue avec M.-G. Bucknell, APRHQ, vol. 6, no 8-9, 1983, p. 15.

6. Pour plus de détails, consulter HASAN, A., GERA, S., Aspects of Job Search in Canada, Conseil économique du Canada, document no 156, Ottawa 1980 et Statistique Canada, Labour Force Surveys.

7. MANGUM. S., « Le service de placement de l'Agence canadienne d'emplois », Relations Industrielles, vol. 38, no 1, 1983, p. 72-94.

8. MARSHAL, A.-E., « Recruting Alumni on College Campuses », Personnel Journal, avril 1982, p. 264-266.

9. Il y a relativement peu d'études sur l'évaluation des méthodes de recrutement. Pour une revue de la littérature à ce sujet, consulter SCHWAB, D.P., « Recruiting and Organizational Participation », dans ROWLAND, K.-M. et FERRIS, G.-R., éditeurs, Personnel Management, Allyn and Bacon, Boston, 1982, p. 103-128.

10. SCHWAB, D.P., note 9.

11. HACCOUN, R., BIGNY, A.-R., BORDELEAU, Y., « Une nouvelle approche en recrutement en et gestion: la description réaliste de l'emploi (DRE) », Commerce, 81ᵉ année, no. 1, janvier 1982, p. 54-56, 58, 60, 62, 64.

12. SHEIBAR, P., « A Simple Selection System Called Job Match », Personnel Journal, janvier 1979, p. 26-29.

13. BERNIER, M.-M., Le recrutement assisté par micro-ordinateur, d'Aboville, Arnaud, Paris, Éditions d'organisation, 1985. Le livre analyse avec rigueur la demande de recrutement et les opérations pouvant être informatisées: préparation de l'action, recherche de candidats, sélection, ainsi que les précautions de mise-à-jour et de confidentialité à prendre. Un programme de suivi du recrutement complète l'ouvrage.

14. « Child Care: Larger Number, Positive Effects », Bulletin to Management, BNA, Washington DC, 25 novembre 1982, p. 7.

15. DOLAN, S.-L., « Working Mother's Absenteeism: Does Workplace Day-Care Make a Difference? » dans VREDENBOURG, D., SCHULER, R.-S., éditeurs, Effective Management Research and Applications, Proceedings of the Eastern Academy of Management, Pittsburg, 1983, p. 48-51.

16. WRIGHT, R., « Work-Site Day Care in Canada », dans Human Resource Management in Canada, Prentice-Hall Canada, 1985, p. 5,421-5,431.

17. Pour plus de détails sur l'évolution de la durée du travail, consulter CHRÉTIEN, L., L'emploi et la durée du travail: une analyse des ajustements de marché, du comportement des agents socio-économiques et des politiques publiques, thèse de maîtrise en relations industrielles, Université Laval, 1986, p. 167-169.

18. GOLEMIEWSKI, R.-T., HILLS, R.-J., « Drug Company Workers Like New Schedules », Monthly Labor Review, no 100, 1977, p. 65-69 et GOLEMIEWSKI, R.-T., HILLS, R., KAGNA, M.-S., « A Longitudinal Study of Flextime Effects: Some Consequences of an OD Structural Intervention », Journal of Applied Behavioral Sciences, no 4, 1974, p. 503-532.

19. CROWDER, R.-H., Jr., « The Four-Day, Ten-Hour Workweek », Personnel Journal, janvier 1982, p. 26-28. DUNHAM, R.-B., PIERCE, J.-L., « The Design and Evaluation of Alternative Work Schedules », Personnel Administrator, avril 1983, p. 67-75.

20. The Toronto Transit Commission, The Variable Work Hours Book, 1981.

21. The Gazette, lundi le 8 juillet 1985, Montréal.

22. Financial Post, le 3 août 1985.

23. WALLACE, J., « Highlight from a Survey of Part-time Employment in Federally Regulated Industries », Human Resources Management in Canada, Prentice-Hall, Canada, mai 1986, p. 15,531-15,535.

5

Sélection, placement et accès à l'égalité

1. Pour une description des résultats des calculs des coûts et des bénéfices, consulter SCHMIDT, F.-L., HUNTER, J.-E., « Research Findings in Personnel Selection: Myths Meet Realities in the 1980s », Public Personnel Administration: Policies and Procedures for Personnel, Prentice-Hall, New York, 1981. Voir aussi SCHMIDT, F.-L., HUNTER, J.-E., PEARLMAN, K., « Assessing the Economic Impact of Personnel Programs on Productivity », Personnel Psychology, été 1982, p. 238-348.

2. JAIN, H.-C., « Human Rights: Issues in Employment », Human Resources Management in Canada, Prentice-Hall, Canada, 1983, p. 50,001-50,140.

3. Cet historique est extrait d'un texte publié par le Département des affaires publiques de la Commission de l'Emploi et de l'Immigration du Canada. PHILLIPS, D.-R., Equity in the Labour Market: The Potential of Affirmative Action, 1983. Reproduit avec la permission du ministère des Approvisionnements et Services Canada.

4. Pour plus de détails consulter, SCOTT, P., « Equality in Employment: A Royal Commission Report », Current Readings in Race Relations, vol. 2, no. 4, hiver 1984-1985.

5. SCHEAFFER, R.-G., « Nondiscrimination in Employment and Beyond », The Conference Board, 1980.

6. SLOVICK, J. et al., « Native Employment Programs of Amok Ltd., Syncrude Canada, Eldorado Nuclear Ltd., » Commission de l'Emploi et Immigration Canada, 1980.

7. KINSELLA, N., « A Renewed Federal Contracts Program: An Instrument for Progressive Affirmative Action », Canada Employment & Immigration Commission, 1979, p. 3

8. JAIN, H., note 2, p. 50,023.

9. PHILLIPS, D.-R., note 3, p. 65.

10. JAIN, H., note 2, p. 50,029.

11. CASCIO, W.-F., « Turnover, biographical data, and fair employment practice », Journal of Applied Psychology, no. 61, 1976, p. 576-580.

12. MUCHINSKY, P.-M., Psychology Applied to Work, The Dorsey Press, Homewood, IL, 1983, p. 124.

13. MILKOVICH, G.-T., GLUECK, W.-F., Personnel: Human Resource Management (A Diagnostic Approach), 4th ed., Business Publications, Inc., Plano, TX, 1985, p. 301. Pour obtenir plus de détails sur les données biographiques, consulter OWENS, W.-A., « Background Data », dans M.-D. Dunnette, éditeur, Handbook of Industrial and Organizational Psychology, John Wiley & Sons, NY, 1983, p. 609-649.

14. JAIN, H., note 2, p. 50,033.

15. DELAND, R., « Recruitment: Reference Checking Methods », Personnel Journal, juin 1983, p. 460.

16. Pour une bonne discussion sur l'entrevue de sélection, consulter ARVEY, R.-D., CAMPION, J.-E., « The Employment Interview: A Summary and Review of Recent Literature », Personnel Psychology, no 35, 1982, p. 281-322 et BARNABÉ, C., L'entrevue de sélection, Les Éditions Agence d'Arc Inc., Montréal, 1982. Dans ce livre, l'auteur aborde surtout les aspects suivants de l'entrevue de sélection: Quelle est la meilleure façon de débuter et de terminer une entrevue?, Comment un intervieweur peut-il être plus objectif?, Quelles sont les stratégies et les tactiques qui peuvent être utilisées en entrevue? L'auteur discute également des façons de conduire une entrevue avec toutes les préparations et encadrement qu'on doit lui réserver ainsi que les problèmes reliés à la conduite d'une entrevue de sélection.

17. BARNABÉ, C., note 16, p.69-91. Voir aussi DOLAN, S.-L., ROCHON, D., « Clinical and Mechanical Decision Processes During the Selection Interview: Impact on Reliability », dans

LAROCQUE, A., BORDELEAU, Y., BOULARD, R., FABI, B., LAROUCHE, C., RONDEAU, A., éditeurs, Psychologie du travail et nouveaux milieux de travail, Les Presses de l'Université du Québec, Montréal, 1987, p. 481-489.

18. MAYFIELD, E.-C., BROWN, S.-H., HAMSTRA, B.-W., « Selection Interview in the Life Insurance Industry: An Update of Research and Practice », Personnel Psychology, 1980, no 33, p. 725-740.

19. HATFIELD, J.-D., GATEWOOD, R.-D., « Nonverbal Cues in the Selection Interview », Personnel Administrator, janvier 1978, p. 35.

20. Consulter ALBRIGHT, L.-E., « Staffing Issues », dans CARROLL, S.-J. et SCHULER, R.-S., éditeurs, Human Resource Management in the 1980s, Bureau of National Affairs, Washington, DC., 1983 et SCHMIDT, F.-L., et HUNTER, J.-E., note 1, sur l'utilisation des tests.

21. Estimation effectuée par Gestion MDS Inc., bureau de consultation en gestion opérant à Montréal.

22. TEFFT, M., « Why More Firms Rely on Psychological Tests », Financial Post, 12 décembre 1981. DEWEY, M., « Employers Take Hard Look at the Validity and Value of Psychological Screening », The Globe & Mail, 7 février 1981, p. 81.

23. COHEN, S.-L., « Pre-Packaged vs Tailor-Made: The Assessment Center Debate », Personnel Journal, décembre 1980, p. 989-995. NICHOLS, C., HUDSON, J., « Dual-Role Assessment Center: Selection and Development », Personnel Journal, mai 1981, p. 350-386. PARKER, T.-C., « Assessment Center Technique », Personnel Administrator, février 1980, no 62, p. 44-46.

24. Human Resources Management in Canada, Prentice-Hall Canada Inc., Bulletin no 31, p. 4.

25. « Personal Business », Business Week, 27 juillet 1981. p. 85-86. DOLAN, S.-L., BANNISTER, B., « Emerging Issues in Employment Testing », dans LAROCQUE A., et al., éditeurs, note 17, p. 490-499.

26. JAIN, H., note 2, p. 25,043.

27. MATHIS, R.-L., JACKSON, J.-M., Personnel-Human Resource Management, 4th ed., West Publishing Co., St-Paul, 1985, p. 249. DOLAN, S.-L., BANNISTER, B., note 25.

6

Sélection, placement et décisions concernant l'affectation et la socialisation des ressources humaines

1. SWEENEY, H.-J., TEEL, K.-S., « A New Look at Promotion from Within », Personnel Journal, août 1979, p. 532.

2. MUCHINSKY, P.-M., Psychology Applied to Work, The Dorsey Press, Homewood, Illinois, 2e édition, 1987, p. 121.

3. Par exemple, consulter NIE, N.-H., HULL, C.-H., JENKINS, J.-G., STEINBRENNER, K., BRENT, D.-H., Statistical Package for the Social Sciences, McGraw-Hill, New York, 1985.

4. DOLAN, S.-L., ROY, D., « La sélection des cadres », Monographie no 11, École des relations industrielles, Université de Montréal, 1980, chapitre 5.

5. D'autres caractéristiques influencent la validité empirique du prédicteur et du critère mais nous nous en tiendrons à la pertinence et à l'importance pour simplifier l'analyse. Pour plus de détails consulter SCHMITT, N., SCHNEIDER, B., « Current Issues in Personnel Selection », dans ROWAND, K.-N., FERRIS, G.-R., éditeurs, Research in Personnel and Human Resource Management, JAI Press, Greenwich, CT, 1983.

6. Lorsqu'on démontre la relation entre le prédicteur et le poste en la mettant en évidence avec des postes similaires, on parle de validité de généralisation.

7. Pour une excellente discussion de ces variables consulter ARVEY, R.-D., Fairness in Selecting Employees, Addison-Wesley, Reading, MA, 1979, p. 35-37.

8. Pour une analyse plus détaillée de l'utilité de différents processus de sélection et de placement consulter, DUNNETTE, M.-D., Personnel Selection and Placement, Brooks/Cole, Monterey, CA, 1966, p. 174-175 et CASCIO, W.-F., SILBEY, V.,

« Utility of the Assessment Center as a Selection Device », Journal of Applied Psychology, 1979, p. 107-118.

9. WANOUS, J.-P., Organizational Entry, Addison-Wesley, Reading, MA, 1980, p. 167-197. Voir aussi HALL, D.-T., GOODALE, J.-G., Human Resource Management: Strategy, Design and Implementation, Scott, Foresman & Company, Glenview, Illinois, 1986, chapitre 10.

10. GOMERSALL, E.-R., MYERS, M.-S., « Breakthrough in On-the-Job Training », Harvard Business Review, juillet-août, 1966, p. 64.

11. GOMERSALL, E.-R., et al., note 10. Voir aussi JOHNSON T.-W., GRAEN, G., « Organizational Assimilation and Role Rejection », Organizational Behavior and Human Performance, no 8, 1973, p. 72-87 et LUBLINER, M., « Employee Orientation », Personnel Journal, April 1978, p. 207-208.

12. WANOUS, J.-P., note 9.

13. HALL, D.-T., GOODALE, J.-G., note 9.

14. « Chez VIA-Rail », Formation et Emploi, mai-juin, 1985, p. 14-16.

7

Évaluation du rendement: collecte des données

1. MIKALACHKIKI, A., GANDZ, J., Managing Absenteeism, School of Business Administration, University of Western Ontario, London, Ontario, 1982.

2. « Absenteeism Costs Bank $18 Million a Year: Survey », First Bank News, février 1983, p. 2.

3. SCHWIND, H.-F., « Performance Appraisal: The State of the Art », dans DOLAN, S.-L., SCHULER, R.-S., éditeurs, Canadian Readings in Personnel and Human Resource Management, West Publishing Co., St-Paul, 1987.

4. Les exemples sont tirés de The Employment Law Report, vol. 6, no 6, juin 1985, p. 45-46.

5. MUCHINSKY, P.-M., Psychology Applied to Work, The Dorsey Press, Homewood, Illinois, 1983, p. 257.

6. PINSKER, S., « The Written About and Those Who Write », Business, avril-juin 1983, p. 54.

7. CARROLL, S.-J., SCHNEIER, C.-E., Performance Appraisal and Review (PAR) Systems, Scott-Foresman, Glenview, Illinois, 1982. Les auteurs précisent que 60% des entreprises utilisent la DPO pour évaluer leurs gestionnaires.

8. CARROLL, S.-J., SCHNEIER, C.-E., note 7, p. 205. CASCIO, W.-F., SILBEY, V., « Utility of the Assessment Center as a Selection Device », Journal of Applied Psychology, 1979, no. 64, p. 107-118.

9. GIBSON, J.-L., IVANCEVICH, J.-J., DONNELLY, J.-M., Organizations: Behavior, Structure, Processes, 5e édition, Business Publications, Dallas, Texas, 1985, p. 614.

10. CUMMINGS, L.-L., SCHWAB, D.-P., Performance in Organizations: Determinants and Appraisal, Foresman & Company, Glenview, Illinois, 1973, p. 106.

8

Évaluation du rendement: utilisation des données

1. MEYER, H.-H., KAY, E., FRENCH, J.-R.-P., jr., « Split Roles in Performance Appraisal », Harvard Business Review, janvier-février, 1965, p. 125.

2. BEER, M., « Performance Appraisal: Dilemmas and Possibilities », Organizational Dynamics, vol. 26, hiver 1981, p. 34-35.

3. BULA, R.-J., « Absenteeism Control », Personnel Journal, juin 1984, p. 57-60 et JOHNS, G., « Understanding and Managing Absence from Work », dans DOLAN, S.-L., SCHULER, R.-S., Canadian Readings in Personnel and Human Resource Management, West Publishing Co., St-Paul, 1987, p. 324-336.

4. KUZMITS, F.-E., « No Fault: A New Strategy for Absenteeism Control », Personnel Journal, mai 1981, p. 387-390 et MCDONALD, J.-M., « What is Your Absenteeism I.Q.? » Personnel, mai-juin, 1980, p. 33-37.

5. Pour une bonne discussion de la discipline dans l'organisation consulter, ARVEY, R.-D., IVANCEVICH, J.-M., « A Punishment in Organizations: A Review, Propositions and Research Suggestions », Academy of Management Review, 1980, vol. 5, p. 123-132.
6. JOHNS, G., « Did You Go to Work Today? » Montréal Business Report, quatrième trimestre, 1980, p. 52-56 et JOHNS, G., note 3.
7. « Rapport Spécial — Statistiques sur l'Alcool », ministère de la Santé et du Bien-être et ministère des Approvisionnements et Services Canada, 1981, p. 22.
8. La Presse, 2 août 1985, p. A4.
9. CÔTÉ-DESBIOLLES, L., LEWIS, N., « L'alcoolisme et les autres toxicomanies en milieu de travail », Le marché du travail, vol. 7, no 4, avril 1986, p. 74-78.
10. GOSSELIN, J., « Moyens d'actions: Alcoolisme et productivité », Ressources Humaines, no 16, octobre 1986, p. 45-47.
11. Ministère de la Santé et du Bien-être, note 7.
12. WHEELER, D., « Employee Assistance Programs », dans Human Resources Management in Canada, Prentice-Hall Canada Inc., 1983, p. 5093-5097. Centre des dirigeants d'entreprises (CDE), Alcoolisme et toxicomanies, un guide d'intervention efficace pour le dirigeant d'entreprise, Montréal, 1985.
13. Canadian Mental Health Association, Mental Health and the Workplace — An Agenda for the 1980,s, National Office, Toronto, 1983. Pour plus d'informations sur le stress, l'absentéisme et le rendement, voir ARSENAULT, A., DOLAN, S.-L., « The Role of Personality Occupation and Organization in Understanding the Relationship between Job Stress, Performance and Absenteeism », Journal of Occupational Psychology, 1983, vol. 50, p. 227-240.

9

Rémunération globale

1. « Employee Benefits: 1981 », Bulletin to Management, 9 décembre 1982, p. 3-4.
2. TOMASKO, R.-M., « Focusing Company Reward Systems to Help Achieve Business Objectives », Management Review, octobre 1982, p. 8-9.
3. MERCIER, J., « Effets du salaire minimum sur l'emploi », Relations Industrielles, vol. 42, no 4, 1987, p. 806-830. L'auteur présente une revue des études économétriques des effets du salaire minimum et un bilan des résultats des études canadiennes et québécoises sur le sujet. Il se réfère aussi à l'occasion à la littérature empirique américaine.
4. « Les femmes poursuivent leur mouvement de rattrapage salarial », Le Devoir, 22 décembre 1987, p. 2.
5. Le Devoir, note 5.
6. Cas cité dans WERTHER, W.-F., Jr., DAVIS, K., SCHWIND, H., DAS, H., MINER, F.-C., Canadian Personnel Management and Human Resources, 2e édition, McGraw-Hill Ryerson Ltd., Toronto, p. 343.
7. « Beatrice Harwatiuk vs Pasqua Hospital », Canadian Human Rights Report, vol. 4, décision 73a, D/1177-1181, 1983.
8. THÉRIAULT, R., Gestion de la rémunération: politiques et pratiques efficaces et équitables, Gaétan Morin, éditeur, Chicoutimi, 1983, p. 123.
9. « An Approach to Bias-Free Job Evaluation Procedures », Office of the Deputy Premier, Ontario Women's Directorate (sans date).
10. PELLETIER, R., « Évaluer l'emploi oui, pas la façon de s'en acquitter », Multi-Services Professionnels (M.S.P.) Inc., Montréal, 1986.
11. Thorne, Stevenson & Kellogg Salary Surveys, 1984.
12. GREENE, R.-J., « Which Pay Delivery System is Best for Your Organization? », Personnel, mai-juin 1981, p. 51-58. Voir aussi air Employment Practives Guidelines, vol. 18, no 9, 1980, p. 7-8.
13. DYER, L., SCHWAB, D.-P., THÉRIAULT, R., « Managerial Perceptions Regarding Salary Increases Criteria », Personnel Psychology, vol. 29, no 2, 1976, p. 232-242.

14. ZIPPO, M., « Roundup », Personnel, septembre-octobre 1980, p. 43-45.
15. « Executive Pay: The Top Earners », Business Week, 7 mai 1984, p. 88-108 et MARKOWITZ, H., Rapport non publié, Business Psychology Inc., 1985.

10

Rémunération au rendement

1. HUSEMAN, R.-C., HATFIELD, J.-D., DRIVER, R.-W., « Getting Your Benefit Programs Understood and Appreciated », Personnel Journal, octobre 1978, p. 562. YUKICH, K., « Benefits Communications: Beyond the Booklet », Benefits Canada, septembre 1985, p. 33-38.
2. BELCHER, D.-W., Compensation Administration, Prentice-Hall, Englewood Cliffs, NJ, 1974, p. 376.
3. Annual Survey on Compensation Trends, Conference Board of Canada, 1985.
4. CASCIO, W.-F., Managing Human Resources: Productivity, Quality of Work, Life, Profits, McGraw-Hill Book Co., New York, 1986, p. 412-413.
5. Pour les données américaines consulter BERGERSON, A.-W., « Employee Suggestion Plan Still Going Strong at Kodak », Supervisory Magazine, mai 1977, p. 32-33. Pour le Canada, voir CARR, W., « Communicating with ESP », « Current Matters/New Ideas », Human Resources Management in Canada, Prentice-Hall Inc., 1985, p. 5,342 et pour IBM, Courants, Magazine des cadres et des spécialistes d'Hydro-Québec, no 2, mars 1986, p. 28.
6. SAVAGE, J., « Incentive Programs at Nucor Corporation Boost Productivity », Personnel Administrator, août 1981, p. 33-36, 49.
7. « The Compensation Special Report », Canadian Business, avril 1985, p. 48-57. Concernant la participation aux bénéfices, consulter NIGHTINGALE, D., « Profit Sharing: New Nectar for the Worker Bees », [The Canadian Business Review, vol. II, no. 1, 1984, p. 11-14.
8. NIGHTINGALE, D., note 7.
9. METZGER, B.-L., Profit Sharing in Perspective, deuxième édition, Profit Sharing Research Foundation, Evanston, IL, 1966.
10. « A fairer share of the wealth: Steelmaker IPSCO shows its employees how the capitalist system work — for them », « A Compensation Special », Canadian Business, avril 1985, p. 55.
11. WERTHER Jr., W.-B. et al., Canadian Personnel and Human Resource Management, deuxième édition, McGraw-Hill Ryerson, 1985, p. 350.
12. BARKIN, S., « Labor's Attitude Toward Wage Incentive Plans », Industrial and Labor Relations Review, juillet 1984, p. 553-572.
13. LAWLER III, E.-E., Pay and Organizational Development, Addison-Wesley, Reading, MA, 1981, p. 110.

11

Avantages sociaux

1. WALLACE, J., McPHERSON D., « Optimizing Benefits: The Third Wave in Employee Benefits », Human Resources Management in Canada, décembre 1984, p. 5,327-5,328, Prentice-Hall Canada Inc., Toronto, 1986.
2. THÉRIAULT, R., Gestion de la rémunération: politiques et pratiques efficaces et équitables, Gaétan Morin, éditeur, Chitoutimi, 1983, p. 447. L'auteur aborde aux chapitres 13 et 14 de ce volume une revue des différents régimes d'avantages sociaux et de leur gestion.
3. SULLIVAN, J.-F., « Indirect Compensation: The Years Ahead », California Management Review, Winter 1972, p. 65-76. HENDERSON, R.-I., « Designing a Reward System for Today's Employee », Business, juillet-septembre 1982, p. 2-12.
4. THORNE, STEVENSON, KELLOGG, « Employee Benefit Costs in Canada », Annuel Surveys from 1964-1984.
5. HUSEMAN, R.-C., HATFIELD, J.-D., DRIVER, R.-W., « Getting Your Benefit Programs Understood and Appreciated »,

Personnel Journal, octobre 1968, p. 562. YUKICH, K., « Benefits Communications: Beyond the Booklet », Benefits Canada, septembre 1985, p. 33-38.

6. WERTHER, W.-B. et al., Canadian Personnel Management and Human Resources, 2ᵉ édition, McGraw-Hill Ryerson, Toronto, 1985, p. 361.

7. THORNE, STEVENSON, KELLOGG, note 4, p. 20.

8. WALLACE, J.-T., McPHERSON, D.-L., « Employment Benefit Plans », Human Resources Management in Canada, Prentice-Hall Canada Inc., Toronto, 1986, p. 450041-45,042.

9. WALLACE, J.-T. et al., note 8, p. 45,041.

10. Voir la note en début de chapitre et FINLAYSON, A., « The Lure of Early Retirement », Maclean's, février 1985, p. 40-42.

11. Benefits and Working Conditions, vol. 1, Pay Research Bureau, Ottawa, Public Service Staff Relations Board, janvier 1980.

12. THORNE, STEVENSON, KELLOGG, note 4, p. 13.

13. WALLACE, J.-T., McPHERSON, D.-L., note 8, p. 45,70.

14. Pour plus de détails concernant l'évolution de la rémunération du temps chômé dans les conventions collectives, consulter Le marché du travail, vol. 7, no 1, janvier 1986.

15. GALLOUET, G., « Telex de Tokyo », MBA — Le magazine du gestionnaire, vol. XII. no 5, décembre 1986, p. 14.

16. « A Compensation Special », Canadian Business, avril 1985, p. 57.

17. YUKICH, K., note 5, p. 35.

12

Formation et perfectionnement

1. LAFRENIERE, J., « IBM, un chef de file qui se préoccupe de ses produits et encore davantage de son personnel », Formation et Emploi, février-mars, vol. 1, no 8, 1985, p. 10.

2. Le lecteur intéressé à approfondir ses connaissances dans ce domaine doit lire LAROUCHE, V., Formation et perfectionnement en milieu organisationnel, Les Éditions JCL, Inc., collection universitaire, Québec, 1984.

3. CRONSHAW, S.-F., « Future Directions for Personnel Psychology in Canada », Canadian Psychology, 1986, p. 18.

4. PHILLIPS, R.-D., « Affirmative Action as an Effective Labour Market Planning Tool of the 1980's », Technical Study, no 29, Approvisionnements et Services Canada, 1981, p. 59.

5. ADAMS, R., « An Overview of Training and Development in Canada » dans DOLAN, S.-L., SCHULER, R.-S., éditeurs, Canadian Readings in Personnel and Human Resource Management, West Publishing Co., St-Paul, 1987, p.279-289.

6. ADAMS, R., note 5.

7. Recommandation de la Commission royale sur l'union économique et les perspectives de développement du Canada, Rapport, Volume deux, ministre des Approvisionnements et Services Canada, 1985, p. 846.

8. SIEGEL, S.-R., « Improving the Effectiveness of Management Development Programs », Personnel Journal, octobre 1981, p. 770-773.

9. CAREY, S., « These Days More Managers Play Games, Some Made in Japan, as a Part of Training », The Wall Street Journal, 7 octobre 1982, p. 35.

10. LAROUCHE, V., note 2, p. 176-180 présente un excellent résumé de l'évaluation du « T-Group ».

11. HOUSE, R.-J.,, « Experiential Learning: A Social Learning Theory Analysis », dans FREEDMAN, R.-D., COOPER, C.-L., STUMPF, S.-A., éditeurs, Management Education, John Wiley & Sons, Ltd., London, 1982, p. 9-10.

12. TAYLOR, J.-W., « Ten Serious Mistakes in Management Training Development », Personnel Journal, mai 1974, p. 357-362.

13. RAJSIC, R., « Organized Learning: Training That Pays », FHuman Resources Management in Canada, Prentice-Hall Canada Inc., octobre 1985, p. 5,434.

14. HUSE, E.-F., CUMMINGS, T.-G., Organization Development and Change, troisième édition, West Publishing Co., St-Paul, 1985, p. 383.

15. GODIN, J., LELOUARN, J.-Y., « Les mentors ont-ils un effet sur la progression de carrière », Relations Industrielles, vol. 41, no 3, 1986, p. 506.

16. KRAM, K.-F., « Phases of the Mentor Relationship », Academy of Management Journal, décembre 1983, no 26, p. 605-625.

17. LEVINE, H.-Z., « Consensus », Personnel, novembre-décembre, 1983, p. 4.

18. HALL, D.-T., GOODALE, J.-G., Human Resource Management, Scott, Foresman, Glenview, IL, 1986, chapitre 14.

19. HALL, D.-T. et al., note 18, p. 390-391.

20. HALL, T.-D., Careers in Organizations, Goodyear Publishing, Pacific Palisages, CA, 1976, p. 11-13.

13

Qualité de vie au travail et productivité

1. Une brochure publiée par le Bureau de recherche sur la rémunération définit clairement le concept de productivité, explique les modes de calcul et discerne les utilisations qu'on peut en faire. Bureau de recherche sur la rémunération, Les indicateurs globaux de la productivité — Méthodologie et statistiques, Conseil du Trésor, Gouvernement du Québec, 1982.

2. BERGERON, J.L., « La qualité de vie au travail: de quoi parle-t-on exactement? », Commerce, no 1, janvier 1982. L'auteur définit la qualité de vie au travail comme l'application concrète d'une philosophie humaniste, par l'introduction de méthodes participatives, visant à modifier un ou plusieurs aspects du milieu de travail, afin de créer une situation nouvelle, plus favorable à la satisfaction des employés de l'entreprise. Cette définition est intéressante car elle fait intervenir la notion de changement.

3. Dorénavant nous utiliserons dans le texte l'expression QVT.

4. Le lecteur intéressé à comprendre comment certains des éléments du stress et de la créativité peuvent aussi être propres à la QVT sont invités à consulter TURCOTTE, P.-R., La qualité de vie au travail: anti-stress et créativité, Les Éditions Agence d'Arc Inc. et les Éditions Organisation, Montréal-Paris, 1982.

5. DENIS, R., « La qualité de vie au travail et la productivité », Commerce, no 10, 1981, p. 104, 106, 108, 110, 112, 114, 116. Dans cet article, l'auteur fait ressortir l'interrelation entre la QVT et la productivité en brossant un panorama de projets de QVT menés au Québec.

6. LIMOGES, J., « La qualité de vie au travail dans les années 1980: une idée qui gagne de plus en plus d'adeptes », Journal du Travail, vol. 3, no 1, avril 1981, p. 4-5.

7. Dans un article intitulé « The Desire for Workers' Participation — Conflicting Forcers in the Workplace » A. Bar-Haim vérifie l'hypothèse selon laquelle le désir de participation des individus se manifeste lorsqu'il y a insatisfaction au travail, Relations Industrielles, vol. 39, no 2, 1984, p. 301-312.

8. En 1981, Travail Canada publiait un document intitulé La qualité de vie au travail — S'adapter à un monde en pleine évolution — Choix de textes sur la qualité de vie au travail. Ce document constitue encore un bon point de départ pour ceux et celles qui veulent s'initier à la QVT. Les auteurs examinent entre autres, l'évolution sociale et ses effets sur le milieu de travail, les principes, l'application et la diffucion de la QVT et les défis que le mouvement doit relever.

9. KOLODNY, H.-F., « Canadian Experience in Innovative Approaches to High Commitment Work Systems », dans DOLAN, S.-L., SCHULER, R.-S., éditeurs, Canadian Readings in Personnel and Human Resource Management, West Publishing, St-Paul, 1987, p. 313-323. L'auteur discute des nouvelles formes d'organisation du travail expérimentées au Canada et qui visent à augmenter la QVT

10. Institut national de productivité, Rapport d'activité 1980-1981, Rapports annuel 1981-1982, 1982-1983, 1983-1984, 1984-1985.

11. JOHNSTON, C.-P, ALEXANDER, M., ROBIN, J., La qualité de la vie au travail — L'idée et son application, Travail Canada, 1978. Les auteurs proposent une démarche à suivre dans l'application d'un programme de QVT que les organisations peuvent modifier en fonction de leurs besoins, dépendamment du fait que le programme qu'elles veulent instaurer nécessite des changements mineurs ou radicaux.

12. Pour connaître des expériences québécoises d'amélioration de la QVT et de la productivité qui se sont inspirées de ces appro-

ches, consulter BOISVERT, M., La qualité de vie au travail: regard sur l'expérience québécoise, Montréal, Éditions Agence D'Arc, 1981 et BERGERON, J.-L., « Huit entreprises de Granby vivent une expérience enrichissante », Journal du Travail, no 1, février 1984, p. 8.

13. RODDICK, P., »Work Improvment Plan at Air Canada«, Quality of Working Life: The Canadian Scene, vol. 1, automne 1978, p. 2.

14. PELLETIER, P., « Semi-Autonomous and Autonomous Production Groups », Quality of Working Life: The Canadian Scene, vol. 3, no 1, 1980, p. 22-25.

15. Le lecteur intéressé aux détails de l'aventure Tricofil peut consulter BOUCHER, P.-A., Tricofil tel que vécu!, en collaboration avec J.-L. Martel et le Centre de gestion des coopératives des H.E.C., Éditions C.I.R.I.E.C., Montréal, 1982.

16. MROCZKOWSKI, T., dans un article intitulé « Theory Z: Myths, Realities and Alternatives », Relations Industrielles, vol. 38, no 2, p. 297-318, discute des difficultés d'adaptation de la Théorie Z à une autre culture et des conditions qui doivent la précéder pour qu'elle s'implante avec quelques chances de succès.

17. JAEGER, A.-M., « Applicability of Theory Z in Canada: Implications for the Human Resource Function » dans DOLAN, S.-L., SCHULER, R.S., éditeurs, voir note 9, p. 438-443. L'auteur discute des possibilités et des difficultés d'application de la Théorie Z au Canada et des conséquences pour une saine gestion des ressources humaines.

18. En 1984, au Canada, le taux de syndicalisation est de 67% dans l'administration publique; 39% dans le secteur de la construction; 60% dans le secteur des transports; 45% dans le secteur manufacturier; 37% dans le secteur de l'exploitation forestière; 33% dans le secteur des mines; 38% dans les services; 13% dans le secteur du commerce extérieur et 9% dans le secteur des finances, Travail Canada, Le climat syndical au Canada, 1987, p. 5.

19. Pour une information complète consulter E. INNES, R.L. PERRY, and J. LYON, 100 Best Companies to Work for in Canada, Collins, Toronto, 1986.

20. BABA, V.V., KNOOP, R., « Organizational Commitment and Independence Among Canadian Managers », Relations Industrielles, vol. 42, no 2, 1987, p. 325-344. Dans cet article, les auteurs étudient les facteurs d'appartenance à l'organisation et d'indépendance parmi les cadres canadiens.

21. KOTKIN, J., KISHIMOTA, Y., « Theory F », The Magazine Inc, avril 1986, p. 53-60.

22. WESTLEY, W.-A., Qualité de vie au travail — Le rôle du surveillant, Travail Canada, février 1981. Cette étude porte sur le rôle du contremaître ou surveillant face aux programmes sociotechniques. L'auteur discute de l'importance de leur rôle comme gage de succès des programmes et de la réorientation de leur rôle.

23. CHADWICK, M., CLARK, F., « Planification d'une nouvelle implantation chez CSP Foods », dans La qualité de vie au travail, Collection « Étude de cas », Travail Canada, 1984. Dans cette étude, les auteurs décrivent et analysent le processus d'implantation d'un programme de QVT de type socio-technique à la compagnie CSP Foods. On aborde l'historique de la compagnie, la culture organisationnelle, la préparation du terrain, la mise en exploitation et l'implantation des différents éléments (recrutement, sélection, rémumération, formation) du programme de QVT et finalement, l'évaluation de l'efficacité du programme.

24. LAROUCHE, V., « La mobilisation des ressources humaines — orientations récentes » dans La mobilisation des ressources humaines — tendances et impact, Département des relations Industrielles de l'Université Laval, Les Presses de l'Université Laval, Québec, 1986, p. 31-51. Dans cet article, l'auteur présente une brève analyse des contraintes et orientations récentes qui caractérisent l'entreprise. L'analyse amène l'auteur à constater que les ressources humaines en milieu organisationnel prennent de l'importance et que les gestionnaires veulent les utiliser avec le maximum d'efficacité.

25. MAGUN, S., « The Effects of Technological Changes on the Labour Market in Canada, Relations Industrielles, vol. 40, no 4, 1985, p. 720-746. L'auteur analyse l'impact des changements technologiques sur le marché du travail au Canada; plus pré-

cisément les effets sur l'emploi par industrie, professions ou métiers.

26. Pour plus de détails consulter ONDRACK, D.-A., EVANS, M.-G., Qualité de vie au travail — Évaluation et mesure, Travail Canada, janvier 1981.

14

Santé et sécurité au travail

1. At the Centre, Canadian Centre for Occupational Health and Safety, Hamilton, Ontario, vol. VIII, no 1, mars 1985, p. 7.

2. Discours prononcé par le ministre fédéral du Travail, Monsieur Bill McKnight, le 6 février 1985.

3. LEWYCKY, P., « The Workplace Injuries Becoming More Severe? » At the Centre, Canadian Centre for Occupational Health and Safety, Hamilton, Ontario, vol. VII, no 2, juillet l985, p. 11.

4. Rapport spécial — Statistiques sur l'alcool, ministère de la Santé du Canada et ministère des Approvisionnements et Services Canada, 1981.

5. ATHERLEY, G., « Occupational Health and Safety: Acts, Actors, and Actions », dans DOLAN, S.-L., et SCHULER, R.-S., éditeurs, Canadian Readings in Personnel and Human Resource Management, West Publishing Co., St-Paul, 1987, p. 389-399.

6. ATHERLEY, G., note 5.

7. PONTAUT, A., Santé et Sécurité, Boréal Express, 1985. L'auteur présente un bilan du régime québécois de santé et de sécurité au travail, 1885-1985.

8. Pour une bonne synthèse du contexte québécois en matière de santé et sécurité du travail, consulter BÉLANGER, R., La santé et la sécurité au travail, Bureau des Services Extérieurs, Faculté des sciences de l'administration, Université Laval, 1988.

9. Pour plus d'informations sur ces trois composantes, consulter ATHERLEY, G., « The Right to Know: Challenge and Opportunity », (« Current Matter — New Ideas »), Human Resources Management in Canada, février 1986, p. 5,470-5476.

10. At the Centre, Canadian Centre for Occupational Health and Safety, Hamilton, Ontario, vol. VIII, no 2, juillet 1985, p. 13.

11. BRYCE, G.-K., MANGA, P., « The Effectiveness of Health and Safety Committees », Relations Industrielles, vol. 40, no 2, 1985, p. 257-283.

12. RINEFORD, F.-C., « A New Look at Occupational Safety », Personnel Administrator, novembre 1977, p. 29-36.

13. MATTHEWMAN, W., « Title VII and Genetic Testing: Can Your Genes Screen You Out of A job? Harvard Law Review, vol. 27, 1984, p. 1185-1220.

14. SHOSTAK, A.-B., Blue Collar Stress, Addison-Wesley, Reading, MA, 1980.

15. TAYLOR, H.-M., « Occupational Health Management-by-Objectives », Personnel, janvier-février, 1980, p. 58-64 et GLICKEN, « Managing a Crisis Intervention Program », Personnel Journal, avril 1982, p. 292-296.

16. « Editor to Reader », Personnel Journal, juillet 1981, p. 514-520.

17. FALCONER, N.-E., HORNICK, J.-P., Attack on Burnout: The Importance of Early Training, Children's Aid Society of Metropolitain Toronto, 1983.

18. SHEPARD, R.-J., COX, M., COREY, P., « Fitness Program Participation: Its Effect on Worker Performances », Journal of Occupational Medicine, 1981, vol. 23, p. 359-363 et COX, M., SHEPARD, R.-J., « Influence on an Employee Fitness Program upon Fitness, Productivity and Absenteeism », Ergonomics, 1981, vol. 24, p. 795-806.

15

Droits des employés

1. L. Desrosiers c. Transport Clark Inc., décision citée dans Arbitration Service Reporter, mars 1986, vol. 10, no 3, p. 2-3.

2. « Report on the Law », Bulletin no 24, février 1985, Prentice-Hall Canada, p.3.

3. Commission des normes du travail et Commission des droits et libertés de la personne, Le harcèlement fondé sur le sexe et la Charte des droits et libertés de la personne, Montréal, 1981. JAIN, C., « Le harcèlement sexuel en milieu de travail: problèmes et politiques », Relations industrielles, vol. 41, no 4, 1986, p. 758 à 777.
4. Commission des normes du travail, Revue de la législation québecoise relative aux recours à l'encontre d'un congédiement, 1984.
5. D'AOUST, C., LECLERC, L., TRUDEAU, G., « La jurisprudence arbitrale québécoise en matière de congédiement », Monographie, École des relations industrielles, Université de Montréal, 1982.
6. TRUDEAU, G., « Employee Rights vs Management Rights: Some Reflections Regarding Dismissals », dans DOLAN, S.-L., SCHULER, R.-S., Canadian Readings in Personnel and Human Resource Management, West publishing Co., St-Paul, 1987, p. 367-378.
7. BÉLIVEAU, L., Loi sur les normes du travail: Recours à l'encontre d'un congédiement (art. 124) profil de la jurisprudence, Commission des normes du travail, Direction du secrétariat et de la recherche, 1984.
8. Commission des normes du travail, note 4.
9. McCAMUS, J.-D., « Bill C-43: The Federal Canadian Proposals of the 1980s », dans McCAMUS, J.-D., (éditeur), Freedom of Information: Canadian Perspectives, Toronto, 1981, p. 266-305.
10. JAIN, C., note 3.
11. « Pourquoi l'équité en emploi », Revue Info Ressources Humaines, vol. 10, no 4, décembre 1986, p. 6-7.
12. JAIN, C., note 3.
13. D'AOUST, C., LECLERC, L., TRUDEAU, G., « Les mesures disciplinaires: étude jurisprudentielle et doctrinale », Monographie, École des relations industrielles, Université de Montréal, l982.
14. FOXMAN, L.-D., POLSKY, W.L., « Ground Rules for Terminating Workers », Personnel Journal, juillet 1984, p. 32.
15. DELORME, F., PARENT, R., « Les licenciements collectifs au Québec: un bilan partiel du dispositif public en vigueur », Monographie, École des relations industrielles, Université de Montréal, 1982.
16. « Les congédiements et les licenciements des employés non-syndiqués dans les secteurs privé et public », Barreau du Québec, Montréal, 1985, p. 55-201.

16

Syndicalisation

1. BÉDARD, R.-J., Comment sauvegarder ou rétablir un milieu non-syndiqué, Éditions du chef d'entreprise Inc., Payette et Simms, St-Lambert, 1982.
2. QUINN, R.-P., STAIN, G.-C., The 1977 Quality of Employment Survey, Survey Research Center, Université du Michigan, 1979.
3. Coédition CSN et CEQ, Histoire du mouvement ouvrier au Québec, 150 ans de lutte, 1984, p. 59-112, 194-196. Voir aussi CABOT, R., Le conflit de la renaissance syndicale de Murdochville en 1957, Université Laval, 1966, p. 199-200.
4. TREMBLAY, A., « Le partage des compétences législatives en matière de relations du travail », dans La gestion des relations du travail au Québec, McGraw-Hill, Montréal, 1980.
5. MORIN, F., Rapports collectifs du travail, Éditions Thémis, 1982, p. 237.
6. Conseil Canadien des Relations de Travail, Vos droits en vertu du Code du travail, p. 7-11.
7. MORIN, F., BLOUIN, R., Précis d'arbitrage de griefs, collection Relations Industrielles, Presses de l'Université Laval, 1980, III-4-III-52 et MORIN, F., note 5, p. 33-74.
8. MORIN, F., note 5, p. 424.
9. STOREY, R., La lutte pour l'avancement du syndicalisme à Stelco et à Dofasco, Relations Industrielles, vol. 42, no 2, 1987, p.384.
10. HÉBERT, G., L'évolution du syndicalisme au Canada, Relations Industrielles, Université de Laval, vol. 42, no 3, 1987, p. 500-515.
11. Coédition CSN et CEQ, note 3, p. 15-90.
12. HÉBERT, G., note 10, p. 505.
13. DUPONT., P., TREMBLAY, G., Les syndicats en crise, Éditions Quinze, Montréal, 1976.
14. TREMBLAY, L.-M., Idéologie de la CSN et de la FTQ — 1940 à 1970, Presses de l'Université de Montréal, 1972.
15. BOIVIN, J., Relations patronales-syndicales au Québec, Gaétan Morin, éditeur, Chicoutimi, l982. BOUVIER, E., Les relations de travail au Québec, Éditions Guérin, Montréal, 1980, p. 104-107. Il faut aussi préciser que la structure de décision de la FTQ s'est quelque peu modifiée au cours des dernières années et qu'on travaille actuellement à la FTQ à la mise au point d'un nouvel organigramme.
16. PÉPIN, M., Le nécessaire combat syndicat, collection dirigée par le Grétsé, Montréal, 1987.
17. Centrale des Syndicats Démocratiques, 15 ans de progrès, d'engagement, de démocratie et de solidarité, Montréal, 1987, p. 3-9.
18. CYR, F., Éléments d'histoire de la FTQ, Éditions coopératives Albert St-Martin, Montréal, 1981. TREMBLAY, L.-M., Idéologie de la CSN et FTQ -1940-1970, Presses de l'Université de Montréal, 1972, p. 167.
19. BOIVIN, J., et BOUVIER, E., note 15.

17

Négociation collective

1. MORIN, F., Rapports collectifs du travail, Éditions Thémis, Montréal, 1982, 434-458.
2. BOIVIN, J., GUILBAULT, J., Les relations patronales-syndicales au Québec, Gaétan Morin, éditeur, Chicoutimi, l982, p. 137.
3. BOIVIN, J. et al., note 2.
4. BOIVIN, J. et al., note 2, p. 138.
5. BOIVIN, J. et al., note 2, p. 141.
6. BOIVIN, J. et al., note 2, p. 143.
7. BOIVIN, J. et al., note 2, p. 34.
8. BOIVIN, J. et al., note 2, p. 35.
9. DOMPIERRE, D., La participation ouvrière à la gestion des entreprises en Tchécoslovaquie: Genèse et Limites, Université Laval, 1985.
10. ADAMS, R.-J., « Industrial Relations and Economic Crisis: Canada Towards Europe », dans JURIS, H., THOMPSON, M., DANIELS, W., Idustrial Relations in Decade of Economic Change, IRRA, Madison, WI, 1984, p. 115.
11. TOUZARD, H., La médiation et la résolution des conflits: Étude psycho-sociologique, Psychologie d'Aujourd'hui, Presses universitaires de France, Paris, 1977, p. 185-199.
12. BLUM, A.-A., « Collective Bargaining: Ritual or Reality? », Harvard Business Review, novembre-décembre, 1961.
13. HÉBERT, G., et VINCENT, J., « L'environnement et le jeu des personnalités dans la négociation collective », École des relations industrielles, Université de Montréal, Monographie no 7, 1980, p. 13-46.
14. HÉBERT, G., et al. note 13.
15. BOIVIN, J. et al., note 2, p. 175-190.
16. BOIVIN, J. et al., note 2, p. 181-182.
17. « Investissements », Le Monde Ouvrier, Bulletin d'information de la Fédération des travailleurs et travailleuses du Québec (FTQ), octobre 1986, p. 6-11.
18. BOIVIN, J. et al., note 2, p. 183.
19. BOIVIN, J. et al., note 2, p. 186-188.
20. WALLACE, J., McPECERSON, D., « Optimizing Benefits: The Third Wage in Employee Benefits », Human Ressources Management in Canada, décembre 1984, p. 5,327 et 5,328, Prentice-Hall Canada Inc., Toronto, 1986.
21. WALLACE, J. et al., p. 5,459.
22. WALLACE, J. et al., p. 5,487.
23. MORIN, F., note 1, p. 140.
24. BOIVIN, J. et al., note 2, p. 257.
25. « Via Rail Employees Get Job Security in New Contrat », The Gazette, Montréal, 16 Juillet 1985, p. D-7.

26. DOMPIERRE, A., MARTEL, J.M., « Grèves et lock-out au Québec en 1985 », Le marché du travail, vol. 7, no 5, mai 1986, p. 80-81.

27. Rapport de la Commission Royale sur l'union économique et les perspectives de développement du Canada, ministre des Approvisionnements et Services Canada, volume deux, p. 779-780. « Le travail une responsabilité collective », Rapport final de la Commission consultative sur le travail et la révision du Code du travail, Les Publications du Québec, Québec, 1985, p. 202.

28. Rapport de la Commission Royale sur l'union économique et les perspectives de développement du Canada, note 27, p. 775-776.

29. MORIN, F., note 1, p. 416-423.

30. MORIN, F., note 1, p. 424-426.

31. McLEAD et al. c. EGAN et al., [1975]1 R.C.S., p. 517.

32. BLOUIN, R., MORIN, F., Précis de l'arbitrage de griefs, Collection Relations du travail, Les Presses de l'Université Laval, 1980, p.103.

33. BLOUIN, R. et al., note 32, p. 110-112.

34. BLOUIN, R. et al., note 32, p. 112-113.

18

Tendances et défis en gestion des ressources humaines

1. Au sujet des problèmes et des tendances en gestion des ressources humaines dans les années 1980, voir CARROLL, S.J., SCHULER, R.S., éditeurs, « Human Resource Management in the 1980's », dans SCHULER, P.S., YOUNGBLOOD, S.A., éditeurs, Readings in Personnel and Human Resource Management, West Publishing Co., St-Paul, 1984. Pour une discussion des problèmes et tendances dans les années 1990, voir ADAMS, R., « Into the 1990's: The Human Resources Adjustment Agenda », dans Human Resources Management in Canada, Prentice-Hall Canada Inc., avril 1986, p. 15,511-15,517.

2. Les tendances représentent le point de vue des auteurs basé sur des écrits variés sur le sujet. Voir également Financial Times, 9 juin 1986.

3. ADAMS, R., note 1, p. 15,514.

4. Mc DONOUGH III, E.F., « How much Power does H.R. have, and What can it do to win more? », Personnel, janvier 1986, p. 18-25.

5. DONOHUE, P., « Computers and Human Resources Management », dans Human Resources Management in Canada, Prentice-Hall Canada Inc., 1984, p. 5, 2111.

6. Pour plus de renseignements sur les systèmes d'information au Canada, voir DIMICK, « On Line: H.R.I.S. and the Human Resource Function », dans Human Resources Management in Canada, Prentice-Hall Canada Inc., 1985, p. 5, 441-445, 447. HARVEY, E., BLACKELY, J.H., « Maximizing Use of Human Resource Information Systems (H.R.I.S.) », in DOLAN, S.L., SCHULER, P.S., éditeurs, Canadian Readings in Personnel and Human Resource Management, West Publishing Co., St-Paul, 1987.

7. HUFF, R.D., « The Impact of Cafeteria Benefits on the Human Resource Information System », Personnel Journal, avril 1983, p. 282-283.

8. La technologie d'assistance par ordinateur a été utilisée avec succès dans l'industrie des produits forestiers en Colombie-Britannique et par d'autres compagnies dans l'industrie des pâtes et papiers. Pour plus de détails, voir HAJDU, C., « Using a Computer to Cost Collective Bargaining », dans Human Resources Management in Canada, Prentice-Hall Canada Inc., 1984, p. 5, 245-249.

9. SCHIAVONI, M.R., « Employee Relations: Where will it be in 1985? », Personnel Administrator, mars 1978, p. 28.

10. DOLAN, S.L., et BANNISTER, B., « Emerging Issues in Employment Testing », article présenté au 4e Congrès international de psychologie du travail de langue française, Montréal, 5 mai 1986.

11. GEHRMAN, D.B., « Beyond Today's Compensation and Performance Appraisal Systems », Personnel Administrator, mars 1984, p. 21-33.

12. Pour plus d'informations sur la résistance au changement, voir DOLAN, S.L., « Implementing New Technologies in the Office: A Comparative Study of Perceived Threat », Document de travail, no 85-03, École de relations industrielles, Université de Montréal, juillet 1985.

13. KOLODNEY, H., « Canadian Experiences in Innovative Approaches to High Commitment Work Systems » et JAEGER, A., « The Application of Theory Z in Canada: Implications of the Human Resource Function », dans DOLAN, S.L., SCHULER, R.S., éditeurs, note 6.

14. ATHERLEY, G.H., « Occupational Health and Safety: Act, Actors and Actions », dans DOLAN, S.L., SCHULER, R.S., note 6.

15. DOLAN, S.L., ARSENAULT, A., « The Organizational and Individual Consequences of Stress at Work: A New Frontier to Human Resource Administration », dans ,VEYSEY V.V. et HALL Jr., G.A., éditeurs, The New World of Managing Human Resources, California Institute of Technology, Pasadena, C.A., 1979, p. 4.01-4.22. BURKE, R., « Stress and Burnout in Organizations: Implications of P.H.R.M. », dans DOLAN, S.L., SCHULER, R.S., éditeurs, note 6. SCHULER, R.S., « Managing Stress through Personnel/H.R.M. Practices: An Uncertainly Interpretation », document présenté au programme « Personnel Human Resources » de l'Academy of Management Meeting, Chicago, 14 août 1986.

16. Par exemple, la Fraternité des policiers de la Communauté urbaine de Montréal a négocié les plans de carrière pour ses membres.

17. Un intéressant tableau des méthodes japonaises d'embauche et des cérémonies d'initiation peut être vu dans un film de l'Office national du film du Canada, « Japan Inc.: Some Lessons to North America », 1983.

18. MAIN, J., « The Trouble with Managing Japanese Style », Fortune, avril 1984, p. 50-56. « The Japanese Manager meets the American Worker », Business Week, 20 août 1984, p. 128-129. NOVOTNY, R., « Working for the Japanese », Personnel Administrator« , février 1984, p. 15-19.

19. TERIET, B., « Flexiyear Schedules in Germany », Personnel Journal, juin 1982, p. 428-429.

20. Basé sur les descriptions fournies dans JACOBI, O., « World Economic Changes and Industrial Relations in the Federal Republic of Germany », dans JURIS, H., THOMPSON, M., éditeurs, Industrial Relations in a Decade of Economic Change, I.R.R.A, Madison, W.I., p. 211-246.

21. Voir le reportage spécial complet « Best Companies Conference », The Financial Post, 7 juin 1986, p. 17-20.

22. LAPOINTE, J.R., « Human Resource Performance Indexes », Personnel Journal, juillet 1983, p. 545-600.

23. Pour plus de détails sur les indices incluant une estimation des coûts associés au comportement, voir MAEY, B.A., et MIRVIS, P.H., « A Methodology for Assessing the Quality of Work Life and Organizational Effectiveness in Behavioural and Economic Terms », Administrative Science Quarterly, juin 1976, p. 212-326.

24. Pour un exemple, voir BROGDAN, H.E., and TAYLOR, E., « The Dollar Criterion: Applying the Cost Accounting Concept to Criterion Construction », Personnel Psychology, 1950 (3), p. 133-154.

25. À ce sujet, voir SPENCER Jr., L.M., Calculating Human Resource Costs and Benefits, John Wiley & Sons, New York, 1986.

26. FLAMHOLTZ, E.G., Human Resource Accounting, 2e édition, Jossey-Bass Inc.0, San Francisco, 1985. CASCIO, W.F., Costing Human Resources: The Financial Impact of Behavior in Organizations, Kent Publishing Co., Boston, M.A., 1982.

27. À ce sujet, voir: SCARPELLO, V.G. et LEDVINKA, J., Personnel Human Resource Management, P.W.S. Kent Publishing Co., Boston, 1988, p. 730. LAUZON, W.F., « La comptabilisation des ressources humaines », Revue Commerce, no 9, septembre 1979, p. 42-46.

28. CARROLL Jr., S.J., « Measuring the work of a Personnel Department », Personnel, juillet-août 1960, p. 49-56.

Glossaire

Absentéisme Fréquence des absences exprimée en heure/personne, en jour/personne ou en pourcentage dans un groupe de travailleurs donné.

Activités de formation et de perfectionnement Activités qui permettent l'amélioration des connaissances, habiletés et aptitudes des employés dans le but d'augmenter leur rendement réel et futur.

Addition horizontale Ajout de tâches similaires à un poste qui requièrent les mêmes aptitudes, connaissances et habiletés.

Addition verticale Ajout de tâches différentes à un poste qui requièrent des aptitudes, connaissances et habiletés nouvelles.

Agence privée de personnel Organisme privé à but lucratif qui effectue du recrutement et de la sélection de candidats pour le compte d'employeurs.

Analyse de faisabilité Estimation de la valeur de l'utilisation d'un prédicteur par l'examen de ses coûts et de ses avantages par rapport à d'autres alternatives.

Analyse de poste Étude d'un poste pour identifier les caractéristiques, les exigences physiques et intellectuelles ainsi que les qualifications requises pour effectuer les tâches associées au poste. L'analyse de poste considère aussi les relations entre les postes dans l'organisation.

Analyse de régression linéaire multiple Méthode statistique permettant de prévoir les besoins en main-d'oeuvre à l'aide de l'analyse de la relation entre plusieurs variables indépendantes ($\times 1, \times 2, \times 3, \ldots \times n$) et une variable indépendante (y). Peut aussi être utilisée pour tester la validité et la fiabilité des instruments de sélection.

Analyse de régression linéaire simple Méthode statistique permettant de prévoir les besoins en main-d'oeuvre à l'aide de l'analyse de la relation entre une variable indépendante (x) et une variable dépendante (y).

Analyse des besoins Outil essentiel à l'organisation pour établir ses objectifs à court, moyen et long terme. Les besoins relatifs aux individus, aux postes et à l'organisation sont les éléments de cette analyse.

Cette analyse constitue aussi une phase importante du processus de formation des employés.

Appariement de l'emploi Processus par lequel on identifie les aptitudes, les connaissances et les habiletés des individus ainsi que leur personnalité, leurs intérêts et leurs préférences afin de les choisir en fonction des caractéristiques des postes vacants.

Apprentissage Formation basée sur l'acquisition de connaissances par la pratique pendant une période suffisamment longue.

Approche à étapes successives Processus de sélection qui exige que la personne réussisse à tous les prédicteurs au-delà d'un certain niveau de succès et cela, étape par étape.

Approche à prédicteur unique Approche selon laquelle on utilise un seul test ou type d'information pour le choix du candidat dans un processus de sélection.

Approche à prédicteurs multiples Approche selon laquelle on utilise plusieurs tests ou types d'information pour le choix du candidat dans un processus de sélection.

Approche cafétéria Approche qui offre aux employés la possibilité de choisir des avantages sociaux et des services parmi un ensemble d'avantages et de services.

Approche compensatoire Approche selon laquelle après l'examen du score total d'une personne on lui permet de compenser un mauvais rendement à un prédicteur par un bon rendement à un autre.

Approche de démarcation multiple Processus de sélection qui exige que la personne réussisse tous les tests au-delà d'un certain niveau de succès. La séquence des tests n'est pas importante.

Approche de groupe Classification des approches utilisées pour la définition de poste qui se réfèrent principalement aux caractéristiques du groupe.

Approche de la confirmation Stratégie de sélection qui favorise une personne spécifique.

Approche ergonomique Étude scientifique dont le but est d'adapter le plus efficacement possible l'environnement physique de travail à l'activité pour que l'individu maximise son rendement avec un minimum d'efforts et de fatigue.

Approche individuelle Classification des approches utilisées pour la définition de poste qui se réfèrent principalement aux caractéristiques de l'individu.

Approche non-compensatoire Approche selon laquelle on ne permet pas à une personne de compenser un mauvais rendement à un prédicteur par un bon rendement à un autre.

Approche scientifique Bien connue sous le nom de taylorisme. Il s'agit d'une méthode d'organisation du travail dont l'objectif est d'accroître la productivité en maximisant l'utilisation des ressources humaines et physiques. Pour ce faire, l'approche scientifique met l'accent sur l'analyse des tâches à l'aide de l'étude des temps et mouvements.

Arbitrage de différends Processus d'arbitrage qui s'installe au cours du processus de négociation lorsqu'il y a impasse dans la négociation d'une première convention collective ou lorsque l'une des parties le demande.

Arbitrage de griefs Processus interne qui s'installe lorsqu'il y a mésentente relativement à l'interprétation ou à l'application d'une clause de la convention collective.

Arbitrage de l'offre fermée Arbitrage au cours duquel l'arbitre reçoit les offres et les demandes initiales des parties et tente de trouver une entente médiane.

Arbitrage de l'offre finale Arbitrage au cours duquel l'arbitre choisit entre les offres déposées par l'employeur et les offres déposées par le syndicat celles qui lui semblent plus raisonnables.

Assistanat Programme de formation en emploi dans le cadre duquel un individu travaille à temps plein à titre d'assistant pour d'autres employés.

Atelier fermé Sécurité syndicale qui oblige l'organisation à embaucher et à garder à son emploi uniquement les salariés membres du syndicat.

Atelier syndical imparfait Sécurité syndicale qui exempte de l'adhésion obligatoire les salariés qui ne sont pas membres du syndicat au moment de la signature de la convention collective mais exige que les futurs employés adhèrent au syndicat comme condition de maintien de leur emploi.

Atelier syndical parfait Sécurité syndicale qui exige que tous les employés deviennent membres du syndicat comme condition de maintien de leur emploi.

Autonomie Possibilité d'exercer un contrôle sur son propre travail.

Avantages sociaux Partie de la rémunération globale qui comprend les vacances, les congés divers, les régimes de retraite et d'assurances collectives.

Biais Degré auquel les critères actuels mesurent systématiquement des éléments qui ne sont pas reliés au poste.

Bonne décision Prédiction correcte du rendement d'un candidat.

But Objectif que l'on se fixe et que l'on se propose d'atteindre.

Caractéristiques Éléments distinctifs reconnaissables qui différencient les individus entre eux.

Centralisation Regroupement de tous les moyens d'action, de contrôle, de décision et de pouvoir sur un même objet sous la responsabilité d'une personne ou d'un groupe.

Centre de main-d'oeuvre du Canada Centre de placement sous la responsabilité du gouvernement fédéral. Ces centres de placement ont pour but de concilier l'offre et la demande de travail, de conseiller les individus en recherche d'emploi et de gérer les programmes de main-d'oeuvre.

Centre de responsabilités Méthode d'évaluation du rendement des cadres par rapport aux notions de profits, coûts et revenus pour une unité de production donnée.

Centre d'évaluation Série d'exercices pour évaluer le rendement ou le potentiel d'une personne comprenant plusieurs étapes. La personne est soumise à des étapes simulant le travail à exécuter et son comportement est évalué par plusieurs personnes jusqu'à ce qu'il y ait consensus sur l'évaluation.

Cercle de qualité Groupe d'employés qui effectuent un travail similaire. Ils se réunissent régulièrement avec leur superviseur pour discuter des problèmes de qualité du travail, de qualité de vie au travail, de fonctionnement et trouver les correctifs appropriés.

Classes d'emplois Ensemble des postes groupés selon une norme ou un critère prédéterminé, généralement en vue de fixer les salaires.

Clauses institutionnelles Clauses de la convention collective qui précisent les éléments assurant les droits et privilèges des parties à la négociation.

Clauses normatives Clauses de la convention collective qui se rapportent aux conditions de travail.

Coefficient de validité Degré avec lequel un prédicteur évalue bien le rendement d'une personne dans une situation d'emploi donnée.

Comité de négociation Comité qui a pour fonction principale de planifier et d'organiser les stratégies de négociation.

Compa-ratios Mesure qui fait ressortir la relation entre la rémunération et le rendement d'un employé. Cette mesure est obtenue en divisant le salaire effectif d'un employé par le point moyen de la fourchette salariale et en multipliant le résultat par cent.

Comportement Manière d'agir ou de réagir face au travail à effectuer ou par rapport au milieu de travail.

Conciliation Intervention d'un tiers qui consiste à réunir les parties sur un territoire neutre où elles pourront plus facilement en arriver à une entente.

Congédiement Renvoi d'un employé pour raison disciplinaire.

Congés de perfectionnement Congé autorisé permettant aux individus de se recycler et de faire progresser leurs travaux de recherche.

Conseil junior d'administration Programme de formation qui consiste à regrouper des cadres de premier niveau et de niveau intermédiaire pour qu'ils participent de façon formelle avec les cadres supérieurs à la planification et à la gestion des affaires.

Contamination Caractéristique d'une mesure qui inclut des dimensions qui ne sont pas nécessaires pour définir le succès au travail.

Corbeille de courrier Exercice de simulation au cours duquel la personne doit, dans un temps déterminé, résoudre par ordre de priorité, les problèmes qui se trouvent dans une boîte type de courrier.

Cours formel Programme de formation qui peut comprendre des cours magistraux, de l'enseignement programmé et des cours par correspondance.

Cours magistral Cours dans le cadre duquel les employés développent des aptitudes générales telles que la lecture rapide ou le traitement de texte.

Critère de rendement Standards à partir desquels on mesure le rendement d'une personne. Ils sont déterminés à l'aide de l'information recueillie par l'analyse de poste.

Critère actuel Référence mesurable à des facteurs réels qui sont utilisés pour définir le succès.

Critère ultime Ensemble de facteurs abstraits qui définissent une personne qui a du succès.

Décentralisation Augmentation des pouvoirs et de l'indépendance des autorités administratives subordonnées qui les rapproche sensiblement des niveaux d'exécution.

Déficience Caractéristique d'une mesure ou d'un critère qui n'évalue que quelques-uns des éléments essentiels du rendement d'un individu, par exemple.

Définition de poste Ensemble des buts, des tâches et des responsabilités associés à tous les postes qui dépendent des caractéristiques de l'organisation et des individus.

Degré de difficulté du poste Proportion des personnes qui réussiraient même si elles étaient choisies au hasard.

Degré de validité Rapport entre le nombre de bonnes décisions, dans le cadre du processus de sélection ou d'évaluation du rendement, et le total des décisions, exprimé sous la forme d'un coefficient de corrélation.

Demande initiale Demande déposée par le syndicat et plus élevée que ce qu'il s'attend d'obtenir.

Description de poste Principales tâches et responsabilités d'un poste.

Détecteur de mensonge (voir Test du polygraphe).

Dimension distributive de la négociation Sous-processus de négociation par lequel les parties obtiennent des gains et des pertes également.

Dimension intégrative de la négociation Sous-processus de négociation par lequel les parties s'efforcent de solutionner un problème à l'avantage des deux.

Directeur Personne qui est à la tête d'une entreprise ou d'une unité administrative.

Direction par objectifs Méthode par laquelle tous les niveaux hiérarchiques d'une organisation se définissent des objectifs individuels et de groupe et s'en servent comme normes pour évaluer la contribution de chacun.

Droits des employés Ensemble des mesures légales reconnues ou revendiquées par les employés pour protéger leurs droits fondamentaux en milieu de travail.

Échelle de notation conventionnelle Méthode d'évaluation du rendement qui consiste à définir des critères d'évaluation, décrire et fixer des degrés aux critères et à attribuer une note en points à chaque degré d'un critère.

Échelle d'observation des comportements (BOS) Méthode d'évaluation du rendement qui ressemble beaucoup à la méthode BARS. La méthode de compilation et le format d'échelle les différencient.

Échelle graduée des comportements (BARS) Méthode d'évaluation du rendement qui consiste à utiliser un formulaire d'évaluation présentant des critères de comportement pondérés.

Effet de contraste Biais résultant de la comparaison entre candidats de potentiel différent. Un bon candidat paraît excellent s'il est comparé à un groupe de candidats moyen et il paraît moyen s'il est comparé à un groupe d'excellents candidats.

Effet de halo Biais causé par l'effet disproportionné de certaines informations sur l'évaluation finale d'un candidat.

Effet d'ordre Biais résultant de l'ordre des entrevues sur l'évaluation des candidats. Le dernier candidat reçu peut être celui dont l'intervieweur se rappellera le plus.

Effet Pygmalion Biais par lequel les personnes qui ont obtenu de meilleurs résultats au test reçoivent plus d'attention, d'informations et sont mieux encadrées au travail que celles dont les résultats sont plus faibles, ce qui nuit au rendement de ces dernières.

Élargissement des tâches Technique de définition de poste par laquelle on ajoute des tâches à un poste pour allonger le cycle de travail sans accroître les responsabilité et l'autonomie du travailleur. (voir aussi Addition horizontale).

Éléments cognitifs du poste Ce sont les caractéristiques intellectuelles d'un poste telles que la prise de décision, l'information et la communication.

Éléments physiques du poste Ce sont les caractéristiques physiques d'un poste telles que le bruit, la température, les couleurs, l'effort physique.

Enrichissement des tâches Technique de définition de poste par laquelle on accroît les responsabilités, l'autonomie et l'auto-contrôle dans un poste. (voir aussi Addition verticale).

Enseignement programmé Méthode d'apprentissage systématique qui consiste en une succession d'étapes dont chacune constitue un prérequis à la suivante. L'objectif est d'obtenir un apprentissage optimal.

Entrevue de résolution de problèmes Entrevue au cours de laquelle on soumet la personne évaluée à des problèmes hypothétiques. On l'évalue ensuite en fonction de la qualité de ses réponses.

Entrevue de type énoncer et convaincre Entrevue d'évaluation au cours de laquelle le supérieur informe le subalterne de son rendement et tente de le convaincre de se fixer des objectifs pour l'améliorer.

Entrevue de type énoncer et écouter Entrevue d'évaluation au cours de laquelle le supérieur communique au subalterne ses forces et ses faiblesses et le laisse réagir.

Entrevue mixte Entrevue d'évaluation qui combine les entrevues de type « énoncer et convaincre » et « énoncer et écouter ».

Équité salariale Équité entre la contribution au travail d'un employé et le salaire gagné par rapport à la contribution et au salaire des autres employés.

Ergonomie Approche de description de poste qui adapte les emplois et les conditions de travail aux habiletés et aux caractéristiques physiques des individus.

Erreur d'acceptation Prédiction du bon rendement d'un candidat alors qu'en fait, ce dernier donne un faible rendement.

Erreur de clémence Tendance de l'évaluateur qui consiste à évaluer le rendement à la hausse.

Erreur de rejet Prédiction du mauvais rendement d'un candidat alors qu'en fait, ce dernier donne un bon rendement.

Erreur de sévérité Tendance de l'évaluateur qui consiste à évaluer le rendement à la baisse.

Erreur de tendance centrale Tendance de l'évaluateur qui consiste à évaluer tout le monde comme moyen, c'est-à-dire que personne n'est très bon ou très mauvais, même lorsque cela est le cas.

Étude de temps et mouvements Mesures du temps requis pour effectuer une tâche. Synonyme de taylorisme.

Évaluateur Personne qui évalue le rendement ou la qualité du travail d'un employé.

Évaluation basée sur les aptitudes Méthode d'évaluation axée sur les aptitudes des employés et l'expérience acquise dans l'entreprise.

Évaluation du rendement Processus de révision des activités professionnelles d'une personne et de son rendement au travail.

Examen génétique Étape du processus de sélection qui consiste à analyser le sang et l'urine d'une personne pour tester sa sensibilité à des éléments présents dans son environnement de travail.

Exigences du poste Aptitudes, connaissances pratiques et théoriques et qualifications pour rencontrer les exigences spécifiques du poste.

Facteurs de rémunération Facteurs utilisés pour déterminer la valeur d'un poste (par exemple: responsabilités, savoir-faire, habiletés et exigences physiques).

Fiabilité Caractéristique d'une mesure qui fournit toujours la même mesure indépendamment du moment, du lieu, des connaissances ou des habiletés d'un individu.

Fixation d'objectifs Outil qui permet d'accélérer l'apprentissage et d'améliorer le rendement des employés. Ils apprennent plus vite et donnent un meilleur rendement lorsque les objectifs sont clairs et précis.

Formation en vestibule Technique de simulation qui consiste à reproduire artificiellement un environnement de travail.

Formule de demande d'emploi Outil pour recueillir uniformément les informations nécessaires sur les candidats à un poste.

Formule de demande d'emploi pondérée Formule de demande d'emploi dont les éléments du questionnaire possèdent un poids différent pour prédire le potentiel du candidat.

Gestion par objectifs Mode de gestion selon lequel tous les niveaux hiérarchiques de l'organisation se fixent des objectifs communs, partagent les responsabilités pour les atteindre et évaluent régulièrement leurs résultats en les comparant aux objectifs visés.

Golden handcuffs (menottes dorées) Rémunération indirecte offerte aux cadres supérieurs qui vise à les décourager de quitter l'entreprise. Les options d'achats d'actions et les régimes de retraite sont les formes les plus courantes de ce type de rémunération.

Golden parachutes (parachutes dorés) Rémunération indirecte offerte aux cadres supérieurs qui consiste à leur accorder une protection financière dans l'éventualité d'une fusion ou d'une acquisition d'entreprise.

Grève Moyen de pression économique utilisé par les travailleurs contre l'employeur qui consiste à refuser totalement ou partiellement d'effectuer le travail qu'ils accomplissent normalement.

Groupe de discussion sans leader formel Test de sélection utilisé généralement pour les cadres consistant à faire discuter autour d'une table un groupe de personnes sur un sujet donné et pendant un temps déterminé.

Horaire flexible Formule d'aménagement du temps de travail dans laquelle on élimine l'obligation de débuter et de terminer la journée de travail à une heure fixe. Les employés peuvent donc commencer et finir leur journée travail quand bon leur semble, à la condition toutefois que ce moment s'inscrive dans le cadre de certaines périodes fixes et que le total des heures travaillées par jour ou par semaine ne soit pas inférieur à nombre déterminé.

Identité du poste Sentiment de fierté provenant de la réalisation d'un bien complet plutôt qu'une de ses parties.

Incident critique Méthode d'évaluation du rendement selon laquelle l'évaluateur note les comportements particulièrement bons ou mauvais qui affectent le rendement de l'employé.

Indexation au coût de la vie Ajustement des salaires en fonction de l'évolution des conditions économiques, habituellement l'indice des prix à la consommation) et non en fonction du rendement.

Indices directs Méthode d'évaluation du rendement qui mesure le rendement d'un subalterne au moyen de critères objectifs tels que la productivité, l'absentéisme et le roulement.

Influence de l'information la plus récente Tendance de l'évaluateur selon laquelle son jugement sur le rendement d'un individu est influencé par les informations récentes à ce sujet.

Internat Programme de formation (résultant généralement d'une entente entre les institutions d'enseignement et les entreprises) dans le cadre duquel l'individu travaille à temps plein pendant une période donnée.

Inventaire de la personnalité Catégorie de tests qui mesurent les traits de personnalité.

Jeu de rôles Création d'une situation réaliste au cours de laquelle les stagiaires sont invités à assumer divers rôles.

Jeu simulé d'entreprise Test de sélection de gestionnaires consistant à faire expérimenter par un groupe d'individus des mises en situation qui sont directement liées à un poste.

Licenciement Décision par laquelle un employeur met fin de façon permanente au contrat individuel de travail d'un ou de plusieurs de ses employés pour des motifs économiques ou techniques.

Lock-out Moyen de pression économique utilisé par l'employeur contre les travailleurs qui consiste à leur refuser l'accès aux lieux de travail.

Match 1 Appariement des caractéristiques de l'individu au poste.

Match 2 Appariement des caractéristiques du poste et de l'organisation à la personnalité, aux intérêts et aux préférences de l'individu.

Médiation Conciliation utilisée principalement lors de conflits importants. Les recommandations du médiateur sont publiques.

Mentor Personne qui joue le rôle de guide de carrière et supporte un employé sur une base régulière.

Méthode de classification Méthode d'évaluation des emplois qui consiste à déterminer les classes des postes et à procéder à l'analyse des postes. Les descriptions de postes sont ensuite comparées à celles des différentes classes.

Méthode de comparaison par paires Méthode d'évaluation du rendement qui consiste à comparer le rendement d'un employé au rendement de chacun des autres employés.

Méthode de Hay Méthode d'évaluation des emplois qui consiste à imputer des points à trois facteurs généraux de rémunération. Le total des points détermine la valeur d'un poste de direction.

Méthode de la distribution imposée Méthode d'évaluation du rendement qui consiste à classer les employés dans des catégories prédéterminées.

Méthode des aptitudes (voir Évaluation basée sur les aptitudes).

Méthode des choix forcés Méthode d'évaluation du rendement selon laquelle l'évaluateur choisit entre plusieurs paires d'énoncés ceux qui décrivent le mieux le comportement de la personne évaluée.

Méthode des facteurs Méthode d'évaluation des emplois semblable à la méthode des points mais qui impute des valeurs monétaires aux facteurs de rémunération et les compare directement au salaire des emplois repères.

Méthode des points Méthode d'évaluation des emplois qui consiste à imputer des valeurs (en points) à des facteurs de rémunération. Le total des points détermine la valeur du poste.

Méthode du rangement Méthode d'évaluation des emplois ou du rendement qui consiste à regrouper les emplois dans l'ordre des exigences requises par leur titulaire pour les occuper ou à établir une liste des subalternes dans l'ordre du meilleur au moins performant.

Méthode du rangement alternatif Méthode comparative d'évaluation du rendement qui comprend plusieurs étapes et qui consiste à ranger tous les employés dans l'ordre du meilleur au moins performant.

Modèle à étapes successives (voir Approche à étapes successives).

Modèle de démarcation multiple (voir Approche de démarcation multiple).

Négociation collective Processus par lequel les représentants des employés et de l'employeur négocient les conditions de travail.

Négociation continue Négociation qui consiste à développer une communication patronale-syndicale capable de s'adapter aux changements de l'environnement de façon constructive et positive.

Négociation de concessions Négociation lors de situations économiques difficiles au cours de laquelle l'employeur cherche à obtenir des concessions de la part du syndicat en échange du maintien des emplois.

Négociation intra-organisationnelle Sous-processus de négociation qui consiste à définir le ou les mandat(s) de négociation de chacune des parties.

Négociation sur la productivité Acceptation par les employés de modifications à leurs méthodes de travail à la suite de changements technologiques en échange d'avantages divers.

Niveau cible Niveau qui correspond de façon réaliste à ce qu'il est possible d'obtenir dans un processus de négociation.

Niveau de résistance Minimum que les parties peuvent accepter dans un processus de négociation.

Niveaux de salaires Taux de salaire moyen versé aux diverses catégories professionnelles d'une entreprise. Ce taux est composé de la moyenne pondérée de tous les taux de salaires considérés.

Normes absolues Approche d'évaluation du rendement selon laquelle le supérieur évalue un subalterne en se basant uniquement sur son rendement, sans le comparer à celui des autres.

Normes comparatives Approche d'évaluation du rendement selon laquelle un supérieur évalue un subalterne en comparant son rendement à celui des autres employés.

Normes de travail Normes relatives aux conditions de travail minimales acceptables. Elles sont déterminées par l'employeur et le syndicat au cours de la négociation ou fixées par le législateur.

Offre initiale Offre déposée par l'employeur et habituellement inférieure au règlement attendu.

Partage du travail Mode d'aménagement du temps de travail selon lequel les tâches sont partagées entre deux ou plusieurs personnes de sorte que chacune effectue un total d'heures inférieur à la durée normale de la semaine de travail.

Plage fixe Dans le cadre d'un programme d'horaire flexible, ce sont les heures auxquelles l'employé doit obligatoirement être au travail. Cette plage peut varier selon les postes, les catégories professionnelles ou les services.

Plage flexible Dans le cadre d'un programme d'horaire flexible, c'est la fourchette horaire de la journée à l'intérieur de laquelle l'employé peut choisir les heures au cours desquelles il souhaite accomplir ses tâches.

Plan Hay (voir Méthode de Hay).

Planification de remplacement Technique qui consiste à construire des organigrammes hypothétiques en cas de vacance de poste à court terme.

Planification de succession Technique qui consiste à construire des organigrammes hypothétiques en cas de vacance de poste à long terme. Cette technique permet de meilleures prévisions et est plus flexible que la technique de planification de remplacement.

Planification des surplus Technique de planification des ressources humaines qui consiste à disposer des effectifs dont l'organisation n'a plus besoin.

Point de démarcation Point de division des employés à bon rendement de ceux à faible rendement dans le processus de sélection.

Prévision du gestionnaire Technique de planification des ressources humaines qui consiste à demander aux gestionnaires quels sont et seront leurs besoins en personnel dans leur service.

Prévision par jugement Technique de planification des ressources humaines qui consiste à se baser sur l'avis d'experts.

Procédure disciplinaire à caractère progressif Procédure prévoyant des mesures punitives avec gradation des sanctions imposées.

Productivité Rapport entre les extrants (biens ou services) et les intrants (ressources utilisées) pour les produire. On peut calculer les extrants en unités de production ou en valeur de la production. La productivité du travail est la mesure la plus fréquemment utilisée. On la mesure en divisant la production par le nombre total d'heures de travail effectuées dans une entreprise, une industrie, etc. On mesure d'une façon similaire la productivité des autres intrants.

Profil du poste Sommaire du contenu d'un poste. On y retrouve les principales indications relatives à la façon d'effectuer le travail et aux exigences du poste en termes de formation et aptitudes.

Programme d'action positive Programme par lequel les employeurs tentent d'assurer l'égalité des chances aux groupes cibles et à éliminer les pratiques discriminatoires de leur processus de recrutement, sélection ou promotion.

Programme de formation en milieu de travail Ensemble d'activités d'apprentissage qui facilitent le transfert de connaissances dans le cadre des activités de l'organisation.

Qualité de vie au travail Cette expression réfère à l'humanisation du travail. Les aspects principaux qui affectent la qualité de vie au travail sont le poste lui-même, l'environnement physique et l'environnement social de travail, les relations interpersonnelles au travail, le système de gestion de l'organisation et les relations entre la vie de travail et la vie hors travail.

Rapport d'évaluation Rapport dans lequel l'évaluateur décrit les forces et les faiblesses de la personne évaluée et présente des suggestions pour améliorer son rendement.

Ratio de rendement Ratio indiquant la position relative du rendement d'un employé par rapport aux autres.

Ratio de sélection Rapport entre le nombre de personnes embauchées et celles qui ont posé leur candidature.

Recrutement Ensemble de moyens par lesquels on incite des personnes susceptibles d'occuper un poste dans l'organisation à poser leur candidature.

Régime d'option d'achat d'actions Opportunité offerte aux employés d'acheter des actions de l'entreprise au moment jugé opportun et cela à un prix inférieur à celui du marché.

Relations humaines Méthode de perfectionnement qui consiste à sensibiliser l'employé aux problèmes d'autrui.

Rémunération directe Rémunération qui comprend le salaire de base plus la rémunération au rendement.

Rémunération indirecte Rémunération qui comprend les régimes de sécurité du revenu, la rémunération du temps chômé et les services aux individus.

Rémunération globale Rémunération qui comprend le salaire, les avantages sociaux et tous les autres avantages non pécuniaires.

Rendement au travail Production ou résultat du travail effectué par un employé.

Renforcement Méthode qui consiste à donner aux employés une rétroaction immédiate sur leur rendement et cela, à partir du principe que les employés agissent lorsqu'ils sont récompensés et évitent les actions punissables.

Rétroaction Information en vue d'évaluer la réussite ou l'échec d'une activité ou d'un programme.

Rotation des postes Déplacement du personnel d'un poste à l'autre pour favoriser l'apprentissage de diverses tâches et augmenter la diversité des expériences de travail.

Sélection Choisir parmi un groupe de candidats pré-sélectionnés et en fonction de critères, celui que l'on embauchera.

Semaine de travail comprimée Mode d'aménagement du temps de travail selon lequel le total des heures hebdomadaires de travail est réparti sur un nombre de jour inférieur à la semaine normale de travail.

Simulation Technique qui consiste à présenter aux participants des situations similaires à celles qui pourraient se présenter lors de l'exécution de leurs tâches.

Structuration des attitudes Sous-processus de négociation dans lequel chacune des parties utilise le jeu des attitudes à la table de négociation.

Subalterne Employé qui possède moins d'autorité qu'un autre ou qui n'en possède pas du tout s'il se situe à la base de la hiérarchie de l'organisation.

Supérieur Titre d'une personne ayant un poste d'autorité sur d'autres employés.

Superviseur Personne dont la tâche consiste à assurer, coordonner et contrôler l'exécution des tâches dans une unité de travail.

Syndicalisation Résultat de l'adhésion à un syndicat de travailleurs.

Syndicat Association de travailleurs qui a pour but la défense de leurs intérêts communs.

Système coopératif Système par lequel l'employeur, les employés et le syndicat s'engagent à résoudre les problèmes qui les concernent, à s'échanger de l'information et à se fixer des objectifs communs.

Système de relations de travail Système qui régit les interrelations entre l'employeur, les employés, le syndicat et le gouvernement.

Système d'information sur les ressources humaines (SIRH) Méthode qui permet la collecte et l'utilisation rapide et constante de données nécessaires à la planification des ressources humaines ou à toute autre activité de gestion des ressources humaines.

Tâche Travail que quelqu'un doit accomplir. Un poste comprend généralement plusieurs tâches.

Taux de gravité Taux qui reflète les heures de travail effectivement perdues en raison de blessures ou de maladies.

Taux d'incidence Formule pour déterminer le risque d'accidents et de maladies par année et cela en fonction du nombre d'employés et du niveau d'exposition.

Technique de groupement nominal Technique qui consiste à recueillir les idées d'un groupe de personnes.

Technique Delphi Sollicitation de l'avis de plusieurs experts sur une tendance. Leurs avis sont regroupés et leur sont remis pour de nouvelles estimations et ainsi de suite jusqu'au consensus.

Technologie Techniques, méthodes, procédés, outils, machines et matériaux utilisés pour la production de biens et services.

Temps accumulé Méthode de contrôle de l'absentéisme qui consiste à permettre aux employés d'utiliser leurs journées d'absences rémunérées aux fins qu'ils souhaitent.

Test d'aptitudes Épreuve pour mesurer les habiletés physiques et intellectuelles d'une personne à exécuter certaines tâches afin de prédire son rendement.

Test de compétence Épreuve pour vérifier si une personne est susceptible d'avoir du succès dans un poste ou dans l'exécution d'une tâche.

Test de compétence interpersonnelle Test pour mesurer la conscience sociale d'une personne comprenant la capacité de reconnaître les signes non-verbaux dans les relations interpersonnelles.

Test de performance Épreuve pour mesurer l'habileté d'une personne à exécuter une ou plusieurs tâches faisant partie du poste auquel on souhaite l'embaucher.

Test de personnalité (voir Inventaire de la personnalité.)

Test de préférences Épreuve pour associer les attentes personnelles aux caractéristiques du poste et de l'organisation.

Test de reconnaissance Évaluation d'une personne à partir de porte-folios et de documents illustrant la qualité de son travail.

Test de simulation Épreuve pour mesurer le rendement d'une personne dans l'exécution d'une tâche. Seule la tâche est simulée, pas l'environnement dans lequel la tâche est exécutée.

Test du polygraphe Épreuve pour évaluer la propension d'une personne au mensonge et au vol ou d'autres caractéristiques de la personnalité.

Test papier-crayon Épreuve pour mesurer le rendement d'une personne à l'aide de tests écrits sur les connaissances générales.

Test psychomoteur Épreuve pour vérifier si une personne possède les fonctions sensori-motrices pour accomplir une tâches.

T-Group Méthode de perfectionnement par laquelle un groupe non-structuré d'individus échangent des idées et des impressions sur le « présent immédiat » plutôt que sur le « futur éloigné ».

Théorie de gestion Z Synthèse et adaptation à la culture américaine des caractéristiques de la gestion des ressources humaines au Japon (Théorie J) et en Amérique du Nord (Théorie A).

Unité de négociation Unité regroupant les salariés représentés par le syndicat accrédité selon les critères des commissions de travail et qui seront liés par une même convention collective.

Validité Caractéristique d'un instrument d'évaluation ou de sélection relié significativement au rendement ou à un critère du poste.

Validité apparente Évaluation subjective du degré avec lequel un prédicteur évalue bien le rendement d'une personne dans un poste donné par l'utilisation de tests.

Validité concurrente Test qu'on administre au personnel et dont les résultats correspondent aux mesures de leur rendement.

Validité de construit Relation entre des caractéristiques essentielles pour avoir du succès dans un poste et le rendement au travail.

Validité de contenu Test qui fait appel à une proportion raisonnable d'habiletés nécessaires pour exécuter les tâches d'un poste.

Validité parfaitement négative Lorsque le degré de relation entre deux variables est négatif et varie dans le sens opposé.

Validité parfaitement positive Lorsque le degré de relation entre deux variables est positif et varie dans le même sens.

Validité prédictive Test dont les résultats ont une forte corrélation avec le rendement au travail. Pour la déterminer on administre un test à un groupe de candidats embauchés. Lorsqu'ils sont familiers avec le travail, on mesure leur rendement.

Variété des aptitudes Ensemble des dispositions d'un individu pour bien effectuer une tâche ou l'ensemble des tâches d'un poste.

Versement d'actions en fonction du rendement Régime d'incitation individuel qui consiste à donner aux employés des actions de l'entreprise en fonction de leur rendement et de celui de l'entreprise.

Zone négative Zone atteinte lorsque le niveau de résistance de l'employeur est inférieur à celui du syndicat.

Zone positive Zone atteinte lorsque le niveau de résistance de l'employeur est supérieur à celui du syndicat.

Index

VOTRE OPINION NOUS INTÉRESSE — S.V.P. PARTAGEZ-LÀ AVEC NOUS

Nous sommes très intéressés à connaître votre opinion concernant le présent ouvrage. Vous a-t-il été utile pour le cours? Si oui, quels aspects du texte vous ont paru les plus pertinents? Et sinon, qu'est-ce qui vous a déplu? Vos commentaires vont nous aider à écrire et à mettre au point de meilleurs manuels. Nous les apprécions et nous vous remercions de votre aide.

Titre de l'ouvrage _____ Édition _____

Auteur(s) _____

Votre nom (facultatif) _____

Adresse _____

Ville _____ Province _____ Code postal _____

Collège ou école _____

Titre du cours _____

Nom du professeur _____

Option _____

Type de cours: obligatoire _____ complémentaire _____

Durée du cours: un semestre _____ deux semestres _____

1. En général, comment cet ouvrage se compare-t-il à d'autres que vous avez déjà utilisés?

   nettement supérieur _____ meilleur _____ équivalent _____ moins bon _____

2. Veuillez évaluer le texte par rapport aux points suivants:

	supérieur	*meilleur*	*équivalent*	*moins bon*
Style de l'auteur	_____	_____	_____	_____
Facilité de lecture	_____	_____	_____	_____
Organisation de la matière	_____	_____	_____	_____
Précision	_____	_____	_____	_____
Disposition et mise en page	_____	_____	_____	_____
Figures et tableaux	_____	_____	_____	_____
Exemples	_____	_____	_____	_____
Problèmes et questions	_____	_____	_____	_____
Choix des sujets	_____	_____	_____	_____
Actualité de la matière	_____	_____	_____	_____
Explication des notions difficiles	_____	_____	_____	_____
Correspondance au programme du cours	_____	_____	_____	_____
Applications pratiques	_____	_____	_____	_____

3. Encerclez les chapitres que vous avez aimés en particulier.

   1   2   3   4   5   6   7   8   9   10   11   12   13   14   15   16

   17   18

   Quel chapitre avez-vous apprécié le plus? _____
   Commentaires:

4. Encerclez les chapitres que vous avez aimés le moins.

   1   2   3   4   5   6   7   8   9   10   11   12   13   14   15   16

   17   18

   Quel chapitre avez-vous le moins apprécié? _____
   Commentaires:

5. Y a-t-il des chapitres que vous n'avez pas étudiés et si oui lesquels? _____

6. Votre professeur a-t-il parlé de sujets non traités dans le texte et si oui lesquels? _____
   _____

7. Avez-vous acheté ce livre?   Oui _____   Non _____

   Si oui, l'avez-vous acheté neuf ou d'occasion? _____

   Si vous l'avez acheté d'occasion, quel prix l'avez-vous payé? _____

   Prévoyez-vous le conserver ou le vendre? _____

   Si vous pensez le vendre, quel prix demanderez-vous? _____

   Votre professeur devrait-il continuer d'utiliser ce livre? _____

8. Énumérez les autres documents d'apprentissage que vous avez achetés pour ce cours (guide d'étude
   ou manuel de laboratoire par exemple). _____
   _____

9. Qu'avez-vous aimé le plus dans ce livre? _____
   _____

10. Qu'avez-vous aimé le moins? _____
    _____

11. Commentaires:

   _____

   Nom (imprimé) _____   signature _____

   Peut-on vous citer dans notre publicité?   Oui _____   Non _____

   Veuillez S.V.P. faire parvenir ce questionnaire à:

   Éditions du Trécarré
   2973, rue Sartelon, St-Laurent, Qué. H4R 1E6

   Merci beaucoup!